Werner, B. von

Ein deutsches Kriegsschiff in der Südsee

Werner, B. von

Ein deutsches Kriegsschiff in der Südsee

Inktank publishing, 2018

www.inktank-publishing.com

ISBN/EAN: 9783747765210

Ein deutsches Kriegsschiff
in der Südsee.

Von

B. von Werner,
Contreadmiral a. D.

Mit über 100 Abbildungen und 5 Karten.

Dritte Auflage.

Leipzig:
F. A. Brockhaus.
1890.

Vorwort.

Die nachfolgenden Reisebriefe, welche ich hiermit der Oeffentlichkeit übergebe, wurden ursprünglich nicht zu diesem Zweck geschrieben, sondern sollten nur meinen Angehörigen dasjenige im Bilde vorführen, was ich selbst gesehen und erlebt hatte. Ich hielt mich weder für dazu berufen, die große Menge der vorhandenen Reisebeschreibungen vermehren zu helfen, noch hielt ich eine derartige literarische Thätigkeit vereinbar mit meiner Dienststellung als Schiffscommandant, sodaß ich schon aus diesem Grunde dahin zielende Vorschläge zurückweisen mußte, wenn ich auch fand, daß die vorhandenen Berichte über die Südsee nicht ausreichten, um sich ein einigermaßen getreues Bild von den dortigen Verhältnissen machen zu können. Denn die Südsee mit ihren Bewohnern war nicht nur mir vielfach in ganz anderer Gestalt entgegengetreten, als ich sie mir vorgestellt hatte: auch in Australien und Neu-Seeland, beim Anlaufen neuer Häfen während der Heimfahrt und schließlich auch in Deutschland wurden in Bezug auf die Südsee Fragen an mich gerichtet, die ich vordem ebenfalls gestellt haben würde und welche bewiesen, daß auch in weitern Kreisen die Vorstellung von jenen fernen Inseln und ihren Bewohnern eine unrichtige war.

Hatte ich somit nicht die Absicht, meine Aufzeichnungen einem größern Kreise zugänglich zu machen, so stellte ich sie doch denjenigen Personen gern zur Verfügung, welche sie zu lesen wünschten. Und als ich dann fast stets, und oft von competenter Seite, die Aufforderung erhielt, meine Briefe zu veröffentlichen, machte ich mich mit dem Gedanken vertrauter, wenigstens die auf die Südsee Bezug habenden Theile, als einen Beitrag zur Kenntniß derselben, der Oeffentlichkeit zu übergeben, wenn auch zu der Zeit meine dienstliche Stellung immer noch ein kaum zu umgehendes Hinderniß blieb.

Als dann nach Verlauf von nahezu zehn Jahren einer etwaigen Veröffentlichung nichts mehr im Wege stand, mußte ich mich fragen, ob nunmehr, nachdem neuere Werke über die Südsee oder Theile derselben erschienen waren, meine Aufzeichnungen noch etwas Neues zu bringen vermöchten, und kam zu dem Schluß, daß meine Beobachtungen und Erlebnisse, welche sich vorzugsweise auf dem rein menschlichen Gebiet bewegen, gerade geeignet sein würden, jene vornehmlich das wissenschaftliche Gebiet berührenden Werke in erwünschter Weise zu ergänzen. Denn jene beschäftigen sich, sofern sie nicht Sammelwerke sind, immer nur mit einer bestimmten Inselgruppe, ergänzen und berichtigen die Angaben älterer Berichterstatter, bringen werthvolle Nachrichten für den Anthropologen, Ethnographen, für den Geologen, Zoologen und Botaniker, aber nur wenig für den Menschenfreund. Sie führen uns nicht in das Volksleben jener Stämme ein, und zwar wol deshalb nicht, weil die Berichterstatter keine Gelegenheit fanden, so tief in dasselbe einzudringen, wie sie so leicht einem Kriegsschiffscommandanten geboten wird, wenn er Interesse für die Menschen hat, ihnen wohlwollend entgegenkommt und außerdem noch durch glückliche Nebenumstände begünstigt wird, wie sie mir in so reichem Maße zutheil wurden. Meine Aufzeichnungen dürften daher sowol von diesem Gesichtspunkt aus demjenigen Leserkreis, welcher sich für die Südsee interessirt, willkommen sein, wie auch um deshalb, weil sie einen Einblick in die Vorgeschichte unserer dortigen Colonialerwerbungen gestatten.

So übergebe ich denn dem Leser meine Aufzeichnungen mit der Bitte, sie wohlwollend zu beurtheilen. Sind dieselben, soweit sie die politischen Verhältnisse in der Südsee berühren, theilweise auch schon durch die in den letzten fünf Jahren auf diesem Gebiet stattgefundenen Veränderungen überholt, so wird durch diese Thatsachen andererseits doch bewiesen, daß die seiner Zeit von der „Ariadne“ getroffenen Maßnahmen die richtigen waren und somit die Männer, welche mich belehrten und mir rathend zur Seite standen, die Lage richtig beurtheilt hatten. Derjenige Leser, welchem ein kurzer Ueberblick über die in der Südsee seitdem stattgefundenen Machtverschiebungen erwünscht sein sollte, wird einen solchen im Anhang finden, wo auch einige allgemeine Bemerkungen über die Bewohner der Südseeinseln, sowie Angaben über die am 10. Juni 1886 im Geysir-Gebiet von Neu-Seeland stattgehabte Katastrophe eingefügt sind. Die Briefe, welche nur wahre und selbsterlebte Begebenheiten behandeln, auch sich streng an die wirklichen Zeiten und Oertlichkeiten halten, jede Uebertreibung und poetische Ausschmückung vermeiden, sind, soweit sie die Magelhaens-Straße und die eigentliche Südsee betreffen, an Ort und Stelle, unter dem frischen Eindrucke des eben Erlebten geschrieben und später nur abgerundet und theilweise gekürzt worden, so namentlich auf dem Gebiet der Naturalia, welche bei Naturmenschen ja eine so große Rolle spielen. Und doch fürchte ich, gelegentlich dem Vorwurf zu begegnen, daß ich in dieser Richtung nicht genug gethan hätte, wenngleich nach mir auch Andere noch den Blaustift gebraucht haben. Was aber schließlich davon übriggeblieben ist, scheint mir für die Charakterisirung jener Menschen und zur Gewinnung eines richtigen Urtheils so nothwendig, daß ich mich mit weitern Kürzungen nicht einverstanden erklären konnte.

Die Berichte über die Küste Amerikas, über Australien, Neu-Seeland und die Heimfahrt sind entweder nur Auszüge aus Briefen, oder nachträglich aus Tagebuchnotizen unter Zuhülfenahme des Gedächtnisses zusammengestellt. Die hier berührten, den europäischen Verhältnissen größtentheils so nahe verwandten Ländergebiete sind aber so vielfach und eingehend geschildert, daß ich nicht gewagt habe, meine nur auf ganz oberflächlicher Kenntniß beruhenden Beobachtungen zum Gegenstand einer Veröffentlichung zu machen. Daß sie trotzdem in der Form von Skizzen hier erscheinen, findet seine natürliche Erklärung darin, daß dem Leser, welcher im Geiste doch die ganze Reise mitmachen will, Gelegenheit gegeben werden muß, dem Schiffe dauernd folgen zu können; andererseits es aber auch wünschenswerth erschien, ihm ab und zu durch Vorführung von Bildern aus andern Himmelsstrichen eine Erholung zu gönnen.

Sollte ich nun durch meine Schilderungen ein klein wenig mit dazu beitragen können, daß die Südsee-Insulaner von uns Europäern geschont und in ihrer Eigenart erhalten werden, daß man ihnen nur das nimmt, was die christliche Religion, den dortigen Verhältnissen angepaßt, fordern muß, dann würde mir dies der schönste Lohn für meine vorliegende Arbeit sein.

Wiesbaden, im Juni 1889.

B. von Werner.

Inhaltsverzeichniß.

1. Die Magelhaens-Straße.

2. Von Valparaiso nach Panama und Nicaragua.

3. Von Panama nach den Marquesas-Inseln.

4. Die Marquesas-Inseln.

5. Von den Marquesas-Inseln nach Tahiti.

6. Tahiti.

Seite

7. Die Gesellschafts-Inseln.

II. Von Apia nach den Marshall-Inseln.
(Tonga-, Fidji-, Ellice-, Kingsmill-Inseln.)

12. Die Marshall-Inseln.

13. Im Bismarck-Archipel.

16. Die Tonga-Inseln.

17. Samoa. IV.

Seite

18. Die Heimfahrt.

Anhang.

Abbildungen im Texte.

Separatbilder.

Karten.

1.

Die Magelhaens-Straße.

An Bord S. M. S. „Ariadne", 14. Januar 1878.

Die Südsee ist das Ziel unsers Schiffes. Dort von der Hauptstation, den Samoa-Inseln aus, soll ich als Commandant des Schiffes mit diesem die weitverzweigten, sich über ein schier endloses Gebiet erstreckenden deutschen Handelsinteressen schützen und fördern, unsern dort wirkenden tapfern Landsleuten Schutz und Schirm geben. Ich kann mir allerdings noch kein Urtheil darüber bilden, was ich dort finden werde, wie ich die mir gestellte Aufgabe lösen kann und lösen werde, denn die Südsee ist mir trotz der Vorstudien, welche ich bisher gemacht habe, noch immer ein so unbekanntes Gebiet voller Räthsel, daß ich das Grübeln aufgegeben habe und geduldig der Zeit warten will, wo ich mit eigenen Augen sehen und nach Selbsterlebtem urtheilen kann.

Die sich so häufig widersprechenden Berichte über jene fernen Inseln haben aber in mir den Entschluß zur Reise gebracht, auf dieser Reise von meiner Abneigung, Reiseschilderungen zu verfassen, abzusehen und meinen Angehörigen über meine eigenen Erlebnisse getreulich Bericht zu erstatten, damit sie Gelegenheit finden, ihre Kenntniß von Land und Leuten zu erweitern. Und so will ich denn schon mit der Magelhaens-Straße, der Pforte zu dem südlichen Theil des Stillen Oceans oder der Südsee, in die ich noch heute einzulaufen hoffe, den Anfang machen und vorher der rückliegenden Zeit nur soweit gedenken als nothwendig, daß der Kreis unserer Erdumsegelung am Schluß der Reise auch wirklich geschlossen ist.

Am 3. November v. J. haben wir den heimatlichen Strand verlassen, durch Sturm und Regen, Kälte und Nebel unsern Weg durch die unwirthliche Nordsee und späterhin auch durch die nicht minder unfreundliche Bai von Biscaya gesucht und gefunden.

Am 20. morgens 8 Uhr passirten wir das östliche Cap von Madeira und hielten damit gewissermaßen unsern Einzug in die Tropen. Der nordische Spätherbst mit all seinen Unannehmlichkeiten lag hinter uns; wie durch Zauberschlag waren wir in eine andere Welt versetzt. Ein weicher, warmer, mit Blumen- und Waldesduft gesättigter Hauch umfing uns; das Meer mit seiner wunderbaren blauen Farbe war ein anderes; statt der niedrigen, in Nebel und Regen gehüllten deutschen und englischen Küsten lag, von den Strahlen der niedrig stehenden Sonne goldig überhaucht, die hohe, mit ihren Berggipfeln in den Wolken verschwindende Südküste Madeiras vor unsern entzückten Blicken, so schön wie nur diese Perle unter den Inseln es sein kann. Am 21. abends 10 Uhr, nach Einnahme von Kohlen und Proviant in Funchal waren wir wieder unter Segel, auf dem Wege nach Rio de Janeiro.

Die schöne Fahrt unter Segel durch die berauschende Passatzone des Atlantischen Oceans nahm auch ihr Ende. Am 16. December morgens mit Tagesanbruch lag der Schlafende Riese, jener das Wahrzeichen von Rio de Janeiro bildende mächtige Gebirgszug, vor unsern Blicken, und um 12 Uhr mittags ankerten wir in der herrlichen Bai zu Füßen der großen Stadt.

Unser Aufenthalt in Rio, welcher auf 4 bis 5 Tage berechnet gewesen war, dehnte sich infolge besonderer Verhältnisse zu einem elftägigen aus, wodurch ich Gelegenheit fand, von der liebenswürdigen Gastfreundschaft unsers Consuls Gebrauch zu machen und unter seiner Führung auch die großen Naturschönheiten der Umgebung der Stadt kennen zu lernen und mit Entzücken zu genießen.

Am 27. December verließen wir Rio und damit die heiße Zone wieder, denn schon am 30. fing es an zu wettern und zu stürmen, und am 1. Januar schon trugen wir wieder warme Kleider, obschon wir uns im Sommer der südlichen Halbkugel befanden.

Nach mancherlei Fährlichkeiten sind wir nun hier an der südlichsten Spitze Südamerikas angelangt, und die Besatzung ist damit beschäftigt, die Takelage unsers Schiffes für die Fahrt durch die Magelhaens-Straße zu erleichtern, um dem Wind, welcher uns nach allen Erfahrungen wahrscheinlich während der ganzen Fahrt mit Sturmesstärke entgegenwehen wird, möglichst wenig Widerstand zu bieten.

Magelhaens-Straße, 23. Januar 1878.

Da wir jetzt am Ende unserer Fahrt durch die Magelhaens-Straße stehen, will ich einen Rückblick auf dieselbe werfen.

Am 14. Januar abends liefen wir von dem Atlantischen Ocean aus in die Magelhaens-Straße ein, mußten aber wegen der eingetretenen Dunkelheit und der unberechenbaren starken Strömungen (der Unterschied zwischen Hoch- und Niedrigwasser beträgt hier 13 m) dicht an deren Eingang ankern und konnten erst am 15. morgens $2^1/_2$ Uhr mit dem ersten Morgengrauen die Fahrt fortsetzen. Der Morgen war klar und schön, wenn auch kalt, denn wir hatten, da der hiesige Januar unserm Juli entspricht, im Hochsommer auf einer gleichen Breite wie Leipzig nur 6—7° C. Das in Sicht befindliche Land ist ohne Reiz, niedriges Sandland ohne Baum und Strauch, eine endlose Wüste, welche nicht eine Spur von Menschen aufweist und nur an der Meeresküste von unzähligen Scharen der verschiedensten Arten Wasservögel bewohnt wird. So reizlos die ganze Umgebung für das menschliche Auge ist, so interessant wird die Fahrt als solche für den Seemann. Jeder Augenblick bringt Abwechselung, weil die Straße nicht nur fortgesetzt ihre Richtung ändert, sondern auch noch viele Untiefen eine öftere Cursänderung nothwendig machen, sodaß die gespannteste Aufmerksamkeit erforderlich ist, zumal wenn das Schiff mit einer Geschwindigkeit von 12 Knoten oder 3 deutschen Meilen in der Stunde durch das Wasser eilt. Zeitweise befindet es sich auf einer großen Wasserfläche; nach einer halben Stunde steuert es durch einen engen Kanal von nur 500 m Breite; dann wieder zwischen dicht beieinander liegenden Inseln hindurch, geht danach mit einem scharfen Bogen dicht unter die Küste des Festlandes und verläßt nach einer kurzen Weile diese Seite wieder, um eine Insel anzusteuern, unter deren Küste der Curs so nahe vorbeiführt, daß man ohne Anstrengung einen Stein ans Land werfen könnte; und so geht es stunden-, in der Folge gar tagelang fort. Der Seemann muß hier auf dem Platze sein, er findet aber ein so reiches Feld vollster Thätigkeit und Aufregung, daß die mit einer solchen Fahrt verbundenen Strapazen in den Hintergrund gedrängt und nicht weiter beachtet werden. Denn eine Strapaze ist es wahrlich, wenn man morgens um $2^1/_2$ Uhr bei noch kaum durchbrechendem Tageslicht den Ankerplatz verläßt und mit schneller Fahrt in ein unbekanntes Fahrwasser hineinsteuert, welches mit dem Vorschreiten des Tages immer schwierigere Passagen bringt, die dem Commandanten verbieten, die Commandobrücke auch nur auf Augenblicke zu verlassen, und ihn zwingen, dort bis zum Einbruch der Nacht, wo in irgendeinem kleinen Hafen geankert wird, auszuharren. So steht man, ohne sich von der Stelle zu rühren, viele Stunden ununterbrochen in ungewohnt frischer Luft, welche den in den Tropen verweichlichten Körper stark angreift; die Augen ruhen entweder auf dem fortwährend wechselnden Landpanorama oder auf der in einem Glaskasten sicher untergebrachten Karte; alle Sinne sind in Thätigkeit, um den richtigen Curs zu wählen, der Maschine den zweckmäßigsten Gang anzuweisen und dem Ruder die richtige Lage zu geben. Die Mahlzeiten müssen auch auf der Commandobrücke eingenommen werden, schmecken allerdings vortrefflich, wenngleich man hierbei erst bemerkt, daß die Lippen von der scharfen Luft schon aufgerissen sind, ohne dabei indeß zu ahnen, daß das ganze Gesicht bereits halb wund ist. Ein scharfer Sturm weht uns entgegen und peitscht uns den von dem Schiffe aufgeworfenen Salzwassergischt in das Gesicht; glücklicherweise regnet es aber nicht, trotzdem es in dieser Gegend immer regnen soll. Doch dies ist nicht richtig, es regnet allerdings vor uns, hinter uns, links und rechts; nur wo die „Ariadne" fährt, lacht die Sonne, als ob sie wie bisher uns auch in dieser verrufenen Gegend nicht verlassen wolle.

Um zu zeigen, daß das Wetter es wirklich gut mit uns meint, will ich hier einige Stellen aus den Segelanweisungen, welche alle bisher gesammelten Erfahrungen enthalten, ausziehen und einfügen; ein Vergleich zwischen diesen Notizen und dem weitern Verlauf unserer Reise wird dann am besten die Richtigkeit meiner Behauptung beweisen.

1. „August, September und October sind die kältesten Monate; westliche Winde, Regen, Hagel und Schnee sind dann vorherrschend. December, Januar und Februar sind die wärmsten Monate, die Tage sind lang und es kommt zuweilen etwas gutes Wetter vor; aber

westliche Winde, welche häufig zu starken Stürmen anschwellen, mit heftigem Regen sind selbst während dieser Jahreszeit vorherrschend, welche weniger Sommer mit sich führt wie irgendein anderer Theil unserer Erde.

2. „Der Gipfel dieses ausgezeichneten Berges (Mount Burney), welcher gegen 1850 m hoch und mit ewigem Schnee bedeckt ist, ist selten sichtbar; sollte aber ein Vorbeireisender glücklich genug sein, einen klaren Tag zu finden, so wird er schwerlich je die Pracht dieses Panoramas vergessen.

3. „Das Charakteristische in dem Wetter dieser Kanäle ist weniger die Stärke des Windes, als der fast unaufhörliche Regen. Tag um Tag, wenn der Seemann unglücklicherweise länger hier verweilen sollte, wird er diesen stetigen Niederfall zu erdulden haben, es sei denn, daß er so glücklich ist, in einem jener seltenen Durchbrüche von lieblichem Wetter anzukommen, welches zuweilen vorkommt. Dann allerdings wird er die interessanteste Fahrt finden mit ruhigem Wasser, guten Ankerplätzen, umgeben von der großartigsten (most glorious) Scenerie; doch diese Fälle sind gar selten, und er wird schon glücklich zu nennen sein, wenn er überhaupt einmal den Regenrock ablegen kann, welchen er anzog, als er um Cap Tres Montes ging. Eine Jahreszeit ist so gut, oder besser gesagt so schlecht wie die andere, immerhin aber ist der Sommer wegen seiner geringern Kälte und der längern Tage für diese Passagen vorzuziehen."

Diese Schilderung verspricht gewiß viel, und ebenso läßt die „Vineta", welche vor zwei Jahren dieselbe Tour in beschränkterer Ausdehnung machte, sich vernehmen und klagt über das anhaltend schlechte Wetter, das sie zu erdulden hatte. Ein Vergleich dieser beiden Reisen zeigt auch in eclatanter Weise, von welchem Einfluß das Wetter auf derartige Reisen ist; denn zu derselben Strecke, welche die „Ariadne" unter den günstigsten Wetterverhältnissen in 6 Tagen zurücklegte, gebrauchte die „Vineta" mühsam gegen Wind und Wetter anringend 21 Tage. Doch zu unserer Reise.

Nachdem am 15. Januar etwa 80 Seemeilen zurückgelegt waren, vollzog sich allmählich ein Wechsel in der Scenerie. Wir waren den Ausläufern der Anden, des mächtigen Gebirgszuges, welcher mit seinen 7000 m hoch gelegenen Felsen- und Schneerücken das platte Land Patagonien von Chile und Peru trennt, näher gekommen und zeitweise entwickelten sich schon aus den vorbeijagenden Wolkenfeldern einzelne schneebedeckte Gipfel. Das untere Land zeigt jetzt auch einen andern Charakter: einzelne mit grünem Gestrüpp bewachsene Hügel und Felsen werden sichtbar, das Land hebt sich immer mehr und wächst langsam zunehmend bis zu 300 m hohen Bergen an, welche mit dichtem Wald bedeckt sind. Auffallend ist, daß in diesen frischgrünen Wäldern kaum 150 m über dem Meeresspiegel große Schneefelder verstreut liegen, und daß trotz der geringen Kraft, welche die Sonne demnach im Hochsommer hier nur hat, große Scharen von Papagaien und Kolibris in den Sommermonaten ihren Wohnsitz in dieser Gegend aufschlagen. In Punta Arenas fanden wir diese Vögel allerdings noch nicht, da sie erst 14 Tage später erwartet wurden, in einem der nächsten Häfen trafen wir sie aber schon an. Würde man nur nach den hier lebenden Eingeborenen, ohne Rücksichtnahme auf die herrschende rauhe Witterung zu urtheilen haben, so wäre das Räthsel, wie diese buntgefiederten Bewohner der brasilianischen Urwälder hierherkommen, leicht gelöst, denn diese Menschen gehen ohne jede Kleidung vollkommen nackt, besitzen kein Heim, leben in einem elenden offenen Boot oder tragen sich an dem Fleck, wo sie gerade landen, aus Reisern eine Hütte in der Größe eines runden Tisches von etwa $1\frac{1}{2}$ m Durchmesser zusammen, wo Mann, Frau oder Frauen (es herrscht Vielweiberei), große und kleine Kinder, oft 10—12 Personen, Unterkommen für die Nacht finden, wie ein Rudel Thiere zusammengeschachtelt und sich mit ihren Körpern gegenseitig erwärmend. Kälte, Wind und Regen machen keinen Eindruck auf ihre Nerven, eine wunderbare Menschenrasse in ihrer Art, da alle sonst in kalten Klimaten wohnenden Menschenstämme stets warm bekleidet sind. Ich werde später noch Gelegenheit finden, auf diese Eingeborenen zurückzukommen.

Bald nachdem das flache Land hinter uns lag, näherten wir uns der chilenischen Colonie Punta Arenas, welche, früher als Verbrechercolonie gegründet, in der Neuzeit durch den regern Dampfschiffsverkehr eine andere Bedeutung erlangt hat. Die an der Küste steil aufsteigenden niedrigern Gebirgszüge von 300—400 m Höhe versagen dem Auge zwar noch den Blick auf die dahinter liegende mächtige Alpenwelt des Festlandes, das Auge kann nun aber frei über die düstern, unfruchtbaren, bis zu 2000 m Höhe aufsteigenden

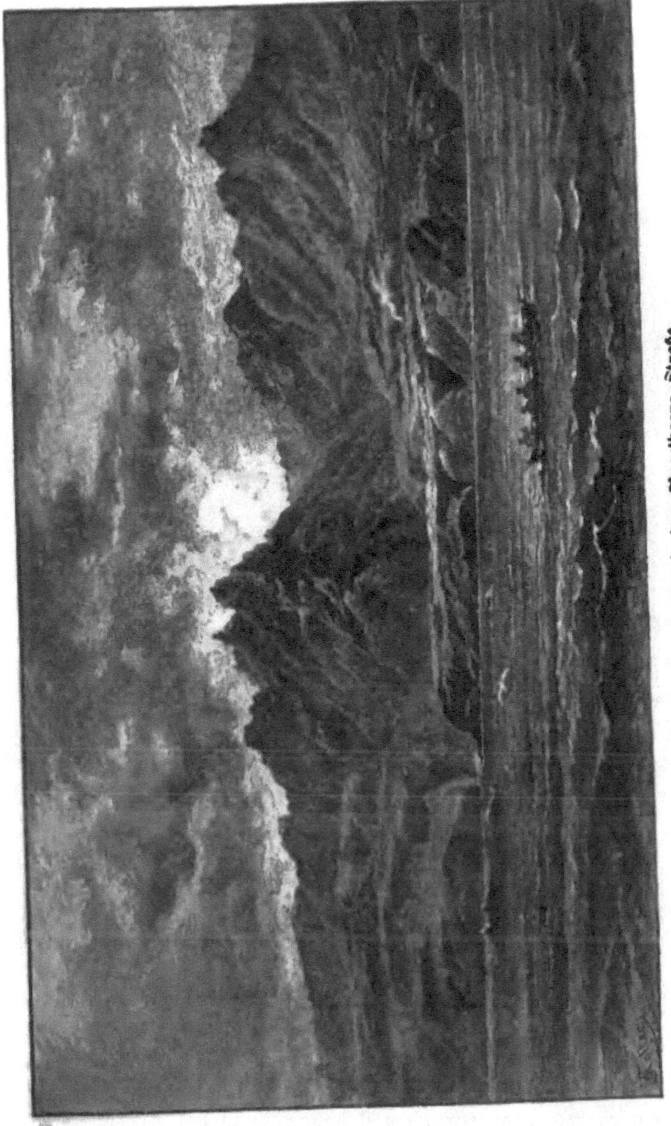

Küste des Feuerlandes in der Magelhaens-Straße.

schwarzen Felsmassen des Insellandes Feuerland, welches sich auf der andern Seite der Wasserstraße unheimlich aus der See erhebt, schweifen: schwarzes, kaltes, zerklüftetes Gestein ohne eine Spur von Leben und Pflanzenwuchs, welches dem Auge nirgends Ruhe gönnt, da keine Linie zu finden ist, welche man festhalten könnte. Ein Pic steigt neben dem andern empor, erhebt seinen Gipfel immer noch wilder und trotziger wie sein Nachbar und erweist dem mensch-

Hütte der Feuerländer.

lichen Auge dann eine wahre Wohlthat, wenn er mit Schnee bedeckt ist. So frostig der Anblick des Schnees sonst macht, hier, inmitten dieses schwarzen Höllengesteins, um welches unermeßliche schwere Wolkenbänke von tiefgrauer Farbe sich lagern und, von dem heulenden Sturme getrieben, ihre Wasserballen in die unzähligen tiefen Schluchten hineinzwängen, hier ist der Schnee erwärmend. Hätte Dante dieses Stück Erde gekannt, seine Hölle wäre nach diesem Feuerland gebildet worden, welches ja auch richtige Teufel in sich birgt. Der Name „Feuerland“ ist allerdings nicht von vulkanischem Feuer hergeleitet, sondern hat einen harmlosern Ursprung; er ist dem Umstande zuzuschreiben, daß die ersten Entdecker überall am Lande kleine Rauchsäulen sahen, welche nie erloschen. Die Eingeborenen dieses nassen Landes, wo die Erzeugung des Feuers so sehr schwer ist, sind gezwungen, wo sie gehen und stehen, stets ein Feuer zu unterhalten, wenn sie dieses wichtige Element nicht zeitweise verlieren wollen; es wird also immer da, wo Menschen sich aufhalten, auch die unentbehrliche Rauchsäule zu sehen sein. Daß hier, wie ich vorhin sagte, auch wirkliche Teufel in Menschengestalt hausen, dürfte vielleicht aus dem nachfolgenden Auszuge aus Darwin's Reise um die Erde hervorgehen:

„Die verschiedenen Stämme sind Kannibalen, sobald sie miteinander in Fehde leben. Dies beweist auch die Aussage Jemmy Button's (ein Junge, welcher während zweier Jahre auf Kosten eines englischen Seeoffiziers in England erzogen und mit dem Schiffe, auf welchem Darwin war, dann zurückgebracht wurde), wonach die Eingeborenen im Winter, wenn sie sehr unter dem Hunger leiden, erst die alten Frauen schlachten und verschlingen, bevor die Hunde an die Reihe kommen, denn die Hunde fangen Ottern, alte Frauen aber nichts. Die Frauen werden derart getödtet, daß sie über Rauch gehalten werden, bis sie erstickt sind. Der Junge ahmte auch mit sichtlichem Vergnügen in spaßhafter Weise das Geschrei der Opfer nach und beschrieb die Körpertheile, welche am besten schmecken. Oft sollen die alten Frauen, sobald sie den Zeitpunkt gekommen wähnen, in die Berge flüchten, sie werden aber von den Männern dann gejagt, um in ihre Hütte gebracht und geschlachtet zu werden. — Schrecklich, wie solch ein Tod durch die Hand der Freunde und Verwandten sein muß; schmerzlicher noch ist es daran zu denken, was diese Frauen empfinden müssen, wenn der Hunger sich einzustellen beginnt."

Nachmittags 3 Uhr am 15. Januar, nach Zurücklegung von 120 Seemeilen an diesem Tage, ankerten wir vor Punta Arenas, dessen kleine Holzhäuser kurz vorher als erste Zeichen menschlichen Lebens hinter einer kleinen Landzunge zum Vorschein gekommen waren. Dieser weit vorgeschobene Posten menschlichen Unternehmungsgeistes zeigte allerdings ein anderes Bild, als wir nach den vorhandenen Beschreibungen erwarten konnten. Eine vor wenig Wochen stattgehabte Soldatenemeute hatte traurige Spuren hinterlassen. Die aus 100 Soldaten gebildete Garnison soll von ihrem Commandanten so barbarisch behandelt worden sein, daß sie schließlich zum Aufstand getrieben wurde. Sie tödteten und verstümmelten den Commandanten, rissen ihm Augen und Zunge aus, schnitten Nasen und Ohren ab und zerstückten den ganzen Körper. Darauf befreiten sie die Gefangenen (der Platz ist noch Strafcolonie), etwa 80 an der Zahl, und fingen dann an zu brennen und zu morden. Alle größern Gebäude wurden eingeäschert und etwa 80 Personen verloren ihr Leben. Nachdem die Meuterer auf diese Weise zwei Tage gehaust hatten, wurden sie unsicher, da täglich ein in der Nähe befindliches chilenisches Kanonenboot eintreffen konnte, und verließen den verwüsteten Platz. Vorher aber bemächtigten sie sich aller Frauen und Mädchen, deren sie habhaft werden konnten, und schleppten diese mit Gewalt mit sich in die Pampas Patagoniens, wo ihnen mit den dortigen Indianern jedenfalls ein Krieg bis aufs Messer bevorsteht. — Wenige Tage vor unserm Eintreffen hatte ein chilenisches Kriegsschiff die neue Garnison und eine Untersuchungscommission gebracht.

Der kleine Ort liegt recht hübsch dicht am Ufer des hier stets wellenlosen Meeres, lehnt sich im Rücken an den Fuß eines Berges an und ist umsäumt von jungfräulichem Urwalde. Die in den Gebirgen lagernden großen Schneemassen führen in kleinen Flüssen vorzügliches Wasser zum Strande, wo in den geringern Tiefen des Meeres ein unerschöpflicher Reichthum an wohlschmeckenden Fischen herrscht. Rindvieh und Schafe gedeihen vortrefflich und finden auf dem herrenlosen Lande die saftigste Nahrung im Ueberfluß. Auch Pferde sind fast mehr wie Menschen vorhanden, denn hier in diesem kleinen Dorfe ist sogar der Bäckerjunge zu faul, das Brot zu Fuße auszutragen, er setzt sich dazu aufs Pferd. Der Wald liefert ein vorzügliches Holz, das vorläufig noch als werthlos betrachtet wird. Die mächtigen Stämme — ich habe solche von 4 Fuß Durchmesser gesehen — haben einen vollständigen Eisenkern; schwere Schmiedehämmer, welche als Keile zum Auseinandertreiben des Holzes benutzt wurden, zersprangen unter den wuchtigen Hieben eines noch schwerern Hammers in dem Holze, ohne es zu spalten. Jeder kann sich soviel Holz nehmen wie er will; wir haben an einem Tage 40 cbm Kernholz gefällt und an Bord geschafft, ohne Zahlung dafür zu leisten, weil den Ansiedlern auf diese Weise das Land ohne eigene Mühe urbar gemacht wird. Die Häuser, oder besser Holzhütten bestehen selten aus mehr als zwei kleinen Zimmern; Comfort ist nirgends zu finden. Ackerbau und Gartencultur fehlen vorläufig noch ganz, die Leute leben nur von den durchkommenden Schiffen, denen sie vornehmlich Fleisch verkaufen. Einige Meilen von diesem Ort entfernt ist noch eine kleine Schweizercolonie, welche sich mit Landwirthschaft beschäftigt und ihre Erzeugnisse hierher abliefert. Von diesen Producten erhielten wir recht gute Butter und namentlich ganz vorzüglichen Kopfsalat. Für die übrigen Erzeugnisse der Schweizercolonie, Gemüse und Kartoffeln, war die Zeit der Reise noch nicht gekommen, sodaß wir uns von ihrer gerühmten Vortrefflichkeit nicht selbst überzeugen konnten.

Der Totaleindruck dieses Ortes ist, von innen gesehen, ein öder, schmutziger und wüster. Die Straßen sind allerdings regelmäßig und breit, ja so großartig angelegt, daß sie einer großen Stadt Ehre machen würden, die menschlichen Wohnungen zeigen aber sofort, daß nur mittellose Abenteurer, welche kein anderes Streben als ihr Leben zu fristen kennen, ihr zeitweiliges Heim hier aufgeschlagen haben. Natürlich sind die Deutschen wie überall auch hier vertreten, bilden aber das beste Element.

In Punta Arenas wurde mir die große Enttäuschung zutheil, daß ich keine Kohlen, auf die ich sicher gerechnet hatte, erhalten konnte. Es ist eine Kohlengrube, welche sich in soliden englischen Händen befindet, in nächster Nähe, die Meuterei hatte aber auch hier störend eingegriffen, da die Soldaten, die mit Genehmigung der Regierung die Grubenarbeiter gewesen waren, jetzt fehlten. So blieb mir nur übrig, mit meinen Kohlen hauszuhalten und das Brennmaterial durch Holz zu ergänzen. Auch meine Reisedisposition für die Straße erhielt dadurch eine Abänderung; ich hatte vorher auf einen drei- bis viertägigen Aufenthalt in Punta Arenas gerechnet, ließ mich aber jetzt nicht länger aufhalten, da ich in dem herrenlosen Lande, durch welches ich noch 600 Seemeilen zurückzulegen hatte, überall Holz schlagen konnte. Ich blieb daher nur noch den 16. in Punta Arenas und benutzte diesen Tag zum Holzschlagen. Nachts 12 Uhr war das Holz an Bord, am 17. morgens 2 Uhr war das Schiff fertig und weiter ging die Reise aus der Nacht zum Tage.

Ich hatte einige Stunden geschlafen und stand nun in der rauhen Nachtluft mit der Gewißheit auf der Commandobrücke, dieselbe vor 9 Uhr abends nicht wieder verlassen zu können. Die Aufgabe, welche ich mir gestellt hatte, war, bis zum Eintritt der Dunkelheit einen Hafen zu erreichen, welcher von unserm Ausgangspunkt 170 Seemeilen entfernt lag. Der Weg dahin führte durch eine enge Felsenstraße, in welcher der Sturm stets mit der Gewalt eines Orkans wüthen soll; die in ihrer Großartigkeit auf dieser Welt einzig dastehende Gebirgswelt soll fast immer bis zum Wasserspiegel herunter in dichtes grauschwarzes Gewölk gehüllt sein, aus welchem der Regen in Strömen herniederfällt; die Navigirung soll nur dadurch möglich werden, daß der Sturm ab und zu das Gewölk auf Augenblicke zertheilt und so dem Auge Gelegenheit gibt, den Curs bis zur nächsten Zertheilung der Wolken festzustellen. Dies war der vor mir liegende Tag mit seinen Aussichten. Fand ich wirklich solches Wetter, dann war die Erfüllung meiner Aufgabe unmöglich und ich konnte höchstens zwei Drittel des vorgenommenen Weges zurücklegen, mußte dann aber auch für die ganze Passage etwa die doppelte der in Ansatz gebrachten Zeit rechnen. Einigermaßen gruselig war mir zu Muthe, als ich meine Fahrt in der dunkeln Nacht mit 10 Seemeilen Geschwindigkeit und mit der Aussicht begann, nun während etwa 10 Tagen, wenn auch in sicherm Fahrwasser, täglich 12—15 Stunden dem Regen und Sturm voll ausgesetzt auf der Commandobrücke zuzubringen. Immerhin vertraute ich aber meinem guten Glück und gab zunächst keinem Zweifel an dem Gelingen des festgesetzten Planes Raum. Allerdings hatte ich noch einen vertrauenerweckenden Führer zur Seite, nämlich den Bericht unserer Corvette „Vineta", welche als erstes deutsches Kriegsschiff die Passage durch die Magelhaens-Straße gemacht hat. Wenn auch dieser Bericht die vorzüglichen englischen Segelanweisungen als durchaus zuverlässig anerkennt, so vertraut man dem, was Kameraden gesehen und erfahren haben, doch immer mehr; man fühlt sich dort, wo ein Bruderschiff schon gewesen ist, eher heimisch.

Bis gegen 8 Uhr morgens bleibt der Curs in offenem Fahrwasser südlich und durch die an der Westseite liegenden Berge gegen den erwarteten Weststurm geschützt. Der Morgen läßt sich gut an, der Sonnenaufgang war zwar nicht sehr vertrauenerweckend gewesen, die Sonne zeigt aber doch wenigstens ab und zu ihr erwärmendes Gesicht. Zu unserer Rechten liegen weich geformte Berge mit dichtem frischen Wald bestanden, aus dessen grünem Laub hier und dort verstreut blendend weiße Schneefelder hervorlugen. Die Berge steigen direct aus dem Wasser auf, bilden aber doch hin und wieder freundliche kleine Einbuchtungen, welche den vorbeifahrenden Schiffen gute Ankerplätze bieten, aber auch einen grell in die Augen springenden Beweis liefern, wie alles Lebende, was die Natur hervorbringt, dazu dient, von dem Stärkern wieder vernichtet zu werden. Hier in diesen geschützten lieblichen Baien steigen die der Magelhaens-Straße eigenthümlichen mächtigen Wasserpflanzen tief von dem Meeresgrunde bis zu einer Höhe von 10 m hoch auf und geben mit ihren 6—7 dcm langen und 2 dcm breiten Blättern den kleinen niedern Wasserthieren Schutz und Nahrung. In diesem Wasserpflanzenwald lebt aber auch die junge Fischbrut, welche ihr Leben mit den kleinern Thieren erhält, dieses aber auch sofort hingibt, sobald sie das schützende Dach verläßt, denn außerhalb der Pflanzen stehen Scharen von Raubfischen, welche jeden kleinen Wasserbewohner ihresgleichen erbarmungslos verschlingen, sobald er sich aus seinem Versteck hinauswagt. Wieviel Mord und Vernichtung spielt sich nicht an einem Tage in einem solch kleinen Stück Wasser ab?

Zu unserer Linken liegt eine weite Wasserfläche, begrenzt durch in blauen Dunst gehülltes Bergland, durch dessen weite Schluchten die noch hinter den Bergen niedrig stehende Sonne ihre Strahlen wirft und das wild geklüftete Alpenland magisch beleuchtet. Vor uns haben wir den Eingang zu der berüchtigten Felienpassage mit einem Aussehen, welches einen schlimmen Tag verspricht. Das aus dem Wasser steil aufsteigende nackte Gestein ist infolge des ewigen Regens von tiefschwarzer Farbe, welche nur selten durch einige hellere Flecke unterbrochen wird. Sichtbar ist das Land dort überhaupt nur bis etwa 100 m über dem Wasser, von da ab ist alles in dicht übereinander geschichtete feste Wolkenmassen von tief blaugrauer Färbung gehüllt, in Wolkenbänke, welche so tief liegen, daß man sie mit den Mastenspitzen zu berühren glaubt und damit ihre Entladung herbeizuführen befürchtet. Regen erwartet man von ihnen aber nicht, sondern das schärfste Schneegestöber. Das Gewölk eines schweren Schneesturmes unserer Gegenden ins Vielfache übertragen gibt ein ungefähres Bild von der vor uns liegenden Wolkengestaltung und dem Aussehen der Luft. In diesen Sturm- und Regenkessel muß man hinein. Was hilft's! Mehr wie naß werden kann man ja nicht, also frisch drauf los.

Einige mächtige Walfische von 14 bis 18 m Länge — ich sehe im ganzen vier — spielen so harmlos in der Nähe des Schiffes, daß das Behagen, welches sie athmen, sich unwillkürlich dem Menschen mittheilt und sein Gemüth beruhigt. Hoch werfen sie aus ihren Spritzlöchern das Wasser in die Luft, strecken ihren mächtigen Kopf aus dem Wasser oder heben ihren kolossalen Rücken wie eine kleine Insel über die Wasserfläche, tauchen dann in die Tiefe und schnellen dabei den riesigen Schwanz aus dem Wasser, daß das hinterste Drittheil des Fisches für einen Augenblick senkrecht in die Luft ragt. Solch ein harmloses Spiel übt eine beruhigende Wirkung auf uns Zuschauer aus, die Gegend vor uns sieht sich schon gar nicht mehr so erschreckend an. Ein tüchtiges warmes Frühstück war oben in der frischen Luft mit köstlichem Appetit eingenommen; der kurze Rock, unter welchem eine warme wollene Weste sitzt, wird fest zugeknöpft, die Mütze fest in die Stirn gedrückt, der Kneifer auf der Nase zurechtgerückt und dann um 8 Uhr um das verschriene Cap Froward herumgejagt. Jetzt soll es kommen, Sturm und peitschender Regen! Ein frischer Sturm, welcher in diese 100 Seemeilen lange unabsehbare Felsenstraße eingekeilt an Stärke gewinnt, weht uns zwar in die Zähne, die Wolken über uns bilden eine feste undurchdringliche Decke; unten aber ist es schön klar, kein Hagel und kein Regen, kalte frische Luft und überall viel zu schauen. Was es zu sehen gibt läßt sich aber nur schwer schildern.

Die Gestaltung des Landes ändert unausgesetzt. Hier springt ein hohes, steiles Cap trotzig in die Straße vor und deckt die hinter ihm liegende tiefe Bucht; dort läuft das Land in eine weit vorgeschobene flache Spitze aus; an jener Stelle brechen aus den vorbeijagenden Wolken für Augenblicke scharf gezackte Bergkämme hervor; hier steigt senkrecht aus dem Wasser eine Felsenwand von dem Aussehen einer von Menschenhand sorgsam aufgebauten Riesenmauer auf; dort ziehen sich mächtige Kanäle, welche große Wasserstraßen nach einem andern Theil des Weltmeeres bilden, hin; hier liegen kleine, in frischem Laub prangende Inseln oder einzelne nur mit ihrer Spitze aus dem Wasser hervorragende Klippen, dort mehrere Quadratmeilen umfassende Inseln. Das alles vermag das Auge wol für Stunden und Tage, ja Wochen unausgesetzt zu fesseln, da es in seiner natürlichen Großartigkeit immer Neues und Interessantes bietet, in der Beschreibung wird es aber immer nur ein sehr verblaßtes Bild geben.

Ab und zu fegt der Sturm das Gewölk stellenweise fort und gestattet dann einen Blick in dieses eigenartige Gebirgsland, das noch im Hochsommer seine ewig starren Gletscher bis zum Meeresrand hinabsendet und gleichzeitig den an die Tropensonne gewöhnten Zugvögeln ein begehrenswerthes Asyl gewährt. Der Grundton des sich entrollenden Bildes ist Grau in Grau: eine grau erscheinende Wasserfläche als Vordergrund, graues Gewölk als Hintergrund. Aus diesem unbestimmbaren, farblosen und doch auf das Auge so mächtig wirkenden Grundton treten riesige Steinmassen, tiefschwarz gefärbte oder mit einer blendenden Schneedecke überzogene hohe Berge mit ihren entschiedenen und wilden Contouren scharf heraus. Das massige Unterland entsendet ungezählte scharfgeschnittene Pics in die Lüfte, welche bei annähernd gleicher Höhe scheinbar ganz willkürlich theilweise mit ewigem Schnee überzogen sind, theilweise mit vollkommenster Nacktheit prahlen und ebenso allen Unbilden des Wetters trotzen, wie die an ihrem Fuß lebenden Eingeborenen, mit welchen sie so große Charakterähnlichkeit haben. Zwischen jenen blendend weißen, zart überhauchten Berggipfeln und diesen schwarzen rauhen Gesellen liegen in tiefen unheimlichen Schluchten große, in ihrer ganzen Ausdehnung wol noch von keinem Menschenauge berührte Schneefelder, welche sich bis zum Meeresspiegel, bis dicht an die vorbeipassirenden Schiffe hinabsenken und auf ihrer Wanderung dahin sich allmählich aus duftiger Schneedecke von dem reinsten Weiß in starrende zerklüftete Gletscher von heller, bläulich-grüner Farbe umbilden, deren Mächtigkeit nach unserer Schätzung 5—8 m beträgt. Und neben diesen Gletschern findet das Auge an geschützten Stellen die üppigste Vegetation, den Urwald in seiner ganzen Schönheit mit seinen herrlichen Laubkronen, seinen Schlinggewächsen, Parasiten, elastischen Moosdecken und farbenprächtigen Blumen, über welchen in denselben Sommermonaten, die den nebenliegenden Schnee nicht zu schmelzen vermögen, nach glaubwürdigen Berichten die Kolibris über den Blumenkelchen schwirrend ihr Vernichtungswerk gegen die Insekten betreiben. Weiterhin öffnet sich die Wasserstraße, das Land tritt zurück, und man glaubt auf einem großen Binnensee zu sein, welcher keinen Ausgang zeigt. Einige Inseln vor uns scheinen den Abschluß zu bilden, auf diese ist der Bug des Schiffes gerichtet. Dort angekommen geht das Schiff in scharfem Bogen um eine derselben herum und läuft in einen von

Der Berg Sarmiento auf dem Feuerland, Magelhaens-Straße.

hohen Felswänden gebildeten Hohlweg ein. Der größte Theil der Straße behält jetzt den Charakter eines Hohlwegs von vorherrschend enormen Dimensionen.

Während der Fahrt versucht ein Boot mit Feuerländern das Schiff zu erreichen, jedenfalls um gegen Bogen, Pfeile und Felle andere Sachen, Taback und Eßwaaren einzutauschen. Da es die ersten Eingeborenen sind, welche wir zu Gesicht bekommen, so entsteht eine allgemeine Aufregung in dem Schiffe; die Offiziere drängen mich, auf das Boot zu warten, ich kann ihnen aber, so groß auch meine eigene Neugierde ist, nicht willfahren, da das Reiseprogramm in so enge Grenzen gezogen ist, daß ein kleiner Aufenthalt das ganze Gebäude umwerfen kann. Ich lasse indeß das Schiff an das Boot heranscheeren, um es dicht zu passiren und so einen flüchtigen Blick zu erhalten. Zwei junge nackte Männer führen die Ruder, eine nackte Frau das Steuer, die übrigen Insassen, mehrere Erwachsene und eine größere Zahl kleiner Kinder sitzen oder vielmehr kauern in der Mitte des Bootes, wo auch auf Steinen das nie fehlende Feuer unterhalten wird. Alle zusammen schreien und heulen, mit den Armen gestikulirend, aus Leibeskräften, um das Schiff zum Anhalten zu bewegen, aber wie schon erwähnt ohne Erfolg.

Abends 8 Uhr scheint es mir doch zweifelhaft, daß wir vor Eintritt der Nacht den als Ziel gesetzten Hafen noch erreichen können; die Entfernung ist zwar nicht zu groß, aber vor uns sieht es so dick und drohend aus und der Seegang nimmt in der nun nach dem Stillen Ocean hin offenen Straße so merklich zu, daß ich mich entschließe, nach dem kleinen Hafen Port Angosto, welchen wir vor einer Viertelstunde passirt haben, zurückzulaufen. Der Eingang, keine 40 m breit, ist bald gefunden, und die „Ariadne" geht, oft nur wenige Fuß von den Klippen entfernt, durch eine schmale Gasse in einen Kessel, welcher gerade genug Platz bietet, daß das Schiff ohne den Grund zu berühren sich vor dem Anker drehen kann. Die steilen Bergwände sind dicht bewaldet, einige kleine und ein größerer Wasserfall ergießen mit anheimelndem Geplätscher das geschmolzene Schneewasser von den Höhen hinab. Der Abend ist schön und ruhig, aber ohne Anziehungskraft für einen Mann, welcher 19 Stunden auf der Commandobrücke zugebracht hat und nach Verlauf von 5 Stunden Ruhe wieder dahin berufen wird, um das eben überstandene Tagewerk noch einmal durchzumachen.

Abends ging ich gleich, nachdem ich schnell einige Bissen zu mir genommen hatte, zu Bett, um sofort in einen tiefen traum- und bewußtlosen Schlaf zu verfallen. Um 2½ Uhr morgens wurde ich wieder geweckt — ein kritischer Moment. Niemand kann mich hier zur Eile treiben, mir vorschreiben, an diesem Tage weiter zu gehen oder eine so große Distanz abzulaufen, wie ich sie mir gesteckt habe; auch zwingen mich die natürlichen Verhältnisse nicht zu einem so großen Pensum, da in den vor uns liegenden Kanälen alle 20—30 Meilen Häfen zu finden sind. Durch das Wetter begünstigt habe ich an dem gestrigen Tage ein besonders großes Stück Weg zurückgelegt, ich bin über alle Begriffe müde — ein Wort und der Aufbruch wird verschoben oder ganz aufgehoben. Der Gedanke „beschleunigte Segelordre" durchzuckt traumhaft mein Hirn und — „Reveille und Ankerlichten" ist die Antwort auf den vielleicht schon mehrmals wiederholten Weckruf. Ich verlasse mein Lager, mache unter Abziehung von dem gewohnten kalten Bade die den Verhältnissen entsprechende Toilette, nehme schnell ein warmes Frühstück ein, welches mein vortrefflicher, aber im Punkte des Schlafens sonst unverbesserlicher Diener heute ausnahmsweise schon bereit hat, und stehe nach 15 Minuten auf der Brücke, um in dem Dunkel der noch herrschenden Nacht die meinem Ruf willig gehorchende „Ariadne" aus diesem kleinen Felsenlabyrinth hinaus in ein 300 Meilen langes hineinzuführen. Die Nachtluft ist kalt; die todten Bergmassen, von welchen her kein Ton eines lebenden Wesens zu hören ist, werfen tiefe Schatten auf die unter Windstille regungslos daliegende schwarze Flut und machen es unmöglich, die schwarze Wasserfläche von dem schwarzen Lande zu unterscheiden. Nichts ist zu hören als das dumpf nach oben schallende Arbeiten der rastlosen mächtigen Schiffsmaschine und das monotone Rauschen des von dem Schiffsbug aufgeworfenen Wassers, nur ab und zu unterbrochen von einem kurzen Rudercommando aus meinem Munde, welches von den Leuten am Ruder ebenso kurz erwidert wird. Die durchbrechende Tagesdämmerung nimmt dieser Fahrt bald das Geisterhafte des Anfangs. Zur Linken liegt die jetzt schon breite westliche Oeffnung der dort ihr Wasser mit dem des Stillen Oceans bereits mischenden Magelhaens-Straße; vor uns öffnet sich der Smyth-Kanal, in welchen unser Weg uns führt, theilweise noch versteckt im Morgendunst, welcher auch das umliegende Land verhüllt. Eine halbe Stunde später — die Sonne bricht mit einzelnen Strahlen durch die Wolken, gewinnt immer mehr an Macht, hat bald die Nacht- und Morgennebel verzehrt und bescheert uns einen selten schönen Tag. Der über 1800 m hohe Mount Burney erhebt sich als regelmäßiger Kegel mit abgestumpfter Spitze, welche jedoch mit mehrern kleinen Pics geziert ist, majestätisch aus einer Ebene, die halbkreisförmig von einem hohen Gebirgszuge umrahmt ist, dessen Gipfel in ungezählte schneebedeckte Pics auslaufen. Die jetzt durch den wolkenlosen Aether ungehindert durchstrahlende, noch tiefstehende Sonne übergießt das vor uns liegende Bild mit einem seltenen Duft. Die in goldigem Schimmer erglänzenden Lichtseiten der untern Partien heben sich nur unmerklich von den Schattenseiten ab, da die Sonne kurz nach ihrem Aufgange nur zarte Schatten zu erzeugen vermag. Die von ihrer erhabenen Höhe aus weithin strahlenden jungfräulichen Gipfel spiegeln die Färbung des Aethers wieder und schimmern in einem fast ins Weiße übergehenden duftig zarten Grün. Die höher steigende Sonne bringt uns einen prachtvollen, windstillen und wolkenlosen Sommertag, wie er für eine Vergnügungsreise nicht schöner gewünscht werden könnte. Die Fahrt geht rastlos weiter, immer neue Bilder vor uns aufrollend, enge Hohlwege, Klippenstraßen, mit Inseln gezierte Alpenseen, freiere Passagen, welche den Blick weiter schweifen lassen — nur eins bleibt bis gegen Abend unverändert, das ist der herrliche Mount Burney, welcher über alles hinwegragend in fortwährend wechselnder und immer erhebend schöner Umgebung uns den Anblick seiner edeln Gestalt gönnt.

Es ist zwecklos, auf die Fahrt dieses Tages näher einzugehen, da jede neue Schilderung doch nur eine Wiederholung sein würde; aber ein uns an diesem Tage in der Collingwood-Straße und dem Sarmiento-Kanal noch gebotener Blick auf diese große Natur verdient doch besondere Beachtung. Das Bild war das schönste unserer ganzen bisherigen Reise und von so großartig wilder Schönheit, wie sie schwerlich in irgendeinem Theil unsers Erdballs wiedergefunden wird. Obwol meiner Schwäche bewußt, will ich dennoch versuchen, eine oberflächliche Skizze dieses erhabenen Naturbildes zu entwerfen.

Vor uns und zu unserer Rechten liegen die Sarmiento-Cordilleren, zwei regelmäßig hintereinander gereihte Gebirgsketten von etwa 25 Seemeilen Länge und 1000—1500 m Höhe. Die uns zugekehrte vordere

Kette steigt direct aus dem Wasser auf, die zweite liegt so weit verschoben hinter der ersten, daß man einen ziemlich weiten Blick in das von den beiden Bergzügen gebildete Thal erhält. Die vielen Gipfel dieser mächtigen malerischen Bergreihen streben in schönen und edeln Formen zu dem reinen Blau des Himmelsgewölbes empor und sind mit ewigem, tadellos weißen Schnee bedeckt, welcher nach unten hin unmerklich sich verändernd allmählich Gestalt und Farbe eines Gletschers annimmt, sich auf den Thalseiten bis zur Thalsohle hinabsenkt und dort ein ebenso unwegsames Eisfeld bildet, als die mit Wasser angefüllten Thäler der tieferliegenden Bergketten dem Menschen nutzbare Wasserstraßen bieten. Zu unserer Linken liegen niedrigere, steile und nackte Felswände, und vor denselben dicht bewaldete Inselgruppen mit saftigen, frischgrünen Bäumen, zwischen denen farbenreiche Blumen hervorlugen. Dieses von der warmen Sonne mit einem eigenen Reiz übergossene Bild erhält seinen würdigen Abschluß durch den Mount Burney, welcher, seine Umgebung weit übertragend, sich in unserm Rücken aus der von ihm beherrschten Ebene, die mit Ausnahme der uns zugekehrten Seite jetzt vollständig von hohen schneebedeckten Gebirgszügen umrahmt ist, gigantisch emporhebt und in seiner majestätischen Größe das um ihn liegende gezackte, mit unendlich vielen kleinen Pics gekrönte Berggewirre verspottet. Dieser ausgezeichnete Berg, welcher nur ein riesengroßer Kegel ist, aber durch seine einfachen edeln Linien alles Plumpe von sich weist und voll Grazie nach dem unendlichen Weltall zeigt, muß auf dieser Erde einzig in seiner Art sein und kann wol als ein würdiges Denkmal der urkräftigen Allgewalt der Weltenschöpfung angesehen werden. Der in Japan auf der Insel Nipon liegende und als heilig verehrte Berg Fusijama, welcher wegen seiner reinen Formen einen hohen ihm auch gebührenden Ruf genießt, kann sich in Bezug auf großartige Schönheit mit diesem Mount Burney nicht messen und muß nach meinem Geschmack, trotz seiner doppelten Höhe, vor seinem hiesigen Rivalen zurücktreten.

Abends gegen 9 Uhr, nach einem herrlichen, an Naturgenuß so reichen Tage ankern wir in Puerto-Bueno, dem Hafen, welcher bei Aufstellung des Reiseprogramms als Ziel des zweiten Tages in Aussicht genommen war; wir haben somit die am gestrigen Tage verlorenen 20 Seemeilen wieder eingeholt. Der kreisförmige kleine

Hafen Puerto-Bueno, in welchen man durch eine schmale Oeffnung einsteuert, bietet gerade ausreichenden Platz für ein großes Schiff und ist rundherum von niedrigem Land eingeschlossen. Er weist einen außerordentlichen Fischreichthum auf; auch kommt eine eßbare sehr schmackhafte Muschel, welche wol mit der Kieler Mießmuschel verwandt ist, häufig vor und kann bei Niedrigwasser ohne weitere Mühe in großen Massen eingesammelt werden. So brachten vier Mann in einer halben Stunde ein ausreichendes Gericht für die 200 Köpfe zählende Besatzung des Schiffes zusammen. In zwei dicht aufeinander folgenden Fischzügen in einer kleinen Bucht von etwa 12 m Breite und 10 m Tiefe des Hafens wurden mit jedem Zuge in dem Netze je 120 Fische im Totalgewicht von 105 resp. 108 kg gefangen. Die große Mehrzahl der Fische bestand aus vorzüglichen fetten, bis zu 1¼ kg schweren Makrelen, der Rest aus einer Lachsforellenart bis zu 2¼ kg Schwere. An der einen Seite des Hafens mündet cascadenartig über Felsblöcke hinwegspringend ein Wasserlauf, welcher sich aus einem dicht dahinter liegenden Süßwassersee ergießt. Leider ist das Wasser aber wegen des moorigen Bodens im See schlecht und zum Trinken nicht recht geeignet. Eine Recognoscirung des Sees, welche mit einem beschwerlichen Wege durch den Urwald, über umgefallene Baumstämme und große Felsblöcke, über Moosdecken, in die man oft bis unter die Arme einsinkt, durch dichtes Gestrüpp u. s. w. verbunden ist, ließ uns auch die Spuren und die Losung von Guanacos auffinden. Natürlich wurde in der nächsten Nacht von den Jägern ein Jagdzug unternommen, um womöglich eins dieser seltenen Thiere, welche zwischen dem Kamel und dem Lama liegen und ein vielbegehrtes schönes Fell haben, zu erlegen, doch verlief die Jagd resultatlos.

Dieser Tag verschaffte uns auch die interessante Bekanntschaft mit einer Indianerfamilie. Einer der hier gebräuchlichen großen, aus drei Bretern zusammengesetzten Kähne kam in der gewöhnlichen Weise längsseit des Schiffes, d. h. zwei Männer ruderten, eine Frau steuerte und die übrigen Personen hockten in der Mitte. Der ganze Inhalt des Boots bestand aus folgenden Personen: ein älterer Mann, durch ein weißbemaltes Gesicht als Familienhaupt gekennzeichnet; zwei ältere Frauen, jedenfalls die Gattinnen des Häuptlings; ein Mann von etwa 25 Jahren; ein halbwüchsiger auffallend hübscher Bursche von

2*

16—17 Jahren; ein ebenso hübsches gleichalteriges Mädchen oder junge Frau, dem Burschen wie aus dem Gesicht geschnitten; ein Junge von 12—13 Jahren; 5 oder 6 Kinder zwischen 5 und 10 Jahren. Sämmtliche Personen waren von dunkler Kupferfarbe, mit einer dicken Schmutzkruste überzogen, hatten hübsche regelmäßige Gesichter, schöne sanfte dunkle Augen, großen Mund und waren von guter Mittelgröße. Die Körperformen der Männer waren gut; die Frauen hatten schöne Nacken und Schultern, schöne Arme, Hände und Fingernägel, und wußten Arme und Hände mit Grazie zu gebrauchen. Der Leib der Frauen war stark, die Hüften traten nicht hervor, waren daher ohne jede Taille, die Oberschenkel waren auffallend schwach, Unterschenkel und Füße jedoch wohlgeformt. Die Brüste der ältern Frauen hingen lang und schlaff herab, die des jungen Frauenzimmers dagegen waren sehr üppig, aber doch nicht so fest wie es ihrem Alter zukam. Der Leib des jungen Frauenzimmers war sehr stark, es blieb aber fraglich, ob dies ein Zeichen noch großer Jugend war, da der Leib aller Kinder infolge der mangelhaften Ernährung (die Leute leben nur von Fisch, Kräutern und einer bestimmten Erdart) stark aufgetrieben war. Die tiefschwarzen Haare waren nicht gepflegt, struppig, reich mit Ungeziefer bevölkert und bei beiden Geschlechtern gleich lang bis auf die Schultern herabreichend; Bartwuchs fehlte bei den Männern ganz. Der Häuptling trug ein Seehundsfell auf dem Rücken und eins um die Hüften geschlungen, die andern Personen hatten gleichmäßig nur ein Fell auf dem Rücken und waren sonst ganz nackt, den kleinsten Kindern fehlte auch das Rückenfell.

Gleich nach ihrer Ankunft begann das Tauschgeschäft. Für eine Cigarre, etwas Taback, ein Stück Brot oder eine Schachtel Zündhölzer wurde aus dem Boot eine aus Seehundsknochen gefertigte Lanzenspitze, ein ebensolcher Dolch oder ein Albatros-Schnabel hinaufgereicht. Geschenkt nehmen diese Leute, solange sie noch etwas zu geben haben, nichts, sondern reichen für jede Gabe, wenn sie auch als Geschenk bezeichnet wird, einen Ersatz hinauf und ruhen nicht eher, als bis ihnen der Gegenstand abgenommen ist. Nach Erschöpfung des Vorraths der Indianer richtete sich der Sinn unserer Offiziere auf die Seehundsfelle, und nun entwickelte sich eine höchst lächerliche Scene. Mit Ausnahme des Häuptlings, welcher seine

Kleidung nicht hergab, haben die Männer ihre Kleidung bald gewechselt. Der Eine trägt an Stelle seines Fells zwei alte Civilröcke übereinandergezogen, ist unten aber nackt; der halbwüchsige Bursche hat eine Hose an und eine zweite als Mantille über die

Alte Feuerländerin.

Schultern gehängt; der dreizehnjährige Junge prangt in einer alten blauen Cadettenjacke, unter welcher der braune Unterkörper sich komisch ausnimmt. Das Verlangen nach Seehundsfellen ist aber noch nicht gestillt, ein Offizier hat noch einen alten Unterlieutenants-Frack zur Hand und will für diesen ein Fell haben. Das europäische

Schicklichkeitsgefühl verbietet ihm, eins der Frauenfelle zu begehren, wenngleich diese gerade das nicht bedecken, was bei uns als bedeckungswürdig angesehen wird, er zeigt daher auf ein mit noch einem Fell versehenes Kind. Der Alte, welcher unmöglich glauben kann, daß für den schönen Frack nur ein elendes Fell verlangt wird, nimmt den von der Mutter bereits weggestoßenen Jungen am Wickel, macht ihm mit einer Holzkohle einen schwarzen Strich quer über Backen und Nase und stellt ihn zum Tausch. Als nun der Offizier, um sich verständlicher zu machen, auf das Fell des jungen Frauenzimmers und dann wieder auf das des Jungen zeigt, glaubt der Alte, er wolle beide haben, packt sie daher auch am Genick, macht ihr auch einen schwarzen Strich über Backen und Nase und stellt sie für den Frack ebenfalls zur Verfügung. Während dieser Manipulation ist in den Gesichtern der Betheiligten keinerlei Erregung zu bemerken; so wie alle gleichzeitig zu dem Schiff hinaufschwatzten, plappert auch das junge Frauenzimmer, während der Alte sie zeichnet, ohne Unterbrechung weiter fort und scheint mit demselben Gleichmuth in den Besitz eines neuen Herrn übergehen zu wollen, mit dem sie vorher die ihr zugeworfenen Brosamen auffing, und kokettirt mit ihren schönen sanften Augen ohne wechselnden Ausdruck nach wie vor zu dem jungen Lieutenant hinauf. Endlich fangen die Wilden an zu verstehen, um was es sich handelt, und nun muß das Mädchen ihr Fell hergeben. Höchst lächerlich ist es zu sehen, wie nun auf einmal ein gewisses Schamgefühl bei der Person durchbricht. Da das Schamgefühl wol in dem Körpertheil sitzt, welcher gewöhnlich bedeckt getragen wird, wie es ja bei den türkischen Frauen z. B. im Gesicht liegen soll, so wird das Ding plötzlich unruhig, zieht sich mit verängstigtem Gesicht hinter die andern im Boot befindlichen Personen zurück und läßt sich erst dort ganz zusammengekauert das Fell von ihrem uns abgewandten Rücken abnehmen. Das Fell kommt nach oben, der Frack geht hinunter; nach einigen vergeblichen Versuchen gelingt das Anziehen dieses fremden Kleidungsstücks endlich, und nun haben wir das seltene und prächtige Vergnügen, diese junge, nunmehr wieder vergnügte Schönheit der Wildniß mit nur einem offenen Unterlieutenants-Frack bekleidet vor uns stehen zu sehen. Die Erscheinung wird aber noch lächerlicher, als die Kinder die für sie höchst merkwürdigen Taschen in den Frackschößen entdecken; sie graben ihre Arme tief hinein, strecken beide Frackschöße noch oben und seitwärts hoch hinaus und die Person steht vor uns wie ein Pfau mit ausgespreiztem Rad.

Alle Gegenstände, welche von dem Schiffe aus in das Boot gelangten, wurden mit Ausnahme der Kleidungsstücke, ohne lange betrachtet zu werden, gleich der am Steuer sitzenden Frau zugereicht, welche sie in Verwahrung nahm. Nur etwas Hartbrot und Zucker behielt die zweite ältere Frau für sich, um ab und zu daran zu naschen. Eine Handvoll Rosinen, welche ich in das Boot warf, wurde aufgesammelt, die Kinder naschten wol eine, den Rest aber gaben sie ab. Das junge Frauenzimmer biß eine Rosine an, gab die zweite Hälfte ab, griff in ihre Haare und verzehrte an Stelle der Rosine einen ihrer Kopfbewohner, welchen sie wie ein Affe vorher genau betrachtete und wol für essenswerther hielt. Ein als Geschenk hinuntergereichter kleiner Spiegel ließ jeden, der hineinsah, ein so urkomisch dummes Gesicht machen, daß man annehmen muß, daß Spiegel etwas bisher Unbekanntes waren. Die zwei jungen Männer mußten auf Deck antreten; es wurde ihnen ein Cognak vorgetrunken, worauf sie es nachmachen mußten. Der Cognak wurde getrunken und beide standen gleichmäßig wie Statuen vor uns mit offenen Mäulern, gehobenen Nasenflügeln und so sprechend lachenden Augen, daß wir uns Gewalt anthun mußten, um nicht jedem eine derbe Ohrfeige zu geben und sie damit aus ihrer Verzauberung zu reißen. Sie erhielten den zweiten Cognak — dieselbe Wirkung, den dritten Cognak — der gleiche Erfolg; dann ließen wir es genug sein.

Gleich zu Anfang während des Tauschgeschäfts kroch ein etwa 6 Jahre alter Junge an seine Mutter heran, nahm die eine Brust, saugte daran, warf sie aber zur Seite und nahm die zweite, welche ihm das Gesuchte zu geben schien. Die Mutter, deren Gedanken nur nach dem Schiffe gerichtet waren, schien diesen Vorgang gar nicht zu bemerken; ohne nur den Kopf zu drehen oder ihre erhobenen Arme zu senken, schrie sie in derselben Weise nach dem Schiff hinauf. Wir sehen doch unwillkürlich nach der Stelle hin, wo eine Fliege uns belästigt, geschweige denn wenn ein Kind uns unerwartet auf den Leib rückt, hier aber scheint fast jedes Gefühl am Körper zu fehlen.

Als ich abends in meinem Boote noch etwas segelte und zu der Hütte unserer Indianerfamilie kam, sah ich die beiden jungen

Männer auf einem Steine sitzend in das Wasser stieren, der eine immer noch mit seinen zwei Röcken, der andere mit seinen zwei Hosen; der dreizehnjährige Junge stolzirte in seiner Jacke auf einem im Wasser liegenden großen Stein umher, beide Hände in den Seitentaschen und damit die Jacke so knapp an den Rücken holend, daß die untere nackte Partie um so besser hervortrat. Das Mädchen stand am Ufer, aber wieder mit einem Fell auf dem Rücken; der Frack ziert jedenfalls schon den alten Häuptling, welcher sich in diesem Staatskleid in seinem Wigwam wol von seinen Frauen bewundern läßt.

Als Curiosum führe ich noch an, daß auf der „Leipzig" in der eigentlichen Magelhaens-Straße ein Besuch der Wilden den Matrosen Veranlassung gab, ein junges Frauenzimmer in eine große Bütte mit Wasser zu setzen und sie mit Bürsten und Seife gründlich zu waschen. Sie soll nach Schluß der Wäsche ordentlich hell gewesen sein und ganz appetitlich ausgesehen haben.

Morgens $3\frac{1}{2}$ Uhr setzen wir die Reise nördlich fort, mit der Absicht gegen Abend in dem 150 Seemeilen entfernten Gray-Hafen zu ankern. Der vor uns liegende Tag schließt den schwierigsten Theil der ganzen Fahrt durch die Straßen in sich, da gerade hier zusammengedrängt die engsten Stellen liegen und ein Theil der Straße noch dazu mit sehr vielen blinden wie sichtbaren Klippen übersäet ist. Auch führt der vor uns liegende Weg durch einen langen Kanal, welcher oft mit Treibeis, welches die Navigirung erschwert, angefüllt sein soll. Die Morgenluft sieht gut aus und wir dürfen wieder auf einen schönen Tag rechnen. Schon gegen 6 Uhr morgens stehen wir vor einer der hervorragendsten Engen und sind von einer Scenerie umgeben, welche lebhaft an die der schönen norwegischen Fjorde erinnert. Das Schiff befindet sich bereits in einem ziemlich engen Kanal; vor uns liegt eine Insel, welche sich in ihrer Grundform als regelmäßiger Kegel aus dem Wasser erhebt, deren kahles Gestein nach oben zu aber stufenförmig einfällt, sodaß der Berg den Namen Treppenberg erhalten hat. Dieser mächtige Felsblock scheint den Weg zu verschließen, denn er lehnt sich von unserm Standpunkt aus gesehen direct an die hinter ihm liegenden 800—1000 m hohen Felswände an. Das Schiff macht einen Bogen nach rechts und läuft dann zurückdrehend um den Treppenberg in die sich links öffnende und immer mehr verengende Straße ein, erreicht nach Zurücklegung von etwa 3 Seemeilen die engste Stelle und steuert dann nach Passirung derselben in ein weites Wasserbecken von etwa 20 Seemeilen Breite. Hiermit ändert sich auch ganz plötzlich der Charakter unserer Umgebung. Während wir vorher zwischen hohen dunkeln Felswänden, welche mit ihren Schatten die ganze Straße beherrschten, eingekeilt waren, befinden wir uns jetzt auf freiem, von der Sonne hell beschienenen Wasser. Die Berge sind in weite Ferne gerückt, das Land in unserer Nähe wird nur durch kleine niedrige, mit dichtem Wald bewachsene Inseln repräsentirt. Das Wasser, welches vorher keine Bewohner zu haben schien, ist auf einmal reich bevölkert, die ganze Flut lebt. Große Scharen von Möven, Tauchern und Enten der verschiedensten Gattungen schweben und fliegen kreuz und quer über das Wasser hin oder sonnen sich, ruhig auf demselben schwimmend, um nur dann aufzufliegen, wenn das Schiff nahe an sie herankommt. Große Heerden von Seehunden folgen, wie in unsern Meeren die Delphine, hoch aus dem Wasser herausspringend mit eleganten Sätzen dem Schiffe. Und trotz dieses Lebens — welche Grabesstille! Bei der herrschenden Windstille kann die Takelage ihren uns so wohlbekannten Gesang nicht anstimmen; die spiegelglatte Flut ist frei von dem Geräusch sich überstürzender Wellen, welches uns sonst fast immer begleitet; alle Thiere gehen, ohne einen Laut von sich zu geben, stumm ihrer Beschäftigung nach; alles ist stumm, denn auch vom Lande her lassen weder Vögel noch anderes Gethier ihre Stimme vernehmen. Diese sonntägliche Stille wird nur unterbrochen, wenn das Schiff in zu große Nähe von Dampfschiffs-Enten kommt, welche in diesem Falle mit geräuschvollem Geplätscher das Weite suchen.

Dieser Vogel kommt meines Wissens nur in den Gewässern der Magelhaens-Straße vor; er gehört zu den Enten, ist klein, von sehr zierlichem Bau und hat einen reizenden Kopf. Die Thierchen nehmen auf dem Wasser dieselbe Stufe wie der Strauß auf dem Lande ein, d. h. sie können nicht fliegen, sondern sind nur vorzügliche Schwimmer und Taucher. Wie der Strauß beim schnellen Lauf seine kurzen Flügel mit benutzt, so thut diese Ente dasselbe beim schnellen Schwimmen; wie die Schaufelräder eines Schiffes schlagen die kleinen unentwickelten Flügel auf und in das Wasser. Es sieht höchst possirlich aus, wenn sich eine Heerde dieser zierlichen Thiere in schnelle Bewegung setzt. Die Köpfchen sind weit aus dem Wasser gestreckt, die Flügel schlagen immer abwechselnd so schnell und kräftig auf das Wasser, daß es hoch aufspritzt, von dem Arbeiten der Füße wird das Wasser hinten ebenso wie von einer Schiffsschraube aufgeworfen. Sowol aus diesem Grunde, wie auch wol wegen ihrer Schnelligkeit, hat man ihnen ihren Namen gegeben; trotzdem wir mit 10 Knoten Geschwindigkeit gingen, liefen uns diese kleinen plätschernden Dinger doch in ziemlich raschem Tempo vorbei.

Hier will ich auch noch eines absonderlichen Vogels erwähnen, den wir am 17. Januar an einer Stelle in der Magelhaens-Straße in großen Scharen sahen. Es ist ein ganz kleiner Wasservogel von der Größe eines Sperlings oder vielleicht besser gesagt der eines Keisvogels, weil er auch dessen Farbe hat. Da man nicht gewohnt ist, so kleine Wasservögel zu sehen, so kamen diese Thiere uns vollständig märchenhaft vor. Wir hatten uns kurz vorher mit den riesigen Walfischen beschäftigt, hatten große Möven in der Nähe, waren von mächtigen Gebirgszügen umgeben und sahen uns inmitten dieser großartigen Natur, wo alles sich in großen Dimensionen hält, nun plötzlich bei dem Einlaufen in einen großen Kessel von diesem kleinen Volk umgeben, das wie die Heinzelmännchen in zauberartiger Schnelligkeit das ganze Wasserfeld bedeckte und an der nächsten Ecke ebenso plötzlich wieder verschwand. Höchst putzig sah es aus, wenn dieses winzige Gethier von dem Schiffe aufgescheucht sich scharenweise gleichzeitig erhob, in geschlossener Truppe einen großen Bogen abflog und dann plumps! wieder regungslos auf dem Wasser saß, geradeso wie eine Heerde frecher Sperlinge, welche von einem Kirschbaum aufgescheucht schnell und ohne weiteres Besinnen sich auf dem nächsten niederläßt.

Als wir in das freiere Wasser einsteuern, steht vor uns fern am Horizont dickes Gewölk, welches wol zu der Sorge berechtigt, ob uns das gute Wetter erhalten bleibt. Bald wird in der verdächtigen Wolkenbank ein großes uns entgegensteuerndes Schiff entdeckt, was mir zu der übermüthigen Bemerkung Veranlassung gab, daß jetzt in Betreff des Wetters nichts mehr zu befürchten sei, da es ja genug sei, wenn ein Schiff den Regen zu tragen habe; denn ich konnte gar nicht daran glauben, daß das hier so seltene herrliche Wetter nun auf einmal ein Ende haben sollte. Merkwürdig genug, daß es wirklich so kommt. Um 7 Uhr morgens passiren wir unter trübem Himmel dicht aneinander vorbei, um 8 Uhr schwimmen wir bereits wieder unter wolkenlosem Himmel und erfreuen uns eines prächtigen, windstillen Tages, während die amerikanische Corvette, mit welcher wir die übliche Höflichkeitsform des Flaggenzeigens ausgetauscht hatten, in dickem Regen hinter uns verschwindet. Da sich zur selben Zeit in unserer Nähe noch ein kleines Segelschiff, welches wahrscheinlich auf Seehundsjagd ist, befindet, so feiern wir ein gewiß seltenes Zusammentreffen in einer Gegend, wo oft monatelang kein Schiff passirt. Gegen 10 Uhr vormittags, nach Zurücklegung von etwa 30 Seemeilen seit dem Verlassen der Enge, rückt das Land allmählich wieder zusammen, und bereits um 11 Uhr steuern wir in den Wide-Kanal ein. Es ist dies ein 25 Seemeilen langer und 2—2½ Seemeilen breiter Hohlweg, welcher durch fast senkrecht aus dem Wasser aufsteigende nackte Felswände von etwa 300 m Höhe gebildet wird. Wie die ganze Magelhaens-Straße mit ihren angrenzenden Kanälen reich an Ueberraschungen ist, so stand uns auch hier eine bevor.

Mit dem Einlaufen in diesen Kanal kamen wir plötzlich in eine ganz andere Welt. Die Landschaft, durch welche während der letzten Tage unser Weg führte, hatte gewiß einen winterlichen Anstrich, die Temperatur war verhältnißmäßig niedrig, so niedrig, daß wir trotz Sonne und Windstille Winterkleider trugen; der empfangene Eindruck mahnte aber nicht an den Winter, wir waren vielmehr uns dessen wohl bewußt, daß wir in dem Sommer einer hohen Breite waren. Jetzt treten die schneebedeckten Gipfel zurück, wir sehen nur die Felswände des Hohlwegs, welche ebenso wie die unter Windstille liegende Flut von der vor und über uns im Mittag stehenden Sonne warm beschienen werden; die Temperatur ist höher als während der letzten Tage und hält sich auf 14° R.; wir befinden uns im Hochsommer auf einer Breite, welche Heidelberg entspricht, sind heute auch leichter bekleidet und trotzdem ist der Eindruck auf Auge und Gefühl eines jeden von uns der eines schönen, sonnigen Wintertages. Die Umgebung bietet nur wenig Abwechselung, und nur hin und wieder gestattet eine Schlucht einen Blick auf die ferner liegenden Schneeberge. Wie im Schiffe so herrscht überall sonntägliche Ruhe; einzelne hervortretende Punkte, welche das Schiff in seinem gleichmäßigen raschen Laufe passirt, werden zur Ortsbestimmung benutzt, die übrige Zeit gehört den Gedanken. Wo meine Gedanken weilen ist nicht schwer zu errathen: in der Heimat bei Weib und Kindern, welche nach ihrem Tageswerk jetzt wol beim Abendbrot sitzen. Meine Augen ruhen ohne zu sehen und ohne sehen zu wollen auf dem vor uns liegenden Bilde, das in seiner melancholischen Eintönigkeit den Menschen abstößt und ihn auf seine Gedanken allein verweist. Ein schnurgerader Hohlweg von solcher Länge, daß der Wasserhorizont noch vor den in weiter Ferne für das Auge zusammenstoßenden Seitenwänden liegt, unter uns ein schmaler Streifen blau-grauen spiegelglatten Wassers, zu beiden Seiten nackte und düster gefärbte Felswände von gleicher Höhe, über uns ein schmaler Streifen des wolkenlosen Himmels und in diesem die heißstrahlende Sonne. Auf solcher Scenerie kann das Auge wol ruhen ohne zu sehen, und doch ist plötzlich der Blick gefesselt, meine Gedanken kehren zum Schiffe zurück. An der Wassergrenze vor uns tauchen weiße Flecken auf, welche in grellem Contrast zu der hinter dem Horizont liegenden dunkeln Felsenwand stehen; wir sind in dem Kanal, welcher häufig Treibeis haben soll, und die neue Erscheinung kann nur Eis sein. Mit unserm Vorschreiten verwandeln sich denn auch die Flecken in Eisschollen, und bald läuft das Schiff in ein großes Eisfeld hinein, wirft die kleinen Schollen zur Seite, geht den großen aber vorsichtig aus dem Wege. Der ganze Kanal ist hier mit Treibeis der verschiedensten Formation bedeckt; einige Stücke sind krystallklar, andere milchig; die große Mehrzahl allerdings hat die schöne hellgrün-blaue Farbe der Gletscher. Einzelne dieser in phantastische Formen zusammengeballten Eisschollen sind kleine Eisberge von 6—10 m Dicke und wahre Prachtstücke in Bezug auf Formen und Schönheit ihrer Farben; ja sie suchen mit dem Glanz eines Edelsteins zu wetteifern, sobald sie von den Strahlen der Sonne getroffen werden.

Es kann keinem Zweifel unterliegen, daß das uns umgebende Eis sich von einem in der Nähe befindlichen Gletscher losgelöst hat; wir finden diesen auch bald in einer großen Bucht, welche er von den Bergen herunterkommend ganz mit Eis angefüllt und dieses in einer gewiß 5 m dicken Lage bis an den Hauptkanal vorgeschoben hat. Da wir nach Passirung dieses Gletschers kein Eis mehr im Wasser finden, so muß er naturgemäß auch die Quelle der treibenden Eisfelder gewesen sein.

Um $2\frac{1}{2}$ Uhr nachmittags läuft das Schiff rechts in den Eiskanal ein und um $3\frac{1}{2}$ Uhr mit einer scharfen Wendung nach links in den von hohen Felsen eng eingeschlossenen Grappler-Kanal. In den Eiskanal mündet ein 40 Seemeilen langer Sund, welcher, von ausgedehnten Gletschern umgeben, jedenfalls infolge der dort lagernden kolossalen Eismassen die Ursache ist, daß in dem Eiskanal eine von dem Sund herkommende regelmäßige kalte Luftströmung beobachtet wird, wegen welcher er seinen Namen erhalten hat. Als wir in den Eiskanal einsteuern, kommt uns ein leichter kalter Wind entgegen, die Temperatur fällt um 1,2° und steigt sofort wieder um 1,5°, sobald wir von hier in den Grappler-Kanal einlaufen.

Kurz nach 5 Uhr dampft die „Ariadne" in eine Straße ein, die so voll sichtbarer und blinder Klippen ist, daß die größte Vorsicht nothwendig wird; die Fahrt des Schiffes wird daher sehr vermindert, um ein eventuelles Auflaufen auf eine Klippe nach Möglichkeit unschädlich zu machen. Hier im Indian-Kanal strandete auch vor Jahresfrist ein deutscher Dampfer.

Endlich finden wir auch Gelegenheit, den Seehund dieser Gewässer, welcher wegen seiner Größe gewöhnlich wol Seelöwe oder richtiger Seebär genannt wird, aus nächster Nähe in seiner Freiheit zu beobachten. Zwischen den vielen über Wasser liegenden Klippen, an welchen wir jetzt dicht vorbeidampfen, hausen ganze Heerden dieser Thiere, zeigen keinerlei Scheu vor dem Schiffe und lassen sich durch dasselbe nicht in ihrer Beschäftigung stören. Etwa 200 Schritt von uns entfernt wälzt sich im wahren Sinne des Wortes eine große Heerde in dem flachen Wasser, welches die Klippen umgibt, während ein kleineres Rudel, neugierig nach dem Schiffe hinsehend, unbeholfen auf den Klippen herumkriecht und kleine Trupps sich in tiefem Wasser und auch dicht beim Schiffe herumtummeln. Die in dem flachen Wasser spielenden Thiere bilden einen großen Knäuel von Köpfen und Schwänzen, da sie wegen der zu geringen Wassertiefe immer mit einem Theil ihres Körpers aus dem Wasser hervorschnellen müssen; die in dem tiefen Wasser befindlichen Thiere wetteifern, wie schon früher beschrieben, mit der Kunstfertigkeit der Tümmler; mit gekrümmten Rücken springen sie hoch aus dem Wasser hinaus und in elegantem Bogen wieder hinein. Waren wir vorher über die Identität dieser Thiere noch im Zweifel, trotzdem wir den Seehundskopf mit dem Fernrohr deutlich erkannt hatten, so mußten jetzt alle Zweifel schwinden; diese gelenkigen und eleganten Wasserbewohner sind dieselben

Seehunde, welche auf den Klippen so grenzenlos plump und ungeschickt sind. Hier will ich noch anführen, daß der Seehund der Magelhaens-Straße, welcher den unsrigen so sehr an Körpergröße übertrifft, sich von diesem noch dadurch wesentlich unterscheidet, daß er ebenso neugierig wie dieser scheu ist. Auf diese stark ausgebildete Neugierde haben auch die Robbenschläger ihr eigenthümliches Jagdsystem gegründet. Sie betreiben die Jagd nur in kleinen Fahrzeugen, mit welchen sie dicht an und zwischen die Klippen kommen können. Werden sie nun einer Seehundsheerde ansichtig, dann steuern sie direct auf dieselbe los und machen dabei mit Pauken und Gongs so starken Lärm als sie überhaupt hervorbringen können, während ein Theil der Besatzung mit Repetirgewehren zum Schuß bereit steht. Der Seehund läßt sich merkwürdigerweise von dem ankommenden lärmenden Fahrzeuge nicht verjagen, sondern die ganze Heerde sammelt sich auf den Klippen, um das kuriose Ding, was da ankommt, anzuschauen, und gibt den Jägern so Gelegenheit, aus nächster Nähe so viele von ihnen niederzuschießen, als Patronen in den Gewehren vorhanden sind.

Um 7 Uhr abends langt das Schiff vor dem schwierigsten Theil unserer ganzen Kanalfahrt an. Wir stehen dicht vor der berüchtigten Enge (English narrows), welche allein viele Schiffe abhält diese Kanäle zu benutzen und in jedem Neuling ein wahres Grauen hervorbringen muß, da alle Bücher Vorsicht über Vorsicht empfehlen und mündliche Nachrichten mit Achselzucken begleitet werden, als ob der Berichterstatter sagen wolle: „Versuchen Sie es, es geht, ich übernehme aber keine Verantwortung." Mit einem chilenischen Corvetten-Kapitän und dem deutschen Kapitän eines chilenischen Dampfers, welch letzterer erst vor wenigen Tagen dort mitten zwischen Klippen gelegen hatte und es nur einem glücklichen Zufall zuschrieb, daß er ohne Schaden wieder freikam, hatte ich gesprochen. Beide führten nur kleine Schiffe und hielten die Passage schon für sehr bedenklich. Neuerdings ist sie auch den Postdampfern von ihren betreffenden Gesellschaften verboten worden, und doch kann es nicht so schlimm sein, da sie von englischen, französischen und amerikanischen Kriegsschiffen jeder Größe schon benutzt worden ist und noch benutzt wird.

Hier tritt nun einer jener Momente ein, welche im Seeleben häufiger vorkommen, als man vielleicht gemeinhin annimmt. Ein Moment, in welchem der Commandant eines Kriegsschiffes etwas wagen muß, was ihn in Conflict mit dem Strafgesetz bringt, sobald das unternommene Manöver unglücklich ausfällt. Die mit der Stellung verknüpften Pflichten sind aber höhere und verlangen die Uebernahme einer Verantwortung, welche man ablehnen könnte. Denn wie sollen die Offiziere die wirkliche Leistungsfähigkeit des Schiffes kennen lernen, wenn sie nicht Proben von derselben gesehen? Wie soll die Mannschaft das für den Moment der wirklichen Gefahr durchaus nothwendige Vertrauen zu ihrem Commandanten und ihren Offizieren erhalten, wenn sie nicht vorher schon gesehen hat, daß ihre Befehlshaber auch in schwierigen Lagen ihrer Aufgabe gewachsen sind?

Vor uns liegen durch eine kleine Insel getrennt zwei Passagen, die linke nahezu 300 m breit und frei von Untiefen, die rechte nur 70 m breit und durch eine unter Wasser liegende Sandbank so eng gemacht; mithin doppelt gefährlich, weil man den Feind nicht sehen kann. Auch liegen jenseit der engern rechten Passage Klippen in so geringer Entfernung, daß das Schiff gleich hinter der Passage fast auf der Stelle drehen muß, während die linke Seite einen bequemen Bogen gestattet. So sollte man meinen, daß zweifellos die linke Passage zu wählen ist, und doch neigt sich aus den vorher angegebenen die Wagschale nach der rechten Seite.

Mir ist höchst unbehaglich zu Muthe, denn es ist ein eigen Ding mit der Verantwortung über ein Kriegsschiff. Mein Herz pulsirt schneller — jetzt muß es kommen. Mit einem kleinen Bogen sind wir plötzlich vor einem aus vielen kleinen Inseln bestehenden Inselgewirre, welche sich an hohe, die Natur hier abschließende Bergketten anlehnt. Die Sonne steht schon so tief, daß sie die Schatten der Berge auf die Fluten wirft, wodurch alles vor uns Liegende, die Inseln, der auf den Klippen wachsende Seetang und das Wasser, eine übereinstimmende dunkelgrüne Farbe erhält: eine Beleuchtung, welche jede Distanzschätzung außerordentlich erschwert. Das Schiff dringt ganz langsam vorwärts; alles was gehen kann, ist auf Deck und lugt über die Brustwehr, um die Fahrt durch dieses Labyrinth mitanzusehen; die Offiziere schauen mehr nach der Commandobrücke als nach der Umgebung; ich blicke nach der noch $1\frac{1}{2}$ Seemeilen entfernten kleinen Insel aus, welche als Wegweiser dient, und suche sie weit ab. Die Beleuchtung mahnt zur Vorsicht, die Insel ist in der Ferne nicht zu sehen, der scheinbar vor uns liegende kleine Humpel kann sie nur sein. Hier heißt es schnell und entschieden handeln; die kleinste Verzögerung kann die bedenklichsten Folgen haben. Der Mann, welcher eine Secunde vorher mit gebeugtem Kopfe unruhig und sorgenvoll auf der Commandobrücke hin- und hertrippelte, ängstlich nach der Karte schaute und dann wieder das umliegende Land studierte, fühlt jetzt seinen Herzschlag nicht mehr, die Beklemmungen sind geschwunden, er steht mit gehobenem Kopfe, gibt ein kurzes Commando nach dem Ruder, ein Avertissement nach der Maschine und ruft sorglos lachend den Offizieren zu: „Meine Herren, passen Sie auf, wie das Schiff sich durchzwängen wird!" Das Ruder wird gedreht, der Bug wendet sich nach rechts, nach dem Fahrwasser, wo die Besatzung sehen kann, was ein gutes Schiff zu leisten vermag. Wir laufen so dicht an der kleinen Insel vorbei, daß die Raaen über dem Lande hängen; die Schiffsseite ist nur 3—4 m von der steinigen Küste entfernt, die Zweige der überhängenden Bäume können fast von dem Schiffe aus erreicht werden. Die Insel ist nur klein, viel Zeit zum Nachdenken ist nicht gegeben; noch während das Schiff an der Insel liegt, muß das Ruder schon gedreht werden, um sobald das Hinterschiff frei von der Küste ist, seine volle Kraft zur Geltung bringen zu können. Alles geht schnell und concentrirt sich auf Augenblicke; die Maschine erhält den Befehl, mit voller Kraft zu gehen, noch ehe das Schiff frei ist, hier müssen aber die Secunden, welche bis zur Ausführung des Befehls verstreichen, mit in Berechnung gezogen werden. Die Maschine schlägt mit voller Kraft an, das Schiff dreht sich wie ein Kreisel, das Ruder wird zurückgelegt und das Schiff schießt an den Klippen vorbei, um nach wenigen Minuten einen gleich scharfen Bogen zurückzumachen und dann in freiem Fahrwasser nach dem naheliegenden Hafen zu dampfen. Freies Fahrwasser? Unter gewöhnlichen Umständen würde man hier stets einen Lootsen nehmen, wenn man einen bekommen könnte, und würde nur mit langsamer Fahrt gehen. Nach dem, was heute hinter uns liegt, ist jedoch das vor uns liegende Fahrwasser so frei, daß es mit Volldampf nach dem Gray-Hafen geht, wo um 8½ Uhr abends unter einer dicht bewaldeten 6—700 m hohen Felsenwand geankert wird.

Es ist ein wahrhaft poetischer Abend. Vor uns liegt die mit dichtem Urwald bestandene hohe Felsenwand, welche das Himmelsgewölbe zu berühren scheint, sie sendet uns lange nicht mehr genossenen

Blumenduft entgegen. Eulen lassen ihr geisterhaftes Geschrei vernehmen; mehrere über Felsen steil herabfallende Bergbäche ergießen sich mit einschläferndem Gemurmel in den Hafen, welcher, trotz der noch hellen Dämmerung, von der sich in den Fluten spiegelnden Felsenwand schon in dunkle Schatten gelegt ist. Zur Rechten öffnen sich die Berge und gestatten einen Blick auf einen weit abliegenden schneebedeckten hohen Vulkan, dessen Gipfelgestalt deutlich einen Krater erkennen läßt und dessen Schneedecke, wol durch übergestreute Asche, grau gefärbt ist. Hinter uns wird der Hafen durch eine niedrige dicht bewaldete Landzunge abgeschlossen, und über diese hinweg blickt das Auge auf einen von hohen Bergen eingeschlossenen, in tiefem Schlaf liegenden Alpensee, in welchem mit Genugthuung die Stelle erkannt wird, welche vor einer Stunde mit so banger Sorge passirt werden sollte und mit so frohem Gleichmuth passirt worden ist. Köstlicher Friede lagert über diesem anziehenden, in großartiger Ruhe daliegenden Bilde. Wir wissen, daß wir Hunderte von Meilen von menschlichen Ansiedelungen entfernt sind, daß wir, ebenso wie während der letzten Tage, uns in vollkommenster Einsamkeit befinden, und doch ist es hier anders — die Natur lebt, Blumenduft, Vogelstimmen und plätschernde Waldbäche athmen ein Leben aus, welches dem Menschen das Gefühl des vollständigen Verlassenseins benimmt und der Umgebung einen Zauberreiz verleiht, welcher sich wol empfinden aber nicht beschreiben läßt. Dieser kleine Hafen, welcher mit seinen Reizen zum Bleiben einladet, soll der letzte Halteplatz in diesen Straßen sein und ich habe für denselben einen Aufenthalt von drei Tagen in Aussicht genommen. Das noch vor uns liegende Fahrwasser bis zur freien See ist einfach und klar, alle schwierigen Stellen liegen hinter uns, die Distanz bis zum Ocean ist so gering, daß ein überfrühes Aufstehen nicht mehr nöthig wird; so kann ich also mit dem Bewußtsein zu Bett gehen, daß die Strapazen ihr Ende erreicht haben und einige Tage wohlthätiger Ruhe vor mir liegen.

Schon früh am Tage am 21. geht ein Theil der Mannschaft zum Holzfällen an Land. Ich beabsichtigte nach dem Frühstück auf den nächstgelegenen höchsten Berggipfel zu steigen, um von dort einen freiern Ueberblick über dieses noch so wenig erforschte, eigenthümlich wilde Land zu erhalten. Eine nähere Untersuchung ließ indeß alle Hoffnung schwinden. Die Bergwände sind so steil, daß sie nur mit Lebensgefahr und dann auch erst nach mehrtägiger Anstrengung zu erklimmen sind; daneben sind sie mit so dichtem Urwald, Gestrüpp und Schlingpflanzen bedeckt, daß ein Versuch, ohne Gebrauch der Axt nur wenige Schritte vorzudringen, als unausführbar aufgegeben werden muß. Ich entschließe mich daher, einen andern in Aussicht genommenen kleinen Ausflug zur Ausführung zu bringen. Einige Offiziere schließen sich an und bald sind wir in zwei Booten unterwegs. Von dem Hafen aus gelangen wir in einen Süßwassersee von einer Seemeile Ausdehnung, welcher sein Wasser von einem kleinen Fluß erhält, der wiederum von einem großen Wasserfall gespeist wird, welcher das Schneewasser von den Bergen in das Thal führt. Der See ist in Uebereinstimmung mit dem Charakter des ganzen Landes mit kleinen bewaldeten Inseln angefüllt, zwischen welchen einige Taucher hin- und herfliegen. Bald gelangen wir in den kleinen Fluß, wo auf den mit saftigem Laub bedeckten Ufern sich über hochrothen Blumen Schmetterlinge wiegen, ein vereinzelter Kolibri umherschwirrt und aus dem Gebüsch einige Papagaien ihre heisere Stimme vernehmen lassen. Auch finden sich hier die gemeine Pferdefliege sowie eine kleine schwarze Stechfliege ein und lechzen nach unserm Blute. Nach einer weitern Viertelstunde langen wir an dem schönen, zwischen Felsen aus dichtem Baumgewirre sich ergießenden Wasserfalle und damit an dem Ende unserer Fahrt an, da der Urwald ein weiteres Vordringen unmöglich macht. Eine leere Sardinenbüchse und ebensolche Mixed-Pickles-Flasche sind die einzigen menschlichen Spuren in dieser Wildniß.

Unsere Rückkehr bringt mir eine sehr unangenehme Ueberraschung. Einer der beim Holzfällen beschäftigten Leute hatte seine brennende Pfeife ausgeklopft und damit einen Waldbrand angefacht, welchen wir nicht mehr löschen konnten, diese Arbeit daher dem nächsten mitleidigen Regen überlassen mußten. Das Moos und Gestrüpp, sowie die aus früherer Zeit vom Holzfällen zurückgelassenen Astreste sind von einer solchen Dürre, daß, nachdem der brennende Taback das Moos erst entzündet hatte, ein Löschen schon nicht mehr möglich war. Das Feuer war zwar an der ersten Stelle gleich gelöscht worden, hatte sich aber in der 1—2 m dicken dürren Moosschicht so schnell fortgepflanzt, daß es gleichzeitig an zehn andern Stellen hervorbrach. Jetzt, eine halbe Stunde nach der ersten Entzündung, stand bei unserer Rückkehr zum Schiffe schon die ganze Landzunge in hellen Flammen.

Die noch am Lande befindlichen Leute wurden sogleich zurückbeordert; eine kurze Ueberlegung sagt mir, daß das Schiff hier nicht bleiben darf. Springt der Wind um, was jeden Augenblick geschehen kann, dann wird der Aufenthalt hier wegen des Rauches nicht nur unleidlich, sondern bei der geringen Entfernung des Ankerplatzes von dem Herd des Feuers kann auch die größte Gefahr für das Schiff entstehen. Ich lasse daher Dampf machen, um nach dem nächsten nur drei Seemeilen entfernten Hafen zu gehen. Was ist aus der gestern erträumten dreitägigen Ruhe geworden?

Die Dampfpinasse wird mit einem andern Boot im Schlepptau vorausgeschickt, läuft zwar an dem ihr bezeichneten Eingange vorbei, hört die Signalschüsse nicht mehr und verschwindet um die nächste Ecke, sie wird aber zurückkehren, wenn sie das Schiff nicht folgen sieht, da dem Führer die erhaltenen Ordres ja bald sagen müssen, daß er zu weit gegangen ist. Um 4 Uhr nachmittags wird in dem nächsten, „Halt-Bay" genannten Hafen geankert und dort gleich wieder mit Holzfällen und Wassereinnehmen begonnen. Dieser Hafen ist auch wieder eine köstliche kleine Idylle, das Ausbleiben der Dampfpinasse macht mir aber so viel Sorge, daß die Naturschönheiten jetzt ohne Reiz für mich sind. Das Holz ist gut, das Trinkwasser vorzüglich, ein Fischzug ergibt 146 Stück großer fetter Makrelen. Die Nacht bricht herein, der Himmel über dem Gray-Hafen ist von dem mächtigen Waldbrande blutroth gefärbt, und die Sorge um die verirrten Boote raubt mir den Schlaf. Das Schiff ist so mit Signallaternen behängt, daß es von außerhalb des Hafens gesehen werden muß, zum Ueberfluß lassen wir noch in gewissen Zwischenräumen eine Rakete steigen.

Beim ersten Tagesgrauen wird mir die Meldung gemacht, daß die Boote nicht zurückgekehrt seien; ich muß also mit dem Schiffe sie suchen gehen, da sie ohne Waffen und ohne Proviant zweifellos in Gefahr sind. Ich bin in sehr großer Sorge. Es ist zu häufig schon vorgekommen, daß in diesen Gegenden einzelne Boote von Indianern angegriffen, die Insassen ermordet und die Boote dann, um alle Spuren zu verwischen, vollständig vernichtet wurden; dies konnte also auch unsern Booten passiren. Um 4 Uhr morgens verläßt das Schiff den Hafen wieder und befindet sich in einer Stunde vor der nächsten tiefen Bucht, von welcher keine Karten existiren, in die ich

3*

daher ohne großen Zeitverlust und mögliche Gefahr für das Schiff auch nicht einlaufen kann. Der erste Offizier erhält daher den Auftrag, mit zwei bewaffneten Booten die Bucht abzusuchen, und das Schiff geht, nachdem Zeit und Ort der Wiedervereinigung angeordnet ist, weiter, um an der nächstgelegenen Küste nach den Verirrten zu suchen. Ich bin in wirklich ernster Sorge; sechs Menschen und zwei Boote auf solche Weise zu verlieren ist wahrlich keine Kleinigkeit. Das Schiff läuft kreuz und quer, alle Ferngläser sind in Thätigkeit, die obersten Sitze auf den Masten sind mit zuverlässigen und wegen ihrer scharfen Augen bekannten Männern besetzt, halbstündlich wird ein Signalschuß abgefeuert; doch alles ist vergebens, um 10 Uhr sind wir wieder ohne Resultat vor der erstgenannten Bucht, aus welcher auch bald die dahin entsandten Boote zurückkehren, ohne eine Spur von den Vermißten gefunden zu haben. Es waren zwar Fußspuren und verlassene Hütten von Indianern gefunden, die Fußspuren auch in das Innere verfolgt worden, doch wurden keinerlei Anzeichen gefunden, welche auf unsere Boote oder auf einen stattgehabten Kampf hätten deuten können. So blieb denn kein Zweifel, daß unsere verlorenen Boote hier und in dem Umkreis von 10 Seemeilen, welche das Schiff durchsucht hatte, nicht waren. Nun kam eine neue Sorge, nämlich die, daß, wenn die Boote weiter gegangen waren, sie leicht in ein 25 Seemeilen von Halt-Bay entferntes Labyrinth von unerforschten Kanälen eingelaufen sein konnten, weil von unserm Standort aus die Küste bis dahin keine Buchten mehr aufwies, die Boote also nur dort einen Liegeplatz finden konnten. Waren sie wirklich bis dahin gekommen und in jene unbekannten Straßen eingelaufen, dann waren sie meiner Ansicht nach verloren und mir blieb dann nur die Alternative, entweder mit großer Vergeudung von Zeit ein hoffnungsloses Suchen fortzusetzen, oder aber Menschen und Boote im Stich und ihrem Schicksal zu überlassen, weil ihnen meiner Ueberzeugung nach keine Rettung mehr zu bringen war. Nur eine Hoffnung war übrig. Der in der Dampfpinasse gewesene Kohlenvorrath konnte nach der Berechnung und unter Zugrundelegung der günstigsten Stromverhältnisse nur bis zum Eingang jenes Labyrinths gereicht haben, Holzfeuerung ist für diese Art Dampfkessel nicht geeignet; hat also nicht etwa ein tückischer Zufall die Geschwindigkeit der Boote beschleunigt, dann müssen sie noch vor der gefürchteten Stelle bewegungslos geworden sein und in irgendeinem kleinen Winkel an der Küste liegen.

Zu meiner Stimmung, welche ich wol nicht näher zu schildern brauche, paßt auch das Wetter. Im Laufe des Vormittags hat sich die ortsübliche Witterung eingestellt, es weht ein Sturm. Die ganze Straße ist in Wasserdampf eingehüllt; die vor dem Sturm hinjagenden Wolken legen sich schwer bis aufs Wasser und hüllen alles in dichten Nebel. Der Wind fegt die Straße allerdings so oft auf Augenblicke rein, daß man mit dem Schiffe sicher vorwärts gehen kann, immerhin ist solches Wetter aber schlecht geeignet, um weite Strecken, in welche das Schiff nicht eindringen kann, durch Boote absuchen zu lassen. Endlich um 12 Uhr mittags bin ich an der Stelle angelangt, wo es sich entscheiden soll, ob die verlorenen Boote gefunden oder aufgegeben werden. Die beiden Kutter werden fertig gemacht, mit Proviant und Waffen versehen und sollen eben von dem Schiffe absetzen, als aus der Takelage ein Boot unter Land in Sicht gemeldet wird und zwar in der Richtung zum Eingang in die unerforschten Kanäle. Das Schiff dampft gleich, soweit die Sicherheit dies erlaubt, näher heran und bald wird in dem Boot unsere Jolle recognoscirt, welche mit aller Anstrengung aber ohne Erfolg gegen Wind, Wellen und Strom anrudert. Hier waren also richtig die Boote festgelegt! Es ist keine Möglichkeit, daß die Jolle auf diese Weise zum Schiff herankommen kann; die Manöver des Schiffes, um das Boot zum Abhalten zu bewegen, werden auch nicht verstanden; so muß denn ein Kutter unter Segel hin, um das Boot zu holen und mit ihm, der empfangenen Weisung gemäß, mit dem Wind und dem Strom hinter eine Insel in ruhiges Wasser zu laufen, wo das Schiff sie aufnehmen wird.

Ich enthalte mich einer nähern Beschreibung der Mühen, mit welchen die Herbeischaffung der Boote bei dem schlechten Wetter verknüpft war; der Umstand, daß die Jolle erst um 3 Uhr und die Dampfpinasse erst abends um 6 Uhr im Schlepptau eines Kutters zum Schiff zurückkehrte, sagt wol genug. Boote und Leute habe ich also gottlob! unversehrt wieder, nach dem in Aussicht genommenen Hafen kann ich aber wegen der vorgerückten Tageszeit nicht mehr kommen. Vielleicht ist es möglich, vor vollständiger Dunkelheit noch einen näher gelegenen Ankerplatz (Connor-Cove) zu erreichen. Also vorwärts mit dem Schiffe!

Bei Dämmerung wird noch die Stelle festgestellt, wo der Eingang zu dem kleinen Hafen liegen muß, und mit Volldampf geht es darauf los. In dunkler Nacht stehen wir vor einer hohen Wand, weder ein Eingang ist zu sehen, noch die am Eingang liegende, noch die in dem Hafen liegende kleine Insel. Soll ich umdrehen? Eine im Fahrwasser verborgene blinde Klippe macht den Aufenthalt dort bei Nacht gefährlich; noch ein Blick auf die dunkle Wand läßt eine leichte Senkung in den obern Contouren erkennen, darunter wird der Eingang wol liegen. Der Navigationsoffizier sitzt auf dem Bugspriet, um zu melden, wenn dieses die vor uns liegende Felsenwand berühren will. Das Schiff geht langsam vorwärts, immer dunkler wird es, das Vordertheil des Schiffes scheint sich schon in die Felsenwand einzubohren, zu beiden Seiten haben wir schon feste schwarze Massen: da meldet der Navigationsoffizier die kleine Insel am Eingang dicht voraus. Ich schaue mich um und sehe hinter uns in der Dunkelheit einen dunkler schattirten kleinen Fleck, welcher die Insel am Eingang, mithin die vorn gemeldete die im Hafen liegende sein muß. Ein Rundblick sagt mir, daß die Dunkelheit rund um uns her gleich tief ist, daß wir also nach allen Seiten hin annähernd gleich weit vom Lande abliegen — Fallen Anker! Der Navigationsoffizier mißt noch in einem Boote mit einer Leine die Entfernung nach vorn, hinten und beiden Seiten aus und bestätigt, daß das Schiff ohne Gefahr so liegen bleiben kann, da es sich ziemlich in der Mitte des Hafens befindet. — Die Seefahrt in der Magelhaens-Straße hat doch ihre ganz eigene Seite!

Stiller Ocean, 24. Januar.

Gestern morgens 5 Uhr verließen wir Connor-Cove wieder und ankerten nach drei Stunden im Inselhafen, um dort noch etwas Holz zu fällen und unsern Wasservorrath zu ergänzen. Heute nachmittags 3 Uhr war das Schiff nach Beendigung der Arbeiten wieder seeklar, verließ den letzten Hafen in der Magelhaens-Straße und steuerte abends 6 Uhr in den Stillen Ocean ein. Die große Wasserfläche vor mir berührt mich fremdartig, es ist mir als gewänne ich nach langer Einschließung die Freiheit wieder. Vor uns und zu beiden Seiten freies Wasser, keine Aufregung, keine besondere Anstrengung mehr, und hinter uns verschwindet in der hereinbrechenden Nacht allmählich das mächtige Felsenthor, aus welchem wir vor wenig Stunden wieder in das freie Leben eintraten.

Uebersichtskarte der Magelhaens-Straße.

Ein steifer Südwind treibt uns unter Segel mit 12 Seemeilen Geschwindigkeit in der Stunde unserm nächsten Ziele entgegen; aber weder diese schöne Fahrt, noch die auf ihren riesigen Schwingen hinter uns herschwebenden Albatrosse haben mich an den Schreibtisch geführt, sondern ein eigenthümlicher Wahn, welchem ich Ausdruck geben muß. Die Fahrt durch die Magelhaens-Straße hat die fixe Idee in mir hinterlassen, daß wir uns nunmehr schon auf dem Heimwege befinden. Die acht Tage, welche ich in jenen Straßen zubrachte, fassen eine solche Fülle von Anstrengung und Aufregung in sich, haben den für Erinnerung bestimmten Theil des Gehirns mit so viel großartigen Naturschönheiten und interessanten kleinen Zufällen angefüllt, daß es sorgsam vertheilt für ein ganzes Jahr ausreichen würde. So nahe die Zeit noch liegt, so fern ist sie mir schon gerückt; sie erscheint mir wie ein langes Ringen, nach welchem die Ruhe folgen muß. Ich habe 11000 Seemeilen oder nahezu 3000 deutsche Meilen jetzt schon zurückgelegt, der Weg durch den Stillen Ocean über Australien, Indien, Suezkanal, durch das Mittelmeer, weist nur noch 18000 Seemeilen auf, auf meiner eigentlichen Station werde ich höchstens sechs Monate sein: so macht das vor mir Liegende auch fast nur den Eindruck einer ununterbrochenen Reise nach der Heimat zu.

2.

Von Valparaiso nach Panama und Nicaragua.

Stiller Ocean, 9. Februar 1878.

Seit heute Mittag liegt auch Valparaiso hinter uns und damit eine ununterbrochene Kette von Festlichkeiten und Vergnügungen, welche uns dort während unsers neuntägigen Aufenthalts geboten wurden. Am letzten Januar hatten wir vormittags im Hafen geankert. Schon mit Tagesanbruch war das hohe, die Bai von Valparaiso umrahmende Bergland zu sehen, welches allerdings im Vergleiche zu den im Hintergrunde liegenden Anden so ziemlich verschwindet, obgleich wir diese nicht einmal in ihrer ganzen Größe und Majestät zu Gesicht bekommen haben, da sowol auf dem 7000 m hohen Aconcagua wie den übrigen Bergriesen während der ganzen Dauer unsers Aufenthalts Wolken lagen, welche die Kuppen und Gipfel dieses mächtigen Gebirgszugs unsern Augen entzogen.

Valparaiso bedeutet bekanntlich „das paradiesische Thal“, eine Benennung, welche schwer zu verstehen ist, da die Stadt weder in einem Thale liegt, noch der kahle Bergrücken, auf welchem sie erbaut ist, den Vergleich mit einem Paradies beanspruchen kann. Allerdings soll in der Regenzeit das ganze Land um die Stadt herum, der ganze Berg bis zu seinem Kamm, von einer dichten Decke frischer saftiger Gräser, Moose und Kräuter überzogen sein, welche die Feuchtigkeit aus der Erde hervorzaubert; jetzt aber war alles kahl und dürr, da Wälder ganz fehlen. Deshalb verdankt der Name seinen Ursprung wahrscheinlich den verschiedenen in der nächsten Umgebung der Stadt gelegenen schönen und fruchtbaren Thälern, wenngleich auch sie eine so überschwengliche Bezeichnung kaum verdienen.

Die Stadt ist am Fuße eines 400 m hohen, steilen Gebirgszuges, welcher, wie schon angeführt, die Bai von Valparaiso umschließt, angelegt und zwar auf Hügelwellen, welche dicht nebeneinander und rechtwinkelig zum Ufer liegend nach oben zu allmählich mit der Hauptwand des Bergrückens verlaufen. Die Stadt kann, wenngleich sie unten am Strande einige schöne breite Straßen und einen großstädtischen Verkehr hat, doch nie den vollen Eindruck einer Großstadt machen, weil die dazu erforderlichen Gebäude fehlen. Denn Valparaiso steht auf einem so unsichern Boden, daß die Regierungsgebäude, Kirchen und Privatpaläste niedrig gehalten und, in der Regel nur aus einem Erdgeschoß bestehend, leicht gebaut sind, um den häufigen Erdbeben besser widerstehen zu können oder beim Einsturz möglichst wenig Schaden anzurichten. Einige stets vorhandene Häusertrümmer und klaffende Risse in einzelnen Straßen zeigen, daß eigentlich ununterbrochen solch kleinere Katastrophen eintreten. Die Menschen sind sich der sie stets bedrohenden Gefahr auch wohl bewußt, gehen allabendlich nur mit Sorge zu Bett, weil sie nicht wissen, was die Nacht ihnen bringen wird. Wie der Soldat sich im Felde, ehe er zur Ruhe geht, stets versichert, daß seine Waffe in Ordnung und ihm zur Hand ist, so geht in Valparaiso niemand zu Bett, ohne sich vorher sein eigens für den Zweck angefertigtes Erdbebengewand, in welches er nur hineinzuschlüpfen braucht, an seinem Lager zurechtgelegt zu haben, um bei dem ersten Alarm gleich auf den vor dem Schlafzimmer liegenden freien Hof eilen zu können. Diese Umstände machen die Wohnungsverhältnisse trotz der leichten Bauart der Häuser äußerst kostspielig, weil die vielen reichen Leute sich in der Zahl ihrer Wohnräume nicht beschränken wollen und daher sehr viel Baugrund für ihre Häuser beanspruchen. Oft ist ein solches Wohnhaus ein kleines Stadtviertel für sich, und selten liegen mehr als vier Häuser, je von einer Familie bewohnt, in einem von vier Straßen begrenzten Viertel.

Solche Wohnungen haben nun zwar den großen Vortheil, daß man innerhalb seines Hauses keine Treppen zu steigen braucht, derselbe wird aber dadurch aufgehoben, daß man bei dem Verkehr mit der Stadt fast immer treppauf und treppab muß. Die untern am Strande gelegenen Straßen haben allerdings gute Pferdebahn und auch eine Ringeisenbahn für den innern Personenverkehr; da aber in diesen Straßen vorzugsweise nur öffentliche Gebäude und Geschäftshäuser stehen und die Privatwohnungen höher hinauf auf den Hügelwellen liegen, so kann man die Bahnen wol benutzen, um zu dem Fuß der verschiedenen Hügel zu gelangen, muß aber von der Bahn bis zur Wohnung, oder umgekehrt, Straßen passiren, die so steil sind, daß sie vielfach in Treppen umgewandelt wurden, weil sie sonst überhaupt nicht begangen werden könnten.

Einen durchaus großartigen Anblick bietet dagegen der Verkehr auf dem Hafen, da Valparaiso wol mit zu den bedeutendsten Handelsplätzen der Erde gerechnet werden muß. Die großen einheimischen und fremden Kriegsschiffe, die vielen fast täglich hier ankommenden und abgehenden Passagier- und Fracht-Dampfer, die große Zahl der Segelschiffe, welche noch immer den Weg um das gefürchtete Cap Horn nehmen müssen und daher nur aus großen und guten Schiffen bestehen, die vielen an der Landungsbrücke sich drängenden Boote, der durch die dort versammelten Menschen verursachte Lärm, die vorbeipassirenden Pferdebahnwagen und Eisenbahnzüge geben hier das Bild des Getriebes einer Weltstadt.

Von der Stadt und ihren Bewohnern weiß ich sonst nichts zu erzählen, weil ich von beiden zu wenig gesehen habe. Dienstgeschäfte am Tage und die nicht zu umgehende Geselligkeit an den Abenden nahmen meine Zeit ganz in Anspruch. Reizend waren die kleinen Feste in dem gastfreien Hause unsers Generalconsuls, welches den geselligen Mittelpunkt für die deutschen Familien bildet.

Eine Partie nach einem beliebten Ausflugsort, zu welcher unser Generalconsul mich eingeladen hatte, führte uns in die Ebene, welche zwischen dem Höhenzug an der Küste und dem Fuß der Anden liegt. Erst hat man etwa eine Stunde mit der Eisenbahn zu fahren und dann noch ein größeres Stück Weg zu Pferde oder Wagen zurückzulegen. Ein sehr geräumiges gutes Gasthaus mit schönen Gartenanlagen bietet vielen Fremden Unterkunft, und zur Zeit war das Haus gut besucht. Den Hauptanziehungspunkt bildet wol die Bade- und Schwimmanstalt in dem kleinen Flusse, denn da Valparaiso nur See- und keine Frischwasserbäder hat, der Mensch aber immer dasjenige begehrt, was er nicht täglich haben kann, so geht jeder, der es ermöglichen kann, auf einige Zeit hierher um zu baden.

Als eine Eigenthümlichkeit der Landschaft außerhalb der Stadt möchte ich noch die vielen Pappelpflanzungen bezeichnen. Der Baum, welcher bei uns in Acht und Bann gethan ist, gilt hier als eine gute Kapitalanlage und wird daher mit Vorliebe in ganzen Wäldern angepflanzt.

Es war eine schöne, Körper und Geist erfrischende Zeit, die der letzten vier Wochen, da wir auch in Valparaiso nur eine Temperatur fanden, welche unserm deutschen Sommer entspricht, am Tage in den heißesten Stunden zwischen 18 und 27° C. im Schatten und nachts stets nur zwischen 15 und 17°. In zwei bis drei Tagen allerdings werden wir uns wieder in den Tropen und zwar in dem tropischen Hochsommer befinden, welcher an dieser Küste unleidlich heiß ist, sodaß die inzwischen gewonnenen Kräfte bald wieder dahingeschwunden sein werden.

Vor unserer Abreise von Valparaiso hatten wir übrigens noch die Freude, unsere Fregatte „Leipzig", welche ebenso wie wir nach Panama geht, zu begrüßen.

Bai von Panama, 7. März 1878.

Das ganze Südamerika haben wir nun umschifft. Eine weite, von bewaldeten Höhen umrahmte Wasserfläche liegt vor uns; heiß brennt die Sonne auf die große Bai von Panama, welche, wie fast immer so auch heute, unter vollständiger Windstille liegt. Die Hitze ist kaum zu ertragen und doch muß dies geschehen; es ist unbeschreiblich, was wir in den letzten vierzehn Tagen in dieser Beziehung auszustehen hatten. Am 14. Februar traten wir mit einer Tageswärme von 27°—29° und einer Nachttemperatur nicht unter 23° wieder in die Tropen ein und hatten, was das unangenehmste war, anhaltend Windstille oder nur ganz leichten südlichen Wind, welchem wir unter Dampf wegliefen, sodaß kein Luftbauch das Schiff durchstreichen konnte. Eine kleine Erfrischung fanden wir allerdings in Callao, welches wir anliefen, um frischen Proviant einzunehmen. Am 18. März nachmittags kamen wir dort an, setzten aber schon am 21. morgens die Reise wieder fort. Die kurze Zeit habe ich benutzt, um unserm Consul in Callao und dem Ministerresidenten in Lima Besuche abzustatten. Da der letztere eben in seine Villa in Miraflores am Meeresstrand übersiedelte, habe ich von Lima nur wenig gesehen.

Eine wunderbare Frucht, von den Engländern „Alligator-Birne" genannt, von welcher ich schon viel gehört und die ich auch schon in Valparaiso gegessen hatte, lernte ich hier recht schätzen. Nachdem man mit einem Löffel das weiche gelbe Fleisch aus der kürbisartigen

Hülle herausgeschält und stark mit Pfeffer und Salz gewürzt hat, erinnert der Geschmack sehr an gequirlte, ebenfalls mit Pfeffer und Salz gewürzte rohe Eier. Ich zog diese Früchte bald allen andern hiesigen vor und bedauerte nur, daß sie sich nicht lange genug halten, um in größern Mengen mitgenommen werden zu können.

Die auf Callao folgenden Tage brachten uns das schlimmste an tropischer Hitze, was ich je erlebt habe. Der gefürchtete trockene heiße Nordwestwind an der brasilianischen Küste, welcher das Thermometer auf 34° treibt, ist weniger angreifend als die feuchte Wärme, in welcher wir uns vom 23. Februar bis zum 2. März befunden haben. In der Luft hatten wir während der Tagesstunden durchschnittlich 33° und während der Nacht nicht unter 27°, während das Thermometer die Meereswärme Tag und Nacht dauernd zu 31° angab. Schweres bleiernes Gewölk, das nach meiner Schätzung höchstens 200 m über dem Wasserspiegel lag, hing als feste Decke, welche keinen Sonnenstrahl durchließ, über uns und verhinderte auch eine stärkere Abkühlung während der Nächte. Die Luft war so mit Feuchtigkeit gesättigt, daß der unaufhörlich aus unsern Poren strömende Schweiß nicht verdunsten konnte, sodaß Haut und Kleidungsstücke während der ganzen Zeit triefend naß blieben. Der erträglichste Platz war eigentlich im Heizraum vor den Feuern. War die Hitze dort auch sehr viel größer als oben, so bewirkte das Feuer doch eine Verdunstung und erfrischte in gewisser Beziehung den Körper, und diesem Umstand schreibe ich es zu, daß die Heizer in diesen Tagen nicht mehr und sogar vielleicht weniger litten als die übrige Besatzung. Ich ließ den Leuten in dieser Zeit in Betreff ihrer Kleidung volle Freiheit, da ich ihnen keine andere Erleichterung verschaffen konnte, denn die Dampfspritzen konnten auch keine Erfrischung mehr gewähren. Das 31° warme Wasser floß in der warmen Dunstatmosphäre über den Körper hin, ohne irgendeine erfrischende Wirkung auf die Haut auszuüben, und der Salzgehalt desselben reizte nur den Rothen Hund, welchen wir alle hatten, bis zur Unerträglichkeit. Ich trug in meiner Kajüte bei offenen Thüren und Fenstern auch nur ein Handtuch um die Hüften geschlungen, weil ich kein Kleidungsstück auf dem Körper vertragen konnte. Auch nicht einmal der ab und zu leicht niederrieselnde Regen brachte uns Erfrischung, weil die auf den Körper fallenden Tropfen, deren Wärmegrad ich leider nicht gemessen habe, im Vergleich zu der sonstigen Hitze so kalt erschienen, daß sie auf der gereizten Haut die Wirkung von leichten Peitschenschlägen hatten. Ich habe es wiederholt versucht, ein solches Regenbad zu nehmen, mußte mich aber immer sogleich wieder zurückziehen, weil der Schmerz auf der Haut zu groß war.

Am ersten Tage dieser fürchterlichen Zeit hatte ich auch noch einige Offiziere, welche ich schon vorher geladen hatte, zu Tisch. Ich wollte den Herren anfänglich absagen lassen, bedachte aber doch noch, daß es in ihrer Messe noch schlimmer sei als in meiner an und für sich luftigen Kajüte, und sodann hatte mein Eisschrank für den Tag auch noch so viel Vorrath an Eis, daß ich wenigstens kalte Getränke anbieten konnte. Doch bat ich die Herren, ehe wir uns zu Tisch setzten, um die Erlaubniß, uns aller überflüssigen Kleidungsstücke entledigen zu dürfen, welchem Vorschlag sie freudig zustimmten. So ging es mit Hülfe von Fächern einigermaßen.

7. März abends.

Bei unserer um 4 Uhr nachmittags erfolgten Ankunft fanden wir schon unsere von Japan gekommene Fregatte „Elisabeth" hier vor. Der Commandant dieses Schiffes wird den Oberbefehl über ein hier zusammentretendes deutsches Geschwader, zu welchem auch wir gehören, übernehmen, um von dem Freistaat Nicaragua eine Genugthuung für die dem deutschen Consul in der Stadt Leon vor einiger Zeit zugefügte Gewaltthat zu erzwingen, da Nicaragua die Gewährung der von unserer Regierung geforderten Genugthuung verweigert hat. Außer „Elisabeth" und uns wird noch die „Leipzig" hier erwartet, während unsere Corvetten „Freya" und „Medusa", von denen die letztere auch schon in Colon anwesend ist, von der atlantischen Seite aus gegen Nicaragua operiren sollen. Da nun der Zweck unsers Hierseins schon am Lande bekannt ist oder doch soweit vermuthet wird, daß unserm Geschwaderchef bereits die Warnung vor einigen Abenteurern, welche im Auftrage Nicaraguas unsere Schiffe hier mit Torpedos angreifen sollen, zugehen konnte, so ist die Geheimhaltung unserer eigentlichen Mission nicht mehr geboten, zumal wir uns jetzt schon zur Abwehr eines etwaigen feindlichen Handstreichs in Kriegszustand befinden.

12. März.

Das Geschwader ist nach erfolgter Ankunft der „Leipzig" beisammen. Kohlen und Proviant sind eingenommen, ein Dampfer mit Kohlen und Proviantvorräthen ist gemiethet und alle militärischen Vorbereitungen sind beendet, sodaß wir gleich nach Ankunft unsers Ministerresidenten aus Guatemala, welcher von dort aus noch den letzten Versuch macht, die Streitfrage auf diplomatischem Wege zu lösen, vorgehen können.

Unter den obwaltenden Umständen haben wir von dem hiesigen Aufenthalt wenig oder nichts gehabt, aber auch nichts verloren. Bei einem Gang durch die Stadt sieht man wol alles, was zu sehen ist. Die Stadt, welche zur Zeit der spanischen Herrschaft blühend, mächtig und reich war, wie noch die imposanten Straßen mit den übriggebliebenen palastartigen Gebäuden zeigen, glänzt jetzt nur noch durch großartige Ruinen. Die einheimische Bevölkerung besteht aus alten spanischen Familien, Mischlingen und Negern; dazu kommen die wenigen Fremden, von welchen die Engländer (die Besitzer der großartigen Kohlenlager, die Directoren der Eisenbahn und Agenten der Dampfschifflinien) wol die erste Stelle einnehmen. Unser Consul und der Photograph, ein früherer bairischer Unteroffizier, sind die einzigen Deutschen; das Gasthaus ist in französischen Händen.

Sollte Nicaragua nicht doch noch im letzten Augenblicke nachgeben, dann sehe ich übrigens mit einiger Sorge der Entwickelung der Dinge entgegen, weil es mir sehr fraglich erscheint, ob unsere Leute wegen ihrer ungeeigneten Fußbekleidung im Stande sein werden, den weiten Marsch nach der Hauptstadt von Nicaragua zu machen, wenn sie nicht etwa schließlich den Weg barfüßig zurücklegen können. Die uns zugegangenen Warnungen vor Giftschlangen und Sandflöhen und die damit verbundenen Rathschläge haben zur Folge gehabt, daß für den Marsch das Tragen hoher Stiefeln angeordnet wurde. Da nun aber unsere Leute gewohnt sind, auf dem Schiff barfuß zu gehen, und die Stiefel, wie alles Lederzeug auf den Schiffen, so von Salzwasser durchzogen sind, daß sie trotz aller Bemühungen hart bleiben, so ist ein weiter Marsch in ihnen, und zwar in diesem Klima, meiner Ansicht nach ein Ding der Unmöglichkeit. Mein Vorschlag, Segeltuchschuhe zu beschaffen oder doch wenigstens die leichten Lederschuhe zu wählen, ist zurückgewiesen worden, und so müssen die Leute, um sich an die Stiefel zu gewöhnen, dieselben jetzt schon über eingefetteten Füßen und wollenen Strümpfen tragen. Ein gegen die Natur laufender ärztlicher Rath ist aber auch nicht immer der beste, und das vorläufige Resultat ist, daß nach dreitägiger Probe nahezu ein Viertel des ganzen Landungscorps mit kranken Füßen im Lazareth liegt. Ich sollte meinen, daß man von den hiesigen einheimischen Truppen auch etwas lernen kann, und da diese Leute, bei möglichst leichter Bekleidung, nur Sandalen unter den Füßen tragen, so kann die Gefahr vor den Schlangen und Flöhen keine so große sein, zumal wenn eine Truppe von nahezu 1000 Mann zusammen ist. Schließlich würden aber auch Segeltuchgamaschen die Flöhe abhalten, und die Schlangen werden schwerlich ein so großes Lager, wie wir es während der Nacht bilden würden, aufsuchen.

16. März.

Vorgestern haben wir mit dem Geschwader Panama verlassen und dampfen seitdem mit Nordcurs in Sicht des Landes an der Küste von Centralamerika entlang. Gestern haben wir die Grenze zwischen Columbien und Costa-Rica passirt, morgen werden wir die Küste von Nicaragua sehen.

Welch märchenhafte Erinnerungen aus der Jugend tauchen bei diesen Namen auf und wie prosaisch ist doch die Gegenwart! Großartig zwar ist die Umgebung, die von der hoch oben im Zenith stehenden Sonne beschienene weite Meeresfläche und das mit unendlichen Wäldern dicht bedeckte hohe gebirgige Land; aber Land und Wasser sind ohne Leben und ohne besondern Reiz. 32° haben wir in der Luft und 31° im Wasser; keine Stadt, kein Dorf, keine Hütte ist zu sehen, nur Wald, Strand und Brandung. Kein fremdes Schiff ist in Sicht — die diese Länder begrenzenden Fluten werden nur von den drei mächtigen deutschen Kriegsmaschinen durchfurcht, welche in eiligem Laufe dem Haupthafen Nicaraguas zustreben, um dieses Land mit Schrecken zu überziehen. Uebermorgen, Montag den 18., sollen wir auf der Rhede von Realejo eintreffen, die nächsten vier Tage werden also die Entwickelung bringen.

8. April.

Nicaragua hat nachgegeben, das Geschwader ist aufgelöst und unsere Schiffe haben ihren Curs nach den verschiedensten Himmelsrichtungen gesetzt. Von den im Atlantischen Ocean befindlichen bleibt „Medusa" noch in Westindien, während „Freya" um das Cap der Guten Hoffnung nach China geht; wir sind auf dem Wege nach Panama, um die Geschwaderpost dort abzugeben und dann nach den Samoa-Inseln zu gehen. Die „Leipzig" hat die Reise nach Japan angetreten, und die „Elisabeth" wird nach einem kurzen Aufenthalt in Guatemala, wohin sie den Ministerresidenten bringt, nach Europa zurückkehren.

Am 18. März vormittags kam das Geschwader auf der Rhede von Realejo an und lief, nachdem die Einfahrt zum Hafen von Corinto und der Hafen selbst daraufhin untersucht waren, daß sich keine künstlichen unterseeischen Hindernisse und Minen dort befanden, am 19. vormittags in den Hafen ein. Derselbe ist groß und gut, während der Ort nur unbedeutend ist und eigentlich nur eine Zollstation darstellt. Zwei deutsche Kauffahrer befanden sich dort, welche edle Nutzhölzer, vorläufig noch der Hauptausfuhrartikel, luden.

Es wurden der Regierung von Nicaragua sogleich noch einmal, und zwar jetzt mit dem Nachdruck von fünf Kriegsschiffen, die deutschen Forderungen zugestellt, welche in Folgendem bestanden:

1. Die Regierung von Nicaragua spricht ihr Bedauern über den Vorfall aus;

2. Nicaragua zahlt an den Consul für die ihm widerfahrenen Unbilden ein Sühnegeld von 30000 Dollars;

3. Nicaragua salutirt in noch näher festzusetzender Form die deutsche Flagge;

4. die an dem Vorfall schuldigen Beamten und Civilpersonen werden bestraft.

Wenn bisher der Freistaat die deutschen Forderungen in der überhebendsten Weise zurückgewiesen hatte und die uns anfänglich zugehenden Nachrichten auch anzudeuten schienen, daß Regierung und Volk entschlossen seien, es zum Kampf kommen zu lassen, weil sie vertrauensvoll auf leichten Sieg hofften, so änderte sich die Lage doch sehr bald. Nachdem nach drei Tagen keine Antwort eingegangen war, überbrachte ein Offizier von uns das deutsche Ultimatum nach Leon und alle Vorbereitungen für die Eröffnung der Feindseligkeiten wurden getroffen. Hierzu gehörte auch die Recognoscirung des in Aussicht genommenen Marschweges, welche der Geschwaderchef mit uns Commandanten vornahm. Wir fuhren morgens, von einer Dampfpinasse geschleppt, zunächst einen Fluß hinauf, bis wir ziemlich weit oben mitten im Urwald an die Landestelle kamen, wo der Weg seinen Anfang nimmt. Anfänglich ist der Fluß, oder hier wol richtiger Meeresarm genannt, ziemlich breit, an beiden Ufern mit dichtem Mangrovegebüsch bestanden, über welches die mächtigen Laubkronen der Baumriesen des Urwaldes hervorragen. Taucher und Möven beleben das Wasser, Scharen krächzender Papagaien, von denen ab und zu ein Geschwader mit lautem Geschrei über unsern Köpfen von Ufer zu Ufer fliegt, den Wald. Zwischen den Wurzeln der Mangroven nach Würmern suchende Schnepfen und in kleinen Einbuchtungen fischende Reiher, sowie andere uns unbekannte hochbeinige große weiße Vögel werden aufgescheucht und suchen fliegend das Weite. Ein üppiges, echt tropisches Bild umgibt uns. Der Fluß wird enger, niedrige Sträucher, Wasser- und Schlingpflanzen treten an Stelle der Mangroven und zeigen an, daß wir die Scheide, bis zu welcher das Seewasser vordringt, überschritten haben. Die Laubkronen rücken zusammen und bilden schließlich einen hohen, prächtigen, grünen Dom, unter dessen Decke wir hinfahren, begleitet von dem Leben des Waldes, zu welchem sich hier ab und zu auch schon ein kleiner vorwitziger Affe gesellt.

Endlich sind wir am Ziele angelangt und betreten das Ufer. Die beiden andern Herren, von welchen der eine bis zu den Knien reichende Ledergamaschen, der andere hohe Wasserstiefel trägt, betrachten mitleidig meine leichten Segeltuchschuhe und freuen sich auf den Augenblick, wo ich, von Insekten zerstochen und vielleicht auch von einer Schlange gebissen, zugeben muß, daß nichts über hohe Lederstiefel geht.

Der Weg ist breit und gut, der Spaziergang in dem herrlichen Urwald köstlich und einzig in seiner Art. Nach einer halben Stunde stießen wir auf eine kleine Lichtung, wo wir eine kurze Rast machten und danach den Rückweg antraten, weil die Straße sich bis hierher als brauchbar erwiesen hatte und nach zuverlässigen Nachrichten der

Weg in seiner ganzen Folge von gleicher Güte ist. Aus der Rast wurde allerdings nicht viel, weil die beiden andern Herren leidenschaftliche Jäger sind und die mitgenommenen Jagdgewehre doch benutzen wollten. So verschwand unser Commodore sehr bald im Walde, während der andere Herr von der Lichtung aus einen Papagai nach dem andern aus den hohen Bäumen herunterholte und nur gelegentlich zu mir kam, um etwas mit zu frühstücken. Ich hatte es mir auf einem umgestürzten Baum bequem gemacht und verfolgte von hier aus bei dem Duft einer guten Cigarre die Jagderfolge meines Freundes. Unser Commodore brachte uns schon in einige Unruhe, weil wir fürchteten, daß er sich verirrt habe, doch schließlich kam er auch wieder zurück mit zerrissenen Kleidern und verschiedenen kleinen blutenden Rißwunden. Er hatte eine Tigerkatze angeschossen und sie dann vergeblich in das Dickicht verfolgt.

Zum Boot zurückgekehrt, nahm ich noch im Fluß ein Bad, weil der Staub auf dem trockenen Wege doch ziemlich lästig gewesen war, und dies wurde von den beiden andern Herren dazu benutzt, ihr Mütchen an mir zu kühlen, da ich trotz meiner leichten Schuhe weder gestochen noch gebissen worden war. Sie suchten nun wenigstens die Nothwendigkeit des Bades auf meine Schuhe zurückzuführen und gingen dann dazu über, mir mit Krokodilen Angst zu machen, was mich allerdings bald veranlaßte, zu allgemeiner Heiterkeit das Baden aufzugeben. Denn wenn man auch an der afrikanischen Küste behauptet, daß der Haifisch keinen Neger und das Krokodil keinen Weißen angreift, so bleibt es doch fraglich, ob die Krokodile auch hier einen so ausgebildeten Geschmack haben. Nachmittags waren wir wieder in Corinto.

Das Ultimatum brachte die Regierung von Nicaragua zur Besinnung und zur Nachgiebigkeit. Am 26. vormittags waren zwar erst die Forderungen 1 und 2 erfüllt, und das in guten mexicanischen Silberdollars richtig eingezahlte Geld wurde zunächst in unsern Kassen deponirt, die Erfüllung der beiden andern Forderungen, wegen welcher noch Schwierigkeiten gemacht wurden, durfte danach aber auch zuversichtlich erwartet werden. Der sprichwörtliche Stolz des Spaniers bäumte sich eben noch etwas auf. So konnte mein Schiff am 27. für einige Tage nach Amapala, dem einzigen Hafen der Republik Honduras an der Küste des Stillen Oceans, geschickt werden, um dort lagernde von uns gekaufte Kohlen einzunehmen.

4*

Interessant war es mir, auch diesen reizlosen Platz kennen zu lernen, aber nur um dagewesen zu sein. Amapala ist ein kleiner Ort, wo als einziger Europäer nur ein Deutscher, ein Kaufmann aus Hamburg, wohnt, welcher nicht einmal unter den Einheimischen einen passenden Umgang finden kann und in dieser Beziehung allein auf die hier anlaufenden englischen Passagierdampfer angewiesen ist, mit welchen er als englischer Viceconsul auch geschäftliche Beziehungen hat. Sogar die nähere Umgebung Amapalas bildet noch eine solche Wildniß, daß auch Spaziergänge außerhalb der Stadt, wie dieser kleine Häusercomplex sich nennt, ausgeschlossen sind. Verhältnißmäßig großartig ist die am Ufer erbaute hölzerne Halle, wo die von andern Küstenpunkten kommenden Boote anlegen und ihre Früchte u. s. w. zum Verkauf stellen. Der Beobachtung werth ist hierbei die Grandezza, mit welcher sich die braunen Insassen der Boote bewegen und wie sie in ihrem Wesen das bischen „spanisches Blut“, welches vielleicht in ihren Adern rollt, zur Geltung bringen wollen. So war namentlich das Landen mit besonderer Würde verbunden, denn da die Boote wegen des zu flachen Wassers am Ufer nicht direct am Quai anlegen können, ließen sich die weiblichen Insassen von den Männern ans Land tragen. Diese bildeten dazu aus ihren Armen in der Weise einen Sessel, daß der rechte wagrecht gehaltene Unterarm als Sitz und der linke Arm als Rückenlehne diente. Mit einer Verbeugung trat der im Wasser stehende Mann zu der im Boot stehenden Dame, welche mit Würde ihr Kleid ordnete, sich vorsichtig und zimperlich auf den einen Arm setzte, sich gegen den andern lehnte und sich so, ohne den Träger zu umfassen, wie eine Glaspuppe vorsichtig ans Land tragen und dort absetzen ließ.

Am 31. nachmittags waren wir wieder in Corinto, und am 4. April erklärte endlich Nicaragua, auch die Forderungen 3 und 4 erfüllen zu wollen. Am 6. vormittags fand dann, nachdem vorher die erfolgte Erledigung der Forderung 4 angezeigt worden war, im Beisein einer nicaraguensischen Truppenmacht und unsers Landungscorps auf einem großen Platz am Lande angesichts unserer Schiffe die feierliche Hissung der deutschen Flagge statt. Nicaragua feuerte den Salut von 21 Schüssen, die Flagge wurde wieder niedergeholt, von unserer Seite wurde die Flagge von Nicaragua salutirt, der Salut vom Lande erwidert, und nach einem Vorbeimarsch unserer Truppen kehrten wir auf unsere Schiffe zurück, um am 7. morgens Corinto wieder zu verlassen.

Erwähnt sei noch, daß der beleidigte Consul die Annahme des Sühnegeldes abgelehnt und dasselbe einer Wohlthätigkeitsanstalt geschenkt hat.

Kreuzerfregatte „Leipzig".

3.

Von Panama nach den Marquesas-Inseln.

„Ariadne“, 17. April 1878.

Vor wenigen Stunden hat unser Anker sich 12 Uhr mittags von dem Boden Panamas gelöst, um sich während dieser Reise hoffentlich nicht mehr in denselben einzugraben. Panama und die ganze Küste Centralamerikas sind, um einen Volksausdruck zu gebrauchen, eine von Gott verlassene Gegend. Weder Natur noch Menschen vermögen dem Fremdling etwas zu bieten; das Land ist am schönsten, wenn man es aus möglichst weiter Ferne beschauen kann, die Leute, wenn sie dem Auge erst wieder entschwunden sind. Wie Land und Leute hier unerträglich sind, so ist es auch die Sonne. Tag für Tag sendet sie ihre versengenden Strahlen fast senkrecht auf die Schädel der Bewohner dieser Länderstrecken herab mit einer Glut, daß man darüber wahnsinnig werden könnte. Doch wozu jetzt noch der Aerger! Lacht uns doch aus weiter Ferne das Paradies der Seeleute entgegen; das Land, wo nach dem Urtheil mancher Reisenden die schönsten und besten Menschen unsers Erdballs wohnen sollen.

Panama mit seinen Ruinen verschwindet langsam unsern Blicken. Vor dem Verlassen der Rhede hatten wir mit den dort liegenden englischen Kriegsschiffen noch durch Austausch von drei Hurrahs einen letzten Gruß gewechselt und eine Stunde später erkannten wir in einem uns entgegenkommenden Kriegsschiff unsere „Elisabeth“, welche von Guatemala kommend nach Panama ging, um von dort aus die Heimreise anzutreten. Wir passirten uns auf Sprachweite, tauschten einige Grüße aus, wechselten drei Hurrahs, und die „Elisabeth“ ging dahin, wo wir herkommen, während wir frohen Muthes den schönen Inseln der Südsee entgegensteuern, wo sich prächtige Natur mit herrlichem Klima vereinigt, um dem Seefahrer die liebenswürdigen und schönen Bewohnerinnen jener Inselperlen noch anziehender erscheinen zu lassen, als sie in Wirklichkeit sind. So sagen wenigstens die über die Südsee-Inseln erschienenen Bücher.

Ich habe die Absicht, auf unserm Wege nach den Samoa-Inseln einen Abstecher nach den Marquesas-Inseln und Tahiti zu machen, um dort die dann jedenfalls schon sehr zusammengeschmolzenen Vorräthe an Proviant, Wasser und Kohlen zu ergänzen. Ob ich dort wol so viel Interessantes finden werde, wie andere gefunden haben?

Die Marquesas-Inseln sind von allen Reisenden so sehr gepriesen worden, daß man sich fast scheuen muß hinzugehen, um nicht zu sehr enttäuscht zu werden. Ueber die Pracht der Natur und die Schönheit der dortigen Eingeborenen sind fast alle einer Ansicht, nur bestehen Meinungsverschiedenheiten über den Grad der Schönheit der Frauen; denn während einige ihnen die Palme der Schönheit und Grazie zuerkennen, behaupten andere, daß sie nur auf der Höhe der Rasse stehen und sich vor den Männern nicht auszeichnen. Auch im Urtheil über den Charakter dieser Eingeborenen stimmen die Reisenden darin überein, daß Zügellosigkeit der Hauptzug sei, was auch für Tahiti gelten soll, obwol sich dort schon civilisirtere Zustände eingebürgert haben.

Im Stillen Ocean, 18. April 1878.

Panama liegt zwar schon weit hinter uns, die Küste oder vielmehr die Gebirge Centralamerikas sind aber immer noch in unserm Gesichtskreise. Wir haben heute einen bösen heißen Tag, kein erfrischender Lufthauch, 32,5° C. in der Luft im Schatten, 33° C. in dem spiegelglatten Wasser. Mit Dampf muß hier gefahren werden, denn mit Segel allein hier durchzukommen ist oft eine Unmöglichkeit, wenigstens ist thatsächlich festgestellt, daß Schiffe, welche dieses Stück Meer zu durchsegeln versuchten, nach $2\frac{1}{2}$ Monaten wieder in der Bai von Panama ankerten, weil es sich als unmöglich herausstellte, weiter zu kommen. Das von uns zu durchdampfende Stück Weges beträgt 700—800 Seemeilen; keine angenehme Aussicht bei dieser Hitze! Man muß aber immer suchen, das Beste aus dem zu machen, was Einem geboten wird; so legten wir uns denn heute auf den Schildkrötenfang.

Diese Thiere sind hier sehr häufig, schwimmen, wenn sie ruhen, an der Oberfläche und zwar mit etwa ein Drittel des Schildes über Wasser, sodaß sie schon von weitem zu erkennen sind. Sehr häufig dienen sie auch den Wasservögeln als Ruhestätte und geben diesen wol auch Nahrung, da die Schildkröten an ihrem Schilde gewöhnlich Saugefische und Muscheln, beides Nahrungsmittel der Vögel, tragen. Schildkröten wie Vögel lassen sich durch das ankommende Schiff in ihrer Ruhe sehr wenig stören; die Vögel fliegen auf, wenn das Schiff auf etwa fünf Schritte herangekommen ist, die Schildkröte dreht dann dem Schiffe den Kopf zu, entweder um es neugierig zu betrachten oder dem Feinde muthig in die Augen zu sehen, denn die Thiere lassen sich außerordentlich leicht fangen. Das spiegelglatte Wasser gestattete, ein Boot neben dem Schiffe zu schleppen, und so wurde

Malpelo-Fels (Vorderansicht).

auf jede Schildkröte, welche in dem Curs des Schiffes in Sicht kam, hingehalten, die Maschine einen Augenblick gestoppt und von dem Boote aus das Thier an einer Flosse gepackt und aus dem Wasser herausgehoben. In Zeit von zwei Stunden waren acht Schildkröten im Gewicht von je 25—35 kg an Bord, genügend, um der ganzen Mannschaft morgen eine schmackhafte Mahlzeit zu bereiten. Mit diesem Fang gaben wir uns zufrieden, heißten das Boot wieder und dampfen nun einem einsamen Felsen zu, um an demselben unser Besteck zu corrigiren und von da aus dann unsern Curs nach den Galapagos-Inseln zu nehmen.

25. April 1878.

Der einsame Fels, Malpelo-Insel genannt, ein mächtiger 400 m hoher Felsblock ohne irgendwelche Vegetation, von derjenigen Seite aus gesehen, welche sich uns zuerst darbot, in Form und Farbe einer alten Burgruine ähnlich, wurde am Charfreitag passirt und die Reise bei anhaltender Windstille in derselben Weise unter Dampf fortgesetzt. Allmählich fing die Wassertemperatur an zu sinken, leichte

Malpelo-Fels (Seitenansicht).

südliche Winde brachten ab und zu etwas Kühlung und seit zwei Tagen haben wir sogar ordentlich frisches Wetter, trotzdem wir uns noch immer unter dem Aequator befinden. Am Tage kann man schon eine Jacke aus ganz leichtem Tuch vertragen, während dies vorher kaum möglich war; es kommt sogar vor, daß man während eines ganzen Tages keinen Tropfen Schweiß verliert. Wenn auch infolge der starken Abkühlung — die Temperatur hält sich am Tage in der Luft im Schatten zwischen 27 und 28° und in der Nacht zwischen 25 und 26° C. — viele Erkältungen (Darmkatarrh mit Fieber,

Schnupfen u. s. w.) zum Ausbruch gekommen sind, so macht sich doch im ganzen ein anderes Leben im Schiffe breit. Eine gewisse Elasticität durchdringt den Körper, die Lust zur Bewegung und zur Arbeit bricht wieder hervor. Diese Temperatur werden wir nun wol für den Rest der Reise ziemlich gleichmäßig behalten und sie wird nur dann sich noch einmal bis zur Unerträglichkeit steigern, wenn wir, wie es vorläufig von uns angenommen wird, auf der Rückreise durch das Rothe Meer fahren. Da läßt sich aber schon manches ertragen, lacht uns doch dann ein neues, altgewohntes und langentbehrtes Leben entgegen, welches schon werth ist, daß man vorher einige Unbequemlichkeiten überwindet.

Gestern und heute haben wir die Gruppe der Galapagos-Inseln durchschnitten und sind heute vier Stunden lang dicht an der größten Insel der Gruppe vorbeigefahren, sodaß wir einen oberflächlichen Einblick in dieses merkwürdige Land bekamen. Ich hatte ursprünglich die Absicht, hier einen mehrtägigen Aufenthalt zu nehmen, die letzte Segelordre empfahl mir aber wieder so sehr Eile, daß ich Verzicht leisten mußte.

Dieses Inselland, bei dessen Schilderung ich auch Darwin benutze, ist deshalb so interessant, weil es in seiner ganzen Erscheinung, in seinem Thier- und Pflanzenleben von der übrigen Erde wesentlich abweicht und ganz für sich dasteht. Auch sind wieder Thiere und Pflanzen auf den verschiedenen dicht nebeneinander liegenden Inseln durchaus voneinander abweichend, wenngleich sie derselben Gattung angehören. Außer Insekten ist das Thierreich vertreten durch Landschildkröten von riesigen Körperverhältnissen, welche bis zu 400 kg schwer werden sollen, durch eine Art Landeidechsen und eine Art Wassereidechsen von 1—1½ m Länge, 26 Vogelarten; das Pflanzenreich durch eine größere Anzahl von Pflanzen; Bäume sind ursprünglich nicht vorhanden.

Früher waren diese Inseln gar nicht von Menschen bewohnt, seit einigen Jahren sind auf zwei derselben Ansiedelungen gegründet worden. Im vorigen Jahrhundert dienten sie den Seeräubern (Buccaniere) als Schlupfwinkel, in diesem Jahrhundert sind sie vielfach von Walfischfängern besucht worden, welche auch auf die Schildkröten Jagd machten, aus denen sie ein sehr feines Fett gewannen. Immerhin müssen Menschen aber sehr seltene Gäste gewesen sein, da

Nordküste der Insel Albemarle (Galapagos-Inseln).

die Thiere noch jetzt auf diesen Inseln untereinander in dem glücklichsten Frieden leben und keine Scheu vor Menschen kennen. Schildkröten, Eidechsen, Vögel fressen von demselben Blatt, ohne daß ein Thier nach dem andern hackt, eins das andere verdrängt. Alle Thiere lassen sich mit Leichtigkeit fangen, die Vögel fliegen dem Menschen auf den Finger und picken ihn verwundert in die Nase, welche sie wahrscheinlich für eine edle Frucht halten. Alle Thiere sind oder waren doch in großen Massen vorhanden, wie z. B. daraus zu ersehen ist, daß die Mannschaft eines englischen Kriegsschiffs in der nächsten Umgebung des Ankerplatzes an einem Tage über 200 große Schildkröten an Bord schaffte. Wozu? ist mir allerdings unklar, da das Schild werthlos ist, die Mannschaft höchstens $^1/_{10}$ von dem Fleisch essen konnte und Kriegsschiffe sich mit Thrangewinnung nicht abgeben.

Beim Vorbeilaufen an jenen Inseln glaubte ich den Mond vor mir zu haben; ich denke mir seine Oberfläche so und vermuthe, daß vor vielen Jahrtausenden die Erdoberfläche das Aussehen der jetzigen Galapagos hatte. Die Inseln bestehen eigentlich nur aus Vulkanen, welche sich bis zu 1430 m über das Meer erheben. Die Wände dieser Riesen bestehen wieder aus lauter kleinen Vulkanen. Von der Ferne gesehen hält man das Land für mit Lehmhütten übersäet; in der Nähe findet man, daß diese Hütten kleine Krater sind, welche in ihrem braunen Kleid auf Lavageröll stehen. Man kann sich in eine weit ausgedehnte Ziegelei oder Räucheranstalt versetzt wähnen, da diese Krater durchschnittlich nicht größer wie ordentliche Back- oder Räucheröfen sind. Ich habe an einer Strecke von $^3/_4$ deutschen Meilen auf dem Kamme eines ganz niedrigen Höhenzugs über 40 solcher Kraterchen gezählt. In der Außenwand eines großen Kraters, welcher den vorgenannten Höhenzug abschließt, sahen wir eine andere Art Krater, vier dicht nebeneinander liegende runde Löcher von 5—7 m Durchmesser, welche wieder selbständige Krater sind, wie die von ihnen auslaufenden Lavaströme deutlich zeigen.

Ich will versuchen, das vor uns vorüberziehende merkwürdige Bild etwas näher zu schildern.

Aus dem tiefblauen, von Delphinen (wir prosaischen Seeleute nennen diese Fische nur Tümmler oder Schweinsfische) reich bevölkerten Meere erheben sich in sanften Linien aufsteigend große Ländermassen, deren 1430 m hohe Gipfel sich in den Wolken verlieren. Nichts läßt zunächst den vulkanischen Ursprung erkennen; erst in größerer Nähe fängt das Land an sich zu zergliedern, um bald dem menschlichen Auge zu offenbaren, mit welcher Kraft das allgewaltige innerirdische Feuer hier gewirkt hat. Die sanften Linien verschwinden, man sieht nur noch eine wildzerklüftete nackte Erdrinde, welche in den höhern Regionen allerdings größtentheils einen grünen Ueberzug von Gras, niedrigem Gestrüpp und Cacteen hat. Hohe Berge wechseln mit niedrigen Hügeln ab, die Wände der hohen Berge tragen ebenso wie die der kleinern Hügel wieder ganz kleine Berge, welche genau dieselben Formen haben wie diejenigen, auf welchen sie scheinbar erwachsen sind. Von dem größten Naturgebilde bis zu dem kleinsten, alles zeigt dieselbe Form, denselben Ursprung. Der brodelnde Feuerherd, welcher die Erdrinde hier in fast senkrechten Wänden bis zu 1430 m hohen Bergen über das Meer erhob, entsendete gleichzeitig unzählige schwächere Strahlen, welche wiederum die Bergriesen durchbrachen, um kleine niedrige Krater zu bilden, die ihren scharf geränderten Kamm mit ebenso viel Zierlichkeit tragen, wie ihre colossalen Genossen mit Majestät. Eine Abwechselung in diesen Gebilden tritt nur dadurch ein, daß der eine Theil unergründliche Oeffnungen zeigt, während der andere seine ehemaligen Feuerschlünde bereits mit Lava ausgefüllt hat und dem Auge an Stelle des unheimlichen Schlundes den Anblick einer grünbemattenen Grube bietet. Nur einige wenige der Hauptkrater sollen noch thätig sein; die Krater, welche wir sehen, sind bereits mehr oder weniger zerstört. Die Kämme sind im Zerfallen begriffen, viele der kleinen Krater sind nur noch schwer zu erkennen, mit der Zeit werden diese ganz verschwinden und ihr verwittertes Gestein wird zu fruchtbarem Land geworden sein. Es ist interessant, zu sehen wie die Lavaströme sich von den Krateröffnungen aus ihren Weg gebahnt haben. An den grünen Bergwänden sieht man oben an ihrem Kamm feine braunrothe Striche, welche, sich nach unten immer mehr verbreiternd und noch deutliche Flußlinien zeigend, schließlich als mächtige Ströme in das Meer fließen. Der ganze Strand besteht nur aus Lavamassen, und alle Thäler sind damit angefüllt. Das Land macht den Eindruck, als ob auf einem enormen Lavahaufen große Gebirge aufgebaut seien. Trotz des großen Gegensatzes der Farben weiß ich für die vor mir liegende Landschaft kein passenderes Bild zu finden, als ein in tiefem Schnee liegendes Gebirgsland. Der Schnee wird hier durch die abgelagerte Lava vertreten, die Gletscher durch die Lavaströme, die nackten schwarzen Felswände durch die grünbewachsenen Berge. Wie sich aus einem großen Schneefeld die nackten Gebirge erheben, deren Wände nur in ihren Gruben ewigen Schnee beherbergen, wie aus den tiefen Schluchten Gletscher zu Thal fließen, aus deren Strombett Steinoasen sich erheben, so erheben sich hier auf dunkelm Steingeröll grüne Bergmassen mit Lavagruben und dunkeln Kratern, mit mächtigen Lavaströmen, aus denen hier und da freundliche grüne Flecken hervorleuchten. Im Laufe der Jahrhunderte werden all die scharfen Kämme vor der Einwirkung von Wind und Wetter verschwinden, um das Land zu einem sanftwelligen Gebirgs- und Hügelland zu machen, der Fels wird verwittern, der Mensch wird urbares Land finden und kann dann hier Hütten bauen.

8. Mai 1878.

Seit dem Passiren der Galapagos haben wir 1855 Seemeilen zurückgelegt, 1130 liegen bis zu den Marquesas noch vor uns. Der steife Passat bläst mit vollen Backen in unsere Segel und zwar häufig so stark, daß die leichteren Segel geborgen und die Marssegel gereeft werden müssen, obgleich ich kein Freund vom Reefen bin, denn wer segeln will, muß Segel führen, sagt ein alter weiser Seemannsspruch. Die schweren Böen bringen in der Regel auch Regen mit, etwas ganz Ueberflüssiges auf dem Meere, wenn man den Regen nicht gerade nach langem Dampfen zum Abwaschen der Takelage gebraucht. Dazu pfeift der Wind immer aus derselben Richtung in das Schiff; eine nicht zu umgehende Naturnothwendigkeit, wenn man eine Strecke von 2000 Seemeilen mit geradem Curs im Passat zurückzulegen hat. Die See geht hoch, thut uns aber nicht viel, weil Wind wie Wellen fast quer von der Seite kommen, mithin die Wellen uns in unserm Lauf nicht aufhalten und der Wind das Schiff gegen schweres Rollen stützt. Unaufhaltsam geht es vorwärts. Leicht sich hin- und herwälzend, zertheilt das brave Schiff mit seinem scharfen Bug das Wasser, steigt vorn höher aus seinem Bette heraus und senkt sich dann wieder so tief ein, daß man hinten von der Commandobrücke aus sieht, wie der breite Schaumgürtel des Bugwassers weit nach vorn und zur Seite geworfen wird. Das Schiff wird in seiner ganzen Masse von den es unterlaufenden mächtigen Wellen auf ihren breiten Rücken gehoben, indem es beim ersten Anprall 5—6° mehr nach Lee übergedrückt wird als die Segel dies schon thun, und neigt sich ein klein wenig nach der Luvseite, wenn es wieder in das Wellenthal hinabgleitet. Der vom Schiffsbug aufgewühlte Meeresschaum treibt als breites Band von Schaum- und Wasserblasen wie geschlagener Rahm auf der weder durch Farben noch Beschreibung wiederzugebenden Meeresflut unaufhörlich an dem Schiffe vorbei; sein Spiel hat den Seemann auf seinen vielen und langen Seefahrten schon hunderte mal entzückt und will ihn doch jedes neue mal glauben machen, ihm etwas noch nie Gesehenes zu bieten. Das Wasser rauscht, das Tauwerk singt, die Spieren ächzen, die Decksbalken knarren. Posten stehen an den Haupttauen der Segel bereit, um jedem unerwarteten Zufall begegnen zu können. Der Wachoffizier hält sorgsame Wacht auf Wind, Wetter und Schiff, faßt den ganzen Horizont und das ganze Schiff ins Auge, ist ständig auf der Brücke, geht aber auch zuweilen nach dem Vorschiff, um zu sehen, ob bei dem starken Segeldruck, unter welchem das Schiff liegt, dort auch noch alles in Ordnung ist. Der erste Offizier ist, wie immer, überall. Einzelne Abtheilungen der Wachmannschaft haben Dienstinstruction und stehen unter der Luvreling; andere bessern unter der Leitung des Bootsmanns kleine Schäden an der Takelage aus; die Zimmerleute repariren eine kürzlich gebrochene Raa, die Segelmacher schadhaft gewordene und ausgewechselte Segel; aus der Maschine klingt Eisen- und Metallarbeit nach oben. Unteroffiziere revidiren vor dem Schluß der Wache die ganze Takelage, um etwaige kleine Schäden an dieser wie an den Segeln gleich zur Anzeige zu bringen. In der Vorbramsaling, 40 m über dem Wasser, sitzt auf schmalem Stück Holz, angeklammert an ein Tau, der Ausguckposten, um nach Brandung und Felsen auszusehen, weil dieses spärlich befahrene Meer noch sehr wenig erforscht ist und man überall eine Gefahr finden kann, welche, wenn zu spät entdeckt, uns allen sichern Tod bringen muß. Aber auch der Commandant, welcher nach der Ansicht so vieler Leute nichts zu thun hat, steht auf der Commandobrücke und thut — nichts. Er sieht nur ins Wasser, nach den Wolken, ins Schiff, nach der Takelage. Seine ganze Beschäftigung ist ja nur die Verantwortung für Schiff und Mannschaft, und diese Verantwortung verläßt ihn keine Secunde. Er muß jedem einzelnen Mann im Schiff, vom ältesten Offizier bis zum letzten Matrosen von der Frucht seiner größern Erfahrung zu kosten geben, muß fortwährend belehrend eingreifen und zeigen, daß von den vielen hundert Tauen dies oder jenes nicht straff genug gespannt ist und dadurch Gefahr entstehen kann; daß die Segel nicht mehr richtig stehen, die Zurrung eines schweren Gegenstandes sich zu lockern beginnt u. s. w. Er beobachtet wie die Leute am Ruder steuern; wie die andern instruirt werden, und wie sie antworten; wie die Leute in der Takelage sich bewegen und ob sie dabei den Vorschriften entsprechen, denn jeder Fehltritt dieses leichtsinnigen, übermüthigen Matrosenvolks kann ein Menschenleben kosten und der Commandant hat in seiner langen Dienstzeit schon viele mit zerschmetterten Gliedern auf dem Deck liegen und im Wasser mit dem Tod ringen, aber nur wenige von ihnen retten sehen, und jeder durch Leichtsinn oder Unachtsamkeit Verlorene fordert sein Leben von seinem Commandanten zurück. Er beobachtet den Posten in der Vorbramsaling, denn wenn das Schiff unten einen Bogen von nur 10—15° hin- und herschlingert, beschreibt der Mann oben einen sehr großen Bogen, und das in sehr kurzer Zeit, was selbst manch alter Seebär nicht vertragen kann. Er sieht neugierig mit dem Fernrohr — denn er kann auch neugierig sein — nach dem Horizont vor dem Schiff und überzeugt sich doch nur davon, daß ein blendender Schein auf dem Wasser keine Brandung, sondern nur ein Sonnenreflex ist. Er beobachtet wie der Wachoffizier seine Befehle gibt, denn dieser ist erst ein Anfänger und weiß noch nicht, daß ein wesentlicher Unterschied zwischen Befehlen und Befehlen, wie zwischen Gehorchen und Gehorchen ist, er meint Befehl sei Befehl und damit basta. Der Commandant kann ihn mit Worten nicht überzeugen, da muß die Probe gemacht werden. Es wird ein Manöver ausgeführt, dasselbe mit wirkungsloser Stimme commandirt, und darauf noch einmal mit einem Ausdruck, welcher zeigt, daß der Befehlende den Befehl am liebsten selbst ausführen möchte. In dem ersten Falle kommen die Leute nur langsam vorwärts, in dem zweiten sind sie wie elektrisirt und fliegen. Mancher versteht auch das nicht und ist dann eben nicht im Stande zu begreifen, wie der Offizier sich nur nach der Art seines Auftretens den Grad seines Erfolgs sichert. — Eine Bö ist im Anzuge, der Wachoffizier will Segel bergen; der Commandant hat ein erfahreneres Auge; er sieht, daß das Schiff sie vertragen kann und verweigert seine Zustimmung zum Segelbergen. Die Bö setzt ein, das Schiff legt sich ächzend auf die Seite, schüttelt sich, bäumt sich auf, hält durch und die Bö ist abgewettert. Der nächste Wachoffizier will das nachmachen, obgleich er weiß, daß er nach den Bestimmungen den durch Leichtsinn oder Unachtsamkeit verursachten Schaden bezahlen muß, aber sein Commandant liebt das Segelbergen nicht und freut sich, wenn die Offiziere Selbstvertrauen zeigen. Er hat sich in der Bö verrechnet, der Commandant hört in seiner Kajüte, daß die Bramstängen knacken, springt schnell auf die Commandobrücke und sieht sein Schiff oben rasirt, Bramstängen mit den Bram- und Oberbram-

Raaen und -Segeln baumeln an dem Tauwerk vor den Marssegeln herunter. Der Wachoffizier sieht seinen Commandanten entsetzt an und dieser sagt lächelnd: „Das habe ich nicht gut gemacht, ich hätte Ihnen doch sagen sollen, die Bramsegel zu bergen; ich habe nämlich hinter Ihnen gestanden. Es ist mein Fehler, und dem ist in dem Verlustprotokoll Ausdruck zu geben, damit ich für den Schaden aufkommen kann." Der Wachoffizier versteht nicht recht, muß seinem Commandanten aber doch Glauben schenken. — So hat der Commandant eines Kriegsschiffes keine ruhige Minute; das Gefühl der Verantwortlichkeit beherrscht jeden deutschen Offizier ununterbrochen bei Tag und bei Nacht, und der Commandant eines Kriegsschiffes hat eine gar große Verantwortung zu tragen.

Die Nacht bricht schon um 6 Uhr abends an, der Ausguck oben im Mast kann von dort aus nichts mehr sehen, dafür treten zwei Mann auf die Back des Schiffes und zwei in die Fallreeps, werden aber, wenn sie auch zu Vieren sind, von ihrem Standpunkt aus keine Brandung so rechtzeitig sehen, daß das in schneller Fahrt befindliche Schiff ihr noch ausweichen kann, wenn sie recht im Curse des Schiffes liegt und von einem größern Korallenriff herrührt. Am Tage würde sich bei einem etwaigen Verlust des Schiffes durch irgendwelche Ursache ein Theil der Mannschaft zunächst vielleicht in den Booten retten können, um nachher zu verhungern und zu verdursten, denn auf vorbeipassirende Schiffe ist hier nicht zu rechnen und die Entfernung vom nächsten Lande ist zu groß, um dasselbe vor dem eintretenden Hungertod erreichen zu können. Bei Nacht aber ist die Sache für alle schnell zu Ende: beim nächsten Morgengrauen bedeckt die See mitleidig alles, was sie verschlungen hat. Der Commandant sieht noch einmal die Karte an, ob nicht irgendeine auf seiner Curslinie eingezeichnete Tiefenangabe andeutet, daß schon einmal ein Schiff denselben Weg genommen hat. Nichts — eine weiße Fläche und weiter nichts in der Karte. Er bleibt auf der Commandobrücke, anscheinend um die Abendkühle zu genießen, so glauben wenigstens alle, denn niemand, der nicht diesen Posten schon bekleidet hat, kann sich in seine Lage hineindenken; er bleibt aber, um im Falle der Gefahr, auf seine Geistesgegenwart bauend, sogleich den richtigen Entschluß zu fassen. Er ist voll Sorgen und um ihn herum alles voll Jubel. Die Musik spielt, die Mannschaft singt und lacht in den Pausen und treibt ihre Späße; aus der Offiziermesse klingt Gläserklang und frohes Lachen herauf, und nur der Commandant ist allein, allein mit seinen Gedanken und Sorgen. Sein Diener ruft ihn zum Abendbrot; dasselbe ist in wenig Minuten eingenommen und der einsame Mann steht wieder auf der Brücke, die freie Wache geht zur Koje, in der Offiziermesse wird es still, und man hört nur noch das Rauschen des Wassers, das Singen der Takelage, das Aechzen der Spieren, das Knarren der Decksbalken und jede halbe Stunde den geisterhaften Ruf der vier Posten, daß sie wach und wachsam sind. Nach 11 Uhr geht der Commandant zu Bett, weil er doch nicht wochenlang Nacht für Nacht aufbleiben kann und der Tag doch auch so vielerlei Pflichten verlangt, doch läßt er sich um 12 und um 4 Uhr von dem abgelösten Wachoffizier Meldung über Wind und Wetter machen, wird auch geweckt, wenn der Wind stärker wird oder sich ändert, um wegen der Segelführung oder Cursänderung Bestimmung zu treffen. Weiß er aber einen Offizier auf Wache, auf dessen Geistesgegenwart er nicht fest zu bauen vermag, dann bleibt er auch einmal die ganze Nacht auf, um Berichte oder Briefe zu schreiben, oder wegen erheuchelter Schlaflosigkeit dem Offizier Gesellschaft zu leisten.

4.

Die Marquesas-Inseln.

18. Mai 1887.

Die Marquesas-Inseln liegen hinter uns und haben uns neben viel Schönem und Interessantem in der Hauptsache doch das gebracht, was wir erwartet hatten, nämlich — Enttäuschung. Die mit so großer Ueberschwänglichkeit geschriebenen Reiseberichte lassen von vornherein einige Uebertreibungen vermuthen; hier ist aber zu viel erdichtet, und man kann nicht anders annehmen, als daß die Reisenden infolge der fast übermenschlichen Entbehrungen, welche zu ihrer Zeit mit diesen langen Reisen in kleinen, übermäßig stark bemannten Segelschiffen verknüpft waren, beim Landen an diesen Inseln vollständig geblendet waren. Namentlich gilt dies für die Beurtheilung des weiblichen Geschlechts, denn man muß selbst monatelang von dem schönen Geschlecht abgesperrt gewesen sein, um zu verstehen, daß fast jeder Seemann nach jeder langen Seetour zunächst in jeder Schürze einen Engel sieht. Meines Erachtens hatten die Reisenden aber trotzdem keine Veranlassung mit so grellen Farben zu malen, weil das, was hier gefunden wird, immerhin interessant genug ist, um auch ohne Schönfärberei zu fesseln.

Ich wollte ursprünglich nur den Haupthafen Port Anna-Maria auf Nuka-hiva besuchen, änderte aber meine Disposition, als ich aus den Segelanweisungen ersah, daß die Franzosen, denen die Marquesas-Inseln nominell gehören, praktisch alle Controle über die Einwohner der Marquesas-Inseln aufgegeben haben und nur noch die Insel Nuka-hiva besetzt halten sollen. Da ferner die Berichte besagen, daß die Einwohner der Marquesas-Inseln am zähesten an ihren alten Gebräuchen festhalten, daß dieselben noch ziemlich auf demselben Standpunkte stehen wie vor hundert Jahren, und alle Missionare ihr Bekehrungswerk aufgeben mußten, entschloß ich mich, da es mir

5*

nur darauf ankam, zur Auffrischung unsers Speisezettels Früchte, Eier und Hühner einzunehmen, nach Omoa auf Fatu-hiva, der südöstlichsten Insel, zu gehen, um dort einen Einblick in die als so interessant geschilderten Verhältnisse zu erhalten und dann nur in Port Anna-Maria dem dortigen Gouverneur meinen Besuch zu machen, um seinen Machtbereich nicht besucht zu haben, ohne der Höflichkeit zu genügen. Erst hatte ich daran gedacht, auch die mittlere Insel Tahu-ata oder Santa-Cristina anzulaufen, weil sie früher von den Franzosen für der Befestigung werth gehalten worden war, gab diese Absicht aber auf, weil der Besuch doch zu viel Zeit gekostet hätte; ebenso verzichtete ich auf Dominica, weil dort nach den Segelanweisungen nichts zu holen ist, wogegen ich in Nuka-hiva allerdings erfuhr, daß die einzige größere Plantage in der ganzen Gruppe gerade auf dieser Insel liegt und — merkwürdig genug — in deutschen Händen ist.

In Bezug auf die politischen Verhältnisse ist zu bemerken, daß, wie schon gesagt, die Marquesas-Gruppe nominell französische Colonie ist, doch bekümmern sich die Franzosen mit Ausnahme von Nuka-hiva und ganz neuerdings auch Dominica aber so gut wie gar nicht um Land und Leute. Die Hoheitsrechte erwarb Frankreich im Jahre 1842 durch Ablösung, indem es Besitz von den Inseln nahm und dem ersten Häuptling von Nuka-hiva und dessen Erben eine monatliche Leibrente von 50 Frs. aussetzte, womit indeß ein Besitzrecht auf die andern Inseln nicht erworben werden konnte, weil nicht nur die einzelnen Inseln, sondern auch die verschiedenen Stämme auf jeder Insel ganz unabhängig voneinander sind. So kam es denn wol auch, daß die Franzosen überhaupt nicht versuchten, auf den verschiedenen Inseln festen Fuß zu fassen, sondern sich damit begnügten, nur auf Nuka-hiva eine Art von Regierung zu errichten und sich auf Tahu-ata zu befestigen, weil sie fürchten mußten, von dort ebenso vertrieben zu werden, wie sie von Huheine (eine der Gesellschafts-Inseln) durch die Eingeborenen vertrieben worden sind. An die andern Inseln haben sie sich wol zunächst überhaupt nicht herangewagt, denn wenn Dominica z. B. die bei weitem wichtigste und größte ist, so ist sie aber auch die am stärksten bevölkerte und zwar mit einem schwer regierbaren Menschenschlag.

Warum Frankreich diese Colonie überhaupt erworben hat, ist mir unverständlich geblieben. Wie aus der noch folgenden Beschreibung des Landes ersichtlich werden dürfte, war auf die Gewinnung von Landesproducten nicht zu rechnen, auch konnte bei der schwachen und namentlich armen Bevölkerung hier kein Absatzgebiet für französische Waaren vermuthet werden; somit bleibt der militärisch-politische Gesichtspunkt übrig. Die Inselgruppe ist aber geographisch so ungünstig gelegen, daß sie auch für militärische Operationen nie eine Basis abgeben kann, weil von hier bis zu dem nächsten Lande Distanzen zu durchlaufen sind, welche alle Dispositionen über den Haufen werfen müssen. Auch können die Inseln zu derartigen Zwecken schon deshalb keine Verwendung finden, weil für eine größere Zahl von Schiffen die Häfen fehlen; aber wären auch Häfen für große Flotten vorhanden, so bliebe immer noch die Frage zu beantworten, was die Flotten hier sollen, da in diesem unermeßlichen Wasserbecken, dessen Mittelpunkt die Marquesas-Inseln bilden, alle Angriffsobjecte fehlen. Die Inseln sind wegen ihrer abgeschiedenen Lage allerdings gut für Kaperschiffe gelegen, doch gibt es wiederum hier nichts zu kapern, weil dieses Meer so gut wie gar nicht befahren wird. Es bleibt daher für die Erwerbung dieser Colonie nur die Wahrscheinlichkeit übrig, daß es in jener Zeit für die großen Seemächte zum guten Ton gehörte, möglichst viele Colonien zu besitzen.

Die Marquesas-Inseln haben den Franzosen denn auch keinerlei Nutzen gebracht. Schiffahrt existirt hier nicht, weil die französischen Gesetze die Walfischfänger, welche nur allein und allerdings häufig hier anliefen, vertrieben haben. Diese Schiffe wurden mit so hohen Lootsengebühren belegt, daß sie das Anlaufen dieser Häfen aufgeben mußten. Dieses Ziel lag wol in der Absicht der Colonialregierung, denn es wurden französische Walfischfänger subventionirt, der Fang wurde auch mit schönen und guten Schiffen begonnen, bald aber wieder aufgegeben, wol weil dieser Erwerbszweig dem französischen Naturell nicht zusagt. Es gibt jetzt keine französischen Walfischfänger mehr, und diejenigen anderer Nationalität, welche wenigstens etwas Handel und Wandel brachten, sind verscheucht. Der einzige Schiffsverkehr wird zur Zeit durch den monatlich einmal hier anlaufenden Postschooner (Segelschiff), welcher zwischen San-Francisco und Tahiti fährt, hergestellt. Derselbe wird von Frankreich subventionirt und läuft die Marquesas nur auf dem Wege von Amerika nach Tahiti an; Briefe nach Europa müssen daher den großen Umweg über Tahiti machen und bleiben außerdem noch 14 Tage dort liegen, bis der Schooner wieder befrachtet ist. Die großen Geldzuschüsse, welche Frankreich an diese Colonie gezahlt haben soll, sind vermuthlich die Ursache einer später erfolgten Einschränkung gewesen. Die Regierung in Nuka-hiva wurde soweit vereinfacht, daß als Gouverneur nur ein lieutenant de vaisseau übrigblieb. Die Befestigungen auf Tahu-ata wurden verlassen und die Truppen zurückgezogen. Das Personal, welches jetzt übrig ist, wohnt auf Nuka-hiva und besteht aus dem genannten Gouverneur, einem untergeordneten Verwaltungsbeamten, einem frühern Bombardier als Wegebaumeister, einem gleichzeitig Lootsendienste versehenden Hafenmeister und vier Gensdarmen, welche zur Zeit auf Dominica sind, um die mit Chinesen bearbeitete deutsche Plantage zu beschützen, wie sie sagen. Da sie sich aber früher auf diese Insel nicht wagten, so glaube ich nicht an die gute Absicht, sondern eher daran, daß die Deutschen beaufsichtigt werden sollen, oder daß man ihnen eine hohe Steuer auferlegen und, durch den breiten deutschen Rücken gedeckt, auf der Insel sich überhaupt festsetzen will.

Der Gouverneur der Marquesas-Inseln steht unter dem Gouverneur von Tahiti, einem Stabsoffizier der französischen Marine, obgleich hier und dort ganz verschiedene Rechtszustände bestehen. Tahiti mit der Paumotu-Gruppe steht unter französischem Protectorat, während, wie erwähnt, die Marquesas-Inseln französische Colonie sind.

Der Unterschied besteht darin, daß der Gouverneur von Tahiti absoluter Herrscher ist, Gesetze nach augenblicklicher Laune erläßt und aufhebt, sofern nicht der etwa gerade anwesende Admiral des Südsee-Geschwaders ihm ins Handwerk pfuscht, während in der Colonie französisches Gesetz waltet.

Auf Nuka-hiva wird, um die Kosten der Verwaltung zu verringern, eine Kopfsteuer erhoben, von welcher die andern Inseln befreit sind, weil auf ihnen keine Autorität besteht, welche sie erheben könnte. Diese Kopfsteuer ist außerordentlich hoch und beträgt für jeden Mann 20 Frs. und für jeden Hund, obgleich derselbe seinem Herrn keinerlei Nutzen bringt, sondern nur aus alter Gewohnheit als Hausgefährte gehalten wird, 10 Frs. Ganz abgesehen davon, daß diese letztere Steuer die Eingeborenen sehr verbittert, werden sie aber dauernd noch durch die Art der Eintreibung der Steuer gereizt, durch welche der Gewinn der Steuer fast zu einem Nichts wird. Da der Eingeborene in der Regel kein Geld besitzt, muß er die Steuer abarbeiten, und wir sehen so die alten Frondienste hier wieder aufleben. Die Eingeborenen werden zum Straßen- und Brückenbau beordert und wird ihnen das Tagewerk zu 2 Frs. angerechnet; arbeiten müssen sie dann solange bis der Betrag ihrer Steuer und auch der ihres Hundes gedeckt ist. Die Arbeit wird von dem vorhergenannten Bombardier geleitet, welcher, wol infolge seines Unvermögens, die Arbeit richtig zu beurtheilen, keinerlei Autorität über die Eingeborenen zu haben scheint, und so kommt es, daß wenig gearbeitet und viel geschwatzt wird. Ich habe längere Zeit dem Wiederaufbau einer sehr nothwendigen, durch den starken Regen weggeschwemmten Brücke, bei welchem 10 Mann beschäftigt waren, zugesehen und konnte keinen Fortschritt der Arbeit wahrnehmen. Die Leute saßen zusammen, rauchten und unterhielten sich, während der Bombardier (ein Elsässer) mit uns eine deutsche Unterhaltung anfing. Ab und zu gingen 2 oder 3 Mann nach einem Stein, welchen bequem ein Mann hätte tragen können, und legten ihn behutsam mit viel Zeitaufwand in den Bergbach, anstatt ihn an seine Stelle zu werfen, und nahmen dann ihren alten Platz wieder ein. Ich bin der Ueberzeugung, daß dies auf 20 Frs. zu veranschlagende Tagewerk von einem fleißigen Arbeiter in einem halben Tage geschafft worden wäre.

Tahu-ata ist, wie schon erwähnt, seit vielen Jahren von den Franzosen wieder aufgegeben worden; von den Befestigungen und Blockhäusern konnte ich beim Passiren nichts mehr entdecken. Die Bauwerke sollen von den Eingeborenen längst abgetragen und das Material von ihnen zum Bau ihrer Hütten verwendet worden sein.

Das Besitzrecht auf diese, wie auf die andern thatsächlich unabhängigen Inseln wird dadurch aufrecht erhalten, daß alljährlich einmal ein französisches Kriegsschiff die verschiedenen Ankerplätze für ein bis zwei Tage anläuft. Eine Verbindung mit den Eingeborenen scheint aber auch dann nicht stattzufinden, wenigstens gehen in Fatu-hiva, nach Aussage der Eingeborenen, die französischen Offiziere und Mannschaften weder an Land, noch kommen die Eingeborenen auf das Schiff. Ein englisch sprechender Eingeborener in Omoa gab mir als Grund die Unmöglichkeit einer Verständigung an, weil auf den französischen Schiffen niemand englisch und von den Eingeborenen keiner französisch verstände; die Ursache liegt aber tiefer, da die französischen Seeoffiziere größtentheils so viel englisch verstehen, um sich verständlich machen zu können. Der Grund liegt einfach in dem ausgeprägten Haß, welchen die Insulaner gegen die Franzosen hegen und welchem sie auf den andern Inseln auch ungescheut Ausdruck geben. Der Sohn der sogenannten Königin von Nuka-hiva, ein Mann von etwa 25 Jahren, welcher in Paris erzogen worden ist, sprach sich einigen unserer Offiziere gegenüber dahin aus, daß sie das französische Joch sofort abwerfen würden, sobald sie auswärtiger Hülfe gewiß seien. Auch bestätigte ein dort lebender Däne, welcher wol nationaler Ueberlieferung gemäß mit französischem Wesen sympathisiren muß, das Vorhandensein einer sehr feindlichen Stimmung gegen die Franzosen; des abfälligen Urtheils eines Engländers will ich hierbei gar nicht Erwähnung thun.

Die Bodengestaltung der Inseln ist eine ganz merkwürdige und bei allen eine auffallend übereinstimmende. Die Marquesas-Inseln erheben sich nicht, wie dies in der Regel bei derartigen Inseln der Fall ist, kegelförmig aus dem Meere, sondern auf einer länglichen, nach den Enden spitz zulaufenden Basis steigt ziemlich genau in der Mittellinie ein Gebirgsrücken von 1000 bis 1250 m Höhe mit scharf gezacktem steilen Kamm an, welcher die Insel ihrer ganzen Länge nach in zwei voneinander vollkommen abgeschiedene Hälften theilt, da ein Uebersteigen dieses an seinen Endpunkten fast senkrecht nach dem Meere abfallenden Bergrückens unmöglich scheint und wol auch unmöglich ist. Nimmt man an, daß der Fuß des eigentlichen Bergrückens da beginnt, wo zwischen den nachher genannten Rippen, welche sich rechtwinkelig an den die Insel durchschneidenden Bergrücken anlehnen, das ebene Gebiet der kleinen Thäler aufhört, dann erhält man für diese obere Felsenwand eine Basis, welche an den schmäleren Stellen der Insel etwa gleich der Höhe ist, an den äußersten Enden die Höhe des Bergrückens lange nicht erreicht. Dies gibt der Insel das äußere Ansehen eines langgestreckten Keils, der für das Auge so scharf erscheint, daß man ihn unwillkürlich mit einer auf dem Rücken liegenden Messerklinge vergleicht, zumal der obere Kamm eine so geringe Dicke zu haben scheint, daß man nicht versteht, wie dieses Gestein Jahrtausenden trotzen konnte. Man hat das Gefühl, als ob ein Geschoß diese Felsenwand durchschlagen müßte, und wird in dieser Anschauung dadurch noch bestärkt, daß an verschiedenen Punkten nahe dem Gipfel sich dem Auge in der Felsenwand Durchbrüche oder Löcher bieten, an welchen man keine für das Auge meßbare Dicke des Gesteins feststellen kann. Selbst die Natur scheint sich dessen bewußt gewesen zu sein, wie künstlich das von ihr hier aufgeführte Bauwerk ist, denn sie hat den Mittelrücken mit rippenähnlichen Strebepfeilern versehen, wie der Baumeister große Steinwände abstrebt. Diese Seitenrippen lehnen sich an den schmalen Enden der Insel unter sehr steilem Winkel an das Hauptgebirge an und reichen hier, wo der Mittelkamm eine geringere Höhe hat, bis zu dessen Gipfel hinan. Im allgemeinen indeß zweigen sie sich von

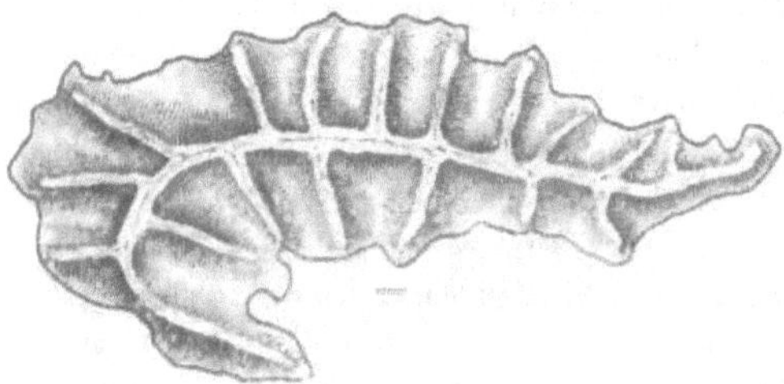

Grundriß einer Marquesas-Insel.

der halben Höhe aus ab und laufen dann unter einem Winkel von etwa 45° nach dem Meere zu aus, wo sie kleine Buchten mit fruchtbaren Thälern bilden, wenn sie sich, allmählich abfallend, in das Wasser senken, aber sich in steile Klippen umwandeln, wenn sie plötzlich, wie absichtlich jäh unterbrochen, eine senkrecht nach dem Wasser abfallende Wand als Abschluß erhalten. In diesem letztern Falle hat man dann das äußere Bild der Giebelwände einer Reihe dicht nebeneinander gestellter Schuppen, da die Oberfläche der Rippen fast überall wellenartig gebildet ist, und die einzelnen Wellen fast gleiche Form und Höhe mit spitzem Winkel sowol am Kamme wie im Thale zeigen. Dieser Wechsel gibt der Landschaft großen Reiz, welcher noch dadurch erhöht wird, daß aus den Einschnitten der oft hoch über der Meeresfläche liegenden Giebel häufig sich kleine Bäche oder Wasserfälle ergießen und ihr Wasser direct in das Meer hinabstürzen lassen, ohne die senkrechten Felswände zu berühren.

Das Bild, welches sich dem Beschauer an der Leeseite der Inseln als Ganzes bietet, ist etwa das folgende.

An eine mächtige Felsenwand, welche in der Höhe nur mit Gräsern und kleinen Sträuchern bewachsen ist, zwischen denen hier und da eine vereinzelte Kokospalme, von welcher man nicht weiß wie sie dorthin kommt, sich erhebt, lehnen sich Bergabhänge, welche auf ihrem Rücken in der Regel keinerlei Cultur zeigen, daher auch wol nicht culturfähig sind, wahrscheinlich aus Mangel an Erde und Wasser, sowie wegen Ueberfluß an Sonne. Die zwischen den Abhängen liegenden Thäler, welche selten eine große Tiefe haben, zeigten zu unserer Zeit eine Ueppigkeit der Vegetation, wie sie nicht reicher gedacht werden kann. Die Thäler waren mit solchen Laubmassen angefüllt, daß man hätte wähnen können, die hohen Bergwände seien eines reichen Laubschmucks entkleidet worden und das ganze abrasirte Laub habe sich in dicken Wolken in den Thälern abgelagert. Auch am Lande konnte dieser Eindruck keine wesentliche Aenderung erfahren, weil der aus Brotfruchtbäumen, Kokospalmen, Orangen- und andern Fruchtbäumen verschiedener Art gebildete Wald ein so dichtes Laubdach hatte, daß die Sonnenstrahlen nur sehr vereinzelt Durchgang fanden. Immer wird hier die Vegetation jedoch nicht in so überreicher Fülle prangen — glücklicherweise, darf man sagen, denn die letzten zehn Monate waren eine ununterbrochene scharfe Regenzeit, welche das Laub zu seltener Kraft und Schönheit getrieben, die Früchte aber vom Reifen abgehalten hatte. So haben wir, die wir zur richtigen Reifezeit hier waren, nur halbreife Früchte erhalten können. In der Regel sollen die Marquesas-Inseln vorzugsweise an Dürre, welche oft einen an Hungersnoth grenzenden Zustand erzeugt, leiden, doch sollen geregelte Jahreszeiten überhaupt selten sein. Entweder herrschen unaufhörliche schwere Niederschläge, oder das Wasser fehlt ganz.

Ich kehre zu meinem Bilde zurück. Von den höhern Regionen des Mittelgebirges stürzen Wasserfälle in die Thäler hinab, welche während der wolkenbruchartigen Regengüsse oft von großer Schönheit sind, ihre Kraft und ihr ganzes Ansehen aber sofort verlieren, sobald der Regen aufgehört hat. An der Südküste von Nuka-hiva, welche ich in ihrer ganzen Länge passirte, habe ich mit Ausnahme des einen besonders großen Wasserfalls keinen der von Krusenstern enthusiastisch geschilderten Wasserfälle entdecken können, obgleich wir in der stärksten Regenzeit dort waren.

Die schmalen Enden der Inseln werden durch steilabfallende Felswände gebildet und man sieht hier häufig schroffe, dunkelgefärbte Steingebilde, welche, von dem Hauptlande abgelöst, der Landschaft an diesen Stellen ein wildzerrissenes Ansehen geben, während die Inseln im allgemeinen und für die Hauptmasse des Landes diese Bezeichnung nicht verdienen.

Ueber die Ertragfähigkeit des Landes glaube ich mich erschöpfend dahin aussprechen zu können, daß das Land wol im Stande wäre, viele Kokosnüsse zu liefern, weil der Baum insofern sehr genügsam ist, als er eigentlich nur Seeluft beansprucht. Je näher am Strande, desto besser für ihn; ob er dort fetten Boden oder magern Sand findet, ist ihm gleichgültig; ja es wird sogar behauptet, daß der unvermischte Korallensand ihm am zuträglichsten sei. Die Eingeborenen arbeiten aber nicht und so bleibt diese Ertragsquelle unausgenutzt. Baumwolle wird auch in guter Qualität gewonnen, es ist aber mit Ausnahme von Dominica und in beschränkterm Maße auch Nuka-hiva nicht genügend Land verfügbar, um nutzbringende Baumwollpflanzungen anlegen zu können, weil das vorhandene Land ganz für die den Lebensunterhalt der Eingeborenen bildenden Früchte in Anspruch genommen wird.

Handel wird zur Zeit eigentlich nicht getrieben, weil man die jährlich nur aus einigen kleinen Schoonerladungen bestehenden Producte wol nicht als solchen rechnen kann.

Die Bevölkerung der Marquesas-Inseln zeigt keinen einheitlichen Typus, man findet vielmehr auf jeder Insel, ja sogar in jedem Thal einen andern Menschenschlag, und wenn der Unterschied zuweilen auch nur gering ist, so ist er immerhin doch in die Augen fallend. Ich selbst kann allerdings nur von den Eingeborenen von Nuka-hiva und Fatu-hiva sprechen, doch wurde mir berichtet, daß die Eingeborenen von Dominica einer ganz andern Rasse angehören. Auf Fatu-hiva habe ich die beiden Hauptthäler besucht, auf Nuka-hiva nur oberflächlich die Bewohner von Port Anna-Maria gesehen, wie denn ja meine Beobachtungen überhaupt nur ganz oberflächliche sind und keinen Anspruch auf wissenschaftlichen Werth erheben können. Wäre die Annahme richtig, daß die Inseln der Südsee, wie von verschiedenen Seiten behauptet wird, Ueberreste eines versunkenen Continents und die Bevölkerungen der verschiedenen Inseln die Nachkommen derjenigen sind, welche sich bei der Katastrophe auf die Berggipfel gerettet haben, dann könnte man behaupten, daß in altersgrauer Zeit ein fremder Volksstamm einen Einfall in das jetzige Gebiet der Marquesas-Inseln gemacht habe, von der Katastrophe überrascht worden sei und sich mit den Einheimischen auf die Berge rettete, um sich später mit ihnen in die übriggebliebenen Inseln zu theilen. Andernfalls bleibt nur die Annahme übrig, daß die Ursache der Verschiedenheiten in vielfachen Kreuzungen mit hierher verschlagenen Bewohnern anderer Inseln, sowie mit den früher hier verkehrenden Walfischfängern liegt, weil Frauen wie Mädchen dieser Inseln dem Fremden als ein Gebot der Gastfreundschaft zur Verfügung gestellt werden.

Was das Aeußere betrifft, so haben mir die Bewohner von Omoa am besten gefallen; ich bemerkte unter diesen einige wirklich schöne Menschen, doch fand ich im Widerspruch mit den frühern Berichten die Männer schöner wie die Frauen. Unter ihnen waren viele wirklich auffallend hübsche Gestalten mit schön geformten und muskelkräftigen Gliedern. Die Gesichter zeigten auch schöne Züge, und so wild und verwegen diese Leute infolge ihrer reichen Tätowirung auch aussahen, so entdeckte man doch, wenn man sie schärfer betrachtete, die gutmüthigsten Züge. Auf die Tätowirung wird hier außerordentlich viel Werth gelegt, und ich muß gestehen, daß diese fast ganz nackten Menschen durch ihre eingeäzte reiche Malerei eigentlich anständig angezogen sind. Ich hatte das Gefühl, daß diese Leute in ihrer Nationaltracht sich in jeder europäischen Stadt auf der Straße zeigen könnten, ohne daß der Mangel an Kleidung auffallen würde; jedenfalls verhüllt diese musterreiche Malerei mehr, wie ein einfarbiges Tricot dies zu thun vermag. Ich kann nicht leugnen, daß diese tätowirten Menschen einen tiefen Eindruck auf mich gemacht haben und ich es bedauern würde, wenn diese Sitte abkäme; ich kann daher auch nicht verstehen, wie der Commodore Powell diese Leute als durch Tätowirung entstellt bezeichnen kann, doch dies ist Geschmackssache. Ich kann mir wol denken, daß man mit diesen bunten, wild aussehenden Gesichtern unsere Kinder schrecken kann, scheußlich sehen die Köpfe deshalb aber noch nicht aus. Daß die hier lebenden Europäer gegen das Tätowiren eifern, hat den einfachen praktischen Grund, daß mit dem Aufhören dieser Sitte die Sitte des Kleidertragens einzieht und die Kleider nur von den Weißen bezogen werden können. Die englischen Missionare und die Kaufleute ziehen hier an demselben Strang, denn beide leben vom Handel. Der Eingeborene hat keine Verwendung für Geld; Taback und gleichartige Genußmittel schaffen zu wenig, Eisenwaaren haben einen zu langen Bestand, Branntwein geht gegen die eigenen Interessen, weil man den Eingeborenen arbeiten sehen will, um die Früchte seines Fleißes einzuheimsen. Da sind nun Kleider das beste Tauschobjekt. Für wenig Geld erhält man von Europa ein großes Stück leichten Stoffes, und ist die Sitte der Bekleidung allgemein eingeführt, dann bringt diese durch die Masse den Gewinn, weil Männer, Frauen und Kinder dieser bald sehr strengen Sitte gleichmäßig unterworfen sind. Soll ein Handelsartikel gefunden werden, welcher den Europäern Gewinn bringt und die Eingeborenen gleichzeitig zur Arbeit erzieht, dann ist der eingeschlagene Weg wol richtig; aber eine religiöse Nothwendigkeit zum Kleidertragen liegt für diese Menschen nicht vor, weil das Schamgefühl in so hohem Grade ausgebildet ist, daß es uns Europäern geradezu lächerlich vorkommt. Denn es werden z. B. zwei gleichalterige Männer, wenn sie auch ganz allein unter sich sind, nie beim Baden sich ganz entkleiden, wie es bei uns doch sehr häufig vorkommt. Ich beobachtete einmal in Omoa zwei Männer, welche in ihrem Kanu vom Fischfang kamen und in ziemlich großer Entfernung von dem Dorfe, wo ich mich befand, mit der Brandung auf den Strand liefen, um das leichte Fahrzeug nach dem ersten Auflaufen auf den Strand schnell vor der Rückkehr der Brandung ganz aufs Trockene zu ziehen. Da die Brandung fortwährend über das Kanu und dessen Insassen hinwegbrach, so hatten die beiden Männer sich ihrer dürftigen Kleidungsstücke auch noch entledigt und dieselben um den Kopf gewunden. Der hinten im Boot sitzende Mann hatte sich aber einen Lappen vorgebunden und der vorn Sitzende kehrte dem andern während der ganzen Landung stets den Rücken zu, sofern er nicht anderweit gedeckt war, bis sie ihre Kleidung wieder angelegt hatten. Wenn somit aus moralischen Gründen die Sitte des Kleidertragens nicht erforderlich ist, so würde es doch ein gutes Werk sein, wenn man die Eingeborenen hierfür gewinnen könnte, weil meiner Ansicht nach der Mangel an Kleidung die Hauptursache des Aussterbens dieses Menschenstammes ist. Ich will dies zu beweisen versuchen.

Es wird behauptet, daß an der rapiden Abnahme der Bevölkerung der Marquesas-Inseln die folgenden Ursachen Schuld tragen:

1. Die Sitte der Vielmännerei bei den Frauen. Dieselbe ist nicht in der Weise vorhanden, wie nach früheren Berichten angenommen werden muß. Die Leute leben vielmehr in unserer Ehe ähnlichen Verhältnissen, d. h. ein Mann und eine Frau leben in der Regel zusammen und sorgen für ihre oder für fremde Kinder. Die Ehe wird indeß nicht auf Lebenszeit geschlossen, sondern kann jederzeit dadurch gelöst werden, daß entweder der Mann seine Frau wegschickt oder die Frau ihren Mann verläßt. Beide Theile sind in dieser Beziehung frei und ganz gleichberechtigt. Die Frau kann sich weder der Ausweisung widersetzen, noch kann der Mann seine weggegangene Frau zurückfordern oder mit Gewalt zurückholen. Eheliche Treue ist keine Tugend, weil das Verhältniß jederzeit gelöst werden kann, wenn der eine Theil dies wünscht. Die Kinder scheinen, sobald sie ein gewisses Alter erreicht haben, Gemeingut zu sein, jedenfalls werden sie von jedermann gut behandelt und beschützt. Die Leute eines Dorfes oder Thales bilden somit gewissermaßen eine große Familie, in welcher die einzelnen Glieder gewohnheitsmäßig paarweise zusammenleben, solange Neigung sie zusammenhält. Vielmännerei kommt zwar insofern vor, als die nicht verheiratheten Männer zeitweise mit der Frau eines Andern und zwar mit dessen Einwilligung für eine bestimmt verabredete Zeit zusammenleben, aber nur dann, wenn keine Mädchen vorhanden sind, welche mit diesen Junggesellen die Probe machen, wie es im Ehestande hergeht. Ob diese Freiheit der Sitten nun wirklich von nachtheiligem Einfluß auf das Wachsthum der Bevölkerung ist, wird schwer zu entscheiden sein, da die Zahl der prächtig aussehenden Kinder zur Zeit eine recht große ist. Muß der nachtheilige Einfluß aber nach unumstößlichem Naturgesetz vorliegen, dann wird eben von der bestehenden Freiheit sehr wenig Gebrauch gemacht, und ich glaube das letztere. Es ist allerdings eine Thatsache, daß die Männer ihre Frauen auf die früher hier häufiger zu Anker kommenden Walfischfänger geschickt und sie zwei bis drei Tage auf dem Schiff belassen haben, weil sie dann manches Werthvolle für die Gemeinde mit ans Land gebracht

haben, die Schiffe kamen aber doch immerhin so selten und sind so schwach bemannt, daß dieser Einfluß kein einschneidender gewesen sein kann.

2. Die fast ununterbrochenen Kriege zwischen den benachbarten Thälern. Wie mir ein deutscher katholischer Missionar und ein englisch sprechender Eingeborener übereinstimmend versicherten, kommen diese sogenannten Kriege, wenn auch nicht häufig, zwar immer noch vor, verlaufen aber stets unblutig. Die ursprünglichen Waffen existiren gar nicht mehr und es werden nur noch Feuerwaffen gebraucht, zu denen aber entweder die Munition fehlt, oder die Waffen sind in so verkommenem Zustande, daß sie kaum noch gebrauchsfähig sind. Die Kriege entstehen gewöhnlich durch Landstreitigkeiten und werden in der Weise durch Verrath entschieden, daß die eine Partei die andere überrascht und Sieger wird, mithin die Bedingungen stellen kann, welche die unterliegende Partei annehmen muß. Diese Kriege können daher unmöglich die Ursache der allmählichen Entvölkerung sein.

3. Der übermäßige Genuß von Branntwein. Der Trunk scheint hier allerdings das alles beherrschende Laster zu sein, welchem vorzugsweise die rasche Abnahme der Bevölkerung zugeschrieben werden muß, wenn eine Abnahme wirklich stattfindet; letzteres kann noch angezweifelt werden, da der deutsche Missionar, dessen Angaben ich vollen Glauben schenke, vor sechs Monaten auf Fatu-hiva über 700 Seelen gezählt hat, während der englische Commodore Powell im Jahre 1867 nur 500 als die Einwohnerzahl dieser Insel angibt. Aber wirklich angenommen, daß die stets sich wiederholenden Klagen über das Aussterben dieser Eingeborenen begründet sind, so liegt die Ursache hier nicht in den directen Folgen der Trunksucht, sondern der Trunk tödtet meiner Ansicht nach nur auf indirectem Wege. Vor allen Dingen muß hervorgehoben werden, daß die Leute auf diesen Inseln, wo keine Europäer leben, sich ihren Rausch nicht in europäischem oder amerikanischem Schnaps, von welchem in Port Anna-Maria die ganze Flasche nur 10 Pfennig kostet, antrinken, sondern in einem selbstbereiteten berauschenden Getränk, welches aus gegorener Kokosmilch gewonnen wird und wegen fehlender Beimischungen der Gesundheit sehr viel weniger schädlich ist, als die billigen, von den klugen Weißen zusammengebrauten Höllentropfen es sind. Erwägt man, daß die Männer sich allabendlich gemeinsam

bis zur völligen Besinnungslosigkeit betrinken, so müßte man nach unsern Erfahrungen über Säufer jedenfalls annehmen, daß die große Mehrzahl der Männer die äußern Merkmale des Säufers tragen müßte, daß sie nicht nur des Abends sondern auch am Tage trinken würden, und schließlich, daß jede Nachkommenschaft ausgeschlossen wäre. Von alledem ist hier aber nichts zu merken. Die äußerlichen Merkmale des Säufers habe ich bei keinem entdecken können, wenngleich mein Gewährsmann, der englisch sprechende Eingeborene, mir sagte, daß er arbeite und dies nur könne, weil er sich nicht betrinke, obgleich er auch ganz gern trinke, aber stets Maß halte, während die andern so viel tränken, daß sie am andern Tage nicht arbeiten könnten. Ferner trinken die Leute nur des Abends und bleiben am Tage der Flasche fern, können aber auch am Abend enthaltsam sein, wie sie es während unsers Aufenthalts in Omoa durchgeführt haben, und zwar aus einem gewissen Schamgefühl vor uns, wie zwei zu verschiedenen Zeiten befragte Eingeborene übereinstimmend versicherten. Sei es nun, daß wirklich Scham sie vom Trinken abgehalten, oder daß die Ankunft des Schiffes die Geister so angeregt hatte, daß sie auf das gewohnte Gelage verzichteten, Thatsache bleibt es, daß das Trinken noch nicht die Form des gewohnheitsmäßigen Betrinkens angenommen hat. Ich glaube überhaupt nicht, daß die Leute trinken um zu trinken, sondern nur um den langen Abend zu verkürzen und einen Schlaftrunk zu nehmen — sie trinken aus Langeweile. Man muß bedenken, daß hier tagaus tagein die Nacht um 6 Uhr abends und der Tag erst 6 Uhr morgens beginnt, also Tag für Tag 12 Stunden Nacht. Da nun Arbeit unbekannt ist und die Leute den ganzen Tag träge im Nichtsthun hinbringen, so fehlt ihnen am Abend die körperliche Abspannung, um 12 Stunden schlafen zu können. Da ferner die Eingeborenen jedes Thales auf sich angewiesen sind, Schiffe hier nicht anlaufen, Kindererziehung überflüssig ist, keine Person etwas thun kann, was nicht jeder sieht, so fehlt aller Unterhaltungsstoff, nicht einmal klatschen können sie. Schließlich fehlt ihnen auch noch der Tabacк, um die Zeit mit Rauchen zu vertreiben, und so bleibt diesen bedauernswerthen Menschen, solange die französische Regierung nicht für Handel und Wandel sorgt, weiter nichts übrig als das Trinken. Daß der Abendtrunk nur als Schlafmittel gebraucht wird, kann vielleicht auch daraus gefolgert werden, daß das Getränk nahezu geschmacklos ist, also auch der Kitzel der Geschmacksnerven nicht in Rechnung zu ziehen ist.

Das Getränk wird gleich für das ganze Gemeinwesen bereitet und in einem großen Bambusrohr aufbewahrt, welches am Strande liegt und jedermann zugänglich ist. Das Herausziehen eines Stöpsels genügt, um sich die neben der großen Flasche liegende Kokosnußschale füllen zu können. Abends nach Sonnenuntergang versammeln die Männer sich um ein Feuer, und auch die Frauen kommen, um ihnen für einige Zeit Gesellschaft zu leisten; die Männer trinken solange bis sie liegen bleiben, während die Frauen Maß halten und sich nach einiger Zeit zurückziehen, um die Nacht in ihren Hütten zu verbringen. Hierbei wird nun meines Erachtens der Keim zu vielen unheilbaren Krankheiten gelegt. Das Klima, welches in der trockenen Jahreszeit ja so heiß ist, daß man froh sein muß, wenn man möglichst leicht bekleidet herumlaufen kann, ist in der Regenzeit frisch und während der Nacht viel zu rauh, um unbekleidet schlafen zu können. Die Leute müssen bei dem Mangel an Kleidung und dem Fehlen aller schützenden Hüllen, wie Decken oder Matten, daher des Nachts schon in ihren Hütten unter der Kälte leiden, und müssen geradezu frieren, wenn der Rausch sie verhindert, das wenigstens etwas schützende Dach aufzusuchen, und sie statt dessen unter freiem Himmel liegen bleiben, wo ihre nackten Körper nicht nur dem kalten Regen, sondern auch der rauhen Nachtluft voll ausgesetzt sind. So wird der innere Organismus dieser Menschen nicht direct durch den Trunk zerstört, sondern dadurch, daß durch häufige Erkältungen und danach durch mangelnde Pflege lebensgefährliche Krankheiten und in erster Reihe viele Fälle von Lungenschwindsucht entstehen. Zu unserer Zeit war die ganze Bevölkerung erkältet, Weiber und Kinder hatten den Schnupfen, die Männer husteten stark, und der Schiffsarzt will aus dem von allen Seiten ertönenden Husten vornehmlich Schwindsuchtshusten herausgehört haben. Nach allen Berichten soll Lungenschwindsucht hier auch sehr verbreitet sein.

Alte Männer habe ich in den beiden von mir besuchten Thälern auf Fatu-hiva nur drei gesehen, alte Frauen mehrere; ich glaube daher, daß die Weiber, welche mehr bekleidet sind und sich nachts in ihren Hütten aufhalten, den schädlichen Witterungseinflüssen weniger unterworfen sind und aus diesem Grunde ein höheres Alter erreichen. So wird aller Voraussicht nach dieser in sich abgeschlossene Menschenstamm in nicht zu langer Zeit infolge der Erblichkeit der Lungenschwindsucht ausgestorben sein. Wie sehr diese Menschen zeitweise unter der rauhen Witterung leiden, dürfte auch daraus hervorgehen, daß diese Leute, welchen die größte Gleichgültigkeit gegen das Tragen von Kleidern nacherzählt wird, während unserer Anwesenheit nur danach trachteten, alte Kleider zu erwerben. Für Geld war nichts, für alte Kleider alles zu haben. Ein nackter Eingeborener kam mit seinem ganzen, aus nahezu 100 Dollars bestehenden Vermögen an Bord, um dafür alte Kleider zu erwerben, und daß er gleich eine so große Summe mitbrachte, zeigt jedenfalls, welch geringen Werth er auf das Geld und welch hohen er auf Kleidungsstücke legte. So könnte eine wohlwollende Regierung oder Missionsgesellschaft gewiß leicht die Sitte der Bekleidung einführen, wenn zur richtigen Zeit eine verhältnißmäßig unbedeutende Summe gespendet und versucht würde, die Eingeborenen zunächst zur Arbeit zu erziehen, anstatt sie mit Lesen und Schreiben zu belästigen, was sie nicht gebrauchen, und ihnen christliche Lehren zu predigen, welche sie noch nicht verstehen. Da aber voraussichtlich aus dieser Insel Fatu-hiva, von welcher ich hauptsächlich spreche, nie ein Gewinn zu ziehen sein wird, läßt man die Eingeborenen verkommen, anstatt ihnen aus christlicher Liebe zu helfen. —

Ich will nun zu meinen eigenen Erlebnissen übergehen, bei deren Erzählung noch mancherlei zu Tage treten wird, was das Vorstehende ergänzt.

Nach ziemlich vierwöchentlicher Fahrt waren wir am 13. Mai abends der südlichsten der Marquesas-Inseln so nahe gekommen, daß es nöthig wurde, während der Nacht mit kleinen Segeln zu laufen, um das Land nicht vor Tagesanbruch zu erreichen. Vorsicht war um so mehr geboten, als es stürmisch war, die See hoch ging und der Mond durch dickes Gewölk verdeckt wurde. Mit Tagesanbruch am 14. wurden die Segel wieder gesetzt, und gegen 8 Uhr vormittags traten aus dickem Regengewölk die Umrisse der Insel hervor. Unsere Position war genau richtig, was bei einer Reise von 3000 Seemeilen, ohne Land gesehen zu haben, immer etwas zweifelhaft ist, weil die Chronometer doch auch zuweilen ihre Mucken haben und man so ziemlich auf diese allein angewiesen ist, wenn es sich um die Richtigkeit der Länge handelt. Wir waren zunächst an der Wetterseite der Insel, welche mit ihren 1200 m hohen Bergwänden die von dem Passatwind angetriebenen Wolkenmassen auffängt und hierdurch an dieser Seite fast bis zum Wasserspiegel in dichtes Gewölk eingehüllt ist, eine Erscheinung, welche sich bei allen in der Passatregion liegenden hohen Inseln während der Regenzeit wiederholt. Mit dem Näherkommen wird der Wolkenschleier allerdings durchsichtiger, doch nicht genügend, um eine Totalansicht der Insel erhalten zu können. Immerhin löst sich wenigstens die Südspitze der Insel aus dem Gewölk heraus und bietet uns einen schönen Blick. Wie die Ansicht der Südspitze von Fatu-hiva mit dem Thal Omoa zeigt, erhebt sich hier der Mittelkamm der Insel nahezu senkrecht aus dem Wasser, steigt in seltsam gezackter Linie beinahe 700 m hoch und zieht sich, allmählich bis zu einer Höhe von 1200 m anwachsend, durch die ganze Insel hindurch. Es ist ein außerordentlich fesselndes Bild.

Aus den schönen blauen Fluten, welche in hohen Wogen mit mächtigen weißen Schaumköpfen gegen das Land heranrollen, erhebt sich in majestätischer Ruhe diese wunderlich geformte Klippenwand. An ihrem Fuße bricht sich die Kraft der Wogen, welche zu weißem dampfenden Gischt gepeitscht an diesem ehernen Wunderwerk hinauflecken und brodelnd und schäumend den Fuß zu unterwühlen suchen. Unten ewige Unruhe, fortwährendes Anstürmen der Meeresgewalten, oben feierliche Ruhe. Hier steht diese Felsenwand, wie sie schon seit Jahrtausenden dagestanden hat, überall, wo überhaupt nur etwas wachsen kann, mit grünem Gras und Moos bewachsen, und nur dort kahl und finster, wo von den vorspringenden Steinrücken der jahraus jahrein wehende Passatwind jedes Stückchen Erde, jedes Samenkorn wegfegt und sie in die geschützteren Schluchten schleudert, wo die Erdkrumen Ruhe, die Samenkörner Gedeihen finden. So kommt es, daß die Steinpfeiler sich besonders scharf aus dem Landschaftsbilde herausheben, weil ihre Rücken schwarz sind, die umliegenden Wände aber ein grünes Kleid haben. Oben auf den einzelnen Zacken der Felsenwand stehen Sträucher, auf dem Kamm einige Kokospalmen, welche sich scharf von dem blauen Himmelshintergrunde abheben und ihre großen Blätter in dem frischen Winde spielen lassen. Dieses an saftigen frischen Farben, sowie an schönen und kühnen Linien so

6*

reiche Bild wird noch anziehender durch den Contrast, welchen es mit seiner nächsten Umgebung zeigt. Denn während dieses Stück Land von der Sonne hell beschienen wird, der blaue Himmel sich über ihm wölbt, wird das dicht daneben liegende Land von Regenwolken vollkommen eingehüllt und der ganze Horizont ist mit festen Wolkenmassen, welche an verschiedenen Stellen wolkenbruchartige Regengüsse entsenden, umlagert.

Der Passat weht frisch, unser Schiff hat schnellen Lauf, das Land rückt rasch näher, es ist nicht mehr weit bis zu der, Cap Venus genannten Südspitze der Insel, und der Ankerplatz liegt gleich auf der andern Seite des Caps, unsern Augen fast bis zu dem Augenblick des Ankerns verborgen. Von Menschen ist vorläufig noch nichts zu sehen, weil dieselben die Wetterseite der Inseln nicht bewohnen und Cap Venus die ganze Südseite von Fatu-hiva nach der Seite, von welcher wir kommen, abschließt, sonst auch kein Weg und Steg um dieses Cap herumführt, weil die Natur hier die Anlage eines Weges verbietet. Den Bewohnern bleibt daher auch die Ankunft eines von Osten kommenden Schiffes bis zum letzten Augenblick verborgen. Ich hätte dem Schiff vorher so viel Fahrt geben können, um von dem Cap an ohne Segel bis auf den Ankerplatz zu schießen; die Karten sind aber noch nicht ganz zuverlässig, auch ist es nicht gerathen, ohne Lootsen einen ganz fremden Platz anzulaufen, ohne ihn zuerst aus gewisser Entfernung zu besichtigen und sich zu orientiren. So ging ich nicht dicht unter das Land, sondern blieb weiter ab und versuchte mit kleinen Segeln den noch auf tiefem Wasser liegenden Ankerplatz zu erreichen. Ich lief damit Gefahr, nicht sofort zu Anker zu kommen, da man an der Leeseite solch hoher Inseln gewöhnlich unstete Winde trifft, doch blieb mir mit Rücksicht auf die Sicherheit des Schiffes keine Wahl. Das Cap wird umschifft, ein köstliches Thal öffnet sich vor unsern Blicken, dessen genauere Besichtigung mir aber noch nicht erlaubt ist, weil die Führung des Schiffes mich ganz in Anspruch nimmt. Langsam geht es dem Ankerplatz zu, die Segel sind schon weggenommen, da stößt der Wind von vorn und drängt uns wieder hinaus. Es ist gerade 12 Uhr mittags und keine Aussicht bleibt, unter Segel allein den Ankerplatz vor dem Abend zu erreichen. Ich lasse daher in einem Kessel Dampf machen, das Schiff wird unter den wieder gesetzten kleinen Segeln beigedreht und die

Cap Venus mit Thal Omoa auf Fatu-hiva (Marquesas-Inseln).

Mannschaft zum Essen geschickt. Nun wird mir Gelegenheit, das Thal Omoa oder Bon Repos-Bai, wie die Franzosen es nennen, mit Muße zu betrachten.

Die das Cap Venus bildende Klippe fällt an dieser Seite ebenso steil ab wie an der andern, zeigt auch dieselben Umrisse, zieht sich aber halbkreisförmig zurück und bildet einen Kessel, welcher durch malerisch gruppirte Höhenzüge, schöne Thäler, und überreiche Vegetation ausgefüllt, ein Bild abgibt, welches jeden packen muß. Besonders malerisch treten auf einem Höhenzuge einige Felsnadeln hervor, welche in ihrer Form so sehr den Pappeln ähneln, daß man sie für riesige Bäume dieser Art halten könnte, zumal das auf ihnen wachsende Gras und Moos ihnen auch das grüne Kleid gibt. Unten im Thal öffnet sich der Strand, einige Hütten leuchten aus dem überreichen Pflanzenwerk hervor, mit dem Fernrohr sind auch Eingeborene am Strande zu erkennen, sie können indeß das vor uns liegende Bild nicht beleben, weil unsere Entfernung von ihnen zu groß ist.

Während wir angesichts des Ankerplatzes liegen und darauf warten müssen, daß die Maschine Dampf bekommt, stößt ein Kanu vom Lande ab und kommt auf uns zu. In demselben befinden sich sechs Personen, welche alle hintereinander sitzen, weil das Fahrzeug so schmal ist, daß in der Breite nur ein Mensch Platz findet. Das Fahrzeug nähert sich schnell, die muskulösen Ruderer geben ihm durch das Arbeiten mit den kurzen Rudern, welche mit beiden Händen gefaßt senkrecht in das Wasser eingetaucht und dicht an dem Bootskörper entlang durch das Wasser gezogen werden, eine große Geschwindigkeit. Wie ein Seevogel schießt das zierliche elegante Fahrzeug über die hohen Wellen hinweg. Die vordere Hälfte liegt in der Luft, wenn es oben über den Wellenkamm klettert, kippt dann nach vorn herunter, und bergab schießt das gebrechliche Ding, um für kurze Zeit im Wellenthal zu verschwinden. Die Ruderer bücken sich mit kurzer schneller Bewegung weit nach vorn, die Ruder senken sich ins Wasser, die Männer heben sich wieder und das von den Rudern nach hinten geworfene Wasser spritzt hoch auf; der Vordertheil des Fahrzeugs ist in Wasserstaub eingehüllt, wenn er aus der Luft in das Wasser zurückfällt, sonst sieht man an dem Bug nur eine leicht gekräuselte, nach hinten verlaufende Linie, an welcher der Kenner sieht, daß das Fahrzeug sich außerordentlich schnell durch das Wasser bewegt und wol eine Geschwindigkeit von 1½ deutschen Meilen und mehr in der Stunde hat. Die in demselben befindlichen Personen sind anscheinend vier Europäer und zwei Eingeborene, denn vier sind bekleidet und zwei sind nackt.

Mit den Europäern hatte ich mich indeß getäuscht. Das Kanu kommt längsseit und wir sehen schon an den Gesichtszügen, daß alle Insassen Polynesier sind. Ein Mann steigt als erster aus und kommt an Bord, eine große kräftige Gestalt in dunkeln Hosen, darüber flatternd ein reines, mit braunen Blumen besprenkeltes weißes Hemd, ein schwarzer Filzhut auf dem Kopf und unten barfüßig. Er hat angenehme Gesichtszüge, sein Nasenschnitt erinnert an denjenigen der nordamerikanischen Indianer, sein langes Haar ist sehr voll und leicht gekräuselt, das Gesicht bartlos, die Hautfarbe braungelb und ziemlich hell, und vor allem ist der Mann sauber. Ein zweiter folgt, ist ähnlich gekleidet, hat kürzeres Kopfhaar, etwas Bart, einen schwermüthigen Zug im Gesicht, gebogene schmale Nase, spricht englisch und gibt sich als geborener Tonganer zu erkennen, welcher längere Zeit in San-Francisco gewesen ist und die deutsche Flagge kennt. Diesem haben wir wol den freundlichen Empfang zu verdanken, welcher uns später wurde. Er stellt den zuerst aufs Schiff Gekommenen als den Häuptling von Omoa vor. Der dritte ist ein kleiner, pfiffig aussehender Geselle, welcher sein Hemd schon in die Hosen eingesteckt trägt. Er ist Kajütsjunge auf einem amerikanischen Walfischfänger gewesen und spricht ebenfalls englisch. Der vierte, etwas reducirt in seiner Kleidung, schon älter an Jahren, mit intelligentem Gesicht, ist ein Sandwich-Insulaner und spricht auch englisch. Der fünfte und sechste sind prächtige nackte Kerle, nur mit dem Maro bekleidet, einem Kleidungsstück, welches auch von den japanischen Kulis getragen wird. Ein als Gürtel zusammengedrehtes Stück Zeug ist um die Hüften geschlungen und dient zur Befestigung eines zweiten Zeugstücks, das vom Nabel ausgehend, zwischen den Beinen durchgenommen und hinten an dem Gürtel wieder befestigt wird. Bei diesen Leuten, welche die richtigen Repräsentanten des hiesigen Menschenschlags sind und zwei ausgesucht schöne Exemplare zu sein scheinen, muß ich etwas länger verweilen.

Die Haare sind seitlich gescheitelt und werden, mit Ausnahme zweier Zöpfe, welche von den Ohren aus herabhängen, lang und weit abstehend getragen. Der ganze Körper ist tätowirt und theilweise mit wirklich künstlerischen Mustern versehen, welche dem Menschen ein ganz eigenartiges Aussehen geben. Namentlich tritt dies grell bei dem Gesicht hervor, weil die Malerei hier ganz unsymmetrisch angeordnet ist. Scheinbar zwischen den Haaren herauskommend, bedeckt ein blaues Dreieck die eine Seite der Stirn; unter diesem Dreieck

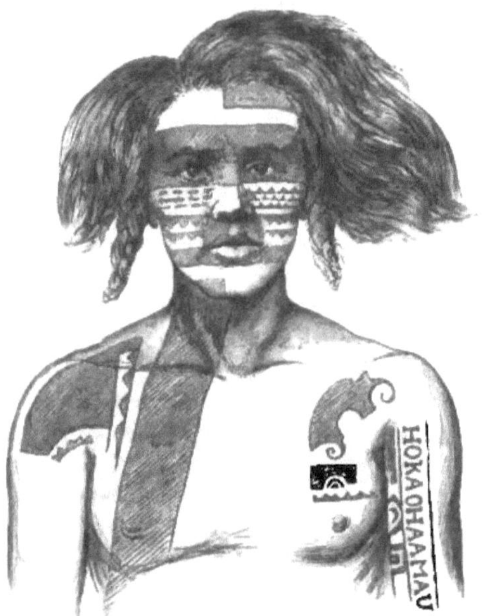

Marquesas-Insulaner.

läuft ein blaues Band horizontal über die Augen, welches oberhalb der Augenbrauen beginnt und sich bis zum halben Nasenrücken erstreckt. Innerhalb dieses Bandes ist mit Ausnahme der gelblich-weißen Hornhaut des Auges kein heller Fleck zu finden, weil sogar die Augenlider mit großer Sorgfalt ganz blau gebeizt sind. Daß die aus solch blauer Umgebung keck und frisch hervorleuchtenden großen schwarzen Augensterne beim ersten Anschauen einen wilden Ausdruck zu haben scheinen, liegt auf der Hand; das erste Befremden schwindet aber, sobald man sich erst gewissermaßen eine geistige Brille aufgesetzt hat, um die eigentlichen Augen herauszufinden, und hat man sie gefunden, dann lacht einem ein gutmüthiger Schalk entgegen. Etwas oberhalb der Nasenspitze beginnt ein zweites Band, welches bis unter die Unterlippe reicht. Dieses ist jedoch nicht ganz blau, sondern hat willkürlich offen gelassene helle Flecken, welche kleinere Muster in sich tragen, wie denn auch das in der Mitte des Gesichts quer über die Nase laufende helle Band mit kleinen Mustern verschiedener Art ohne bestimmte Ordnung ausgefüllt ist. Die Malerei des Gesichts erhält ihren Abschluß am Kinn durch ein dem Stirndreieck diametral gegenüberliegendes kleines Dreieck. Es liegt auf der Hand, daß ein solches Gesicht, welches durch seine natürliche hellbraune Farbe, durch frischrothe Lippen und schöne weiße Zähne noch bunter wird, das äußerste Befremden erregt, zumal wenn der Eigenthümer einer solch bunten Musterkarte dieselbe noch zum Lachen verzieht und seine Augen fröhlich hin- und herlaufen läßt. Das Auge des Beschauers findet in solchem Gesicht nirgends Ruhe, alles ist darin unregelmäßig und daher sowol scheinbar, wie auch in Wirklichkeit in fortwährender Bewegung. Während in einem natürlich gefärbten Gesicht Muskelbewegungen schon stärker sein müssen, um einen andern Ausdruck hervorbringen zu können, genügt hier die geringste Bewegung, um die Malerei zu verändern und das Gesicht zu einem andern werden zu lassen. Ueber die Tätowirung des übrigen Körpers ist nur zu sagen, daß sie mit großer Sorgfalt durchgeführt ist und manch schönes Muster enthält. Besonders bevorzugt sind dabei Arme und Hände, Unterschenkel und Füße; auf den Armen findet man in der Regel auch noch den eigenen Namen, sowie solche naher Freunde.

Das Kanu, in welchem die Leute gekommen sind, ist ein außerordentlich zierliches, leichtes Fahrzeug. Es ist aus zwei Stämmen des Brotfruchtbaumes zusammengesetzt; der eine Stamm gibt den Boden, der andere auseinandergeschnitten die Seitenwände. Da dieses lange, schmale und flache Fahrzeug nun aber gar keine Stabilität hat und daher auf See stets umschlagen würde, so haben diese Naturvölker sich eine sehr sinnreiche Sicherung angebracht. Auf ein Viertel der Länge von vorn und ein Viertel von hinten ist je ein leichter Baumstamm quer über dem Boot befestigt, welcher an der einen Seite etwa 1 m über das Boot hinausreicht, an der andern mit der Seitenwand des Fahrzeuges abschneidet. An den Enden der über das

Boot hinausreichenden Arme sind (meistens senkrecht) nach unten Stäbe befestigt, welche ebenso lang wie das Boot hoch sind und an ihren untern Enden einen mit dem Boot nahezu parallel laufenden, nach vorn etwas divergirenden Balken von ungefähr zwei Drittel der Bootslänge tragen. Die Schwimmkraft dieses Balkens ist so groß, daß das Boot nach der Seite, welche den Schwimmer trägt, nicht umschlagen kann, andererseits ist das Gewicht des Schwimmers ausreichend, um das Umschlagen desselben nach der andern Seite zu verhindern, solange es nicht gar zu ungeschickt behandelt wird und die Befestigung des Hebelbalkens hält. Die Arbeit an dem Kanu ist roh, alle die schönen Zierathen, welche man häufig auf Bildern findet, fehlen hier,

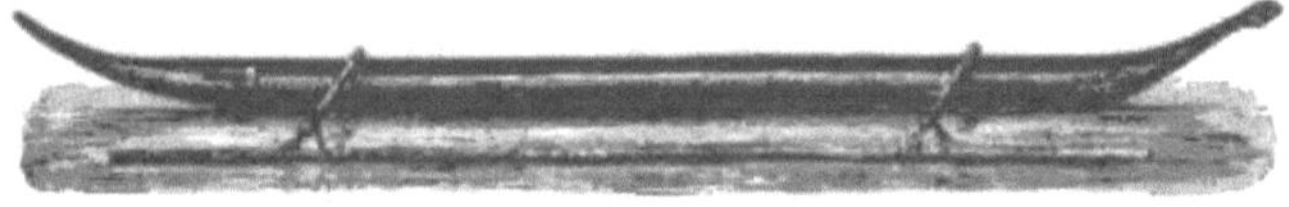

Boot mit Ausleger.

Bootsriemen. Querschnitt des Bootes.

die Formen des 10m langen und 1m breiten Fahrzeuges sind aber sehr gefällig und das ganze Kanu sieht aus einiger Entfernung zierlich und elegant aus.

Nachdem wir uns gegenseitig begrüßt hatten, gingen die Eingeborenen zunächst durch das ganze Schiff, um sich dasselbe anzusehen, und bekamen dann, als sie auf das Deck zurückgekehrt waren, etwas zu essen. Eine große Schüssel voll Bohnen wurde auf eine auf dem Deck ausgebreitete Presenning gesetzt, Corned-beef und Brot dazu gethan, die Insulaner herbeigeholt und jedem von ihnen ein Löffel in die Hand gegeben, nachdem vorher einige Aufpasser bestellt waren, welche diese als diebisch bezeichneten Menschen stets unter Aufsicht halten sollten. Hätte ich bei dieser Gelegenheit schon, wie wenige Stunden später, gewußt, welch großen Werth die Leute auf äußere Formen legen, ich hätte ihnen zu dem Zweck einen abgeschlossenen Raum angewiesen, so aber stand ich noch unter dem Eindrucke der

Reiseberichte und glaubte, diese Leute dementsprechend behandeln zu müssen. Sie gruppirten sich hockend um die Schüssel, ließen dem Häuptling ziemlich viel Platz, indem die andern dicht zusammenrückten, und schienen sich an dem Gericht recht zu erlaben. Ohne Gier, mit Würde und Anstand aßen sie die für zehn Mann berechnete Portion ziemlich schnell auf, ließen aber doch von jeder Speise etwas zurück, legten dann die Löffel, welche sie mit Geschick gebraucht hatten, ordentlich zusammen und verließen den Speiseplatz. Die vier bekleideten Honoratioren kamen auf die Commandobrücke, um sich zu bedanken; die beiden andern kletterten wieder in ihr Kanu.

Gegen 1½ Uhr hatte die Maschine Dampf, die Segel wurden festgemacht, und unter Annahme der Lootsendienste, welche die Eingeborenen anboten, ging es nach dem Ankerplatz, wo wir gegen 2 Uhr ankerten. Ich entschloß mich, sogleich an Land zu gehen, um den Ort zu besichtigen und namentlich zu versuchen, für meine Mannschaften einigen frischen Proviant zu erhalten. Vorher wollte ich dem Häuptling noch eine Freude machen und rief ihn in die Kajüte, um ihm ein wollenes Hemd zu schenken. Die drei andern kamen natürlich mit und ich mußte nun, ehe ich mein Geschenk los werden konnte, Zeuge einer sehr komischen und doch zu ernstem Nachdenken anregenden Scene sein.

In der Vorkajüte stehen an einer Wand auf Sockeln drei Statuetten nebeneinander, in der Mitte die Ariadne von Dannecker, in ein Drittel Lebensgröße, rechts die Venus Kallipygos, links die Mediceische Venus, beide in ein Viertel Lebensgröße. Die Blicke der Insulaner schweifen an den Wänden entlang, über die dort hängenden Bilder hinweg und bleiben dann beim Umwenden plötzlich an diesen Statuetten hängen. Mit offenem Mund und weit geöffneten Augen stehen die Leute stumm da, sehen mich einen Augenblick an, richten aber ihre Blicke wieder schnell auf die Bildwerke und stoßen, mit halberstickter Stimme nach Athem ringend, nur den Staunensruf „Ai! A-i!" aus. Die einzige Frage, welche sie noch zu stellen wagen, ist die, ob das Thier, auf welchem die Ariadne sitzt, wirklich ein Bär sei. Von den Männern wilder oder halbcivilisirter Völkerschaften darf man ja nie äußere Zeichen des Staunens erwarten, weil es bei ihnen zum guten Ton gehört, gegen Fremdes Gleichgültigkeit zu heucheln; die Sinne dieser Männer mußten daher sehr gefesselt sein, wenn sie sich soweit vergaßen, wie sie es gethan haben. Ich war nun aber nicht sicher, ob das Erstaunen nur der künstlerischen Arbeit oder den schönen classischen Formen galt, wollte jedoch Gewißheit haben. Ich rufe die Leute daher in mein Arbeitszimmer, wo zwei colorirte Bilder hängen, welche zwei duftige leichtbekleidete Mädchengestalten mit bunten Bändern im Haar darstellen. Auf den Zehenspitzen folgen sie mir, das ganze Gesicht nur Staunen und Verwunderung. Ich fordere sie auf sich umzudrehen, und in stiller Andacht bleiben sie vor diesen zarten Mädchenblumen stehen, welche durch weiter nichts als durch ihre feinen Farben zur Geltung kommen. Kein Auge wenden sie von den Bildern, als ob sie dieselben sich für immer einprägen wollten, und ich muß sie schließlich hinausdrängen. Nur mit Widerstreben folgen sie, und ihre etwas verdüsterten Mienen hellen sich erst wieder auf, als sie in der Vorkajüte die Puppen wiederfinden und ich sie auffordere, dort solange Platz zu nehmen, bis ich meinen Anzug für den Landgang in Ordnung gebracht habe. Ich unterließ aber nicht, die Thüre zwischen uns offen zu halten, um diese angeblich diebischen Menschen beobachten zu können, obgleich die offenen, ehrlichen Gesichter eigentlich jeden Verdacht beseitigen müssen. Die Statuetten haben es den Naturkindern aber so sehr angethan, daß sie heute keine Zeit zum Stehlen finden, wenn sie auch sonst Neigung dazu verspüren sollten — nur diese ziehen magnetisch ihren Blick an, alles andere ist für sie nicht vorhanden.

Als ich fertig war, rüttelte ich meine Gäste auf, gab dem Häuptling das ihm zugedachte Hemd, welches er kurzer Hand über sein anderes zog, und nun ging es in mein Boot, nachdem die Eingeborenen jede Vergütung für die dem Schiffe geleisteten Lootsendienste entschieden abgelehnt hatten. Einige Offiziere schlossen sich dem Landgange noch an und wir mußten eilen, wenn wir noch etwas am Lande sehen wollten, weil der Weg zum Dorfe weit war und bei Dunkelheit unpassirbar sein soll, wir aber jedenfalls vor Abend wieder auf dem Schiff sein mußten, wollten wir nicht mit einem sehr unbequemen Nachtlager vorlieb nehmen. Das Landen mit schweren Schiffsbooten ist hier stets sehr beschwerlich, weil man nur an einer Klippe landen kann und hier die See immer hoch geht. Die leichten Kanus laufen einfach auf den beim Dorfe liegenden Sandstrand, lassen sich von den hoch auflaufenden Wellen wie eine Blase auf den Sand werfen und werden dann schnell ganz aufs Trockene gezogen; die Leute sind dabei aber auch gewöhnlich ganz im Wasser, weil die Brandung so stark ist, daß das Fahrzeug, ehe es das Land erreicht, durch den Gischt der Brandung hindurch muß. Mit den Schiffsbooten kann man eine solche Landung nicht wagen und für diese liegt die Landungsstelle weitab vom Dorfe an den Felsen, wo an der am weitest vorspringenden Stelle ein platter Stein aus dem Wasser hervorragt. Die See bricht merkwürdigerweise nur sehr selten über diesen Stein weg, sondern zertheilt sich vor demselben und läuft an beiden Seiten vorbei. Diese Eigenthümlichkeit gestattet den Booten so dicht heranzugehen, daß man vom Boot aus auf den Stein springen kann, doch ist auch hierbei Vorsicht nöthig, weil das Auf- und Niederwogen des Wassers immerhin so stark ist, daß das Boot, wenn es durch eine ungeschickte Bewegung an den Felsen geworfen wird, auch an ihm zerschellt. Ohne die Hülfe der Eingeborenen hätten wir an diesem Tage, weil der Seegang infolge des starken Windes der letzten Tage sehr hoch war, überhaupt nicht landen und auch kaum den Weg nach dem Dorfe machen können, denn wahrscheinlich wären wir sehr bald durch die Brandung von den Felsen heruntergerissen worden. Die Leute waren wirklich rührend sorgsam mit uns und führten und leiteten uns, wie die Mutter ihr Kind, wobei man es ihren Gesichtern ordentlich ansah, wie besorgt sie waren, daß wir nicht zu Schaden kämen.

An der Landungsstelle angekommen, sahen wir wol, daß mit einem geschickten Sprung ans Land zu kommen ist, wir fanden aber auch, daß ein Fehlsprung sicher ins Wasser führt und daß man bei dem Sprung auf den glatten Stein auch nicht das Gleichgewicht verlieren darf, denn sonst schlägt man auf die scharfen Felsen und kann sicherlich auf eine erhebliche Verwundung rechnen. Unsere Freunde wissen das auch zu beurtheilen, denn als ich von dem bei solchen Gelegenheiten etwas zweifelhaften Vorrecht des Aeltesten, als erster den Vortritt zu nehmen, Gebrauch machen will, werde ich festgehalten und neben mir springt der Sandwich-Insulaner zwar nicht auf den Stein, aber mit seinem einzigen Anzug auf dem Körper in das Wasser und schwimmt wassertretend wie ein Frosch vor dem Felsen. Ich verstand nicht, was der Mann beabsichtigte, der Stein hat vollkommen senkrechte glatte Wände und das Niveau des Wassers liegt etwa $1\frac{1}{2}$ m unter der Plattform des Steins, sodaß ein Erreichen des Steins vom

Wasser aus unmöglich erscheint. Der Mann kennt die Situation aber besser. Nach kurzer Frist steigt das Wasser plötzlich 2—3 m, flutet über den Stein weg, fließt ab und unser Insulaner steht auf dem Stein, um uns nunmehr die Hand zu reichen. Nach und nach, je nachdem das Auflaufen der Wellen das Boot zum Abrudern zwingt oder ihm gestattet nahe heranzukommen, werden alle Personen glücklich gelandet und wir betreten einen Weg, wie man ihn nicht oft in seinem Leben geht. Da die Bergwände zu steil sind, um auf ihnen ohne gebahnten Pfad gehen zu können, die Eingeborenen in einem solchen Weg aber keinen Nutzen sehen, weil die vorhandenen ihnen genügen, so war für uns auch nur der eine Weg am Strande entlang über die Klippen vorhanden. Das Stück, welches wir auf diese Weise zurückzulegen hatten, betrug etwa 40 Minuten, weit genug, um ohne Zaudern loszumarschiren, wenn wir vor Eintritt der Dunkelheit zurück sein wollten.

Ein solcher Klippenweg hat die Eigenthümlichkeit, daß man nicht eben weggehen kann, sondern unausgesetzt die Richtung ändern muß. Einmal muß man sich nach links wenden, dann nach rechts, wie die vorspringenden Steinspitzen gerade am bequemsten liegen, oft muß man mehrere Fuß tief hinunterspringen und dabei gut darauf achten, den richtigen Stein zu treffen, dann muß man das wieder mühsam hinaufklettern, was man vorher hinuntergesprungen ist. Hat man nun hierbei nur auf den Weg zu achten, dann geht es noch, hier heißt es aber noch unausgesetzt die Brandung im Auge zu behalten. Dieses Zusammentreffen der ruhelos auflaufenden Brandung mit einem an sich schon beschwerlichen Wege macht diesen geradezu gefahrvoll, und hier erwiesen sich die Eingeborenen in so sorgsamer Weise nützlich. An diesen Weg gewohnt und mit ihren nackten Füßen sehr viel sicherer auf den Beinen, sind sie mehr befähigt, auf Weg und Brandung zugleich zu achten, und verstehen auch zu beurtheilen, wie weit das Wasser jedesmal steigt. So lassen sie uns zeitweise plötzlich halten, und dicht vor uns werden höher liegende Felsen als diejenigen, auf welchen wir stehen, von der hellen klaren See überspült; dann wieder lassen sie uns auf einen andern Stein springen oder gar in eine Vertiefung, und um uns herum steht alles in voller Brandung, während wir trocken bleiben, müssen dann aber schnell auf einen der eben erst bespülten Steine flüchten, weil das abfließende

Wasser nun unsern letzten Zufluchtsort ausfüllt. So kommen wir endlich zu dem Dorfe, zwar ohne von dem Seewasser durchnäßt zu sein, trocken sind wir aber nicht, denn die Anstrengung des Weges hat allen Schweiß aus unserm Körper herausgepreßt, den er überhaupt abgeben konnte. Trotz des einsetzenden starken Regens benutzen wir unsere Regenschirme nicht, weil wir ja doch schon durch und durch naß sind. Das Anerbieten unserer Führer, uns durch einen ein Fuß tiefen Fluß zu tragen, lehnen wir auch ab, weil es für unsere brennenden Füße eine Wohlthat ist, dieselben in dem kühlern Wasser zu erfrischen. Von dem Dorf und seinen Bewohnern sehen wir zunächst nichts, weil ein wüthend brennender Durst erst nach irgendwelchem Getränk verlangt.

Der Häuptling führt uns zunächst in seine Wohnung, wo seine Frau uns empfängt. Um uns herum kribbelt und krabbelt es, mit der Gesellschaft in Ordnung kommen können wir aber erst, nachdem wir mit großer Gier die Milch einiger frischer Kokosnüsse getrunken haben. Endlich sind wir wieder Menschen und können nun Umschau halten. Wir sind in einem Holzhäuschen, welches aus einem Flur mit zwei daranstoßenden Zimmern besteht; die drei obersten von uns sitzen auf Stühlen, ein Holztisch ist vorhanden, an der Wand hängt ein Crucifix. Auf unsere Verwunderung über dieses behagliche Häuschen wird uns die Antwort, daß es das Haus des frühern Missionars ist und nach dessen Abgang mit sämmtlichem Inventar in den Besitz des Häuptlings übergegangen ist. Der Häuptling sitzt, nur mit Hosen bekleidet, auf einer Kiste, die beiden Hemden hat er also inzwischen schon ausgezogen; sein Oberkörper ist nur wenig tätowirt. Des Häuptlings Frau sitzt neben mir; sie ist von mittlerer Statur, hat eine schmale gebogene Nase, brennende Augen, bis zur Schulter reichendes schlichtes Haar und eine hellbraune Hautfarbe; ihr angenehmes und hübsches Gesicht hat einen schmerzlichen Zug. Ihre Kleidung besteht aus einem langen, bis zu den Knöcheln reichenden und mit Aermeln versehenen rothen Gewand, unter welchem sie noch ein gelbes, hemdartiges Kleidungsstück und darunter den Maro hat, welchen die Frauen ebenso wie die Männer, Mädchen und Kinder tragen. Ihre Beine und Arme sind tätowirt; Arm und Schulter zeigt sie uns auf Verlangen und würde uns wol auch ihr Bein gezeigt haben, wenn wir danach verlangt hätten. Als Begrüßung reicht sie uns die Hand, nickt graziös mit dem Kopf und verzieht das Gesicht zu einem angenehmen Lächeln; die ganze Begrüßung ist nach europäischem Geschmack so vornehm und fein, daß manche europäische Dame sich ein Beispiel daran nehmen könnte. Ich biete meiner freundlichen Nachbarin meinen ganzen Cigarrenvorrath an, welches Geschenk sie aber erst nach erfolgter Aufforderung ihres Mannes annimmt; sie zündet sich eine an und vertheilt die übrigen an die Anwesenden, welche nur aus Männern und Jungen bestehen, aber was für Männer und Jungen! Ein Maler würde in dieser Modellsammlung schwelgen. Die Erwachsenen sind durchweg kräftige, aber elegante schlanke Gestalten von über Mittelgröße, alle Glieder schön und ebenmäßig; die Gesichtszüge sind wegen der Tätowirung schwer zu erkennen, doch sieht man so viel, daß dieselben im Durchschnitt hübsch sind und Intelligenz verrathen, jedenfalls in der letztern Beziehung hoch über dem Ausdruck der Gesichter unserer niedern Volksklassen stehen, obgleich die Leute keine Schulzeit durchgemacht haben. Die Tätowirung des Körpers ist so stilvoll durchgeführt, daß man, wie früher schon erwähnt, die mangelnde Kleidung nicht vermißt; die Leute sind entschieden, so wie sie sind, anständig angezogen. Die Männer tragen auch noch Schmuck, entgegengesetzt unserer Sitte, während die Frauen sich hier nur mit Blumen zieren. Der Schmuck besteht aus Halsketten von bunten geschliffenen Glasperlen, nachgeahmten Korallen, auch zusammengereihten bunten Früchten, aus goldenen Ringen und Ohrringen, Blumen im Haar und in den an 1 cm großen Löchern der Ohrläppchen; als besonderer Schmuck wird auch noch ein Schlüssel angesehen, der um den Hals gehängt wird. Einige tragen Matrosenmesser; Waffen sind sonst nicht zu sehen, weil sie, wie schon erwähnt, einheimische Waffen nicht mehr besitzen. Die anwesenden Jungen im Alter von 6—14 Jahren sind wahre Prachtbengel, nur mit dem Maro bekleidet, daher ziemlich nackt, weil sie noch nicht tätowirt sind. Sie sind von heller braungelber Hautfarbe und haben offene, freundliche und hübsche Gesichter, in welchen sich schon ein gewisses Selbstbewußtsein ausspricht, denn sie dürfen mit den Männern zusammen sein, zu denen sie gehören und mit welchen sie schon alles theilen. Man sieht es diesen Jungen an, daß sie gut behandelt werden; unsere Dolmetscher bestätigen auch, daß die hiesigen Eingeborenen viel auf Kinder halten und sie gern haben. Ich stelle sie auf die Probe und frage, ob ich nicht einen Jungen kaufen oder eintauschen könne, erhalte aber nur eine freundliche, jedoch ganz bestimmte Abweisung. Da sich unter den Knaben auch einer mit hellerer Hautfarbe und blondem Haar befindet, welcher nach Angabe des Dolmetschers einen Weißen zum Vater hat, so frage ich, ob ich denn nicht diesen Bastard einhandeln könne. Die Antwort war, daß schon der Kapitän eines Walfischfängers sich alle erdenkliche Mühe gegeben habe, dieses Kind zu erhalten, der Adoptivvater (augenblicklicher Mann der Mutter) wolle es aber nicht hergeben und halte mehr von ihm wie von seinen eigenen Kindern.

Im allgemeinen fällt mir der nette, liebenswürdige Verkehr unter diesen Eingeborenen auf. Man sieht nur freundliche Gesichter; eine freundlich gestellte Bitte von einem Erwachsenen an einen andern, von einem Erwachsenen an einen Jungen, oder umgekehrt, wird sofort ohne Zaudern mit freundlichem Gesicht gewährt. So stehen und hocken die Männer und die Jungen an den Wänden, verhalten sich anständig und im ganzen ruhig, weil wir ja ihr Interesse vornehmlich erwecken.

Während wir hier im Hause des Häuptlings sitzen, werden Geschenke für mich herbeigebracht. Der Häuptling und der Tonganer schenken mir jeder einen Strauch Bananen; von dem kleinen Pfiffigen erhalte ich zwei Hühner, fünf Eier und einige Apfelsinen. Auf meine Frage, welches Gegengeschenk ich zu geben habe, wird mir die Antwort, daß sie kein solches erwarten; wolle ich ihnen aber etwas schenken, dann würde alles, was ich nicht mehr gebrauchen könne, dankbar angenommen. Ich schenkte später den Leuten ein Messer, ein Flasche Rum, einen Sack Hartbrot, Cigarren, Streichhölzer und noch einige Kleinigkeiten.

In dem Hause war es mittlerweile unerträglich warm geworden, und da wir auch noch etwas sehen wollen, entschließen wir uns zum Aufbruch und werden nun, infolge des anhaltenden Regens, vorläufig in ein anderes Haus, eine unverfälschte ortsübliche Hütte geführt, wo wir auch Damengesellschaft finden. Die Hütten sind alle gleich, und so genügt es eine zu beschreiben.

Auf eingegrabenen Pfählen ruht ein Dach, dessen Sparren aus Bambusstäben bestehen und dessen Decke durch eine aus Palmblättern geflochtene Matte gebildet wird, welche ziemlich regendicht ist und 5—6 Jahre vorhalten soll. Mit ebensolchen Matten sind die Längswände der Hütte geschlossen, die Schmalseiten sind offen. Die Hütte ist ungefähr 10 m lang, 3 m breit und in der Mittellinie 4 m hoch. Der Fußboden der Hütte liegt etwas mehr als 1 m über dem ihn umgebenden Erdboden und wird in der Weise hergestellt, daß der innerhalb der Pfähle liegende Raum bis zu der genannten Höhe mit großen glatten Steinen ausgefüllt wird, sodaß das etwa durch das Dach sickernde Wasser zwischen den Steinen ablaufen kann; auch wird das Ungezieser, wie Ameisen u. s. w., wol die glatten Steine meiden. In solcher Hütte sitzt man luftig, kann aber die andachtvolle Ruhe und die herrliche Scenerie nicht genießen, denn der Schöpfer hat dafür gesorgt, daß diese Menschen, welche sonst in paradiesischer Trägheit ihr Leben verbringen, auch Bewegung finden. Denn wie bei uns die Thiere im Walde und auf der Weide durch allerlei Geschmeiß zu fortwährender Bewegung getrieben werden, so peinigen hier ungezählte Massen von Fliegen die Menschen. Sie sind eine wahre Landplage, und alles Fächeln unserer braunen Freunde hält sie von ihren eigensinnig wiederholten Angriffen nicht ab. So begrüßen wir es als eine wahrhafte Erlösung, als es endlich aufhört zu regnen. Das Anerbieten des Tonganers, mich auf die nächste Höhe zu führen, um von dort aus einen Ueberblick über das ganze landschaftliche Bild zu erhalten, mußte ich der vorgerückten Zeit wegen ablehnen und wir gehen statt dessen an den Strand zu den dort liegenden Hütten und der dort in größerer Zahl versammelten Damenwelt. Wir werden überall freundlich empfangen, die Verständigung erfolgt durch Zeichen und Lachen, und die so geführte Unterhaltung hält sich in den Grenzen feinen Anstandes; die berichtete Schamlosigkeit und Gemeinheit können wir hier nicht entdecken.

Der Anzug der Frauen besteht theilweise, und wol nur bei den Wohlhabenderen, aus dem bei der Häuptlingsfrau schon beschriebenen langen Hemde, in der Regel aber nur aus einem Stück Zeug aus Baumwolle oder selbstfabricirtem Stoff, welcher aus der Rinde des Maulbeerbaumes gefertigt wird. Der Anzug wird mit diesem in der Weise hergestellt, daß das Zeug unter den Armen um den Leib geschlungen wird und dann bis zur Erde reicht, beim Sitzen aber bis zu den Hüften heruntergleitet.

Ich unterscheide unter den hier versammelten Frauen vier verschiedene Typen, welche wahrscheinlich durch wiederholte Kreuzung entstanden sind. Die große Mehrzahl hat stark krauses schwarzes Haar, welches bis zur Schulter reicht und nach allen Seiten ungefähr 15 cm weit absteht, große schwarze brennende Augen, breite aber wohlgeformte Nase, großen Mund und hellbraune Hautfarbe. Eine zweite Klasse hat dasselbe Haar, jedoch mit röthlichen Strähnen durchzogen, kleinere Augen und Nase und ist kleiner an Körper. Die dritte Klasse hat schlichtes schwarzes Haar, welches auch nur bis zur Schulter reicht und wol der Mode halber abgeschnitten ist, eine schmale schöne Nase, stimmt jedoch sonst mit der ersten Klasse überein. Die vierte Klasse hat nur einige wenige Vertreterinnen; sie haben schlichtes schwarzes Haar, große schwarze sinnende Augen, feine leichtgebogene Nase, kleinen Mund und eine ganz hellgelbe Hautfarbe. Bis auf die zweite Klasse sind alle über Mittelgröße, einige sind sehr groß. Die Körperformen sind bei allen ebenmäßig und schön; alle sind gut gewachsen und haben volles üppiges Fleisch. Die der Insel ursprünglich angehörige Rasse glaube ich in der ersten Klasse zu finden, wogegen die vierte Klasse, welche man für Südeuropäer halten kann, wahrscheinlich viel weißes Blut hat. Ehe ich zu beweisen suche, weshalb man bei den Männern nicht so scharf ausgeprägte Typen unterscheiden kann, muß ich noch einer Frau der vierten Klasse Erwähnung thun. Auf dem hochgelegenen Fußboden eines Hauses saß halb mit dem rechten Bein, das linke auf dem Erdboden, an dem äußern Rand eine lichte Gestalt in unnachahmlicher Grazie, den rechten gekrümmten Arm gegen einen Pfahl lehnend, den schön tätowirten linken Arm mit der Hand im Schoß, den Kopf leicht zur Seite geneigt. Der obere Theil ihres Gewandes ruhte auf den Hüften. Sie war eine vollendete Schönheit und sollte, soweit die Eingeborenen rechnen können, 35 Jahre alt sein. Ich konnte dem von ihr ausgehenden Zauber nicht widerstehen und trat mit dem Dolmetscher näher heran, zumal ich auch nicht glauben konnte, daß dieses zarte feine Gesicht und der jugendlich üppige Körper in diesem Klima schon 35 Sommer gesehen haben sollen. Trotz ihrer freundlichen Begrüßung lag im Auge der Frau so viel Abweisendes, als ob sie sagen wollte: „Rühre mich ja nicht an!" Ich ließ ihr durch den Dolmetscher sagen, daß ich mir gern ihren tätowirten Arm ansehen möchte, worauf sie mir mit zufriedener Miene ihre kleine, schön geformte Hand reichte, damit ich mir das Muster, welches ich weiter unten beschreiben werde, genau ansehen konnte.

Daß man in dem Aussehen der Männer so wenig Verschiedenheit findet, liegt wol hauptsächlich in der Tätowirung. Die früher genannten vier Insulaner in europäischer Kleidung, welche sämmtlich nicht im Gesicht tätowirt sind, haben dagegen ganz verschiedene Gesichtszüge, doch gehören nur zwei von ihnen dieser Insel an, und von diesen ist der Häuptling groß mit breiter gebogener Nase, der Pfiffige klein mit langer schmaler Nase. Dies beweist aber auch noch nichts, weil auf den Südsee-Inseln die Häuptlinge immer größer an Gestalt sind und andere Gesichtszüge haben, als ob sie einer andern Rasse angehörten. Als besonders auffällig erschien mir bei unserm kurzen Besuch, daß sowol die nackten tätowirten Männer als auch die Jungen unter sich alle gleich aussehen. Die Männer haben durchgehends krauses schwarzes Haar, dunkle Augen, theilweise gebogene, theilweise breite Nasen, und man muß sehr genau hinsehen, um aus diesen bunten Gesichtern überhaupt bestimmte Formen herausfinden zu können. Die Jungen haben schlichtes kurzes Haar, große Augen, großen Mund und ebenfalls theilweise gebogene, theilweise breite Nasen.

Noch einmal auf die Frauen zurückkommend muß ich erwähnen, daß sie das Haar in der Mitte gescheitelt tragen und anscheinend in guter Pflege halten, denn bei ihnen waren ebenso wenig wie bei den Männern Spuren von Ungeziefer zu entdecken. Die Frauen tätowiren sich in die Lippen senkrechte blaue Striche ein, welche so unmotivirt sind und mit keinerlei Gesichtszügen in Verbindung stehen, daß sie das Gesicht entschieden verunstalten. Während die frühern Reisebeschreibungen sagen, daß die Frauen nur auf den Lippen tätowirt sind, haben wir diese Sitte bei ihnen auch auf andere Körpertheile ausgedehnt gefunden. Wie ich schon erzählt habe, hat die Frau des Häuptlings Arme und Beine tätowirt, wir finden dasselbe hier am Strande noch bei mehrern andern Frauen. Die Tätowirung des Armes reicht in der Regel von den Mittelgelenken der Finger bis zu dem halben Unterarm, besteht aus sich kreuzenden feinen Linien, welche ziemlich dicht zusammenliegen, auf dem Rücken der Hand und vor dem Abschluß am Arm aber ein offenes spitzenähnliches breites Band bilden, sodaß es aussieht, als ob die be-

7*

treffende Person fein gewirkte lange Filethandschuhe anhabe; bei der Häuptlingsfrau geht das Muster bis zur Schulter. Die Tätowirung des Beines erstreckt sich von den Zehen über den Fuß und das ganze Bein bis zu den Hüftgelenken, bei einzelnen jedoch nur bis etwas über das Knie, und hier konnte man wähnen, feine Filetstrümpfe nach

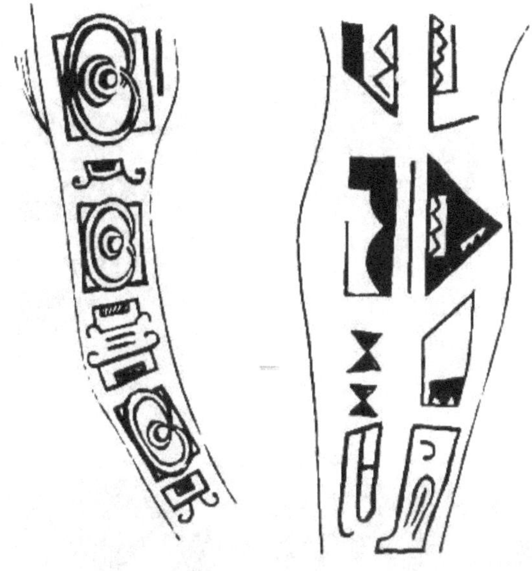

Tätowirungsmuster.
Linker Oberarm. Schienbein.

französischem Modell vor sich zu haben. Als wir den Wunsch äußern, ein solches Bein zu sehen, zaudert das betreffende Mädchen erst, schlägt aber nach Aufforderung der umstehenden Männer sichtlich verschämt das Tuch so weit zurück, daß man das Bein sehen kann. Es hat schöne Formen, reiche und schöne Muster, die Haut ist zart und weich.

Das Tätowiren der Männer nimmt viele Jahre in Anspruch, denn es beginnt mit dem 14. Lebensjahr und wird so ziemlich bis zum Lebensende fortgesetzt. Eine solche Procedur auf einmal ohne

Unterbrechung ausgeführt würde vielleicht ebenso den Tod nach sich ziehen, als wenn ein Mensch bis zu zwei Drittel seiner Hautfläche verbrüht wird. Die ersten Linien werden im Gesicht, an Händen und Füßen angelegt, und die Arbeit, welche nach meiner Schätzung mehr

Tätowirungsmuster.
Fuß. Seitenansicht des Fußes. Linke Brust.

als 30 Jahre in Anspruch nimmt, wird mit dem vorschreitenden Alter weiter durchgeführt; wenigstens habe ich nur einen Mann gesehen, welcher in dieser Beziehung als fertig angenommen werden konnte, und dieser war etwa 50 Jahre alt.

Bei den Mädchen ist es wegen der geringern in Betracht kommenden Hautfläche angängig, die ganze Procedur auf einmal auszuführen und diese soll auch nach dem 14. Lebensjahr bei Gelegenheit von Festen in einem Act ausgeführt werden. Ob es für die Mädchen wirklich ein Fest? Ich habe es in meinen jungen Jahren auch gekostet, wie das Tätowiren thut, und kann nur sagen, daß ein ganz kleines Stück schon schmerzhaft genug ist.

Die Füße und Hände der Frauen sind klein und gut geformt. Die Ohrläppchen haben sehr große Löcher, dieselben sind aber nicht für Ohrringe bestimmt, sondern nehmen Blumen und kleine Sträuße auf. Das Gebiß ist, soweit ich sehen konnte, durchweg gesund, schneeweiß und wird sauber gehalten.

Mit zwei oder drei Ausnahmen habe ich keine kleinen Mädchen gesehen. Meine Frage, ob sie die Mädchen als überflüssig gleich nach der Geburt erwürgten, wurde mit Entrüstung verneint und behauptet, daß diese alle weiter oben in dem sich durch das ganze Thal erstreckenden Dorf seien, wo noch 400 Menschen wohnten. Leider konnte ich mich nicht lange genug auf dieser Insel aufhalten, um noch Zeit für einen Ausflug nach dem obern Dorf zu finden.

Allmählich wird es Zeit, an den Rückweg zu denken, und ich schaue mich nach meinen Sachen um, an die ich gar nicht mehr gedacht hatte. Zu meiner Ueberraschung sehe ich einen ganzen Trupp Männer und Jungen, welche mir dieselben nachtragen. Einer hat meinen Rock, welchen ich der Hitze wegen ausgezogen hatte, ein anderer meinen Schirm, wieder einer meine Bananen u. s. f. Wir nahmen nun Abschied von den Damen, ich ziehe meinen Rock an und entdecke zu meiner Verwunderung, daß kein Stück der in den Taschen vertheilten Kleinigkeiten fehlt, nicht einmal die Schachtel mit Zündhölzern, welche in der jetzigen Regenzeit fast der begehrteste Artikel ist. Die andern Sachen lasse ich den Trägern noch und wir begeben uns nun, nachdem wir der großen Branntweinflasche noch einen Besuch abgestattet hatten, zurück auf den bedenklichen Klippenweg, wo es uns diesmal nicht so gut gehen sollte wie auf dem Herweg, denn als ich an einer Stelle, welche mir durchaus sicher erschien, einen Augenblick stehen blieb, um mit dem mir nachfolgenden Offizier einige Worte zu wechseln, hörten wir beide den Warnungsruf unsers Führers zu spät, standen plötzlich bis unter die Arme im Wasser und lagen dann zwischen den Klippen; dasselbe passirte auch dem größten Theil der Offiziere, weil alle auf dem Rückweg zu unaufmerksam waren. Glücklicherweise nahm indeß keiner größern Schaden; einige Risse in den Hosen und in der Haut waren das ganze Opfer.

Ehe wir das Dorf verließen, fragte mich der kleine Pfiffige, ob ich denn vorher nicht noch eine Frau haben wolle? Als ich darauf die Gegenfrage stelle, ob dies denn angängig sei, sagte er, ich solle mir nur eine aussuchen, denn mit Ausnahme der Häuptlingsfrau ständen alle Frauen und Mädchen des Dorfes zu meiner Verfügung. Um den Mann nicht zu verletzen und die Sache doch kurz abzubrechen, gab ich ihm zur Antwort, daß es dafür heute schon zu spät sei, weil ich auf das Schiff zurück müsse. „Gut", sagte mein Freund, „ich werde dann zu morgen die Schönsten aussuchen." Diese kurze Unterhaltung brachte mich auf den Gedanken, mit den uns begleitenden Männern einige Frauen mit an Bord zu nehmen, damit sie sich das Schiff ansehen und etwas Musik hören könnten. Kaum ausgesprochen — und mein Führer ist schon auf dem Wege, die Einladung weiter zu befördern. Wir gingen weiter nach dem Boot, wo ich den eben wieder eintreffenden Eingeborenen frage, wie es denn mit den Frauen sei, da ich noch keine auf dem Wege sähe. Er sagt nun kleinlaut, daß sie nicht kommen wollten, da sie sich nicht auf ein so großes Schiff trauten. Als ich eine nähere Erklärung dieser mir unverständlichen Rede forderte, erzählte er, daß vor mehrern Jahren einmal alle Frauen auf einem französischen Kriegsschiff gewesen und dort so mishandelt worden seien, daß sie auf kein Kriegsschiff mehr gingen. Da es heute zu spät geworden war, in der Sache noch etwas zu thun, wiederholte ich meine Einladung für morgen mit dem Bemerken, daß alle Eingeborenen, Männer, Frauen, wie Kinder meine Gäste seien, und diese Einladung wurde mit Freuden angenommen.

Die Einschiffung in das Boot ging ohne weitere Beschwerden vor sich, weil es leichter war, von dem Stein in das tiefer liegende Boot zu springen, doch galt es auch hier gut aufzupassen und den Sprung dicht vor dem Moment zu machen, wo das von einer Welle gehobene Boot einen Augenblick ruhte. Gegen 6 Uhr abends waren wir wieder an Bord.

Den nächsten Vormittag benutzte ich dazu, in meiner Gig nach einer andern kleinen Bai, welche drei Seemeilen von uns entfernt lag, zu fahren, um mir den dortigen Ankerplatz anzusehen und das Dorf, in welchem sich seit kurzem ein deutscher Missionar angesiedelt haben soll, zu besuchen. Bei schönem Wetter erreichen wir bald diese Bai, Hanavava- oder Vierges-Bai genannt. Den Hintergrund derselben bildet ein schönes zerklüftetes Thal, welches, von hohen Bergwänden eingeschlossen, in üppigster Vegetation prangt; wunderlich geformte alleinstehende steile Felsen wachsen scheinbar aus dem dichten Laubdach heraus. Nach der See zu öffnet sich das Thal; schöner Sandstrand, welcher bequemes Landen erlaubt, verbindet Land und See; an den Strand schließen sich schroffe Felsmassen an, welche halbkreisförmig nach der See auslaufen und so nahe aneinander rücken, daß sie hier gewissermaßen ein Felsenthor für den von ihnen eingeschlossenen kleinen Hafen bilden. Das Auge ist entzückt von dem vor ihm liegenden Bilde, findet an Land gekommen aber nichts mehr. Die schönen Bilder, welche durch Berg, Thal und Laub, durch Fels und Meer gebildet werden, entschwinden; ein undurchdringliches grünes Laubdach verwehrt dem Auge jede Fernsicht und zwingt es, zwischen den Hütten der Eingeborenen zu bleiben, welche, ebenso wie ihre Bewohner, im Vergleich zu Omoa einen recht reducirten Eindruck machen; Hütten und Menschen können sich mit denen von Omoa nicht messen. Traurige Fußsteige, welche jetzt, bei dem herrschenden Regen, kaum zu benutzen sind, stellen die Verbindung in dem untern Theil des Dorfes her; weiter hinauf in das schöne Thal, auf die einladenden Berge ist wahrscheinlich gar nicht zu kommen.

In Hanavava angekommen begrüßte uns — ein Offizier hatte mich begleitet — der Missionar in französischer Sprache, welchen Gruß ich ebenso erwiderte, weil ich nicht an das Deutschthum dieses Mannes glaubte. Als mein Kamerad aber den Gruß deutsch erwiderte, war das Erstaunen des Missionars groß; mein Erstaunen aber noch größer darüber, daß der deutsche Priester, welcher schon sechs Jahre in überseeischen Ländern gelebt hat, die deutsche Flagge noch nicht kannte. Der Pater war ein geborener Westphale, etwa 30 Jahre alt und der einzige Weiße auf der ganzen Insel. Der Einladung, in sein Haus einzutreten, leisten wir Folge, finden dort ein übermäßig bescheidenes Wohngelaß, in welchem geniale Junggesellenunordnung herrscht. Nur ein Stuhl ist vorhanden, die Schubladen des Tisches beherbergen in trauter Gemeinschaft die verschiedenartigsten Dinge; die wenigen Bücher scheinen hier noch nicht benutzt worden zu sein, einzelne Koffer stehen noch unausgepackt mitten in der Stube. Man sieht an allem, daß der Mann nicht weiß, was er soll und was er will; er ist in eine fremde Welt versetzt, in welcher er nicht zurechtkommt, wahrscheinlich nicht einmal etwas Ordentliches zu essen findet, weil er selbst nicht kochen kann und die Eingeborenen sich von ihm fernhalten. Da er nach dem Inhalt seiner Schubladen nur von Hartbrot zu leben scheint, sein Tabak auch verdorben aussieht, so bieten wir ihm das als Theil unsers Frühstücks mitgebrachte frisch gebackene Brot, einige Cigarren und etwas Tabak an, damit er doch einmal eine, wenn auch sehr bescheidene Abwechselung habe. Dieses in entsprechender Form gemachte Anerbieten wird auch in freimüthiger, verständiger Weise aufgefaßt und angenommen und durch frische Kokosmilch erwidert.

Der Pater gehört, soweit wir haben herausbekommen können, zu der französischen katholischen Missionsgesellschaft, welche ihren Hauptsitz in Papeete auf Tahiti hat. Die französischen Geistlichen bleiben, wie ich namentlich von anderer Seite gehört und auch selbst beobachtet habe, in Papeete und Port Anna-Maria in bequemen Wohnungen und durchaus civilisirten Verhältnissen, während die ziemlich zahlreich vorhandenen und noch immer nicht klug gewordenen Deutschen auf die verlorenen Posten geschickt werden. Der Pater in Papeete ist der vornehme feine Mann in eleganter Kleidung, der Pater hier ein Tagelöhner im Arbeitskittel. Märtyrerthum ist hier nicht mehr zu holen; kein Eingeborener krümmt irgendeinem weißen Manne mehr ein Haar; aber schlechte Nahrung, weil die Patres von ihren in Papeete im Wohlleben schwelgenden Amtsbrüdern vollständig vergessen werden, schlechte Betten, Mangel einer jeden Geselligkeit und das niederdrückende Gefühl, nichts leisten zu können, sondern eine Null im Weltall zu sein, sind im Ueberfluß vorhanden. Denn ebenso wie die französischen Geistlichen auf Tahiti und Nuka-hiva nichts thun, dafür aber gut leben, thun die deutschen auf den andern Inseln auch nichts, weil die Eingeborenen sich dem Einfluß der Missionare durchaus entziehen, leben aber recht schlecht. Früher war auf dieser Insel ein englischer Missionar, welcher, da er keinen Einfluß auf die Eingeborenen ausüben konnte, seine Missionsarbeit aufgab und sich mit Erfolg auf die Cultur der Baumwolle legte, bis er auch dessen überdrüssig wurde. Er verkaufte sein Besitzthum an die französische Missionsgesellschaft und fuhr nach Hause; jetzt seit sechs Monaten sitzt unser Westphale hier, versucht Unterricht zu geben und sammelt für die Herren in Papeete die Baumwolle ein, weil er keine Eingeborenen dazu bekommen kann. Mit den Erwachsenen hat er allen Verkehr aufgegeben, weil mit diesen doch nichts mehr anzufangen ist, und bei den Kindern, mit welchen er sich noch beschäftigt, hat er auch wenig Hoffnung, weil die Eingeborenen den Nutzen von Lesen und Schreiben durchaus nicht einsehen wollen, im übrigen sich jedem Zwang bis zum äußersten entgegenbäumen. Der Pater will eine Abtheilung Soldaten haben, um gewissermaßen mit dem französischen Bajonette zu taufen, anders sieht er keinen Erfolg. Solch ein Missionar sieht in der Phantasie in Europa ganz anders aus, als hier an Ort und Stelle in der Wirklichkeit. Alle die überspannten, dem Menschenwohl gewidmeten Ideen, welche den Mann in die Fremde getrieben haben, gehen sehr schnell verloren; er findet das alltägliche Leben in der trübsten Gestalt, ohne helfen zu können, und hat dafür einen dankbaren Wirkungskreis aufgegeben. Er sieht, daß sein Wort, seine Begeisterung an der Indolenz dieser Leute wirkungslos abprallen, findet nirgends Befriedigung, wird mismuthig und geht geistiger Umnachtung entgegen, wenn er nicht Lust an der Landwirthschaft findet. Nur einmal noch kommt er wieder zum Aufleben, wenn es ihm gelingt, sich hier loszureißen und nach Hause zurückzukehren. Dort wird er dann als ein Märtyrer betrachtet, welcher die größten Gefahren überstanden hat, und wenn der ehrliche Mann die Verblendeten aufzuklären sucht, wird ihm dies als Bescheidenheit ausgelegt und ihm nicht geglaubt.

Als wir in das Haus des Missionars eintreten, folgen uns, wie das ja auch nicht anders sein kann, so viele Eingeborene — aber wieder nur Männer und Jungen — wie nur überhaupt in den Flur des kleinen Hauses hineingehen, ohne indeß das Zimmer, in welchem wir sitzen, zu betreten. Im Laufe der Unterhaltung lenkt der Pater unsere Aufmerksamkeit nach der Thür des Zimmers, in welcher ein alter Herr in europäischer Kleidung steht, den der Pater uns als den Häuptling des Ortes vorstellt und welchem wir die Hand schütteln. Er ist jedenfalls erst so spät gekommen, weil seine Toilette ihn so lange in Anspruch genommen hat, dafür ist dieselbe aber auch so wohl gelungen, daß ich sie näher zeichnen muß. Wo aber anfangen, beim Hut oder bei den bloßen Füßen? Ich werde den Hut wählen. Unter einem alten und altmodischen, anscheinend öfters eingetriebenen schwarzen Cylinderhut steckt ein altes, runzeliges, von einem kurzgeschnittenen weißen Bart eingerahmtes Gesicht voll blauer Malerei. An den Kopf schließt sich ein fest zugeknöpfter, langer, blauer Marine-Offiziersrock an, welcher jedenfalls direct auf die bloße Haut übergezogen ist, weil bei dem Vorhandensein eines Hemdes der Schluß nicht so hermetisch zu sein brauchte. Der Rock ist alt, sehr alt, vielleicht so alt wie sein jetziger Besitzer, obgleich dieser ihn noch nicht sehr lange hat. Als besondere Zierde hat dieses Galakleidungsstück vier Reihen Knöpfe erhalten, zwei Reihen Civilknöpfe und zwei Reihen englische Marineknöpfe, alle vier Reihen sind indeß stark gelichtet, kaum die Hälfte der Knöpfe ist noch vorhanden, man sieht aber wenigstens noch wo die fehlenden einst gesessen haben. Aus den Rockärmeln sehen zwei große Hände hervor, welche in gewirkten weißbaumwollenen Handschuhen stecken; die Handschuhe sind nicht sehr rein, vielleicht aus Furcht, daß ein zu häufiges Waschen ihnen schaden würde. Unter dem Rock kommen die in schmutzigen weißen Hosen steckenden Beine hervor, die Füße sind bloß. So steht der Gebieter über dieses schöne Thal in der Thür vor uns, den Hut auf dem Kopf, die Hände in fortwährender Bewegung, weil er nicht weiß, wo er mit ihnen bleiben soll, und mit einem Gesichtsausdruck, welcher nichts anderes bedeuten kann als den Zuruf an uns: „Seht hier einen, welcher euch stolzen Europäern ebenbürtig ist, welcher weiß, was sich schickt, und zeigen kann, was er besitzt!“ Der arme Mann, welcher nackt in seinem bemalten Körper jedenfalls ein ehrwürdiger Greis ist, gibt so das Bild eines europäischen Bettlers, eine Jammergestalt; doch er ist glücklich, er wähnt sich würdevoll und uns gleichstehend, weil nach seiner Ansicht wol auch die Kleider oder überhaupt Kleider die Leute machen. Der Pater erzählt uns, daß dieser Häuptling auch der Oberpriester des Thales und somit sein größter Widersacher sei, daß er aber im allgemeinen gut mit ihm stehe.

Die für den Besuch dieses Thales bemessene Frist ging ihrem Ende entgegen; es wurde daher Zeit aufzubrechen, wenn wir noch etwas sehen wollten. Die Wege sind zwar schlecht, weil der schon monatelang währende Regen den fetten Lehmboden in einen wahren Schlammpfuhl umgewandelt hat, allein dies kann uns doch nicht abhalten. Als wir aus dem Hause treten, finden wir den ganzen Weg mit Menschengruppen besetzt, welche uns sehen wollen und uns dadurch die beste Gelegenheit geben, sie zu sehen. Wir finden hier ziemlich denselben Menschenschlag wie in Omoa, nur sind die Leute weniger schön. Unser Weg hält sich anfangs unter dicht belaubten Bäumen, meist Brotfruchtbäumen; bald wird es lichter und wir kommen an eine etwas verwilderte, mit Unkraut durchsetzte Baumwollpflanzung, welche der Missionsgesellschaft gehört. Es fehlen aber die Arbeitskräfte, weil der Eingeborene nicht arbeitet und sich nur gegen Zahlung von Kleidungsstücken zuweilen bewegen läßt, die reife Baumwolle zu pflücken.

Die ganze Landschaft um uns herum prangt im saftigsten Grün, über uns wölbt sich das tiefblaue Himmelszelt, da es ausnahmsweise nicht regnet. Von jedem Blatt, jedem Halm strahlen die Regentropfen wie die schönsten Diamanten, auf den duftigen hellgelben großen Blüten mit dunkelm rothbraunen tiefen Kelch der in voller Blüte stehenden Baumwolle wiegen sich in graziösen lautlosen Schwingungen schöne dunkelgefärbte Schmetterlinge. Die feierliche Ruhe, der stille Friede, welche auf diesem anziehenden Bilde ruhen, stimmen zur Andacht. Wir bleiben unwillkürlich stehen, um mit den Augen, mit allen Sinnen das ganze Bild in seiner großartigen Schönheit zu erfassen. Hohe, wunderlich geformte und selten schöne Felsen umgeben uns; sie erheben sich von der Thalsohle wie künstliche Bauwerke, weil sie mit den das Thal begrenzenden Bergwänden nicht zusammenhängen und ihre Oberfläche auch auffallend von derjenigen der andern Berge abweicht. Denn während diese dicht bewachsen sind, zeigen jene malerische Figuren in allen Nüancen der dem Auge so wohlthuenden grünen Farbe und in so reichen und verschiedenartigen Mustern, daß man Gebilde von Künstlerhand vor sich zu sehen wähnt. Zwischen diesen herrlichen Naturwerken hindurch verfolgt das Auge den Lauf des fruchtbaren Thales, wie es zwischen hohen Bergen eingeengt sich allmählich zur Höhe hinaufzieht, um urplötzlich und doch wieder unmerklich in einer steilen Bergwand sein Ende zu finden. Das Auge kehrt zurück. Dort liegen unter hohen Bäumen, theilweise in dichtem Laub versteckt die Hütten, dazwischen heben sich von dem weichen grünen Hintergrund effektvoll die regungslosen Gruppen der Eingeborenen ab, die Frauen größtentheils in grellbunten Gewändern auf der Erde hockend, die nackten bunten Körper der Männer leicht und in gefälliger Stellung an Baumstämme gelehnt. Dazwischendurch sieht man an einzelnen Stellen auch den Strand mit den auf ihm stehenden Kanus hindurchschimmern und dahinter das in ewiger Bewegung befindliche Meer, auf dessen Wellen man auch meine Gig sich wiegen sieht. Die Bewegungen dieses Bootes sind aber so sanft, die Musik der bis hierher vernehmbaren rauschenden Brandung ist so weich und stimmungsvoll, daß dieses sichtbare und hörbare Leben keine Dissonanzen in die Naturandacht, in dieses Bild paradiesischen Friedens zu bringen vermag. Die köstliche Ruhe, welche auf dieser wahrhaft schönen und seltenen Scenerie liegt, der herrliche Blumen- und Blütenduft, das Rauschen der sanft auflaufenden Brandung, die Gruppen der trägen Menschen, welche leblos erscheinen, das Fehlen aller Vogelstimmen und überhaupt aller Laute, welche die Sinne beschäftigen können, geben zusammen ein Ganzes, welches einen von einer langen Reise und dazu noch von einem geräuschvollen Kriegsschiff kommenden Seemann vollständig gefangen nehmen muß. Doch für diesen gibt es nirgends ein Bleiben, und so müssen auch wir heute nach kurzer Rast wieder weiter. Schade nur, daß ich nicht die Kraft besitze, dieses herrliche ergreifende Bild auf der geduldigen Leinwand in wahrheitsgetreuer Wiedergabe mit nach Europa zu bringen, wo es gewiß allgemeines Aufsehen erregen würde.

Wir gehen weiter nach dem heidnischen Opfer- und Tempelplatz, wo vor sechs Jahren der letzte Mensch geopfert, gebraten und verzehrt wurde, und wo der Häuptlingpriester noch jetzt zeitweise seinen harmlos gewordenen Hokuspokus treibt. Der Platz ist viereckig und von einer niedrigen Steinmauer umgeben, der Fußboden ist ebenso wie in den Hütten mit großen Steinen belegt. Zwei große Bäume, von denen einer an dem einen Ende, der andere am andern Ende innerhalb des Platzes steht, beschatten diesen vollkommen, und in der Mitte zwischen ihnen sind die Steine zu einer Feuerstelle hoch aufgeschichtet. Ein ausgehöhltes Stück Baumstamm, welches nach Angabe des Paters die Festtrommel ist, liegt an der Erde. Die Benutzung dieses Platzes bei der Vornahme von Menschenopfern geschah in der Weise, daß die Männer sich um den einen Baum gruppirten und das Opfer an dem andern Baum aufgehängt wurde. Im weitern

Verlauf wurden dann von dem Opfer einzelne Stücke abgeschnitten, in dem in der Mitte befindlichen Feuer gebraten, gegessen und dies so lange fortgesetzt, bis das Opfer in dem Magen der Menge lag. Die Weiber durften den Opferplatz nicht betreten, es war ihnen aber erlaubt, außerhalb der Mauer stehend zuzusehen, wobei ihnen auch einige Stücke des heidnischen Mahles gereicht wurden.

Wir besehen uns noch die ganz in der Nähe liegende Hütte des Häuptlings, welche genau den andern gleicht und als einziges Ausstattungsstück die große Alarmmuschel des Häuptlings in sich birgt. Durch ein in die Spitze eingebohrtes Loch wird es möglich, einen hellen durchdringenden Ton auf der Muschel zu erzeugen.

Wir hatten nun alles gesehen und kehrten zu meinem Boot zurück. Auf dem Wege wurde mir von einer alten Frau noch ein altes, auf ein Stück Knochen geschnitztes Idol zum Kauf angeboten. Gegen Mittag sind wir wieder an Bord und finden auf dem Schiffe bereits reges Leben. Wie es scheint, ist die ganze männliche Bevölkerung von Omoa zum Theil auf dem Schiff, zum Theil in den vielen Kanus neben demselben. Das ganze Schiff ist von Kanus umschwärmt, deren Insassen lachen und schwatzen und durch geschickte Wendungen den spaßhaft gemeinten Angriffen anderer Kanus ausweichen; alles ist in fortwährender, freudetrunkener Bewegung. Auf dem Deck des Schiffes, in der Takelage, in den untern Räumen sieht man eingeborene bunte Männer und Jungen, welche eine Verständigung mit unsern Leuten versuchen; viele haben Früchte, Hühner, Eier und Muscheln, für welche sie alte Kleider einzuhandeln suchen. Während ich auf der Commandobrücke stehe, um mir von erhöhtem Standpunkt aus dieses buntbewegte Treiben anzusehen, klettert dicht bei mir an der Schiffswand ein älterer Mann herauf, klammert sich an der Takelage an, nickt mir einen freundlichen Gruß zu und nimmt dann zwei ihm aus seinem Kanu gereichte kleine Beutel in Empfang, welche er, mich lachend ansehend, zärtlich streichelt und dann im Schiffe verschwindet. Wie ich nachher hörte, hatte der Mann in diesen Beuteln 100 Dollars, für welche er sich auf dem Schiff alte Kleidungsstücke kaufen wollte. All die andern Sachen, welche die Leute mitgebracht hatten, wurden auch nicht gegen Geld verkauft, sondern gegen alte Kleider ausgehandelt. So kam es, daß am Abend, als die Leute wieder an Land geschickt wurden, Omoa eine ganz andere

Physiognomie erhielt, weil kaum noch ein ganz nackter Mann zu sehen war, denn wenn auch nur wenige einen vollständigen Anzug erlangt hatten, so hatte doch jeder irgendein Stück, wodurch die Gesellschaft noch bunter wurde, als sie vorher gewesen war. Bei meiner Rückkehr zum Schiff waren auch schon einige Damen an Bord und zwar in der Offiziermesse, wo sie unter männlicher Begleitung mit den Herren frühstückten; es waren die Häuptlingsfrau mit ihren drei Schwestern. Ich erfrischte mich zunächst auch mit Speise und Trank und forderte dann die Herren auf, mit den vier Frauen so lange in meine Kajüte zu kommen, bis ihre Messe für das uns zugesagte Tanzfest hergerichtet sei.

Die vier Insulanerinnen in meiner Kajüte zu sehen, war wirklich ein seltenes Vergnügen. Ehe sie überhaupt eintreten, stellen sie sich hintereinander in einer Reihe auf, eine hält sich am Kleid der andern fest, in den Gesichtern liegt theils Entsetzen über das was jetzt nun wol kommen wird, theils Neugierde. Im Gänsemarsch treten sie ein, um sich in der Kajüte selbst auch in derselben Ordnung zu bewegen. Die Sonne scheint hell durch die Fenster und beleuchtet grell die bunten Farben des Teppichs, des rothen Plüschsophas und der rothen Fenstervorhänge. Von dieser Pracht geblendet, bleiben unsere Freundinnen zunächst stehen, um in den wiederholten Ruf: „A—i! A—i!" auszubrechen. Die vorher etwa dagewesene Angst ist verschwunden, die Sinne concentriren sich in den Augen, um mit diesen alles zu erfassen, und es ist doch so viel zu sehen. Der Teppich, das Sopha, der schwere blaukpolirte Tisch, die vielen Stühle, die goldglänzende große Hängelampe, die kleinen polirten Eckspinde, die vielen Bilder. Plötzlich stößt die eine ein mehrmals schnell wiederholtes „Ai!" aus, reißt die andern an den Kleidern herum, daß sie ordentlich herumwirbeln, und alle vier stehen vor den Statuetten, die Hände hinter den Ohren, Mund und Augen weit aufgerissen. Ich weiß nicht, ob dieses Erstaunen den Bildwerken oder ihren eigenen dummen Gesichtern gilt, welche sie in dem hinter den Puppen hängenden Spiegel sehen, doch ein Blick überzeugt mich, daß ihre Augen auf die Puppen gerichtet sind. Wir sind für die vier Frauen nicht mehr vorhanden, denn bald ist alle Scheu geschwunden und sie fangen an sich zu unterhalten, als ob sie allein bei sich zu Hause wären. Die eine ruft die andern, hält den Rücken ihrer rechten Hand unter ihre Nase und zeigt mit dem ausgestreckten Zeigefinger und verschmitztem Blick auf die Figuren. Eine andere zeigt auf die aus dem Spiegel zurückgeworfene Rückseite der Venus und kann nicht widerstehen, die Puppe an der Originalseite zart zu streicheln; dann kommt sie aber plötzlich zur Erkenntniß, wo sie eigentlich ist, denn sie zieht entsetzt ihre Hand zurück, steckt sie schnell in den Mund und sieht mich mit einem wahrhaft rührenden, halb entsetzten halb bittenden Blick an, was ich zu dieser Kühnheit wol sagen werde. Als ich ihr dann lachend zunicke, sind alle wie von einem Alp befreit und beginnen nun sämmtlich zu streicheln, dabei fortwährend schwadronirend und kichernd; nur eine bleibt ernst, sie steht mit geneigtem Kopf vor der Ariadne und streichelt mit ganz besonderer Andacht deren Büste, auch die andern streicheln nicht die Masse, aus der die Puppen gebildet sind, sondern suchen sich ihre Stellen aus.

Da es noch mehr zu sehen gibt, fordere ich sie nun auf, mir in die Achterkajüte zu folgen; sie rangiren sich wieder eine hinter die andere und betreten, auf den Zehenspitzen gehend, diesen Raum. Doch kaum haben sie einen Blick um sich geworfen, so fahren sie auseinander wie eine Heerde aufgescheuchter Schwaben. Eine steht vor dem Bild meiner Frau, eine andere vor der „Büßenden Magdalena", die andere vor den früher schon genannten Mädchenbildern, doch ohne Ruhe, weil keine sich schlüssig machen kann, welches Bild eigentlich das schönste ist. So fahren sie fortwährend herum, vertauschen ihre Plätze und vollführen dabei einen Heidenlärm. Sie müssen sich sehr viel zu erzählen haben, weil sie mit ernsten Gesichtern laut und in sichtlicher Erregung sprechen. Platzen wir dann einmal mit einem tüchtigen Lachen dazwischen, dann sehen sie uns einen Augenblick vorwurfsvoll fragend an, lachen auch einmal auf, setzen dann aber gleich wieder ihr Gespräch mit ernsten Gesichtern fort. Um sie noch verwirrter zu machen, lasse ich meine Spieluhr spielen; das geht ihnen aber doch über den Spaß, wie der hübsche Kasten anfängt zu singen, und noch größer wird ihr Staunen, als sie das Werk so selbstthätig arbeiten sehen. Ich lasse sie dann auf meinem Schreibtisch und in dessen Schublade etwas herumkramen, wo die verschiedensten Sachen ihre Aufmerksamkeit fesseln und ihre aufgeregten Nerven doch etwas beruhigen: Uhren, Ringe, Messer, Schere, Tintenfaß, Cigarrentaschen, silberne Becher, loses Geld und was sonst noch für den ersten Griff bereit liegt. Hierbei bezeichneten sie alle goldenen und silbernen Gegenstände mit dem Ausdruck „money". Diese Ablenkung hatte die beabsichtigte Wirkung, daß die Ruhe wieder über sie kam und daß die Richtung ihrer Augen zeigte, was für sie das schönste war, nämlich die beiden Mädchen, welche es am Tage vorher auch den Männern angethan hatten. Ihre Frage, ob diese Bilder meine beiden Töchter vorstellen, welche sie auf dem Schreibtisch als vier und sechs Jahre alte Kinder gesehen haben, bejahe ich belustigt. Die zum Essen angebotenen Rosinen finden keinen Anklang, dagegen scheinen die Mandeln ihnen außerordentlich gut zu schmecken, wenigstens schmatzen sie beim Essen wie eine Heerde kleiner Schweinchen, auch nimmt die eine sich mit meiner Erlaubniß einige mit, um sie an Land zu pflanzen.

Wenige Tage vor meiner Ankunft in Omoa hatte ich mich, um neben den ältern Reiseberichten auch ein wissenschaftlich begründetes Urtheil zu hören, durch Waitz' „Anthropologie" belehren lassen. Da steht geschrieben, daß diese Naturvölker die von den Kaukasiern als ideal anerkannten Körperformen und Hautfarben den ihrigen nachstellen und namentlich die weiße Haut für krankhaft halten. Ich bin jetzt gar nicht geneigt, dies zu glauben. Die bildlich dargestellten beiden Mädchengestalten gefielen besser als die Statuetten, weil ihnen ein außerordentlich zarter Teint gegeben ist; an den Statuetten wurden die classischen Formen bewundert. Bei den Männern zeigte kein Blick, keine Bewegung das Auftauchen von Begierden, sie waren eben nur von der Schönheit hingerissen und müssen dieselben Empfindungen gehabt haben, welche uns beim Anblick der classischen Gebilde des Alterthums beherrschen. Ich halte mich daher zu dem Schluß berechtigt, daß die Reisenden sich bisher nicht die Mühe gegeben haben, diese Eingeborenen eingehend zu studiren, oder sie hatten die zu diesem Studium erforderlichen Hülfsmittel nicht an der Hand.

Wir verlassen meine Kajüte wieder, weil inzwischen zwei Bootsladungen mit Frauen und Mädchen angekommen sind, welche nach Versicherung der Dolmetscher uns auch einen Tanz vorführen werden. Die neuangekommenen Vertreterinnen des schönen Geschlechts, 14 an der Zahl, stehen scheu in einer Ecke der Messe, sich wie eine Heerde Schafe ineinander verkriechend, während die Offiziere im Verein mit den mitgekommenen Männern sie umgeben und ihnen gut zureden. Der Versuch, diese leicht bekleideten Nymphen in dem Raum zu vertheilen und bunte Reihe herzustellen, misglückt aber, trotzdem sie sehen, daß die vier vorher genannten Damen sich ganz frei unter uns bewegen. Es scheint, daß eine gewisse Zeit dazu gehört, die erste Scheu zu überwinden. Wird eine an der Hand aus dem Knäuel herausgeführt, so kommt sie ängstlich und zagend mit, schießt aber sofort wieder in den Knäuel hinein, sobald ihre Hand losgelassen wird. Es bleibt daher nichts anderes übrig als sie zusammen zu lassen, und nun gelingt es auch, sie wenigstens zum Sitzen zu bewegen. Ein Theil setzt sich auf die gepolsterte Bank, ein anderer Theil auf Stühle, die meisten ziehen den Fußboden vor, und nun beginnt ein ohrenzerreißendes Concert. Wol infolge des seit zehn Monaten ununterbrochen währenden Regens und der damit verbundenen rauhen Witterung haben die Leute fast alle den Schnupfen, und da sie Taschentücher nicht kennen, helfen sie sich damit, daß sie den Schleim mit großem Getöse einziehen und ihn dann ausspucken. Bisher hatten sie sich noch beherrscht; jetzt aber behaglich gruppirt, glaubten sie, sich diese Erleichterung auch gönnen zu dürfen, nachdem ihnen einige Spucknäpfe, deren Nothwendigkeit bei dem vorhergegangenen Besuch von den Offizieren schon erkannt worden war, hingeschoben worden sind. Spucknäpfe sind allerdings nur zwei in der Messe vorhanden, und ich wollte schon bitten, noch einige herbeibringen zu lassen, als die sich entwickelnde Scene mich davon abhält. Mit großer Sorgfalt werden diese beiden Näpfe zur gefälligen Benutzung von Hand zu Hand gereicht und so gewissenhaft benutzt, daß weitere Zufuhr überflüssig erscheint. Nachdem so für den nothwendigsten Comfort Sorge getragen ist, wird an die Bewirthung gegangen, welche in Liqueur, Kakes und Cigarren besteht. Dies hebt bald die Stimmung, die Scheu schwindet mehr und mehr, eine allgemeine Unterhaltung bricht sich Bahn und bald fühlen sich unsere Gäste sichtlich wohl. Jetzt kann auch die Aufforderung zum Tanzen erlassen werden, doch finden wir noch keine Gegenliebe. Alle Aufforderungen der Dolmetscher scheitern an einem starren Eigensinn, und dieselben wiederholen uns immer wieder, daß die Nymphen sich zu sehr schämen. Da endlich schreiten mit Energie die drei Schwestern der Häuptlingsfrau ein, die Tänzerinnen stellen sich in einen Kreis, uns ihren sehr knapp in das Umschlagetuch eingehüllten Rücken zuwendend. Na — nun endlich geht es los. Ja, Prosit! — Die Mädchen sind hier gerade so wie bei uns, in richtigem Alter eine richtige Gänseheerde. Anstatt zu tanzen, stecken sie die Köpfe zusammen und kichern, schmiegen sich aneinander an und laufen wieder auseinander, wie dies bei uns Mädchen im reifern Backfischalter thun, wenn sie nicht recht wissen, wie sie sich benehmen sollen. Der einzige Unterschied liegt nur darin, daß man in solchem Falle bei uns bei dem dabei stets stattfindenden Bücken des Körpers faltenreiche, wogende Roben sieht, während man hier bei jedem Bücken mit Entsetzen das Unglaubliche sich zu vollziehen wähnt, daß der keineswegs zähe aber überstraff gespannte Stoff platzen wird. Ich sehe mich besorgt nach irgendetwas um, womit man den etwaigen Schaden schnell repariren könnte, das Unglaubliche passirt aber nicht, der Stoff hält die Anstrengung aus. Dieses kindische Benehmen wiederholt sich mehrere male, endlich reißt allen Zuschauern die Geduld, eine der drei Schwestern geht als Vortänzerin mit in den Kreis, wir alle klatschen mit den Händen und endlich — erst zag, dann aber energisch kommt der Tanz zu seiner Vollendung.

Unter dem Händeklatschen der Zuschauer setzt sich der Kreis in Bewegung, und die Tänzerinnen beginnen einen grabesstimmenähnlichen Gesang mit folgenden Worten:

Wat tuë de hi a oë
Tutu a u
A ne nikke-he nikke-he hé
A nu rukke-hu rukke-hu hú.

Der Tanz selbst liegt nur in den Hüftgelenken. Oberkörper und Beine bleiben in Ruhe, während der Mittelkörper Bewegungen macht, welche an den spanischen Tanz Habanero, wie er von dem niedern Volke getanzt wird, erinnern und bei uns kurzweg unanständig genannt werden würden. Um den Kreis der Tänzerinnen herum tanzt ganz niedrig auf dem Boden mit weit ausgespreizten Beinen der Sandwich-Insulaner, macht mit seinem Mittelkörper die wunderlichsten Verrenkungen und mit seinen Armen und Händen verständliche Gesten, Bewegungen, welche alle in dasselbe Gebiet fallen, wie diejenigen der Weiber.

Da ich gelesen hatte, daß die Frauen bei diesen Tänzen gewöhnlich das bischen Kleidung, was sie haben, auch noch abwerfen sollen, und die Marquesaner sowieso wegen ihrer Sittenlosigkeit berüchtigt sind, auch der Pater in Hanavava mir gegenüber das erstere

8*

behauptet hatte, was er übrigens nicht aus eigener Anschauung, sondern nur von Hörensagen wissen konnte, so fragte ich den Dolmetscher, ob dies auch noch kommen würde, um die Sache vorher zum Abschluß bringen zu können. Die Antwort, welche ich bekam, war recht beschämend für die Europäer überhaupt und namentlich für diejenigen, welche den schlechten Ruf dieses Völkchens begründet haben und zwar zweifellos auf die oberflächlichsten Beobachtungen oder zweifelhafte Berichte hin. Ich will den englisch redenden Marquesaner selbst sprechen lassen:

„Bei uns an Land wird stets die Sitte gewahrt, und die Frauen sind auch bei den Tänzen stets theilweise bekleidet; nur im directen Verkehr zwischen Mann und Frau schämt sich die letztere nicht und ist es dabei gleichgültig, ob der Mann ihr Gatte oder ein Fremder ist. Es ist allerdings richtig, daß Frauen von uns auf den Walfischfängern nackt getanzt haben und es vielleicht auch wieder thun, aber nie, solange noch ein Mann des Dorfes auf dem Schiffe war oder dort sein wird, weil sie sich viel zu sehr schämen. Auch thun sie es dann nur, weil sie von den weißen Männern dazu gezwungen werden und glauben, daß das bei diesen Sitte (fashion) ist."

Als ich von dem Tanz genug gesehen hatte, was sehr bald der Fall war, ging ich wieder nach oben, um mir das dort herrschende Leben und Treiben zwischen den eingeborenen Männern und Jungen einerseits und unsern Matrosen andererseits anzusehen. Die Insulaner sind in dem Schiffe schon vollständig zu Hause und bewegen sich so frei, als ob sie an Bord gehörten, mit vielen ist auch schon eine äußerliche Veränderung vorgegangen, da sie die erhandelten oder geschenkt erhaltenen Kleidungsstücke gleich angezogen haben.

Es ist ein buntbewegtes interessantes Bild, was von meinem Standpunkte auf der Commandobrücke aus da vor mir sich entfaltet. Zu meinen Füßen liegt das blinkend weiße Deck mit seinen blanken Kanonen und all den schön geputzten, in der Sonne glitzernden Messing- und Eisentheilen. Auf dem Deck, wo an 400 Menschen sich bewegen, ist ein Leben wie auf einem Jahrmarkt: Matrosen, halb angezogene und nackte bunt bemalte Eingeborene, diese theilweise mit Früchten und andern Handelsartikeln beladen, schieben sich hin und her, dazwischen treiben die nackten gelben Jungen ihr Spiel; die ganze Reling ist mit Menschen beider Hemisphären besetzt, welche theils dem Treiben zusehend dort sitzen, theils unter Lachen versuchen, sich miteinander zu verständigen. Die Takelage des leicht hin- und herwiegenden Schiffes beschreibt regelmäßige Bogen auf dem feenhaften Hintergrunde, und das Wasser ist durch die vielen fortwährend in Bewegung befindlichen Kanus belebt. — Stundenlang hätte ich dort stehen können, um diesem interessanten, wechselvollen und harmlosen Leben und Treiben zuzuschauen.

Unter den sich umhertreibenden Jungen fiel mir ein besonders hübscher, etwa 12 Jahre alter Bengel auf; ich rief ihn heran, um ihm in der Kajüte etwas Naschwerk zu geben. Freimüthig, ohne Zaudern folgt er meinem Wink; das Innere der Vorkajüte fesselt ihn aber mehr als die Mandeln es thun. Als er sich genügend umgesehen hat, bittet er um die Erlaubniß, auch die Achterkajüte betreten zu dürfen, was ich ihm erlaube. Da er nicht wiederkommt und es hinten mäuschenstill ist, muß ich doch nachsehen, was er dort eigentlich thut; ich trete in die Thüre und finde nun die Bescherung. Da steht, zwei Schritte von mir entfernt, der halbwüchsige Junge mir gegenüber vor den hier schon so oft genannten beiden Mädchenbildern, mit offenem Munde, stieren Blickes. Er hört mich nicht und sieht mich nicht, trotzdem seine Blicke mehreremal über mich hinweggleiten, wenn er mit jähen Bewegungen seinen Kopf nach der Seite wirft, um etwa noch schönere Bilder zu entdecken, was aber nicht zuzutreffen scheint, da seine Augen stets schnell wieder nach den erstern Bildern zurückkehren. Nach einiger Zeit trete ich an ihn heran, fasse ihn leicht am Ohrläppchen, und nun kommt er erst wieder zur Besinnung. Er scheint aus einem tiefen Traum zu erwachen, sieht noch einmal nach den Bildern hin und läßt sich, verschämt lächelnd, am Ohr hinausführen. So hatte ich, im Gegensatz zu Waitz, in Zeit von 24 Stunden alte und junge Männer, ältere und jüngere Frauen und ein Kind in meiner Kajüte, welche als das Schönste alles Sehenswerthen die zarte Hautfarbe der Kaukasierin betrachteten.

Es war inzwischen 5 Uhr nachmittags geworden, die Zeit, welche für das Wegschicken der Insulaner festgesetzt worden war, weil ich am nächsten Morgen mit Tagesanbruch weiter gehen wollte und das Schiff am Abend vorher seeklar gemacht werden sollte. Vor meiner Kajüte sitzt der weibliche Theil unsers Besuchs auf Deck, bereit in die Boote geschickt zu werden, jedenfalls verwundert darüber, daß sie in ihrem Leben zum erstenmal ein Schiff ohne weitere Abenteuer verlassen werden. Ich begleite sie noch zum Fallreep, um der Häuptlingsfrau und den Dolmetschern Adieu zu sagen, und finde bei meiner Rückkehr den Raum des schönen weißen Decks vor meiner Kajüte, wo die Frauen gesessen hatten, ganz schwarz aussehend; bei meinem Näherkommen fliegen Tausende von Fliegen auf und das Deck ist wieder weiß wie vorher. Eine höchst merkwürdige Erscheinung, da diese Leute keine andere Körperausdünstung haben als wir. Hätten Neger dagesessen, dann wäre mir die Sache erklärlich gewesen, so aber fehlt mir jede Erklärung dafür.

Da mein Interesse für das ganze Treiben um uns herum, sowie für das schöne Landschaftsbild mich noch einmal auf die Commandobrücke trieb, wurde ich noch Zeuge einer höchst putzigen Scene, nämlich wie die Jungen landen, wenn sie nicht bei dem Aufschleppen der Kanus helfen müssen, und diesmal wurden sie größtentheils mit unsern Booten, welche nach dem früher genannten Stein fuhren, an Land befördert. Sobald die Boote in die Nähe des Landes kamen, ging es hops aus den Booten heraus; all die Knirpse, an die 50 Kinder zwischen 4 und 12 Jahren, sprangen in das Wasser und schwammen, unbekümmert um die Brandung und ohne Rücksicht auf den bevorzugten Stein zu nehmen, nach den ihnen zunächst gelegenen Steinen und schwammen so lange vor denselben, bis eine Welle hoch auflief. Dann tauchten sie schnell unter, um aus dem überbrechenden Wellenkamm herauszukommen, und als das Wasser ablief, lagen die kleinen gelben Gestalten wie die Frösche, mit allen Vieren sich anklammernd, auf den Steinen, sprangen dann schnell auf, schüttelten das Wasser ab und waren mit einigen leichten Sprüngen aus dem Wasser. — Es ist doch beneidenswerth, solche Körpergewandtheit und auch den zu solchen Späßen wol erforderlichen Muth zu besitzen.

Ehe ich das liebliche Thal Omoa verlasse, will ich noch einige, den vorstehenden Bericht ergänzende Bemerkungen beifügen.

Wie ich schon angeführt habe, ist Arbeit eigentlich nicht bekannt und erstreckt sich nur auf das fürs Leben durchaus Nothwendigste. Dieses beschränkt sich auf den Hüttenbau, die Herstellung des Baumrindenstoffs, den Fischfang nebst dem Bau der dazu erforderlichen Kanus, auf das Abpflücken der reifen Früchte und auf das Kochen, schließlich auch noch auf das Tätowiren, wenn man dies eine Arbeit nennen will,

Bestimmte Mahlzeiten haben diese Menschen nicht, sie essen vielmehr sobald der Sinn ihnen danach steht.

Jedes Stück Land, jeder Fruchtbaum hat seinen Besitzer, und dieser Besitz vererbt sich von dem Vater auf die Söhne, beziehentlich die von ihm als solche anerkannten Kinder. Diebstahl soll nach übereinstimmender Aussage des Missionars und unserer Dolmetscher nur äußerst selten vorkommen, weil Stehlen als ein schweres Verbrechen betrachtet wird. Mit Bezug hierauf hatten wir auch Gelegenheit, ein gleiches eigenes Urtheil zu gewinnen, denn trotz der vielen Eingeborenen, welche bei uns an Bord gewesen waren, ist nichts abhanden gekommen, wie die ganze Mannschaft auf Befragen versichert hat; sogar all die Kleinigkeiten, welche den Weibern für ihren Tanz geschenkt worden waren, fanden sich nach ihrem Abgange auf dem Schiffe wieder vor.

Während unsers Aufenthalts ist, wie ich dies auch schon angedeutet habe, kein Fall von Trunkenheit bei den Eingeborenen beobachtet worden, und ich führe dies nur noch einmal an, um daran anknüpfend zu erwähnen, daß die Trinkgelage zuweilen mit der Ermordung eines Mannes enden sollen. Da diese Fälle aber stets dieselbe Entwickelung und denselben Verlauf haben sollen, so bin ich der Ansicht, daß das Trinkgelage in solchem Falle nur Mittel zum Zweck und eine Art Vehmgericht ist, daß die Ermordung zu einer Zeit erfolgt, wo die Leute noch nüchtern sind, und zwar mit der bestimmten Absicht, das Gemeinwesen auf einfachste Art von einer allgemein misliebigen Persönlichkeit zu befreien. Die Sache fängt stets damit an, daß während des Gelages zwei Männer in Streit kommen, dann aber sofort die ganze Gesellschaft ohne jedes Besinnen für den einen Streiter Partei nimmt, über den andern herfällt und ihn mit Messern und Aexten zerfleischt. Ein derartige Lynchjustiz muß ein abgekartetes Spiel sein, weil Trunkene sich wol in eine Schlägerei mischen, sich aber nicht sofort gegen eine Person vereinen können.

Bei dem Kapitel „Sittenlosigkeit“ oder „Freiheit der Sitten“ bleibt noch festzustellen, welches eigentlich die richtigste Bezeichnung ist. Der obenerwähnte kleine Pfiffige (ich muß schon bei dieser Bezeichnung bleiben) erzählte mir, daß er sich keine Frau nähme, weil er ja doch immer eine auf Zeit haben könne, wenn er Lust dazu habe, und das käme ihm billiger wie fortgesetzt eine Frau mit deren

Kindern zu unterhalten. Dafür wird er allerdings in seinem Alter keine Söhne zu seiner Unterstützung haben, wenn es ihm nicht gelingen sollte, vorher ein größeres Besitzthum zu erwerben und dann darauf lüsterne junge Männer zu adoptiren. Dieser Zustand ist ja nach unsern Begriffen entschieden unmoralisch, demnach eine Sittenlosigkeit. Dieselbe wird aber dadurch sehr gemildert, daß die Kinder nicht darunter leiden, sondern in jedem Manne einen Vater, in jedem Jüngling einen sie schützenden Bruder finden. Was ist Liebe der Aeltern zu ihren Kindern? fragt man sich unwillkürlich, wenn man diese paradiesischen Zustände sieht. Die Kinder finden hier entschieden ebenso viel Liebe wie bei uns, obgleich oft nicht einmal die Mütter deren Vater zu bezeichnen wissen. Hier wird die Kinderliebe also nicht durch die Stimme der Natur bedingt, sondern einfach durch Gewöhnung.

Das aber, was sonst in den Reiseberichten als Sittenlosigkeit hingestellt wird, kann ich nicht als solche bezeichnen. Der Satz ist wol nicht anzugreifen, daß bei uncivilisirten Menschen, welche so abgeschieden von aller Welt und sich selbst überlassen leben, wie die Marquesaner, die Sittenlosigkeit und die davon gar nicht zu trennende Schamlosigkeit immer mehr um sich greifen müssen, wenn sie überhaupt einmal bestanden haben. Da die Leute nun aber nach dem früher Gesagten nur im Verkehr mit solchen Weißen, welche sie zur Abwerfung jedes Schamgefühls zwingen, sich nach unsern Begriffen sittenlos zeigen, bei ihrer Rückkehr an Land aber sofort wieder relativ strenge Sitten beobachten, so kann ich dem harten Urtheil, welches über diese Leute gefällt worden ist, nicht beipflichten, sondern kann nur das Bestehen einer großen Freiheit der Sitten anerkennen. Man wird nach all dem Gesagten sogar zu der Vermuthung verleitet, daß jene Berichterstatter womöglich mit dazu beigetragen haben, den schlechten Ruf der Marquesaner mit zu begründen. Nach langer Seereise kamen sie zu diesen Menschen, welche ihnen nach landesüblicher Sitte ihre hübschen Weiber anboten. Nahmen sie das Anerbieten an, dann suchten die Weiber natürlich sich so angenehm wie möglich zu machen und glaubten das Beste zu thun, wenn sie das von den rüden Gesellen der Walfischfänger (denn diese waren vor allen andern hier) Erlernte von sich gaben, weil die weißen Männer des einen Schiffes doch denselben Geschmack haben mußten, wie diejenigen des andern.

Ihrem Gefühl nach lag den Weibern aber nach meiner Ueberzeugung ein solches Benehmen unendlich fern, weil ich sonst doch irgendeinen Anhalt dafür hätte finden müssen, und daß ich fleißig gesucht habe, dürfte aus der ganzen Darstellung hervorgehen. Und so komme ich zu dem Schluß, daß die Missionen auf den andern Inseln sich glücklich schätzen müssen, wenn sie dort je so moralische Zustände erreichen, wie sie auf dieser Insel zur Zeit herrschen, wo bisher kein Missionar sich auf die Dauer halten konnte, und daß europäische und amerikanische Hafenstädte froh sein dürften, wenn ihr niederes Volk so anständig wäre, wie diese Leute es sind.

Nebenbei sei bemerkt, daß Eifersucht hier eine unbekannte Leidenschaft ist. Doch auch ein echt paradiesischer Zustand.

Am 16. Mai morgens verließ ich Omoa wieder und langte nach einer schönen Fahrt an den schönen Inseln dieser Gruppe vorbei gestern Mittag in Port Anna-Maria auf Nuka-hiva, der nördlichst gelegenen Insel der Marquesas-Gruppe, an. Ich machte dem Gouverneur meinen Besuch, einen Spaziergang durch den Ort, trotz des anhaltend strömenden Regens, fand aber nichts Besonderes, weil dieser Platz wegen der hier lebenden Europäer seinen ursprünglichen Charakter schon verloren hat. Heute Nachmittag, nach Einnahme von frischem Fleisch für die Mannschaft, geht es weiter nach Tahiti.

5.

Von den Marquesas-Inseln nach Tahiti.

18. Mai 1878.

Heute Nachmittag haben wir Port Anna-Maria wieder verlassen und damit von den Marquesas-Inseln Abschied genommen. Der Regen hatte für heute seine Herrschaft verloren und war von der Sonne und einem lachenden Abend verdrängt worden, wodurch es uns, dicht unter der Südküste von Nuka-hiva entlang segelnd, vergönnt wurde, das schöne Bild zu genießen, an welchem wir langsam vorüberzogen. Auf einzelnen Spitzen der Berge und in einigen Thälern lagerten zwar noch bleifarbene, dicht geballte Wolken, sie konnten dem Lande aber nicht mehr ihre Regenphysiognomie aufdrücken, sondern ließen die von hellem Sonnenschein überhauchten, mit üppigster Vegetation bedeckten Bergrücken und Thalgelände nur in um so prächtigern Farben erscheinen. Das vor uns liegende Panorama war schön und von demjenigen Zauber umgeben, welcher auf allen Inseln vulkanischen Ursprungs ruht. Es würde mich zu weit führen, wollte ich hier eine nähere Beschreibung des Landes geben, doch glaube ich trotzdem eines schönen Punktes besonders erwähnen zu müssen.

Von dem Ausgang des Hafens von Port Anna-Maria nach Westen segelnd, befanden wir uns bald vor dem kleinen, von hohen steilen Bergen und Felsmassen eingeschlossen in einem Gebirgskessel liegenden Port Tschitschakoff. Vor der schmalen Einfahrt stehend, übersieht man den ganzen wildromantischen, malerischen Hafen, dessen Hintergrund durch seine düstere Großartigkeit jeden Beobachter unwillkürlich fesseln muß. Hier inmitten des üppigsten Tropenbildes liegt, rechts und links eingerahmt von der ganzen Fülle tropischer Vegetation, ein Stück Magelhaens-Straße der südlichsten Breite. In grünem Rahmen steigt eine von dem Regen schwarz gefärbte, wild zerklüftete Felsenwand fast senkrecht bis zu einer Höhe von 700 m empor, ein ebenbürtiges Bett für den prächtigen Wasserfall, welcher über den obersten Felsenkamm hinwegschäumt. Dort oben, in schwindelnder Höhe, steigt die 7 m breite, mächtige Wassermasse mit berauschender Gewalt über den scharfen Gebirgskamm hinweg, ohne daß man von unserm doch immerhin weit abliegenden Standpunkte die höher liegenden Berge, von welchen das Wasser kommen muß, sehen kann. Senkrecht stürzt die wilde Flut in einen düstern, im Verhältniß zu seiner Höhe engen Felsenschlund hinab, welcher unten durch Verschiebung des Gesteins für das Auge geschlossen wird, während er sich von der halben Höhe ab nach oben hin callakelchartig öffnet. Die in eiliger Hast sich überstürzenden gelben, schmutzigen Wassermassen verlieren bald ihr festes Gefüge, ein gelblicher Staubregen von großer Dichtigkeit, dessen auf- und abwogende Dunstmassen mit ihrem Spiel das Auge fesseln, füllen den ganzen tiefen Schlund aus und müssen einem untenstehenden Beschauer ein noch großartigeres Schauspiel gewähren. Leider konnte ich Port Tschitschakoff nicht anlaufen und daher diese Naturschönheit, welche erst in größerer Nähe zur vollen Entfaltung kommen kann, nicht eingehender besichtigen.

Nuka-hiva lag bald hinter uns. Zu unserer Linken hoben sich, von der Abendsonne goldig überhaucht, einige andere Inseln der Gruppe scharf von dem blauen Himmelshintergrunde ab und tauchten allmählich unter den Horizont. Die anbrechende Dämmerung verhüllte dieses langsam sich senkende Bild. Jetzt ist der Tag ganz entschwunden, wir sind wieder allein und eilen mit frischem Winde und vollen Segeln einem Theil unserer Erde zu, welcher noch vor wenig Jahren von den Seeleuten allgemein gefürchtet wurde, jetzt aber, infolge sorgsamer Vermessungen der letzten Jahre, nicht mehr zu schrecken vermag. Es ist dies der Archipel der „Niedrigen Inseln", von den Eingeborenen sehr bezeichnend Paumotu oder „Inselgewölk" genannt. Dieses Inselgewölk erstreckt sich in der Richtung von Südost nach Nordwest von 22° bis zu 14° Südbreite, also über einen Flächenraum von etwa 1500 Seemeilen, und zählt nahezu 100 Koralleninseln, die so dicht zusammenliegen, daß die eine immer in Sicht der andern liegt. Keine dieser Inseln erhebt sich mit ihrem festen Rücken mehr als 3 m über den Wasserspiegel, die meisten überragen denselben nur mit einem Theil ihrer Peripherie, während der andere Theil sich noch unter Wasser befindet und für die Schiffahrt gefährliche Riffe bildet. Denn wenn auch bei Tage und klarem Wetter die

Brandung auf diesen Riffen weithin sichtbar ist, so weit, daß für ein Schiff keine Gefahr entstehen kann, so ist eine solche bei Nacht, wo das Auge den Dienst verweigert und man auf das Gehör allein angewiesen ist, doch vorhanden, da das Ohr ein sehr unvollkommener und namentlich ein trügerischer Führer ist. Die Inseln dieses Archipels sind durchweg sogenannte Laguneninseln (von den Engländern mit dem indischen Ausdruck „Atoll" benannt), Steinringe, welche einen See (Lagune) umschließen, der fast stets durch eine oder mehrere Einfahrten von geringer Breite mit dem Meere in Verbindung steht. Die Größe dieser Atolls ist nach der Karte sehr verschieden, ihr Durchmesser schwankt zwischen 5 und 30 Seemeilen. Früher war man auch noch der Ansicht, daß die verschiedenen Inseln unter sich durch unterseeische Korallenriffe miteinander verbunden seien, weshalb die Schiffe es vermieden, diese Gruppe zu durchschneiden, und in der Regel einen großen Umweg wählten. Da indeß die neuesten Vermessungen ergeben haben, daß derartige Verbindungsriffe nicht vorhanden sind, sondern zwischen diesen Korallengebilden freies tiefes Wasser liegt, so kann die Passage durch den Archipel als eine relativ sichere gelten. Die einzig zu beachtende Vorsicht ist nur die, daß man den Curs zwischen solche Inseln legt, welche an der Passage sich über das Wasser erheben, und daß man sorgsame Rücksicht auf die hier herrschenden starken und unregelmäßigen Strömungen nimmt.

Ueber die Entstehung der Koralleninseln schwanken die Ansichten noch insofern, als die einen behaupten, daß die Korallenthierchen, welche nur bis zu einer gewissen Wassertiefe bauen, ihre Bauten auf allmählich sich senkendes Land errichten und sich so immer mit ihrem obern Kamm in dem Wasserniveau halten, während andere dies verneinen und die Entstehung dieser Inseln vulkanischen Erhebungen zuschreiben. Es ist wol zweifellos, daß die erstere Ansicht da zutrifft, wo das Kalkgemäuer sich bis zu einer Wassertiefe erstreckt, in welcher die Korallenthierchen nicht mehr zu leben vermögen, während bei den bewohnten Koralleninseln nur die letztere Auffassung zutreffen dürfte.

Ich will hier eine kurze Erklärung über die Entstehung dieses merkwürdigen künstlichen Landes folgen lassen und zum bessern Verständniß die nebenstehende Skizze beifügen. Vulkanische Erhebungen des Meeresbodens bilden das Fundament. Vereinzelte Koralleninseln findet man sehr selten und dann auch nur umgeben von ausgedehnten

Korallenriffen; meistentheils liegen sie gruppenweise zusammen, ebenso wie die in der Nähe liegenden Gruppen hoher vulkanischer Inseln. Ja, sie geben in ihren Contouren und ihrer äußern Erscheinung das Bild der Gipfel einer hohen Inselgruppe wieder. Die Laguneninsel mit tiefem Wasser in dem Innensee zeigt uns das Bild eines noch actionsfähigen Kraters; diejenige, deren Lagune nur seichtes Wasser hat, sagt uns, daß der Krater verschüttet ist und in demselben Schlamm und fließender Sand liegt, worauf die Korallen keinen festen Fuß fassen können, wenn nicht etwa, wie in ausgebrannten Kratern, auch hier Schwefeldämpfe die Korallenthierchen abhalten. Die vollen, in der Mitte höher sich hebenden Koralleninseln lassen keinen Zweifel, daß ihr Fundament ein fester Berggipfel ist. Wie

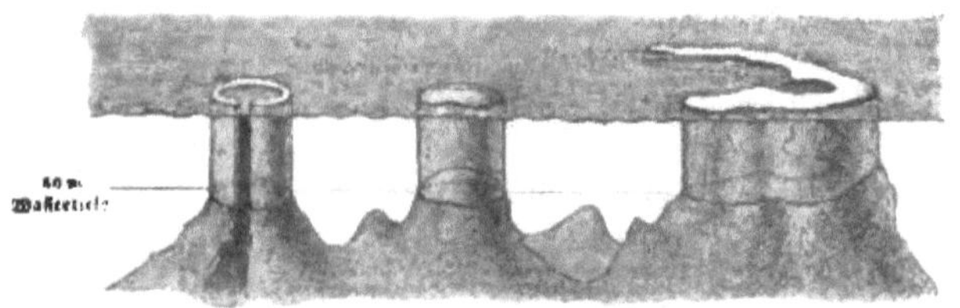

Koralleninseln.

Atoll. Volle runde Insel. Langgestreckte Insel.

schon angedeutet, vermögen die Korallen nicht über eine bestimmte Wassertiefe hinabzugehen (ich glaube, die äußerste Grenze ist 60 m von der Oberfläche entfernt). Sobald die Thierchen mit ihrem kunstvollen Bauwerk die Wasseroberfläche erreicht haben, sind sie an ihrem Ziele angelangt, sterben, da sie ohne Seewasser nicht mehr leben können, auf dem Kamme ab, und nun ist es nur eine Frage der Zeit und günstiger Umstände, daß das Riff sich zu einem Körper bildet, welcher Pflanzen und Menschen zu leben gestattet. Korallenriffe, welche auf fallendem Lande erbaut sind, könnten sich daher nur durch Ablagerungen und Anschwemmungen unendlich vieler kleiner, fester Körper aus dem Meere zu einer Insel entwickeln, und zu solch einer Entwickelung würden Jahrhunderte, wenn nicht Jahrtausende gehören. Daß aber eine solche Entwickelung überhaupt nicht möglich ist, zeigen die vor hohen Inseln und überhaupt festem Lande liegenden Korallenriffe, welche, wie im Rothen Meere und Indischen Ocean, schon seit Jahrhunderten, um nicht zu sagen Jahrtausenden, immer dieselbe Gestalt zeigen. Der in der Meeresoberfläche liegende Rücken der Korallenbank wird ununterbrochen so stark von der Brandung gepeitscht, daß nichts dort festen Fuß fassen kann, was nicht direct aus den Korallen herauswächst und das wieder kann nicht an der Luft leben. So können nur diejenigen Korallenriffe, welche durch Hebung ihres Fundaments über das Meeresniveau gestiegen sind, nach erfolgter Verwitterung des Korallengesteins oder nach erfolgter Anschwemmung in verhältnißmäßig kurzer Zeit culturfähig werden, wenigstens culturfähig für die Kokosnußpalme und eine Art Eisenholz, welche zu ihrem Gedeihen gerade den Korallensand und keinen Humus verlangen. Ich muß übrigens an dieser Stelle darauf verzichten, eine nähere Beschreibung dieser Inseln zu geben, da die Verhältnisse mir nicht gestatten, auf dieser Tour eine derselben anzulaufen; ich werde indeß im weitern Verlauf der Reise im westlichen Theil der Südsee noch in vielfache Berührung mit ihresgleichen kommen, dann also competenter zu solcher Aufgabe sein. Hier will ich nur noch einmal auf die umstehende Skizze hinweisen, um durch dieselbe zu zeigen, warum außerhalb der von den stets senkrecht bauenden Korallen errichteten Inseln in der Regel tiefes Wasser ist.

24. Mai.

Gestern vormittags $11\frac{1}{2}$ Uhr kamen einige der Koralleninseln in Sicht, d. h. nur die auf ihnen wachsenden Kokospalmen, welche ihre Wurzeln scheinbar in den Ocean geschlagen haben, da das niedrige Land erst sichtbar wird, nachdem das Schiff sich der Insel einige Seemeilen mehr genähert hat. Da ich bisher noch keine Koralleninseln gesehen hatte, so lief ich dicht heran, um, an der niedrigen Küste entlang segelnd, einen Einblick zu erhalten. Es macht einen eigenthümlichen Eindruck, diese schmalen Landstreifen zu sehen, welche, dicht mit schattigen Bäumen bewachsen, hier in dem unendlichen Weltmeere wie Oasen unter dem farbenprächtigen Tropenhimmel liegen und, von der hier ewig heißen Sonne beschienen, von einem merkwürdig sonntägig melancholischen Hauch umweht sind. Hier und da sieht man zwischen den Bäumen einige Hütten hervorlugen, Menschen gewahrt man aber nicht. Wozu sollten diese Leute auch in der heißen Mittagszeit ihre Hütten verlassen? Was sie zum Leben gebrauchen, geben ihnen die Kokosnüsse und die in den Morgenstunden unternommenen Fischzüge; andere Nahrung kennen sie nicht, sogar das Wasser fehlt ihnen. Kokosnußkerne und Fische bilden die Speise, Kokosnußmilch das Getränk. Das Leben auf diesen Inseln würde daher unmöglich sein, wenn die Kokosnußpalme nicht ununterbrochen, unabhängig von der Jahreszeit, stets Blüten und Früchte jeden Alters, von der ersten Anlage bis zur vollkommenen Reife, trüge. Arbeit bringt den Leuten keinen Nutzen, ihr ganzer Lebenszweck besteht daher in Essen, Trinken, Schlafen und in der Sorge für ihre Fortpflanzung.

Da die hohen Bäume einen Blick auf die andere Seite des schmalen Landstreifens von dem Deck aus nicht zulassen und nur ab

Allmähliches Auftauchen einer Koralleninsel über dem Horizont.

und zu dem Auge erlauben, für Momente die schöne, hellgrüne Farbe des Inselsees zu erhaschen, so stieg ich mit einigen Offizieren, denen sich sogar der Schiffsarzt anschloß, in die Takelage, um von diesem erhöhten Standpunkte aus einen freien Ueberblick zu erhalten. Jetzt liegt die ganze Insel vor uns — zu unsern Füßen der schmale, mit saftigem Laub bedeckte Landstreifen, an den sich in der Ferne die noch im Wasserspiegel liegenden Riffe anschließen, welche sich wol nie zu fruchtbarem Boden entwickeln können, da die jahraus jahrein von derselben Richtung auflaufenden Wogen das Riff mit einer so gewaltigen Brandung überspülen, daß die kleinen Keimchen, welche sonst unter Umständen eine so starke Brustwehr zu bilden vermögen, hier doch keinen festen Fuß fassen können. Merkwürdigerweise müssen hier in der Südsee die von dem Passat aufgewühlten Wellen in Bezug auf Höhe und Kraft vor einem Nebenbuhler zurücktreten, welcher in einer Entfernung von etwa 2000 Seemeilen von den in den südlichen Breiten herrschenden schweren Südweststürmen erzeugt ist und in Form einer gewaltigen Dünung seinen Weg bis zu unserm augenblicklichen Standpunkt zu finden weiß.

Die Insel würde ein lohnendes, aber sehr schwieriges Thema für einen geschickten Maler abgeben; schwierig, weil nur die vollendetste Kunst die großen Contraste, welche sich hier dem Auge bieten, im Bilde wird wiedergeben können. Die tiefblaue Meeresflut, welche hier in Lee der Insel von der vorher genannten Südwestdünung nicht beunruhigt wird, ist nur leicht bewegt von dem kühlenden Passat, dessen kosendes Spiel die Wasserfläche mit unzähligen Schaumköpfen bedeckt. Sanfte niedrige Brandung bespült weich diesen blendend weißen Streifen Landes, auf dem die Kokospalmen mit ihren schlanken, graugrünen Stämmen gen Himmel streben und ihre duftigen saftig-grünen Laubkronen in dem frischen Winde spielen lassen. Niedriges Buschwerk und Gräser bedecken den Rücken des Landes und überziehen den grellen Korallensand mit einer dem Auge wohlthuenden Farbe. Auf der andern Seite des Landes liegt die smaragdfarbene Lagune, welche regungslos, von dem Winde unberührt, der Sonne wie ein riesiger Edelstein entgegenstrahlt, während dieses erhabene Gestirn glänzend in dem durchsichtigen Aether steht und seine warmen Strahlen auf dieses in stillem Frieden daliegende Stück Erde hinabsendet. Doch welche Veränderung sieht das Auge, sobald es weiter schweift! Zur Linken und Rechten verläuft das Land in Riffe, über welche die schweren Südwestwogen brüllend hinwegbrechen und ihren Gischt bis zu 15 m Höhe hinaufschleudern. Der ganze See ist in der Ferne von einer dichten Dunstmasse umrahmt, denn jenseit der Lagune sieht man nur noch den Wasserstaub der sich brechenden Wogen, da die Brandung selbst schon weit unter dem Horizonte liegt. Dieser Dunstkreis gibt dem Himmel an jener Seite eine graue Färbung und ein stürmisches Aussehen; man glaubt dort an einem rauhen Herbsttage die entfesselten Elemente kämpfen zu sehen, während hier das Schiff im schönen Hochsommer sanft die Wogen des majestätischen Weltmeers durchschneidet.

Im Laufe des gestrigen Nachmittags wurden noch einige dieser Inseln passirt, welche indeß ein trauriges Bild wüster Zerstörung zeigten. Vor einigen Monaten hat ein schwerer Orkan seinen Vernichtungsweg über einen Theil dieser Inselgruppe genommen, dort, wo er einkehrte, fast alle Bäume entwurzelt und die Menschen in die salzige Flut geschleudert, wo Hunderte ihren Tod fanden. Nur wenige, welche sich an Baumstämme angeklammert hatten, wurden gerettet.

Während der letzten Nacht befand sich das Schiff inmitten dieses Inselgewölks, wurde mit großer Sorgfalt in freiem Waſſer gehalten, paſſirte heute Morgen die letzten Inseln und hat nun, den Curs nach dem schönen Tahiti gerichtet, diese doch immerhin unbehagliche Gegend hinter sich.

Laguneninsel (Atoll).

Der heutige Tag sollte uns nach Papeete, der Hauptstadt von Tahiti, bringen. So durfte es wenigstens angenommen werden, wenn die Meeresströmungen das Schiff seit gestern Mittag nicht zu sehr aufgehalten hatten. Die Insel ist so hoch (etwa 2240 m), daß die höchste Spitze bei klarem Wetter auf 90 Seemeilen Entfernung sichtbar ist; es wurde daher schon mit dem anbrechenden Tage nach dem ersehnten Lande ausgesehen, um seine schwachen Umrisse möglichst früh zu erspähen. Die höher steigende Sonne schichtete aber dort, wo die schöne Insel liegen mußte, Wolken auf, gab dem Lande das feuchte Tagesgewand, welches dem Erdreich Segen, dem Seefahrer aber so bittere Enttäuschung bringt. Wenn nun auch wenig Hoffnung war, das Land vorläufig zu sichten, so ging es hier doch wieder wie immer. Die Ferngläser wichen nicht von jener Wolkenbank, jeder wollte Tahiti zuerst sehen, wollte seinem erfahrenen Auge den Triumph gönnen, in dem Wolkenschleier einige schwache Contouren zu entdecken, welche zweifellos dem Lande gehörten und nicht die Ränder einer Wolke bildeten. Es mag auffällig erscheinen, daß ältere Leute sich so abquälen und ihre Augen so unnütz anstrengen, da sie doch den Stand des Schiffes genau kennen und wissen, was jenes Gewölk in sich birgt. Wer aber weiß, wie oft das geübteste Auge durch Wolkenbildungen, die fernem Lande täuschend ähneln, angeführt wird, der wird auch den Reiz verstehen, welcher in solcher Augenübung liegt. Stunden vergingen, und erst 11½ Uhr vormittags brach hoch über dem Horizont aus dem Gewölk der höchste Pic von Tahiti hervor. Noch war die Möglichkeit, den Hafen vor Einbruch der Nacht zu erreichen, vorhanden; das eine Stunde später festgelegte Mittagsbesteck ergab aber noch eine Entfernung von 70 Seemeilen, ein Stück Weges, das unter den obwaltenden Verhältnissen in sechs Stunden nicht mehr zurückgelegt werden konnte.

Der Tag war herrlich und so recht geeignet, das Schiff nach der langen Seereise von Panama aus, vor Ankunft in dem fremden Hafen wieder in einen Zustand der Ordnung und Reinlichkeit zu bringen, wie man im Auslande die deutschen Kriegsschiffe zu sehen gewohnt ist. Während in dem gewöhnlichen Alltagsdienst auf See nur die Wache, also die Hälfte der Mannschaft, zum Dienst herangezogen wird, müssen heute alle Mann heran, da nur auf diese Weise die umfangreiche Arbeit bewältigt werden kann. Denn es gilt, die ganze Außenseite des großen Schiffes bis zum Wasserspiegel und die ganze Takelage bis zum Blitzableiter zu waschen, zu säubern und mit frischer Farbe zu versehen. Diese Theile des Schiffes lassen sich auf hoher See nicht so parademäßig halten, wie sie im Hafen sein müssen. Die Wellen, welche die Außenseite des Schiffsrumpfes fortgesetzt bespülen, lösen die Farbe mit der Zeit ab; ihr Wasser überzieht die Schiffswände, ihr Gischt die untern Theile der Takelage mit einer festen Salzkruste; der aus dem Schornstein entströmende Rauch schwärzt Masten, Segel und Tauwerk; es würde daher ein vergebliches Beginnen sein, die vorgenannten Theile des Schiffes auf hoher See in der gewünschten Sauberkeit erhalten zu wollen. Den Wellen läßt sich ebenso wenig gebieten Ruhe zu halten, wie der Windstille, ihre

Ruhe aufzugeben; die Wellen treiben unaufhörlich ihr Versalzungswerk, die Stille verlangt den Dampf, wenn, wie es bei uns der Fall war, das Schiff beschleunigte Segelordre hat. Könnte aber auch zeitweise mit Sicherheit auf ruhiges Wasser und auf leichten Wind gerechnet werden, so würde doch zur Reinigung das Wasser fehlen, auf dem endlosen Meere — das Wasser. Soll die neue Farbe auf den Schiffswänden haften, soll das Tauwerk geschmeidig bleiben, dann darf zu dem Waschen nur süßes Wasser verwendet werden, ein Artikel, welcher in dem heißen Klima den durstigen Menschen wegen ungenügenden Vorraths nur so knapp zugewendet werden darf, daß an eine Vergeudung in der vorher angedeuteten Weise auf hoher See nicht gedacht werden kann. Erst in nächster Nähe des Hafens, und auch nur vor einem solchen Hafen, wo mit Sicherheit gutes Trinkwasser erwartet werden kann, darf die Verschleuderung dieser meistentheils so gering geachteten und doch so edeln Flüssigkeit erlaubt werden.

Die Befehle waren ertheilt, und die Mannschaft eilte, sich für den halben Festtag zweckmäßig zu kleiden. Eine solche Generalreinigung ist für den Matrosen gewissermaßen ein Fest, denn es gehört zu seinen liebsten Beschäftigungen, bei gutem Wetter mit dem Farbenquast hantieren zu können; auch ist ihm bei solcher Arbeit eine leise Unterhaltung mit seinem Nachbar erlaubt, was den Reiz noch erhöht. In kurzer Zeit ist die Toilette, welche aus dem schlechtesten Zeuge und umgekrempelter, mit dem Futter nach außen gekehrter Mütze besteht, beendet, das Deck füllt sich wieder mit Menschen, welche Stellagen für die äußern Schiffswände und Fahrstühle für die Masten herrichten, Eimer, Schwämme und die zum Malen erforderlichen Requisiten herbeischaffen. Der Erste Offizier, erfreut, endlich sein Schiff wieder durchweg schmuck machen zu können, ist überall, wird gewissermaßen zur selben Zeit aller Orten, hinten und vorn, oben und unten, außenbords und in der Takelage gesehen. Die Takelage belebt sich mit Menschen; vom obersten Flaggenknopf bis zum Fuß des Mastes, auf den Raaen, überall ist reges Treiben. Die Stellagen werden an der Schiffsseite herabgelassen, so weit, daß die auf ihnen sitzenden Leute mit ihren Füßen eben frei von der Wasseroberfläche bleiben; die zu diesem Dienst beorderten Leute schlingen jeder sich ein Sicherheitstau um den Leib, welches, ob-

9*

gleich oben am Schiff befestigt, doch außerdem noch in der Hand eines als Wächter postirten Matrosen ruht. Die Vorbereitungen sind, da jedermann seinen Dienst genau kennt, in wenigen Minuten beendet, und spätestens eine halbe Stunde nach dem ersten Befehl ist die Arbeit in vollem Gange. Schwanengleich gleitet das Schiff bei dem leichten Winde unter vollen Raasegeln durch das nur wenig bewegte Wasser; von dem Vorschiff dringt das leise Rauschen des von dem Schiffsbug aufgewühlten Wassers eintönig und doch so melodisch nach hinten; leises Summen durchweht die Takelage, scheinbar aus der Tiefe des Meeres kommend klingt das Gemurmel der außerhalb beschäftigten Leute auf das Schiff herauf. Eine auffallende Ruhe ist über das Schiff gebreitet, und doch ist das ganze Schiffsvolk in emsiger Thätigkeit. Die Matrosen hängen in der Takelage wie Bienen, die eine blühende Linde umschwärmen; die Schanzkleidung ist rundherum garnirt mit den Wächtern der Sicherheitstaue, welche, träumerisch in die Ferne schauend, nur ab und zu einen Blick auf ihre Schützlinge werfen.

So steuert das Schiff, ein Bild innern Friedens, dem jetzt schon deutlich sichtbaren Lande zu. Da plötzlich ertönt hinten von der Außenseite des Schiffes her der Ruf: „Hai achterraus!" Das Schiff ist sofort ein anderes. Das Commando des wachthabenden Offiziers: „Alle Mann innenbords!" gibt dem Ersten Offizier einen Stich ins Herz, da er nun keine besonderen Vorbereitungen für den Empfang der mit schwarzer Farbe beschmierten Malkünstler treffen kann. Anstatt auf sorgsam ausgebreitete Matten zu treten, springen diese Leute mit ihren bemalten Füßen auf das schneeweiße Deck, um dasselbe fast ebenso schwarz wie die Schiffswand zu machen; es gilt ja aber nicht blos, den eben empfangenen Befehl zu befolgen, sondern auch theilzunehmen an dem Haifischfang. Der Ruf: „Hai achterraus!" ist für alle zur Zeit nicht beschäftigten Leute eine unausgesprochene Erlaubniß für die Theilnahme an dem Fang, da 20—30 Mann zu einem glatten Anziehen des Fisches gehören und die andern zusehen dürfen. Es kann wol als Regel gelten, daß jedes Schiff versucht, jeden in die Nähe kommenden Hai zu fangen, da kaum ein anderes Thier so aufrichtig gehaßt wird, wie dieser Fisch von dem Seemanne; deswegen springen auch immer einige Leute gleich zu, um die erforderlichen Vorbereitungen zu treffen.

Im Umsehen sind der Haken und ein 1 kg schweres Stück Speck zur Stelle, die Taue für den Haken und für die Schlinge, welche dem Hai, sobald er angebissen hat, übergeworfen wird, bereit. Ich will hier einfügen, daß jeder Hai, welcher sich bei mäßigem Winde einem unter Segel befindlichen Schiffe nähert, in der Regel seinem sichern Verderben entgegengeht, wenn der Fang richtig geleitet wird. Diese Wasserhyäne ist so gefräßig, daß sie stets auf den zugeworfenen Köder beißt. Auch wenn sie schon ein- oder zweimal von der Angel losgekommen ist, beißt sie mit zerrissenen Kiefern zum dritten mal an, wenn noch ein ganzer Angelhaken für den dritten Wurf vorhanden ist. Das Thier ist so stark, daß es fast immer, wenn es nur an der Angel aus dem Wasser gezogen wird, mit seinen heftigen Schlägen den stärksten Haken oder dessen Kette bricht; ein sicherer Fang wird daher nur gewährleistet, wenn man eine Tauschlinge an dem Angeltau herabgleiten läßt, die Schlinge dann über den an kurzer Leine gehaltenen Fisch bis zur Schwanzflosse streift und den Fisch nun mit dem Schwanz zu oberst aufhißt, um ihn schließlich an Kopf und Schwanz gefesselt auf das Schiff zu holen. So konnten wir also auch darauf rechnen, das signalisirte Raubthier bald auf dem Schiffe zu haben. Doch stellte sich inzwischen heraus, daß heute die Hauptsache fehlte, nämlich der Haken. Vor kurzem waren bei ähnlicher Gelegenheit die beiden Haihaken des Schiffes unbrauchbar geworden; wir fürchteten daher schon, unserm Feinde die Freiheit lassen zu müssen, als der Erste Offizier lächelnd das Deck verließ, um kurze Zeit darauf wieder mit einem in seinem Privatbesitz befindlichen wahren Prachthaken zu erscheinen. Während nun die Angel zurechtgemacht wurde, folgte der Fisch uns in einer Entfernung von dreißig Schritten mit bewunderungswürdiger Gleichgültigkeit.

Das Wasser ist hier so klar, daß das dicht unter der Oberfläche befindliche Thier in Krystall zu schwimmen schien, und wäre das Schiff nicht in Fahrt gewesen, dann hätte man dem Thier jede Bewegung absprechen müssen. Der Körper war deutlich zu sehen, keine Flosse schien sich zu bewegen, nur das bei scharfem Hinsehen erkennbare leichte Aufkräuseln des Wassers an der über die Oberfläche hervorragenden Rückenflosse zeigte, daß der Fisch in Bewegung war. Die Angel plumpste ins Wasser — sie wird absichtlich stets mit möglichst großem Geräusch geworfen — und sofort schwenkten die beiden

Lootsen, denen der Hai gehorsam folgte, nach dem Schiffe hin. Diese Lootsen sind kleine Fische, von denen stets zwei den Hai begleiten, um, vor ihm schwimmend, ihn zur Beute zu führen, und aus deren Vorhandensein man schließt, daß ihr Herr mit sehr schwachen Gesichts- und Geruchsorganen ausgestattet ist. In geringer Entfernung von dem Köder ließ das plötzlich entschiedene Vorgehen des Haies erkennen, daß er nunmehr die Witterung hatte; die Lootsen nahmen jetzt ihren Standort zu beiden Seiten ihres Herrn, welcher noch etwas vorschoß, sich halb auf die Seite legte und dann mit seinem auf der Bauchseite befindlichen und mit zwölf Reihen Zähnen bespickten mächtigen Rachen zuschnappte. Gleichzeitig wurde so kräftig an der Angelleine gezogen, daß der scharfe Haken tief in den Kiefer eindrang, und unser Opfer war vorläufig an die Kette gelegt. Mächtige Schläge des Schwanzes wühlten das Wasser auf und sagten den Lootsen, daß ihr Beschützer verloren war, denn als das Thier mit dem Nachlassen der Leine wieder ruhig wurde, waren sie verschwunden. Sobald die Ueberzeugung gewonnen war, daß die Angel gefaßt hatte, wurde die Leine soweit nachgelassen, daß der Fisch wieder ohne Schmerz schwimmen konnte, und nun folgte er geduldig dicht am Schiffe, bis die Schlinge richtig placirt war. Dann wurde kräftig angezogen und im nächsten Augenblick wand sich der Fisch — zappeln kann man hier nicht sagen — mit dem Kopf nach unten hängend, in kräftigen Zuckungen über der Schanzkleidung des Schiffes; noch einige Augenblicke und er lag, wüthend um sich schlagend, auf dem Deck, wo jeder ängstlich dem Schwanze auswich, während der Matador, ein mit einer Handspake bewaffneter Unteroffizier, an seinem Kopfe zum Stoß bereit stehend auf den Augenblick wartete, wo das Opfer nach Luft schnappen würde. Der Rachen öffnete sich, hinein fuhr die Spake bis zum Magen und machte den Fisch steif. Nun war der Schwanz unschädlich gemacht, die Matrosen sprangen zu und mit Hurrah ging es nach dem Vorschiff, wo die Schlachtbank bereits bereitet war. Erst wurde der Schwanz vom Körper getrennt, da zum Ablösen des Kopfes vorher die Spake entfernt werden muß, das Thier aber ohne Kopf noch lange Zeit kräftige Muskelzuckungen behält, mit welchen es schlimme Verletzungen schlagen kann, wenn die Schwanzflosse noch am Körper ist. Dann wurde der Magen untersucht, welcher nichts Auffälliges enthielt, und danach ging es an die weitere Zerlegung, welcher ich aber nicht folgen, sondern nur kurz anführen will, was aus den einzelnen Theilen wird. Die Schwanzflosse wird an den äußersten Punkt des Bugspriets angenagelt, weil sie nach einem Matrosenaberglauben an jener Stelle angebracht dem Schiffe Glück bringt; die Schwanzstücke werden von der Mannschaft gekocht oder gebraten gegessen; das Rückgrat und das Gebiß werden sorgsam gereinigt und als Raritäten mit nach Hause gebracht.

Sobald der Hai auf dem Schiffe war, gingen die Leute, bis auf wenige, welche den Fisch zerlegten, wieder an die Arbeit, doch die Stimmung, welche vorher auf dem Schiffe gelegen, kehrte nicht wieder. Die Aufregung der Jagd hatte alle unruhig gemacht und dies theilte sich dem ganzen Schiffe mit. Diese Unruhe äußerte sich nicht in größerm Geräusch, denn es war fast noch lautloser wie vorher, sondern zeigte sich in den Mienen und Bewegungen der Leute. Die Arbeit wurde beendet, das beschmutzte Deck mit Messern, Schrapern, Sand und Steinen wieder gereinigt, und erst dann trat mit der Selbstreinigung der Mannschaft wieder die alte Stimmung ein. Schon vor Beendigung der Arbeit ist das Verdeck für die große Waschung vorbereitet worden. Das Tauwerk ist aufgehängt, etwa dreißig große, mit süßem Wasser gefüllte Bütten stehen bereit, die Spritzenschläuche sind an die Pumpen angeschraubt. Die Mannschaft strömt herbei und hat, da wir auf dem Kriegsschiffe ja immer unter uns Männern sind, schnell sich aller Kleider entledigt. Die Gelegenheit wird ausgiebig benutzt, da ein solches Süßwasserbad nicht oft geboten wird; in kurzer Zeit ist die ganze Mannschaft in Seifenschaum gehüllt. Dort steht ein Kranz Matrosen in gebückter Stellung um ihre Bütte; die nächste Gruppe ist schon weiter vorgeschritten, indem die Leute aufrecht stehen und einer dem andern den Rücken abseift; weiterhin ragt aus der Mitte eines Kranzes über die gebeugten Rücken die zusammengekauerte Gestalt eines Mannes hervor, welcher in dem Waschfaß sitzt; daneben sitzen in einem größern Gefäß sogar zwei sich gegenüber, welche sich gegenseitig abseifen, aber bald mitsammt ihrer Wanne von den Kameraden umgeworfen werden, weil sie sich zu unnütz machen. Kleine Scherze der verschiedensten Art beleben und erheitern das Bild, die allgemeinste Lustigkeit bricht aber durch, sobald die Spritzen zu spielen beginnen. Alles strömt herzu und ballt sich zu einem lebenden Knäuel zusammen, auf welchen von erhöhtem Standpunkte aus die kräftigen Wasserstrahlen fallen. Da wogen 200 kräftige, muskulöse Gestalten als ein Bild der üppigsten Kraftfülle unter Lachen und Gejauchze hin und her, sich gegenseitig verdrängend und verschiebend; in der Mitte die größere Masse aufrecht stehend, und um diesen Kern herum ein Kranz theils auf dem Gesicht, theils auf dem Rücken liegender Gestalten, welche das Bad in dem langsam abfließenden Wasser dem kräftigen Strahl vorziehen. Die Abendbrotzeit nahte, dem Baden mußte ein Ende gemacht werden, und eine Stunde später saß die Mannschaft wieder auf dem Vordeck, um die Freizeit nach dem Abendbrot zu genießen und, auf dem vom Monde hell beschienenen Deck behaglich ausgestreckt, rauchend den Klängen der Musik zu lauschen, welche mit ihren deutschen Weisen uns der Heimat näher rückte.

Das köstliche Wetter, der schöne Sonnenuntergang, bei welchem wir vor drei Stunden für heute den letzten Blick auf das in weiter Ferne sich von dem Himmel abhebende Inselland warfen, welches sein aus Wolken gewebtes Tageskleid wieder abgelegt hatte, das magische Bild des von dem Monde silbern überhauchten Schiffes, rufen in mir die märchenhaften Erinnerungen wieder wach, welche mein Gemüth so mächtig bewegten, als ich vor 22 Jahren als Knabe zum ersten mal Madeira in weiter Ferne sah und auf der längst verschollenen „Amazone" in einer ähnlichen Zaubernacht mit leichtem Winde dieser schönsten aller Inseln entgegensegelte. Damals der vierzehnjährige Knabe als preußischer Cadet auf seiner ersten Seereise, jetzt der Mann als Commandant eines deutschen Schiffes vor einer ähnlichen Inselperle, welche 15000 Seemeilen weiter von der Heimat entfernt ist. Was liegt nicht alles in dieser verhältnißmäßig kurzen Spanne Zeit? Welche großartigen politischen Umwälzungen haben sich nicht vollzogen, wie hat mein eigenes Leben sich gestaltet? — Es ist Zeit für mich, das Bett aufzusuchen, weil ich um 3 Uhr morgens wieder auf dem Posten sein muß, da nach der dem Schiffe gegebenen Segelführung dann das Land angesteuert wird, um bei guter Zeit in Papeete eintreffen zu können.

6.

Tahiti.

Tahiti, 25. Mai.

Nach kurzer Ruhe wurde ich heute Nacht 1 Uhr wieder geweckt mit der Meldung, daß das Leuchtfeuer von Tahiti in Sicht gekommen sei. Der Thurm dieses Feuers ist auf derjenigen Landspitze erbaut, wo der berühmte englische Seefahrer und Entdecker Cook im Jahre 1769 den Durchgang der Venus beobachtet und danach diese Landspitze „Point Venus" benannt hat.

Das Auftauchen eines Leuchtfeuers über den Horizont gibt die schnellste und eine absolut sichere Ortsbestimmung für ein Schiff, spielt daher bei der Navigirung eine große Rolle und erfordert stets die Anwesenheit des Commandanten auf dem Deck, damit er sich persönlich von der Richtigkeit aller Umstände überzeugen, den Ort des Schiffes in der Karte festlegen und danach den neuen Curs bestimmen kann. Hier in diesem Theil der Südsee, wo es mit Ausnahme dieses einen Punktes keine Leuchtthürme gibt, lernt man so recht erkennen, welcher Unterschied zwischen der Seefahrt an den Küsten civilisirter Staaten und den Küstenstrichen wilder Völkerschaften besteht.

Auf der See liegen vornehmlich alle Gefahren in der Nacht und im Nebel verborgen, weil die meisten Collisionen, Strandungen, Kenterungen u. s. w. dem Umstande zuzuschreiben sind, daß die Gefahr nicht früh genug erkannt, daher nicht mehr vermieden werden konnte. Deswegen muß man sich bei Nacht von solcher Küste, welche keine Leuchtfeuer zeigt, fernhalten; muß um einsame Klippen, welche man bei Tage auf Steinwurfweite passiren könnte, meilenweite Umwege machen. Ist die Küste aber mit Leuchtfeuern versehen, trägt der einsame Fels einen Leuchtthurm oder ist auf der gefährlichen Sandbank ein Leuchtschiff verankert, dann werden diese Punkte, welche vordem der Schrecken der Seefahrer waren, auch bei Nacht aufgesucht, werden zu sichern, gern gesehenen Führern, weil, wie ich nachher zeigen will, das Feuer bei Nacht den Ort des Schiffes leichter bestimmen läßt, als es bei Tage an dem Thurm, dem Träger des Feuers möglich ist.

Auf hoher See allerdings ist es auch den civilisirten Staaten versagt, der Schiffahrt derartige Erleichterungen und Sicherheitsmaßregeln zu schaffen. Da heißt es in seligem Gottvertrauen drauf los fahren; trifft das Schiff bei hohem Seegang oder schneller Fahrt auf eine noch unbekannte Klippe, auf das treibende Wrack eines verunglückten Schiffes, oder wird es unvorbereitet von einer schweren Bö erfaßt, dann wird es in den erstern Fällen in der Regel, in dem letztern Falle häufig mit Mann und Maus verloren sein. Das sind eben die Chancen des Seelebens, welche man mitnehmen muß, weil es unmöglich ist, während der Nacht still zu liegen, denn sonst würde man mehr als die doppelte Zeit für die Reisen gebrauchen, würde, ganz abgesehen von der verlorenen kostbaren Zeit, so große Quantitäten an Proviant und Wasser mitnehmen müssen, daß die Schiffe der Jetztzeit sie nicht zu fassen vermöchten.

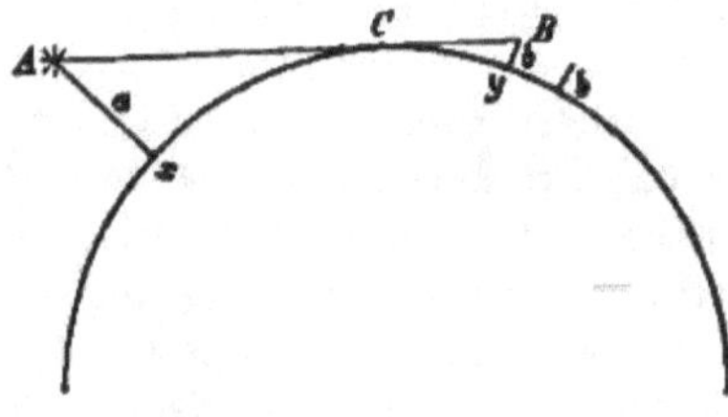

Um die Ortsbestimmung durch ein Leuchtfeuer leichter verständlich zu machen, muß ich auf die bekannte Thatsache zurückgreifen, daß infolge der Kugelgestalt der Erde die Sehweite eines Gegenstandes von seiner Höhe über dem Meeresniveau abhängt, und daß es bei zwei sich nähernden Gegenständen einen Punkt gibt, wo sie sich in dem Horizont zuerst treffen und sich gleichzeitig zu Gesicht bekommen. Daher werden die in der obenstehenden Figur mit a und b bezeichneten Gegenstände in den gegenseitigen Gesichtskreis kommen, wenn sie z. B. mit ihrer obersten Spitze die Linie A—B berühren, und in diesem Falle wird der Treffpunkt in C liegen. Es ist hierbei natürlich gleichgültig, ob beide Gegenstände in Bewegung sind oder nur einer, da, wenn a einen bei x errichteten Leuchtthurm vorstellen soll, seine Sehweite bis C reicht, seine oberste Spitze oder sein Feuer also von dem Schiffe b gesehen werden kann, sobald dieses bei y angekommen ist.

Zur Bestimmung der Sehweite eines Gegenstandes gibt es eine einfache Formel, welche für die praktische Seefahrt ein hinreichend genaues Resultat liefert. Es wird die in Fuß bekannte Höhe des Gegenstandes (diese Formel ist nur anzuwenden, wenn die Höhe bekannt ist und dies ist bei allen Leuchtfeuern natürlich der Fall) mit 4 multiplicirt, das Product durch 3 dividirt und aus dem Quotienten die Quadratwurzel gezogen; das Endresultat ergibt die Sehweite in Seemeilen. Beträgt also z. B. die Höhe eines Leuchtfeuers über der Meeresoberfläche 108 Fuß, dann wird es von einem im Wasserniveau befindlichen Beobachter auf $\sqrt{\frac{4}{3} 108}$ also 12 Seemeilen gesehen werden; steht aber der Beobachter auf einem Schiffe 19 Fuß über dem Meere, dann wird seine eigene Sehweite $\sqrt{\frac{4}{3} 19}$ oder 5 Seemeilen betragen, er wird also in dem Moment, wo sein Auge bei C das über den Horizont hervorbrechende Licht sieht, 12 + 5 oder 17 Seemeilen von dem Standort des Leuchtthurmes entfernt sein. Peilt der Beobachter nun gleichzeitig das Feuer mit dem Kompaß, d. h. stellt er beim Insichtkommen die Himmelsrichtung, in welcher es zum Schiffe steht, genau fest, dann ist er in der Lage, mit Hülfe eines Zirkels und eines Lineals in wenig Augenblicken auf der Karte den Punkt zu bestimmen, wo das Schiff sich befindet. Man sollte nun meinen, daß ein solches Verfahren ebenso gut bei Tage möglich wäre, dies ist aber nicht der Fall. Es kann als Regel angenommen werden, daß die Luft nie so klar ist, um das Hervorbrechen der Spitze eines Thurmes über den Horizont genau feststellen zu können, vielmehr wird ein im Lande stehender Thurm auch mit Hülfe eines guten Fernrohres erst gesichtet werden, wenn er ganz oder doch zum größern Theil über dem Horizont steht, während in einer mäßig klaren Nacht das Feuer sich so scharf markirt, daß man es im Augenblick des Auftauchens sogar durch ein Einziehen des Kopfes zwischen die Schultern wieder unter den Horizont verschwinden lassen kann.

Nachdem der Stand des Schiffes bestimmt war, wurde beigedreht, d. h. das Schiff mit kleinen Segeln so zum Winde gelegt, daß es sich nur unbedeutend von seinem Platze fortbewegte, weil es wegen der nur noch geringen Entfernung bis Papeete nutzlos war, vor Tagesanbruch den Curs fortzusetzen. Ich konnte mir daher noch zwei Stunden Schlaf gönnen, stand um 4 Uhr wieder auf der Commandobrücke und ließ nun dem Schiffe volle Segel geben, um mit Tagesanbruch dicht unter der Küste zu sein.

Kurz nach 6 Uhr — die Tropen kennen ja keine Dämmerung — bricht der volle Tag in seiner ganzen Glorie aus der Nacht hervor, die Sonne steigt als rothglühender Ball aus den Fluten und wirft ihr noch mattes tiefrosiges Licht auf das ziemlich plötzlich und schnell aus der Dunkelheit hervortretende, hoch zum Himmel strebende Tahiti. Ein aus dünnem Nebel gewobenes Nachtgewand umhüllt das Land und schmiegt sich weich wie ein Schleier seinen Formen an, ist durchsichtig, wo es auf den Bergrücken glatt aufliegt, verdichtet sich zu fester Hülle, wo es in den Thälern Falte auf Falte geschichtet liegt. Eigenthümlich! Das Land scheint beim Erwachen des Tages sich zu beleben. Schlaftrunken und leblos wird es in seinen höhern Regionen von den ersten Strahlen der für uns noch unter dem Horizont stehenden Sonne getroffen, während das Unterland noch in tiefem Schatten liegt. Schnell überläuft das Licht mit dem Höhersteigen der Sonne das Land von dem obersten Berggipfel herunter bis zum Strande; die Insel bewegt und reckt sich, ermannt sich und blickt fest auf den Füßen stehend dem jungen Tage mit klarem Blick entgegen, sobald die warmen Strahlen des mächtigen Tagesgestirns den untersten Saum des Landes erreicht haben. Aus dem duftigen Nachtgewand, welches unter den Sonnenstrahlen langsam verdunstet, tritt der schöne unverhüllte Leib hervor, um sich im frischen Morgenthau zu baden, läßt sich von den Licht- und Wärmestrahlen kosend umarmen, um von ihnen Nahrung für sein animalisches und vegetabilisches Leben zu empfangen. Frei von jeder Hülle steht das aus einem blau und weißen Rahmen heraustretende hohe Bergland dicht vor uns in dem Meere. Die Brandung auf dem Korallenriff, welches die Insel umrahmt, gleicht einem blendend weißen Schaumkranz, hinter welchem bis zum Strande ein Gürtel spiegelglatten azurblauen Wassers liegt. Am Lande steigen dünne Rauchsäulen auf, einzelne Kanus stoßen vom Strande ab, um auf den Fischfang zu gehen, Vögel ziehen lautlos über die Wasserfläche hin, und lautlos wie ein Riesenvogel segelt die „Ariadne" mit aufgeblähten Segeln dicht an der Riffbrandung entlang. Der aus blauem Krystall und Schneeschaum gewundene Gürtel, die duftigen Palmen am Strande, das rothe, braune, graue und schwarze Gestein der felsigen Bergrücken, die saftigen Thäler und die üppigen Wälder auf den fruchtbaren Bergabhängen, die langen tiefen Schluchten und die mächtigen Bergkegel: dies alles scharf heraustretend aus dem durchsichtig blauen Hintergrunde, von den ersten Strahlen der aufgehenden Sonne erwärmt und durch die erwachende Natur belebt, gibt ein wahrhaft ergreifendes Bild von der Größe der Schöpfung. Unbewußt zieht tiefe Andacht in das Herz des Menschen ein, seine Seele will sich von dieser Erde lösen und einen Flug beginnen, der ihr versagt bleiben muß. Ein Blick nach der offenen See — und die tiefe Andacht, welche den Menschen erfaßt hatte und durch die mit ihr verbundene Unachtsamkeit dem Schiffe unter Umständen hätte Gefahr bringen können, ist dahin, der Mensch denkt nur wieder allein an seine Pflicht, läßt zwar ab und zu noch mit Wohlgefallen seine Blicke über das köstliche Bild schweifen, ist aber doch gegen nochmalige Verzauberung gefeit. Und was brachte diesen plötzlichen Umschwung? Ein erbitterter Kampf um das Dasein zwischen Fischen und Vögeln, ein Kampf, wie er sich dem aufmerksamen Beobachter in dem Thierreich zu jeder Zeit und an jedem Ort bietet, wenn auch nur selten in so häßlicher Form wie in diesem Falle. Ein lautes Gekreisch und Geplätscher lenkt unsere Blicke nach der offenen See hin, dort, nicht weit von uns, ist ein kleiner Fleck im Waßer im vollsten Aufruhr. Armlange Fische springen scharenweise aus dem hochaufspritzenden Waßer, um einem größern Raubfisch zeitweise zu entgehen, doch über ihnen, dicht über dem Waßer, flattern Scharen von kleinen weißen krächzenden Seevögeln, welche heißhungerig sich auf die aus dem Waßer springenden Fische stürzen und diesen mit ihren kleinen scharfen Schnäbeln große Stücke Fleisch aus dem lebenden Körper reißen. Vernichtung unter der Waßeroberfläche, Verstümmelung über derselben: das ist das Los der so oft als die glücklichsten Thiere gepriesenen Fische, welche erst dann wieder Ruhe finden, wenn der Feind aus dem eigenen Geschlecht gesättigt ist und ihnen gestattet, in tieferm Waßer Schutz gegen die unbarmherzigen Bewohner der Lüfte zu suchen.

Inzwischen ist der Tag weiter vorgeschritten; die Sonne, welche hier in sechs Stunden fast bis zum Zenith steigen muß, hat um

8 Uhr schon eine solche Höhe erreicht, daß ihre Strahlen das Land zu versengen drohen und es zwingen, wieder unter dem Wolkenkleid, welches am vorhergehenden Abend nach Sonnenuntergang abgelegt wurde, Schutz zu suchen. Kleine Wölkchen lehnen sich an die Bergspitzen an, verdichten sich und schwellen an, umlagern dann die obern Bergkuppen und wachsen so lange, bis sie, allmählich sich senkend, die ganze obere Hälfte der Insel mit einer dichten Wolkenhaube bedecken, welche das nach Feuchtigkeit lechzende Land in so ergiebiger Weise mit Wasser versieht, daß trotz des in jetziger Jahreszeit seltenen Regens die Vegetation in köstlichster Frische prangt und die in den Thalschluchten von den Höhen nach unten eilenden Bergflüsse nie versiegen. Hier unten bei uns ist es aber heiß, sehr heiß; der kühlende Landwind ist wieder abgestorben, die Seebrise noch nicht erwacht. An Stelle der Segel ist vor kurzem die Schraube getreten, und in einer halben Stunde, gegen 9 Uhr, werden wir in Papeete ankern, um das Schiff schnell auszurüsten und in zwei bis drei Tagen dann nach unserm eigentlichen Bestimmungsort weiterzugehen.

11. Juni.

Seit einigen Stunden befinden wir uns nun endlich auf dem Wege nach den Samoa-Inseln.

Ehe ich die Ereignisse der letzten vierzehn Tage bespreche, will ich in kurzen Umrissen ein Bild des Landes und der Bewohner von Tahiti geben, zuvor aber einen kurzen Abriß der Entdeckungsgeschichte dieser Insel, wie sie in den englischen Segelanweisungen von A. G. Findlay enthalten ist, einfügen. Diese Entdeckungsgeschichte wird gleichzeitig auch zeigen, warum so viele Inseln des Stillen Oceans so verschiedene Namen tragen und wie schließlich doch die Bezeichnungen der Eingeborenen wieder in ihr Recht treten.

Tahiti ist zweifellos zuerst von einem Spanier Pedro Fernandez de Quiros am 10. Februar 1606 entdeckt und von ihm La Sagittaria genannt worden, ohne daß in damaliger Zeit diese Entdeckung weiter verfolgt oder in weitern Kreisen bekannt geworden wäre, denn Thatsache ist es, daß eine 160 Jahre später von dem König Georg III. von England zu Entdeckungen nach der Südsee ausgeschickte Expedition von dem Vorhandensein dieser Insel nichts wußte. So konnte Wallis, der Führer dieser Expedition, sich auch das Verdienst zuschreiben,

Tahiti am 19. Juni 1767 entdeckt zu haben und das Recht in Anspruch nehmen, einem bis dahin unbekannten Lande einen Namen zu geben. Er nannte es King George-Island und nahm es durch Aufhissen der englischen Flagge für seinen König in Besitz. Doch die Eingeborenen holten die Flagge bald wieder herunter und benutzten sie in spätern Jahren als ein Zeichen ihrer eigenen Unabhängigkeit.

Noch ehe diese zweite Entdeckung bekannt wurde, erfuhr Tahiti im folgenden Jahre am 2. April 1768 diese Ehre zum dritten mal und zwar durch den rühmlich bekannten französischen Seefahrer de Bougainville in dem Schiffe „Boudeuse", welcher die Insel Nouvelle Cythère benannte. Am 12. April 1769 langte Cook in Tahiti an, um von hier aus den Durchgang der Venus durch die Sonne zu beobachten. Das Gelingen der Beobachtung am 3. Juni desselben Jahres, die in derselben Zeit erfolgte Aufnahme des Landes und der Häfen, welche bislang noch immer unübertroffen dasteht und die noch jetzt maßgebende Karte lieferte, sowie die gleichzeitige Entdeckung der nordwestlich gelegenen Gesellschafts-Inseln haben diese Reise zu einer besonders werthvollen für die Wissenschaft gemacht. Cook war auch der erste, welcher der Insel ihren einheimischen Namen wiedergab, nachdem sie vorher drei Namen erhalten hatte, die heutzutage so gut wie vergessen sind. In derselben Zeit fürchteten die Spanier, daß der englische Einfluß in der Südsee zu sehr wachsen könne; der Vicekönig von Lima erhielt daher den Befehl, von Tahiti Besitz ergreifen zu lassen, woraufhin eine spanische Expedition unter Don Domingo Bonecheo entsandt wurde, welche am 10. November 1772 in Tahiti anlangte und es Amat oder Tagiti benannte. Der Bericht Bonecheo's nach seiner Rückkehr hatte zur Folge, daß er im September 1774 wieder dahin geschickt wurde, um nunmehr von der Insel Besitz zu ergreifen. Er durchforschte zunächst das Land, starb aber schon am 26. Januar 1775, worauf die spanischen Schiffe unverrichteter Sache nach Lima zurückkehrten. Im August 1777 besuchte Cook noch einmal Tahiti als das letzte europäische Schiff für den Zeitraum von 11 Jahren.

Im Jahre 1788 schickte König Georg III. von England das Schiff „Bounty" unter dem Commando eines Lieutenant Bligh, welcher schon mit Cook Tahiti besucht hatte, dahin, um den werthvollen Brotfruchtbaum der Südseeinseln nach Westindien zu verpflanzen. Die Geschichte dieses Schiffes ist so abenteuerlich, daß sie kurzer Erwähnung verdient. Die „Bounty" langte am 26. October 1788 in Tahiti an, kehrte aber nicht mehr nach England zurück, sondern blieb in den Händen einer meuterischen Mannschaft und fand in der Südsee ihr Ende. Als das Schiff mit den Brotfruchtbäumen Tahiti verlassen hatte, brach eine Meuterei auf demselben aus; nach einzelnen Angaben, weil der größte Theil der Mannschaft die in Tahiti angeknüpften Liebesverhältnisse nicht aufgeben wollte, nach der wahrscheinlichern Angabe aber, weil der Commandant die Mannschaft zu hart behandelte. Thatsache ist, daß das Schiff in den Händen der meuterischen Mannschaft blieb und die Führung einem mit Gewalt zurückbehaltenen Seecadetten übertragen wurde. Der Commandant, die Offiziere und ein kleiner Theil der Mannschaft, welcher treu zu den Offizieren gestanden hatte, wurden dann am 26. April 1789 auf hoher See in Schiffsbooten ausgesetzt und ihrem Schicksal überlassen; sie landeten nach langen Irrfahrten und infolge der erlittenen Entbehrungen sehr zusammengeschmolzen auf Timor und fanden von dort ihren Rückweg nach England, um Kunde von ihrem Schicksal zu geben. Die Meuterer kehrten mit dem Schiffe „Bounty" nach Tahiti zurück, welches sie, wenn auch auf Umwegen, wohlbehalten wieder erreichten. Sie versicherten sich dort wieder ihrer Frauen, flüchteten unter Zurücklassung von 14 Mann weiter und galten lange Zeit als verschollen. Als die Nachricht von der Meuterei nach England gedrungen war, wurde die Fregatte „Pandora" ausgeschickt, um die „Bounty" zu jagen, langte am 23. März 1791 in Tahiti an, nahm die dort zurückgebliebenen 14 Mann gefangen und kehrte dann nach erfolglosem Suchen nach dem Meutererschiff nach England zurück, woselbst drei der 14 Gefangenen hingerichtet wurden. Die „Bounty" mit ihrer Mannschaft war längst vergessen, als im Jahre 1808 ein Walfischfänger nach Pitcairn-Island (südöstlich der Paumotu-Inseln) kam und dort auf der bis dahin für unbewohnt gehaltenen Insel die Meuterer fand. Ehe diese Nachricht nach England kam, hatte auch das englische Kriegsschiff „Briton" Pitcairn angelaufen und einen Bericht über die aus der weißen Mannschaft der „Bounty", ihren braunen polynesischen Frauen und Mischlingskindern bestehende Bevölkerung dieser kleinen Insel nach England gesandt, welcher das allgemeinste Interesse erweckte. Die Schilderung von dem Glück, der Reinheit der Sitten, der harmlosen Einfachheit und den nahezu paradiesischen Zuständen auf dieser kleinen Insel wirkte so mildernd auf die englische Regierung, daß dieselbe unter Zulassung der Verjährung nicht nur volle Verzeihung gewährte, sondern auch die Leute unter ihren besondern Schutz nahm und so weit ging, daß sie im Jahre 1856, als Pitcairn für die Bevölkerung zu klein geworden war, ihnen die bei Australien gelegene schöne Insel Norfolk, welche bis dahin Verbrechercolonie gewesen war, mit allen Gebäuden, 2000 Schafen, 300 Pferden, Schweinen, Federvieh u. s. w. als freies Eigenthum schenkte. Die ganze aus 194 Personen (92 männlichen, 102 weiblichen Geschlechts) bestehende Bevölkerung wurde auch auf Regierungsschiffen kostenfrei nach der neuen Heimat übergeführt.

Die von England aus im vorigen Jahrhundert nach der Südsee unternommenen Reisen hatten die öffentliche Meinung so in Anspruch genommen, daß sich in London eine Missionsgesellschaft bildete, um durch die Verkündigung des wahren Glaubens in Polynesien festen Fuß zu fassen. Schon am 10. August 1796 segelte das Schiff „Duff" von London ab und langte am 5. März 1797 in Tahiti an, wo die Missionare zunächst viel Gutes stifteten und in verhältnißmäßig kurzer Zeit ganz Tahiti dem Christenthume gewannen. Zu diesem Erfolg soll namentlich der Umstand wesentlich beigetragen haben, daß die Männer, welche zuerst hierher kamen, in den bestehenden freien Sitten nicht gleich Sittenlosigkeit vermutheten, sondern mit Geduld prüfend bald erkannten, daß diese Freiheit nicht eines gewissen moralischen Haltes ermangele, welchen mit der neuen Religion in Einklang zu bringen diesen erleuchteten Männern wol gelungen sein soll, wenngleich jetzt nach 35jähriger französischer Herrschaft von Sittenreinheit auf Tahiti wol nicht mehr gesprochen werden kann. Wenn auch von einer Seite behauptet wird, daß die Unduldsamkeit der englischen Missionare die Ursache gewesen, daß Tahiti unter französisches Protectorat gekommen sei, weil sie zu Anfang der vierziger Jahre zwei französische katholische Priester mit Gewalt von der Insel hätten vertreiben lassen und diese gezwungen worden wären, sich in einem kaum seefähigen kleinen Fahrzeug nach der 2000 Seemeilen westlich von Tahiti liegenden Insel Uea (Wallis-Island) zu flüchten, so gibt eine andere, und zwar meines Erachtens durchaus competente Quelle den Verlauf dieser Vergewaltigung anders an.

Als Ende der dreißiger Jahre die auf den südöstlich von Tahiti liegenden Gambier-Inseln ansässigen französischen Missionare dort festen Fuß gefaßt hatten, schickten sie zwei ihrer Mitglieder nach Tahiti ab, um diese werthvolle Insel für ihre Interessen zu gewinnen. Da nun Tahiti bereits lange dem Christenthum und zwar dem protestantischen Glauben gewonnen war und die Bevölkerung, wie es bei halbcivilisirten Völkern so leicht der Fall ist, außerordentlich orthodox war, so sah die Königin Pomare in der Ankunft dieser beiden Priester eine große Gefahr für ihr Land und erklärte den Herren, weder das Bedürfniß zu einem erneuten Glaubenswechsel zu empfinden, noch die Macht zu haben, sie vor etwaiger Unbill seitens ihrer Unterthanen zu schützen, weshalb sie sie ersuchen müsse, die Insel wieder zu verlassen. Aber die Priester befolgten diesen Rath erst, nachdem die von ihnen bewohnte Hütte durch einige Eingeborene zerstört worden war, und gingen freiwillig, aber wol nur, um diese Gewaltthat, auf welche sie wahrscheinlich gewartet hatten, wenn sie dieselbe nicht, wie es nach anderer Lesart heißt, provocirt hatten, als Handhabe für eine Einmischung der französischen Regierung zu benutzen. Die französische Regierung fand denn auch hierin eine erwünschte Gelegenheit, ihre Hand auf Tahiti zu legen, und im Jahre 1842 langte der französische Admiral Du Petit Thouars mit der Fregatte „La Venus“ in Tahiti an, um Satisfaction zu fordern. Er verlangte 2000 Dollars Schadenersatz, eine Summe, welche die Königin nicht bezahlen konnte, sodaß sie nun darauf einging, das französische Protectorat anzunehmen, nachdem die englische Regierung, unter deren Schutz sie sich gestellt hatte, sie preisgegeben hatte. Die Verhandlungen fanden im September 1842 ihren Abschluß, und seit dieser Zeit kann Tahiti als französische Colonie betrachtet werden.

Naturgemäß verloren die englischen Missionare unter der französischen Herrschaft ihren Einfluß vollkommen und trotz der vielfach aufgestellten Behauptung, daß sie noch viele Anhänger haben, besagen die mir gewordenen Mittheilungen, daß es auf Tahiti keine protestantischen Eingeborenen mehr gibt und die dort noch ansässigen englischen Missionare nur die Seelsorger der dort lebenden Europäer sind. Auch diese letztern müssen ihre Kinder, wenn sie dieselben nicht schon im zartesten Alter zur Erziehung nach Europa, Amerika oder Australien schicken wollen, der Obhut der französischen Priester und Nonnen anvertrauen, weil die Schulen sich in deren Händen befinden.

Tahiti besteht aus zwei nahezu kreisrunden kegelförmigen Inseln, welche durch einen Isthmus von 2000 m Breite und 14 m höchster Höhe über dem Meere verbunden sind. Die größere wird Tahiti-Nui (Groß-Tahiti) oder kurzweg Tahiti, die kleinere Tahiti-Iti (Klein-Tahiti) oder gewöhnlich Taiarabu genannt. Tahiti hat einen Durchmesser von 18, Taiarabu einen solchen von 9 Seemeilen, die größte Höhe des erstern beträgt 2240, die des letztern 1140 m. Diese beiden durch den genannten Isthmus verbundenen Inseln sind sich in jeder Beziehung so gleich, daß die folgenden Angaben über Tahiti auch auf Taiarabu passen.

Tahiti, von den Eingeborenen mit Lauten benannt, die zwischen Táeiti und Téjiti liegen (bei der Bezeichnung Otaheiti bildet O den Artikel), erhebt sich als flacher ziemlich regelmäßiger Kegel aus dem Meere. Die Basis an der Wasseroberfläche bildet nahezu einen Kreis, in dessen Mittelpunkt die höchste Erhebung der Insel liegt. Die Insel ist vulkanischen Ursprungs und kranzförmig von einem Korallenriff umgeben, welches ihr eine große Zahl guter und sicherer Häfen gibt, da hinter dem Riff in mäßiger Wassertiefe mit gutem Ankergrund ein Schiff so sicher wie in dem besten künstlichen Dockbassin liegt. Der Haupthafen und hauptsächlichste Wohnort der Europäer ist das an der Nordseite gelegene Papeete (sprich: Pape-ete, auf deutsch: „Wasserkorb“). Der Hafen ist vortrefflich und bietet einer großen Zahl der größten Schiffe genügenden Raum, gestattet auch den großen Kauffahrern, dicht an Land zu legen, hat aber den großen Nachtheil, daß er an der Leeseite der Insel liegt, sich daher während des größten Theiles des Jahres unter Windstille befindet, wodurch die Segelschiffahrt sehr erschwert wird und die Temperatur sehr viel höher steigt, als wie an den von dem Passat bestrichenen Theilen der Insel. Es muß auffallen, daß die Franzosen Papeete zu dem Haupthafen gemacht haben, da an der Südostseite von Tahiti in der von Groß- und Klein-Tahiti gebildeten Bai bei den Flüssen Vaiurin und Umiti ein ebenfalls vortrefflicher und geräumiger Hafen liegt, welcher, stets von dem Passat bestrichen, ein verhältnißmäßig kühles und so gesundes Klima hat, daß der dort liegende Küstenstrich von kranken Europäern vielfach als klimatischer Kurort benutzt wird. Zieht man dazu noch in Betracht, daß dieser letztere Hafen wegen seiner bessern Vertheidigungsfähigkeit als Kriegshafen große Vortheile vor Papeete haben würde, so kann die Erklärung für die Wahl des Hafens nur darin zu suchen sein, daß Papeete der Wohnort der tahitischen Königsfamilie war, politische Gründe bei der Uebernahme des Protectorats für die Wahl der Residenz damals maßgebend waren und die Stadt inzwischen so angewachsen ist, daß jetzt an eine Uebersiedelung ohne Schädigung großer materieller Interessen nicht mehr gedacht werden kann.

Die Bodengestalt sichert dem Ackerbauer leichten und reichen Erwerb, da große Flächen Landes vorhanden sind, welche bei dem Reichthum an vortrefflichen Gebirgsflüssen leicht cultivirt werden können und durch vorzügliche Straßen verbunden sind. Nicht allein die sanft ansteigenden Abhänge liefern große Flächen fruchtbaren Landes, sondern Tahiti hat auch noch den seltenen Vorzug, rund um den eigentlichen Inselkern einen breiten Gürtel ebenern Landes zu besitzen, welcher auch ermöglichte, um die Insel herum eine vorzügliche Ringchaussee zu legen, welche alle Küstenpunkte mit der Hauptstadt verbindet.

Tahiti producirt alles, was ein tropisches Land nur hervorbringen kann. Die vielen in üppigster Vegetation prangenden Flußthäler sind wahre Obstgärten, welche ohne Pflege in überreicher Fülle die Eingeborenen mit Früchten aller Art versorgen und nebenbei noch reichen Gewinn durch den sehr bedeutenden Orangenhandel mit San-Francisco bringen. Tahiti ist nämlich bisjetzt der einzige Platz, welcher gerade zu dem Unabhängigkeitsfest der Vereinigten Staaten von Nordamerika seine vortrefflichen Orangen reif nach San-Francisco liefern kann, weil in Amerika wie in Europa die Erntezeit erst in den Winter der nördlichen Halbkugel fällt. In den sich öffnenden Ausläufern der Thäler, auf der Gürtelebene und auf den Bergabhängen wird, ganz abgesehen von der dankbaren Kokosnuß, mit gutem Erfolg Baumwolle, Zuckerrohr und Kaffee gebaut, doch vorzugsweise nur von Engländern und Amerikanern, während der Franzose sich mit Bienenzucht und der Cultur der Vanille befaßt. Die letztere erfordert hier große Geduld, weil auf der Insel diejenigen Insekten fehlen, welche die männlichen Samenstäubchen der weiblichen Blüte zutragen, und daher jede Blüte durch Menschenhand befruchtet werden muß. Der Eingeborene arbeitet überhaupt nicht, weshalb auf den Plantagen Chinesen Verwendung finden.

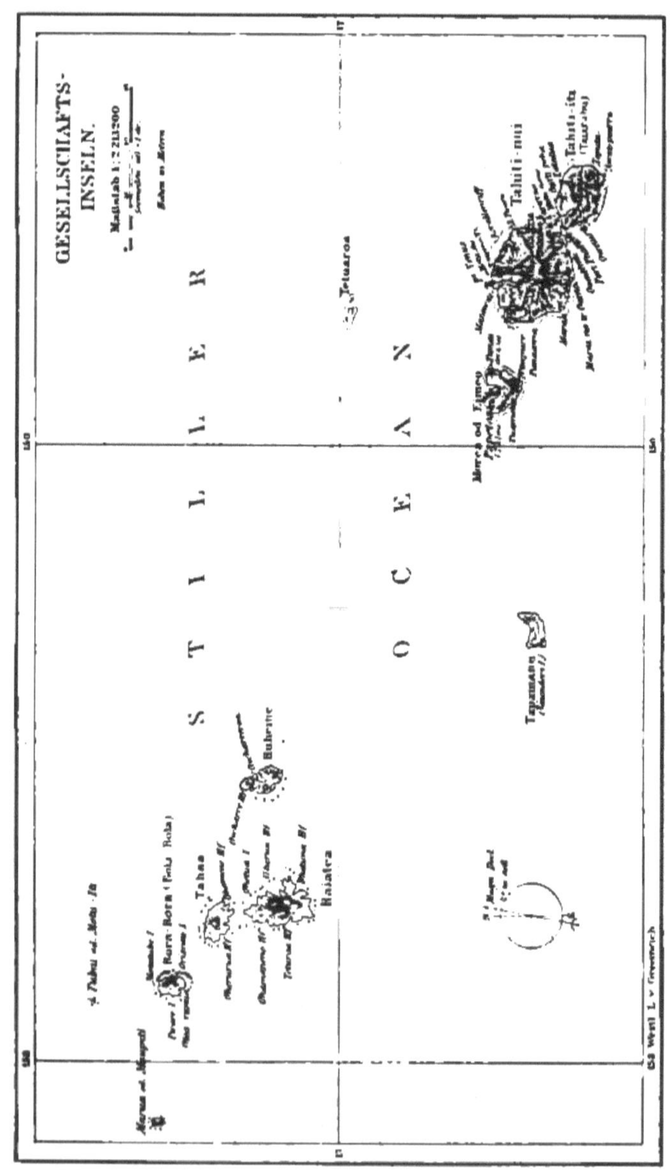

GESELLSCHAFTS-INSELN.
S T I L L E R
O C E A N
Tetuaroa
Tahiti-nui
Moorea od. Eimeo
Tapamanu
Huahine
Tahaa
Raiatea

Hierbei möchte ich auch eines Exportartikels erwähnen, welcher mir bisjetzt als Handelsartikel unbekannt war, es ist dies die Baumwollsaat (Samenkörner der Baumwollfrucht). Dieser Artikel geht vorzugsweise nach den Olivendistricten Südfrankreichs, wird dort ausgepreßt und kommt dann als Olivenöl in den Handel, während die Rückstände zu Kuchen gepreßt ein hochbezahltes Viehfutter geben. Nachdem ich dies erfahren und auch gehört habe, daß sehr viel Kokosöl als Olivenöl verkauft wird, ist mir klar, warum das Speiseöl oft so schlecht ist.

Die in Tahiti vorkommenden Nahrungsmittel sind vorzugsweise die folgenden: Früchte und zwar Kokosnüsse, Brotfrucht, verschiedene Arten Bananen, Guaven, Orangen, Limonen und viele der sonst in den Tropen vorkommenden Früchte, welche nach und nach hierher verpflanzt worden sind; einige Arten Erdfrüchte und Wurzeln, namentlich Yam, süße Kartoffeln und der vortreffliche Taro.

Schweine und Federvieh, vorzügliche Salz- und Süßwasserfische, Hummern, Austern, große Krabben und in den Bergflüssen Süßwasser-Schrimse oder Garnelen, Crevettes, Krabben, wie diese Thiere auch genannt werden. Den vortrefflichen Wasserthieren werde ich noch bei Besprechung eines von uns unternommenen Ausflugs Gerechtigkeit widerfahren lassen.

Rindvieh und Schafe werden meines Wissens auf Tahiti nicht gezüchtet; das erstere kommt vorzugsweise von Honolulu, die Schafe von der Osterinsel und Neuseeland. Jagd ist, wie auf all diesen Inseln, so gut wie nicht vorhanden; nur wilde Tauben und Enten können als eigentliches Wild betrachtet werden, da die auf einzelnen Inseln wild vorkommenden Rinder, Ziegen und Schweine früher eingeführte und im Laufe der Zeit verwilderte Hausthiere sind.

Merkwürdig ist, daß Tahiti kein Nutzholz producirt, sondern dieses von Californien bezieht, während andererseits Tahiti wieder Brennholz nach Californien ausführt.

Ueber die eingeborene Bevölkerung von Tahiti kann ich aus eigener Anschauung leider nur verhältnißmäßig wenig berichten, weil meine Stellung mir in Papeete versagte, einen tiefern Einblick in ihr Leben und Treiben zu erhalten, doch will ich das Wenige, was ich erfahren, hier wiedergeben, glaube allerdings, daß ich, wenn ich die Bewohner der Gesellschafts-Inseln gleich mit bespreche, ein ziemlich getreues Bild gebe. Die Tahitier gehören der polynesischen Rasse an, welche wegen ihrer angenehmen Gesichtszüge und schönen Körperbildung nach europäischen Begriffen eine bevorzugte Stellung unter den sogenannten wilden Völkerschaften einnimmt. Im besondern sind die Bewohner dieses Theils der Südsee (Tahiti mit den umliegenden Inselgruppen) durch auffallende Körpergröße ausgezeichnet, was namentlich von den Frauen gilt, da diese durchschnittlich die Größe der an sich großen Männer erreichen, ja vielfach diese noch

Junge Tahitier, Feuer anmachend.

überschreiten. Ueber die Körperbildung läßt sich nur sagen, daß sie äußerlich der der kaukasischen Rasse vollkommen entspricht und abgesehen von den großen Füßen (die Leute gehen alle barfuß) von großer Formenschönheit ist. Man sieht fast nur schön gebaute Menschen und wird versucht, diese schöne Gottesgabe dem freien und urwüchsigen Leben dieses Volksstammes zuzuschreiben, wie ja auch wol theilweise angenommen wird, daß die alten Griechen und Römer infolge der freiern Tracht durchschnittlich schöner gebildet waren, als die spätern Geschlechter. Als besonders merkwürdig ist mir noch aufgefallen, daß die Mischlinge beiderlei Geschlechts von weißen Vätern und braunen Müttern eigentlich durchgehends schöne und feine Gesichtszüge haben, wenn auch die Aeltern eher häßlich als schön sind, ja man findet unter diesen Mischlingen sogar wirklich auffallende Schönheiten.

Meine oberflächlichen Wahrnehmungen über die Charaktereigenschaften der Tahitier lassen sich wie folgt zusammenfassen. Von der Verschlagenheit, welche nach einzelnen Berichten dieser Rasse innewohnen soll, habe ich nichts bemerkt, im Gegentheil habe ich diese Menschen freundlich, zuthunlich und zuvorkommend gefunden. Ohne Launen lebt dieses Volk ein glückliches Leben und scheint nur zur Freude geboren; die Männer behandeln ihre Frauen und beide ihre Kinder gut. Die Frauen scheinen die geistig Begabtern zu sein und im allgemeinen die erste Rolle zu spielen, denn wenn sie auch nicht äußerlich herrschen, so führen sie doch im häuslichen Leben das Regiment, wie dies ja auch bei uns Europäern oft der Fall ist. Die Sitte der Bekleidung ist in Tahiti in der Hauptstadt Papeete allgemein durchgeführt, d. h. von oben herab befohlen, wenngleich eine Nothwendigkeit dafür nicht vorzuliegen scheint, da die Oberkleider hier etwa so angesehen werden, wie in civilisirten Ländern der Hut und die Handschuhe; denn ebenso leicht wie die europäische Dame diese Luxusartikel ablegt, entledigt die Tahitierin sich außerhalb der Stadt am öffentlichen Strande, wenn sie baden will, ihres Oberkleides und entblößt damit Oberkörper und Unterschenkel. Das Hauptkleidungsstück bei beiden Geschlechtern und früher das einzige, ist der Pareo, ein Stück Zeug, welches um die Hüften geschlungen bis zu den Knien reicht. Die Männer tragen daneben in der Regel noch ein Hemd, welches über dem Pareo glatt herunterhängt, die Weiber ein langes bis zur Erde reichendes weites Gewand, welches die ganze Gestalt bedeckt, und die Wohlhabendern zwischen Pareo und Obergewand auch noch ein Hemd. Das Obergewand verhüllt allerdings sehr wenig, da der leichte fast durchsichtige Stoff sich bei jeder Bewegung des Körpers und bei jedem Lufthauch so fest anschmiegt, daß die kleinste Erhebung der Haut zu plastischer Entwickelung kommt. Die früher von den englischen Missionaren eingeführt gewesenen geschmacklosen Hauben sind glücklicherweise wieder verschwunden; die Frauen tragen jetzt nur ihr Haar als natürlichen, und Strohhüte oder turbanähnlich um den Kopf geschlungene Tücher oder wohlriechende Blumenkränze als künstlichen Kopfputz. Namentlich der letztere ist vorzugsweise beliebt und verleiht diesen junonischen Gestalten einen besondern Reiz. Schuh-

Mit dem Speer fischende Eingeborene von Tahiti.

zeug wird nicht getragen und wird sich auch wol schwerlich einbürgern. Bis hierher ist alles schön, nun aber kommt die häßliche Kehrseite. Die Sittenlosigkeit in Papeete übertrifft in Masse und Oeffentlichkeit alles bisher von mir Gesehene, und die Thatsache, daß in der Südsee die Sittenlosigkeit an den Plätzen, wo die Missionsgesellschaften ihren Centralpunkt haben, am schlimmsten ist, zwingt wol zu ernstem Nachdenken.

Die politischen Verhältnisse von Tahiti lassen sich kurz dahin zusammenfassen, daß Tahiti unter französischem Protectorat und somit unter französischer Oberhoheit steht. Frankreich verwaltet die Inselgruppe, und alle Europäer wie Fremde stehen unter dem Einflusse der französischen Regierung, während die Eingeborenen der Form nach von ihrem eigenen König regiert werden. Der französische Gouverneur veröffentlicht in dem Amtsblatt die für die Europäer und Fremden erlassenen Verordnungen, der König diejenigen für die eingeborenen Tahitier; französische Polizeibeamte haben die Ordnung unter den Europäern aufrecht zu erhalten und dürfen nur allein Hand an die letztern legen, während Eingeborene nur von eingeborenen Polizisten arretirt werden dürfen. Natürlich ist diese äußerliche Aufrechterhaltung der Autorität des Königs nur ein Spiel, da es ja thatsächlich unmöglich sein würde, wenn zwei derartige Regierungen nebeneinander bestehen wollten. Es ist daher natürlich, daß der König von Tahiti nur solche Verordnungen erläßt, zu welchen er von dem französischen Gouverneur autorisirt wird, resp. welche der Gouverneur ihm zur Unterschrift zuschickt; ebenso natürlich ist es, daß die eingeborene Polizei in Wirklichkeit ebenso direct unter dem Befehl des französischen Polizeidirectors steht, wie die französischen Polizeibeamten. Der jetzige König von Tahiti, Sohn der Ende 1877 verstorbenen Pomare IV., übt somit keine Regierungsthätigkeit mehr aus, sondern bezieht nur von der französischen Regierung eine für die hiesigen Verhältnisse sehr anständige Apanage, von welcher er allerdings dem polynesischen Brauche gemäß auch seine sämmtlichen Verwandten mit unterhalten muß, deren Zahl nicht gering ist. Nach diesem polynesischen Brauch gibt es unter Verwandten keinen sichern Besitz, denn alles was ein Polynesier erworben oder geschenkt erhalten hat, muß er ganz oder theilweise hergeben, sobald seine Verwandten ihn darum angehen; hier besteht also in dem Bereich einer

Gemeinschaft von Blutsverwandten die reinste Gütergemeinschaft. Diesem Brauch ist es wol auch zuzuschreiben, daß man unter den Polynesiern keinen hervorragenden Besitz findet, da es zwecklos ist, etwas zu erwerben; einzig und allein diesem Brauch muß meiner Ansicht nach auch die notorische Arbeitsscheu der Polynesier zugeschrieben werden, und es müssen daher alle Versuche, diese Menschen auf den Weg der Arbeitsamkeit zu bringen, so lange fruchtlos bleiben, als es nicht gelingt, durch Beseitigung der alten Sitte den Besitz des Erworbenen zu sichern.

In Bezug auf die politischen Verhältnisse ist zu bemerken, daß, während die Marquesas-Inseln französische Colonie sind, die andern von den Franzosen in diesem Theil der Südsee besetzten Inseln unter französischem Protectorat stehen. Der Unterschied liegt, wie bereits angegeben, vorzugsweise darin, daß die Einwohner der Colonie französische Unterthanen sind, als solche die Rechte französischer Bürger haben oder doch haben sollen und unter französischem Gesetz stehen, während die Bewohner des unter französischem Protectorat stehenden Territoriums mit Frankreich nichts gemein haben, sondern nur das Staatsoberhaupt Frankreichs gleichzeitig auch als das ihrige zu betrachten haben. Diese Stellung ermöglicht es der französischen Regierung, den unter Protectorat stehenden Inseln willkürliche, dem Augenblick angepaßte Steuern und Gesetze aufzuerlegen, was sie in den Colonien nicht kann. Um dieses Verhältniß auch äußerlich klar zu stellen, hat das Protectorats-Territorium eine besondere Flagge erhalten, welche nur in der obern Ecke die französischen Farben führt. Von den Franzosen werden nun als unter Protectorat stehend die folgenden Inseln angesehen:

1. Tahiti und Morea mit einigen kleinern zu dieser Gruppe gehörigen Inseln;

2. die Paumotugruppe oder englisch Low-Archipelago, von den Franzosen „Archipel Tuamotu" oder „Les Iles Basses" genannt;

3. die Gambier- oder Mangareva-Inseln.

Ehe ich mit der Besprechung dieser Verhältnisse fortfahre, will ich noch erwähnen, daß die gesammelten Angaben aus einem von mir in Tahiti im Buchhandel gekauften Buche „Annuaire de Tahiti pour 1877" und aus den Nachrichten stammen, welche ich von in Papeete lebenden Deutschen und Engländern erhalten habe. Meine amtliche Stellung hat mir keinerlei Einblick in die hiesigen Verhältnisse verschafft. Das vorgenannte Buch enthält natürlich nur das, was man der Oeffentlichkeit übergeben will, und bringt namentlich für das französische Publikum bestimmte Angaben, welche, ohne es bestimmt auszusprechen, den französischen Einfluß in der Südsee viel größer darstellen, als er in Wirklichkeit ist. So lassen die auf Seite 40—46 enthaltenen Angaben, welche alle die unter französischem Einfluß stehenden Inselgruppen namentlich aufführen, vermuthen, daß die Gesellschafts-Inseln (Iles-sous-le-vent), die Cook-Inseln, sowie die Sporades océaniennes zu Frankreich gehören, während diese Inseln thatsächlich unabhängig sind. Auch soll dieses Buch andererseits wol auch die fremden Regierungen täuschen, da nach ihm auf Tahiti immer noch das Vertragsverhältniß der Jahre 1842 und 1843 (Seite 47—51) besteht, während in Wirklichkeit der König von Tahiti im Laufe der Zeit zu einer Null herabgedrückt worden ist.

So ist auch das Verhältniß der Gambier-Inseln zu Frankreich ein höchst merkwürdiges und zweifelhaftes. Das auf S. 52 abgedruckte Schriftstück der Mangareva-Häuptlinge vom 16. Februar 1844 verlangt das französische Protectorat und gleichzeitig als Zeichen der Vereinigung mit Frankreich die Flagge der Grande Nation. Diese Inseln führen denn auch nicht die Protectorats-, sondern die französische Flagge und werden von den Kaufleuten daher als französische Colonie angesehen, was die Franzosen indessen nicht gelten lassen wollen. Die Bedeutung der Sache liegt in Folgendem. Die Franzosen sind nicht in der Lage, die aus ungefähr 80 Inseln bestehende Paumotu- und Gambiergruppe so mit Beamten zu besetzen, daß eine Erhebung der Steuern an Ort und Stelle erfolgen könnte. Sie haben daher ein Gesetz erlassen, welches alle Schiffe, die innerhalb der Protectoratsgrenzen Handel treiben wollen, verpflichtet:

1. die Protectoratsflagge zu führen, und

2. stets von Papeete aus ihre Fahrt anzutreten und zur Erlegung der Steuern wieder dahin zurückzukehren.

Sind die Gambier-Inseln nun Colonie, dann fallen diese sehr lästigen Beschränkungen fort und nebenbei werden keine Steuern bezahlt, weil niemand dort ist, der eine Steuer erheben könnte. Was nun die Franzosen dazu veranlaßt, die Gambier-Inseln als zum Protectorat gehörig zu bezeichnen, ist der Umstand, daß von dort viele und namentlich häufig sehr große Perlen, sowie große Massen von Perlschalen (Perlmuscheln) kommen, beide Artikel aber innerhalb der Protectoratsgrenzen mit einer außerordentlich hohen Ausfuhrsteuer belegt sind.

Der Regierungssitz für die sämmtlichen vorgenannten Inseln, zu welchen auch die Marquesas-Inseln gehören, liegt in Papeete auf Tahiti, und diese Stadt muß somit als die Residenz angesehen werden. Ueber die Zusammensetzung der Regierung gibt das „Annuaire" auf den Seiten 55—106 Aufschluß und zeigt, welch starkes Beamtenthum für diese Inseln für erforderlich gehalten wird. Allerdings kommen dieselben Namen häufig bei den verschiedensten Dienstzweigen vor, weil jedem Beamten, wol um sein Einkommen zu erhöhen, stets mehrere Aemter zugewiesen sind; ihre Zahl bleibt aber trotzdem noch eine sehr große. Dieses zahlreiche Beamtenthum, welches eine große Regierung mit allen Zweigen einer großen Staatsmaschine bildet, leistet für Frankreich nichts Nutzbringendes, weil die aus dem durchweg in fremden Händen befindlichen Handel gewonnenen Steuern keinen Ueberschuß ergeben. Nach den Tabellen auf S. 110—115 des „Annuaire" decken sich zwar Einnahmen und Ausgaben, doch wird der Ausgleich nur dadurch erzielt, daß das Mutterland eine hohe Subvention zahlt. Dieselbe besteht einestheils in baarem Gelde, anderntheils darin, daß die Colonie weder die dort stationirten Schiffe noch das Militär bezahlt, denn diese Ausgaben sind in den Dépenses nicht zu finden. Trotzdem die Caisse agricole nur solchen Pflanzern Vorschüsse leistet, welche sich verpflichten, ihre Producte allein nach Frankreich zu exportiren, besteht nach S. 130 die Ausfuhr dahin in nicht mehr als rund 247500 Frcs., während nach S. 131 diejenige nach dem Auslande rund 2,363000 Frcs. beträgt. Hierbei ist indeß in Betracht zu ziehen, daß die im Ganzen mit 2,600000 Frcs. angegebene Ausfuhr nicht allein von den Protectoratsinseln herrührt, sondern in dieser Summe auch all diejenigen Producte mit enthalten sind, welche von den umliegenden nichtfranzösischen Inseln in kleinen Fahrzeugen nach Papeete kommen, um hier in große Schiffe übergeladen zu werden. Aus den Tabellen S. 132 und 133 geht hervor, daß die von Frankreich kommenden, bezw. dahingehenden Schiffe, eine so geringe Zahl aufweisen, daß diese Schiffe für den allgemeinen Handel kaum in Betracht gezogen werden können. Allerdings führen diese Tabellen eine große Zahl unter Protectoratsflagge fahrender

Schiffe auf, diese Zahl erleidet aber dadurch eine wesentliche Herabminderung, daß die hier genannten kleinen Fahrzeuge mindestens viermal im Jahre in Papeete ein- und auslaufen, diese Handelsflotille in Wirklichkeit also nur aus vielleicht 20 Fahrzeugen besteht, und diese gehören obenein fast ausschließlich deutschen, englischen und amerikanischen Handelshäusern. Auch sind die in den Tabellen als nach dem Auslande abgegangen verzeichneten französischen Handelsschiffe von Deutschen und Engländern befrachtet worden, und die zwei nach Brest abgegangenen Schiffe waren französische Marine-Transportschiffe, welche leer von Neu-Caledonien kommend zu ermäßigten Preisen Fracht mitnahmen und die ganze nach Frankreich mit 247500 Frcs. angegebene Ausfuhr besorgten, damit doch wenigstens etwas nach dem Mutterlande exportirt wurde. Die über Import und Export gegebenen Zahlen erfahren auch noch eine weitere Richtigstellung durch eine auf S. 136 befindliche Tabelle. Aus dieser scheint mir deutlich hervorzugehen, daß die Angaben dieses Buches darauf berechnet sind, dem großen Publikum in Frankreich Sand in die Augen zu streuen, denn die dort als wieder ausgeführt angegebenen Werthe sind in den S. 132 und 133 aufgeführten Zahlen als wirklicher Import und Export angegeben, während aller Wahrscheinlichkeit nach die Waaren das durchpassirende Schiff nie verlassen oder doch das Land nicht betreten haben. Dies dürfte z. B. aus der Bemerkung hervorgehen, daß Tahiti Guano ein- und ausführt. Guano wird weder in Tahiti gewonnen noch dort gebraucht, er kommt aber in englischen Schiffen von der unabhängigen Insel Flint nach Papeete, weil diese Schiffe hier ihre Ladung vervollständigen.

Ueber die Höhe der Zölle geben die Seiten 115—120 weitern Aufschluß und danach trägt das Ausland bei der außerordentlich hohen Taxe von 12 Proc. auf Factura einen Einfuhrzoll von ungefähr 300000 Frcs., während Frankreich sich nur mit ungefähr 50000 Frcs. daran betheiligt (S. 132 und 133). Von den auf das Ausland entfallenden 300000 Frcs. hat die deutsche Société commerciale de l'Océanie mindestens zwei Drittel zu tragen, und hieraus ist ersichtlich, welchen Ausfall die Einnahmen der Franzosen erleiden müssen, wenn die genannte Gesellschaft ihre Absicht, nach Raiatea überzusiedeln, zur Ausführung bringt.

Der Gouverneur, welcher die Charge eines capitaine de frégate

(Corvetten-Kapitän) bekleidet, ist nach seiner Ansicht jedenfalls ein sehr bedeutender Mann, doch steht er trotzdem auf sehr schwachen Füßen, weil der die maritimen Streitkräfte commandirende Admiral nach Belieben mit ihm verfährt. So soll es wiederholt vorgekommen sein, daß der von einer Reise zurückkehrende Admiral mit der Thätigkeit des Gouverneurs unzufrieden war, ihn in Arrest schickte und ihm als äußeres Zeichen auch noch einen Sicherheitsposten vor die Thüre stellen ließ. Dann setzte er den Gouverneur ab, machte sich selbst dazu, hob nach Herzenslust Gesetze auf und erließ neue, bis er der Sache überdrüssig wurde und nun einen Offizier seines Geschwaders zum Gouverneur ernannte. Die heimische Regierung beseitigte allerdings diesen neuen Gouverneur wieder, scheint aber dem Admiral seine Einmischungsthätigkeit nicht untersagt zu haben, weil dieser auch fürder in derselben Weise weiter wirkte.

Die Beamten benehmen sich wie übermüthige Sieger den Besiegten gegenüber, sie treten als die unumschränkten Herren auf. Werden sie zuerst gegrüßt, dann danken sie wol verbindlich und höflich, wissen sonst aber den Weg zu ihrem Hut nicht zu finden, sondern lassen denjenigen ungekannt passiren, mit welchem sie eine halbe Stunde vorher in freundschaftlichster Weise verkehrt haben. Mir ist auch der Vorzug nicht zutheil geworden, von einem jüngern französischen Offizier gegrüßt zu werden, und hierin machte selbst der Adjutant des Gouverneurs, mit welchem ich vielfach dienstlich zu thun hatte, keine Ausnahme. Nur die Unteroffiziere und Gemeinen grüßten mich immer, ob ich in Uniform oder Civil war, und zwar stets in so militärisch strammer Weise, daß es den hier lebenden Ausländern auffiel. Diese behaupteten, nie gesehen zu haben, daß die französischen Offiziere von ihren eigenen Untergebenen in ähnlich strammer Weise gegrüßt worden seien.

Wie das Gesetz hier gehandhabt wird, ist vielleicht am besten aus den nachfolgenden Angaben zu ersehen.

1. Der Admiral befiehlt, daß die am Hafenquai vor den dortigen Häusern stehenden schönen schattigen Bäume, welche Eigenthum der Hausbesitzer sind, aus „Gesundheitsrücksichten" weggeschlagen werden sollen, ohne Entschädigung dafür zu gewähren. Die Eigenthümer remonstriren vergebens dagegen und es wird vor dem mitten in der Flucht liegenden Hause der deutschen Société commerciale, in welchem

sich gleichzeitig das deutsche Consulat befindet, der Anfang gemacht. Sobald die zu diesem Besitzthum gehörigen Bäume gefällt sind, wird das Gesetz wieder aufgehoben und die andern Bäume bleiben stehen. So hat das deutsche Haus seine schattigen Bäume verloren, das Consulat aber unbeabsichtigt den Vorzug erhalten, daß die deutsche Flagge als einzige von dem ganzen Hafen aus gesehen werden kann.

2. Die Société commerciale erhält eine große Quantität Dauerproviant, welcher nach den andern Inseln verkauft werden soll. Sobald der Admiral dies erfährt, erläßt er ein bezügliches Ausfuhrverbot wegen auf Tahiti herrschender Hungersnoth. Das deutsche Haus verlangt darauf, daß der von ihm eingeführte Proviant von der Regierung übernommen oder doch für die Lagerung eine Entschädigung gezahlt werden soll. Die Regierung entnimmt aber weder etwas von dem Proviant, noch zahlt sie eine Entschädigung, sondern hebt nach zwei Monaten das Ausfuhrverbot einfach wieder auf. Da zu jener Zeit keine andere Firma Dauerproviant auf Lager hatte und auch keinerlei Anzeichen für eine Hungersnoth in den gesegneten Gefilden Tahitis vorlagen, so kann dieser Act nur als eine Chikane gegen das deutsche Haus angesehen werden.

3. Die Regierung requirirt den der englischen Firma Brander gehörigen Schleppdampfer „Scotia" zum Schleppen, ohne auch nur die Kohlen und sonstigen Auslagen zu bezahlen.

4. Die Regierung requirirt die dem deutschen Hause gehörigen Leichter-Prähme, ohne dafür Zahlung zu leisten. In einem Fall wurden die Fahrzeuge stark beschädigt abgeliefert; ein Antrag auf Schadenersatz oder Reparatur auf der Regierungswerft wurde zurückgewiesen und keinerlei Ersatz geleistet. Diese Beispiele mögen genügen.

Ein Gesetz, welches wol nur Tahiti eigenthümlich ist, möchte ich hier auch erwähnen, nämlich daß nach S. 120 des „Annuaire" betrunkene Frauenzimmer 5 Frs. Strafe zu zahlen oder im Unvermögensfalle die Straßen zu kehren haben. Für das Kehren der Straßen werden ihnen dann pro Tag 2 Frs. angerechnet, von welchen sie aber bei freier Beköstigung noch 1 Fr. baar erhalten; es will mir fast so scheinen, daß man ihnen absichtlich die Mittel gibt, sich wieder zu betrinken, um auf diese Weise stets ein reichhaltiges Straßenkehrercorps zu haben, welcher Zweck denn auch erreicht wird. Die Straßen werden allerdings wenig gekehrt, und der Fiscus zahlt viel Geld dafür. Es machte mir stets neues großes Vergnügen, jeden Morgen diese schön gewachsenen frischen, von einem eingeborenen Polizisten geführten Straßenkehrerinnen ankommen zu sehen. Laut lachend und singend zogen sie truppweise durch die Straßen, den Besen hinter sich her schleppend und mit diesem und der fliegenden Schleppe ihrer langen bunten Gewänder eine riesige Staubwolke aufwühlend, welche nur deshalb nicht allgemein lästig wurde, weil die fröhlichen Urheberinnen alle paar Schritte Bekannte trafen und dann natürlich ein Schwätzchen hielten, ehe es weiter ging.

Ueber das Missionswesen, welches auch eine politische Rolle spielt, glaube ich die folgenden Angaben machen zu können. Der französische katholische Priester hat innerhalb der Protectoratsgrenzen den englischen Missionar vertrieben, aber eben nur da, wo er die Hülfe seiner Regierung hat, denn die unabhängigen benachbarten Inseln werden nach wie vor von der englischen Mission behauptet. Eine Erklärung für diese auffallende Thatsache wage ich nicht zu geben, doch drängen sich mir zwei Fragen auf, welche ich, ohne sie zu beantworten, hier niederlegen will:

1. Haben die Franzosen die Uebereinkunft vom 9. Sept. 1842, Pos. 4 und 5, nach welcher Gewissensfreiheit garantirt und den englischen Missionaren all und jeder Schutz versprochen wird, gebrochen, oder haben die Engländer Tahiti verlassen, weil mit dem Einzug der Europäer die Pfründe zu schlecht wurde?

2. Fühlen die französischen Priester sich noch nicht stark genug, auf die Nachbarinseln überzugehen, oder fehlen ihnen noch die passenden Leute für schlechte Plätze, z. B. Deutsche? Die letztere Vermuthung scheint mir am Platze zu sein, weil, wie ich bereits früher ausgeführt habe, die französischen Priester nur auf den guten Plätzen zu finden sind und die deutschen nur auf den schlechten. So suchten mich auch während meines kurzen Aufenthalts in Morea die dort stationirten zwei Missionare (beide Deutsche) am Lande auf, um über ihre Stellung zu klagen und vorsichtige Andeutungen zu machen, ob ich ihnen nicht Schutz und Hülfe verschaffen könne. Sie behaupteten, von den französischen Brüdern gehaßt und verfolgt zu werden und schilderten ihre Stellung als eine nahezu unerträgliche. Ihr verbittertes Aussehen und die harte Sprache, welche sie führten, bezeugten die Richtigkeit ihrer Behauptungen. Ich konnte ihnen selbstverständ-

lich keinen andern Rath geben als den, sich von den Franzosen zu trennen.

Der Bischof von Tahiti kann in dieser Gegend als der erste französische Handelsmann bezeichnet werden. Das Missionsschiff besorgt den Handel, welcher hauptsächlich in Baumwolle, Perlschalen und Perlen besteht. Namentlich der Perlenhandel ist vorzugsweise in den Händen der Priester.

Der König von Tahiti, welchem nach den Verträgen noch vielfache Rechte zur Seite stehen sollen, hat in Wirklichkeit nichts mehr zu sagen. Er folgte seiner Ende 1877 verstorbenen Mutter Pomare IV. als Pomare V. in der Königswürde. Er ist vermählt mit Miß Marau Salmon, Tochter eines verstorbenen Engländers und der mit diesem vermählt gewesenen Schwester der verstorbenen Königin. Der König erhält von Frankreich eine jährliche Apanage von 25000 Frs., wovon aber die sämmtlichen Verwandten seiner Familie, von welcher die weiblichen den Hofstaat der Königin bilden, mitleben. Die königliche Familie wird von den Franzosen einerseits recht schlecht behandelt, andererseits aber doch mit großer Sorgfalt und Eifersucht gehütet, weil der Einfluß derselben unter den Eingeborenen immer noch ein sehr großer ist und ein Wort des Königs genügen würde, das ganze Land zum Aufstand zu bringen. Und was das bedeutet, haben die Franzosen in frühern Jahren zu ihrem Schaden genugsam erfahren. Namentlich wird der Umgang der Königin mit den Deutschen sorgsam überwacht, weil zwei ihrer Nichten, welche von den Eingeborenen als Prinzessinnen von Geblüt verehrt werden, an deutsche Herren verheirathet sind. Welche Schwierigkeiten mir gemacht worden sind, mit der königlichen Familie in Verbindung zu treten, entzieht sich der Besprechung an diesem Platze.

Die Hauptstadt Papeete, welche auf dem flachen Lande der Gürtelebene an dem nach ihr benannten Hafen liegt und sich im Rücken an die hochaufstrebenden Berge anlehnt, hat den Charakter der Residenz eines Naturvolkes vollständig verloren. Der Kokospalmenwald ist mit den in ihm verstreut liegenden Hütten der Eingeborenen verschwunden und an seine Stelle sind regelmäßige Straßen mit Häusern nach südamerikanischer Bauart getreten. Die ganze Physiognomie der Stadt deutet an, daß sie vornehmlich von Europäern und deren Bedienung bewohnt wird, wie dies auch die officielle Bevölkerungsziffer angibt. Nach derselben befinden sich unter den 3000 Einwohnern mehr als 1000 Europäer, und da von diesen ein großer Theil chinesische Diener und Köche hat, so kann man annehmen, daß kaum 1000 Eingeborene übrig bleiben.

Zunächst dem Hafen zieht sich an dessen Ufer ein breiter, theilweise durch hohe Bäume beschatteter Quai hin, welcher, vom Wasser aus gesehen, zur Linken durch die französische Kriegswerft, zur Rechten von einer Strandbatterie begrenzt wird und weiterhin nach beiden Seiten in die früher erwähnte Ringchaussee ausläuft. An dem Quai liegen die Geschäftshäuser und einzelne stattliche Wohnhäuser, auf denen hier und da die Flagge eines Consulats weht. Zwischen diesen Gebäuden liegen auch, von hoher Mauer umgeben, die von den französischen Priestern und Nonnen unterhaltenen Schulen, nebst den hierzu erforderlichen Wohnungen und Wirthschaftsgebäuden. Ferner sieht man eine schöne kleine Kirche, einige Regierungsgebäude und das von der französischen Regierung dem König von Tahiti neuerbaute Palais, ein im Villenstil gehaltenes ansehnliches Haus. Von dem Quai aus ziehen sich Querstraßen nach den mit ihm parallel laufenden hinteren Straßen, von welchen aber nur die mit zwei Reihen schöner alter Bäume bepflanzte erste Parallelstraße von gleicher Länge der Quaistraße ist, während die andern mit ihrer Entfernung vom Wasser zusammenschrumpfen und sich schließlich zwischen den verstreut liegenden Hütten der Eingeborenen auflösen. Die Häuser, welche mit Ausnahme der Regierungsgebäude alle aus Holz gebaut sind, werden auch mit der Entfernung vom Wasser kleiner; die Regierungsgebäude sind Steinbauten. In der ersten Parallelstraße schon liegt nur ein größeres Gebäude, und zwar in einem schönen großen Garten das für hiesige Verhältnisse stattliche Palais des Gouverneurs. Diesem gegenüber befindet sich ein öffentlicher Platz, auf welchem abends die aus Eingeborenen zusammengesetzte Musikkapelle spielt. Hier finden sich dann die vergnügungssüchtigen Eingeborenen und namentlich die leichte Welt ein, auch sollen die französischen Offiziere mit ihrem Gouverneur nie fehlen. Das Treiben bei diesen Concerten soll derart sein, daß den europäischen Familien der Besuch abgeschnitten ist. Diesem Umstande wird es auch zuzuschreiben sein, daß diese Concerte für die Dauer unsers Aufenthalts von dem Gouverneur untersagt worden waren, und die ansässigen Deutschen und Engländer behaupteten, daß es entschieden schicklich gedacht gewesen sei, uns diesen wenig erfreulichen Anblick zu ersparen. Aus eigener Beobachtung kann ich also über das Straßenleben der Eingeborenen nichts berichten, zumal auch sonst die Polizei die Straßen außerordentlich scharf überwachte und die leichte Welt für die Dauer unsers Aufenthalts sogar aus der Stadt verbannt und auf die umliegenden Dörfer gebracht hatte, wo sie durch mitgeschickte eingeborene Polizeidiener im Zaume gehalten wurde. Was doch ein schlechtes Gewissen für absonderliche Blüten zu treiben vermag!

Die besser situirten Europäer wohnen außerhalb der eigentlichen Stadt in bequemen, luftigen, nur aus Parterreräumlichkeiten bestehenden Landhäusern, die inmitten großer Gärten liegend wol als gesunde und angenehme Wohnungen betrachtet werden dürfen. Dort findet man auch die französischen Restaurants, welche auch hier, wie überall im Auslande, sich durch gut gehaltene Gärten, vortreffliche Küche und Getränke, aufmerksame Bedienung und mäßige Preise auszeichnen. Europäische Damen von ganz reinem Blut trifft man hier eigentlich nur in den französischen Beamten- und englischen Missionarfamilien, die andern, größtentheils mütterlicher-, groß- oder urgroßmütterlicherseits von Tahitiern herstammend, haben wenigstens ein klein wenig tahitisches Blut in ihren Adern. Dieses tahitische Blut thut aber weder ihrer Schönheit, noch ihrer Liebenswürdigkeit, noch ihrer theilweise vortrefflichen und vornehmlich in England oder Australien genossenen Geistesbildung irgendwelchen Abbruch, im Gegentheil. Ich hatte den Vorzug, zwei dieser Damen kennen zu lernen, welche nicht nur durchaus feingebildete Weltdamen, sondern auch in jeder Beziehung vortreffliche Hausfrauen sind, und schwerlich wird jemand, da auch ihr Teint wol noch heller als der der Italienerinnen ist, auf den Gedanken kommen, sie nicht als Europäerinnen der besten Kreise anzusehen, wenn er nicht ihren Stammbaum kennen sollte. Es hatte für mich einen eigenen Reiz, eine dieser an deutsche Herren verheiratheten Damen, welche fließend tahitisch, englisch, französisch und spanisch spricht, auch das reinste Deutsch sprechen zu hören und zu beobachten, wie ihre Unterhaltung mit ihren kleinen Kindern sich in Ausdrücken bewegte, wie sie nur die deutscheste Mutter in der zärtlichsten Stimmung zu finden weiß. Und sollten Junggesellen diesen Zauber nicht verstehen, dann würden sie sicher durch die feinen

11*

Umgangsformen der liebenswürdigen Wirthin gewonnen werden, wenn ihnen der Vorzug zutheil würde, in ihr gastfreies Haus Eingang zu finden.

Eingeborene sieht man in der Stadt, mit Ausnahme der stets heitern herrlichen Mädchengestalten, welche mit duftenden Blumen bekränzt durch die Straßen wandeln und dabei mit ihren fliegenden Gewändern den Staub aufwirbeln, nur solche, welche träge in und vor den Häusern ihrer reichen, an Europäer verheiratheten Verwandtinnen herumlungern. Diese Belästigung geht soweit, daß die Hausfrau in der Regel einen ganzen Kreis von Hofdamen zwischen 16 und 30 Jahren aus der Zahl ihrer weiblichen Verwandten hat, welche oft dem Hausherrn das Leben recht sauer machen, weil sie bei kleinen Differenzen stets auf der Seite der Hausfrau stehen, unter Berücksichtigung ihres liebenswerthen Aeußern auch wol häufig genug Veranlassung zu Eifersuchtsscenen geben. Aber auch sonst machen sie sich unbequem, weil sie überall im Hause Zutritt haben. Denn wenn sie z. B. den Hausherrn nicht zu Hause vermuthen, stürmen sie plötzlich in sein Zimmer, während er beim Umkleiden ist; andererseits, wenn er beim Nachhausekommen seine Frau aufsuchen will, wird er von einem halben Dutzend Mädchen wieder zur Thür hinausspedirt, weil seine Anwesenheit gerade zur Zeit überflüssig ist.

Ebenso wenig wie in der Stadt sieht man auch auf dem Hafen wirklich einheimisches Leben; das bequemere europäische Boot hat hier das zierliche Kanu fast ganz verdrängt. Die Männer, welche die Wäsche von den Schiffen holen und diejenigen, welche Früchte zum Verkauf bringen, sind meistentheils im Besitz irgendeines alten Bootes. Würde nicht ab und zu ein Kanu zum Fischfang auf das Riff fahren, und sähe man nicht zuweilen am Strande einige Mädchen ihre langen Gewänder abwerfen, um, nur mit dem Pareo bekleidet, ein Bad zu nehmen, man käme hier in Papeete nicht auf den Gedanken, auf einer polynesischen Insel zu sein. Im Hafen Kriegs- und Kauffahrteischiffe, deren hin- und herfahrende Boote und nur selten dazwischen ein Kanu; in der Stadt Beamte, Kaufleute, Soldaten und Matrosen, und allerdings häufig genug lustige, lachende Mädchen, aber keine eingeborenen Männer.

Ein flüchtiger Spaziergang durch die Stadt zeigte mir alles, was ich hier überhaupt zu sehen bekam, und das war nicht viel. Um so dankbarer muß ich es anerkennen, daß unser Consul, Mitdirector der Société commerciale, mich mit den dienstfreien Offizieren zu einer Partie nach dem Bergsee Waihiria einlud. An diesen Ausflug, zu welchem von Papeete aus gewöhnlich mehrere Tage gerechnet werden, konnte ich bei unserm nur kurzen Aufenthalte nicht denken, weil es mir unmöglich schien, denselben ohne Schädigung anderer Interessen zur Ausführung zu bringen; der liebenswürdige Herr hatte aber alles so vortrefflich arrangirt, daß wir die Partie in anderthalb Tagen machen sollten, und dadurch wurde mir die Zusage möglich.

Um von Papeete aus zu dem 500 m über dem Meere in den Bergen liegenden See gelangen zu können, muß man zunächst auf der Ringstraße einen Weg von 8 deutschen Meilen oder 60 km um die ganze Westküste der Insel nach ihrer Südostseite bis zu dem Groß- und Klein-Tahiti verbindenden Isthmus zurücklegen und dann von hier aus in dem Thal eines Bergflusses den Aufstieg nehmen. Wir waren zusammen acht Personen und verließen Papeete an einem schönen Morgen in zwei offenen, mit Sonnendächern versehenen leichten Wagen; ein dritter mit Proviant, Wein und Eis war schon voraufgegangen. Die flinken Pferde griffen gut aus, die Fahrt in der großartigen Natur, bei dem prächtigen Wetter, war herrlich. Eine vorzügliche, zu beiden Seiten mit Palmen und andern Bäumen besetzte Straße; zur Linken die steilen, mächtigen, rothbraunen Bergmassen, welche in der Regel nur in ihrem untern Theil mit Laub und Holz bestanden sind, häufig aber von fruchtbaren, überaus üppigen, bis zu 700 m Höhe ansteigenden Thälern, auf deren Sohlen Bergflüsse dem Meere zueilen, durchschnitten werden; zur Rechten das weite Meer mit seinen eilig hastenden Wogen, welches uns angenehme Kühlung brachte. Ueber einzelne Flüsse — wir haben im ganzen acht passirt — führen Brücken, andere haben dieselben bei Gelegenheit eines Wolkenbruchs zerstört und wir mußten hier durch das Flußbett fahren. Der Weg führt an Landhäusern und Plantagen vorbei, an Gärten und an Vanillepflanzungen, und alle anderthalb Stunden fanden wir ein unter schattigen Bäumen gelegenes gutes Wirthshaus, wo wir einen kleinen vorher für uns bereit gestellten Imbiß einnahmen und unsere Glieder etwas streckten, bis die frischen Pferde, welche schon auf unsere Ankunft warteten, eingespannt waren.

Daß es auf diesem langen Wege viel zu sehen gab, ist natürlich, doch will ich von Naturschilderungen absehen und nur das anführen, was mich besonders interessirt hat.

Zunächst erfuhr ich, als ich mein Befremden darüber aussprach, daß die Kokospalmen nur am Strande und theilweise sogar in Sandboden zu finden seien, daß dieser Baum nur in unmittelbarer Nähe der See Früchte trägt und es noch nicht erwiesen sei, wo die Ertragsfähigkeit größer ist, ob in fettem Boden oder im Korallensand. Thatsache soll es sein, daß die Bäume um so reicher Früchte tragen, je näher sie am Strande stehen, und zwar ganz unabhängig von dem Boden, in welchem sie wachsen. Hieraus hat man, da dicht am Strande gewöhnlich nur Korallensand gefunden wird, einerseits gefolgert, daß dieser Boden der Kokospalme am zuträglichsten sei, während andererseits behauptet wird, daß der größere Ertrag nur durch den größern Salzgehalt der Luft, sowie den des Bodens dicht am Strande bedingt ist.

Bei vielen Kokospalmen fiel mir ein aus Rinde oder Bast bestehendes und stets in gleicher Art um den Baumstamm gewundenes Band auf. Dies soll bedeuten, daß der Baum von seinem Besitzer „Tabu" erklärt worden ist. „Tabu" ist ein heidnisch religiöses Gesetz, welches merkwürdigerweise über die ganze Südsee, über ein Gebiet von 6000 Seemeilen in der geographischen Länge und 4000 Seemeilen in der geographischen Breite gleichmäßig verbreitet ist und, was am auffälligsten erscheinen muß, überall mit demselben Namen genannt wird, obgleich bei der jetzigen Figuration des Landes eine Verbindung zwischen vielen der Inselgruppen nie stattgefunden haben kann. Das Gesetz bedeutet, daß jeder Tabu erklärte Gegenstand heilig und unantastbar geworden ist und jedermann, welcher sich trotzdem an dem Gegenstand vergreift, dem Tode verfallen ist, ganz gleich ob die Tabu-Erklärung von dem Häuptling, von dem ganzen Gemeinwesen oder von einem einzelnen Individuum ausgegangen ist. Wenn auch dieses Gesetz, welches auf den von europäischem Einfluß unberührten Inseln noch in seiner ganzen Härte besteht, hier auf Tahiti und wol auch auf den mit Europa oder europäischen Colonien in Verbindung stehenden Inseln seine eigentliche Bedeutung verloren hat, so wird es von den inzwischen zu Christen gewordenen Eingeborenen doch noch immer heilig gehalten und dementsprechend geachtet, obgleich der Bruch des Gesetzes, z. B.

hier auf Tahiti, nicht mehr bestraft werden kann. So versieht ein Eingeborener, welcher durch irgendwelche Umstände gezwungen wird, sein Besitzthum zeitweise zu verlassen, dieses mit dem Tabu-Zeichen und er kann sicher sein, bei seiner Rückkehr sein Eigenthum unversehrt wieder vorzufinden.

Auf unserm Wege kamen wir auch an mehrern großen, viereckigen, sturmfreien Thürmen vorbei, welche die ersten Befestigungswerke der Franzosen gegen die Eingeborenen gebildet haben. Denn nachdem die französischen Truppen von Huheine durch die dortigen tapfern Eingeborenen vertrieben worden waren und auch ein Aufstand hier auf Tahiti ihnen viel zu schaffen gemacht hatte, hielten sie es für nothwendig, rund um die Insel diese Wachthürme zu erbauen, welche wol genügenden Raum für je 20 Mann nebst dem erforderlichen mehrwöchentlichen Proviant bieten.

Einen sehr netten Eindruck machten die Vanillepflanzungen. Die Vanille ist ja, wie bekannt, ein zur Klasse der Orchideen gehöriges rankendes Gewächs, gedeiht daher nur auf Bäumen und zwar nur auf solchen einiger bestimmter Gattungen. Zu ihrer Cultur ist mithin in erster Reihe die Anpflanzung geeigneter Bäume erforderlich, und so kommt es, daß man dann reizende an der Straße gelegene Haine aus etwa 3 m hohen und 2 m von einander entfernt stehenden Bäumchen findet, zwischen welchen die kostbaren Ranken mit ihren Luftwurzeln sich von Stamm zu Stamm schlingen. Das Ganze sieht so zierlich, sauber und duftig aus, daß man es für ein japanisches Zwerggartenkunstwerk halten könnte.

Etwa auf dem halben Wege zwischen Papeete und unserer Endstation an der Küste fanden wir in einer steil abfallenden nackten Felsenwand von vielleicht 60 m Höhe eine ziemlich kreisrunde Höhle mit einer Wasserlache. Da ihr Durchmesser höchstens 10 m beträgt, so würde ich sie ihrer Unbedeutendheit wegen nicht erwähnen, wenn sie nicht durch ihren äußern Anblick auffiele. An dem Fuße und in der Mitte der grauen, von der Sonne hell beschienenen Felsenwand wölbt sich ein 10 m breites und 8 m hohes, von der Natur regelmäßig geformtes rundbogiges Thor über dem glänzenden regungslosen Wasserspiegel, welcher zu ein Drittel außerhalb der Höhle liegend grell aus seiner dunkeln Umgebung hervorleuchtet und vorn zu beiden Seiten von dichtem grünen Laub eingerahmt wird. Wol jeder, der Sinn für Naturschönheit und Kunst hat, wird beim Vorbeigehen hier eine Rast von einigen Minuten machen.

Gelegentlich erkundigte ich mich danach, mit welchem Ausdruck das Pferd, welches erst seit 60—70 Jahren auf Tahiti bekannt ist, eigentlich benannt wird, und erhielt als Antwort einen so unendlich langen Namen, daß ich um nähere Uebersetzung bat. Es dürfte schwerlich jemand errathen, wie die Eingeborenen sich in dieser Sache geholfen haben. Zunächst waren sie rathlos, dann nahmen sie den größten bekannten Vierfüßler zum Vergleich und nun hatten sie einen Namen und zwar: „das schnell über das Land laufende Schwein"!

Gegen 2 Uhr nachmittags langten wir am Ziel des Tages an und fanden ein bequem eingerichtetes, mit einer großen Veranda umgebenes englisches Gasthaus, welches zwischen schattigen Bäumen liegend nach der einen Seite einen freien Ausblick nach dem Meer und Klein-Tahiti bietet und an der andern Seite sich an einen großen freien Platz anlehnt, hinter welchem die Bergwände der Hauptinsel das Bild abschließen. Das Haus wird vorzugsweise von Kranken als klimatischer Curort benutzt und wir fanden zwei solcher Gäste vor, Herren, welche hier Linderung für ihre kranken Lungen erhofften. Für uns war nicht mehr hinreichend Platz vorhanden und wir mußten daher zu je zwei ein Zimmer theilen, fanden aber sonst alle Bequemlichkeiten, und namentlich erhielt jeder ein großes, gutes Bett für sich allein. Auf die Tafel hatte die Einschränkung indeß keine Rückwirkung, denn wir fanden ein vorzügliches kaltes Frühstück vor, sowie eine mustergiltige, lautlose, aus sechs eingeborenen Frauen und Mädchen bestehende Bedienung. Diese war allerdings von Papeete aus besonders für uns hierher gekommen, weil der Wirth einerseits für gewöhnlich so großer Bedienung nicht bedarf und er andererseits uns am zweiten Tage nach unserer Rückkehr von dem See mit einem tahitischen Festmahl überraschen wollte, zu welchem die Tahitierinnen durchaus nothwendig waren. Aus der eigenthümlichen Stellung dieser Eingeborenen, welche den einen Tag die Diener machen, den nächsten Tag als mit dem Gast gleichberechtigt auftreten, bin ich nicht klug geworden. So war die schöne, vielleicht 30 Jahr alte Halbblut-Frau, welche vorzugsweise den Consul und mich bei Tisch bediente, die Witwe eines wohlsituirt gewesenen Engländers und soll in ganz guten Verhältnissen leben.

Außer diesen Dienerinnen sahen wir auch noch auffallend viele Weiber in der nächsten Umgebung des Gasthauses und hörten zu unserer Ueberraschung, daß diese fast sämmtlich nach Papeete gehörten und durch die Polizei mit dem Bedeuten hierhergebracht worden seien, daß sie erst nach der Abreise des deutschen Kriegsschiffes die Erlaubniß zur Rückkehr erhalten würden. Dieses leichtlebige und leichtsinnige Volk war daher voll Jubel, als wir ankamen; eine kleine Schadenfreude konnten wir allerdings auch nicht unterdrücken. Die Bemühungen des eingeborenen Polizeidieners, welcher zur Ueberwachung dieser lustigen Gesellschaft mitgeschickt war, seine Heerde zusammen- und von der Annäherung an uns abzuhalten, blieben erfolglos, und ich glaube, daß er von den ihm anvertrauten Vertreterinnen des schönen Geschlechts, hier fernab von der Hauptstadt, höchst unangenehme Prügel bekommen hätte, wenn er nicht klug und nachgiebig geworden wäre.

Nachdem wir den Reisestaub abgeschüttelt und uns an der reichen Tafel erquickt hatten, was eigentlich nicht nöthig gewesen wäre, weil wir auf dem ganzen Wege bis hierher ja kaum etwas anderes gethan hatten, als uns zu erquicken, trennten wir uns, um erst abends 6 Uhr bei der Hauptmahlzeit wieder zusammenzutreffen. Der Consul und ich gingen nach einer Zuckerplantage, welche der genannte Herr hier besitzt und die er bei dieser Gelegenheit auch besuchen wollte; wir begingen das Terrain und besichtigten die Einrichtungen zur Gewinnung des Rohzuckers, welche mir noch unbekannt waren. Von den andern Herren wollte keiner mit, dem jungen Volk erschienen die fröhlichen, blumenbekränzten Töchter des Landes wol anziehender, wenigstens vermuthe ich dies und verarge es ihnen auch nicht, denn Zuckerplantagen sieht man auch anderswo.

Von der Plantage gingen wir zum Strande, wo ich noch ein Bad nehmen wollte. Ein schönerer und einladenderer Badeplatz ist nicht leicht zu finden, wenn man den Körper eben nur für kurze Zeit erfrischen und im Anschluß daran einige Stunden in süßem Nichtsthun verbringen will. Bis dicht an den schönen weißen Strand reicht der üppige Wald von Fruchtbäumen, deren Zweige unter der Last der reifen Orangen und Brotfrüchte zu brechen drohen, und tritt man aus dem Laubdach heraus, dann liegt ein Bild von so großartiger Schönheit vor uns, daß unsere Augen nicht wissen, wo sie sich hinwenden sollen. Dicht vor unsern Füßen liegt die smaragd- und saphyrfarbene regungslose Flut, welche sich bis zu dem dreiviertel Seemeilen von uns abliegenden Barriere-Korallenriff erstreckt. Auf diesem Riff sieht man, wie einen Wall, die auf- und abwogenden Schneeschaummassen der nicht besonders hohen Brandung und hinter dieser das von dem frischen Passatwind aufgewühlte tiefblaue Meer mit seinen Wogen und deren Schaumkämmen. Zu unserer Rechten und vor uns liegen innerhalb des Riffs in dem klaren Wasserspiegel zwei kleine dicht bewaldete Inseln, welche einen solchen Frieden ausathmen, daß man wähnt, keinen schönern Wohnplatz finden zu können, und zu unserer Linken, in einer Entfernung von 5 Seemeilen, steigt vor uns Taiarabu (Klein-Tahiti) mit seinen steilen Felswänden bis zu einer Höhe von 1130 m aus dem Meere empor. Die zu unserer Rechten schon ziemlich tief stehende Sonne vergoldet das ganze Bild und beleuchtet es für uns um so wirkungsvoller, als unser Standort und ein schmaler Streifen des davor liegenden Wassers beschattet sind. Das leise Rauschen in den Baumwipfeln und das von dem Riff herüberdröhnende Grollen der Brandung vervollständigen die Stimmung. Still setzen wir uns zu Füßen eines großen Baumes auf den weißen Sand und lange schauen wir in die Ferne, ohne zu wissen was uns am meisten fesselt, und doch ist es das ewig ruhelose und doch sich immer gleichbleibende Meer. Wie oft habe ich träumerisch und sehnsuchtsvoll dem Spiel dieser gewaltigen, Segen und Verderben bringenden Wassermassen zugesehen, wie bekannt scheint mir das Weben und Treiben dieser geheimnißvollen Kräfte, wie viel Schöneres liegt zu meinen Füßen, zur Rechten und zur Linken, und doch wie groß ist die magnetische Kraft der unergründlichen Flut, welche wie die Nixe der Loreley nur für sich allein den Menschen fordert. Mein Nachbar weckt mich aus meinem Sinnen und macht mich auf eine Stelle im Wasser aufmerksam, wo ein leichtes Sprudeln, wie das einer kleinen Quelle, und die von dem Sprudel auslaufenden, sich immer weiter dehnenden Ringe zu sehen sind. Er sagt mir, daß dies eine der Tahiti eigenthümlichen Süßwasserquellen im Meere ist, von welchen ich auch schon gelesen hatte und die noch ziemlich weit von der Küste ab zu finden sein sollen. Die Eingeborenen sollen sich an ihnen, wenn sie draußen beim Fischfang sind, in der Weise den Durst stillen, daß sie schwimmend soweit tauchen, bis sie die Stelle finden, wo das Quellwasser noch unvermischt mit dem Seewasser ist. Da das süße Wasser sehr viel leichter wie das Meerwasser ist und deshalb kräftig nach oben steigt, so muß an solcher Quelle allerdings in relativ nicht zu großer Tiefe schon reines Süßwasser gefunden werden.

Probiren geht über Studiren, und wenn ich auch den Eingeborenen das Taucherkunststück nicht nachmachen konnte, so konnte ich mich doch an der Wasseroberfläche davon überzeugen, ob der Quell weniger Salzgehalt wie das übrige Wasser habe. Bald war ich in der See und schwamm nach dem nicht weit entfernten Sprudel, wo ich das Wasser wirklich nur brack fand. Wieder am Lande bekam ich großes Verlangen nach der Milch einer frischen Kokosnuß; aber wie eine solche von den hohen Bäumen herunterbekommen? „Nichts leichter als das, da gerade ein Eingeborener dort des Weges kommt", sagte der Consul. Der Mann wurde angerufen und schnell hatte er sich einen Riemen um seine Knöchel geschnallt, welcher einen Zwischenraum von etwa 5 cm zwischen den Füßen ließ. Dann griff er mit den Händen um den Stamm einer Palme, schnellte mit den Füßen soweit in die Höhe, daß die Beine möglichst wagerecht standen und die Füße jetzt gegen den Stamm gestemmt waren, wo durch das Gewicht des eigenen Körpers die Füße auf der einen und die Hände auf der andern Seite des Stammes so fest an die rauhe Rinde gepreßt wurden, daß der Körper nicht nach unten gleiten konnte. Mit ununterbrochenen kleinen Sprüngen hatte der Mann den hohen Baum bald erstiegen, löste den Riemen von seinen Füßen, warf einige Nüsse herunter und ließ sich in ähnlicher Weise wieder hinuntergleiten, wie wir es thun.

Als die Essensstunde heranrückte, begaben wir uns wieder in das Gasthaus, legten ein etwas förmlicheres Kleid an und fanden ein ganz vorzügliches Mahl, welches durch die mitgebrachten eigenen Weine, unter denen sich auch gute Marken deutschen Wachsthums befanden, noch wesentlich verbessert wurde. Besondere Anerkennung muß ich den vortrefflichen hiesigen Wasserthieren zollen, welche neben guten Austern und Fischen aus besonders feinschmeckenden großen, scherenlosen Hummern und den früher schon genannten Süßwasser-Schrimsen bestanden. Diese letztern hatten die Größe von ausgesuchten Oderkrebsen, welche sie indeß an Feinheit des Geschmacks nicht ganz erreichen, während die Hummern entschieden den europäischen weit vorzuziehen sind. Die Hummern waren auf dem nächsten Korallenriff gefangen, die Schrimse in dem Bergfluß, an dessen Ufer wir am nächsten Morgen den Weg zum See zurücklegen sollten.

Während des Essens entstand noch eine kleine Aufregung dadurch, daß eine der Dienerinnen in großer Erregung in das Zimmer trat und erzählte, daß in dem wenige Minuten entfernten Dorfe zwei Eingeborene von Papeete mit dem Auftrage angekommen seien, mich zu beobachten. Die Nachricht erstaunte mich weiter nicht, da ich schon gehört hatte, daß jedem unserer Offiziere an Land stets ein Aufpasser folge, weil die Franzosen in dem Wahne befangen waren, daß das Schiff den Auftrag habe, von den nahegelegenen unabhängigen Gesellschafts-Inseln Besitz zu ergreifen, und man wol glaubte, daß auch Tahiti in den Bereich der deutschen Begehrlichkeit gezogen würde. Immerhin schickte unser Wirth einen Vertrauten ab, welcher bald die Richtigkeit der Nachricht bestätigte. Dies veranlaßte denn auch den Consul und mich, die jüngern Herren unserer Gesellschaft, welche gleich nach dem Essen aufbrachen, um einer Einladung der eingeborenen Damen zu einem Abendfest in dem nahegelegenen Dorfe zu entsprechen, nicht zu begleiten, obgleich wir ursprünglich die Absicht hatten, uns die Sache für kurze Zeit anzusehen. Statt dessen begaben wir uns bald zur Ruhe.

Am nächsten Morgen um 6 Uhr wurden wir geweckt und waren um 7 Uhr zum Abmarsch bereit. Als wir aus dem Hause auf den freien Platz traten, fanden wir ein reges Treiben. An zwanzig Eingeborene waren zur Stelle, theilweise schon beladen mit Kisten und Körben, welche unser zweites Frühstück enthielten. Andere waren mit großen Schlagmessern und Aexten versehen, um etwaige Hindernisse aus unserm Wege zu räumen, wieder andere hatten nur Bergstöcke und kleines Fischgeräth in den Händen. Auch eine kleine zierliche Frauensperson war in dem Gefolge, sowie ein Pferd, das einzige, welches für uns hatte aufgetrieben werden können und mir zur Verfügung gestellt wurde. Da ich vor den andern Herren von der Partie indeß nichts voraus haben und nicht allein reiten wollte, so ging das Pferd vorläufig unbenutzt mit, um, falls einen der Herren die Kräfte verlassen sollten, für diesen zur Stelle zu sein.

Ich mußte daher auch mit einem der Eingeborenen vorlieb nehmen, welche uns als Reitthiere mit dem Bemerken vorgeführt wurden, daß wir mehr wie achtzig mal den Fluß zu durchschreiten hätten und die Eingeborenen uns hinübertragen sollten. Es entwickelte sich nun eine harmlose nette Scene, denn die aufgeweckten, selbstbewußten Tahitier wollten nicht nur gewählt sein, sondern wollten auch selbst wählen und drängten sich zunächst alle an den Consul und mich, vielleicht weniger, weil wir für die Hauptpersonen gehalten wurden, als darum, weil wir die leichtesten waren. Immerhin stellte sich bald heraus, daß diese kräftigen, zähen Natursöhne sich aus einer ziemlich großen Gewichtsdifferenz nichts machten. Bald hatten Herr und Diener sich zusammengefunden und nun zogen wir aus, jeder von uns von seinem braunen Schatten begleitet. Die kleine junge Frau übernahm die Führung und schritt mit einem Strohhut auf dem Kopf, mit einer kurzen Bluse und einem Hüfttuch (Pareo) angethan, ihren langen Stock in der Hand, mit ihren bloßen Füßen zierlich und schnell aus. Ihr folgten die Leute mit dem Proviant, dann kamen die Wegebahner, dann wir mit unsern Schatten, und schließlich das Pferd.

Der Weg führt die erste halbe Stunde auf einem schattigen Pfade durch eine sanft ansteigende Ebene, dann nähern wir uns den schroffer aufsteigenden Bergwänden, und nach einer weitern Viertelstunde treten wir in eine großartige Felsenschlucht, welche das Bett für den reißenden Bergfluß bildet. Zu beiden Seiten haben wir Felswände von über 100 m, wenn nicht gar 200 m Höhe, welche uns in der schmalen nur 15—20 m breiten Schlucht senkrecht aufsteigend erscheinen. Das Gestein ist aber trotzdem nicht kahl, sondern aus allen großen und kleinen Felsspalten und Ritzen wachsen Gräser, Sträucher und Bäume von oft beträchtlicher Größe, sodaß das Laub stellenweise die Steinschlucht für das Auge in ein liebliches Thal verwandelt. Der Fluß nimmt die ganze Thalsohle ein und es finden sich immer nur auf einer Seite, je nach den Krümmungen des Thales und des Wasserlaufes auf dem rechten oder linken Ufer, etwas erhöhte, schmale und dicht mit wilden Bananen- und Bambussträuchern bestandene Böschungen, auf welchen man gehen kann, wenn vorher ein schmaler Pfad durch das wie Unkraut wuchernde Pflanzengewirre durchgeschlagen ist, was stets vor dem Begehen geschehen muß, weil der See nur selten besucht wird und sonst keine Veranlassung zum Beschreiten dieses Weges vorliegt, denn die Eingeborenen benutzen, wenn sie einmal zum Fischen oder Einsammeln von Früchten hierher wollen, das Flußbett als solchen. Im übrigen schäumt das wilde, schön klare Wasser über Steinblöcke hinweg an den steil abfallenden Felsen vorbei, wo jede Möglichkeit eines Weges ausgeschlossen ist. Und kommt man an die ziemlich häufigen Stellen, wo die Felswände an beiden Seiten den Fluß eindämmen, dann bleibt kein anderer Weg als das Flußbett selbst.

Gleich beim Betreten der Schlucht schon bekommen wir einen Vorgeschmack, was unserer wartet. Der in den letzten zwei Tagen nur für uns ausgebauene Pfad ist so schmal, daß wir, einer hinter dem andern gehend, stets an beiden Seiten das von dem Nachttau triefende Laub, welches über unsern Köpfen in der Regel auch noch zusammenschlägt, streifen und so nach wenigen Minuten schon unsere nur aus dünner Leinwand bestehende Kleidung von dem abtropfenden Wasser durchnäßt ist. Glücklicherweise habe ich einen wasserdichten Panamahut auf, sodaß ich unter diesem wenigstens mein Taschentuch und meine Cigarrentasche trocken erhalten kann. Der Boden ist auch nicht besser und besteht aus ganz durchweichtem schweren gelben Lehm, weshalb ich mich glücklich schätzen darf, Segeltuchschuhe an den Füßen zu haben, welche ja in der Nässe nur wenig einlaufen und daher nicht drücken können. Außer mir hat nur noch der Consul solche Schuhe, unsere Herren wollen von diesem besten aller Fußbekleidungsmittel noch immer nichts wissen, und wegen ihres Vorurtheils hatten sie auf dieser Partie wahre Folterqualen auszustehen. Die von uns unabhängigen Eingeborenen, nämlich die Träger unsers Frühstücks sowie das Frauenzimmer, wissen jedenfalls auch die Beschwerlichkeit des Weges zu würdigen, denn sie machen gar nicht erst den Versuch ihn zu benutzen, sondern gehen gleich in den Fluß, dessen Wasser ihnen oft bis unter die Arme reicht und wo die kleine Frau sich dann von ihrem langen Mann durchziehen lassen muß, wobei sie schwimmend nachhilft. Trotz der stellenweise reißenden Strömung kommen sie unter Zuhülfenahme ihrer Stöcke doch viel schneller vorwärts als wir, sodaß sie bald unsern Augen entschwunden sind.

Wir treten in den Pfad ein und sind in dem dichten Laub von einem Halbdunkel umgeben. Wir ziehen die Köpfe zwischen die

Schultern, als uns das kalte Wasser hinten in den Hals tröpfelt; stecken die Hände in die Hosentaschen, um uns möglichst dünn zu machen und gleichzeitig unsere dort untergebrachten Uhren trocken zu erhalten; die Cigarre ist schon nach wenigen Minuten so naß, daß sie nicht mehr brennt; der Stabsarzt und ich stöhnen darüber, daß unsere Kneifer immer blind werden, ich aber kann den meinigen wenigstens an den lichten Stellen mit meinem aus dem Panamahut hervorgeholten Taschentuch abtrocknen; vor uns hören wir die Messer- und Axtschläge der Eingeborenen, welche den Weg noch freier zu machen suchen, und unter uns geht es quatsch-quatsch, wenn wir mit unsern Füßen in den nassen Lehm hineinstampfen, denn wir haben sehr bald erkannt, daß es hier „Durch" heißt und das Aussuchen trockener Stellen zwecklos ist. Ein solches Bananenblatt macht sich sehr hübsch, wenn Paul seine Virginie damit gegen die Sonne schützt; wenn die Blätter aber in solchen Massen auftreten, wie hier, und dabei noch naß sind, dann werden sie höchst unangenehm.

Bald treten wir wieder ins Freie und stehen vor einer steilen nackten Felswand, um welche das Wasser herumgurgelt und die ein weiteres Vordringen an dieser Seite unmöglich macht. Uns gegenüber liegt eine grünbehangene hohe Wand, an deren Fuß das graziöse Laub der Bananen mit seinen köstlichen sammetartigen Farbentönen und die duftigen Zweige der Bambussträucher den in ihnen verborgenen beschwerlichen Weg, welcher einen Theil unserer Vorhut schon wieder aufgenommen hat, wie wir an den Schlägen hören, mildherzig bedecken. Der Rest der Vorhut durchkreuzt eben den Fluß, von denen einzelne bis zu den Hüften im Wasser sind, während andere zeitweise auf über Wasser liegenden Steinen stehen, um gleich darauf wieder tieferes Wasser zu durchschreiten. Rechts und links schöne landschaftliche Bilder und über uns die Sonne, welche warm in diesen schönen Kessel hineinscheint. Unsere Träger ducken sich, um uns auf ihre Rücken zu nehmen, doch wir rütteln sie wieder auf, und springen leicht auf die Leute, denn wir fühlen uns noch außerordentlich frisch und geschmeidig. So durchschreiten wir den Fluß und gleiten auf der andern Seite wieder zur Erde, um uns bis zum nächsten Uebergang auf unsere eigenen Füße zu verlassen.

Während der folgenden zwei Stunden hatten wir den Fluß auf diese Weise sechsundachtzig mal zu durchschreiten, beziehungsweise so oft auf den Eingeborenen reitend in den Fluß zu gehen, denn an den Stellen, wo der Weg an beiden Ufern fehlt, mußten wir ja ein längeres oder kürzeres Stück in dem Flußbett selbst zurücklegen, um dann vielleicht an derselben Seite wieder zu landen. Auf dem Hinweg haben wir die einzelnen Uebergänge allerdings nicht gezählt, aber auf dem Rückweg, nachdem wir die Strapazen dieser eigenartigen Wanderung vorher gekostet hatten.

Zunächst war noch alles herrlich und die ganze Gesellschaft in der ausgelassensten Stimmung, fehlte es uns doch an nichts, selbst nicht an komischen kleinen Zwischenfällen.

Umgeben von der wundervollen Natur, welche sich uns bei jedem neuen Flußübergang in stets wechselnden, immer schöneren Bildern zeigt, und beschienen von der heißen Sonne, welche uns hier nicht lästig wird, sondern durch unsere nassen Kleider hindurch höchst wohlthuend unsere Körper wieder aufwärmt, werden wir durch das schöne Bergwasser getragen. Die am Oberkörper nackten, braunen Eingeborenen gehen vorsichtig durch das Wasser und wenden kein Auge von dem Flußbett, um die besten Steine zum Auftreten zu benutzen, finden dabei aber doch Zeit miteinander zu sprechen und zu lachen. Auf den braunen Gestalten hängen und hocken die weiß gekleideten Europäer, welche theilweise die schöne Umgebung betrachten, theilweise mit Vergnügen das unter ihnen eilig laufende Wasser beobachten, das sich bald zwischen großen Steinen durchzwängt, bald über andere hinwegschießt oder aber ruhig über ebeneres Steingeröll fließt. Alle erfreuen sich daran, wie sicher unsere Träger mit ihrer schweren Last in dem nur aus ganz unregelmäßig geschichteten, großen, platten Steinen bestehenden Flußbett von Stein zu Stein vorschreiten. Einzelne allerdings sehen zeitweise auch ängstlich in das Wasser, weil sie an den schwierigeren Passagen erwarten, mitsammt ihrem Träger ein unfreiwilliges Bad zu nehmen, und lassen geduldig die Neckereien ihrer Kameraden über sich ergehen. Wol ist gelegentlich der eine oder andere mit seinem Träger nahe am Fallen, aber nur dann, wenn er unbedacht seine Arme um dessen Hals geschlungen hat und ihn dann halb erwürgt, anstatt sich mit den Händen an den Schultern oder an der Stirn des Mannes zu halten, doch wird das Unglück jedesmal noch rechtzeitig verhütet. Die Träger benutzen ihren Stock nur an den Stromschnellen; wird das Wasser zu tief, dann werfen sie uns wie einen Federball höher auf ihre Schultern hinauf, um uns trocken zu erhalten. Selten setzen sie uns, obgleich einige ganz gewichtige Herren unter uns sind, gleich am jenseitigen Ufer ab, sondern bringen uns im Trabe die gewöhnlich steile Böschung hinauf, allerdings nur ein kurzes Stück Weg, aber ein solches, welches wir auf dem schlüpfrigen Boden in unsern Schuhen nur mit Hülfe eines Stockes zurücklegen könnten. Ist der nächste Uebergang nur 10—20 Schritte von unserm letzten Landeplatz entfernt, dann behalten sie uns gleich auf ihren Rücken und nun entwickelt sich unter lautem Hallo ein Wettlaufen. Nicht lange dauert es, so kommt allerdings die Nachricht, daß der Stabsarzt, ein besonders großer und schwerer Herr, mit seinem Träger zusammengebrochen sei, und er erhält nun das vorsorglicherweise mitgenommene Pferd. Er will aber auch durchaus nichts vor uns voraus haben und benutzt das Thier nur an den Flußübergängen, wodurch er schließlich durch das häufige Auf- und Absteigen noch lahmer wurde als wir andern.

An einer geeigneten Stelle machen sich einige Eingeborene die Gelegenheit zu Nutze und fangen mit kleinen Handnetzen in kurzer Zeit zwei große Körbe voll der früher genannten vortrefflichen Süßwasser-Schrimse, wasserhelle, fast durchsichtige Thiere, welche später gekocht uns noch gute Dienste thaten.

Wir wurden immer steifer und stiller, sprangen bald schon nicht mehr auf die Rücken unserer Träger, sondern krochen langsam auf die niedergeduckten, gutmüthigen Leute hinauf, welche immer eifriger und lustiger wurden. Als wir nach zwei Stunden Flußweg, im ganzen also nach drei Stunden, endlich an einer steilen Wand ankamen, welche wir mit eigenen Kräften zu erklettern hatten, waren wir ganz still, unsere Träger dagegen außerordentlich laut und befriedigt.

Hier ist auf einer kleinen Anhöhe der Platz, wo diejenigen Besucher des Sees in der Regel übernachten, welche die Partie zu Pferde machen und in solchem Fall erst nachmittags von der Küste aufbrechen. Sie gehen dann am nächsten Morgen mit dem ersten Tagesgrauen unter Zurücklassung der Pferde zum See und reiten nachmittags wieder zurück.

Wir machen zunächst eine kurze Rast, um die etwas auseinander gekommene Gesellschaft sich wieder sammeln zu lassen, betrachten noch einmal die vor uns liegende etwa 200 m hohe Wand, welche in einem Winkel von 60—70° zur Ebene steht, mithin uns ziemlich senkrecht erscheint, reiben mit den Händen unsere zerschlagenen steifen Beine und dann geht es weiter, hinauf auf die Wand, nachdem ein Eingeborener angewiesen war, mit dem Pferd hier unsere Rückkunft zu erwarten. Unser Weg ist in der untern Hälfte das trockene Felsenbett eines Gebirgsbaches und in der obern das eines Wasserfalles, welcher bei lang anhaltendem Regen hier herniederstürzt. Diesem Umstand ist es wol auch zuzuschreiben, daß wir überall ausgewaschene Stellen finden, wo wir festen Fuß fassen können, und daß hier kein Steingeröll vorhanden ist, sondern die vorspringenden Steine alle mit dem Felsenkern verwachsen sind und somit zuverlässige Stütz- und Haltepunkte bieten. Die untere Hälfte können wir noch mit Hülfe eines Stockes langsam ersteigen, stillen an den reifen Früchten eines auf halber Höhe in einer seitlichen Einbuchtung stehenden großen Orangenbaumes unsern Durst und dann müssen wir mit Händen und Füßen mühsam von Stein zu Stein klettern.

Endlich nach dreiviertel Stunde sind die ersten von uns oben, wir erblicken aber noch nicht den See, sondern finden zu unserer Enttäuschung vor uns einen mit wilden Bananen dicht bestandenen kleinen Bergrücken. Auch dieser wird erstiegen und wir finden einen ebensolchen zweiten, auf dessen Höhe wir, als ob die Bananen gar kein Ende nehmen wollten, noch einen dritten vor uns sehen. Doch hören wir hier wenigstens schon die Antwort der bereits am See befindlichen Gepäckträger auf die Zurufe unserer Führer. Endlich auf der Höhe des dritten Rückens treten wir aus den nassen Bananen heraus und unter uns liegt der schöne, von hohen stolzen Berggipfeln umgebene Alpensee. Noch hundert Schritte und wir können uns in einer von den Gepäckträgern bereits errichteten Hütte auf dem trockenen Grase ausstrecken, nachdem ich mir vorher aus meinem mit heraufgenommenen kleinen Koffer trockene Wäsche und Kleider angezogen hatte. Hier im Schatten ruht es sich gut nach einem mehr als vierstündigen anstrengenden Wege, dessen größte Strapaze das Getragenwerden war, weil man, ganz abgesehen von dem Auf- und Absteigen auch noch, um den Trägern die Arme frei zu lassen, sich stets mit Schenkeldruck an ihre Rücken hatte anklammern müssen. Die 10 m lange und 3 m tiefe Hütte ist aus Bambusstäben auf-

Der Waihiria (Bergsee auf Tahiti).

gebaut und oben, zu beiden Seiten, sowie an der Rückwand gegen Regen und Sonne mit Bananenblättern sicher eingedeckt, die ganze Langseite nach dem See zu ist offen.

Wir befinden uns an der einen Schmalseite des 1000 m langen und 600 m breiten Sees. Das klare hellgrüne Wasser ist spiegelglatt und wirft aus seiner Tiefe das Spiegelbild der den See umgebenden Berge zurück. Diese sind hoch und niedrig, die hohen kahl, die niedrigen grün bewachsen; einer tritt als steiles Cap in den See vor, die andern liegen mehr oder weniger weit zurück und die Ufer sind hier mit hohem Gras und dichtem Laub bestanden. Ein Ausfluß des in der Mitte 30 m tiefen Sees, in welchen sich viele Gebirgsbäche ergießen, ist nirgends zu sehen, doch soll ein solcher und zwar ein unterirdischer nicht weit von unserm Lagerplatz vorhanden sein, weil die in den See geworfenen Schwimmkörper dort sich alle sammeln und in die Tiefe gezogen werden sollen, um von einem kräftigen Quell, welcher an der Küste in der Nähe unsers Gasthauses aus einer Felswand hervorsprudelt, wieder ausgestoßen zu werden, wie man an gezeichneten Gegenständen sicher wahrgenommen hat. Es ist mir auch gesagt worden, wie lange die Reise eines solchen Gegenstandes dauern soll, doch habe ich dies leider wieder vergessen.

Als ich die Absicht aussprach, in einer Stunde den Rückweg antreten zu wollen, um einer Einladung des Consuls und seiner Gattin zum nächsten Abend in Papeete sicher entsprechen zu können, stieß ich auf entschiedenen Widerspruch. Die anwesenden Herren, mit Ausnahme des Consuls und eines jungen Offiziers, erklärten dies für ein Ding der Unmöglichkeit, weil sie nicht im Stande seien, heute auch nur einen Schritt noch zu gehen. Der eine Stunde später eintreffende Rest unserer Gesellschaft behauptete natürlich erst recht, vollständig fertig und unfähig zu weiterm Marschiren zu sein. Als der Consul dann auch noch zugab, daß wir wol rechtzeitig in Papeete würden eintreffen können, wenn wir am nächsten Tage mit dem ersten Morgengrauen aufbrächen, er auch versprach, für alle Fälle einen Boten mit der Nachricht zur Stadt schicken zu wollen, daß wir uns vielleicht etwas verspäten würden, fügte ich mich, um kein Spielverderber zu sein.

Nun blieb aber noch die große Frage, wie Proviant herauf-

12*

bekommen? Nach dem ursprünglichen Programm sollten wir um 5 Uhr abends wieder in dem Gasthaus sein, um dort das für uns arrangirte tahitische Nationalmahl, auf welches wir nunmehr verzichten mußten, einzunehmen; unsere mitgebrachten Provisionen waren daher nur für ein zweites Frühstück berechnet, welches nach den hinter uns liegenden Anstrengungen vielleicht nicht einmal für diesen Zweck ganz genügte. Während der Verhandlungen war es inzwischen auch schon 1 Uhr geworden und dunkel wurde es schon um $5^1/_2$ Uhr; bei Dunkelheit war aber der Weg schlechterdings nicht zu machen. Die abzusendenden Leute hätten daher in $4^1/_2$ Stunden denjenigen Weg hin und zurück machen müssen, zu welchem die schnellsten von uns auf dem Hinweg allein 4 Stunden gebraucht hatten, und dies schien auch unter Berücksichtigung des Umstandes, daß die Eingeborenen den directen Weg im Flußbett wählen würden, unmöglich. Trotzdem wurde der Versuch gemacht, nachdem die Tahitier es als wahrscheinlich erklärt hatten, rechtzeitig wieder oben sein zu können. Es hatten sich schnell zehn Leute zusammengefunden, welche frischen Muthes in fröhlicher Stimmung den beschwerlichen Weg antraten, nachdem einem von ihnen die erforderlichen Instructionen für den Gastwirth mitgetheilt worden waren, denn zum Schreiben hatten wir nichts.

Unser Lagerplatz hatte inzwischen ein etwas buntes Ansehen erhalten. Unsere Herren hatten bei ihrer Ankunft natürlich nichts Eiligeres zu thun, als sich ihrer zusammengeschrumpften Stiefel und nassen Oberkleider zu entledigen, und saßen nun, da sie keine Wäsche zum Wechseln mitgebracht hatten, trübselig in der Sonne, um sich selbst und ihre um sie herum liegenden Sachen trocknen zu lassen. Doch bald brachten die bei uns zurückgebliebenen Eingeborenen wieder Leben in die Gesellschaft, indem sie das ausgepackte Frühstück herantrugen, welches durch geröstete Yam, Brotfrucht und die am Morgen im Fluß gefangenen Krebse, welche die kleine Frau vortrefflich gekocht hatte, noch vervollständigt worden war. Inzwischen waren die Nachzügler von uns auch aufgetrocknet, wir gruppirten uns in der leichtesten Kleidung und barfüßig in der kühlen Hütte, Essen und Getränke schmeckten vorzüglich, und so war es natürlich, daß die ganze Gesellschaft sich sehr schnell wieder in der allerbesten Laune befand, zumal sich bei dem Gepäck auch trockene Cigarren vorgefunden hatten. Nach dem Essen wurde geruht, d. h. geschlafen, denn erst um 3 Uhr wurde es in der Hütte wieder munter. Das erste allgemeine Bedürfniß war nun, ein Bad in dem schönen See zu nehmen, der Consul dachte aber vorher noch an das Praktische und veranlaßte einige Eingeborene auf den Fischfang zu geben, damit wir doch für den wahrscheinlichern Fall, daß die abgesandten Leute nicht mehr denselben Abend zu uns zurückkehren würden, wenigstens etwas zu essen hätten. Vier Eingeborene kamen mit den Angelhaken, um sich ein Stück Fleisch als Köder zu holen, und ich war überrascht Haken zu sehen, welche eine Eisenstärke von etwa 8 mm und eine Spannweite von 5—6 cm hatten und von welchen die Eingeborenen behaupteten, daß sie eigentlich noch zu schwach seien. Dann band jeder sich ein kleines Floß aus Bambusstäben zusammen und kurze Zeit darauf sahen wir die Männer mit diesen unter gegenseitigem jauchzenden Zuruf über den See schwimmen. Sie mußten nach einer etwa 500 m von uns entfernt liegenden Stelle, wo ein größerer Gebirgsbach in den See mündet, hin und nahmen trotz ihrer großen Leistungsfähigkeit im Schwimmen die Flöße mit, weil das Wasser für die Eingeborenen etwas zu kalt ist und dies zuweilen die Ursache sein soll, daß ihnen während des Schwimmens die Glieder erstarren und dann das Floß sie tragen muß. Es ist daher Regel, daß kein Eingeborener in diesem See größere Strecken ohne Floß durchschwimmt.

Unser Bad war nicht so schön, wie wir es uns gedacht hatten, denn da das Wasser am Ufer ziemlich seicht ist, so mußten wir in demselben erst eine Strecke gehen, ehe wir genügende Tiefe zum Schwimmen fanden, und das war kein Vergnügen. Sobald wir das feste Ufer verlassen hatten, sanken wir bis zu den halben Knien in den weichen Schlamm ein und machten uns dadurch auch noch das Wasser trübe. Hinein ging es wol noch, aber beim Herauskommen sahen wir aus, als ob wir ein Schlammbad genommen hätten, und es kostete uns viel Mühe, mit Gläsern und Flaschen so viel reines Wasser herbeizuschaffen, um uns wieder rein waschen zu können. So kamen wir nicht zu dem Genuß, welchen uns das Bad in dem frischkühlen Wasser sonst bereitet hätte. Bei dieser Gelegenheit machten wir auch die Entdeckung, daß die Innenseiten unserer Beine von dem scharfen Anklammern an die Rücken unserer Träger braun und blau geworden waren, und hatten damit die Erklärung gefunden für die Schmerzen, welche wir empfanden.

Um 5 Uhr kamen unsere Fischer zurück und brachten einen mächtigen Aal mit. Zwei Angelhaken waren, wie die Leute es vorher befürchtet hatten, von den Thieren abgebrochen worden. Das mitgebrachte Exemplar, von schwärzlicher Farbe auf dem Rücken und weißlich-grüner auf dem Bauch, mit zwei großen Ohren am Kopfe, war 1½ m lang und etwa 15 cm dick, hatte mithin einen Umfang von über 40 cm. Da dieser Fang voraussichtlich das Einzige blieb, aus welchem unsere Hauptmahlzeit hergestellt werden sollte, so interessirten wir uns auch für dessen Zubereitung. Wenige Schritte von unserer Hütte, auf dem Lagerplatz der Eingeborenen, brannte bereits seit einiger Zeit ein großes Feuer, und beim Herantreten sahen wir in der Glut einen kleinen Haufen größerer Steine, welche auf diese Weise erhitzt wurden. Dann wurden die brennenden Holzscheite zur Seite geworfen, die heißen Steine mit nassem frischen Laub vorsichtig gereinigt und hierauf wieder so zusammengeschichtet, daß in der Mitte ein Loch blieb. In dieses wurde der in Stücke geschnittene Aal, nachdem jedes Stück von vielleicht ½ kg Gewicht in den Theil eines Bananenblattes eingewickelt worden war, hineingelegt und dann das Loch oben mit dem Rest der Steine zugedeckt. Dies ist übrigens die Art, wie die Eingeborenen alles kochen. Für das Garwerden beanspruchte die kleine Frau eine Stunde, und so zogen wir uns mit knurrendem Magen wieder in unsere Hütte zurück, wenig erbaut von der Aussicht, wegen Mangel an Licht schon um 6 Uhr ziemlich hungerig schlafen gehen zu müssen, denn ein ausgeschickter Kundschafter war um 5½ Uhr mit der Nachricht zurückgekommen, daß von den abgesandten Leuten noch nichts zu sehen sei.

Die Sonne ging unter, der Mond stand weder am Himmel, noch war er zu erwarten, die Schatten der Nacht legten sich über die Berge und auf den See, dunkle Wolken umsponnen die Berggipfel und senkten sich, immer dichter werdend, fast bis auf den See hinab. Kein Laut rings um uns herum und kein anderes für das Auge wahrnehmbare Leben, als ein großes Feuer, welches seine schwarzen Rauchwolken nach oben sandte und die in seiner Nähe gelagerten Eingeborenen, wie einen kleinen Theil des Sees und unsere nächste Umgebung geisterhaft beleuchtete. Es war 6 Uhr geworden, keine Aussicht auf eine ausreichende Mahlzeit und auf die nothwendigen Decken, deren wir dringend bedurften, um unsere nur sehr leicht bekleideten Körper gegen die rauhe Nachtluft zu schützen. Die Eingeborenen machten sich schon daran, unser frugales Mahl aus dem Ofen hervorzuholen, da klingt ein heller Ruf an unser Ohr, welchen jene aus voller Kehle erwidern und der von uns mit einem kräftigen Hurrah — es mögen auch mehrere gewesen sein — beantwortet wird. Wie lebendig war auf einmal die versteinerte Gesellschaft geworden und welcher Jubel brach erst aus, als eine Viertelstunde später die braven Tahitier mit schweren Proviantkörben und Weinkisten, mit Bettzeug und Windlichtern wohlbehalten bei uns anlangten. Nicht einmal mein kleines Kopfkissen hatten sie vergessen, ohne welches ich mit meinen verschiedenen Schädelbruchnarben wahrscheinlich eine schlaflose Nacht verbracht hätte.

Es war dies eine erstaunliche Leistung von den Leuten, wenn man bedenkt, daß sie denselben Weg, zu welchem wir 4—5 Stunden gebraucht hatten, in ebenfalls 5 Stunden, und zwar schwer beladen hin und her zurückgelegt hatten, und das, nachdem sie vorher schon den Weg, welcher uns vollständig niederwarf, als Gepäck- oder unsere Träger mit uns gemacht und dazwischen wol kaum eine Ruhepause gefunden hatten. Ich würde es für unmöglich gehalten haben, wenn die zurückgekehrten Leute nicht sämmtlich als zu unserer Partie gehörig recognoscirt worden wären.

Was nun folgte, war wahrhaft herzerquickend für uns. Erst wurden die Windlichter in Ordnung gebracht und angesteckt und dann ging es ans Auspacken: Schüsseln, Teller, Gläser, Messer und Gabeln, Servietten; ein feister Hammelrücken, ein Roastbeef, gebratene Tauben und Hühner, Hummer, gekochte Eier, Brot, gemahlener Kaffee, condensirte Milch und Früchte; Sherry, Portwein, leichter Roth- und Moselwein, sowie einige Flaschen Champagner, welche in dem auch mitgekommenen Eis gleich kalt gestellt wurden.

Trotz unserer steifen Glieder halfen wir alle an der Herrichtung unserer Tafel und begannen das Mahl mit dem Aal, dessen Stücke uns auf frischen Bananenblättern gebracht wurden. Das Fleisch war außerordentlich wohlschmeckend und zart, nur für unsere Gaumen etwas zu fett, sodaß wir in Ansehung der Genüsse, welche uns noch bevorstanden, gern auf den größern Theil zu Gunsten der Eingeborenen verzichteten.

Wie schon den ganzen Tag über unsere Stimmung auf- und abwogte zwischen himmelhoch jauchzend und zum Tode betrübt, so waren wir jetzt wieder auf dem Gipfelpunkt froher Stimmung angelangt. Gesättigt läßt es sich schon des Nachts am See Waihiria aushalten, namentlich wenn die Reste unsers Mahles ausreichen, auch noch den ganzen Troß zu sättigen und in frohe Stimmung zu versetzen.

Wir liegen in und vor der Hütte behaglich ausgestreckt mit einer guten Cigarre und einem Glas kalten Champagner, all die Fährlichkeiten des verflossenen Tages erörternd und belachend. Die Eingeborenen sitzen um ein großes Feuer und sind ebenfalls in bester Stimmung. Vor uns und um uns ist alles in Nacht gehüllt und zwischen den auf den Bergen lagernden Wolken steht ein Stück des wolkenlosen dunkeln Himmelsdomes mit seinen flimmernden Sternen, deren Spiegelbilder aus dem vor uns liegenden schwarzen See herausstrahlen und woran wir dessen Wasserfläche zu erkennen vermögen. Der Consul verlangt von den Eingeborenen ein Lied, welches sie anfänglich verweigern wollen, weil ihnen die nothwendigen Frauenstimmen fehlten, doch lassen sie sich unter dem Hinweis, daß doch wenigstens eine Frau unter ihnen sei, schließlich erweichen und in die Nacht erschallt ein gewaltiger Gesang, ein geistliches Lied so weihe- und stimmungsvoll, ein Gesang von so packender Wirkung in der eigenartigen Umgebung, wie ich noch keinen gehört hatte. Es war ein wunderbares Orchester aus menschlichen Stimmen, jede Stimme sang ihre eigenen Töne und alle vermischten sich zu einem vollendeten Ganzen, welches ich nur mit dem Klang einer mächtigen Orgel, deren sämmtliche Register geöffnet sind, vergleichen kann. Der Gesang verhallt, und erst nach einer Weile finden wir uns zu rauschendem Beifall zusammen. Ein zweites Lied wird verlangt und gewährt. Schon die ersten Töne kommen uns so bekannt vor, und bald hat einer von uns die richtigen Worte für den Refrain gefunden, in welchen wir alle jubelnd einstimmen: „Vive la, vive la, vive la va! vive la, vive la, hopsasa! vive la Compagneia!“ Die gehobene Stimmung war dahin, die Eingeborenen stutzten einen Augenblick und unter allgemeinem Lachen wurde dann das Lied in dem von uns angegebenen schnellern Tempo beendet. Der Consul fragte danach ganz erstaunt, woher wir die tahitische Nationalhymne kennten. Nun kam es heraus! Ein hoher Herr, welcher vor einigen Jahren hier war, soll den Tahitiern dieses alte deutsche Studentenlied als Nationalhymne geschenkt haben und die Eingeborenen haben sich dann einen passenden Text zu der Composition gemacht. Wahr ist jedenfalls, daß dieses Lied auch von den Franzosen als tahitische Nationalhymne anerkannt wird, denn wir hörten es nachher allabendlich sowol in Papeete wie in Raiatea von einem französischen Kriegsschiff als Zapfenstreich blasen und hatten unsere Freude daran, daß die Franzosen ein so prächtiges deutsches Lied in so hohen Ehren halten.

Doch die Woge unserer Stimmung senkte sich auch wieder. Gegessen hatten wir, getrunken auch, auch geraucht und manches Lied gesungen, auch waren wir müde, und da es 10 Uhr geworden war, so durften wir wol an unsere Nachtruhe denken. Dieselbe zu finden war aber nicht so leicht. Zunächst mußten unsere Kleidungsstücke in die Hütte geschafft werden, um sie gegen den starken Nachtthau zu schützen; die Hütte war aber eben nur so groß, daß wir dicht nebeneinander liegend, die Füße gegen die offene Seite gekehrt, gerade Platz fanden. Außerdem war sie aber auch nur so hoch, daß die oben aufgehängten längern Kleidungsstücke beinahe bis auf unsere Gesichter herunterreichten. Nun ging es ans Aufhängen. Die Röcke wurden als Kopfkissen zusammengerollt, die harten Stiefel, die Uhren, Strümpfe und sonstigen Kleidungsstücke an- und aufgehängt. Ich zog mir vorsorglich als Schutz gegen Moskitostiche meine Segeltuchschuhe wieder an, und als alles fertig war, krochen wir vorsichtig auf unser hartes Lager unter die ausgebreiteten Decken und unter die hängende Garderobe, von welcher im Laufe der Nacht noch manches Stück herunterfiel, das dann von einem zum andern geworfen wurde, bis es in irgendeinem Winkel Ruhe fand. Zu beiden Seiten unserer Hütte am Seeufer loderte je ein großes Feuer, um welche die Eingeborenen sich gelagert hatten und die sie während der ganzen Nacht unterhielten, um sich daran zu wärmen.

Flußübergänge und braune Eingeborene mit müden Europäern auf ihren Rücken; lodernde Feuer und zerschlagene Glieder; von den Feuern beschienen kriechen ungeheuerliche Aale aus dem schwarzen See und verschlingen das für uns bereitete Mahl, während ihnen nachfolgende rothe Hummer und Krebse sich am Strande ordnen und einen Reigen tanzen, vive la, vive la, hopsasa; einer aus unserer

Reihe dreht sich im Schlafe um und bringt alle in Bewegung, sodaß mancher wähnt, den steilen Wasserfall hinuntergestoßen zu werden; Mosquitostiche und herunterfallende Stiefel; festgehalten im tiefen Schlamm; wunderbar großartige Nachtscenerie vor unsern Augen!

Was ist Wahrheit, was ist Traum? Alles vermischt sich, bis auch diese Bilder schwinden und ein fester Schlaf uns bis zum ersten Tagesgrauen umfangen hält.

Fröstelnd suchen wir unsere steifen Glieder zusammen und greifen nach unserm Eigenthum. Doch das ist leichter gesagt wie gethan. Schon am Abend wurden die Sachen wol größtentheils vertauscht und alles, was während der Nacht heruntergefallen ist, muß aus den verschiedenen Winkeln oder außerhalb zusammengesucht werden. Die Stiefel sind in einem Zustande, daß sie kaum über gesunde Füße zu ziehen sind, sie aber über die von Mosquitostichen verschwollenen Füße zu ziehen, muß nach den Gesichtern der Aermsten fürchterlich sein. Unsere weißen Kleidungsstücke sind braun vom Lehm, braun und grün vom Pflanzensaft, hier und da auch zerrissen. Alle Sachen natürlich ohne Stärke und zerknittert. Wir sehen geradezu fürchterlich aus, doch es hilft uns nichts, zurück müssen wir doch.

Nach einem kurzen, die Lebensgeister auffrischenden Frühstück nahmen wir Abschied von dem von den ersten Sonnenstrahlen beschienenen, ernst dreinschauenden See Waihiria und seiner großartigen Umgebung und machten uns gegen 7 Uhr auf den Rückweg, von dem ich nicht viel erzählen will. Die ganze Gesellschaft hielt jetzt zusammen, auch die Gepäckträger blieben bei uns. Der Stabsarzt stieg nicht mehr nach jedem Flußübergang von seinem Pferde ab, sondern blieb bis zum Gasthaus gemächlich im Sattel sitzen. Der Consul und ich zogen es vor, da unser Schuhzeug dies erlaubte, auf unsern eigenen Füßen durch den Fluß zu gehen und bedienten uns nur an den gefährlichern Stellen der Hand unserer Führer. Die kleine Frau, welche wieder die Führung übernommen hatte, schien sich für verpflichtet zu halten, die müden Europäer an den lichteren Stellen etwas aufzumuntern, wenigstens sah sie sich dann immer nach uns um und nickte uns freundlich zu. In verhältnißmäßig schnellem Schritt wurde der Weg zurückgelegt, sodaß wir schon gegen 9½ Uhr in dem Gasthaus anlangten. Dort wuschen wir uns, zogen frische Kleider an, frühstückten, nahmen Abschied von den reichbeschenkten braven Tahitiern und fanden in den bequemen Wagen unsere gute Laune wieder, welche an diesem Tage noch nicht zum Durchbruch gekommen war. Der Rückweg wurde ebenso wie der Hinweg gemacht, und um 5 Uhr abends waren wir wieder auf unserm Schiff.

Um 7 Uhr fand ich mich im Hause unsers Consuls ein, wo bereits die junge Königin von Tahiti, deren Bekanntschaft ich hier machen sollte, anwesend war. Sonst war niemand geladen.

Die Königin, welcher nach Bestimmung der französischen Regierung das Prädicat „Majestät" zusteht, ist eine stattliche, imponirende Gestalt, über 1,80 m groß und zählt zur Zeit 18 Lebensjahre. Sie wurde, noch nicht 15 Jahre alt, im Januar 1875 mit dem damaligen Erbprinzen, jetzigen König von Tahiti, vermählt; doch dürfte diese Verbindung nur eine leere Form geblieben sein, da der Gemahl, welcher ein wunderlicher Herr zu sein scheint, sich gleich nach der Trauung auf eine seiner Besitzungen auf das Land zurückgezogen haben soll, um dort in sehr zweifelhafter Gesellschaft sein bisheriges Leben fortzusetzen. Er kommt nur zur Stadt, wenn er sich aus Repräsentationsrücksichten mit der Königin zusammen zeigen muß. Die letztere bewohnt daher, nur von ihrem weiblichen Hofstaat umgeben, das Stadtpalais allein. Die Königin hat ihre Erziehung in Sydney genossen, spricht englisch und französisch, ist ziemlich belesen, gewandt in der Unterhaltung und scheint eine liebenswürdige Dame von heiterm Gemüth zu sein.

Der Abend verlief sehr angenehm und fand uns alle in so behaglicher Stimmung, daß ich auch einigen Stadtklatsch zu hören bekam und dabei gleichzeitig erfuhr, wie die hiesigen Damen sich für die fehlende Zeitung Ersatz zu schaffen wissen. Für diese tritt der mündliche Bericht ein, und die Börse hierfür ist der allmorgendlich stattfindende Markt. Die Damen schicken ihre eingeborenen Verwandtinnen oder Vertraute dorthin, alle Begebenheiten von Bedeutung werden ausgetauscht und jede Familie erfährt beim ersten Frühstück schon, was sich in der Stadt und auf dem Lande in den letzten 24 Stunden zugetragen hat. Dies geht so weit, daß mir aus dieser Quelle auch für mich wichtige politische Nachrichten aus dem Hause des Gouverneurs zuflossen, welche von Einfluß auf meinen Besuch der Gesellschafts-Inseln wurden. Der Markt soll aus diesem Grunde das bewegteste Bild in Papeete bieten, und ich bedauerte es sehr, dies nicht früher gewußt zu haben, weil ich zu einem derartigen Besuch keine Gelegenheit mehr fand. Ich hatte es mir bei meinen frühern Reisen stets zum Grundsatz gemacht, den Markt nie zu versäumen, weil man hier immer Interessantes sieht, hier in Papeete hatte ich aber nichts erwartet.

Ehe wir uns trennten, sprach die Königin noch den Wunsch aus, unser Schiff zu sehen, machte aber zur Bedingung, daß sie nur als Tante unserer liebenswürdigen Wirthin empfangen würde, daß ferner der Besuch in die Abendzeit fallen müsse und über denselben vorher nicht gesprochen werden dürfe, weil der französische Gouverneur ihr sonst auf irgendeine Weise die Ausführung dieses Wunsches unmöglich machen würde. Was der Gouverneur nachher etwa zu sagen beliebte, sei ihr gleichgültig. Da unsere Abreise für den 1. Juni morgens festgesetzt war, so blieb nur der nächste Abend zur Verfügung, und ich versprach der Dame, sie 7 Uhr abends mit ihren Verwandten vom Lande abzuholen.

Der heutige Tag, 31. Mai, gehört den Geschäften.

Wie ich schon angedeutet habe, beabsichtigt die Société commerciale de l'Océanie ihren Wohnsitz nach der unabhängigen Insel Raiatea zu verlegen, sowol um den übermäßigen Steuern, Zöllen und Hafenabgaben in Papeete, wie namentlich den unwürdigen Plackereien durch die französischen Machthaber zu entgehen. Diese Absicht ist nicht nur den Franzosen, sondern auch weitern Kreisen bekannt, da mir schon in Panama der Commandant eines amerikanischen Kriegsschiffs erzählt hatte, daß die bisher auf Tahiti ansässig gewesenen Deutschen wegen der seitens der Franzosen gegen die dort lebenden Ausländer getroffenen Maßregeln ihren Wohnsitz nach den unabhängigen Inseln der Gesellschafts-Gruppe verlegt hätten. Im übrigen hat das deutsche Haus seine Absicht auch schon zum Theil ausgeführt, die Waarenlager bereits nach Raiatea verlegt und hofft innerhalb einiger Monate seine ganze Geschäftsthätigkeit dort concentriren zu können. Die unter deutscher Flagge zwischen den Inseln fahrenden kleinern Schiffe löschen und laden bereits auf Raiatea, ebenso laufen die zwischen Hamburg und hier fahrenden großen Schiffe diesen Hafen und nicht mehr Papeete an. Erwähnt sei hier noch, daß die Gesellschafts-Inseln, von welchen Raiatea, Huheine und Bora-Bora (auch Bola-Bola genannt) die bedeutendsten sind und gesonderte selbständige Staatswesen bilden, in unmittelbarer Nähe von Tahiti, d. h. nur etwas über 100 Seemeilen davon entfernt, liegen und die Franzosen früher versucht haben, auch diese in ihre Machtsphäre einzuschließen. Als sie indeß durch Waffengewalt von Huheine vertrieben wurden, legte sich England ins Mittel, und es kam dann zwischen England und Frankreich ein Vertrag zu Stande, welcher den Gesellschafts-Inseln ihre Unabhängigkeit garantirte.

Die Franzosen brachten nun jedenfalls die Anwesenheit der zufällig hierhergekommenen „Ariadne“ mit den Maßnahmen des deutschen Hauses in Zusammenhang und befürchteten zweifellos, daß Deutschland sich in ihrer unmittelbaren Nähe festsetzen wolle, daß unser Schiff den Auftrag habe, von den Gesellschafts-Inseln Besitz zu ergreifen. In Papeete konnte man wenigstens aus jedem Munde hören, daß das deutsche Kriegsschiff zu diesem Zwecke hierhergekommen sei. Der Gouverneur hielt sich nun wol für verpflichtet, Vorsichtsmaßregeln zu ergreifen, welche mich wieder zwangen, gerade das zu thun, was den Franzosen unbequem war und woran ich vorher gar nicht hatte denken können, weil ich nur das Streben hatte, möglichst schnell nach Apia zu kommen und daher auch die Forderung der deutschen Gesellschaft, zu ihrem Schutze die Gesellschafts-Inseln anzulaufen, anfänglich abgeschlagen hatte. Als ich aber durch die Marktzeitung erfuhr, daß das hier stationirende französische Kriegsschiff den Auftrag erhalten habe, zwei Tage vor meiner bereits bekannten Abreise von Papeete nach den Gesellschafts-Inseln zu gehen, um die Eingeborenen gegen die Deutschen aufzuwiegeln und ihnen mitzutheilen, daß in den nächsten Tagen ein deutsches Kriegsschiff kommen würde, um ihnen ihr Land wegzunehmen, daß die Franzosen ihnen aber beistehen und im Verein mit England und Nordamerika die Deutschen wieder vertreiben würden, wurde ich unschlüssig. Nachdem nun das französische Kriegsschiff gestern wirklich Papeete verlassen hat und heute von Huheine auch bereits durch ein besonders abgeschicktes Segelschiff an das deutsche Haus die verbürgte Nachricht gelangt ist, daß der Franzose dort war und die ganze Insel in Aufruhr sei, um sich mit Waffengewalt unserm Eindringen zu widersetzen, blieb mir keine Wahl. Ich mußte nun die Inseln anlaufen, sowol um die böswilligen Gerüchte zu zerstreuen, wie auch um durch Machtentfaltung die herrschende Aufregung zu bändigen und die heißblütigen Eingeborenen vor Gewaltthätigkeiten gegen Deutsche zu bewahren.

Da ferner Herr und Frau G. sich bereit erklärt hatten, die auf acht Tage veranschlagte Reise als meine Gäste auf der „Ariadne" mitzumachen, so konnte ich, da die genannte Dame mit den regierenden Familien nahe verwandt ist und als tahitische Prinzessin mit dem Titel einer „Prinzessin der Bienen" unter den Eingeborenen der ganzen Gruppe ein hohes Ansehen genießt, dieselbe auch im Stande war, die etwas zweifelhaften Dolmetscher zu controliren, darauf rechnen, die gestellte Aufgabe in glatter Weise zu lösen. Schließlich war es mir noch gelungen, den deutschen Capitän eines kleinen in Papeete liegenden Schiffes, welcher schon seit vielen Jahren zwischen diesen Inseln fährt, als Lootsen zu erhalten.

Während des Nachmittags wurde auf der „Ariadne" für den Besuch der Königin ein Zelt aufgeschlagen und dasselbe mit Flaggen, Laub, sowie allen verfügbaren Lampen und Laternen decorirt. Nach dem Vorschiff zu blieb es offen, um unserer Mannschaft auch Gelegenheit zu geben, die Königin von Tahiti zu sehen.

Abends 7 Uhr, nach Eintritt vollkommener Dunkelheit, wurden die Königin, Herr und Frau G. nebst deren Gepäck und Diener, da diese Herrschaften wegen unsers frühen Aufbruchs am nächsten Tage schon diese Nacht an Bord bleiben sollten, abgeholt. Auf dem Deck waren bequeme Sitzgelegenheiten geschaffen und die Offiziere hatten, da ich mich um das Arrangement nicht hatte bekümmern können, für die Bewirthung gesorgt. Die Königin trug die wenig kleidsame tahitische Nationaltracht, ein langes, faltenreiches, gürtelloses Gewand von schwerem schwarzen Atlas und einige Blumen im Haar. Das Kleid wurde vorn durch eine reiche Brillantbroche, welche ein Hochzeitsgeschenk des damaligen Präsidenten der französischen Republik sein soll, geschlossen. Als die Dame, uns alle überragend, in der Mitte des bunten Zelts im vollen Lichtschein stehend, wohlgefällig Umschau hielt, um das zu ihren Ehren getroffene Arrangement zu betrachten, war sie in ihrer einfachen schwarzen schillernden Kleidung eine entschieden hoheitsvolle Erscheinung.

Es wurden verschiedene Erfrischungen gereicht, die Musik spielte einige Stücke und gegen 9 Uhr geleitete ich im Verein mit Herrn und Frau G. die Königin wieder ans Land, wo sie von einigen

Dienerinnen und Dienern erwartet wurde. Herr und Frau G. machten es sich in meiner Kajüte bequem, während ich ein anderweites Unterkommen für die Zeit gefunden hatte.

Am 1. Juni morgens mit Tagesanbruch verließ unser Schiff Papeete wieder und zwar hoffentlich auf Nimmerwiedersehen, da das Anlaufen französischer Häfen für ein deutsches Kriegsschiff sogar in der Südsee eine wenig angenehme Sache ist.

7.

Die Gesellschafts-Inseln.

Unser Weg führte uns zunächst nach der Insel Morea, auch Eimeo genannt, wo ich einen nur kurzen Aufenthalt von wenigen Stunden nehmen wollte, um im Anschluß daran während der Nacht nach Huheine zu laufen.

Wegen der Erregung in den Gemüthern der Eingeborenen von Huheine hielt ich es für zweckmäßig, nicht abends, sondern erst am nächsten Vormittag bei guter Zeit dort einzutreffen, und so konnte ich den heutigen Tag gar nicht besser zubringen, als unter Segel nach Morea zu laufen und es der Gunst des Windes zu überlassen, wie lange unser Aufenthalt dort währen solle. Unser Ziel war Taloo-Hafen, von den Franzosen jetzt Papetoaï genannt, wo bei dem Dorfe Oponu die einzige auf dieser Insel befindliche und Herrn G. gehörige Plantage liegt. Nebenbei wünschte der Herr auch meiner Mannschaft einige Tausend Apfelsinen, welche dort gerade geerntet waren und nach San-Francisco verschifft werden sollten, zu schenken, ein Geschenk, welches ich gern annahm.

Um 9½ Uhr waren wir vor der Hafeneinfahrt angelangt und hatten von hier aus einen außerordentlich schönen Blick auf die eigenartig gestaltete Insel. Die beiden geradlinig und annähernd parallel nach dem Innern laufenden, mäßig hohen Ufer fallen ziemlich steil nach dem Wasser ab, sind dicht belaubt und wirken mit ihren tiefen Farbentönen, im Gegensatz zu dem hellen Hintergrund, wie die Seitencoulissen auf der Bühne. Den Hintergrund bildet eine im vollen Sonnenschein liegende, sanft ansteigende und sich weit nach rückwärts erstreckende Ebene, welche durch eine hellgrau schimmernde und heiß flimmernde, 900 m hohe, felsige Gebirgswand von merkwürdig zerrissenen und gekünstelten Linien begrenzt wird. Am Fuße dieser Wand liegt links das Dorf Opuno, in der Mitte vor seinem

Anker ein großes Segelschiff mit der deutschen Flagge an der Gaffel, und zur Rechten sieht man die Plantage mit ihren Gebäuden.

Als wir unter Dampf in dieses Bühnenbild hineinfuhren, hatte ich die Empfindung, als ob ich mich nach den Zuschauern unserer Gastvorstellung umsehen müsse.

Kurz nach 10 Uhr vormittags kamen wir zu Anker und setzten 5 Uhr abends unsere Reise weiter fort.

Taloo-Hafen auf der Insel Morea oder Eimeo.

Morea gehört zu dem tahitischen Königreich und steht somit ebenfalls unter französischem Protectorat, obgleich seitens der Franzosen zur Zeit keinerlei Controle über die Insel ausgeübt wird, welche wegen ihres vorherrschend steinigen Bodens wol auch nie besondere Bedeutung erlangen wird. Sie liefert vorläufig nur Orangen und soll reich an verwilderten Rindern und Ziegen sein, deren Jagd aber nicht als lohnend betrachtet wird, weil die Thiere nur auf kaum gangbaren Pfaden zu erreichen sind und ihnen nur mit der Kugel beizukommen ist. Daneben gilt es als unmöglich, das erlegte Wild auf den Felsenpfaden bis zu den Wohnstätten der Menschen zu schaffen, und es muß daher da liegen bleiben, wo es gefallen ist. Da ferner die Rinder in der Regel auch selbst zum Angriff vorgehen sollen und namentlich die heerdenlosen Stiere sehr gefürchtet werden, so kann diese Jagd nur als ein Sport betrachtet werden, welchem in frühern Zeiten wol englische Marineoffiziere gehuldigt haben sollen, zu welchem sich in neuerer Zeit aber keine Jünger mehr gefunden haben.

Unser Aufenthalt am Lande beschränkte sich darauf, die Plantage zu begehen, die Unmassen der ein großes Schiff füllenden Orangen anzustaunen, im Schatten der Veranda des Wohnhauses zu ruhen und dabei das schöne Landschaftsbild zu genießen.

Am 2. Juni morgens langten wir vor Huheine an, ankerten im Laufe des Vormittags im Owharre-Hafen und zwar so dicht unter Land, daß das Schiff außerdem auch noch mit Tauen an Bäumen festgebunden werden konnte. Der Hafen ist zu eng, um großen Schiffen ein freies Schwingen um ihren Anker zu gestatten, man muß sich daher auf die angegebene Weise helfen.

Auf dem zwischen dem Ufer des Hafens und dem Königshaus liegenden großen freien Platz lagerten so große Menschenmassen, Männer, Frauen und Kinder, daß die gesammte Bevölkerung der Insel hier zusammengeströmt zu sein schien, wie es auch thatsächlich der Fall war. Ein von Frau G. an die Königin geschriebener Brief, in welchem die Dame unsern Besuch zum nächsten Vormittag anmeldete, wurde gleich an Land geschickt; die umgehend erfolgende Antwort lautete, daß wir zu der von mir in Vorschlag gebrachten Stunde, 9 Uhr vormittags, erwartet werden würden.

Da ich es nicht für angezeigt hielt, vor diesem Besuch schon eine Verbindung mit dem Lande herzustellen, benutzte ich den heutigen Nachmittag zu einer Bootsfahrt. Wir umsegelten innerhalb des Korallenriffs einen großen Theil der Insel und bekamen landschaftlich viel Schönes zu sehen. Die von uns befahrene Wasserfläche wird nach der See hin begrenzt durch das Korallenriff, nach der andern Seite durch die Insel, welche ähnlich wie Tahiti nur an der Küste einen mehr oder minder breiten Gürtel fruchtbaren Landes hat und deren Kern als 700 m hoher nackter Fels in diesem grünen Rahmen steht. Die Ansiedelungen der Eingeborenen, welche in der Regel unter schattigen Bäumen am Fuße des Berges liegen und freien Ausblick über das vor ihnen liegende bebaute Land und über das ruhige

Wasser innerhalb des Riffs hinweg auf die offene See und die Insel Raiatea haben, machen einen außerordentlich behaglichen, friedlichen Eindruck, welcher durch die Abwesenheit alles menschlichen Lebens, denn alle Hütten sind zur Zeit verlassen, allerdings etwas abgeschwächt wird.

An einer besonders einladenden Stelle, wo an einer kleinen Einbuchtung dicht am Strande, unter hohen schattigen Bäumen, ein

Königshaus in Huheine.

besseres Haus mit gepflegtem Garten stand, legten wir an einer kleinen Brücke an, um den dort wohnenden und meinen Gästen näher bekannten Häuptling zu besuchen. Doch auch dieses Haus war verlassen. Wir erfrischten uns an einigen Apfelsinen und Bananen, setzten dann unsere Fahrt fort und dehnten dieselbe bis zu einer bis unter den Meeresspiegel reichenden Einsenkung aus, welche Huheine eigentlich zu zwei Inseln macht, obgleich die auf diese Weise gebildete

13*

Wasserrinne nur sehr schmal ist und eine so geringe Tiefe hat, daß sie nur bei Hochwasser befahren werden kann. Vor Sonnenuntergang waren wir wieder an Bord und bereuten nicht, den schönen, genußreichen und erfrischenden Ausflug gemacht zu haben.

Am Morgen des 3. Juni hatte ich der Königin durch unsere Musik ein Ständchen bringen lassen, und um 9 Uhr vormittags fand in ihrem Hause die verabredete Zusammenkunft statt. Unser Weg dahin führte uns durch das ganze Volk von Huheine, welches hier versammelt uns mit theils drohenden, theils besorgten Mienen musterte.

Bei der Königin befanden sich ihr ältester Sohn, dessen Frau und die den Staatsrath bildenden vornehmsten Häuptlinge. Die Königin, eine ältere Frau, trug ein Waschkleid nach tahitischem Schnitt und einen breitberandeten italienischen Strohhut mit flatterndem grünseidenen Band; ihre Schwiegertochter war ebenso gekleidet, doch ohne Hut; der Sohn und Thronfolger sowie die Häuptlinge waren in Hosen und Hemden. Die Damen hatten Schuhe an, die Herren waren barfuß.

Unser Empfang war ein sehr kühler, alle Gesichter drückten ernste Sorge aus. Der von uns mitgebrachte Dolmetscher, Sohn eines englischen Missionars, übersetzte meine Ansprache, in welcher ich sagte, daß ich gekommen sei, um der Königin meinen Besuch zu machen, und daß das Schiff die Aufgabe habe, die freundschaftlichen Beziehungen, welche zwischen den Deutschen und der Regierung des Landes bisher bestanden hätten, nicht nur fernerhin zu unterhalten, sondern auch noch fester zu knüpfen, aber auch die Interessen der erstern wahrzunehmen, wenn dies nothwendig sein sollte.

Der Sprecher der Königin dankte darauf für den ihr gewordenen Besuch und für die Vertrauen erweckenden Worte, betonte dann aber, daß das Volk von Huheine voller Sorge sei, weil sie von Papeete die bestimmte Nachricht erhalten hätten, daß wir diese Inselgruppe mit Gewalt zu nehmen beabsichtigten. Meine Antwort konnte nur dahin lauten, daß Deutschland vorab nicht an die Erwerbung von Colonien dächte, aber auch nicht wünschen könne, die noch unabhängigen Inseln sich in Colonien anderer europäischer Staaten umwandeln zu sehen, und daher nur als Beschützer solcher Inselgruppen betrachtet werden könne, wie ihnen das Beispiel Tongas zeige, mit welchem das Deutsche Reich einen Freundschaftsvertrag abgeschlossen habe, wodurch das kleine Inselland vor fremder Willkür gesichert sei.

Solange daher die deutschen Unterthanen auf den unabhängigen Inseln unter dem Schutz der Landesgesetze sicher leben und Handel treiben könnten, müßten die deutschen Kriegsschiffe immer als die Freunde des Landes angesehen werden, denn ihre Aufgabe sei nur, deutsches Leben und Eigenthum zu schützen.

Nach diesen Worten und einigen ergänzenden freundlichen Bemerkungen der Frau G. an die Königin änderte sich die Scene

Prinzessinnen von Huheine.

urplötzlich. Sichtliche Freude strahlte auf allen Gesichtern und der Sprecher hielt eine freudig bewegte Ansprache, worin er erklärte, daß nunmehr die Sorgen von ihnen genommen seien, und wie groß diese gewesen wären, könnten wir daraus ersehen, daß sie alle die drei letzten Nächte schlaflos zugebracht hätten und das ganze Volk während dieser Zeit um seine Königin geschart gewesen sei. Dann trat der Sprecher in die offene Thüre auf die Veranda des Hauses und hielt eine längere Ansprache an das Volk, nach deren Schluß die Leute wegeilten und bald darauf reich beladen mit Geschenken, welche in

Schweinen und Früchten bestanden, zurückkehrten und diese vor mir niederlegten. Als die Geschenke in unsere Boote gebracht waren, um meiner Mannschaft mit ihnen einen guten Tag zu machen, lud Frau G. in meinem Namen die Königin mit ihrer Familie, die Häuptlinge und das ganze Volk zum Nachmittag auf unser Schiff ein. Die Einladung wurde mit großer Freude angenommen, und der Nachmittag gestaltete sich zu einem wahren Volksfeste, da alles, was kommen konnte, auch zu uns kam, Jung und Alt, Männer, Frauen und Kinder. Die Vornehmern wurden in meiner Kajüte mit Schaumwein, Fruchtsäften, Kuchen und Marmeladen bewirthet, das Volk in der Offiziermesse mit Punschbowle. Unsere Musik wechselte ab mit den Gesängen und Tänzen der Eingeborenen, Freude und Lust beherrschten das Fest und jede Furcht der Eingeborenen war verschwunden, als sie um 5 Uhr sehr befriedigt das Schiff wieder verließen.

Die Königin, ihre Familienmitglieder und die Häuptlinge wurden von Herrn und Frau G. noch mit Kleiderstoffen beschenkt, worauf die Königin in ihrem Freudenrausch auch noch bat, mit Frau G. die Hüte austauschen zu dürfen, wodurch ich in den Besitz des königlichen Hutes kam, da Frau G. mir denselben als Andenken verehrte. Wie sich später zeigen wird, war mir derselbe aber nicht lange beschieden. Bei den Gesängen der Eingeborenen hatte ich gehofft, etwas Aehnliches zu hören wie am See Waihiria auf Tahiti, aber ich täuschte mich, wenngleich der Gesang auch gut geschult und melodiös war. Von dem Tanz läßt sich auch nicht viel sagen. Die Darsteller waren Frauen, welche einzeln sich zeigten und ohne Grazie jähe Bewegungen mit dem Mittelkörper machten. Ich vermuthe, daß diese Schaustellungen einen etwas wüsten Charakter angenommen hätten, wenn nicht die Königin, welche ein strenges Regiment führen soll, zugegen gewesen wäre.

Am 4. Juni verließen wir mit Tagesanbruch Huheine wieder und gedachten im Laufe des Vormittags in dem Hafen Otea-Vanua auf Bora-Bora ankern zu können. Doch der Wind war wieder einmal anderer Ansicht wie wir, wehte fest aus Südwest statt aus Südost, und entwickelte sich zu einem mäßigen Sturm mit hohem Seegang. So kamen wir unter Dampf nur langsam vorwärts. Schon vom Morgen an lag die nur noch 36 Seemeilen von uns entfernte Insel Bora-Bora scheinbar nahe vor uns, ein 700 m hoher, dräuender, mächtiger Fels-

Die Corvette „Ariadne" unter Dampf vor dem Hafen Otea-Vanua.

block auf sonst niedrigem, größtentheils üppig belaubten Unterlande, und doch wurde es 3 Uhr nachmittags, ehe wir zum Hafeneingang, und 4 Uhr, bis wir zu Anker kamen. Als wir endlich die Nordspitze der rundum von einem Korallenriff umgebenen Insel, welches abweichend von der sonstigen Regel ziemlich hoch über Wasser liegt und größtentheils mit Kokospalmen bestanden ist, umschifft hatten und dicht an der Küste entlang südlich nach dem Hafeneingang steuerten, bot sich dem Auge wieder ein wunderbares Bild der merkwürdigsten Contraste.

Wir selbst auf der wild aufgeregten, schäumenden See, unser Schiff tief einstampfend, rollend und ächzend. Ueber uns die schnell ziehenden dickgeballten Wolken. Unwirsch mahlt die mit 2000 Pferdekräften arbeitende Schraube im Wasser, weil das Schiff ihrem Druck nicht folgen will, und hochauf spritzt der Gischt, wenn sich das Heck schüttelnd und in allen Verbänden knarrend aus dem Wasser hebt und die Schraube theilweise frei von diesem, in fast doppelten Umdrehungszahlen mit den obern Flügelspitzen durch die Luft schlägt. Tief gräbt der Bug sich dann in die von vorn andrängenden Wellen, sodaß die helle See über die Back bricht und die von dem mächtigen Anprall in Wasserstaub aufgelösten Wogenkämme über das ganze Schiff hinwegstürmen, welches in seinem Lauf plötzlich gehemmt, bis in die obersten Mastspitzen erzittert. Hastend quillt als dicke Wolke der schwarze Rauch aus dem großen Schlot und bildet nach hinten eine breite dunkle Straße, über welcher oben am Hauptmast der lange weiße Wimpel in schlangenähnlichen Windungen flattert. Der Rauch schwärzt alles, was er erreichen kann, und der Seewasserstaub überzieht Schiff, Takelage und Menschen mit glitzernden weißen Salzkristallen. Zur Linken von uns das von der Brandung ganz in blendenden Schaum gehüllte Korallenriff mit seiner Kette belaubter kleiner Inseln, deren Palmen sich widerwillig unter dem Druck des starken Windes zur Seite neigen und dahinter — hellgrünes Wasser, welches, von dem Winde unberührt, wie ein Spiegel sich unter der Sonne ausbreitet und an dessen anderm Ufer die Hauptinsel fern von dem Toben des Sturmes und des Meeres in erhabener Ruhe emporragt, scheinbar beschützt von dem gigantischen, die ganze Insel beherrschenden Felsblock.

An der Hafeneinfahrt trafen wir mit einem kleinen Schooner zusammen, welcher, mit vollen Segeln vor dem Winde herlaufend, dem schützenden Hafen mit fliegender Fahrt zueilte. Unser Schiff drehte und jagte auch, nun ebenfalls vor dem Winde, mit 12 Seemeilen Geschwindigkeit in die schmale Einfahrt. Was sich meinem Blick darbot, war zum Entsetzen. Unser Lootse, ein durchaus verständiger Mann, hatte sich die zu erwartende Situation vorher jedenfalls nicht klar gemacht, denn sonst hätte er mir vom Einlaufen unter diesen Verhältnissen abrathen und jede Verantwortung für das Wagniß ablehnen müssen. Jetzt war es zu spät, denn an Umdrehen war wegen mangelnden Raumes nicht mehr zu denken, der Lootse war ebenso versteinert wie ich es im ersten Augenblick war, aber zu langem Ueberlegen blieb keine Zeit; wir mußten uns zu helfen suchen, so gut es ging.

Von dem Fahrwasser und den Riffen, welche sonst durch die auf ihnen stehende Brandung oder durch die hellere Wasserfarbe zu erkennen sind, war nichts zu sehen, der vor uns liegende Raum war ein Auf- und Niederwogen wild kämpfender Wasserberge, welche nur aus weißem Gischt bestanden. Die in die 900 m breite und drei Seemeilen lange Einfahrt hineindrängenden hohen Wellen wurden von den seitlichen Riffen zurückgeworfen, prallten gegen die nachstürmenden zurück und erzeugten einen Aufruhr im Wasser, welcher jeder Beschreibung spottet. Es war ein Wallen, Tosen, Sieden und Branden, daß man sein kaltes Blut verlieren konnte. Wir waren mitten in der Brandung und niemand konnte wissen, ob nicht im nächsten Augenblick ein markerschütternder Stoß uns sagen würde, daß das Schiff verloren sei, und daß die durch den Anprall herniederbrechende schwere Takelage den größten Theil der auf Deck befindlichen Personen erschlagen würde. Nach Peilung des Kompasses zu steuern, war auch ausgeschlossen, weil das Schiff in der tobenden See so jähe Bewegungen machte, daß die Kompaßrose in ihrem Gehäuse wild hin- und herlief. So blieb keine andere Wahl, als weiter zu laufen, nach dem Auge den wahrscheinlich richtigen Curs zu halten und es der Vorsehung zu überlassen, ob wir glücklich durchkommen oder das Schiff verlieren sollten. Das Ernsteste war der Entschluß, die Maschine mit Volldampf weiter arbeiten zu lassen, da ein Stoppen derselben die Fahrt nicht genügend verringern konnte, andererseits aber das Schiff bei der größern Geschwindigkeit besser zu steuern war. Hier hieß es Zähne zusammenbeißen, sich gut festhalten, um nicht über Bord geschleudert zu werden, und — Vorwärts!

Bäumend und sich wälzend, bis zu 30° nach jeder Seite schlingernd, vorn, links und rechts Wasser schöpfend, schnitt das Schiff, nachdem alle entbehrlichen Leute zur Sicherung gegen die etwa fallenden Masten unter Deck geschickt worden waren, durch das brandende Meer neben dem kleinen Schooner her, welcher unter seinen vollen Segeln mit uns die gleiche Geschwindigkeit hielt und entweder hoch oben auf einem Wellenkamm thronend über uns stand, oder im Wellenthal soweit verschwand, daß nur die obersten Spitzen seiner 20 m hohen Masten für uns sichtbar waren. Nach Verlauf von 15 Minuten, welche mir eine Ewigkeit dünkten, liefen wir mit einem Bogen hinter das Riff in ruhiges Wasser und in eine andere Welt. Das Schiff lag plötzlich ruhig — ich athmete tief auf, stoppte die Maschine und gab den Befehl zum Ankern.

Gleich nach unserer Ankunft wurde, ebenso wie es in Huheine geschehen war, an die Königin ein Brief mit der Anmeldung unsers Besuchs für den nächsten Morgen geschickt. Die unserm Boten mitgegebene Antwort lautete, daß wir willkommen seien, von Geschäften aber nicht gesprochen werden dürfe, weil wegen vieler auf der Insel stattgefundener Todesfälle der nächste Tag als allgemeiner Buß- und Bettag festgesetzt worden sei. Da ich nun keinen ganzen Tag verlieren wollte, so übernahm es Frau G. noch an diesem Abend den Räthen der sieben Jahre alten Königin über den Zweck unsers Hierseins Aufschluß zu geben, damit etwaige Unklarheiten unter der Hand beseitigt werden könnten. Wir fuhren daher an Land und die Dame ging in das Königshaus, während Herr G. und ich einen kleinen Spaziergang machten. Als wir von diesem zurückkehrten, kam Frau G. uns schon entgegen, an der Hand die kleine Königin, welche uns in ergötzlicher Weise auf ihrer Insel begrüßte und mir sagen ließ, daß ihre Räthe zu den Deutschen volles Vertrauen hätten. Die kleine braune Herrscherin, ein hübsches freundliches Kind, trug ein kurzes Kattunkleidchen, hatte hohe weiße Strümpfe an und ging in ihren unförmlichen hohen Schnürstiefeln aus schwarzem Lackleder wie auf Stelzen. Als ich auf ihre Frage, wie es mir auf der Insel gefiele, antwortete, daß ich alles sehr schön fände, mein Diener aber klage, für Geld und gute Worte keine Eier bekommen zu können, meinte sie, daß sie da bald Abhülfe schaffen wolle. Sie lief nun so schnell als die unbequemen Stiefel es erlaubten in ihr Haus zurück, kam bald mit einem Körbchen in der Hand barfuß wieder herausgesprungen, ging in die zunächstgelegenen Hütten, brachte mir dann das inzwischen mit Eiern gefüllte Körbchen und sagte, als ich den Leuten das Geld für die Eier schicken wollte, stolz: „Die Königin kauft von ihren Unterthanen nichts, sondern nimmt denselben das für sie Nothwendige weg."

Am nächsten Morgen war feierlicher Empfang. Bei unserm Landen fanden wir so große Menschenmengen vor dem Königshause, daß wir wol die Bevölkerung der ganzen Insel hier versammelt annehmen durften. Die für mich bestimmten Geschenke waren auch schon zusammengetragen und lagen geordnet vor dem Hause zu beiden Seiten der Verandatreppe, auf welcher wir von einem braunen Herrn empfangen und in das Empfangszimmer geführt wurden. Hier befand sich bereits die Königin im Kreise der den Staatsrath bildenden Häuptlinge, von welchen einer, ihr Onkel, die Regentschaft führt. Eingeborene Damen waren nicht anwesend. Die vor uns befindliche Gesellschaft machte im Vergleich zu Huheine einen sehr civilisirten Eindruck, denn die Herren waren sämmtlich in guten schwarzen Anzügen und hatten Lackstiefel an den Füßen. Ueber dem zugeknöpften Frack trugen sie eine rothseidene Schärpe um den Leib geschlungen und in der linken Hand einen in Blech- bezw. Lederscheide steckenden Säbel oder Degen, Waffen, welche ihrer alterthümlichen Form nach jedenfalls aus dem vorigen Jahrhundert stammten und den verschiedensten Völkern angehört hatten. Daß die Säbel in der Hand getragen wurden, mag seinen Grund darin haben, daß die zum Anhängen nothwendigen Säbelkoppeln fehlen. Die Königin, welche ein rothseidenes Kleidchen anhatte und deren Kopf mit einem aus künstlichen Strohblumen gefertigten Diadem geschmückt war, kam uns entgegen, bot uns die Hand und lud dann zum Sitzen ein. Das alles machte sie so nett und natürlich, daß ich von der Fertigkeit dieser kleinen Person ganz überrascht war. Frau G. setzte sich auf das vorhandene Sofa und nahm die Königin von Bora-Bora auf ihren Schos, während wir Herren uns der im Kreise aufgestellten Stühle bedienten.

Nachdem einige Höflichkeitsphrasen ausgetauscht waren, wobei Frau G. die Dienste des fehlenden Dolmetschers versah, mußten wir auf die Veranda treten und mit dem Volke Hände schütteln, was in

Otea-Vanna auf Bora-Bora (Gesellschafts-Inseln).

der Weise geschah, daß die Eingeborenen (Männer, Frauen und Kinder) truppweise und in guter Ordnung mit gebeugtem Oberkörper auf die Veranda kamen, uns die Hand gaben und dann ebenso wieder zurücktraten. Ein junger Mann fiel mir dabei dadurch auf, daß er zu diesem Zweck dreimal die Veranda betrat; die den Leuten gewordene Ehre muß also wol sehr groß gewesen sein. Auch dieses Händeschütteln, welches ungefähr eine Stunde währte, nahm sein Ende; die vielen, wieder für meine ganze Besatzung ausreichenden Geschenke, wurden mir übergeben, und dann kehrten wir zum Schiffe zurück.

Am 6. Juni vormittags wurden die geschäftlichen Angelegenheiten erledigt, deren Ergebniß darin bestand, daß die Machthaber von Bora-Bora den deutschen Unterthanen jeden Schutz und volle Handelsfreiheit zusicherten und ich dagegen anerkannte, daß die Deutschen sich den zur Zeit bestehenden Landesgesetzen, von welchen ich vorher Einsicht genommen hatte, unterzuordnen hätten.

Für den Nachmittag wurde auch hier die Bevölkerung auf die „Ariadne" eingeladen und das Fest nahm denselben Verlauf wie in Huheine. Die kleine Königin schwelgte namentlich in Wonne, nachdem sie sich auf meine Aufforderung hin mit Genehmigung ihres Oheims ihrer Stiefel und Strümpfe entledigt hatte, welche dieser Herr ihr in meiner Kajüte auszog.

Hier kann ich nicht umhin, der wunderbaren Thatsache zu gedenken, daß dieses kleine Mädchen sich nur unter der Obhut von Männern befindet und keine eigentliche weibliche Pflegerin hat, wenn sich in ihrem Hause vielleicht auch einige Dienerinnen befinden mögen, und wie sich dem Beobachter hier bei diesem Kinde, wenn es nicht schon bei dem Besuch der andern Inseln geschehen sein sollte, der Gedanke aufdrängen muß, daß diese Insulaner das Vorbild für ihre Staatsform bei den Ameisen und Bienen gefunden haben. Daß sie die weibliche Erbfolge an der Krone für die natürlichere und richtigere halten, ist ja allbekannt; ebenso sind es die Gründe hierfür, nämlich, daß das Kind immer Blut von der Mutter haben muß, der Gatte der Mutter dem Kinde aber sehr fern stehen kann, ja bei der Ungebundenheit der herrschenden Sitten die Mutter vielleicht selbst nicht einmal im Stande ist, den Vater zu bezeichnen. Weniger bekannt dürfte es aber sein, eine wie hohe, fast göttliche Verehrung alle Polynesier dem edlen Blut ihrer alten Häuptlingsfamilien zollen und wie sie trotz aller

Unterwürfigkeit unter jede Laune ihrer Machthaber ängstlich darüber wachen, daß kein ihrer Ansicht nach unedles Blut zur Herrschaft über sie gelangt, daß sie aber dem edlen Blut jede Ausschreitung und jedes Laster verzeihen. Sieht man nun, wie diese kleine Königin in ihrem Hause nur von Männern umgeben lebt, von diesen sonst nichts thuenden und von dem Besitz des Volkes sich nährenden Häuptlingen oder Drohnen bedient, gepflegt und mit ängstlicher Sorgfalt großgezogen wird, und sieht man ferner, wie das Kind sich andererseits wieder in seinem kleinen Reich frei und ungebunden bewegen kann, von jedermann als das schätzbarste Gut des ganzen Staatswesens betrachtet und behandelt wird, und von jedem seiner Unterthanen ohne Murren das erhält, was es für sich verlangt, dann kann sich meines Erachtens bei dem Beobachter der obige Gedanke nur befestigen.

Um 4 Uhr nachmittags verließen die Eingeborenen das Schiff wieder, nachdem die Häuptlinge auch hier mit Geschenken bedacht worden waren. Die kleine Königin schenkte mir beim Abschied ihr Strohblumendiadem als Andenken.

Ein kleiner Zwischenfall hatte sich noch kurz vor Schluß des Festes zugetragen, indem einer unserer Matrosen, welcher zu den an Land Beurlaubten gehörte, von zwei eingeborenen Polizeidienern an Bord gebracht und eines Vergehens gegen die Hafenordnung angeklagt wurde. Da der Mann, ein als ordentlich bekannter Mensch, die Thatsache aber bestritt, auch keine Zeugen herbeigebracht werden konnten, so mußte die Sache fallen gelassen werden. Sie gab mir indeß Veranlassung, den etwas Englisch sprechenden Häuptling, welcher die kurze Verhandlung in Abwesenheit eines Dolmetschers geleitet hatte, zu meiner Belehrung zu fragen, ob diese Polizeiverordnung wirklich streng durchgeführt würde, da man auf den andern Inseln in diesem Punkte doch die weitgehendste Freiheit gestatte und es mir so scheinen wolle, als ob man den Mann nur aufgegriffen hätte, um uns zu zeigen, wie streng man bei ihnen auf gute Sitte hielte. Seine Antwort war, daß das Gesetz nur Geltung für das niedere Schiffsvolk habe und auch nur für solche, welche sich fangen ließen. Er mache sich gar nichts aus dem Gesetz und lade mich in sein Haus ein, wenn ich aber wirklich mit dem Schiff in einer Stunde schon fortgehen wolle, dann würde er einer seiner Frauen den Auftrag geben, auf dem Schiff zu bleiben und ich möchte sie dann später nur mit dem Boot, welches er mit einigen Leuten auch bei mir zurücklassen wolle, von See aus wieder nach Hause schicken, sie würden den Rückweg zur Insel schon finden. Er gab dann auf meine Fragen noch zu, mehrere Frauen zu haben und Christ zu sein und setzte hinzu, daß sie das Christenthum nur soweit angenommen hätten, wie es ihnen gefiele. Nachdem ich sein Anerbieten trotz wiederholten Drängens abgelehnt hatte, schenkte er mir als Ersatz, um mir doch eine Freude zu machen, seine aus Strohblumen gefertigte Halskette.

Um 5 Uhr verließen wir Bora-Bora wieder, um während der Nacht nach Raiatea zu segeln, wo wir denn auch am nächsten Vormittag im Hafen von Uturua eintrafen.

Raiatea mit der Nachbarinsel Tahaa hat denselben landschaftlichen Charakter wie Huheine und Bora-Bora — der merkwürdige 800 m hohe Felsblock inmitten fruchtbaren Landes, die Insel umgeben von Korallenriffen und kleinen Inseln, hinter welchen gute Häfen liegen. Die äußere, namentlich in dem Mittelkamm zu Tage tretende Formenübereinstimmung in den vier Inseln, von welchen die beiden äußersten 45 Seemeilen auseinander liegen, berührt ganz eigenartig, denn sie entstammen zweifellos einem Guß und man fragt sich staunend, welch ungeheuerer plötzlichen Katastrophe sie ihr Dasein verdanken mögen.

Gleich nachdem wir in nächster Nähe der deutschen Niederlassung, vor welcher drei deutsche Handelsschiffe lagen, geankert hatten, kam ein Boot mit Eingeborenen längsseit, und einer der Leute betrat mit einem Damenstrohhut in der Hand das Schiff, nach Frau G. fragend. Sehr belustigt waren wir zu hören, daß die Königin von Huheine ein Boot den weiten Weg nach Raiatea geschickt hatte, um den früher erzählten Huttausch rückgängig zu machen. Die braune Fürstin war wahrscheinlich der Ansicht, daß ihr früherer Hut doch schöner und werthvoller sei, und so mußte ich die in meinen Händen befindliche königliche Kopfbedeckung wieder herausgeben. Frau G. war zwar entrüstet und wollte von diesem Handel nichts hören, ich hatte aber Wichtigeres zu thun, als um den Besitz eines Strohhutes zu streiten.

Ein Offizier des französischen Aviso, welchen wir hier endlich antrafen, begrüßte das Schiff im Namen seines Commandanten, und dann kam der Vorsteher der deutschen Niederlassung, um Beschwerde gegen die Eingeborenen und indirect gegen das französische Kriegsschiff zu führen. Der Einfachheit halber will ich den Herrn selbst sprechen lassen:

„Der französische Aviso erkundigte sich nach seiner am 1. Juni erfolgten Ankunft gleich bei dem König, ob nicht Zwistigkeiten mit Ausländern vorlägen, bei welchen er ihm seine Dienste leihen könne, und danach erst kam er mit der Sache zum Vorschein, wegen welcher er hergekommen sein muß. Denn ich weiß aus sicherer Quelle, daß er den Eingeborenen sagte, es würde in den nächsten Tagen ein deutsches Kriegsschiff kommen, um ihnen ihre Insel wegzunehmen und er sei zu ihrem Schutze hier. Dann gab er ihnen den Rath, sobald die deutsche Flagge auf unserer Niederlassung gehißt würde, gleich die Forderung an uns zu stellen, dieselbe wieder niederzuholen, und die Forderung zu wiederholen, wenn ihr nicht nachgekommen würde, und wenn auch dies fruchtlos bleiben sollte, den Flaggenmast mit Gewalt niederzureißen. Er fügte noch hinzu, daß die Eingeborenen sich vor den Deutschen nicht zu fürchten brauchten, denn nicht nur er würde sie gegen deutsche Gewalt schützen, sondern auch die Engländer und Amerikaner würden dies thun. Als nun die «Ariadne» in Sicht kam, hißten wir vor einer Stunde zum ersten mal seit unserer Ansiedelung hierselbst unsere deutsche Flagge (Handelsflagge), und richtig kamen einige Abgesandte vom König mit der Forderung, dieselbe wieder niederzuholen, welchem Ansinnen ich indeß nicht entsprach, mich aber erbot, ihnen die Axt zu verkaufen, mit welcher sie etwa Gewalt an dem Mast gebrauchen wollten. Inzwischen war die «Ariadne» näher gekommen, die Eingeborenen verglichen mit ängstlichen Blicken den kleinen Franzosen mit Ihrem mächtigen Schiff, sahen auch keine Engländer und Amerikaner, murmelten etwas von König Wilhelm und Bismarck und zogen ziemlich still wieder ab, ohne bisjetzt ihre Forderung wiederholt zu haben."

Soweit der Berichterstatter.

Dem König (Raiatea hat ein männliches Oberhaupt) wurde, nachdem etwas Ruhe eingetreten war, unser Besuch zum nächsten Vormittag angemeldet, welcher zu 8 Uhr angenommen wurde. Unsere Bemühungen, einen Dolmetscher zu erhalten, blieben erfolglos, da die beiden ortsanwesenden Engländer, welche allein geeignet gewesen wären, unter nichtigen Vorwänden ablehnten; so mußte denn Frau G.

Haus des Königs von Kalalea in Uturua.

wieder als solcher eintreten. Den Nachmittag verbrachten wir am Lande in dem geräumigen, luftigen deutschen Hause, welches auf direct aus der See aufsteigenden niedrigen Felsen erbaut ist. Unsere Musik spielte auf dem Hofe, wo außerhalb des Zaunes viele Eingeborene zusammengeströmt waren, und wir saßen an einem schönen Platz am Wasser und sahen zu, wie zu unsern Füßen einige ein-

König und Prinz von Raiatea.

geborene Diener des Hauses für uns Hummern fingen und Austern von den Felsen abbrachen.

Unser Besuch beim König hatte ein wesentlich anderes Gepräge, als wie seiner Zeit in Huheine und Bora-Bora. Nicht nur, daß wir im Gegensatz zu den dortigen, auf schönen geebneten Plätzen liegenden, wohnlichen und schmucken Königshäusern hier eine von Gestrüpp umgebene schmutzige, baufällige Hütte ohne eigentliches Mobiliar fanden, daß das zusammengeströmte Volk einen unsaubern Eindruck machte und sich ebenso unbotmäßig wie dreist gegen seine Häuptlinge benahm, auch die Verhandlungen, an welchen soviel Volk, als die Hütte fassen konnte, theilnahm, hatten einen ziemlich stürmischen Verlauf und endeten mit der Androhung von Gewaltmaßregeln von meiner Seite. Die Hauptsache blieb, daß der Sprecher des Königs öffentlich zugeben mußte, daß sie an dieser selben Stelle die früher angeführten Mittheilungen über unsere Absichten und die damit zusammenhängenden Rathschläge erhalten hätten. Nachdem den Leuten dann noch von mir die nothwendigen Folgen etwaiger thörichter Gewaltstreiche von ihrer Seite auseinandergesetzt worden waren, ersuchte der Sprecher den König, alles was wir gesagt, genau zu erwägen und zum Besten seines Volkes nach unsern Rathschlägen zu handeln.

Aus Rücksicht für die deutschen Handelsinteressen mußte ich auch hier, so sehr es mir widerstrebte, die Eingeborenen auf das Schiff einladen, und ich bekam dabei einen ungefähren Begriff von dem tahitischen Volksleben, da Tahiti und Raiatea sich hierin ziemlich gleich sein sollen, wenngleich die Tahitier äußerlich einen sehr viel angenehmern Eindruck machen. Schon gewarnt, unterließ ich jede Aufmunterung zu Tänzen, und als ein solcher unter der Leitung eines eingeborenen Missionslehrers doch zu Stande kam, sorgte ich für baldigen Abschluß, da das Gebotene sich so wüst gestaltete und namentlich das Gebahren des Missionslehrers so ausartete, daß es unmöglich auf dem Schiff geduldet werden konnte.

Als ein kleines Beispiel, wie weit die Sittenverderbniß hier geht, möge das Folgende dienen. Als die beiden erwachsenen Töchter des Königs sich in die untern Schiffsräume begaben, folgte ich, einige Schritte hinter ihnen gehend, um sie vor etwaigen Zudringlichkeiten meiner Leute zu schützen. Gleich darauf gesellte sich deren ältester Bruder, welcher etwas Englisch spricht, zu mir, um mich vor seinen eigenen wüsten Schwestern zu warnen. Als ich erwiderte, daß ich sie nur schützen wolle, meinte er, daß sie dessen nicht bedürften, ich aber gut thäte, meine Leute vor ihnen zu schützen.

Gern hätte ich Raiatea noch denselben Abend verlassen, doch bewog mich das Pfingstfest, die beiden Feiertage noch zu Anker zu bleiben, um meinen Leuten während derselben Ruhe zu gönnen, was schließlich auch mir insofern zugute kam, als ich doch noch mancherlei mir Neues hörte und sah. In diese Tage fiel auch die Ankunft eines mit Perlschalen beladenen deutschen Schooners, welcher von den

Mangareva- oder Gambier-Inseln kam und auch eine kleine Schachtel mit Perlen mitbrachte, in welcher jede Perle in einem kleinen Fach in Watte lag mit einem beigefügten Zettel des für dieselbe gezahlten Preises. Bei dieser Gelegenheit konnte ich an der Hand von Thatsachen sehen, welche Vortheile dem deutschen Hause aus der Uebersiedelung nach Raiatea erwachsen, denn die aus 80 Tonnen Perlschalen bestehende Ladung hätte in Tahiti neben den hohen Lootsengebühren und Hafenabgaben einen Durchgangszoll von 2500 Mark tragen müssen, während das Schiff hier nur eine geringe Hafenabgabe von im ganzen 25 Mark zu entrichten hatte.

Sehr interessant war es mir, etwas über Perlen und die Perlenfischerei zu hören.

Zunächst wurde ich dahin belehrt, daß die Perlen sich nicht, wie ich bisher annahm, in der Schale bilden, sondern in dem Thier selbst, und daß sie als eine Krankheit desselben betrachtet werden müssen, denn Perlen werden nur in verkümmerten Schalen gefunden und kommen in der eigentlichen Südsee nur in Mangareva häufiger vor, während die Perlmuschel sonst bei fast allen Inseln gefischt werden kann. Man folgert daraus, daß die örtliche Beschaffenheit sowol für die Verkümmerung der Muschel, wie für die Bildung der Perle maßgebend ist. Es werden zwar auch sogenannte Perlen (namentlich sind dies besonders große etwas flache Stücke) in den Handel gebracht, welche aus der Schale ausgelöst oder geschnitten sind und sich dort als Auswüchse und Unebenheiten zeigen, diese sind aber werthlos.* Die richtige Perle ist stets abgerundet und auf ihrer ganzen Fläche von dem charakteristischen Schmelz überzogen; sie ist eine feste homogene Masse ohne Hohlraum in ihrer Mitte, hat dort auch keinen fremden Körper gelagert, wie man gewöhnlich annimmt, denn die Perle wird nicht, wie schon angedeutet, dadurch gebildet, daß das Thier einen fremden Körper umspinnt. Sie ist um so werthvoller, je größer ihr specifisches Gewicht und je reiner ihr Wasser ist, das man richtiger mit scheinbarer Durchsichtigkeit bezeichnen könnte. Eine wirklich werthvolle Perle, mag sie noch so klein sein, muß ein so reines Wasser haben, daß man beim Beschauen derselben in ihrer

* Ich habe im Jahre 1880 in der berliner Fischerei-Ausstellung einen derartigen Schmuck gesehen, welcher von Nichtkennern wegen der Größe und eigenthümlichen Form der gefaßten sogenannten Perlen als besonders werthvoll angestaunt wurde.

Mitte in weiter Ferne einen kaum festzuhaltenden Punkt zu sehen wähnt, und eine linsengroße Perle von dieser Eigenschaft ist werthvoller, als eine haselnußgroße, welche undurchsichtig scheint. Natürlich ist die äußere Form auch mitbestimmend, ebenso wie die Zahl der in gleicher Größe, Form und Farbe zusammengebrachten Perlen, denn zwei ganz gleiche Perlen haben etwa den vierfachen Werth jeder einzelnen, und zwanzig kosten vielleicht schon das Hundertfache jeder einzelnen, sodaß, wenn eine Perle 5 Mark kostet, der Preis für zwei gleiche 20 Mark und für zwanzig gleiche 500 Mark beträgt. Es wurden mir auch einige der von Mangareva mitgekommenen Perlen zu dem hamburger Marktpreis, welcher etwa 100 % höher wie der hier gezahlte ist, überlassen und ich gab für eine erbsengroße nicht besonders vollkommene 3 Mark, hätte aber für funfzig gleiche, welche ich gern gehabt hätte, etwa 500 Mark zahlen müssen, wenn sie dagewesen wären. Für eine schön geformte graue Perle von reinem Wasser und etwa 1 cm Durchmesser mußte ich 240 Mark geben. Einzelne Prachtstücke, für welche ich allerdings weder Verwendung noch den Kaufpreis gehabt hätte, waren hier unverkäuflich, weil sie einen Liebhaberwerth haben, der hier nicht bestimmt werden konnte und jedenfalls in die Tausende geht, da für eine derselben schon der Taucher an 800 Mark erhalten hatte. Die Perlenfischerei wird in Mangareva übrigens nicht als Geschäft betrieben, sondern die Eingeborenen tauchen nach den Muscheln zur Gewinnung der werthvollen Perlmutterschalen, und etwa gefundene Perlen bedeuten soviel wie einen Lotteriegewinn. Sobald nun der Taucher mit der Muschel wieder nach oben kommt, bricht er sie auf, reißt das Thier heraus und fühlt sofort durch einen Druck auf die weiche Masse, ob ein fester Körper, eine Perle, in ihr enthalten ist oder nicht.

Ich lasse noch einige Bemerkungen über die socialen und religiösen Verhältnisse der Gesellschafts-Inseln folgen, nicht, um ein System abfällig zu beurtheilen, sondern um zu zeigen, wie leicht der Mensch Irrungen unterworfen ist und wie die übereilte und mit ungenügenden Mitteln ins Werk gesetzte Durchführung des besten Systems zu Schaden führt.

Wie in Tahiti muß auch auf den Gesellschafts-Inseln jeder Eingeborene das von ihm Erworbene mit seinen Verwandten theilen, wenn sie ihn darum angehen. Der Häuptling erwirbt überhaupt nichts, sondern läßt sich von seinen Unterthanen nur ernähren, auf welche Leistung sich die Lasten dieser so ziemlich beschränken. Jeder dauernde Erwerb wird hierdurch unmöglich gemacht, die eigene Arbeit wird zur Thorheit, und die Thätigkeit der Missionare hat in dieser Richtung noch nicht nach unsern Begriffen bessernd und veredelnd wirken können.

Auf Tahiti und Raiatea kann es als Regel gelten, daß die Männer trinken und die Weiber Prostituirte sind, während auf Huheine und Bora-Bora Nüchternheit und, wenigstens äußerlich, strenge Sitten herrschen. Tahiti steht am längsten unter dem Einfluß der Missionare und seit Mitte der vierziger Jahre nur unter dem der französischen Geistlichkeit; Raiatea und Huheine werden noch von der englischen Mission behauptet, während in Bora-Bora, wo ich die geordnetsten Verhältnisse, die besten Wege und Wohnungen fand, bis vor kurzem ein deutscher protestantischer Missionar wirkte und jetzt nur noch einheimische Missionslehrer thätig sind.

Alle Eingeborenen der Gesellschafts-Inseln sind getaufte Christen, beobachten die vorgeschriebenen kirchlichen Gebräuche, wirkliche Christen sind sie aber wol nicht und werden es nie werden, solange sie nicht unter das Scepter einer europäischen Macht kommen, welche sich der systematischen Erziehung dieser Menschen annimmt, und das wird nie eintreten, weil einerseits keine Macht die Mittel wird aufwenden wollen, welche zur Colonisirung dieser verstreut liegenden Inseln erforderlich sein würden, andererseits die Eingeborenen nach ihrer ganzen Veranlagung ausgestorben sein würden, ehe das Erziehungswerk vollendet wäre. Diese Inseln sind so klein, daß eine einzelne nicht im Stande ist, die Kosten eines europäischen Regierungsapparates mit Kirche und Schule zu tragen, andererseits liegen sie räumlich so weit auseinander, daß sie nicht zusammengefaßt werden können. Die ganzen Kosten müßte also das Mutterland allein tragen, denn der Handel wirft zur Zeit nur dadurch großen Gewinn ab, daß er keine Steuern und Zölle zu tragen hat; er müßte aber zu Grunde gehen, wenn ihm nur ein nennenswerther Theil der Kosten auferlegt würde. Die Eingeborenen sind eine so weiche und an unbedingte Freiheit gewöhnte Rasse, daß sie sich vor den eindringenden Europäern zurückziehen und allmählich hinsiechen würden. Der Zwang der

14*

Kleidung, welche sie, einmal auf den Körper genommen, nicht mehr ablegen, entfremdet sie dem Wasser und macht sie unreinlich; der Verlust ihrer Ländereien, welcher mit dem Einzug der Europäer zweifellos verbunden ist, treibt sie dem Hungertod entgegen, die Vorliebe für berauschende Getränke beschleunigt dann das Siechthum.

Der einzige Weg, diese Insulaner geordneten und einigermaßen gesitteten Verhältnissen entgegenzuführen, würde sich daher mit den Interessen des Handels decken und liegt in der Uebernahme der Schutzherrschaft seitens einer europäischen Macht, welche den Eingeborenen ihre Gewohnheiten und überkommene Regierungsform beläßt und diese letztere nur durch einen Commissar in die richtigen Bahnen leiten läßt; in diesem Falle aber werden die Eingeborenen wie bisher nur Christen der Form nach sein, da die christliche Lehre nur in der Schule erworben werden kann und der Polynesier sich ebenso wenig an diese gewöhnen wird, wie die Schwalbe an den Käfig.

Die Missionare gewannen da, wo sie überhaupt festen Fuß fassen konnten, bald die unumschränkte Gewalt über die Eingeborenen und erwiesen sich später als die Gegner der eindringenden Kaufleute, ob aus Fürsorge für die Eingeborenen oder aus andern Gründen mag dahingestellt bleiben. Die Thätigkeit des Missionars nahm, sobald er erst auf der noch von keinem andern Europäer bewohnten Insel heimisch geworden war, einen eigenthümlichen Verlauf. Aus dem Lehrer wurde der Herr, welcher die Regierung leitete und durch Auferlegung harter Geld- und Körperstrafen für die kleinsten Vergehen gegen die kirchlichen Gebräuche bald die Zügel allein in der Hand hatte. Die Schule wurde von den herangebildeten einheimischen Missionslehrern übernommen und beschränkte sich auf Lesen, etwas Schreiben und das Absingen geistlicher Lieder. Zu bekehren war auf der Insel sehr bald nichts mehr und der Missionar übernahm das Handelsmonopol, welches ihm genügende Mittel abwarf, um seine heranwachsenden Kinder zur Erziehung nach Europa schicken zu können. Als nun der Kaufmann kam und höhere Preise an die Eingeborenen zahlte, begann auf Huheine und Raiatea ein stiller Kampf, welcher zunächst in der Einführung von Zwangs-Lootsengebühren für die fremden Schiffe seinen Ausdruck fand, dann folgte ein Gesetz über die Erlegung von weitern Hafenabgaben, und hierauf ein solches, welches den Eingeborenen den Verkauf von Land an Europäer verbietet. Diese Gesetze sind gewiß von Werth für die Eingeborenen, aber von Nachtheil für den Kaufmann, welcher sie dem Einfluß der Missionare zuschreibt, sich aber doch gegen das Landkaufverbot dadurch einigermaßen zu schützen gewußt hat, daß er in neuerer Zeit, wo die alte Macht der Missionare doch so ziemlich gebrochen ist, das für ihn nothwendige Land auf 99 Jahre pachtet.

Man darf nun nicht vergessen, daß die oben geschilderten Zustände sich nach meinen Gewährsleuten nur auf einige bestimmte Inseln beziehen, daß ferner die Missionare auch nur Menschen sind, und sich die obere Missionsbehörde bei der Auswahl der zu entsendenden Persönlichkeiten täuschen kann, sowie daß das Inspectionsschiff der Mission die verstreut und zum Theil Tausende von Seemeilen auseinanderliegenden Inseln alljährlich vielleicht nur einmal besuchen kann und dann schwerlich einen richtigen Einblick erhält, wenn der ansässige Missionar ihn nicht geben will.

Im großen und ganzen bin ich zu der Ueberzeugung gekommen, daß die Mission hier nicht viel Gutes gestiftet hat und das Christenthum hier weder aufrichtige Bekenner gefunden, noch veredelnd auf die Eingeborenen gewirkt hat; im Gegentheil, ich möchte behaupten, daß die Leute jetzt mit Bewußtsein mehr sündigen wie ehedem ohne Bewußtsein. Eine Erklärung für diese Thatsache dürfte schwer zu finden sein, wenn sie nicht etwa darin zu suchen ist, daß entweder die Polynesier in religiöser Beziehung überhaupt nicht erziehungsfähig sind, oder aber daß ihre Lehrer der ihnen gewordenen Machtfülle nicht gewachsen waren und vielleicht beides zusammen dazu beigetragen hat, mehr zu schaden wie zu nützen.

Am 10. morgens verließen wir Raiatea wieder, setzten am 11. morgens an der Einfahrt von Papeete, wohin uns ein Boot des Deutschen Consulats entgegengekommen war, unsere Gäste wieder ab und setzten nach kurzem Abschied unsern Curs westlich nach den Samoa-Inseln.

8.

Samoa.

I.

22. Juni 1878.

So sind wir auf mancherlei Umwegen nach siebenmonatlicher Reise endlich an unserm eigentlichen Ziele, den Samoa-Inseln, angelangt. In etwa zwei Stunden, gegen 4 Uhr nachmittags, werden wir in Apia, dem auf der Insel Upolu gelegenen Haupthafen der Samoa-Gruppe, eintreffen. Wind und Wetter waren uns von Tahiti bis hierher nicht günstig gewesen, häufige Windstillen und ein zwei Tage anhaltender Weststurm haben unsere Reise sehr verzögert. Schließlich nach langem Warten auf den Passat, welcher in dieser Zone eigentlich die Verpflichtung hat zu wehen, mußte doch für den größten Theil des Weges die Dampfkraft zu Hülfe genommen werden, und in diesem Augenblick fahren wir mit Dampf und Segel in beschleunigter Gangart an der Nordküste von Upolu entlang.

Die Insel ist schön, wie all diese herrlichen Naturgebilde; von einer eingehendern Schilderung derselben will ich jedoch hier absehen, es mag daher nur eine flüchtige Skizze des vor uns liegenden Bildes folgen.

An eine niedrige Landzunge schließen sich die, die Mitte der Insel bildenden Berge an, welche eine Höhe bis zu 1000 m erreichen und derart abweichend voneinander geformt sind, daß sie der Insel ein auffallend zerrissenes Aussehen geben. Sie zeigen sich sowol in scharf geschnittenen Pics wie auch in runden Rücken und sind an einer Stelle von einer so weit herunterreichenden Kluft durchschnitten, daß man Upolu aus der Ferne für zwei Inseln halten kann. Zunächst der Küste besteht das Land aus weiten ebenen Flächen, und dieser Bodengestaltung verdankt die Insel ihren hohen Werth für Plantagenbau. Die Küste läuft theils flach nach dem Meere aus, theils springt sie in 50—100 m hohe Caps vor, zwischen welchen kleine Häfen und Buchten liegen, in die sich Bergflüsse ergießen, von denen derjenige bei Falifa sich als schöner Wasserfall in das Meer stürzt. Das ganze Land ist dicht mit Bäumen und zwar an der Küste vorherrschend mit Kokospalmen bestanden, zwischen und unter welchen in der Nähe des Strandes Dorf an Dorf liegt, da die ganze Küste dieser dichtbevölkerten Insel bewohnt ist, während auf einzelnen höher gelegenen

Haus eines Europäers.
(Das jetzige deutsche Consulat.)

Punkten sich stattlichere Häuser, die Wohnungen von Europäern zeigen. Die der Südsee eigenthümlichen Korallenriffe umgeben einen so großen Theil der Insel, daß man innerhalb der erstern mit Booten und Kanus fast um die ganze Insel in ruhigem und sicherm Wasser fahren kann.

22. Juni, abends 10 Uhr.

Nachdem wir mit Hülfe des Lootsen, eines hier ansässigen Amerikaners, nachmittags 4 Uhr zu Anker gekommen waren und der Offizier, welcher das Schiff beim Consulat anmelden sollte, die Nachricht gebracht hatte, daß die deutschen Herren sämmtlich zu Pferde einen Ausflug gemacht hätten und wol erst sehr spät zurückkehren würden, begab ich mich an Land, um mir Stadt und Leute anzusehen, auch dem Sonnabend-Scheuerfest, welches die durch das Ankermanöver verursachten Schäden wieder beseitigen sollte, aus dem Wege zu gehen.

Die Stadt besteht, da der Berg Apia hier fast bis zum Strande herantritt, nur aus einer sich rings um den Hafen hinziehenden Straße, in welcher größere und kleinere, theilweise in Gärten liegende Häuser der Europäer mit den Hütten der Eingeborenen abwechseln. Sie bietet nichts besonders Sehenswerthes und befriedigte meine Neugierde um so weniger, als sie neben ihrer wenig anziehenden äußern Erscheinung auch noch vollständig ausgestorben zu sein schien.

Samoa schien mir überhaupt ein wunderliches Land zu sein. Die ganze Küste ist mit menschlichen Wohnungen besiedelt und wir sahen beim Vorbeifahren weder am Lande noch auf dem Wasser Menschen, noch bei den Wohnungen den sonst nie fehlenden Rauch des häuslichen Herdes; das Consulat mit dem ganzen Beamtenpersonal des großen Geschäftshauses macht am Wochenschluß einen Ausflug aufs Land; in der Stadt scheint die ganze Bevölkerung am hellen Tage zu schlafen. Was blieb mir anders übrig, als auf mein Schiff wieder zurückzukehren, wo doch mehr Leben war!

Als ich später, 9 Uhr abends, mich eben an den Schreibtisch gesetzt hatte, wird von unsern Posten ein Boot angerufen, welches doch noch die von ihrer Partie zurückgekehrten deutschen Herren brachte. Der Consul, ein Herr Weber, entschuldigte sich, daß er noch so spät komme, er hätte aber heute am Sonntag — „Was, Sonntag? Heute ist doch Sonnabend!" unterbrach ich seine Rede. „Nein, Sonntag", war die Antwort, und die Erklärung ergab, daß in Samoa, obgleich die Inseln noch auf Westlänge ($169^1/_2$° bis 173° W. nach Greenwich) liegen, doch die Kalenderrechnung von Australien und Neu-Seeland angenommen worden ist, weil alle Beziehungen Samoas mit der Außenwelt sich auf diese beiden großen englischen Colonien und die zwischen diesen und Europa laufenden Dampferlinien stützen. Nun war mir alles klar, der Ausflug der deutschen Herren und die Sonntagsheiligung nach der von den englischen Missionaren gegebenen Vorschrift, nach welcher am Sonntag nicht einmal gekocht werden darf, während wir uns zu gleicher Zeit am Sonnabend abgequält haben, unser Schiff für den nächsten Tag recht schön zu machen.

Herr Weber erzählte mir noch so viel über samoanische Verhältnisse und was alles meiner warte, daß mir ganz wirr im Kopfe wurde und ich nur so viel behalten habe, daß ich gleich am nächsten Tage mitten im Kampfgewühl mit den aufsässigen Samoanern sein würde. Dann gingen wir noch für einige Zeit zu den Offizieren und jetzt sitze ich am Schreibtisch und habe soeben in das Befehlsbuch für morgen den wunderlichen Satz geschrieben: „Der heutige Tag ist nicht als Sonntag den 23., sondern als Montag den 24. Juni zu rechnen, doch wird der Dienst nach der Sonntagsroutine gehandhabt."

So ist nun all die Zeit, welche wir von der Heimat an immer mit dem Laufe der Sonne nach Westen hin segelnd und dampfend auf unserm langen Wege hierher tagtäglich gewonnen haben, mit einem Schlage wie ein Hauch wieder hin, indem ein ganzer Kalendertag aus dem noch vor uns liegenden Leben hinweggewischt ist.

25. Juli 1878.

Heute Morgen haben wir Apia für einige Zeit wieder verlassen, um der Besatzung des Schiffes nach einem nahezu achtmonatlichen Aufenthalt in den Tropen in Sydney für wenige Wochen sowol die Wohlthat kräftigerer Luft, wie auch die besserer Kost zutheil werden zu lassen. Die Samoa-Inseln liegen schon in weiter Ferne hinter uns, das Schiff hat einen klaren Seeweg vor sich, und so finde ich endlich Muße, die Begebenheiten der letzten vier Wochen, welche für mich eine ununterbrochene Kette großer Aufregungen waren, niederzuschreiben. Von Land und Leuten kann ich zwar noch nicht viel erzählen, weil ich nur wenig davon gesehen habe, aber desto mehr von Streit und Hader. Da ich indeß ja nach den Samoa-Inseln zurückkehre, so werde ich dann während eines längern und hoffentlich friedlichern Aufenthalts wol Gelegenheit finden, mich mit dem Leben und Treiben dieses selbstbewußten Völkchens besser bekannt zu machen. Das Wenige, was ich indeß gehört und gesehen habe, mag immerhin schon jetzt hier Platz finden.

Zu der Samoa-Gruppe gehören die Inseln Manua, Tutuila, Upolu und Savai'i, sowie noch eine Zahl kleinerer Inselchen, welche auf der Karte indeß nur als Punkte verzeichnet werden können. Von den erstgenannten ist Manua die östlichste und kleinste, Savai'i die westlichste, größte und höchste (bis zu 1300 m hoch) dieser Inseln.

Nur Tutuila und Upolu haben Häfen und von diesen kommt für den Handelsverkehr wieder nur Apia in Betracht.

Apia muß im Vergleich zu den Städten anderer unabhängiger Inseln ein großer und bedeutender Platz genannt werden, ist Sitz der samoanischen Regierung und Mittelpunkt des deutschen Handels für den westlichen Theil der Südsee. Es erscheint auffällig, daß von den samoanischen Häfen gerade Apia der Hauptplatz geworden ist, wenn man erwägt, daß der kleine Hafen die anlaufenden Schiffe oft kaum alle aufnehmen kann und nur Schutz gegen die gewöhnlich hier allerdings vorherrschenden südlichen Winde gewährt, gegen alle nördlichen aber und namentlich gegen den alle 10—12 Jahre einmal von Norden her über die Insel wegziehenden Orkan ganz offen ist, sodaß die dann von dem Sturm unglücklicherweise im Hafen überraschten Schiffe in der Regel verloren sind. Der vorzügliche Hafen von Pago-Pago (sprich Pango-Pango) auf Tutuila bietet dagegen ganzen Flotten Raum und vollständige Sicherheit gegen alle Winde. Und doch wird die Wahl von Apia verständlich, wenn man berücksichtigt, daß Upolu die fruchtbarste und bevölkertste der Samoa-Inseln ist, in der Mitte zwischen Tutuila und Savai'i liegt, daß hier die einflußreichsten Stämme der Samoaner seßhaft sind, daß Apia wiederum so ziemlich im Mittelpunkt von Upolu liegt und der Hafen bisher immer noch als der beste dieser Insel galt, denn der sehr viel bessere Hafen von Saluafata ist erst seit kürzerer Zeit als solcher bekannt und zwar vorläufig auch nur Herrn Weber, seinen Kapitänen und neuerdings auch uns.

Die Stadt Apia umschließt, wie schon gesagt, den ganzen Hafen. Von diesem aus gesehen rechts, also an dem westlichen Ende, läuft das Land in eine schmale, niedrige, mit Kokospalmen bestandene, Mulinu'u genannte Landzunge aus, auf deren äußerster Spitze sich der Regierungssitz befindet, nämlich einige Hütten und ein kleines Breterhaus, welches früher die Wohnung des Ersten Ministers war, solange der amerikanische Colonel Steinberger, welcher Apia vor etwa zwei Jahren wieder verlassen hat, dieses Amt bekleidete. Jetzt dient das Haus dem derzeitigen amerikanischen Consul gelegentlich zum vorübergehenden Aufenthalt, wenn dieser, wie es scheint etwas wunderliche Herr sich das Ansehen geben will, die Samoaner gegen Gewaltmaßregeln europäischer Kriegsschiffe zu beschützen. Er hißt dann an dem bei dem Hause befindlichen Flaggenstock die amerikanische Flagge und will die Samoaner glauben machen, daß keine Truppe und keine Kugel den Weg zu einem Platz finden könne, in dessen Nähe seine Consulatsflagge weht. Einige Tage nach unserer Ankunft hatte der Herr denn auch das Haus wieder bezogen, ob mit einer bestimmten Absicht oder nur zufällig, kann ich nicht wissen.

Deutsche Handels- und Plantagen-Gesellschaft in Apia.

An den Regierungssitz schließt sich ein Dorf der Eingeborenen an, dann folgt die großartige Anlage der Deutschen Handels- und Plantagen-Gesellschaft (früher J. C. Godeffroy u. Sohn) mit ihrem stattlichen Wohnhaus, den Lagerräumen, einer Baumwoll-Reinigungsmaschine, Schiffs-Reparaturwerkstätte und großen freien Lagerplätzen. Das nächste inmitten eines großen Gartens von der Straße etwas zurückliegende Gebäude ist ein französisches Nonnenkloster, welches sich der Erziehung samoanischer, halbweißer und weißer Mädchen widmet. Dann kommt der eigentliche europäische Stadttheil, vielleicht richtiger das Fremdenviertel genannt, mit einigen bessern Häusern, zwei fragwürdigen Gasthäusern (Hôtel international und Gasthaus zur Stadt Hamburg), einigen Matrosenkneipen, den wieder weiter von der Straße zurückliegenden, aus rothen Backsteinen erbauten Häusern der französischen katholischen Priester und einer hübschen kleinen, aus Stein erbauten katholischen Kirche. Demnächst folgt wieder ein Eingeborenendorf, das nach der andern Seite von einem in den Hafen mündenden ziemlich breiten Fluß begrenzt wird und in welchem das Haus der englischen Mission sowie die einer häßlichen Scheune ähnelnden evangelische Kirche liegen. Eine lange hölzerne Brücke führt über den Fluß an der Anlage des zweiten hier etablirten großen deutschen Hauses von Ruge u. Hedemann aus Hamburg vorbei, wieder zu einigen von Fremden bewohnten Häusern und schließlich zu einem auf einer flach auslaufenden Landspitze liegenden Eingeborenendorf, welches hier im Osten die Stadt ebenso abschließt wie Mulinu'u im Westen.

Apia erhält hierdurch ein auffallend symmetrisches Ansehen. An die von der Brandung überspülten Korallenriffe schließen sich an den beiden äußersten Seiten die niedrigen Landspitzen mit den Dörfern der Eingeborenen an und an diese, wie Wachtposten, die beiden hamburger Häuser mit der deutschen Flagge, zwischen welchen am Fuße des hohen dicht bewaldeten Berges Apia die Fremden wohnen.

Am nächsten Morgen nach unserer Ankunft machte ich unserm Consul meinen Besuch und nahm die liebenswürdige Einladung dieses Herrn, vorläufig der Gast des deutschen Hauses zu sein, an, um die drängenden Angelegenheiten besser besprechen zu können, auch einmal wieder in größerer Gesellschaft zu essen und gleichzeitig die Gelegenheit zu benutzen, meiner Kajüte den ihr durchaus nothwendigen neuen Farbenanstrich geben zu lassen.

Da es wol von Interesse ist zu erfahren, wie unsere Landsleute als unsere Antipoden hier draußen leben, will ich eine kurze Skizze davon geben.

Das stattliche, nur aus einem Parterregeschoß bestehende Wohnhaus umschließt im Viereck einen ziemlich großen Blumenhof. Unter dem breiten Dach läuft außen wie innen eine sehr geräumige Veranda rund um das Haus, welche die Sonnenstrahlen von den Wohnräumen abhält und den Bewohnern zu jeder Tageszeit gestattet, sich gegen Sonne und Regen geschützt zu ergehen. Topfgewächse und Blumen zieren die innere Veranda, im Freien wachsende große Oleander und andere Bäume beschatten die äußere. Bänke und die verschiedensten

Arten bequemer Stühle laden zum Sitzen ein, und es ist ein wahrer Genuß, dort während der fast täglich über die Insel ziehenden Regengüsse zu ruhen und die herrliche Natur, Land und Meer zu bewundern.

Die Hauptthür des Hauses liegt in der Mitte der vordern Front und durchschneidet dieselbe ganz, sodaß man beim Betreten des Hauses auf den schön gehaltenen Blumenhof sieht. Rechts liegen die Geschäftszimmer und die Wohnung des Herrn Weber, des Leiters des Geschäftshauses; links ein Empfangszimmer, ein großer Saal, zwei

Katholische Kirche in Apia.

Fremdenzimmer und die Zimmer der Dame des Hauses, einer ältern Witwe aus Hamburg, welche den Haushalt führt und durch ihre Anwesenheit verfeinernd, bezw. erhaltend auf die Sitten der jüngern Herren wirkt. Die Rückseite des Hauses wird von einem großen Speisesaal eingenommen, von welchem man nach hinten ins Freie tritt und zu dem abgesonderten Hause gelangt, in welchem die jüngern Herren, alle Deutsche, wohnen.

Vor dem Hause liegt ein mäßig großer, gut gehaltener Garten, hinten und zu beiden Seiten je ein großer freier Platz, wo die Pferde und Hühner ihr Wesen treiben. An der einen Seite, abgesondert vom Wohnhause, liegt auch die Küche, wo eine hamburger Köchin, eine hagere, ältliche Jungfrau, das Scepter führt und mit aller Welt in Fehde liegt, nicht nur mit den Menschen, sondern auch mit dem Gethier, da Pferde und Hühner gern in die Küche kommen, um dort zu naschen, was sie aber nicht dulden will.

Die Dame des Hauses ist eine wahre Perle, hat aber die Schwäche, daß sie keine Samoanerin ohne Busentuch in das Haus läßt und dadurch die Herren insofern schädigt, als die Verkäuferinnen von Fischen, Schaltthieren, wilden Tauben, Gemüsen und Früchten das Haus meiden und der sonst vorzüglich besetzte Tisch an einer gewissen Einförmigkeit leidet. Immer nur Rindfleisch, Schinken, Wurst und eingemachte europäische Gemüse. Dagegen hat sie die liebenswürdige Eigenschaft, Spaß zu verstehen, und ich entsinne mich mit Vergnügen einer Scene, wo ich ihre Kenntniß der Sprachen der verschiedenen Insulaner anzweifelte. Ihr besonderer Liebling ist ein alter humpelnder Kingsmill-Insulaner, welcher die Dienste eines Gärtners versieht und mit dem sie sich in den halsbrecherischsten Zungen verständigt, wo thatsächlich aber wol die Gesten das Verständigungsmittel bilden. Ich hatte sie beobachtet, wie sie dem Manne Anweisung gab, die Blumen zu begießen, und erklärte am nächsten Tage in einer übermüthigen Laune, die Sprache des Mannes auch zu verstehen. Als sie dies bezweifelte, rief ich den Mann bei seinem Namen, redete irgendein unsinniges Kauderwelsch und machte dazu die nothwendigen Zeichen, worauf der Alte lachend weghumpelte; als er aber richtig mit der Gießkanne wiederkam, zog ich mich schleunigst zurück, um dem Zorn der alten Dame zu entgehen.

Die Tischgesellschaft des Hauses besteht aus 10—16 Personen, je nachdem Herren von den Plantagen oder entferntern Stationen in der Stadt anwesend sind oder nicht. Die Mahlzeiten werden stets gemeinsam eingenommen und zwar das erste Frühstück um 8 Uhr, das zweite Frühstück um $12\frac{1}{2}$ und die Hauptmahlzeit abends 6 Uhr. Die Zeit von morgens $8\frac{1}{2}$ bis abends $5\frac{1}{2}$ Uhr gehört, mit Ausschluß einer einstündigen Mittagspause, den Geschäften. Abends nach der Hauptmahlzeit wird ein Spaziergang gemacht und der Rest des Tages mit Rauchen und Plaudern bei einem Glase Bier verbracht. Lesen ist nach Eintritt der Dunkelheit wegen der dann unaufhörlichen Angriffe der Mosquitos ausgeschlossen, wenngleich die geschäftlichen Angelegenheiten oft die Herren zwingen, auch abends noch einige Stunden am Schreibtisch zuzubringen. An den Sonn- und Festtagen werden in der Regel Ausflüge zu Pferde nach den Plantagen, oder Picknick-Partien nach bekannten schönen Punkten unternommen.

Nach dieser Abschweifung will ich wieder zum 24. Juni zurückkehren. Herr Weber schrieb zunächst an die Regierung, um derselben meinen Besuch für den Nachmittag desselben Tages anzusagen, und orientirte mich dann noch einmal über die hiesigen Verhältnisse und die vorliegenden Streitpunkte. Ehe ich auf diese eingehe, muß ich aber dem genannten Herrn einige Worte widmen, da sich die ganze Samoafrage, wie sie zur Zeit liegt, um diesen thatkräftigen Mann gruppirt und dieser die Säule bildet, welche alles überragend das ganze kleinliche Getriebe beherrscht.

Herr Weber kam im Jahre 1862, 18 Jahre alt, nach Samoa. Anderthalb Jahre darauf, 1864, ging der damalige Leiter des Südseegeschäfts des Hauses Godeffroy auf einer Reise nach den Tonga- und Fidji-Inseln, welche er in einem kleinen Schooner unternahm, während eines Orkans mit dem Schiff zu Grunde und Herr W. mußte zunächst als der Erste der Angestellten sowol die Geschäftsleitung wie auch das Hamburgische Consulat übernehmen und zeigte sich hierbei so befähigt, daß ihm das hamburger Haus nicht nur die Oberleitung beließ, sondern er auch nach einem weitern Jahre von der Freien Hansestadt Hamburg als ihr Consul bestallt wurde. Er wurde dann 1868 zum Consul des Norddeutschen Bundes und 1872 zu dem des Deutschen Reiches für die Samoa- und Tonga-Inseln ernannt. Durch sein selbständiges und geschicktes Auftreten bei den verschiedenen Conflicten zwischen Samoanern und Europäern, welche fast stets durch die Eifersucht auf die fortgesetzt steigende Bedeutung der deutschen Interessen hervorgerufen worden waren, hatte er es bald dahin gebracht, daß ihm die führende Rolle zufiel und in den meisten Fällen die Entscheidung seinen Absichten entsprach. Zur Durchführung dieser Rolle kam es ihm sehr zu statten, daß er die saure Arbeit nicht gescheut hatte, sich die Samoasprache soweit anzueignen, daß er sie nicht nur sprach, sondern auch schrieb und dadurch unabhängig von zweifelhaften Tolmetschern geworden war.

Als Herr W. nach Samoa kam, war das Südseegeschäft des Hauses G. erst im Werden begriffen und beschränkte sich auf den Austausch von europäischen Waaren gegen Landesproducte. Doch erkannte man bald, daß Plantagenbau das zu erstrebende Ziel sein müsse, wozu indeß die Erwerbung von Land erforderlich war. Herr W. begab sich kurz entschlossen an das Kaufgeschäft und hatte dabei solchen Erfolg, daß das von ihm vertretene Handelshaus heute im Besitz von etwa 120000 englischen Acker gleich 50000 Hectaren Land ist, wovon inzwischen ungefähr 4000 Acker zu Plantagen umgewandelt sind, welche letztere einen Werth von 1,800000 M. darstellen und im Jahre 1877 schon einen Ertrag von rund 300000 M. ergeben haben, welcher sich auf das Doppelte steigern wird, wenn die jungen angepflanzten Kokospalmen erst ertragfähig sind.

Es würde mich zu weit führen, wenn ich auseinandersetzen wollte, wie die Thatkraft dieses Mannes es fertig gebracht hat, schließlich die Tonga-, Ellice-, Kingsmill-Inseln und theilweise auch die Fidjigruppe, deren Regierungscontract für Kopra das Haus hat, den deutschen Handelsinteressen zu unterwerfen; erwähnt sei aber noch, daß Herr W. die Koprabereitung in der Südsee eingeführt hat. Früher wurde das Kokosnußöl schon an Ort und Stelle von den Eingeborenen auf rohe Weise gewonnen, wobei etwa die Hälfte verloren ging. Dann wurde das schmutzige Oel in Fässern nach Europa verschifft, wobei wieder viel durch Leckage verloren ging, und dort mußte das Oel sofort umgefüllt und gereinigt werden. Diese außerordentlichen Verluste drängten zu dem Versuch, den Kern der Nuß am Gewinnungsort gleich zu trocknen und so nach Europa zu verschiffen. Der Versuch gelang, und heute kennt man es bereits nicht mehr anders, ohne vielleicht zu wissen, wem das Verdienst dafür zukommt. Die Gewinnung ist jetzt an Ort und Stelle einfacher, dieselbe Nußzahl gibt in den sachgemäß hergerichteten Oelpressen mehr wie den doppelten Ertrag an Oel und zwar reines Oel, die Schiffe laden die Kerne ohne Umhüllung und sparen somit die Fässer, die Rückstände der ausgepreßten Nuß geben ein in Europa theuerbezahltes Viehfutter, die Production auf den Inseln ist durch die einfachere und mit weniger Mühe verknüpfte Bereitungsart verfünffacht, und schließlich kann das Haus in Europa, die Handelsconjuncturen benutzend, die ganze Schiffsladung nach Belieben dirigiren, da die Kopra weder Verlusten noch dem Verderben ausgesetzt ist, oder doch nur in verschwindendem Grade.

Die Regierung in Samoa wird zur Zeit aus zwei Körperschaften gebildet, der Taimua, welche ungefähr dem Senat, und der Faipule, welche der Bürgerschaft der Hansestädte entspricht. Sie ist seit 1874 am Ruder und erwählte zu ihrem Berather unter dem Titel eines Ersten Ministers den amerikanischen Oberst Steinberger, einen Mann, welcher vielfach ein Abenteurer genannt worden ist und dem es unter dem Einflusse der damaligen amerikanischen Regierung gelang, die Wahl auf sich zu lenken. Er wurde von Fremden wie Eingeborenen in der Hoffnung, daß es ihm gelingen würde, endlich einmal geordnete Zustände auf den Samoa-Inseln zu schaffen, gut empfangen, verscherzte aber bald seine anfänglich günstige Stellung, da er sich nicht nur als unfähig erwies, sondern durch seine Handlungen auch noch den Verdacht erweckte, ein falsches Spiel zu treiben und alle übrigen Interessen seinen eigenen unterzuordnen. Eine seiner ersten Handlungen war, Malietoa den jüngern, einen wankelmüthigen, energielosen Mann, zum König erwählen zu lassen, um dadurch den Einfluß der Taimua und Faipule lahm zu legen und sich zum eigentlichen Herrn zu machen. Ungefähr zwei Jahre lang ging die Sache noch gut, doch dann veranlaßten der englische und amerikanische Consul, mit welchen Steinberger sich überworfen hatte, im Verein mit dem König Malietoa, der sich die Anmaßungen dieses Mannes auch nicht mehr gefallen lassen wollte, den Commandanten des englischen Kriegsschiffs „Barracouta", diesen gewaltsam zu entfernen. Dieser Maßregel setzten die Eingeborenen zwar bewaffneten Widerstand entgegen, erschossen dabei auch mehrere englische Matrosen, doch konnten sie ihre Ausführung nicht verhindern. Das Vorgehen der beiden Consuln, bei welchem der deutsche sich nicht betheiligte, wenngleich von deutscher Seite die Entfernung Steinberger's nicht bedauert werden konnte, ist vielfach getadelt worden, weil man es auf persönliche Motive zurückführte. Richtiger dürfte wol sein, daß beide Consuln eine Entwickelung wünschten, welche ihren betreffenden Regierungen die Annectirung der Samoa-Inseln ermöglichte oder doch denselben den maßgebenden Einfluß sicherte und beide sich in Steinberger getäuscht sahen. Zur Zeit der gewaltsamen Entfernung Steinberger's war der deutsche Consul übrigens zufällig nicht in Apia anwesend, sondern befand sich auf den Tonga-Inseln.

Die Entfernung Steinberger's hatte insofern noch ein Nachspiel, als nunmehr die Taimua und Faipule den König Malietoa absetzten, weil er die Hand zur Beseitigung des von diesen Körperschaften erwählten Berathers geboten hatte, und seit dieser Zeit herrscht auf den Samoa-Inseln in gewissem Sinne wieder Anarchie, weil die verschiedenen Stämme ihre betreffenden Königscandidaten zur Herrschaft bringen wollen und nur den Kampf noch nicht wagen, weil kein Stamm zur Zeit sich zum Losschlagen stark genug fühlt und die Taimua und Faipule als die vorläufig einzig mögliche Regierungsform die Unterstützung der Consuln für sich haben.

Die deutschen Interessen beherrschen ganz Samoa, der Handel ist ausschließlich in deutschen Händen und unsere Kriegsschiffe haben in den letzten Jahren nicht nur wesentlich dazu beigetragen, den deutschen Häusern den Besitzstand ihrer durch regelrechte Kaufbriefe erworbenen großen Ländergebiete zu sichern, sondern auch die Samoaner zu belehren, daß das Deutsche Reich auch über seinen Angehörigen in der Südsee wacht und sie in ihren Rechten schützt. Trotzdem aber geben die Eingeborenen gelegentlich doch immer wieder den Einflüsterungen einiger auf die stetig wachsende Bedeutung der deutschen Interessen neidischer Rathgeber Gehör und versuchen, sich an unsern Landsleuten zu reiben, bis das Eintreffen eines deutschen Kriegsschiffes diesem Treiben wieder ein Ende macht. So hatten sich denn auch jetzt in der Zeit, wo keins unserer Schiffe hier gewesen war, einige Klagepunkte zusammengefunden, welche mir zu regeln blieben, soweit es dem Consul nicht gelang, dies mit dem nunmehrigen Rückhalt an unser Schiff allein zu thun.

Die für mich nur in Betracht kommenden Streitpunkte waren die drei folgenden:

1. Die samoanische Regierung war noch immer im Rückstande mit der vollständigen Begleichung einer alten Schuld, welche von dem letzten Bürgerkriege her datirte und den Deutschen Ersatz für den ihnen durch die Samoaner zugefügten Schaden geben sollte. Die Regierung hatte die Berechtigung und die Höhe der gestellten Forderung anerkannt, hatte in verschiedenen Theilzahlungen auch 2700 Mark abgetragen, den kleinen Rest von 444 Mark wollte sie nun aber nicht mehr zahlen unter dem Vorwande, daß sie kein Geld hätte.

2. Ein seit sechs Jahren in unbestrittenem deutschen Besitze befindliches und an eine größere deutsche Pflanzung grenzendes Stück Land an der Westspitze der Insel Upolu sollte neuerdings in Bearbeitung

genommen werden. Als die Arbeiten am 14. Juni begannen, kam ein französischer Priester mit 50 bewaffneten Samoanern von der kleinen Insel Manono herüber und suchte die Arbeiten mit Gewalt zu hindern, da er behauptete, durch einen erst kürzlich abgeschlossenen Kauf der Besitzer des Landes geworden zu sein, obgleich er wußte, daß das Land sich bereits lange in deutschem Besitze befand. Um Blutvergießen zu vermeiden, hatten die Deutschen die Arbeit zunächst eingestellt und die Regierung um Schutz ersucht.

3. Ein Häuptling hatte dem hamburger Hause Godeffroy vor acht Jahren ein größeres Stück Land verkauft, auf welchem sich später auch einige Eingeborene niederließen, denen vom Käufer das Verbleiben in ihren Hütten und die Nutznießung der in der Nähe befindlichen Fruchtbäume bis zu dem Zeitpunkte stillschweigend gestattet wurde, wo das deutsche Haus die Bearbeitung des Landes in Angriff nehmen würde. Dieser Zeitpunkt war jetzt gekommen, und nun behauptete der Verkäufer, daß das kleine Stück Land mit der Niederlassung der Eingeborenen damals von dem Kauf ausgeschlossen worden sei, obgleich der Kaufbrief das Kaufobject genau angibt und das fragliche Stück Land innerhalb dieser Grenzen liegt.

Nachdem ich mich in allen drei Punkten von dem unzweifelhaften Rechte der Deutschen überzeugt hatte, sagte ich meine Unterstützung zur Regelung zu und ersuchte den Consul nur, zunächst noch einmal ohne meine Mitwirkung eine Verständigung zu versuchen. Daß dieser Versuch nur theilweisen Erfolg hatte, wird der weitere Verlauf meiner Darstellung ergeben.

Am Nachmittag machte ich den Regierungsmitgliedern meinen Besuch, wobei der Consul mich begleitete und auch einen Dolmetscher mitnahm, weil er den Grundsatz festhält, bei allen förmlichen und geschäftlichen Angelegenheiten einen solchen mit heranzuziehen, da die Samoaner in derartigen Angelegenheiten ein etwas weites Gewissen haben und dazu neigen, die getroffenen Vereinbarungen abzuleugnen oder zu verdrehen. Die Mitglieder der Taimua und Faipule waren in der Regierungshütte bereits anwesend und in dem täglichen Anzug der Häuptlinge, d. h. sie hatten ein weißes Hemd an und über dieses das Hüfttuch, hier Lava-lava genannt, gebunden; in der Hand trugen sie das Abzeichen der Häuptlinge, einen aus den Rindenfasern der Kokospalme gefertigten Fliegenwedel. Wir setzten uns mit unter-

15*

geschlagenen Beinen auf die ausgebreiteten Matten so hin, daß unsere Rücken der offenen Seite der Hütte und unsere Gesichter der Mitte derselben zugekehrt waren. Uns gegenüber nahm eine Gruppe Platz, welche mich vorzugsweise interessirte, nämlich die Kawa-Bereiterinnen. Es waren fünf junge nur mit dem Lava-lava bekleidete Leute, drei Mädchen und zwei Männer, welche ein so fremdartiges Bild abgaben, daß ich ihnen mehr Aufmerksamkeit zuwandte, wie den nichtssagenden Phrasen, die mit den Machthabern ausgetauscht wurden.

In der Mitte zwischen den beiden Männern sitzen mit untergeschlagenen Beinen die Mädchen, vor sich die aus einem einzigen Stück Holz geschnittene Kawa-Bowle, eine mit vier kräftigen Füßen versehene runde Schüssel von etwa 50 cm Durchmesser. Ehe die Männer Platz nehmen, reichen sie noch den Mädchen in Kokosnußschalen frisches Wasser, mit welchem diese sich, dabei ihre schönen weißen Zähne zeigend, den Mund ausspülen und die Hände waschen. Dann schneiden die Männer mit einem Messer kleine Stücke von einer weißlichen Wurzel (Piper methysticum) ab, welche von den bequem und etwas in sich gesunken dasitzenden Mädchen in den Mund gesteckt und gekaut werden. Anfänglich ist die Arbeit des Kauens kaum zu bemerken, die kleinen Stücke mehren sich aber und die Unterkiefer müssen einen immer größern Bogen beschreiben, bis der Mund die Masse nicht mehr bewältigen kann, die während des Kauens geschlossen gehaltenen Lippen sich öffnen, ein breiiger Kloß von über Wallnußgröße in die untergehaltene Hand und von dieser in die Schüssel fällt. Sobald eine genügende Zahl solcher Klöße beisammen ist, waschen die Mädchen sich wieder Mund und Hände, den Mund jedenfalls, um den beißend bittern Geschmack der Wurzel einigermaßen zu beseitigen, und nun beginnt die in der Mitte Sitzende aus dem Brei das Getränk zu bereiten. Nachdem einige Kokosnußschalen Wasser dazugegossen, wird das Ganze mit den Händen solange durchgearbeitet, bis eine vollkommene Vermischung erreicht ist und das Getränk eine hellgraue Farbe angenommen hat. Dann wird ein Bündel zusammengereihter Baststreifen zur Hand genommen und mit diesem, ähnlich wie mit einem Schwamm, die Flüssigkeit in der Weise durchgeseiht, daß die Baststreifen an beiden Enden gefaßt, vorsichtig durch dieselbe gezogen, dann zusammengelegt und ausgerungen werden, und zwar dies letztere mit einer ganz eigenthümlich unnachähnlichen Hand- und Armbewegung. Nach dem Ausringen wird das Bastbündel mit einigen kräftigen Schlägen ausgeschüttelt, um die darin zurückgebliebenen kleinen festen Bestandtheile zu beseitigen, und diese Manipulation wird so oft wiederholt, bis sich keine Rückstände mehr zeigen. Ist dies erreicht, dann ist der Trank, welcher in Samoa für die größte Delicatesse gehalten wird, fertig.

Als der Consul den Samoanern andeutete, daß unsere Zeit abgelaufen sei, wurde den Mädchen ein Zeichen gegeben, worauf die beiden seitlich Sitzenden sich erhoben und der mittlern eine Kokosnußschale hinhielten, um dieselbe füllen zu lassen. Dies wurde auch mit dem Bast bewerkstelligt, indem er eingetaucht und mit einer schnellen Bewegung über die Schale gehalten wurde, sodaß die Flüssigkeit in diese hineinlief. Die ersten Schalen wurden den Gästen, dem Consul und mir, gebracht, dann erst kamen die Samoaner an die Reihe, und ich mußte den Anstand bewundern, welcher bei dieser Bewirthung beobachtet wurde. Die Mädchen kamen nicht direct auf uns zu, sondern durchschritten den leeren Raum der Hütte, verließen dieselbe neben dem letzten unsern Halbkreis bildenden Samoaner, gingen hinter unsern Rücken herum und traten erst bei denjenigen, für welche der Trunk bestimmt war, wieder in die Hütte, beugten vor diesen ein Knie, reichten die Schale und traten dann zur Seite. Als dem Consul und mir die Kawa gereicht wurde, sagte mir der Herr, daß ich nicht zu trinken brauche, wenn ich nicht wolle, ich müsse nur die Schale in Empfang nehmen und sie dann wieder zurückgeben. Als ich aber sah, wie er selbst, an den Genuß schon gewöhnt, die Schale austrank und sie dann als Zeichen, daß sie geleert sei, mit einem besondern Handgriff nach der Mitte der Hütte zu von sich schleuderte, sodaß sie sich mit der Oeffnung nach oben wie ein Kreisel drehte, nahm ich wenigstens einen herzhaften Schluck, ehe ich die Schale der braunen Hebe wieder einhändigte. Da für alle Anwesenden nur zwei Schalen in Gebrauch genommen wurden, so mußten sie immer wieder gefüllt werden und wurden in dem Falle, wo sie nicht ausgetrunken waren, nur nachgefüllt. Die Portionen wurden immer kleiner, da die Personenzahl zu groß war, und für die letzten wurde der Bast schon ausgerungen, um alles herauszupressen. Vor diesem Besuch war mir die Art der Kawabereitung erklärt und die Nothwendigkeit des Trinkens auseinandergesetzt worden, und ich schauderte bei dem Gedanken an diesen ungewohnten Genuß, doch wurde es mir nachher ziemlich leicht, da das ganze Drum und Dran, die würdevolle Haltung der Samoaner, das gedämpfte Sprechen, die graziösen Bewegungen der zierlichen Hände und die prächtigen Zähne der jugendlich frischen, anmuthigen und hübschen Mädchen, die Sauberkeit und Ordnung in der Hütte, die beobachtete Etikette, einen so tiefen Eindruck auf mich gemacht hatte, daß ich an die eigentliche Bereitung gar nicht mehr dachte, als die hübsche, freundliche Spenderin mir mit ermunterndem, einladendem Blick den Trank reichte, sondern mich nur durch den beißenden Geschmack des Getränks abhalten ließ, die ganze Schale zu leeren.

Die nächsten Tage brachten viel Unruhe für den Consul und mich, die wir für die deutschen Interessen verantwortlich waren, mancherlei Sorge und sogar Aufregung, da auch noch ein amerikanisches Kriegsschiff anfing, sich in unsere Angelegenheiten zu mischen, oder die Anwesenheit desselben doch den auf amerikanischen Schutz rechnenden Samoanern Veranlassung gab, uns Schwierigkeiten zu bereiten. Jedenfalls haben, zunächst absehend von den officiellen Persönlichkeiten, die ortsanwesenden Amerikaner die Samoaner zum Widerstand gegen uns aufgereizt, und diese waren zweifellos der Ansicht, daß ihre Rathgeber nicht ohne Wissen und Zustimmung des amerikanischen Consulatsbeamten und Schiffscommandanten handelten. So kam es, daß nur der zweite Klagepunkt eine glatte Erledigung fand, indem der Plantagenverwaltung der Befehl zuging, die Arbeiten auf dem bestrittenen Stück Land wieder aufzunehmen, und der Regierung mitgetheilt wurde, daß ein fernerer Angriff nicht geduldet werden würde. Der französische Priester stellte sich danach zwar persönlich im Consulat ein, um einen Vergleich zu versuchen, mußte aber abgewiesen werden, da er füglich vor seinem thätlichen Angriffe eine Verständigung hätte versuchen müssen, andererseits ja aber das durch die samoanische Regierung anerkannte deutsche Recht klar zu Tage lag.

In dem Punkte 1, Zahlung der noch ausstehenden 444 Mark, war schließlich, da die Samoaner ohne stichhaltige Gründe dieselbe verweigerten, von dem Consul eine letzte Frist gestellt worden, welche auch nicht eingehalten wurde, worauf die Sache in meine Hände überging. In dem Punkt 3 hatte die samoanische Regierung am 26. Juni dem deutschen Hause das Eigenthumsrecht an dem in Frage stehenden Stück Land erneut zuerkannt, bestritt dasselbe jedoch wieder und forderte für diesen Fall den Rechtsspruch eines amerikanischen Consulatsbeamten, welcher mit dem für die nächsten Tage erwarteten amerikanischen Kriegsschiffe kommen sollte. Diese Zumuthung wurde von uns selbstverständlich zurückgewiesen, worauf die Hütten am 1. Juli zwar geräumt, am 2. aber wieder bezogen wurden.

Am 27. Juni hatte der zwischen San-Francisco und Australien laufende Postdampfer außerhalb des Hafens von Apia und ohne zu ankern mehrere Personen, Amerikaner, abgesetzt, welche aus früherer Zeit in Apia wohlgekannt waren und deren plötzliches Erscheinen von deutscher Seite mit berechtigtem Mistrauen und von einem großen Theil der Samoaner mit Sorge betrachtet werden mußte. Es gab denn auch gleich Unruhe genug, da bald die verschiedensten Gerüchte die Stadt durchschwirrten, welche alle darin gipfelten, daß es nunmehr mit der deutschen Herrlichkeit auf den Samoa-Inseln ein Ende habe, da in den nächsten Tagen ein amerikanisches Kriegsschiff einen zwischen den Vereinigten Staaten von Nordamerika und den Samoa-Inseln abgeschlossenen Vertrag brächte, nach welchem Amerika das Protectorat über die Inseln übernehmen und die Eingeborenen dann all das an die Deutschen verkaufte Land unentgeltlich wieder zurückerhalten würden. Welchen Eindruck diese Gerüchte auf die in Rechtsfragen kindlich denkenden Samoaner machten, sahen wir an dem Auftreten der Regierungsmitglieder, welche sich plötzlich auf das hohe Roß setzten und anfingen, eine gewisse Anmaßung zur Schau zu tragen.

Am 29. traf denn auch schon das amerikanische Kriegsschiff ein und brachte neben einem höhern amerikanischen Consulatsbeamten noch einen Samoaner, Namens Mamea, und einen frühern amerikanischen General mit Namen Bartlett mit. Mamea war ein Abgesandter der samoanischen Regierung, welcher den Auftrag gehabt hatte, mit der amerikanischen Regierung einen Freundschaftsvertrag abzuschließen, und Bartlett war der von Mamea für 24000 Mark jährlichen Gehalt gewonnene neue Berather und erste Minister der Samoa-Regierung. Die Personen, welche für die Zeit der nächsten drei Wochen in Apia nahezu alles auf den Kopf stellen sollten, waren beisammen, und der Tanz, welcher für die Deutschen den Abschluß eines Lustspiels fand, konnte beginnen.

Ehe ich nun auf die Ereignisse selbst eingehe, muß ich dasjenige noch anführen, was in Apia über die Vorgeschichte des amerikanisch-samoanischen Vertrages erzählt wird. Ich sage „erzählt wird“, weil ich selbst ja keinen Einblick in die wirklichen Verhältnisse erhalten konnte.

Es hatte sich in frühern Jahren in Apia eine von Amerikanern, denselben Leuten, welche am 27. Juni von dem Postdampfer gelandet wurden, gegründete Landcompagnie gebildet, welche mit wenig Geld große Ländereien in der Weise ankaufte, daß sie nur kleine Anzahlungen machte, für welche die Verkäufer Interimsquittungen ausstellten, ihr Land aber bis zur Zahlung des ganzen Kaufpreises behielten. Die Gesellschaft hatte sich aber verrechnet, fallirte und die zwei Hauptunternehmer erboten sich später, den Samoanern einen Freundschaftsvertrag mit den Vereinigten Staaten zu erwirken, dessen Hauptzweck sein sollte, den Samoanern ihre Unabhängigkeit zu sichern und sie in der Weise vor fremder Willkür zu schützen, daß dauernd ein amerikanisches Kriegsschiff in Apia stationiren solle. Um dies zu erreichen, sollte Amerika das Protectorat übernehmen. Ein solcher Vertrag, bei dem von einer Gegenleistung seitens der Beschützten keine Rede war, leuchtete den kindlichen Samoanern ein, und sie erwählten zu ihrem Abgesandten den Schreiber Mamea, welcher sich bald darauf mit den beiden Amerikanern, die auch alle seine Ausgaben bestreiten wollten, auf den Weg nach San-Francisco machte. Sehr verdacht wurde es zwar der Regierung, daß sie einen niedrig geborenen Mann zum Gesandten erwählt hatte, doch begründete sie die Wahl mit der Thatsache, daß nur er genügend mit der englischen Sprache vertraut sei, um ohne Dolmetscher durchkommen zu können.

Am Tage nach der Ankunft der amerikanischen Corvette wußte ganz Apia, daß Mamea zwar seine Aufgabe gelöst habe, aber keineswegs nach dem Sinne seiner Auftraggeber, denn das, was diese gewünscht hatten, sollte in dem Vertrage nicht enthalten sein, dafür aber sollten die Samoaner eine Menge Verpflichtungen übernommen und auch ihren Hafen Pago-Pago an die Vereinigten Staaten abgetreten haben, ohne als Gegenleistung irgendwelche Rechte zu erhalten. Von allen Seiten stürmten nun Vorwürfe auf die Regierung ein, welche sich zunächst dadurch deckte, daß sie versprach, den Vertrag nicht ratificiren zu wollen, während von anderer Seite behauptet wurde, daß der von Mamea namens der samoanischen Regierung abgeschlossene Vertrag von der washingtoner Regierung bereits ratificirt sei und den Samoanern daher keine andere Wahl bliebe, als ebenfalls zu ratificiren. Inzwischen schien das sichere und selbstbewußte Auftreten aller Amerikaner allerdings anzudeuten, daß sie die Samoa-Inseln bereits in ihrer Tasche wähnten, und wir Deutsche wurden in den ersten Tagen von den Samoanern kaum noch der Beachtung werth befunden.

Zum 2. Juli nachmittags hatten die Taimua und Faipule mir ihren Gegenbesuch angesagt und ich hatte mich am Vormittag dieses Tages, nachdem mir die Mittheilung geworden war, daß die Hütten auf dem bestrittenen Stück Land (Klagepunkt 3) wieder bezogen worden seien, damit einverstanden erklärt, daß diese Frage zu derselben Stunde, wo die Eingeborenen mich besuchen würden, in der mir vorgeschlagenen Weise ihre Erledigung fände. Die Samoaner kamen in den ihnen von mir zur Verfügung gestellten Booten an Bord, ich bewirthete sie, und während wir bei einer Cigarre oben auf Deck unter dem Sonnenzelt saßen, machte der Dolmetscher mich auf einen großen Feuerschein am Lande, auf ein brennendes kleines Dorf aufmerksam. Als meine Gäste dann unruhig wurden, ließ ich ihnen sagen, daß sie sich nicht zu beunruhigen brauchten, weil das Feuer auf einer deutschen Plantage sei und ich den Auftrag zu der Brandlegung gegeben habe, um damit die mit den Häusern zusammenhängende Streitfrage auf die einfachste Weise zu erledigen. Ich hatte meinen Zweck wol erreicht, denn die Blicke der Eingeborenen, welche von mir zu der dicht neben uns liegenden amerikanischen Corvette und von dieser wieder zu dem brennenden Dorfe wanderten, schienen mir zu sagen, daß die Leute doch zu der Erkenntniß gekommen seien, daß mit den Siamanis (Siamani, aus dem englischen „German" hervorgegangen, ist die samoanische Bezeichnung für Deutscher) nicht zu spaßen sei. Daß das deutsche Haus den geschädigten Eingeborenen, welche von ihrem Häuptling keine Entschädigung zu erwarten hatten, den vollen Werth der niedergebrannten Hütten in Geld ersetzen würde, obgleich es nicht dazu verpflichtet war, brauchten die Machthaber vorläufig noch nicht zu wissen.

Dieser Gewaltmaßregel folgte gleich am Vormittag des 3. Juli die zweite, indem ich der Taimua schrieb, daß ich, wenn die rückständigen 444 Mark bis zum 5. Juli 10 Uhr vormittags nicht bezahlt seien, das Geld mit Gewalt eintreiben würde. Aus bestimmten Gründen wählte ich nicht den nächsten Tag, sondern ließ ihnen zwei Tage Bedenkzeit. Am 5. morgens mit Tagesanbruch wurde ich geweckt und erhielt die Mittheilung, daß auffallend viele bewaffnete Eingeborene, es müßten schon über 300 sein, von ferner gelegenen Küstenpunkten kommend, das Schiff passirt hätten und in Mulinu'u gelandet wären, mithin dort wol etwas im Werke sein müsse. Im Schiff wußte nämlich niemand etwas davon, daß heute möglicherweise eine ernste Entscheidung fallen sollte, nur waren am Tage vorher vom Lande aus Gerüchte zu uns gedrungen, daß die amerikanische Corvette sich verpflichtet habe, die Samoaner gegen etwaige Gewaltmaßregeln von unserer Seite zu schützen, welchen Gerüchten ich indeß aus nahe liegenden Gründen keine Bedeutung beimessen konnte, wenngleich ich auch diese unwahrscheinliche Möglichkeit mit in meine Berechnung ziehen mußte. Da ich den Samoanern bis 10 Uhr Frist gegeben hatte, konnte die Thatsache der Zusammenziehung ihrer Streitkräfte an meinen Dispositionen übrigens nichts ändern.

Der Verabredung gemäß kam der Consul kurz nach 10 Uhr an Bord und brachte die Nachricht, daß das Geld bis zur gestellten Frist nicht gezahlt worden sei und die Samoaner zum äußersten Widerstand entschlossen zu sein schienen. Er betrachte die Lage als ernst, da die Samoaner eine uns an Zahl weit überlegene Streitmacht zusammengezogen und eine ziemlich starke Vertheidigungsstellung eingenommen hätten, auch mit guten Hinterladern versehen seien. Zehn Minuten später waren unsere Boote bewaffnet und das Schiff lag gefechtsklar, nach weitern zehn Minuten waren die Signale für das etwa nothwendige Eingreifen unserer Schiffsartillerie verabredet und kurz vor 11 Uhr wollte ich eben mit dem Consul, welcher sich durchaus nicht zum Zurückbleiben bewegen ließ, sondern darauf bestand, den Waffengang mitzumachen, mein Boot besteigen, um vorzugehen, als an der andern Schiffsseite ein Kanu anlegte und ein in größter Aufregung befindliches Regierungsmitglied an Bord kam, um uns anzuzeigen, daß eine Deputation in dem deutschen Consulat auf uns warte, um den Restbetrag der Schuld zu tilgen. Gleichzeitig bat der Mann uns inständigst, doch ja von Gewalt abzusehen, da sie ja alles thun wollten, was wir wünschten, und sie nur von den Amerikanern zum Widerstand gereizt worden wären, weil diese ihnen Hülfe von der amerikanischen Corvette versprochen hätten. Wir konnten mit diesem Abschlusse ja zufrieden sein und nur die armen Samoaner bedauern, welche, den Vorspiegelungen einiger Abenteurer Glauben schenkend, sich zwischen zwei Feuer begeben hatten. Vorläufig noch in dem Wahne lebend, daß die kleinere amerikanische Corvette unserm Schiff überlegen sei und der amerikanische Commandant uns bei nächster Gelegenheit ohne weiteres aus den Hafen weisen würde, womit dann die Rückerstattung des den Deutschen früher verkauften Landes verknüpft wäre, warfen diese großen Kinder sich den Amerikanern ganz in die Arme. Bei dieser Gelegenheit wie für das Folgende betone ich übrigens, daß ich die officiellen amerikanischen Persönlichkeiten von meiner Darstellung ausgeschlossen sehen will, sofern ich sie nicht jedesmal ausdrücklich nenne. Inwieweit und ob überhaupt die Haltung dieser Herren auf den ganzen Verlauf der fernern Ereignisse von Einfluß gewesen ist, entzieht sich der Besprechung durch mich; nur so viel kann ich sagen, daß sie nichts gethan haben, um der durch ihre Landsleute hervorgerufenen und fortgesetzt geschürten feindlichen Stimmung gegen Deutschland zu steuern, weshalb man in Apia allgemein annahm, daß das amerikanische Kriegsschiff die Aufgabe habe, von den Samoa-Inseln Besitz zu ergreifen. Wegen meiner amtlichen Stellung enthalte ich mich daher mit Bezug auf die Amerikaner jeder Ansichtsäußerung und gebe nur das, was man sich auf den Straßen erzählte.

Durch den friedlichen Abschluß dieser Angelegenheit und die entgegenkommenden Versicherungen der Samoaner ließen wir uns indeß nicht einschläfern, denn die uns am Abend vorher durch ein Regierungsmitglied zugegangene Nachricht, daß die Taimua und Faipule den amerikanisch-samoanischen Vertrag bereits am 3. Juli im geheimen ratificirt habe, sagte uns, daß die Hauptarbeit für uns nun erst beginnen würde. Daß der Vertrag überhaupt ratificirt werden würde, hatten wir nie bezweifelt; daß dieser Act aber von der augenblicklichen Regierung allein und nicht dem samoanischen Brauche gemäß unter Mitwirkung der verschiedenen Landesbezirke ausgeführt worden war, mußte unsere Bedenken erregen, weil bei den zerfahrenen politischen Verhältnissen auf den Inseln innere Unruhen zu befürchten waren. Auch trat an den deutschen Consul nunmehr die Nothwendigkeit heran, auf Grund einer in seinen Händen befindlichen schriftlichen Verpflichtung der jetzigen Regierung vom Jahre 1877, daß dem Deutschen Reiche stets dieselben Rechte zuzugestehen seien, welche einer andern Macht etwa gewährt würden, für Deutschland einen gleichen Vertrag zu fordern, wie er mit den Vereinigten Staaten von Nordamerika abgeschlossen worden war. Diese Forderung konnte aber nicht eher gestellt werden, bis die erfolgte Ratificirung auf legalem Wege bekannt geworden war, und dies geschah erst am 8. Juli, worauf noch an demselben Tage die entsprechende deutsche Forderung der samoanischen Regierung zugestellt wurde. Mündliche Angaben einiger Regierungsmitglieder besagten dann, daß der von unserm Consul geforderte Vertrag in den nächsten Tagen abgeschlossen werden könne, die schriftliche Antwort lautete aber nicht nur ausweichend, sondern auch noch herausfordernd, indem die Samoaner die frühere Abmachung für nicht bindend erklärten und die Meinung äußerten, daß sie allein zu bestimmen hätten, mit wem sie Verträge abschließen wollten. Wer hinter dieser kühnen, den Samoanern gar nicht ähnlichen Sprache steckte, war uns nicht zweifelhaft.

Die nächsten Tage brachten nun viel Verwirrung in Apia, viel Lug und Trug, wobei sich nur eins klar herausstellte, daß die Taimua und Faipule eine durchaus würdelose Gesellschaft waren, von deren Mitgliedern ein Theil abends spät im deutschen Consulat vorsprach, Mittheilungen über das Treiben der Amerikaner brachte, einer den andern verdächtigend und alle versichernd, daß sie nur deutschen Einfluß auf den Samoa-Inseln wünschten und von den Amerikanern bald wieder befreit zu werden hofften. Die amerikanische Corvette wollte nach Ratificirung des Vertrages gleich wieder nach San-Francisco zurückkehren, während von anderer Seite behauptet wurde, daß das Schiff noch Monate lang hier bliebe, um erst nach unserm Weggange seine eigentliche Aufgabe zu lösen; hatten die Amerikaner wirklich besondere Absichten, dann waren sie jedenfalls unklug gewesen, sich mit ihren abenteuernden Landsleuten so weit einzulassen, wie sie es gethan haben, denn diese konnten nicht schweigen. Der General Bartlett wurde von den Samoanern als erster Minister nicht anerkannt, schrieb dies dem Einfluß seiner eigenen Landsleute zu und fing an, gegen diese zu wühlen. Einer der von den Amerikanern angenommenen Dolmetscher stand unter deutschem Einflusse und brachte uns die bedenklichsten Nachrichten. Der amerikanische Consulatsbeamte, welcher dem bisherigen hiesigen amerikanischen Consul seine Versetzung nach den Fidji=Inseln, anzutreten nach Eintreffen seines Nachfolgers, mitgebracht hatte, trat als Herr der Lage auf. Die Engländer fanden, da keins ihrer Schiffe anwesend war, Anlehnung an uns. Und die Samoaner wußten weder ein noch aus, waren an dem einen Tage unsere Feinde und suchten am nächsten unsere Freundschaft.

Endlich am 14. Juli fing die Lage an sich zu klären. Die Samoaner hatten ihre Vorbereitungen beendet und für die Tage des 17., 18. und 19. Juli ein großes Fest ausgeschrieben, an welchem die Abgesandten aller Bezirke der Samoa=Inseln theilzunehmen hatten und welches den Amerikanern und uns zu Ehren gegeben werden sollte. Doch war es außer Zweifel, daß das Fest nur für die Amerikaner bestimmt war und bei dieser Gelegenheit die feierliche Bekanntgabe des zwischen Samoa und Amerika abgeschlossenen Vertrages erfolgen sollte; außerdem aber sollte, nach uns zugegangenen und von uns für durchaus zuverlässig gehaltenen Nachrichten, den von den Tänzen und der Aufregung der Festlichkeiten berauschten Samoanern von ihrer Regierung der Vorschlag gemacht werden, sich unter den Schutz der amerikanischen Regierung zu stellen, worauf die Taimua und Faipule dann den amerikanischen Consulatsbeamten bitten sollten, von den Samoa=Inseln namens seiner Regierung Besitz zu ergreifen. Gründete dieses Gerücht sich wirklich auf Thatsachen und ließen die Samoaner sich im Rausche zu dem geplanten Schritte verleiten, dann hing es nur von dem Gutdünken des genannten Herrn ab, ob er den Staatsstreich wagen wolle oder nicht. Jedenfalls lag in diesem Falle die Befürchtung nahe, daß die ganze Regierungsgewalt unter äußerlicher samoanischer Hoheit in amerikanische Hände übergehen und der deutsche Handel dann bald vernichtet sein würde. Die Sandwich=Inseln geben ja ein ziemlich klares Bild von den wahrscheinlichen Folgen einer eingeborenen Regierung unter amerikanischen Ministern. Es war daher durch einen Gewaltstreich der angedeuteten Art für die Deutschen so viel zu verlieren, daß wir möglichem Unheil vorbeugen mußten.

Unter solchen Verhältnissen war eine Betheiligung an den Festen von unserer Seite ausgeschlossen, und wir würden denselben auch in dem Falle, daß unsere Forderungen erfüllt worden wären, fern geblieben sein, da wir nach der Vorgeschichte dieser Veranstaltungen dabei nur eine zweifelhafte Rolle hätten spielen können. Am 14. Juli traf auf dem deutschen Consulat die förmliche Einladung der Samoa-Regierung zu den Festen für uns ein, und damit war uns die Handhabe zur Erneuerung unserer Forderungen gegeben. Unsere Antwort lautete, daß wir die Einladung nur dann annehmen könnten, wenn dem Deutschen Reiche vorher ein Vertrag mit denselben Rechten, wie sie der amerikanischen Regierung zuerkannt seien, zugesichert und bis zum nächsten Vormittag der Zeitpunkt für die Vertragsverhandlungen genau und schriftlich bezeichnet würde. Als nun im Laufe des Nachmittags des 14. dem Consul das vorstehend erwähnte Gerücht über die von den Samoanern beabsichtigte Abtretung der Samoa-Inseln an Amerika zuging, hielt dieser Herr es für nothwendig, unsererseits sichernde und vorbeugende Maßregeln zu ergreifen, und machte den kühnen Vorschlag, zwei samoanische Häfen mit Beschlag zu belegen und als Faustpfand zu behalten, bis die Samoaner ihre Verpflichtungen gegen Deutschland erfüllt hätten. Nach kurzer Bedenkzeit, welche ich mir erbeten hatte, stimmte ich dem Vorschlage zu, weil ich ihn für gut und wahrscheinlich ausführbar hielt, und in der erfolgten Ausführung die deutschen Interessen vorläufig geborgen sah.

Am 15. Juli, mittags 12 Uhr, war von den Samoanern noch keine Antwort eingetroffen; um 1 Uhr fing unser Schlot an zu rauchen; das Schiff wurde seeklar gemacht; der Consul, sowie zwei Halbweiße, ein Dolmetscher und ein Lootse für die als Faustpfand in Aussicht genommenen Häfen Saluafata und Falealili, kamen an Bord, und um 3 Uhr dampften wir in See. Um 5 Uhr ankerten wir vor Saluafata in einem vorzüglichen, gegen alle Winde geschützten Hafen; einige Eingeborene kamen noch an Bord, Früchte zum Kauf anzubieten, und kurz vor Eintritt der Dunkelheit wurden unser Dolmetscher und Lootse an Land geschickt, um den Häuptling auf das vorzubereiten, was er am nächsten Morgen zu erwarten habe. Einerseits mußte, um nach unserer Ansicht die Beschlagnahme rechtsverbindlich zu machen, der Besitzer des Hafens bei dem Acte zugegen sein, oder aber den Platz, nachdem er vorher von allem unterrichtet worden war, verlassen haben, andererseits war die Möglichkeit nicht ausgeschlossen, bewaffneten Widerstand zu finden, sobald wir eine bewaffnete Truppe ohne vorherige Ankündigung landeten. Der Dolmetscher hatte den Auftrag, dem Häuptling mitzutheilen, daß die Samoa-Regierung sich neuerdings weigere, alte, den Deutschen früher zugestandene Rechte anzuerkennen, und wir daher gezwungen seien, vorläufig und so lange den Hafen von Saluafata für die deutsche Regierung in Besitz zu nehmen, bis diese Rechte anerkannt seien. Ich hätte nicht die Absicht, sonst irgendwelche Gewalt zu brauchen, und hoffe, daß sein Benehmen so verständig sein würde, daß ich an meiner Absicht festhalten könne. Im übrigen würde die Rückerstattung des Hafens seinerzeit sicher erfolgen und irgendein Schaden könne daraus für ihn nicht erwachsen.

Bald nach dem Landen unserer Abgesandten wurde es in Saluafata lebendig und sehr geräuschvoll, mehrere Trommeln wurden unermüdlich bis um 2 Uhr nachts geschlagen und viel Geschrei drang bis zu uns herüber. Nach Ansicht des Consuls bedeutete dies eine Alarmirung aller streitbaren Männer; er vermuthete, daß eine große Zahl bewaffneter Eingeborener, welche auf dem Wege nach Apia zur Theilnahme an den geplanten Festlichkeiten seien, sich hier zusammengefunden und Nachtquartier genommen hätten. Um gegen einen etwaigen Ueberfall gesichert zu sein, ließ ich das Schiff in Vertheidigungszustand setzen, und die halbe Mannschaft war während der Nacht stets gefechtsbereit auf Deck. Als es um 2 Uhr an Land ruhig geworden war und sich dann bis 4 Uhr nichts Verdächtiges zeigte, legte ich mich noch etwas hin, wurde aber schon um 6 Uhr wieder geweckt, da unser Dolmetscher und der Lootse in einem Kanu von Land gekommen waren und mich augenblicklich zu sprechen forderten. Ich ließ die Leute in die Kajüte kommen und wir hörten — der Consul hatte auch sein Bett verlassen —, daß, wie letzterer richtig vermuthet hatte, an 1000 mit Hinterladern bewaffnete Eingeborene in Saluafata anwesend und entschlossen seien, uns nicht an Land zu lassen. Sie selbst wären während der Nacht in größter Lebensgefahr gewesen, trotzdem ihre Mütter und Frauen Häuptlingstöchter seien, und hätten noch vor Tagesanbruch das Land heimlich verlassen. Der größte Theil der Eingeborenen hätte schon während der Nacht einen Angriff auf das Schiff machen wollen, weil ihre Spione, die am Abend vorher als Fruchtverkäufer an Bord gewesenen Leute, die Nachricht an

Land gebracht hätten, daß das Schiff keine Kanonen habe. Diese waren nämlich für die Nacht mit ihren Bezügen zugedeckt gewesen und wurden deshalb von den Eingeborenen nicht als solche erkannt. Nach langen Verhandlungen wäre dieser Plan aber fallen gelassen worden, weil ein alter weiser Häuptling den Ausspruch gethan habe, daß sie vollkommen recht hätten, wenn sie die Wegnahme unsers Schiffes als eine Kleinigkeit betrachteten; er wisse aber noch etwas Leichteres und schlüge vor, gleich damit vorzugehen, nämlich den Hafen erst auszuschöpfen und das Schiff zu nehmen, wenn es auf dem Trocknen läge. Nach diesem Vorschlage sei ernüchternde Ruhe eingetreten und der Plan eines nächtlichen Angriffes aufgegeben worden.

Inzwischen hatte der Dolmetscher, welcher äußerlich ein bejammernswerthes Bild abgab und sich kaum auf den Füßen halten konnte, erklärt, daß er gleich zum Arzt müsse, weil der während der Nacht ausgestandene Schreck ihn so krank gemacht habe, daß er sterben würde. Nachdem ich den Mann dem Schiffsarzt überwiesen hatte, verhandelten wir mit dem Lootsen, welcher seine Fassung einigermaßen bewahrt hatte, weiter und kamen zu dem Schlusse, daß Saluafata möglicherweise nicht ohne Blutvergießen zu nehmen sein würde. Besonders ernst stimmten uns der Zustand unserer beiden Halbweißen und ihre Auffassung der Lage, denn da sie in samoanischen Verhältnissen aufgewachsen und mit angesehenen Häuptlingsfamilien verwandt waren, vermochten sie wohl zu beurtheilen, wie weit die Eingeborenen gehen würden, andererseits waren gerade diese beiden Leute als muthige, unerschrockene Männer bekannt und hatten diese Charaktereigenschaften schon in verschiedenen Lagen bewiesen.

Da wir uns erst zu 9 Uhr vormittags bei dem Häuptling angesagt hatten, blieben mir noch zwei Stunden Zeit zur Ueberlegung, wie die Landung am besten auszuführen sei. Soviel ich auch hin und her dachte, alle Möglichkeiten und Wahrscheinlichkeiten erwog, ich kam immer wieder zu dem Schlusse, daß es am besten sei, wenn der Consul und ich zunächst nur allein das Land beträten und die zu dem feierlichen Acte der Beschlagnahme erforderliche Truppe erst nachfolge, wenn unsere mündlichen Verhandlungen mit dem Häuptling zum Abschluß gekommen seien. Wir durften nicht einmal eine kleine Bedeckung mitnehmen, da diese die Samoaner zum Angriff reizen konnte. Der Consul stimmte mir darin bei, daß, da wir den einmal betretenen Weg einhalten müßten, ein ernstlicher Zusammenstoß auf diese Weise am ehesten vermieden werden könne und unser eigenes Leben in diesem Falle nicht mehr gefährdet sei, als wenn wir an der Spitze unsers ganzen aus 120 Mann bestehenden Landungscorps das Land beträten, und erklärte sich bereit, mit mir allein zu gehen. Im übrigen mußte die Beschlagnahme ja noch heute ausgeführt werden, da der morgende Tag, an welchem in Apia die Feste begannen, schon eine für uns ungünstige Entscheidung bringen konnte. Es blieb mir also keine Zeit zur regelrechten Belagerung und Säuberung des Platzes.

Altes Häuptlingsgrab.

Der Schauplatz au Land war so, daß wir einen etwa 100 Schritt breiten und 200 Schritt tiefen Platz betreten und ganz durchmessen mußten, um bis zu dem im Hintergrunde sich an den Wald anlehnenden Hause des Häuptlings zu gelangen. Der Platz wird mit Ausnahme eines kleinen Stücks am Strande von dichtem Wald und Busch umrahmt, durch welchen nur schmale Fußpfade gehen. Hinter der Häuptlingswohnung im Walde öffnet sich eine enge Schlucht, auf welche mehrere in das Innere führende Fußpfade münden. Auf dem Platze selbst liegt in der Mitte noch ein der ältesten Tochter des Häuptlings gehörendes Haus und an der einen Seite am Waldesrande befinden sich zwei alte Häuptlingsgräber, denen die Samoaner eine große Verehrung zollen und welcher Umstand den Consul bestimmt hatte, gerade Saluafata als Beschlagsobject zu wählen. Landeten wir nun gleich mit einer größern Truppe, so war anzunehmen, daß die Samoaner, in der Befürchtung eines Angriffs von unserer Seite, aus ihrem Hinterhalte auf 50—100 Schritt Entfernung mit ihren Schnellladern ein verheerendes Feuer auf uns richteten, welches etwa die Hälfte unserer Leute hinraffen mußte, worauf die Angreifer ohne einen Schuß zu erhalten, auf gedeckten Pfaden nach den verschiedensten Richtungen in das Innere entfliehen konnten, ohne daß es uns möglich gewesen wäre, ihnen zu folgen, weil wir nicht wissen konnten, wohin uns zu wenden. Von unserer Seite den ersten Angriff zu machen, war ausgeschlossen, da uns jede Veranlassung dazu vorläufig noch fehlte, im übrigen wir ja auch kein Angriffsobject gefunden haben würden. So blieb bei der Kürze der uns zur Verfügung stehenden Zeit nur der von uns gefaßte Plan als einziger Ausweg möglich, indem wir hofften, daß die moralische Wirkung unsers Auftretens uns den gewünschten Erfolg bringen würde. Wenn wir uns auch mit Revolvern versahen, so setzten wir für den Fall eines Angriffs unsere einzige Hoffnung doch nur auf die blanke Waffe, weshalb der Consul meinen zweiten Säbel nahm. Denn wenn auf uns geschossen wurde, konnte unsere Erwiderung der Schüsse in den dichten Wald hinein keinerlei Erfolg haben, und wir nahmen uns für diesen Fall vor, wenn wir nicht getroffen werden sollten, mit blankem Säbel unsern Angreifern in den Wald entgegenzustürmen, darauf rechnend, daß die Eingeborenen dann vor uns fliehen würden.

Nachdem ich für alle Fälle dem ersten Offizier des Schiffes Aufschluß über die ganze Lage gegeben hatte, wurden gegen 8½ Uhr die Boote gerüstet. Der Befehlshaber des Landungscorps hatte den Auftrag, 400 Schritt vom Lande die Boote aufmarschiren zu lassen und nach den verabredeten Signalen zu handeln. Kurz vor 9 Uhr lief mein Boot knirschend auf den Sand, und der Consul und ich traten unsern ernsten Weg an. Den Dolmetscher, welchen der Arzt für befähigt erklärt hatte uns für eine Stunde zu begleiten, mußten wir in meiner Gig zurücklassen, da der Mann unser Vorhaben als sichern Tod bezeichnete und nicht zum Mitgehen bewogen werden konnte. Zwei Leute meiner Bootsbesatzung sollten, nachdem wir einen Vorsprung gewonnen hatten, uns vorsichtig in Sicht- und Rufweite nachfolgen, um einen etwaigen Ueberfall sofort an das Landungscorps melden zu können, da ja auch nicht ausgeschlossen war, daß die Samoaner versuchen würden, sich unserer Personen zu bemächtigen, um uns vorläufig als Geiseln zu behalten. Wir durchschritten eine Palmenlichtung und fanden die dort zerstreut liegenden Hütten, soweit wir sehen konnten, sämmtlich verlassen, was kein gutes Zeichen war. Wir betraten den Platz und gingen, ohne eine Menschenspur zu entdecken, die Hand an dem gelockerten Säbel, etwa zwei Schritte voneinander entfernt, in ruhigem festen Schritt vor, jeden Augenblick den ersten verhängnißvollen Schuß erwartend. Denn wenn nur ein aufgeregter unbedachter Samoaner losdrückte, so war dies zweifellos das Signal für eine mörderische Salve auf uns. Es war eine eigenthümlich ernste Lage, welche den Mund verstummen machte und den Gedanken den weitesten Spielraum ließ. Was wurde, wenn das tödliche Blei uns traf, oder wir lebend überwältigt den unberechenbaren Mishandlungen einer fanatisirten Menge preisgegeben waren?

Erst als wir die Hütte der Häuptlingstochter umgangen hatten, änderte sich das Bild. Geputzte und mit Blumen geschmückte Menschen, Männer, Frauen und Kinder kamen uns entgegen und geleiteten uns zu dem Hause des Häuptlings, wo wir von sämmtlichen Häuptlingen des Bezirks, denen sich ihre Familien theilweise angeschlossen hatten, empfangen wurden. Nachdem wir die uns gereichte Kawa getrunken hatten, wurde der Dolmetscher herbeigerufen und der Zweck unserer Anwesenheit kundgethan, worauf Sangapolutele, der erste Häuptling und Besitzer von Saluafata, erklärte, der Gewalt weichen und uns vertrauen zu wollen. Nachdem dann die Ehrenwache herangesignalisirt war und vor dem Hause Aufstellung genommen hatte, wurde die deutsche Flagge mit den entsprechenden militärischen Ehrenbezeugungen aufgepflanzt, von dem Consul die in samoanischer Sprache verfaßte, die Beschlagnahme aussprechende Proclamation verlesen und Sangapolutele darauf eingehändigt; die Flagge wurde wieder gesenkt, unsere Truppe marschirte mit klingendem Spiel ab und wir verweilten noch einige Minuten, um die vorher fertig gemachten Briefe, welche der Samoa-Regierung und den fremden Consuln die erfolgte Beschlagnahme von Saluafata anzeigten, durch einen Boten abzusenden. Während dieser Zeit erfuhren wir auch noch, daß wirklich 800 Samoaner um den Platz herum auf uns im Anschlag gelegen hatten, aber zurückgezogen wurden, als wir nur allein den Platz betraten und das Stoppen unserer Boote weiter außerhalb ihnen die Gewißheit gab, daß wir keinen gewaltthätigen Angriff beabsichtigten. Wir kehrten zum Schiffe zurück und waren schon um 10 Uhr wieder unter Dampf auf dem Wege nach Falealili.

Gegen Abend langten wir dort an und der Lootse wurde an Stelle des Dolmetschers, welcher wirklich ernstlich erkrankt war, an Land geschickt, um die Häuptlinge des Platzes ebenso vorzubereiten, wie es in Saluafata geschehen war. Er brachte am 17. morgens indeß die Nachricht, daß der Ort von Menschen entblößt sei und die wenigen Zurückgebliebenen nicht wagten, in Abwesenheit ihrer Häuptlinge mit uns zu verhandeln, daher vor unserer Landung den Ort verlassen würden. Da es somit wahrscheinlich war, daß der Act der Beschlagnahme in einer verlassenen Stadt erfolgen würde, so nahmen wir einen Zimmermann mit, um die Proclamation in der Hütte des Häuptlings annageln zu lassen. Um 7½ Uhr morgens landeten wir mit der Ehrenwache, nachdem, um keine Vorsicht außer Acht zu lassen, die bewaffneten Boote ebenso wie in Saluafata in einiger Entfernung vom Lande Aufstellung genommen hatten; wir fanden aber, entgegen unserer Annahme, den Platz nicht verlassen, sondern voller Menschen, welche sich zum Theil in der uns vom Lootsen als solche bezeichneten Hütte des Häuptlings, zum größern Theil in deren nächster Umgebung befanden. Beim Näherkommen erkannten wir allerdings, daß wir nur geputzte Frauenzimmer vor uns hatten, in deren Mitte sich ein eingeborener Missionslehrer befand, welchen sie wol zur Wahrung des Anstandes bewogen hatten, an unserm Empfang theilzunehmen. Die munter aussehende Schar benahm sich sehr artig und schien sich der Würde, die Männer zu vertreten, wohlbewußt zu sein. Wir mußten zunächst mit den im Hause befindlichen Häuptlingsdamen die Hände schütteln, der Consul wechselte mit dem Lehrer einige Worte, und dann erfolgte die Beschlagnahme, welche mit der Annagelung der Proclamation im Häuptlingshause abschloß.

Die Damen verhielten sich still und zurückhaltend, bis unsere Wache bei ihrem Abmarsch ungefähr die Hälfte des Weges zurückgelegt hatte, dann ging ihnen jedoch ihr Temperament durch, die in dem Hause befindlichen traten aus demselben heraus und liefen, von den andern gefolgt, unsern Leuten nach, um sie bis zum Strande zu begleiten. Dort erfolgte sogar, nachdem die Wache in ihren Booten abgesetzt hatte und das Boot für die Musik herankam, schließlich unter großem Jubel und fröhlichem Gelächter seitens der jungen Mädchen, ein regelrechter Angriff auf die Musiker. Denn während diese, um ihr Schuhzeug nicht naß zu machen, auf andern Matrosen reitend durch das seichte Wasser zum Boote getragen wurden, folgten ihnen die Mädchen, von den ältern Frauen angespornt, in das Wasser nach, kniffen die Reiter in die Beine, theilten zarte Schläge aus und schenkten den Geschlagenen dann ihre Blumen. Doch damit nicht genug, versuchten sie noch den Paukenschläger zu entführen und benutzten dazu den Moment, wo er, nachdem er seine Pauke untergebracht hatte, mit dem Leib auf dem Bootsrand liegend, versuchte, in dasselbe sich hineinzuarbeiten. Einige Mädchen packten ihn an den Beinen, zogen ihn wieder aus dem Boot und hoben ihn auf ihre Schultern, doch machte der Offizier des Bootes diesem liebenswürdigen Unfug ein Ende, als sie versuchten, den Mann an Land zu tragen. So endete die Wegnahme von Falealili als ein Festtag für seine Bewohnerinnen.

An Bord zurückgekehrt, ließ ich gleich Anker lichten, um unter Segel und Dampf schleunigst nach Apia zurückzukehren und dort noch vor Dunkelwerden einzutreffen, da ich doch nicht sicher war, ob die aufgeregten Samoaner nicht etwa Feindseligkeiten gegen die Deutschen unternehmen würden. Kurz vor Sonnenuntergang langten wir in Apia an und erfuhren von dem uns entgegengekommenen Lootsen, daß in der Stadt zwar eine hochgradige Aufregung herrsche, weil das Gerücht, wir hätten die beiden beschlagnahmten Plätze dem Erdboden gleichgemacht, im Umlauf sei, unsere Landsleute seien aber bisjetzt unbehelligt geblieben; dagegen habe die amerikanische Corvette seeklar gemacht, um uns am nächsten Tage zu folgen. Der Consul fuhr gleich an Land und ich folgte etwas später, um den Abend in dem gastlichen deutschen Hause zu verbringen und mich über die Lage in Apia zu unterrichten. Auf meinem Wege dorthin kam mir gerade der ganze Zug der von Mulinu'u zurückkehrenden lärmenden und bunt herausgeputzten Festtheilnehmer entgegen, sodaß ich mich zur Seite stellte, um die Leute vorüber zu lassen, da ich mich nicht dem Menschenstrom entgegendrängen wollte. Doch schon nach kurzer Zeit fielen mehrere Schüsse und eine Kugel sauste dicht an meinem Kopfe vorbei. Nun mußte ich meinen Platz verlassen und schaffte mir mit einigen kräftigen Stockschlägen auf die Köpfe der Eingeborenen freie Bahn, sodaß mir Raum gemacht wurde und ich bis zum Consulat gelangen konnte. Nicht lange darauf kam auch noch eine Botschaft von meinem Schiffe, daß auf unsere Boote geschossen worden sei, und nun schickte ich noch an demselben Abend eine Beschwerde an die Regierung mit der gleichzeitigen Androhung, für jeden getödteten oder verwundeten Deutschen zwei Samoaner aufhängen zu lassen. Aehnliche Ausschreitungen kamen indeß nicht mehr vor. An diesem Abend erfuhren wir noch über die politische Lage, daß bei den Festen, zu welchen ungefähr 3000 Theilnehmer erschienen waren, der größte Theil der Bezirke Upolus vertreten war und somit angenommen werden darf, daß diese Insel den Vertrag zwischen Samoa und den Vereinigten Staaten anerkannt hat, während Savai'i ferngeblieben ist und erklärt hat, den Vertrag nicht anerkennen zu wollen. Tutuila dagegen war wieder durch einige Abgesandte vertreten, aber nur um gegen die Ueberlassung des Hafens von Pago-Pago an eine fremde Macht zu protestiren. Da die samoanischen Häfen Privateigenthum der betreffenden Häuptlinge sind, so konnte seinerzeit Mamea nicht bevollmächtigt werden, einen Hafen abzutreten, und hatte diese Vollmacht auch nicht erhalten. Immerhin hat die jetzige samoanische Regierung den Vertrag mit der Ueberweisung Pago-Pagos als Kohlenstation ratificirt.

Die Aufregung unter den Samoanern schwand am nächsten Tage, als unsere getroffenen Maßnahmen der Wahrheit gemäß bekannt wurden; unter den Amerikanern aber wuchs sie und führte zur vollständigen Veruneinigung aller Betheiligten, welche nach wenigen Tagen zum größten Theil ebenso schnell aus Apia verschwanden, wie sie meteorartig dahingekommen waren. Zunächst versuchten die Amerikaner zu retten, was noch zu retten war, wobei die wunderlichsten Sachen zu Tage kamen. Als sie alle ihre Bemühungen, festen Fuß zu fassen, scheitern sahen, vereinigten sie sich noch einmal zu einem großen Schlage, indem sie der Samoa-Regierung eine Rechnung zur Begleichung vorlegten, welche die Höhe von 105800 Dollars oder 423200 Mark erreichte.

Die kurze Geschichte dieser Rechnung ist, wie sie in Apia erzählt wird, die folgende.

Die beiden zur frühern Landcompagnie gehörigen Amerikaner, welche den samoanischen Abgesandten Mamea nach Amerika bringen wollten, erklärten diesem gleich nach der Ankunft in San-Francisco, daß sie ihn ohne Geldmittel in Stich lassen würden, wenn er nicht namens der Samoa-Regierung Schatzbons im Betrage von 10000 Doll. ausschriebe und ihnen aushändige, wogegen sie dann auf ihre Landansprüche in Samoa verzichten würden. Mamea, welcher übrigens die Tragweite einer solchen Maßregel gar nicht ermessen konnte, zumal ihm, wie jedem Samoaner, das Verständniß dafür fehlte, was eine solche Summe überhaupt zu bedeuten hat, fertigte die Schatzbons nach einigem Sträuben aus. Die Sache wurde vorläufig geheim gehalten und erblickte das Tageslicht erst am 20. Juli, nachdem durch die Feste in Mulinu'u der Vertrag mit den Vereinigten Staaten öffentliche Anerkennung gefunden hatte; die Leute stellen jetzt die Behauptung auf, daß Mamea zur Ausgabe der Schatzbons berechtigt gewesen wäre, weil er vollgültige Vollmacht zur Abschließung des Vertrags gehabt habe. Die Samoaner aber wollen diese Beweisführung nicht gelten lassen und weigern sich zu zahlen. Ferner sollen die erwähnten beiden Herren eine Rechnung von 4800 Doll. für den Unterhalt des Mamea während seines sechsmonatlichen Aufenthalts in Amerika vorgelegt haben. Mamea sagt aber, daß er schlecht verpflegt worden sei, nie baares Geld gesehen habe und San-Francisco überhaupt nicht hätte verlassen können, wenn nicht der von ihm angeworbene Bartlett ihn aus dem Gasthof ausgelöst hätte, worüber dieser Herr eine Rechnung von 1000 Doll. vorgelegt haben soll, sodaß hiernach die für Mamea's Reise geforderten Gesammtausgaben 5800 Doll. betragen würden. Die Samoaner, welche in dem Glauben leben durften, daß die Entsendung Mamea's ihnen überhaupt nichts kosten würde, verweigern auch hier die Zahlung der ganzen Summe und wollen nur von ihnen in aller Eile gesammelte 1000 Doll. geben.

Die Weigerung der armen Samoaner, welche überhaupt kein baares Geld in größern Summen besitzen, soll nun veranlaßt haben, daß dem amerikanischen Commandanten die Sache übergeben worden ist, welcher aber auch schwerlich die Zahlung wird erzwingen können, wenn er wirklich diese etwas zweifelhafte Angelegenheit sollte weiter verfolgen wollen. Und vor einer Vergewaltigung, wie Tahiti sie seinerzeit durch die Franzosen erfahren hat, sind die Samoaner ja gesichert, seitdem Saluafata und Falealili schon in fremden Händen sind, sodaß sie unter Umständen für diesen Gewaltstreich noch dankbar sein müßten, welche Auffassung sich in dem größten Theile des Landes und bei der Minderheit der Regierungsgewalten übrigens auch schon Bahn brechen soll. Um dem Wirrwarr die Krone aufzusetzen, soll nun auch noch der mehrerwähnte Consulatsbeamte sich ebenfalls um die Stelle eines ersten Ministers der Samoa-Regierung beworben und zu diesem Zwecke einen vom 24. Mai datirten Empfehlungsbrief Steinberger's vorgelegt haben. Diesen Brief will einer der Herren von der Landcompagnie, welcher seine Sache hier verloren gibt und mich um eine Passage nach den Fidji-Inseln bat, gesehen haben. Die Folge davon ist, daß Bartlett nun sucht, mit uns Fühlung zu bekommen, um mit deutscher Hülfe den ihm in Aussicht gestellten Posten zu erlangen. Das kurze Ende der langen Geschichte ist, daß wir meines Erachtens das Spiel gewonnen haben und ich, trotzdem die Samoaner vorläufig noch abgelehnt haben, zur Wiedererlangung ihrer beiden Häfen mit uns den Deutschland verbrieften Vertrag abzuschließen, glaube ruhig die Reise nach Sydney wagen zu können, da der Consul allen Schwierigkeiten allein gewachsen sein dürfte, solange die erfolgte Beschlagnahme der Häfen zu Recht besteht und sofern sie von zuständiger Stelle gebilligt werden sollte.

So habe ich heute Morgen Apia verlassen und vor Antritt der Reise auf Wunsch des Consuls nur noch einen Abstecher nach der kleinen Insel Manono gemacht, da noch immer keine Nachricht von der erfolgten Bestrafung der Leute, welche mit dem französischen Priester den Angriff auf die deutsche Plantage gemacht hatten, eingetroffen war und der Consul vermuthete, daß die Regierung zu schwach sei, eine solche von der trotzigen Bevölkerung von Manono zu erzwingen. Nachdem der Gouverneur der Insel, um den angedrohten Maßregeln von unserer Seite zu entgehen, die Bestrafung zugesagt und versprochen hatte, darüber dem Consul zu berichten, kehrte dieser Herr in einem mitgenommenen offenen Boot nach Apia zurück, während wir die weite See aufsuchten, deren Wesen uns nach der langen Hafenzeit von fünf Wochen und der Ungewohntheit so langen Stillliegens beinahe fremd geworden ist.

Die Samoaner sind ein schöner Menschenschlag, die Männer groß und stattlich, die Frauen zierlich und fein gestaltet, von nur

Mittelgröße. Aber nicht nur der Unterschied in der Körpergröße der beiden Geschlechter, welcher dem unserer kaukasischen Rasse entspricht, fällt auf, wenn man von Tahiti und den Gesellschafts-Inseln kommt, sondern auch die Aehnlichkeit der Charakterveranlagung mit unserer Rasse. Denn die Männer besitzen im allgemeinen die Tugenden, welche wir als männliche bezeichnen, und die Frauen sind, abweichend von ihren Schwestern auf den von mir bisjetzt besuchten polynesischen Inseln, sanft, einschmeichelnd und aufopferungsfähig, haben eine weiche Stimme und können in der Regel als häuslich veranlagt gelten. Wie mir erzählt wurde und was ich selbst schon erkannt zu haben glaube, halten die Samoaner auch streng auf Formen, beobachten in ihrem Verkehr feine Sitte und Anstand, sind außerordentlich gastfrei, reinlich an ihrem Körper wie in ihren Wohnungen und können in gewissem Sinne als ein Culturvolk betrachtet werden. So soll auch ihre Sprache der reinste und ausgebildetste der verschiedenen polynesischen Dialekte sein, sodaß man die Samoaner als die Aristokratie Polynesiens bezeichnet und aus den angeführten Gründen vielfach auch für das Stammvolk der Polynesier hält. Diese höhere Stufe soll ihnen auch von den Eingeborenen der Tonga- und Fidji-Inseln zuerkannt werden, gilt doch auch den letztern die Redewendung „Sie ist so schön wie eine Frau von Manono" als Bezeichnung der höchsten Vollendung des Weibes, und streben doch die Häuptlingsfamilien beider Inselgruppen danach, für ihre Söhne Töchter aus vornehmer samoanischer Familie als Gattinnen zu erhalten. Auch sollen die jungen Männer Tongas es als höchstes zu erstrebendes Ziel betrachten, sich auf samoanische Art tätowiren zu lassen und oft dazu für einige Zeit nach den Samoa-Inseln übersiedeln, weil der König von Tonga auf seinen Inseln das Tätowiren verboten hat.

Vor dem niedern Volk zeichnen sich äußerlich die männlichen Mitglieder der Häuptlingsfamilien durch größere Gestalt aus und beide Geschlechter thun dies durch bessere Körperhaltung, denn wenn auch der gewöhnliche Mann sich im allgemeinen gut hält, so kann man dies doch nicht immer von den Frauen sagen, während die Häuptlingsdamen stets eine tadellose Haltung zur Schau tragen und einen auffallend stattlichen Gang haben. Schon nach wenigen Tagen konnte ich an diesen Merkmalen ziemlich sicher die Mitglieder der Häuptlingsfamilien erkennen. In die Augen fallend ist ferner, daß die Samoaner noch ziemlich streng an ihrer alten Lebensweise und ganz an ihrer alten Kleidung festhalten. Die einzige inzwischen eingeführte Aenderung der letztern besteht darin, daß an Stelle des alten für das Kleid verwendeten Stoffes europäische Baumwollgewebe getreten sind, doch tragen die Häuptlinge der obersten Klasse, wenn sie sich in Apia zeigen, auch neben dem nationalen Lava-lava noch ein weißes europäisches Hemd, und die wenigen wirklich zum

Samoaner, dienende Klasse.

Christenthum übergetretenen Frauen befleißigen sich, in der Stadt ein Stück Zeug, welches über den Kopf gestreift Brust und Rücken bis zu den Hüften bedeckt, umzuhängen. Doch legen die Leute diese ihnen immerhin fremden Kleidungsstücke ab, wenn sie bei festlichen Gelegenheiten ihre alten Staatskleider anlegen. Lange Frauenkleider, wie sie in Tahiti und auf den Gesellschafts-Inseln gebräuchlich sind, werden hier nur von den an Weiße oder Halbweiße verheiratheten Samoanerinnen und von den Dirnen, welche sich mit der Einwanderung der Europäer auch in Apia eingefunden haben, getragen, doch kann dies nicht als Fortschritt bezeichnet werden, da die Kleider meistentheils unsauber sind und die Unsauberkeit der Kleidung sich auch auf das Haus und den Körper überträgt. Diejenigen Eingeborenen, welche sich den Luxus eines Lava-lava aus Baumwollstoff noch nicht gestatten können, tragen solche aus Tapa, dem aus der Rinde des Maulbeerbaums hergestellten Stoff, oder begnügen sich mit einem bis zu den Knien reichenden Grasschurz. Eine Eigenthümlichkeit, welche mit der Kleidung in ursächlichem Zusammenhang

Samoaner, dienende Klasse.

zu stehen scheint, ist die Sitte, den Körper nur soweit zu tätowiren, als er in der Regel bekleidet getragen wird, nämlich von den Hüften bis etwas unter die Knie, und ich bringe dies mit dem scharf ausgeprägten Schamgefühl der Samoaner in Verbindung. Denn da bei den großen Festen die jungen Männer unbekleidet erscheinen und nur eine kleine Blätterschürze von etwa 25 cm Durchmesser haben, so wollen sie für diese Gelegenheiten die sonst bekleideten Körperflächen doch wenigstens durch Malerei bedeckt haben. Hierfür scheint auch der Umstand zu sprechen, daß nur die Männer regelrecht tätowirt sind und die Frauen sich mit einem kleinen Muster in der Form einer Brosche in der Kniekehle und einigen kleinen Sternen und dergleichen Zierstücken an den Lenden, einem Namen auf dem Arm und blau eingeätzten Ringen auf einzelnen Fingern begnügen.

Die Hautfarbe der Samoaner ist die der übrigen Polynesier, das Haar ist schwarz, dick und starr. Zwar findet man häufig auch röthliches und sehr oft gekräuseltes Haar, doch ist beides Kunst und eine Folge des beliebten Kalkens desselben. Ob dies geschieht, um das Haar zu färben und zu kräuseln, oder nur um es von Ungeziefer zu reinigen und die Veränderung dann nur eine nothwendige Folge des Kalkens ist, oder ob es den dreifachen Zweck bewirken soll, mag dahingestellt bleiben. Jedenfalls sehen die braunen jungen Gesichter sehr putzig aus, wenn sie mit frisch gekalktem weißen Haar erscheinen. Das Haar wird von beiden Geschlechtern in der Regel ziemlich kurzgeschnitten getragen, doch sieht man auch längeres, und vereinzelt bei den Frauen sogar lange schwarze Zöpfe. Als Schmuck lieben beide Geschlechter große rothe Blumen im Haar oder mit dem Kelch nach vorn gekehrt über den Ohren. Die Frauen haben vielfach auch Ketten von rothen erbsenartigen Früchten um den Hals und an den Handgelenken, sowie auch aus Blumen und Laub gewundene Kränze um Hals und Taille; auch kleine schmale Ringe aus Schildkrot, welche oft mit kleinen Silberstückchen eingelegt und mit eingeschnittenen Namen versehen sind, tragen sie an den Fingern und benutzen dieselben zu gelegentlichen Geschenken, wenigstens habe ich einige auf diese Weise erhalten.

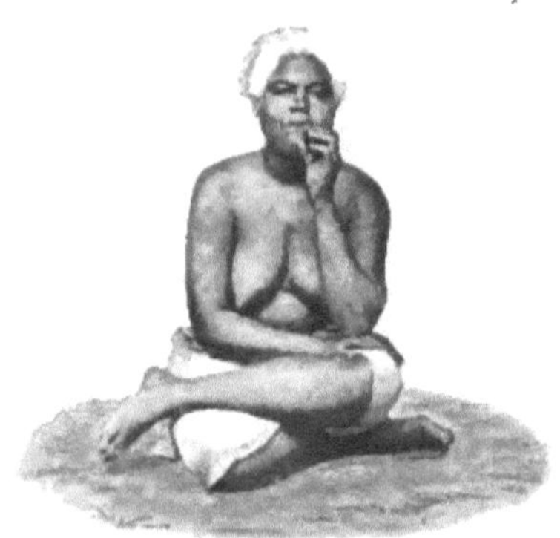
Samoanerin mit gekalktem Kopfhaar.

Die Samoaner sind, wie ich schon angegeben habe, sehr reinlich und halten auf gute Körperpflege, ob aus natürlichem Trieb oder ob dies nur eine Folge ihrer Lebensweise ist, wird heutzutage schwer zu entscheiden sein. Sie waschen und baden sich zwar nicht, entsprechend unserer Gewöhnung, gleich frühmorgens, sondern erst etwas später und verbinden dies mit den häuslichen Verrichtungen. So reiben sie sich, bevor sie ihre Hütte zur Beschaffung des Lebensunterhaltes verlassen, den Oberkörper mit Kokosöl, das häufig noch mit wohlriechendem Baumharz durchmengt ist, ein, und dann gehen sie in das Wasser und auf die Korallenriffe auf den Fischfang, wobei sie ihr Morgenbad nehmen. An diesem Fang betheiligen sich Männer, Frauen und Kinder, da auch die letzteren vom zartesten Alter an wassergewohnt sind, ja oft eher schwimmen als gehen können. Ich habe dies nicht glauben wollen, bis ich mich einmal durch den Augenschein überzeugte, daß ein am Strande niedergelegtes, vielleicht 1½ Jahre altes Kind, welches noch nicht gehen konnte, auf Händen und Füßen in das Wasser kroch und sich dort schwimmend ziemlich sicher bewegte. Die Sitte, den Oberkörper mit Oel einzureiben, was oft je nach Bedarf täglich mehrere mal erfolgt, bezweckt wol, die Haut gegen die Sonnenstrahlen widerstandsfähiger zu machen. Nach dem Fischfang wird in den Wald oder nach den Anpflanzungen gegangen, um Baum- und Erdfrüchte zu holen, und beides, wenn nöthig, am Nachmittag oder Abend wiederholt. Bestimmte Mahlzeiten kennen auch die Samoaner, wie alle diese Insulaner, nicht, sondern sie essen, wenn ihnen der Sinn danach steht.

Das Land zerfällt in mehrere größere Districte; Upolu hat deren drei, nämlich Atua, Tuamasaga und Aana, und innerhalb dieser Districte leben die großen Häuptlinge mit ihrem Anhang in Dörfern in fast vollständiger Unabhängigkeit von der Regierung, welche sie sich dadurch zu erhalten wissen, daß diejenigen eines Districts gewöhnlich zusammenstehen.

Die Abgaben des gewöhnlichen Mannes bestehen darin, daß er hilft, seine Häuptlingsfamilie mit zu ernähren, doch liefert er nicht das dazu Nöthige ab, sondern der Herr erwartet die vom Fischfang oder von der Fruchtlese Heimkehrenden und sucht sich das für ihn Wünschenswerthe aus. Nur in dem Falle, daß der Häuptling ein Gastmahl geben will, befiehlt er, was sein Volk dazu herbeizuschaffen hat. Die Frauen des Hauses besorgen dann die Ausschmückung desselben und holen aus dem Wald das dazu erforderliche Laub und die Blumen.

Eine Folge der ausgedehnten Gastfreiheit ist, daß die Samoaner eigentlich immer auf Reisen sind, oder aber diese Reiselust ist die Ursache der Gastfreiheit, welche den Gastgebern übrigens nicht viel Mühe macht, da im Wasser und im Walde genügende Nahrungsmittel vorhanden sind. Vielleicht daß beides mit örtlichen Verhältnissen und der sonderbaren Thatsache zusammenhängt, daß auf den Samoa-Inseln an den verschiedenen Küstenpunkten die Reifezeit der Brotfrucht nicht zusammenfällt und die Eingeborenen, welche den Genuß dieses schmackhaften Nahrungsmittels nicht entbehren wollen, dadurch dazu gekommen sind, die Gastfreundschaft derjenigen ihrer Bekannten in Anspruch zu nehmen, welche die reife Frucht bieten können. Dann ziehen sie in ihren großen Reisebooten von Insel zu Insel, von Ort zu Ort, die genossene Gastfreundschaft damit erwidernd, daß die Männer beim Fischfang u. s. w. helfen und die Frauen unter fröhlichem Geplauder mit fleißiger Hand behülflich sind, den Mattenreichthum ihrer Gastgeber zu vergrößern. Es machte auf mich stets einen außerordentlich anheimelnden Eindruck, wenn solch ein Boot von etwa 20 Männern gerudert an unserm Schiff vorbeifuhr. Vorn im Bug sitzt mit untergeschlagenen Beinen ein Mädchen und erleichtert den Ruderern ihre Arbeit durch weichen Gesang, hinten auf dem mitgeführten Hausrath sitzt oder liegt bequem hingestreckt die Häuptlingsfamilie, ein junger Häuptling führt das Steuer. Phantastisch sehen oft die Männer aus, wenn sie große Stücke Tapa, die sie wol während der Nacht als Decken benutzen und deren Hauptfarbe fast immer weiß ist, turbanartig als unförmig großen Aufbau auf dem Kopfe tragen.

Die Dörfer oder Städte, wie man die Ansiedelungen nun nennen will, liegen, da der Samoaner ohne die See nicht leben zu können scheint, vorzugsweise an der Küste, die Häuser verstreut unter Kokospalmen und zwar in solcher Entfernung von einander, daß kein Besitzer von seinem Nachbar belästigt wird. Und die ganze Ansiedelung umfaßt entweder den nie fehlenden Berathungs- bezw. Festplatz oder lehnt sich an denselben an. Auf diesem Platz befinden sich stets das Haus des Häuptlings und das „Fale-tele“ genannte Berathungshaus, in welchem auch Fremde und Gäste empfangen werden. Die Honneurs macht hier gewöhnlich die älteste Tochter des Häuptlings, welche aus diesem Grunde für seinen Hausstand eine so nothwendige Persönlichkeit ist, daß, wenn der Hausherr überhaupt keine erwachsene Tochter hat, er oft der Landessitte gemäß ein erwachsenes Mädchen für immer oder auf Zeit als Tochter adoptiren wird.

Die Bauart der Häuser ist einfach und durchaus zweckmäßig. Ihre Grundform ist oval mit einem größern Durchmesser von 12—14 m und einem kleinern von 10 m, das Dach, dessen First 8—9 m über dem Erdboden liegt, ist halbkugelförmig. Die Hauptbestandtheile des Baues sind das Dach, die seitlichen Dachstützen und ein in der Mitte der Hütte befindliches kräftiges Balkengerüst, welches

Samoanische Häuser.

die Mittelstütze für das schwere Dach bildet und gleichzeitig als Aufbewahrungsort für den Hausrath von Matten u. s. w. dient. Die seitlichen Dachstützen, welche ebenso wie das Mittelgerüst aus Kokospalmenholz bestehen und etwa 3 m über den Erdboden reichen, sind so eingegraben, daß die obern Enden etwas nach außen geneigt sind, wodurch der Durchmesser des Daches größer wird als derjenige des Fußbodens. Die seitliche Entfernung der Stützen untereinander beträgt ungefähr 2 m, sodaß aus Laub gefertigte Vorhänge bequem zwischen je zweien angebracht werden können und am Tage gegen Sonne und Wind, sowie des Nachts überhaupt heruntergelassen werden. Auf den Seitenstützen ruht eine horizontale Balkenlage aus dem biegsamen Holz des Brotfruchtbaums und auf diese baut sich das gewölbte Dachgerippe aus demselben Holze auf. Die Dachbedeckung besteht aus getrocknetem Laub und zwar vorzugsweise aus Zuckerrohr-, daneben aber auch Palmenblättern. Die innere Bodenfläche der Hütte wird schließlich mit einer etwa 1 m hohen Steinschicht ausgefüllt und dadurch der Raum zwischen Dachrand und Fußboden auf 2 m verringert. In dieser Steinschicht befinden sich dicht neben dem Mittelgerüst zwei vertiefte Feuerstellen, welche am Tage als Kochherd und abends zur Beleuchtung der Hütte, welche nur aus dem einen freien Raum besteht, dienen. Wenn auch die Häuser stets dieselbe Form und meistentheils die gleiche Größe haben, so sieht man vereinzelt doch auch schon etwas europäisirte Häuptlingshäuser mit viereckigem Grundriß, festen Wänden, abgeschlagenen kleinen Zimmern und harten hölzernen Bettstellen; eine Verbesserung in Bezug auf die Wohnungsverhältnisse sind diese Häuser aber ebensowenig, wie die langen Gewänder der Frauen es in Betreff der Kleidung sind. Diese geschlossenen Häuser sind dumpf, weniger sauber und in der Regel voll Ungeziefer, unter welchem die Wanzen nicht fehlen, sodaß die Besitzer, welche glauben zu ihrem äußern Ansehen ein solch stattlicheres Haus besitzen zu müssen, gewöhnlich den Aufenthalt in dem saubern und luftigen Fale-tele vorziehen und ihr eigentliches Haus nur zur sichern Aufbewahrung des mit der neuern Zeit sich mehrenden kleinen Besitzthums benutzen.

An der innern Einrichtung der Hütten ist das Merkwürdigste eine durch den ganzen Raum laufende etwa fußhohe Schicht kleiner runder glatter Steine, welche nicht größer wie Hühnereier und nicht kleiner wie Taubeneier und so beweglich sind, daß sie sich durch die vorstehenden Körperformen des sich setzenden oder hinlegenden Menschen verdrängen lassen und so bewerkstelligen, daß der Körper überall gleichmäßig unterstützt und nirgends gedrückt wird. Auf diese Weise ist mit Hülfe einer ausgebreiteten Matte, welche die directe Berührung mit den Steinen verhindert, ein vorzügliches, verhältnißmäßig weiches, kühles und gesundes Lager geschaffen, welches trotz des harten Materials unsern Polsterlagerstätten kaum nachsteht, in diesem Klima demselben sogar vorzuziehen ist.

Der gewöhnliche Hausrath besteht nur aus Matten, welche auf dem Fußboden über die Steine gebreitet werden, aus Tapa-Vorhängen, welche nachts zum Schutz gegen die Mosquitos und zur Abtrennung der verschiedenen Schlafstätten dienen, und den allerdings sehr harten Kopfkissen. Diese nähern sich dem japanischen Modell und bestehen aus einem wagerecht liegenden Stück Bambusrohr von 6—10 cm Dicke, das durch kleine Füße auf eine Höhe von etwa 16 cm gebracht ist. Von diesen Kopfkissen gibt es kurze einschläferige und bis zu $1\frac{1}{2}$ m lange, welche für mehrere Personen bestimmt sind. Kochgeschirr ist nur selten vorhanden und dann auch nur solches europäischen Ursprungs, da die Samoaner die Speisen ebenso wie die Tahitier zwischen erhitzten Steinen bereiten und die dazu erforderlichen Gefäße in grünen Blättern bestehen.

Neben dem Haus beansprucht das Kanu fast gleiche Rechte als Wohnstätte des Samoaners, da dieser während der Tagesstunden wol ebenso viel auf dem Wasser wie auf dem Lande lebt. Daher mag es auch kommen, daß der Bootsbau hier besonders ausgebildet ist und dieses Gewerk ebenso wie das des Häuserbaues sich in den Händen von Häuptlingsfamilien befindet. Die Samoaner haben drei Arten von Fahrzeugen, das große zu Kriegs- und Reisezwecken dienende Boot ohne Ausleger und zweierlei Kanus, ein großes etwa 10 m langes, welches vorzugsweise zum Fischfang auf offener See benutzt wird, und das kleine in verschiedenen Größen auftretende, welches nur der Küstenfahrt dient. Die Formen der großen wie kleinen Kanus sind hier besonders gefällige, und die Arbeit ist sehr viel sauberer, als ich sie bisher gesehen habe.

Einen besondern Reiz bot es mir, die Eingeborenen in ihren zierlichen leichten Fahrzeugen zu beobachten, wenn sie in größerer Zahl um unser Schiff versammelt den Zeitpunkt abwarteten, wo ihnen mit Eintritt der Freizeit für die Mannschaft gestattet wurde, das Schiff zu betreten, um dasselbe zu besichtigen, Früchte zum Kauf anzubieten oder nur zu ihrem Zeitvertreib uns einen Besuch abzustatten. Einzelne Kanus tragen so viele Menschen, als sie nur fassen können, andere sind nur mit einer oder, wie es meistens der Fall ist, mit zwei Personen besetzt; ein allein ruderndes, ernst dreinschauendes Mädchen, ein einzelner Mann mit Früchten oder einem Korb abzuliefernder Wäsche, zwei junge singende Mädchen, oder gar zwei sieben- bis achtjährige Kinder, gleichgültig welchen Geschlechts, die kaum die Ruder zu heben vermögen — alle sorglos und ohne Furcht vor irgendeiner Gefahr, mit ihren Fahrzeugen auf der auf- und niederwogenden Wasserfläche sich hebend und senkend. Da kommen zwei Kanus, deren Insassen unaufmerksam waren, zu nahe aneinander, ein Ruck und der Ausleger des einen löst sich von seinen Haltern, das Fahrzeug kentert, gleichzeitig aber springen die beiden jungen Mädchen lachend ins Wasser. Ich will helfen lassen, sehe aber, ehe unser Boot absetzen kann, daß unsere Hülfe überflüssig ist und die erheiterte Umgebung auch nicht hilft. Wassertretend verbinden die beiden kleinen Personen den Ausleger wieder mit den Haltern, dann schwimmen sie auf die andere Seite, fassen das mit Wasser gefüllte Kanu an der äußern Wand, ein durch Zuruf begleiteter kräftiger Ruck nach der rechten Seite läßt ziemlich viel Wasser aus der linken Spitze des Fahrzeuges herausstürzen, ein ebensolcher Ruck nach links hat denselben Erfolg an der andern Spitze und das Kanu ist soweit entleert, daß es wieder genügende Schwimmkraft hat, um eine Person zu tragen, welche dann auch gleich mit gewandtem Schwung in demselben sitzt und es mit den stets vorhandenen Kokosnußschalen ausschöpft, worauf das andere Mädchen auch nachfolgt. Mit einigen Handgriffen ist das Wasser aus Gesicht und Haar entfernt, dann ducken sie sich in den Raum, um ihr Lava-lava abnehmen zu können und es auszuwinden, und erst nachdem dies geschehen und sie wieder ordnungsmäßig bekleidet sind, drohen sie dem Urheber des Misgeschicks mit den Händen und blitzenden lachenden Augen. Als die Leute unser Interesse an dem ganzen Vorfall bemerkten, hielt ein Samoaner sich für verpflichtet, uns noch ein ähnliches kleines Schauspiel zu geben, rief ein Kanu mit zwei kleinen Kindern an und begann gleichzeitig mit kräftigen Schlägen auf dasselbe zuzurudern. Die Kinder, sichtlich gleich ganz bei der Sache, kniffen den Mund zusammen und legten sich mit leuchtenden Augen auch ins Zeug, doch ihr Angreifer war schneller und bald lagen auch sie im Wasser unter dem fröhlichen Gelächter der Umgebung, welche Platz gemacht hatte. Hier aber half der Mann, indem er ins Wasser sprang und sein Kanu so lange in Stich ließ, bis er das der Kinder wieder zurechtgemacht hatte.

Von dem häuslichen Leben der Samoaner habe ich bisjetzt noch wenig kennen gelernt, nur ist mir aufgefallen, daß man am Tage, mit Ausnahme der Häuptlinge, selten in den Hütten Männer antrifft und nur Frauen findet, welche mit Mattenflechten und Anfertigung des Tapastoffes beschäftigt sind. Eigentliches Volksleben zeigt sich nur an Mondscheinabenden, wo größere Gesellschaften im Freien zusammenkommen und sich durch Gesang und Tanz ergötzen, bis Ermüdung sie in ihre Hütten treibt. Diese Vergnügungen sind stets harmloser Natur, wie das ganze Leben und Treiben des Volks es sein soll. Zank und Streit kommen nur selten vor und sind von mir überhaupt nicht beobachtet worden. Thätlichkeiten sollen eigentlich nur gelegentlich zwischen den sonst so sanften Frauen vorkommen, und zwar wenn Eifersucht im Spiele ist. Unter dieser soll der eigentlich schuldige Mann nie leiden, sondern er kann unbehelligt zusehen, wie die beiden um ihn kämpfenden Frauenzimmer sich schlagen und puffen, muß es sich aber gefallen lassen, daß die Besiegte sich später nicht mehr blicken läßt. Gardinenpredigten gibt es also wol in Samoa nicht.

Ueberhaupt haben die Frauenzimmer und schon die ganz jungen Mädchen eine seltene Selbständigkeit, welche nur dadurch möglich sein kann, daß die strenge Sitte, welche dem ganzen Volk in Fleisch und Blut übergegangen sein muß, das Weib stets und allerorten vor jeder Unbill schützt. So wird es erklärlich, daß junge Mädchen allein weit über Land wandern, am Tage nach ihrem Gutdünken gehen wohin sie wollen, und die schönen, nur mit dem kleinen Lava-lava bekleideten Gestalten sich ohne Arg auf die fremden Kriegsschiffe und unter das Schiffsvolk wagen, wo sie mit überraschendem Takt jede Zudringlichkeit zurückzuweisen verstehen. Dieser Selbständigkeit der jungen Mädchen im Verein mit den streng beobachteten guten Formen wird es zuzuschreiben sein, daß in Samoa trotz der nach unsern Begriffen immerhin freien Sitten eigentliche Sittenlosigkeit nicht vorkommt und die weiche, anschmiegende Samoanerin nur wirklicher Liebe zugänglich ist, in diesem Fall dann aber auch keine Schranke anerkennt. Allerdings ist sie in der Regel doch berechnend genug, sich auch gesetzmäßig trauen zu lassen; sei es auch nur für kurze Zeit, so ist doch der Anstand gewahrt. Es kommen zwar auch genug Fälle vor, wo die Aeltern nach ihrem Gutdünken ihre Töchter verheirathen, und wo die Häuptlinge über die Töchter ihrer Unterthanen verfügen, doch ist dies dann ein Zwang, dem die Mädchen folgen müssen, wenn sie sich auch nur widerwillig fügen. So besteht in Samoa, wenigstens auf der Insel Savai'i, welche sich

17*

bisjetzt von fremdem Wesen am reinsten erhalten hat, noch die alte Sitte, einem vornehmen Fremden, wenn er bei einem Häuptling die Nacht zu Gast bleibt, eine Gesellschafterin anzubieten, doch wird es gern gesehen, wenn er dieses Anerbieten nicht annimmt; einen Makel erhält solch ein Mädchen dadurch aber nicht, sondern es kehrt nach gehorsamer Duldung der über seine Person getroffenen Verfügung in das Aelternhaus zurück.

Die ehelichen Verhältnisse sind ziemlich geordnete und die Regel ist, daß die Ehe auf Lebenszeit geschlossen wird, obgleich ihre Wiederauflösung den Samoanern sehr leicht gemacht ist. Hiervon machen aber eigentlich nur die Häuptlinge öftern Gebrauch und wol auch nur in dem Falle, wenn sie ein Mädchen von niederm Stande geheirathet haben und später eine standesgemäßere Ehe eingehen wollen. Die Eheschließung selbst soll zwar nach dem neuen Gesetz vor einem Regierungsbeamten gegen Erlegung einer Taxe erfolgen, die Samoaner aber betrachten die Ehe nach ihrem alten Brauch auch als rechtsgültig und halten nur darauf, daß bei der Verheirathung ihrer Töchter mit Weißen jene Form beobachtet wird, wie denn diese Civilehe wol auch nur durch die Europäer eingeführt worden ist, weil es ihnen nicht gelingen wollte, hier, ebenso wie auf andern Südsee-Inseln, intimere Beziehungen mit den Töchtern des Landes anzuknüpfen, und die Samoaner bald erkannten, daß die nur nach samoanischem Brauch vollzogene Trauung mit einem Weißen von den andern Europäern nicht als vollgültig angesehen wurde. Die klugen Weißen wußten sich aber auch hier zu helfen und sich das Recht, ihre Frauen und Kinder beim Verlassen der Inseln zurückzulassen, dadurch zu sichern, daß sie gegen Erlegung der doppelten Taxe die Einführung der Ehe auf bestimmte Zeit, z. B. auf zwei Jahre, durchsetzten, welcher Unfug zur Zeit noch besteht. Daß die Mutter nachher die Kinder behält und für ihren Unterhalt sorgt, betrachtet die Samoanerin als so selbstverständlich, daß dies auch kein Hinderniß für diese Art der Eheschließung abgab.

Nach dem neuen Gesetz ist, abweichend von dem Samoabrauch, dem Mann nur eine Frau erlaubt, doch halten die Häuptlinge dasselbe für sich nicht bindend, wenngleich sie sich in der Regel mit nur einer begnügen, von welcher Regel allerdings, wenn ich recht unterrichtet bin, der jetzige Standesbeamte von Upolu eine Ausnahme macht.

Derselbe hat sich mehrere Frauen angetraut, aber zur Erhaltung des häuslichen Friedens die Vorsicht geübt, daß er sie an verschiedenen Orten wohnen läßt, wodurch er wiederum den Vortheil hat, bei seinen Reisen überall eine eigene Häuslichkeit vorzufinden.

Jungfräuliche Reinheit seitens der Braut ist für den Abschluß eines Ehebündnisses keine Nothwendigkeit; daß aber der Samoaner auf diese Tugend dennoch großen Werth legt, geht daraus hervor, daß der Beweis der Reinheit bei einer jungfräulichen Braut, namentlich bei der Heirath eines Häuptlings, früher stets öffentlich erbracht wurde, was jetzt nur noch im engern Familienkreise, vereinzelt aber, wenn auch abweichend von dem alten Brauch, heute noch öffentlich geschieht, denn ich habe in den Straßen von Apia das Lava-lava einer jungfräulichen Braut am Morgen nach der Hochzeit vor dem Hause als solch einen öffentlichen Beweis hängen sehen.

Daß die vorgeschilderten, verhältnißmäßig guten moralischen Zustände dem Wirken der englischen Missionare zuzuschreiben sind, glaube ich nicht, aber es darf wol als sicher anzunehmen sein, daß sich seit der Ansiedelung der Missionare die sittlichen Zustände auf den Samoa-Inseln nicht verschlechtert haben, mithin der neue Glaube auf die wohlgefügten alten socialen Verhältnisse nicht zersetzend gewirkt hat. Die geistlichen Herren, welche sich hier nicht in den Vordergrund drängen und keine politische Rolle, wie z. B. auf den Gesellschafts-Inseln, spielen wollen, scheinen mit weiser Mäßigung vorgegangen zu sein und dadurch, wenn auch nur langsam, Aussicht auf dauernden Erfolg zu haben. Immerhin darf nicht vergessen werden, daß die Missionare in Samoa durchaus geordnete Verhältnisse vorfanden, welche ihnen einen schnellen Erfolg unmöglich machten und sie andererseits davor bewahrten, den ihnen eigentlich zufallenden Wirkungskreis zu überschreiten. Daß die sittlichen Zustände sich auch in Apia trotz der vielen dort verkehrenden Europäer im Gegensatz zu den Städten anderer polynesischen Inseln noch so gut erhalten haben, wird vorzugsweise als ein Verdienst der in Apia tonangebenden deutschen Häuser anzusehen sein, welche schon ihrer ganzen Stellung nach gezwungen waren, die guten Formen hochzuhalten und dadurch maßgebend für das Auftreten der übrigen Europäer wurden.

Zur Zeit nennen sich wol die meisten Samoaner Christen, wenn auch ihr Glaube sich vorläufig noch auf die Sonntagsheiligung und die Beobachtung einiger äußerer Gebräuche beschränken dürfte.

Der Besitz des Samoaners besteht vornehmlich nur in seinem Hause, dem Kanu, der Feuerwaffe und in Land, welches immer der ganzen Familie und nicht einzelnen Mitgliedern gehört. Hieraus sind früher bei den Landverkäufen häufig Streitigkeiten entstanden, weil der kaufende Europäer, mit diesen Verhältnissen unbekannt, den Kauf mit nur einem Mitglied der Familie abschloß und diesem den Kaufpreis zahlte, worauf die andern Theilhaber dann die Rechtsgültigkeit des Vertrags bestritten, doch wird jetzt schon seit langer Zeit kein Landkauf mehr abgeschlossen, ohne daß die Samoaner vollzählig den Kaufbrief unterschrieben haben. Neben den vorstehend genannten Besitzthümern gibt es aber noch ein Werthobject, welches nur einen idealen Werth hat und oft höher geschätzt wird wie all die andern. Es ist die als Staatskleid benutzte Matte, welche aus einem besonders feinem Geflecht bestehend und am Rande mit kleinen rothen Federn verziert, ihren Werth durch ihr Alter und ihre frühern Besitzer erhält, wodurch die wirklich alten und von berühmten Familien herstammenden in gewissem Sinne die Ueberlieferinnen der alten samoanischen Geschichte geworden sind, da diese überhaupt nur in mündlicher Ueberlieferung besteht, weil die Kunst des Schreibens den Samoanern erst in allerneuester Zeit bekannt geworden ist. Von diesen besonders werthvollen Matten, deren Ursprung und Geschichte jeder Samoaner kennt, sind allerdings nur wenige vorhanden, diese aber verehrt er wie Heiligthümer und es gibt für ihn keinen größern Wunsch, als eine solche Matte besitzen zu können. Als einstmals das Haus Godeffroy ein werthvolles Stück Land erwerben wollte und der Besitzer auf kein Gebot einging, wurde ihm solch eine Matte auch vorgelegt, von welcher er wie jeder Samoaner wußte, daß sie im Besitz des Herrn Weber war. Sofort griff der Mann zu und war überrascht, außer der Matte auch noch den ihm vorher angebotenen Kaufpreis zu erhalten, denn die Matte allein erschien ihm als überreiche Bezahlung. Das Land wird übrigens in nicht zu ferner Zeit zum größten Theil in den Händen der Weißen sein, da der Samoaner, seinem polynesischen Charakterzug folgend, durchaus nicht arbeiten will und sein Land für ihn daher werthlos ist, sofern es nicht schon mit Kokosnuß- und Brotfruchtbäumen bestanden ist oder er es als Bauplatz benutzen kann.

Neben dem Haus und dem Kanu bestehen die künstlichen Erzeugnisse der Samoaner aus Kleidungsstücken der verschiedensten Art, aus Matten zum Belegen der Fußböden, Tapavorhängen, Kawabowlen, Fischereigeräthen, Fliegenwedel, Fächern, geschnitzten und mit allerlei Zierath versehenen Holzkämmen, kleinen Körbchen und Taschen und schließlich aus alten Holzwaffen, welche aber nur noch als Schaustücke Verwendung finden. Es kommen auch noch einzelne Schmuckgegenstände vor, doch habe ich von diesen noch nichts gesehen, kann also auch noch nicht darüber berichten.

Die Kleidungsstücke, welche immer als Lava-lava zu denken sind, unterscheiden sich voneinander nur durch das zur Verwendung kommende Material. Das tägliche Lava-lava, wenn es nicht aus europäischem Stoff besteht, ist entweder aus Baststreifen bezw. langen Gräsern gefertigt, oder es wird durch ein Stück Tapa gebildet. Als Staatskleider dienen die bereits genannten feinen Matten, für welche die Blätter des Pandanusbaumes das Material liefern, oder Gewebe aus blendend weißem Bast mit Zotteln von 10—20 cm Länge, sodaß das ganze Stück bei oberflächlicher Betrachtung häufig für ein Fell der Angoraziege gehalten wird. Dann kommt noch ein ganz eigenartig gewebtes oder geflochtenes kleines Lava-lava aus demselben weißen Bast vor, welches nur im Hause von der Braut an ihrem Hochzeitstage getragen wird und das sie ihrem Manne am nächsten Morgen, indem sie sich auf eine Knie niederläßt, mit den Worten: „Herr, hier hast du mein Geschenk", überreicht. Dieses Lava-lava hat somit wol eine ähnliche Bedeutung wie bei uns Gürtel und Schleier der Braut es haben?

Die Matten für die Fußböden sind von ziemlich grobem Geflecht und von verschiedener Größe.

Die Tapavorhänge unterscheiden sich von dem Lava-lava aus gleichem Material nur durch die Größe und zuweilen auch durch die Malerei, da sie mehr Farbe vertragen können, wie die für den Körper bestimmten Stoffe, welche doch weicher und geschmeidiger bleiben müssen. Der Grundstoff des Tapa ist die Zellenschicht, welche zwischen Rinde und Stamm des Maulbeerbaumes liegt und durch Klopfen mit Holz oder Steinen zu einem festen papierartigen Stoffe wird. Zunächst werden die Zellenschichten je eines Baumes zu Streifen von etwa 20 cm Breite verarbeitet und die Streifen später dann nach vorheriger Wiederanfeuchtung durch Klopfen miteinander verbunden. Auf diese Weise kann jede gewünschte Form und Größe hergestellt werden.

Die größern Kawabowlen, zu welchen die Fidji-Inseln das Holz liefern, weil auf Samoa keine Bäume von hierzu genügendem Stammdurchmesser vorkommen, sind aus diesem Grunde werthvolle Stücke, welche nur im Besitz der Häuptlinge gefunden werden.

Das Fischereigeräth besteht aus Angelhaken, Speeren und Netzen. Die Haken, soweit hierfür nicht auch schon europäische Waare verwendet wird, sind aus Perlmutter und Bast gefertigt und setzen sich aus drei Theilen zusammen, einem in Fischform geschnittenen Stück Perlschale und einem fischschwanzförmigen Bastbündel, beide Theile von gewöhnlich je 5 cm Länge und etwa 3 cm Breite, sowie dem ebenfalls aus der Perlschale geschnittenen Widerhaken von etwa 3 cm Länge. Die drei Theile sind an einem Punkte und zwar am untern Ende des den Fisch darstellenden Muschelstücks durch Bindfaden miteinander verbunden. Diese Haken, auf welche die Fische ganz vorzüglich beißen, werden zum Fangen größerer Fische wol immer in Verwendung bleiben und nie durch andere verdrängt werden. Die Netze werden gewöhnlich in drei Arten hergestellt, den großen hauptsächlich von den Männern bedienten Zugnetzen und zweierlei Handnetzen, die vorzugsweise von den Frauen zum Fischfang in seichtem Wasser benutzt werden. Das eine der Handnetze entspricht der Form unserer Schmetterlingsnetze, das andere wird aus vier Stöcken gebildet, von denen zwei etwas über 1 m lang und durch zwei rechtwinkelig zu ihnen stehende etwa 60 cm lange Querstöcke so verbunden sind, daß sich ein viereckiger Rahmen von 80 cm Höhe und 60 cm Breite bildet, welcher durch ein nur wenig sackartiges Netz ausgefüllt wird.

Der Fliegenwedel ist ein Büschel Fasern aus der Rinde der Kokospalmen von 30—40 cm Länge und 10 cm Durchmesser, welcher in Form eines Pferdeschwanzes an einem kurzen Stöckchen befestigt ist. Vereinzelt werden an Stelle der Fasern auch Roßhaare verwendet.

Die Kämme sind nur Zierstücke und werden von beiden Geschlechtern am Hinterkopfe getragen.

Die Körbchen und Taschen, welche wol nur als Luxusgegenstände zu betrachten sind, werden aus Bast oder Stroh geflochten.

Die Holzwaffen, Speere und Keulen, geben den Samoanern Gelegenheit, ihre Kunstfertigkeit in Schnitzarbeit darzuthun, und finden praktische Verwendung bei ihren festlichen Schaustellungen und Tänzen. Zu den Speeren wird gewöhnlich Kokospalmenholz und zu den Keulen Eisenholz verwendet; beide sind reich mit Schnitzarbeit versehen. Die Keulen, welche selten länger als 60 cm sind, werden in den verschiedensten Formen hergestellt; so besitze ich verschiedene, von denen eine dem Schwert des Schwertfisches nachgebildet ist, eine zweite an die Form des mittelalterlichen Morgensterns erinnert und eine dritte auf dünnem Stiel eine Kugel von 12 cm Durchmesser trägt.

Trotz des wunderbar milden Klimas und der vorzüglichen gesundheitlichen Verhältnisse auf den Samoa-Inseln, welche dem menschlichen Organismus so sehr zusagen, wie man auch an verschiedenen Europäern, die fast schon ein ganzes Menschenalter dort zugebracht haben, sehen kann, kommt hier, wenn auch nicht in so ausgedehntem Maße wie auf den Marquesas-Inseln, doch unter den Eingeborenen ziemlich häufig Lungenschwindsucht vor, was hier wol ebenso wie dort eine Folge der ungenügenden Bekleidung des Körpers während der rauhern Regenzeit ist. Von sonstigen Krankheiten lassen sich eigentlich nur Elephantiasis und eine Hautkrankheit, welche als Ringwurm bezeichnet wird, nennen. Während die letztere selten ist, sieht man Elephantiasis ziemlich häufig. Die Krankheit tritt vorzugsweise in den untern Extremitäten und zuerst an nur einem Beine auf, sodaß in dem Falle, wenn beide Beine ergriffen sind, das eine einen höhern Grad der Krankheit zeigt als das andere. Uebrigens werden auch Europäer, die viele Jahre ununterbrochen auf den Samoa-Inseln gelebt haben, von ihr heimgesucht, und ich habe einen solchen Fall bei einem über 70 Jahre alten Engländer, welcher seit nahezu 50 Jahren als Zimmermann auf Upolu lebt, gesehen. Der rüstige Mann, welcher trotz seiner geschwollenen Beine noch immer gut zu Fuße ist, scheint äußerlich wenig darunter zu leiden; dies gilt übrigens auch von den Samoanern. Vielfach wird behauptet, daß dem Mangel an ausreichender Fleischnahrung die Entstehung der Krankheit zuzuschreiben ist, doch wird dies von andern Seiten wieder bestritten. Thatsache ist ja, daß die Samoaner hauptsächlich von vegetabilischer Kost und in erster Linie von jungen Kokosnüssen und der Brotfrucht leben, andererseits findet man aber die Elephantiasis vorzugsweise bei den Häuptlingen, die sich doch mehr Abwechselung in ihrer Ernährung gestatten, und auch Europäer, welche regelmäßige Fleischnahrung zu sich nehmen, wollen nach längerm ununterbrochenen Aufenthalt in Apia die Anfänge dieser Krankheit an sich beobachtet und der Weiterentwickelung nur durch einen längern Aufenthalt in Australien, Neu-Seeland oder Europa vorgebeugt haben.

Giftige oder den Menschen sonst gefährliche Thiere gibt es auf den Samoa-Inseln am Lande nicht, dagegen soll im Wasser neben dem Haifisch noch ein großer Tintenfisch vorkommen, welcher sich zuweilen in den äußern Korallenriffen einnistet und dort mit seinen Fangarmen den Fuß oder die in das Wasser greifende Hand des Menschen packen und so festhalten soll, daß der Ergriffene für verloren gilt, wenn er nicht den Muth findet, das gefaßte Glied sich selbst abzuhauen, da der unter Wasser befindliche Arm des Thieres gewöhnlich nicht zu erreichen sein soll. Wie mir erzählt wurde, sollen die Samoaner, welche auf die äußern Riffe fischen gehen, aus diesem Grunde stets ein schweres Schlagmesser bei sich führen, und es sollen verbürgte Fälle von solcher Selbstverstümmelung zur Rettung des Lebens bekannt sein. Neben diesem Unthier gibt es in den Köpfen der Samoaner aber noch ein Ungeheuer, welches wol mit unserm sagenhaften Lindwurm verglichen werden kann. Es sollen jahrhundertealte ungeheuerliche Aale sein, welche den Menschen mit Haut und Haar verschlingen können und ihr Hauptstandquartier in dem flachen Wasser zwischen der Westspitze der Insel Upolu und der kleinen Insel Manono haben. Doch sollen sie sich zuweilen auch in Höhlen, welche den Ausfluß unterirdischer Flüsse bilden und von denen sich eine in der Nähe von Saluafata befindet, aufhalten.

Erwähnt sei hier noch ein Beispiel von der vorzüglichen Tauchkunst der Eingeborenen. Nachdem unser Taucher mehrere mal unter Wasser gegangen war, um ein Tau an einen uns verloren gegangenen auf 10 m Tiefe liegenden Anker, dessen Lage wir genau kannten, zu stecken und jedesmal die Meldung brachte, daß er ihn nicht finden könne, versuchte ich es, ehe ich den Anker ganz aufgab, noch einmal mit einem samoanischen Naturtaucher. Der Mann ging hinunter und meldete gleich beim ersten Wiederauftauchen, daß er das verlorene Stück gefunden habe, ging dann mit dem Ende eines Taues wieder hinunter und nach weitern 10 Minuten hatten wir den Anker geborgen. Der für hiesige Verhältnisse hohe Bergelohn von 20 Mark wird dadurch erklärt, daß das Tauchen auf so große Tiefen ohne Taucheranzug außerordentlich angreifend sein soll, wie denn auch der erst vierzigjährige Mann bereits weiße Haare hatte, eine große Seltenheit bei den Samoanern.

Wenn ich auch zu meinem großen Verdruß von den großartigen, den Amerikanern zu Ehren veranstalteten Festlichkeiten nichts gesehen habe, so hatte die Liebenswürdigkeit unsers Consuls doch dafür gesorgt, daß wir schon vorher einen kleinen Einblick in die samoanischen Vergnügungen bekamen, welche zwar nicht als mustergültige anzusehen sein sollen, zumal der Tanz eine bezahlte Schaustellung war, immerhin aber doch einen ungefähren Begriff bis dahin geben, wo uns Besseres geboten werden wird.

Ein Halbweißer, welcher an der östlichen Spitze von Apia ein Wirthshaus unterhält, hatte es übernommen, einen Tanz zusammenzubringen, und glaubte seine Aufgabe jedenfalls sehr schön gelöst zu haben, während ich beim Betreten des dafür in Aussicht genommenen Raumes einigermaßen enttäuscht war. Ein großer viereckiger, mit Laub geschmückter Saal war gewissermaßen als Theater hergerichtet, und die in Reihen aufgestellten Stühle waren bis auf die für mich und unsere Offiziere reservirten Plätze bereits alle mit Neugierigen besetzt, welche gegen Zahlung eines Eintrittsgeldes das in der Stadt Apia jedenfalls seltene Schauspiel mitgenießen wollten. Ein kleiner Theil des Saales war an der einen Schmalseite als Bühne hergerichtet. Die amerikanischen Offiziere — es war in den ersten Tagen ihrer Anwesenheit — hatten sich auch eingefunden und der Commandant nahm an der einen Seite von mir Platz, während an der andern sich eine junge, auffallend hübsche und stattliche Samoanerin, welche ihren Oberkörper verhüllt trug, niederließ und von dem hinter mir sitzenden Wirth vor unserm Platznehmen als Toë, Tochter des Häuptlings Patiole, welchem der Theil der Stadt, wo wir uns befanden, gehört, vorgestellt wurde. Sie benahm sich hierbei nach unsern Begriffen ganz correct, lächelte verbindlich, reichte mir die Hand und setzte sich, während sie sich mit ihrer Kleidung zu schaffen machte, auf ihren Stuhl, als ob sie nie eine andere Sitzart kennen gelernt hätte. Sehr komisch kam es mir vor, daß sie zu dem Hinsetzen sich mit ihrem außerordentlich dürftigen Kleidchen beschäftigen mußte und dieser

Handgriff gehört wol mit zur weiblichen Grazie. Die handelnden Personen gruppirten sich; sieben welke Weiber nahmen die Hauptplätze in der Mitte ein, indem sie sich in zwei Reihen mit gekreuzten Beinen so hinsetzten, daß vorn drei und in der zweiten Reihe, die Lücken der ersten ausfüllend, vier saßen. Der Oberkörper war nackt und glänzte von Kokosöl; als Lava-lava dienten grüne Grasschurze und als Schmuck hatten sie starkduftende dicke Kränze aus allem möglichen Laub um Hals und Hüften. Hinter diesen Hauptpersonen, den ganzen Raum bis zu den Seitenwänden ausfüllend, standen Eingeborene jeden Geschlechts und Alters, welche durch Händeklatschen den Gesang der Tänzerinnen begleiteten. Der Tanz besteht in der Hauptsache nur in graziösen Bewegungen der Arme, Hände, des Kopfes und Oberkörpers, ohne irgendetwas Bestimmtes damit darstellen zu wollen. Sehr begeistert war ich von dem Gebotenen nicht, glaube aber, daß in diesen Tänzen sowol Besseres geleistet werden kann, wie es auch zur richtigen Beurtheilung ihres Werthes nothwendig ist, sie öfter gesehen und etwas studirt zu haben, denn man wird sich erst an den Körperbewegungen erfreuen können, wenn man gelernt hat, die fürchterliche Gesangsbegleitung nicht mehr zu hören. Bei dem zweiten Tanz, um bei der einmal gewählten Bezeichnung der Schaustellung zu bleiben, waren die Leute schon warm geworden und die Händeklatscher ließen kurze Zurufe hören, auf welche hin die drei vordersten Tänzerinnen dann aufstanden, um mit Arm- und Beinbewegungen hin und her zu tänzeln. Doch traten bald zwei von ihnen wieder zurück und die ursprünglich mittelste blieb allein auf dem Plan, um sich mit geschickten Wendungen der Angriffe einiger Kinder zu erwehren, welche vorgestürzt waren und versuchten, ihr das Lava-lava herunterzureißen, womit sie schließlich auch Erfolg hatten. Doch als sich nun zeigte, daß sie unter dem Lava-lava noch ein kleines Zeugkleidchen anhatte, entstand ein ungeheures Lärmen unter den Eingeborenen, neue Angreifer stürmten hervor, bis die Gehetzte endlich ganz außer Athem sich auch dieses wegnehmen lassen mußte, wobei sie sich aber hinfallen ließ, um sich dann in geschickter Weise gleich wieder mit dem ihr sofort zurückgestellten Lava-lava zu bekleiden. Es mag sein, daß diese ganze Art der Darstellung von einem gewissen Reiz umgeben ist, wenn sie in ihrer Urwüchsigkeit im samoanischen Hause aus Liebe zur Sache und von frischen jungen Mädchen ausgeübt wird; hier aber von bezahlten Dirnen dargestellt, war es nicht besonders schön und ich ließ dies auch meiner Nachbarin, welche mein Urtheil hören wollte, mittheilen. Sie nickte dazu, wie mir schien mit strahlenden Augen und aufgeblähten Nasenflügeln, besann sich noch einen Augenblick, tauschte mit dem Wirth einige Worte aus und verließ dann den Saal. Ich wollte auch schon aufbrechen, weil ich von dem Vergnügen genug hatte, wurde aber von dem Wirth mit dem Bemerken zurückgehalten, daß Toë mir noch etwas vortanzen wolle, und wenige Minuten später erschien sie, nun mit nacktem und ebenfalls eingeöltem Oberkörper, eine rothe Beerenkette um den Hals, ein schmales grünes Laubband um jeden Ober- und halben Unterarm und ein ebensolches über und unter der Wade, umgeben von vier ähnlich geschmückten Männern. Die Zuschauer waren ganz geblendet, wie ein allgemeiner Ausruf der Ueberraschung andeutete, als dieses wundervoll gewachsene und in erster jungfräulicher Entwickelung befindliche Weib plötzlich so vor uns stand, in der Mitte der sie im Viereck umgebenden Männer und diese an Größe noch etwas überragend. Was uns aber noch größern Genuß gewährte, war der in ziemlich raschem Tempo mit kräftigen und geschmeidigen Bewegungen ausgeführte Tanz, bei welchem alle fünf Personen wirklich etwas Gutes und Schönes zeigten und der auf jeder großstädtischen europäischen Bühne, natürlich unter der Annahme einer etwas vollständigern Bekleidung, verdienten Beifall geerntet hätte. Ich war von Toë's Einfall so entzückt, daß ich ihr am nächsten Tage einen goldenen Ring als Andenken schickte, wofür sie mir dann zwei Körbchen, ein Stück Tapa und einen Schildkrotring persönlich brachte. Da sie sowol, wie die mit ihr gekommenen Gesellschaftsdamen sämmtlich Busentücher trugen, wurden sie in das deutsche Consulat zwar hineingelassen, die Dame des Hauses betrachtete sie aber doch mit einem gewissen Mistrauen, weil sie alle jung und sehr hübsch waren. Herr Weber machte auch den jungen Mädchen dadurch noch eine besondere Freude, daß er sie von einem Diener durch das ganze Haus führen ließ, damit sie sich dasselbe ansehen konnten.

Eine andere Festlichkeit der Eingeborenen sahen wir bei Gelegenheit einer herrlichen Partie, zu welcher Herr Weber unsere dienstfreien Offiziere, den Commandanten des amerikanischen Kriegsschiffes nebst einigen Offizieren und die Herren seines Hauses eingeladen hatte.

An einem Sonnabend Nachmittag um 4 Uhr verließen wir Apia zu Pferde und trafen nach etwa $1\frac{1}{2}$ Stunden auf der deutschen Plantage Vaitele ein, wo wir noch vor Einbruch der Dunkelheit das Mittagsmahl einnahmen und zwar auf dem vor dem Hause liegenden saubern mit Blumen eingerahmten Platz, mit einem schönen Blick auf die Berge und das Meer. Als es dunkel geworden war und wir erwartungsvoll der uns in Aussicht gestellten Waldmeisterbowle entgegensahen, obgleich wir eigentlich schon genug der guten Weine getrunken hatten, wurden unsere Blicke durch aus dem Walde ertönenden eigenartigen Gesang dorthin gelenkt, und unter den Bäumen hervor traten, umgeben von Fackelträgern, singende Weiber und Männer, welche in mit der getragenen Melodie übereinstimmendem langsamen Schritt auf uns zu kamen. Wir hatten uns inzwischen auch erhoben, um den Zug, welcher ein tonganisches Talolo darstellte, d. h. die Begrüßung von Gästen durch Ueberreichung von Geschenken, an uns vorbei passiren zu lassen. Die Leute waren eingewanderte Tonganer, welche sich hier in der nächsten Nähe der Plantage mit ihrem Häuptling niedergelassen haben und durch Herrn Weber veranlaßt worden waren, uns dieses seltene Schauspiel vorzuführen. Es war ein wunderbares traumhaftes Bild, welches sich uns bot, als unsere heitere Unterhaltung so plötzlich durch diese ernsten braunen Gestalten unterbrochen wurde, welche in der lauen Luft eines herrlichen Tropenabends aus dem dunkeln Waldesrand herausschwebten, mit ihrem Gesang uns verstummen machten, sich vor uns auf ein Knie niederließen, ihre Geschenke niederlegten und singend weiterzogen, bis sie, den Garten im Bogen umschreitend, im Walde wieder verschwanden. Nachdem die Geschenke, welche in Kokosnüssen, Früchten und Zuckerrohr bestanden, weggeräumt waren, nahmen wir unsere Plätze wieder ein und thaten beim Schein der Windlichter und umschwirrt von allerlei fliegendem Gethier dem wirklich vortrefflichen, mit getrocknetem Waldmeister hergestellten Getränk alle Ehre an, bis wir gegen 10 Uhr unser Nachtlager aufsuchten, d. h. in den zur Verfügung stehenden Räumen es uns auf dem Fußboden auf Decken so bequem machten, wie es nur möglich war. Am nächsten Morgen besichtigten wir die erst seit einem Jahre in Bearbeitung genommene Plantage, die Wohnungen der von den Kingsmill-Inseln stammenden Arbeiter, statteten dem tonganischen Dorf einen Besuch

Arbeiterhäuser der deutschen Plantage Vailele auf Samoa.

ab, und um 10 Uhr waren wir wieder zu Pferde, um das eigentliche Ziel unserer Partie, einen berühmten Badeplatz, zu besuchen. Nach einstündigem Ritt auf schlechtem und stark steigendem Wege durch dichten Wald, sodaß wir fast die Hälfte des Weges zum Schutz gegen die herunterhängenden Baumzweige auf dem Pferde liegen mußten, stießen wir auf einen rauschenden Fluß, welcher in einer hohen bewaldeten Schlucht über terrassenförmig gelagerte mächtige Felsblöcke herabstürzt. An der Stelle, wo wir aus dem Walde heraustraten, sind die Seitenwände der Schlucht etwas zurückgeschoben, sodaß wir einen schönen Lagerplatz für uns und genügenden Raum für die Pferde fanden. Hier sollte gebadet, gefrühstückt, gerastet und, nachdem die Sonne nicht mehr so hoch stand, von hier aus auch der Fluß überschritten und auf anderm Wege nach Apia zurückgekehrt werden. Die Umgebung ist ganz eigenartig, und ich kann mir wol denken, daß dieser Platz ein beliebter Ausflugsort der Samoaner und namentlich der Halbweißen ist, da die jungen Mädchen dieser Mischlinge hier in geschlossener Gesellschaft den Durst nach Schwimmkünsten, welcher nun einmal in dem samoanischen Theil ihres Blutes steckt, nach Herzenslust befriedigen können.

Von oben fällt aus der Schlucht, welche dort durch hohe Bäume abgeschlossen wird, das wilde Wasser als etwa 10 m hoher und 6—8 m breiter Wasserfall herunter in ein tiefes, vom Wasser ausgehöhltes Steinbecken, wo es sich schäumend und brodelnd austoben muß, da die Sohle des steinernen Bettes sich wieder hebt und dem Wildling nur eine Mächtigkeit von vielleicht ½ m gestattet. So fließt er denn an unserm Lagerplatz, welcher ungefähr 20 m von dem Fuß des Wasserfalls entfernt ist, schon wieder als klare, spiegelblanke, hellgrüne Masse eilig vorbei und über einen glatten, die ganze Breite des Flusses einnehmenden Felsrücken von 50—60° Neigung hinweg wieder in ein 8—10 m tiefer liegendes Becken und nach weitern 20 m noch einmal über solch einen gleichen Felsrücken, um dann wieder im Waldesdunkel zu verschwinden. Das Hauptvergnügen des Bades besteht nun darin, daß man aus dem obern tiefen Wasserbecken schwimmend so zu dem Felsrücken gelangt, daß man sitzend von dem schnellfließenden Wasser geschoben auf der glatten Steinfläche herunterrutscht, in dem untern Becken durch das eigene Gewicht tief untertaucht und dort dann dasselbe Kunststück mit dem zweiten Absatz macht. Zurück muß man natürlich auf dem Landwege und dann kann das Spiel von neuem beginnen, wenn man Lust dazu hat. Von uns hat keiner das Kunststück gewagt, mit Ausnahme eines deutschen Herrn aus Apia, welcher sich mit Viehzucht beschäftigt und die Stadt mit Butter versorgt und den Kniff aus seinen jüngern Jahren her kennt. So leicht und elegant auch der dicke Herr in seiner rothen Badehose mit fliegender Fahrt auf dem Steinrücken heruntersauste, unten im brodelnden Wasser verschwand, pustend wieder zum Vorschein kam und sich mit einigen geschickten Schwimmschlägen wieder in die richtige Lage brachte, um auch den zweiten Abrutsch zu nehmen, fand er unter uns doch keinen Nachfolger, als er keuchend den steilen Landweg wieder heraufkam und die Schwimmfahrt zum zweiten mal ausführte.

Wir begnügten uns mit dem Bad in dem obern Becken unter dem Wasserfall, frühstückten danach und machten uns um 3 Uhr auf den Heimweg durch den Wald und zwei schön gehaltene samoanische Städte, in deren einer wir auch einen Samoaner antrafen, welcher uns in gutem hamburger Plattdeutsch ansprach, das er auf einem deutschen Schiff gelernt hatte. Uns kam dies im ersten Augenblick höchst komisch vor, denn es wirkt immer frappirend, wenn man einen Fremdling eine Abart der eigenen Sprache sprechen hört. Wir langten zu guter Zeit in Apia an, sodaß wir uns vor dem Essen noch umziehen und etwas ausruhen konnten, und hiermit will ich in der Erinnerung an diesen schönen Ausflug meinen ersten Besuch der Samoa-Inseln abschließen.

9.

Sydney.

Sydney, 19. August 1878.

Seit heute Nachmittag befinden wir uns im Hafen von Sydney oder wol richtiger im Port Jackson, wie die Engländer ihn ohne Rücksicht auf den Namen der dazu gehörigen Stadt nennen. Die ganze Umgebung mit dem summenden Geräusch, welches einem großen Handelsplatz immer eigenthümlich ist, kommt mir wie eine neue ungewohnte Welt vor, da wir seit sechs Monaten nichts Derartiges mehr gesehen und gehört haben, denn mit dem Verlassen von Valparaiso hatten wir von europäischer Civilisation Abschied genommen, und nun liegen wir ohne einen ähnlichen vermittelnden Uebergang, wie wir ihn auf dem Wege nach den Südsee-Inseln doch in Panama und Nicaragua gefunden, plötzlich nicht mehr vor einer vom Passatwind umwehten und von Palmen umrauschten tropischen Insel, sondern inmitten eines Häusermeeres, vor dessen Steinmassen alle Naturgebilde zurücktreten müssen. Hier werden wir nun nach langer Zeit der Entbehrungen mancherlei Zerstreuung und all die Annehmlichkeiten wiederfinden, welche eine große, reiche und nur von Europäern bewohnte Stadt zu bieten vermag; aber neu wird es uns wieder sein, ganz unter der Menge zu verschwinden, nachdem wir so lange Zeit hindurch überall den Mittelpunkt gebildet haben. Und an den Vorzug, sich wieder einmal ungezwungen und ungekannt in neuer Umgebung frei bewegen zu können, muß man sich auch erst gewöhnen. Eins erinnerte mich übrigens bei unserer Ankunft hierselbst doch daran, daß wir uns noch in der fernen Südsee befinden: der englische Postbeamte, welcher sich bei mir nach mitgekommenen Postsachen erkundigte. In diesen Gewässern übernehmen noch Kriegs- wie Kauffahrteischiffe unentgeltlich die Beförderung der Post zwischen den Plätzen, welche noch keine Postdampferverbindung haben, und so hatten auch wir von dem Herausgeber der Samoa-Zeitung in Apia, welcher dort die Briefe für die australischen und neuseeländischen Postämter in Empfang nimmt, einen Briefbeutel mitgebracht, welchen ich dem Beamten nach Prüfung des unverletzten Verschlusses aushändigen ließ.

Das war eine lange Reise von Apia bis hierher. 25 Tage für nur 2400 Seemeilen macht im Durchschnitt nicht einmal eine deutsche Meile für die Stunde, und an der Unbeständigkeit der Witterung konnten wir wol merken, daß wir uns hier jetzt im südlichen Winter befinden. Seit der Zeit, wo wir die Passatzone verlassen haben — am 30. Juli — haben wir viel stürmisches Wetter angetroffen und ungünstigerweise immer nur Weststürme, welche uns keinen Nutzen brachten. Manches Segel ist uns bei den Böen weggeflogen, kleine Havarien in der Takelage fehlten auch nicht, und am ärgerlichsten war dabei immer noch, daß das Wetter sich diese schlechten Scherze vorzugsweise für die Nacht aufhob und so die Wache an Deck fast stets volle Arbeit für die Nächte bekam. Als ein großes Glück muß ich es indeß betrachten, daß wenigstens eine Bö, welche vorgestern das Schiff überfiel, uns am Tage und zu einer Zeit traf, wo wir gerade keine Segel führten, denn ich weiß nicht, in welchem Zustand oder wo die „Ariadne" sich sonst jetzt befände. Wir standen am Vormittag des erwähnten Tages nur noch 200 Seemeilen von Sydney ab und der Wind war so unbeständig, daß ich Dampf machen ließ, um aus dieser Gegend herauszukommen, was uns allerdings nicht viel half, da schon im Laufe des Nachmittags ein Weststurm einsetzte, welcher uns zwang, bis gestern Mittag mit Sturmsegeln beizudrehen. Die Feuer unter den Kesseln waren also angesteckt und es konnte sich nur noch um eine Viertelstunde handeln, bis wir genügenden Dampfdruck hatten, um die Maschine in Gang setzen zu können, als von Süden her eine weiße Wolke mit stärkerm Wind heraufzog, welche zwar nicht besonders drohend aussah, mich aber doch veranlaßte, schon vor ihrem Eintreffen die Segel festmachen zu lassen, weil diese Arbeit während der Bö ja sehr viel schwerer sein mußte. Die Mannschaft war an Deck gerufen, die Segel wurden gegeit, die Marsraaen liefen herunter, die Matrosen enterten auf, die Segel verschwanden unter ihren Händen und in dem Augenblicke, wo die Leute die Takelage wieder verließen, setzte die Bö hell pfeifend von der Seite ein und gleich derart urplötzlich mit ihrer ganzen Kraft, daß das Schiff, obgleich keine Segel standen, mit einem Ruck 23° übergeneigt wurde und unter dem riesigen Winddruck so liegen blieb, bis die Wolke über uns weggezogen war, was etwa eine Minute währte. Da das Schiff zur Zeit ziemlich leicht war, weil Proviant, Kohlen und Wasser nahezu aufgezehrt waren, so lag die Gefahr nahe, daß es bei der Plötzlichkeit und Heftigkeit des ganzen Vorganges gekentert worden wäre, wenn es sich noch unter Segel befunden hätte. Denn wenn die Mars- und Untersegel nicht mehr rechtzeitig von ihren Fesseln hätten befreit und wirkungslos gemacht werden können, so würden diese starken Segel und die schwere Takelage bei dem verhältnißmäßig geringen Gegengewicht des Schiffsrumpfes wahrscheinlich den ersten Anprall ausgehalten haben ohne zu reißen und zu brechen und dann hätte die Korvette ein Ende gefunden, wie es in dieser Gegend schon manchem Schiff bereitet worden ist. Bei Tage schon wurde die Gefahr nicht in ihrer ganzen Größe vorher erkannt, aber es lag doch die Möglichkeit vor, im letzten Augenblicke noch durch Loswerfen aller Taue die Segel und einen Theil der Takelage preiszugeben und so das Schiff zu retten, bei Nacht aber wäre dies wahrscheinlich nicht mehr möglich gewesen, wenn die Wolke nicht etwa in der Dunkelheit sehr viel drohender ausgesehen und so zu größern Vorsichtsmaßregeln Veranlassung gegeben hätte.

Eines Tages begegneten wir einer Heerde kleiner Walfische, welche mit hohen Bogensprüngen aus dem Wasser heraus auf uns zueilten, etwa eine Stunde bei dem Schiff blieben, gleichen Curs mit ihm haltend, und dann wieder im weiten Meere verschwanden. Als die plumpen Thiere sich scheinbar so übermüthig in und über dem Wasser tummelten, kam mir der wunderliche Gedanke, daß das von ihnen empfundene Wohlbehagen und Vergnügen sich eigentlich auch in ihrem Gesichtsausdruck widerspiegeln müsse, und ich nahm unwillkürlich das Fernrohr zur Hand, um mir die schwarzen Gesellen genauer zu betrachten. Was ich an den Thieren aber fand, war nicht schön, denn an mehrern entdeckte ich frische Wunden, Stellen, wo 20—30 cm große Stücke Fleisch aus dem Körper herausgerissen waren und woraus ich glaube folgern zu müssen, daß die Fische nicht nur zum Vergnügen aus dem Wasser heraussprangen und

18*

an unser Schiff sich herandrängten, sondern dies thaten, um großen Raubfischen zu entgehen, da die Wunden wol auf den Biß eines Haifisches zurückgeführt werden mußten. Das Wasser war leider zur Zeit so bewegt, daß man mit dem Auge nicht unter die Oberfläche dringen konnte, denn sonst wäre es vielleicht möglich gewesen, den Räuber zu entdecken.

Das Beste und Schönste der Reise hierher war die Einfahrt in den hiesigen Hafen, wenngleich sich uns heute Vormittag, als wir bei schönem Wetter Land ansteuerten, Australien nicht von der vortheilhaftesten Seite zeigte, da die durch die Blue Mountains gebildeten hohen Bergketten, deren obere Spitzen bei klarem Wetter von See aus zu sehen sein müssen, sich wie gewöhnlich in ihren bläulichen Dunst gehüllt hatten, daher für uns unsichtbar blieben und das erste australische Land, welches in unsern Gesichtskreis trat, die durchschnittlich nur 100 m hohe, kahle und öde Küste bei Sydney war, auf deren Kamm sich Leuchtthürme, Signal- und Flaggenmasten, sowie einige kleine Gebäude für die Küstenwache in klaren Umrissen von dem bläulichen Dunstkleid der weiter im Lande liegenden Berge abhoben. Mit unserm Vorschreiten entwickelt sich die Küste als eine steile graue Wand, welche nach den Angaben der Karte so jäh abfällt, daß an ihrem Fuß die Meerestiefe immer noch 14—20 m beträgt. Nördlich von den Leuchtthürmen, da, wo der Bug unsers Schiffes hingerichtet ist, wird ein Einschnitt, die 1800 m breite Einfahrt zum Port Jackson sichtbar, in welcher jetzt auch das Hinterland kenntlich wird und immer deutlichere Zeichnung annimmt. Wir dampfen in die Einfahrt, schlagen einen rechten Winkel nach links, steuern zwischen schwimmenden Seezeichen hindurch und an einem Feuerschiff vorbei über eine schmale Bank oder Barre von nur 7 m Wassertiefe, drehen nach einigen Minuten wieder nach rechts, und vor uns liegt eins der schönsten Hafenbilder einer geschäftigen großen Handelsstadt.

Eine Wasserstraße, welche durch Verschiebung des Landes von unserm Standpunkt aus allerdings nur auf eine Länge von drei Seemeilen zu sehen ist, zieht sich in gerader Linie zwischen coulissenartig vorspringenden Landzungen hin, welche beide Seiten der Wasserfläche einfassen und deren mittlere freie Bahn in der äußern uns zunächst gelegenen Hälfte auf 1800 m und später auf nur 600 m verringern. Hinter den Landzungen zeigen sich aber zurücktretende Wasserbuchten von 600—2000 m Tiefe und durchschnittlich 500 m Breite, welche zu unserer Linken von Häusern und ganzen Stadttheilen, zu unserer Rechten von Villencolonien und grünbelaubten Abhängen umschlossen werden. Hinter den Buchten links die amphitheatralisch aufsteigende Stadt mit großen Steinbauten, breiten Straßen und großen parkähnlichen freien Plätzen, rechts die bewaldeten Höhen mit den vor

Einfahrt zum Hafen von Sydney.

ihnen liegenden und von großen Gärten umgebenen schönen Wohnhäusern, Villen und Flaggenmasten. Links fast nur Menschenwerk, rechts vorherrschend Naturgebilde. Die Wasserfläche ist belebt mit Ruder- und Segelbooten, zu Anker liegenden und in Bewegung befindlichen großen Segel- und Dampfschiffen, auf den hohen Ufern am Lande zeigen sich Erholung suchende Menschen, welche das einlaufende fremde Kriegsschiff durch Tücherschwenken begrüßen; mehrere kleine belaubte Inseln mit stattlichen Gebänden liegen inmitten der großen Straße; von der Stadt her dringen lange nicht mehr gehörte

Laute, wie sie die Vielgeschäftigkeit einer großen, nach Gelderwerb strebenden Menschenmasse erzeugt, an unser Ohr: Dampfpfeifen, Hämmern und Schlagen, und das Gesumme und Gewoge, welches sich aus tausenderlei vielen kleinen Tönen zu einem unbestimmbaren Geräusch zusammenfindet. Gelderwerb ist wol das Schlagwort, welches hier alles beherrscht und sich auch dem einlaufenden fremden Schiff gleich aufdrängt, denn als wir die Stadt noch nicht sehen konnten und ihr mit 11 Knoten Geschwindigkeit entgegeneilten, warf sich ein zierliches leichtes Boot, wie sie nur in Sydney gebaut werden, mit großem Geschick an unsere Seite, hakte sich am Schiffe fest und ließ sich mitschleppen. Ich glaubte zwar, daß das Boot bei unserer großen Fahrgeschwindigkeit gleich unter Wasser schneiden würde, aber nichts von dem, der Junge, welcher den Haken geworfen hatte, paßte auf die Leine auf, ein behäbiger Herr saß am Steuer und nickte uns vertraulich seinen Gruß zu, war aber kein Hafenbeamter oder Lootse, wie ich angenommen hatte, sondern ein ehrsamer wasserkundiger Schlächtermeister, welcher, rechtzeitig von unserm Einlaufen unterrichtet, dem Schiff gleich entgegengefahren war und durch sein meisterhaftes Manövriren mit dem Boot zunächst erreichte, daß man ihn überhaupt herankommen ließ, weil man ihn für etwas anderes hielt, als er war, und er nachher dann als Erster das Schiff bestieg, um seine Waare anzupreisen. In einer der kleinen Buchten, Farm-Cove, welche als Liegeplatz für die Kriegsschiffe reservirt ist, ankerten wir zu Füßen des zum Gouverneur-Palast gehörigen Parks, über dessen Baumwipfel das vornehme Gebäude hinwegsieht und einen Rundblick über den ganzen Hafen hat.

Port Jackson könnte vielleicht der beste Handelshafen der Welt genannt werden, wenn nicht der Hauptarm der Bucht, an welchem auch die Stadt liegt, durch die vorher schon genannte Barre, welche Schiffen von über 7 m Tiefgang das Einlaufen verwehrt, von dem Meere getrennt würde. Sonst hat der Hafen überall genügende Wassertiefe für die größten Schiffe und, was als geradezu unschätzbar angesehen werden muß, eine Uferlinie, welche in Schlangenwindungen sich um die ganze Bucht hinziehend, eine fortlaufende Kette der schon genannten kleinen Einbuchtungen mit großen Wassertiefen darstellt.

So scheint es fast, als ob die Natur selbst diesen Hafen als großen Handelsplatz geplant habe, da er in seiner Gestaltung als

Muster für moderne künstliche Hafenanlagen dienen könnte, denn der Theil des Landes, welcher zur Zeit von der eigentlichen Stadt in Anspruch genommen wird, hat durch diese natürlichen Seitenhäfen eine dreifach größere Uferstrecke erhalten, als er haben würde, wenn das Ufer geradlinig verliefe, und was dies bedeutet, zeigt die Zahlenangabe, daß die jetzige Stadt Sydney infolge dieser Ufergestaltung allein an der Südseite der Bucht, wo die Geschäftsstadt liegt, eine Uferlinie von zehn Seemeilen Ausdehnung hat, während dieselbe sonst nur drei Seemeilen betragen würde. Aber nicht nur für die bequeme Befrachtung der Schiffe mit ungefährlichen Frachtgütern hat die Natur gesorgt, sondern sie hat auch noch die kleinen Inseln als Pulver-, Petroleum- u. dgl. Niederlagen in den Hafen gebaut. Durch diese natürlichen Vorzüge mußten auch die Verkehrsverhältnisse aus der innern Stadt nach dem Hafen außerordentlich bequeme werden und man konnte bei ihrer Anlage von einer ungebührlichen Ausdehnung in die Länge absehen. Ob Sydney auch mit einem weniger vorzüglichen Hafen das geworden wäre, was es jetzt schon ist, muß bezweifelt werden. Wahrhaft betäubend wirkt es, wenn man hört, daß während die Stadt im Jahre 1840 24000 Einwohner hatte, die Bevölkerung jetzt schon über 200000 Seelen beträgt und vorläufig noch in demselben Verhältniß weiter wächst.

15. September 1878.

Unsere Zeit ist nun auch hier abgelaufen und morgen werden wir Sydney wieder verlassen, um nach der uns gewordenen Erholung von neuem unsern Dienstpflichten nachzugehen. Vier Wochen in solcher Stadt zu leben ist genügende Zeit, um viel sehen und lernen zu können, aber nur, wenn man frei über sich verfügen darf und es einem auch gestattet ist, ungekannt die Eigenthümlichkeiten der Tag- und Nachtbilder zu studiren. Dieser Vorzug wurde mir aber nicht zutheil, denn vom ersten Tage an mußte ich mich zu der Gesellschaft des Gouverneurs, zu welcher auch unser Consul gehört, rechnen und war dadurch gleich infolge der verschiedenartigsten Einladungen derart gebannt, daß ich an interessante Entdeckungsfahrten in das Volksleben nicht denken konnte, sondern mich in dieser Beziehung mit dem begnügen mußte, was die jüngern Herren mir darüber erzählten.

Am Morgen nach meiner Ankunft, nachdem ich den Besuch unsers Consuls empfangen hatte, machte ich mit diesem Herrn zusammen dem hier residirenden Gouverneur von Neusüdwales meine Aufwartung, durfte mich auch seinen Damen vorstellen und erhielt gleich zum Abend desselben Tages eine Einladung zum Diner. Im Laufe des Nachmittags erwiderte der militärische Adjutant des Gouverneurs in dessen Namen meinen Besuch und übergab mir auch im Auftrage der liebenswürdigen Dame des Hauses einen Schlüssel zu einem quer ab von unserm Ankerplatz liegenden Thor zu dem Gouvernements-Park, damit ich bei meinen Besuchen im Government-House stets auf dem kürzesten und zweifellos angenehmsten Wege dahin gelangen könne. Der Gouverneur ist Civilbeamter und gehört zu der bevorzugten Menschenklasse, aus welcher die englische Regierung die Personen für diese wichtigen Posten auswählt, wenngleich die Herren, welche hierzu berufen werden, oft ihre eigentliche Heimat nicht mehr wiedersehen, da sie das höchste Amt eines Gouverneurs in der Regel in einer Colonie nur abgeben, um es in einer andern wieder zu übernehmen. Der Gouverneur von Neusüdwales hat einen fürstlichen Sitz, bezieht ein Jahresgehalt von 7000 Pfd. St. und erfreut sich daneben noch mancherlei anderer diesen Aemtern zukommenden Gerechtsame. So hat er das Recht der Wahl seines Adjutanten und Secretärs, was für sein Familienleben zuweilen von großer Bedeutung ist, wie z. B. in dem vorliegenden Falle der Gouverneur den Gatten seiner ältesten Tochter, einen Armeeofficier, sich als Adjutanten hat commandiren lassen, sodaß die Aeltern nun den Vorzug genießen, wenigstens diese Tochter nebst Gatten und Kind stets mit unter ihrem Dache zu haben, da Adjutant und Secretär ihrem Gouverneur von Platz zu Platz folgen und im Government-House Dienstwohnung finden. Andererseits müssen die Aeltern allerdings auch oft auf vielleicht Nimmerwiedersehen von ihren Kindern Abschied nehmen, denn wenn der hiesige Gouverneur Australien verlassen sollte, dann muß er sich wol für immer von seiner zweiten Tochter trennen, da diese während unsers Aufenthalts hierselbst einen Herrn geheirathet hat, der als Besitzer großer Viehstationen sich schwerlich wieder von Australien wird losreißen können, denn je größer der Besitz ist, um so stärker ist ja der Besitzer an die Scholle gefesselt. Ein mir als reich bezeichneter älterer Herr, welchen ich kennen lernte, sprach sich sehr wehmüthig und entsagungsvoll darüber aus, daß er nicht mehr nach Alt-England zurückkehren könne, und als ich dies in Rücksicht auf seine gute finanzielle Lage nicht verstehen wollte, gab er mir die Erklärung, daß er nie einen Käufer finden würde, welcher im Stande sei, ihm einen nur einigermaßen annehmbaren Preis für seine Liegenschaften zu zahlen, da große Kapitalisten als Käufer in diese entfernten Colonien nie kämen, sondern nur Leute mit bescheidenern Mitteln, welche erst erwerben wollen; und wer hier überhaupt verkaufe, wolle auch den ganzen Kaufpreis ausgezahlt erhalten. Dies letztere wurde mir erst in den jüngsten Tagen verständlich, als wieder einmal infolge der im Innern anhaltenden Dürre so viel Vieh auf den hiesigen Markt getrieben wurde, daß das Pfund Rind- und Hammelfleisch nur wenige Pfennige kostete. Tritt ein solcher Fall ein, dann ist derjenige Besitzer, welcher nur eine kleinere Anzahlung machen konnte, gewöhnlich wol bankrott und der frühere Besitzer hat natürlich das Nachsehen, namentlich wenn er in England wohnt.

Abends beim Gouverneur traf ich eine ziemlich große Gesellschaft an, die Damen in kostbaren Toiletten, zu welchen die drei Töchter des Hauses reizend geschmackvollen und reichen Blumenschmuck angelegt hatten. Im großen und ganzen läßt sich von den anwesenden Damen und Herren nur sagen, daß mir die Familie des Gastgebers in diesen Gesellschaftsrahmen nicht recht hineinzupassen schien. Zwischen Ministern, die aus der Bevölkerung der Colonie gewählt sind, Besitzern großer Viehstationen, Sportsmen und Kaufleuten, welche durch ihren Reichthum und wol auch ihre politische Stellung eine Rolle spielen, erschienen mir der Gouverneur und seine Familienmitglieder, bei welchen jede Bewegung und jedes gesprochene Wort an die vornehme Herkunft und die hohe Stellung, welche sie einnehmen, erinnerte, als ganz fremdartige Erscheinungen, welche wol am richtigsten mit fürstlichen Personen zu vergleichen sind, denen von einer mit republikanischen Gewohnheiten prahlenden Umgebung doch willig die höhere gesellschaftliche Stellung eingeräumt wird. So war bei einem Ball, welchen die Junggesellen der guten Gesellschaft den verheiratheten Familien gaben und wozu wir auch Einladungen erhalten hatten, für den Gouverneur und seine Familie eine Art Thron mit mehrern Stufen errichtet, wohin nur diejenigen Personen Zutritt erhielten, welche dahin befohlen wurden. Im Gegensatz hierzu steht wieder die schwierige Stellung, welche der Gouverneur bei seinen Ministern und dem Parlament, wo es häufig amerikanisch derb hergehen soll, findet; doch wird dem jetzigen Gouverneur nachgerühmt, daß er in sehr sicherer und taktvoller Weise die Klippen zu umschiffen weiß, mit welchen sein schwieriges Amt übersät ist, denn die einzelnen australischen Colonien, welche bekanntlich voneinander ganz unabhängig sind, sind dies praktisch auch von dem Mutterlande, von welchem sie nur den von der Königin ernannten Gouverneur annehmen müssen, und dadurch wol unwillkürlich zu dem Versuch gedrängt werden, diesen unabhängigen Mann in ein Abhängigkeitsverhältniß zur Colonie zu bringen. Diese hat auch ihre eigenen Miliztruppen und Befestigungsanlagen, die englischen Kriegsschiffe sind hier ebenfalls nur Gäste, und das von der Colonie von Neusüdwales dem jeweiligen Befehlshaber des in der Südsee stationirten englischen Geschwaders und seiner Familie hier in Sydney zu freier Benutzung überwiesene vollständig ausgestattete große Wohnhaus ist ein freiwilliges Geschenk der Colonie an die Flotte des Mutterlandes. Wie rücksichtslos in anderer Beziehung die Colonie auf ihre Selbständigkeit pocht, dürfte daraus hervorgehen, daß es den englischen Kriegsschiffen ebensowenig wie fremden Schiffen möglich ist, ihre Deserteure wiederzuerhalten, da die Polizei jede Mitwirkung hierzu ablehnt unter dem Vorwand, daß ihre Macht sich nur auf die innere Stadt beschränke und die Häuser, wo die weggelaufenen Matrosen Unterschlupf finden, in den Vorstädten liegen. So waren einem englischen Kanonenboot mit einer Besatzung von 120 Mann, 85 Mann weggelaufen; der Commandant des Schiffes und die Polizei wußten, wo die Leute frei umhergingen, aber nicht einmal die Einwirkung des Gouverneurs konnte erreichen, dem wehrlos gewordenen Schiffe seine Besatzung wieder zuzuführen. Böse Zungen behaupten, daß die Colonie, welche für jeden arbeitskräftigen Einwanderer eine Prämie von 45 Pfd. St. zahlt, hieraus ein Geldgeschäft macht, weil sie für diese Einwanderer keine Prämie zu zahlen brauche. Die Hauptaufgabe des Vertreters der heimischen Regierung wird hier vorzugsweise darin bestehen, die Einflüsse unschädlich zu machen, welche die schon sichtlich amerikanisch-republikanisch angehauchten Neigungen der Colonisten zu stärken geeignet sind, um so den Zeitpunkt der doch über kurz oder lang eintretenden Losreißung des großen australischen Staates von dem kleinen Mutterlande möglichst lange hinauszuschieben.

Die Stadt genießt die Vorzüge ihrer Jugend: gerade, breite, systematisch angelegte Straßen, große öffentliche Parks inmitten der Stadt und zueinander passender Baustil der öffentlichen Gebäude, an denen Sydney außerordentlich reich ist. Unter den öffentlichen Bauten führe ich an: Das Government-House, das Parlament, der Gerichtshof, das Schatzamt, die Münze, das Rathhaus, die Universität, 2 große Kathedralen, ein großes Hospital, das Museum, die Volksbibliothek, die Börse, das Post- und Telegraphenamt, die Ausstellungsgebäude, 13 Banken, 3 Theater und 6 größere Clubhäuser. Rechnet man dazu die vielen großartigen Verkaufsläden, so begreift man, daß Sydney eine wirkliche Großstadt zu nennen ist. Von den öffentlichen Parks

Die Universität in Sydney.

sind in erster Reihe die Domäne und Hydepark zu nennen, beide mit hohen Bäumen bestanden und von schattigen Fußwegen, sowie breiten Fahr- und Reitwegen, durchschnitten. Eine wahre Perle ist die Domäne, welche Farm-Cove umfassend und die beiden die Bucht bildenden Landzungen in sich schließend eine Fläche von etwa 1400 m Länge und 700 m Breite einnimmt. Innerhalb der Domäne liegen auf der einen Landzunge das Government-House und der weitläufige, im großartigsten Stil angelegte Botanische Garten; die andere Landzunge, an deren Fuß sich Seebäder befinden, ist öffentlicher Park. Der Botanische Garten, für welchen die Colonie eine besondere Zärtlichkeit zu besitzen scheint, enthält an Bäumen, Sträuchern und Blumen wol so ziemlich alles, was man in der heißen und gemäßigten Zone unserer Erde an bedeutendern Pflanzen finden kann. Mich interessirten besonders die Nadelhölzer und hier wieder vorzugsweise die durch ihre feinen Nadeln, schönen Formen und Farben berühmten Tannen der kleinen Insel Norfolk. Natürlich hat Sydney auch seinen Rennplatz und große Criquet- und Lawn tennis-grounds. Hier, wie an entfernter liegenden Fischplätzen und auf dem Hafen kann man sich an der Lebendigkeit der Bewohner sowie daran erfreuen, daß die Menschen, trotz ihres Hastens nach Gelderwerb, die Freude an unschuldigen Vergnügungen und am Sport nicht verloren haben; ja, ich möchte behaupten, daß ich bisjetzt noch keinen Platz kennen gelernt habe, wo die Bevölkerung sich nach Schluß der Geschäftsstunden so allgemein der körperlichen Erholung widmet. Dampfer und Eisenbahn bringen die nach Abwechselung und Zerstreuung lüsternen Städter nach beliebten Ausflugspunkten; mit erstern fahren sie den Fluß hinauf oder über See, vermittelst der letztern kommen sie in die Berge; Fuhrwerke aller Art, eigene und Miethswagen, eilen zu den Spielplätzen, und Lustjachten wie kleinere Segel- und Ruderboote beleben den Hafen. Namentlich an den Sonntagnachmittagen sind bei gutem Wetter die sämmtlichen kleinen Segelboote in Bewegung nach der Hafenmündung zu, und ich habe noch bei jeder solchen Gelegenheit eins oder zwei der Boote kentern sehen, weil sich bei diesen Ausflügen stets Wettfahrten entwickeln, da der Engländer davon nun einmal nicht lassen kann, und die Leute, von denen viele nichts von dem Segeln verstehen, dann übermäßig Segel führen. Ein weiteres Unglück, als daß die Gekenterten naß wurden, passirte dabei indeß nicht. Der Sport spielt hier überhaupt in gewissen Grenzen vielleicht noch eine größere Rolle als im Mutterlande, löst doch ein Wettrennen das andere ab, und bereisen doch die Criquetspieler nicht nur die australischen und neuseeländischen Städte, sondern sogar England, um andere derartige Gesellschaften zum Preiskampf herauszufordern. Während unsers hiesigen Aufenthalts wurden in Sydney zwei Rennen abgehalten und von mehrern in andern Städten war noch die Rede. Der Gouverneur ist selbst großer Sportliebhaber, hat acht Rennpferde im Stalle stehen und fuhr als richtiger Sportsman zu einem Rennen, das in unmittelbarer Nähe der Stadt abgehalten wurde, selbst four in hands seine große Coach, in welcher seine ganze Familie sowie die von ihm Geladenen, zu denen auch ich gehörte, Platz fanden. Die Damen saßen in dem Wagen, wir Herren oben auf dem Verdeck.

Das Klima, welches annähernd dem von Süditalien mit dem Vorzug eines kühlern Winters entspricht, scheint dem menschlichen Organismus ebenso zuträglich zu sein wie den Kindern der Pflanzenwelt, unter welchen auch die Früchte eine hervorragende Rolle spielen, denn es sollen z. B. in den Anpflanzungen bei Sydney und Paramatta mehr Orangenarten zu finden sein als auf dem ganzen übrigen Erdball. Man hat durch Kreuzung und Veredelung neue Arten und von bekannten Arten andere Größen gewonnen, und von den

Im Botanischen Garten von Sydney.

letztern werden kleine, nur wallnußgroße Mandarinen wegen ihres feinen Geschmacks und Saftreichthums besonders geschätzt.

Die wohlhabendern Klassen halten vielfach daran fest, außerhalb der Stadt zu wohnen. Die meisten dieser Wohnungen findet man nach der Seeseite zu und auf dem nördlichen Ufer des Hafens, wo schöne Häuser in herrlichen Gärten liegen, doch fängt man seit der Fertigstellung der Eisenbahn nach den Blue Mountains auch an, sich dort an höher gelegenen Punkten anzusiedeln. Die große Entfernung der Privatwohnungen von den Geschäftsräumen und der Umstand, daß sich in einer aufstrebenden Colonie in der bessern Gesellschaft immer eine unverhältnißmäßig große Zahl unverheiratheter jüngerer

Männer vorfinden, erklärt wol die vielen Clubhäuser und deren starke Benutzung zur Frühstückszeit.

Wie in allen englischen Hafenstädten und namentlich in denjenigen der Colonien fremde Kriegsschiffe auf das liebenswürdigste aufgenommen werden und ihnen nicht nur von den Offiziercorps und geschlossenen Gesellschaften, sondern auch von einzelnen amtlichen und Privatpersonen der erste Besuch gemacht wird, um den Offizieren die Anbahnung eines geselligen Verkehrs zu erleichtern, so erging es uns auch hier. Gleich in den ersten Tagen waren wir in die Clubs und in viele Familien eingeführt, und es durfte mich nicht überraschen, als der Consul mich auf den Spielplatz der guten Gesellschaft führte, dort bereits unsere Offiziere im Kreise junger Damen vorzufinden. Die Aufmerksamkeit der Behörden ging so weit, daß jeder Offizier eine in zierlichem Lederumschlag mit Goldschnitt befindliche Freikarte zu beliebiger Benutzung sämmtlicher Eisenbahnlinien der Colonie für die Dauer unsers Aufenthalts erhielt.

Daß Australien die merkwürdigsten Vögel und solche von außerordentlich schönem Gefieder, sowie eine auffallend große Zahl verschiedener Kakadu- und Sittícharten hat, ist bekannt, aber überraschend wirkt es doch, wenn man solche Thiere in großen Wagen zum Verkauf herumfahren sieht und sowol die Farbenpracht der einen, wie die zarten, unscheinbaren und doch so feinen Farben anderer und die merkwürdigste Farbenzusammenstellung in dem Gefieder wieder anderer bewundern muß. Von allen Vögeln, welche ich hier zu Gesicht bekam, interessirte mich am meisten der Jägerliest, hier wegen seines, lautem Lachen täuschend ähnelnden Geschreis allgemein „laughing Jack" genannt, von welchen unser Consul einige gezähmte in seinem Garten herumlaufen hat. Dieser Vogel, welcher in seinem unscheinbaren Gefieder und sonstigem Aeußern einer Eule gleicht, bei näherer Betrachtung aber in seinem Bau an den Eisvogel erinnert, etwa 40 cm hoch ist und einen Kopf hat, welcher fast ein Drittel des ganzen Körpers einnimmt, kommt mir wie ein vorsintflutliches Geschöpf vor.

Von allem Möglichen habe ich nun schon erzählt und noch nicht unserer deutschen Landsleute gedacht, doch liegt dies daran, daß dieselben in diesem Theil Australiens wenig zur Geltung kommen, weil sie mit ganz verschwindenden Ausnahmen, welche in der englischen guten Gesellschaft aufgeben, nur dem kleinern Kaufmanns- und dem Handwerkerstande angehören und sich durch Heirathen mit den englischen Einwohnern schon stark vermischt haben. Doch halten sie unter sich noch immer zusammen und nahmen uns in der zuvorkommendsten Weise auf, stellten uns ihr Vereinslocal zur Verfügung und gaben uns einen Ball, welchen wir mit einem Tanzfest auf unserm Schiff erwiderten. In nähere gesellige Berührung bin ich mit nur einigen wenigen gekommen.

Ich habe natürlich auch nicht versäumt, die Blue Mountains zu besuchen, wohin unser Consul mich zweimal führte. Das erste mal waren wir allein, fuhren mit der Bahn bis Blackheath und gingen von dort aus zu einem Felsentbal „the Grose" und zu einem Wasserfall, „Govett's Leap" genannt; das zweite mal hatte der genannte Herr unsere dienstfreien Offiziere nach dem jenseit der Blauen Berge gelegenen Städtchen Bathurst eingeladen, um uns bei der Rückfahrt einen Ueberblick über die Gebirgslandschaft zu verschaffen und uns auch Gelegenheit zu geben, während der Fahrt das großartige Menschenwerk zu bewundern, durch welches es erst möglich wurde, nicht nur mit der Bahn, sondern überhaupt diesen Bergrücken zu überschreiten, welcher vorher sogar für einzelne Menschen und Saumthiere unpassirbar war.

Bei der Station Blackheath fanden wir ein recht gutes Wirthshaus, ein zwar einfaches aber innen gut ausgestattetes hölzernes Gebäude mit guter Verpflegung. Von hier aus gelangten wir auf schmalen Pfaden durch Gestrüpp und Steingeröll nach dem Grosethal und nach Govett's Leap. Das Charakteristische dieser Thäler und Schluchten liegt in den mächtigen Felswänden, welche, altem Gemäuer gleichend, senkrecht abfallen, sowie in dem üppigen Pflanzenwuchs der feuchten Thalsohle, welche mit dichtem Wald bestanden ist. Govett's Leap ist ein großer, von hohen Felswänden umschlossener Kessel, in welchen sich von der einen Seite von einer 170 m hohen Wand ein kleiner Wasserarm ergießt, der von oben als dünner Strahl herunterfällt ohne das Gestein zu berühren.

Nach Bathurst fuhren wir des Abends, trafen dort nach vierstündiger Fahrt nachts 11 Uhr ein und traten am nächsten Morgen die Rückfahrt an. Der Rundblick, welchen man auf das Gebirge erhält, ist großartig; weithin schweift das Auge über Berg und Thal und ist entzückt von dem weichen blauen Farbenton, welcher auf der Landschaft liegt, doch die Natur tritt zurück, sobald der Zug die Westseite der hohen Scheidewand erreicht, wo er in Zickzacklinien heraufklettern muß, um den Gebirgskamm zu erreichen. Diese Wand ist so steil und zerklüftet, daß die Ingenieure, welche mit der Untersuchung des Terrains und mit den Vorarbeiten des Bahnbaues beauftragt waren, sich an langen Seilen herunterlassen mußten, um die Punkte für den Schienenweg bestimmen zu können. Man begreift kaum, wie es möglich ist, daß ein Eisenbahnzug diese steile Wand überwinden kann, und staunt die Bauten an, welche nöthig waren, um die Schluchten zu überbrücken, denn drei Viadukte, jeder von 7—8 Bogen mit je 30 Fuß engl. Spannweite und größter Pfeilerhöhe von 46 Fuß, und ein Tunnel von 70 m Länge nehmen einen großen Theil des ganzen Schienenweges in Anspruch oder erscheinen dem Auge doch so. Der eigentliche Bahnkörper ist natürlich nur eine schmale Straße mit einfachem Gleise; für Kurven und Drehscheiben blieb kein Platz, und so kam man auf den Gedanken der Zickzacklinie, wo die Lokomotive den Zug auf der einen Strecke zieht und auf der andern schiebt. Für eine Höhe von 687 Fuß engl. waren allein 7,5 km Schienenweg erforderlich und je 1,5 km erforderten einen Kostenaufwand von 4—500000 Mark, sodaß der von den Engländern Zig-Zag genannte Theil allein über 2 Millionen Mark gekostet hat.

Bei den vorgenannten Fahrten kamen wir auch durch Eukalypten-Waldungen und durch weite, nur mit niedrigem Gestrüpp bedeckte Flächen, wie sie Australien eigenthümlich sind, in den höhern Regionen auch durch solche, wo nur Gräser die Erde bedecken. All dieses bietet wenig Anziehendes; die Eukalypten mit ihren schmutziggrauen Stämmen und ähnlich gefärbten kleinen Blättern erinnerten mich an Olivenbäume, die kahlen farblosen Wälder ohne Buschwerk zwischen den weit auseinander stehenden und nur an ihrem Wipfel mit einer Laubkrone versehenen Stämmen an verstaubte, halb verdorrte Waldgehege innerhalb großer Städte, wenn in heißem Sommer lange Zeit kein Regen gefallen ist. Warum dieser Baum „gum-tree“, von den Deutschen „Gummibaum“ (mit welchem er weder in Gestalt noch in seinen Eigenschaften irgendeine Gemeinschaft hat) genannt wird, ist mir unklar geblieben. Vielleicht daß die Eingeborenen ihn mit dem Laut „Göm“, aus welchem die ersten Colonisten „gum“

machten, bezeichnet haben. Diese farblose kalte Pflanzenwelt, das weiter oben in den Bergen vorherrschende Knieholz und niedrige Gestrüpp, sowie die kleinen als Stationsgebäude dienenden Blockhäuser ließen mich die Scenerie in den Blauen Bergen schon auf einer Höhe von nur 500 m über dem Meere trotz der warmen Luft mit den Gefilden unsers Riesengebirgskammes auf 1500 m Höhe vergleichen.

Ich glaube mit Sydney abschließen zu können, nachdem ich noch gesagt habe, daß unser geselliger Verkehr hierselbst, dank der vollendeten Gastfreundschaft unsers Consuls und der englischen Gesellschaft ein sehr reger war und uns Genüsse der verschiedensten Art geboten wurden. Die wöchentlichen Nachmittags-Gartenfeste beim Gouverneur verdienen in erster Reihe genannt zu werden, weil man hier in dem schönen Park bei Musik alles traf, was zur guten Gesellschaft gehört, und die zwanglose Form des Verkehrs ein Magnet war, welchem niemand so leicht widerstehen konnte. Neben dem bereits erwähnten Junggesellen-Ball fand noch ein von der Gattin des Gouverneurs zu Wohlthätigkeitszwecken veranstalteter Costümball statt, zu welchem die Theilnehmer nur in Kattunstoffen erscheinen durften; Privatbälle, Mittags- und Abendgesellschaften schlossen die Kette der Feste.

10.

Samoa.

II.

Angesichts Upolu, 7. October 1878.

Das schöne Upolu liegt nun auch wieder in unserm Gesichtskreis und zwar als ein in Gewitterwolken eingehülltes und von den letzten Strahlen der untergehenden Sonne beleuchtetes kleines Stück Bergland auf weitem Meere. Windstille liegt über der träge auf- und niederwogenden See, laue Tropenluft umfängt uns und Blitze zucken durch das auf dem Lande lagernde schwarze Gewölk; der Tag schwindet schnell, die Nacht breitet ihre Schatten aus, und kaum daß die Sonne zur Rüste gegangen ist, flimmern und blinken auch schon die Sterne oben in der Höhe an dem dunkeln, in unendliche Fernen reichenden Himmelsdom; in gleichmäßigem Takt schlägt die Schraube durch das Wasser, treibt unser Schiff dicht unter der Küste entlang dem Hafen zu und die Nähe des Landes zwingt mich, die Nacht zum Tage zu machen. So finde ich in später Abendstunde Muße zum Schreiben, welche ich benutzen will, da ja möglicherweise sich uns morgen in Apia schon eine Postgelegenheit bieten kann. Schwer wird es mir, in meiner Kajüte zu bleiben, da eine Nacht wie die heutige mich mit unwiderstehlicher Gewalt auf das Deck zieht. Was es ist, kann ich nicht sagen. Ob der von dem Lande ausströmende Duft und geheimnißvolle Zauber; ob das bleierne Gewölk, welches die Insel so innig umfängt, daß man glaubt, kein heimlicheres Plätzchen finden zu können; ob die tiefe andachtsvolle Stille, welche nur durch ein leises Rauschen der Brandung unter der Küste und das gleichmäßige Arbeiten der Maschine unterbrochen wird; ob die weite Sternenwelt oder ob Alles zusammen? Ja, wer kann es sagen und wer ist wol im Stande zu beschreiben, was die Seele des Menschen in solcher Umgebung eigentlich durchzieht und bewegt?

Beim Durchblättern meines Tagebuches finde ich übrigens zu meiner Befriedigung, daß mir infolge der Einförmigkeit unserer letzten Reise kaum etwas niederzuschreiben bleibt. Das Einzige, was vielleicht von allgemeinerm Interesse sein könnte, ist, daß wir die von dem französischen Transportschiff „La Rance" im Jahre 1873 entdeckten und nach ihm benannten großen Korallenriffe, welche ein Feld von 10 Seemeilen Durchmesser einnehmen sollen, ebenso wenig gefunden haben, wie das englische Kriegsschiff „Pearl" sie im vorigen Jahre finden konnte, und daher nur anzunehmen ist, daß dieses Riff inzwischen wieder verschwunden ist oder aber nie bestanden hat. Der Franzose will bei starkem Wind plötzlich entfärbtes Wasser gesehen haben und hat dann ein Boot zu Wasser gelassen, welches dort mit dem Loth als geringste Wassertiefe nur 6½ m gefunden haben will, während der Ausguckposten des Schiffes vom Mast aus nach der Brandung, welche er gesehen haben will, die ungefähre Ausdehnung des Riffs festgestellt hat, wobei nur unerklärlich bleibt, weshalb zu dieser wichtigen Messung und überhaupt zur Richtigstellung der ganzen für die Schiffahrt so bedeutungsvollen Sachlage nicht der Commandant selbst oder doch wenigstens ein Offizier in die Takelage gegangen ist. Thatsache ist, daß wir unter den denkbar günstigsten Umständen den Platz der fraglichen Bank unter Dampf angesteuert haben, bei klarem sehr sichtigen Wetter, Windstille und hoher Dünung, sodaß wir, wenn in einem Umkreis von 16 Seemeilen von unserm jeweiligen Standort während der Zeit, wo wir suchten, Riffe gewesen wären, die Brandung auf ihnen unter allen Umständen hätten sehen müssen und keine durch Wind erzeugten Wellenbrecher uns hätten täuschen können. Außerdem hatten wir aber auch eine durchaus zuverlässige Ortsbestimmung, fanden mit dem gewöhnlichen großen Loth keinen Grund und zuverlässige Posten wie ein Offizier mit Fernrohr konnten aus der Takelage keine Brandung entdecken. Nachdem wir bis 5 Uhr nachmittags vergeblich gesucht hatten, kamen wir zu demselben Schluß wie die englische Korvette „Pearl", daß die Korallenbank nicht oder aber nicht mehr existirt.

8. October 1878.

Als wir heute Morgen mit Tagesanbruch in Apia einliefen, erhielt ich von dem Lootsen gleich die befriedigende Nachricht, daß die amerikanischen Abenteurer bis auf einen, welcher noch immer versuche, die Geldansprüche der frühern Landcompagnie geltend zu machen, die Samoa-Inseln für immer verlassen hätten, daß ebenso das amerikanische Kriegsschiff schon lange nach seiner Heimat zurückgekehrt sei und im Lande Ruhe herrsche. Dagegen brachte er mir die traurige Kunde, daß der Halbweiße, welcher bei der Beschlagnahme von Saluafata als unser Dolmetscher gewirkt hatte, durch die Folgen jener Nacht richtig seinen Tod gefunden habe, denn er habe sich von dem ausgestandenen Schreck nicht mehr erholen können und sei einige Wochen darauf gestorben. Dasselbe bestätigte mir die Frau des armen Teufels, welche ich heute Nachmittag auf ihren Wunsch hin besuchte und die mir ein für mich bestimmtes kleines Vermächtniß des Todten einhändigte, welches in einer alten werthvollen, aus der Familie seiner Mutter stammenden Matte, einigen Stücken Tapa und andern Kleinigkeiten bestand.

Die hiesige politische Lage scheint zur Zeit für uns günstig zu sein. Im Lande herrscht wirklich Ruhe, denn die Regierungsmitglieder haben sich Ferien gegeben, um die heimatlichen Districte zu besuchen und sich im Kreise ihrer Verwandten zu erholen. Nur drei Mitglieder sind als Repräsentanten der Regierung hier zurückgeblieben und diese nahmen aus unserer Ankunft Veranlassung, gleich heute Vormittag den Consul zu bitten, mich von allen Gewaltmaßregeln abzuhalten, da sie zum Abschluß eines Vertrages mit uns bereit seien und dies nur jetzt noch nicht zur Ausführung bringen könnten, weil die Regierung nicht beisammen sei; sie würden indeß gleich Schritte thun, um die Abwesenden zurückzurufen.

Ueber die Amerikaner hörte ich noch, daß der früher mehrgenannte höhere Consulatsbeamte, welcher sich vor einiger Zeit von hier nach den Fidji-Inseln begeben hat, die Zeit seines hiesigen Aufenthalts vornehmlich dazu benutzt haben soll, die Samoaner immer wieder vor den Deutschen zu warnen und ihnen zu empfehlen, mit diesen ja keinen Freundschafts- und Handelsvertrag abzuschließen. Wenn ich nun an dieser Stelle auch noch einmal auf die Angelegenheiten der amerikanischen Landcompagnie, welche für uns keinerlei Interesse mehr haben, mit wenig Worten zurückkomme, so geschieht dies nur, um die frühern Angaben zu vervollständigen.

Als die Samoaner sich beharrlich weigerten, die gemachten Geldansprüche anzuerkennen, und daran festhielten, nur die für Mamea's Reise gesammelten 1000 Dollars zu bezahlen, gab der amerikanische Commandant die Sache wieder an den inzwischen eingetroffenen neuen amerikanischen Consul ab, und damit wird die Sache wol im Sande verlaufen.

Daß wir nun während meines jetzigen Aufenthalts hierselbst schon zum Abschluß des seit Jahren erstrebten Vertrages kommen werden, glaube ich übrigens nicht, da eine dem Schiffe gestellte Aufgabe es nach Neu-Britannien ruft, sofern die hiesigen politischen Verhältnisse eine längere Abwesenheit gestatten sollten, und dies scheint mir der Fall zu sein. Unser Aufenthalt wird daher, wenn nicht etwa Zwischenfälle eintreten, nur von kurzer Dauer sein.

18. October 1878.

Natürlich ist der Vertrag bisjetzt noch nicht zu Stande gekommen und wird es vorläufig auch noch nicht, da ich übermorgen die geplante Reise antreten will. Wir haben aber gestern in einer Sitzung mit der Samoa-Regierung wenigstens erreicht, daß dieselbe eine uns zusagende Commission für die diesbezüglichen Verhandlungen ernannt und sich schriftlich verpflichtet hat, am 1. Januar 1879, bis zu welchem Zeitpunkt ich wieder hier zu sein hoffe, in dieselben einzutreten.

Apia bot mir dieses mal einen sehr viel behaglichern, wenn auch weniger anregenden Aufenthalt als bei unserm ersten Besuch, weil keinerlei Aufregung und Unruhe an mich herangetreten ist; zu den von mir beabsichtigt gewesenen weiteren Ausflügen in die Umgebung, um das Volksleben kennen zu lernen, bin ich aber doch nicht gekommen, weil ich keine Begleiter fand und zur Zeit auch keinen Dolmetscher erhalten konnte, ohne welchen ich nichts hätte anfangen können. So mußte ich mich mit dem begnügen, was die Stadt selbst mir bot.

Dahin gehört zunächst der Fang eines wurmartigen Wasserthieres, welcher den Charakter eines Volksfestes angenommen hat und zu welchem wir gerade rechtzeitig hier eingetroffen waren, weil das Aufsteigen der merkwürdigen Thierchen vom Meeresboden an die Oberfläche, welches jährlich nur zweimal an zwei aufeinander folgenden Tagen und zwar in den Monaten October und November am Tage nach Eintritt des dritten Mondviertels erfolgt, am zweiten Tage nach unserer Ankunft seinen Anfang nahm. Der Samoaner nennt diesen Wurm, dessen regelmäßig wiederkehrende Aufsteigezeit er der Natur abgelauscht hat, „Palolo“. Merkwürdig muß ein Geschöpf wol genannt werden, welches sich während eines ganzen Jahres auf oder in dem Meeresboden aufhält und sich nur in zwei aufeinander folgenden Monaten an je einem von dem Mond abhängigen Tage, da an dem zweiten nur Nachzügler kommen, des Morgens kurz nach Sonnenaufgang für die Dauer einer Stunde an die Wasseroberfläche wagt, um dann wieder für zehn Monate seine Schlupfwinkel aufzusuchen, wenn es nicht etwa wie die Eintagsfliege abstirbt, nachdem es einmal das Sonnenlicht geschaut hat.

Ich wollte es mir natürlich nicht entgehen lassen, an dem Fang theilzunehmen und fuhr daher an dem betreffenden Tage schon vor Sonnenaufgang mit meinem Boot durch das Dunkel der Nacht auf stiller glatter Flut zu der Stelle, wo die Ankunft der seltenen Gäste erfolgen sollte. Einige Eingeborene, deren Kanus in größerer Nähe aus der Dunkelheit heraustraten, traf ich schon an, und singend kamen vom Lande her neue Zuzügler. Die hohen schwarzen Berglehnen des noch von der Nacht umfangenen Landes, der von dunkelm Gewölk umlagerte ferne Horizont und die allmählich verblassenden Sterne umschließen in ihrer großartigen Ruhe ein Stück Leben eigener Art, wo ein langes schmales, von grollender Brandung überspültes Korallenriff die innere schwarze stille Flut mit den lachenden und singenden Menschen von der rauschenden ernsten und erbarmungslosen See scheidet, deren gierig leckende und in Hast sich überstürzenden Wellen alles verschlingen möchten. Mancherlei Kurzweil wird hier innen getrieben, da die Augen sich genügend an die Dunkelheit gewöhnt haben und auch die kurze Dämmerung schon anbricht. Die verschiedensten für den Fang bestimmten Gefäße werden gezeigt und bewundert, gelegentlich auch dazu benutzt, um ein anderes Kanu mit einem kleinen Sturzbad zu bedenken. Ununterbrochen fahren die leichten Fahrzeuge wie bei einem Corso hin und her, um Bekannte zu begrüßen und Neuigkeiten auszutauschen, bis die über den Horizont steigende Sonne an den Fang mahnt. Plötzlich sind die Sterne verschwunden und es ist Tag; ein kleiner goldiger Bogen zeigt sich über dem Horizont und gleich darauf beleuchtet auch schon der ganze Sonnenball das urplötzlich veränderte Bild. Die Menschen sind still, die Kanus haben sich gegenseitig Raum gegeben, und mit den Schöpfgefäßen in der Hand lugen alle in die Tiefe. Hier und da ein Ruf, ein Schöpfen und bald ist allgemeine Bewegung in sämmtlichen Fahrzeugen. Ringelnd wie die Schlangen steigen aufrechtstehend die 15—20 cm langen, 30 mm dicken, matt lila gefärbten Thierchen in großen Scharen aus der Tiefe auf, um an der Wasseroberfläche gefangen zu werden und den Eingeborenen später als seltenes und geschätztes Mahl zu dienen. Auch wir betheiligen uns an dem Fang, jedoch nur um einige dieser Würmer in der Nähe genauer betrachten zu können, wobei wir fanden, daß außerhalb des Wassers das mit rauher Haut behaftete Thierchen gleich steif wird und beim Anfassen wie ein dünner Glasstab in mehrere Stücke bricht.

Einen unserer gewohnten abendlichen Spaziergänge dehnten wir auf Vorschlag meines damaligen Begleiters, eines deutschen Herrn, welcher etwas samoanisch spricht, bis zu der Hütte der früher schon einmal genannten Häuptlingstochter Toë, aus, um dieser Dame einen Abendbesuch zu machen. Wir trafen erst gegen 9 Uhr dort ein und fanden die Vorhänge an dem großen Hause zwar schon heruntergelassen, sahen aber doch Licht durchschimmern und traten daher, nachdem wir einen der Vorhänge zur Seite geschoben hatten, ein. Was wir hier sahen, ist für die Lebensart der Samoaner so charakteristisch, daß ich aus diesem Grunde die kleine Episode hier einfüge.

Der innere Raum, welcher nicht durch Vorhänge abgetheilt war, wurde durch eine Petroleumlampe soweit matt erleuchtet, daß man ihn eben noch ganz übersehen konnte. In der Mitte auf abgesondertem freierm Platz lag Toë mit einigen Mädchen in tiefem Schlaf, und der ganze übrige Raum war mit nebeneinander liegenden halbnackten schlafenden Gestalten so ausgefüllt, daß es Mühe machte, bis zur Mitte vorzudringen ohne die Leute zu treten. Interessant war mir, diese Schlafstätte näher zu betrachten, wie immer in einer geraden Linie mehrere lange Kopfkissenhölzer nebeneinander aufgestellt waren und in trauter Gemeinschaft ordentlich ausgerichtet Männlein und Weiblein vielfach in bunter Reihe nebeneinander lagen. Bei unserm Eintreten drehte wol die eine oder andere Gestalt den Kopf zu uns hin, ohne indeß weitere Notiz von uns zu nehmen, und die von uns im Schlaf gestörte Toë nahm uns, nachdem sie sich aufgesetzt und den Schlaf aus den Augen gerieben hatte, freundlich auf, bot uns einige schnell zurechtgedrehte samoanische Cigaretten an und erklärte dann ihr volles Haus damit, daß ein Theil ihres Stammes, welcher keine eigene Hütte habe, hier nächtige und der Rest durchreisende Gäste seien. Nachdem wir die Cigaretten geraucht hatten, empfahlen wir uns wieder, ich ganz befriedigt über den Einfall meines Begleiters, da ich dadurch zufällig einen Einblick in samoanisches Leben thun konnte, den ich sonst wol nicht erhalten hätte.

Die ruhigen Tage der letzten Zeit waren ganz dazu angethan, meine Gedanken wieder auf die Frage der Gründung deutscher Colonien zu lenken, welche mich, seitdem ich hier in der Südsee bin, auf das lebhafteste beschäftigt. Da ich nun glaube, soweit die eigentlichen Südsee-Inseln in Betracht kommen, zu einem abschließenden Urtheil gekommen zu sein, so möge dasselbe hier Aufnahme finden.

Die einzelnen in der heißen Zone liegenden Inselgruppen sind, mit Ausnahme derjenigen der Fidji-Inseln, welche einen bedeutendern Ländercomplex darstellen, so klein, daß eine jede Gruppe für sich keinenfalls einen europäischen Verwaltungsapparat bezahlen kann, und die Gruppen wieder sind unter sich räumlich so weit voneinander entfernt, daß sie sich nicht zusammenfassen lassen, mithin eine Regierungsform nach europäischem Vorbilde stets finanziell ein Fehler sein würde. Dagegen bieten die Inseln im Verhältniß zu ihrer Größe so reiche Hülfsquellen, daß jeder Staat bestrebt sein müßte, sich dieselben zu alleiniger Ausbeute zu sichern. Der Kernpunkt würde daher darin liegen, wie die Verwaltung einzurichten wäre, um allen Anforderungen zu genügen. Hier würde nun als erster Grundsatz festzuhalten sein, daß die Eingeborenen nicht wie in Amerika, Australien und Neu-Seeland absichtlich und mit allen erlaubten wie unerlaubten Mitteln ausgerottet werden, sondern daß dafür Sorge getragen wird, die Menschen zu erhalten, sofern die Bevölkerung nicht zu sehr anwächst, und das ist hier nicht mehr zu befürchten. Die Eingeborenen sollen nicht nur mit der Zeit zweckmäßige Arbeitskräfte abgeben, sondern sollen auch belebend wirken und durch ihre Eigenart den Inseln ihren besondern Reiz und Zauber erhalten, damit das Leben der Pflanzer nicht zu einförmig wird. Namentlich aber sollen sie das

Mittel bilden, das Land auf billige Art zu regieren und es dauernd an die Macht zu fesseln, welche Besitz von ihm ergriffen hat. Ich halte daher ein schutzherrschaftliches Verhältniß mit eingeborener Regierung und einem obern Beamten des Schutzherrn, welcher die Regierung hinter den Coulissen leitet und thatsächlich, wenn auch nicht äußerlich, der Regent ist, für das allein Richtige. Einige Unterbeamte, Polizei, Post, Wegebau, Zoll u. s. w. würden, als im Dienst der einheimischen Regierung stehend, die Verwaltung zu vervollständigen haben. Die eingeborenen Herrscher haben kaum andere Bedürfnisse wie ihre Unterthanen, halten die Ordnung ganz schön aufrecht, beanspruchen kein Gehalt und bilden mit ihrem Volk eine sichere Schutzwehr gegen gefährliche Einwanderung. Würden die Eingeborenen ausgerottet sein, so würden an ihre Stelle mismuthige Elemente des europäischen Proletariats treten, weil besitzende Europäer auf solcher Insel nur in verhältnißmäßig geringer Zahl ihr Fortkommen finden können; jene zweifelhafte Einwanderung und die von andern Inseln eingeführten Arbeiter könnten aber nur durch eine kostspielige Truppenmacht in Ordnung gehalten werden, da die auf ihren großen Plantagen verstreut wohnenden Besitzer sich bei einem allgemeinen Aufstand nicht gegenseitig unterstützen könnten und ähnlichen Gefahren ausgesetzt sein würden, wie die Franzosen Ende des vorigen Jahrhunderts auf der westindischen Insel San-Domingo. Einer solchen Möglichkeit ist aber vorgebeugt, solange die Inseln ihre einheimische Bevölkerung behalten, denn diese hält den fremden Arbeitern das Gleichgewicht und für fremde Einwanderung bleibt kein Raum. Zu einer solchen Schutzherrschaft gehört daher nicht viel, nur einige Beamte und das jetzt schon vorhandene zum Schutz des Handels hier stationirte Kriegsschiff. Die Franzosen haben in ihrer Gier nach Colonien jede kleine Insel, welche ihnen in den Wurf kam, annectirt und nach europäischem Muster organisirt, spinnen dabei aber keine Seide. Die Engländer dagegen haben mit ihrem praktischen Verstand bisjetzt nur solche Gebiete annectirt, die durch ihre Größe eine umfangreiche Verwaltung vertragen können, oder deren Lage von politischer Bedeutung ist. Daß sie jetzt neuerdings mit dem Gedanken umgehen, auch von kleinern Inseln Besitz zu ergreifen, kann nur eine Ausgeburt der Misgunst sein, da ihnen die Verhältnisse hier seit langer Zeit genau bekannt sind und sie die Inseln trotzdem vollständig ignorirt haben, solange keine fremde Macht sie des Besitzes werth hielt, weil Schutzherrschaft nicht in den Rahmen ihres Colonialsystems hineinpaßt und dieses, wie schon gesagt, für die kleinen Inseln zu theuer wird. Viel ist hier in der eigentlichen Südsee ja nicht mehr zu haben, da Engländer und Franzosen sich bereits in das meiste getheilt haben, und Neu-Guinea mit Neu-Britannien u. s. w. und den Salomons-Inseln würde ein Gebiet sein, welches nach schon bekannten Mustern regelrecht zu besetzen sein würde, da die dortige Bevölkerung den Colonisten keinen Schutz gewähren kann, sondern eine stete Gefahr für sie sein wird.

Vor Abschluß dieses Briefes habe ich noch eines schönen Zuges von Muth und Nächstenliebe, welcher sich vor einigen Tagen auf unserm Schiffe abspielte, zu gedenken. Ein Matrose fiel morgens während des Deckwaschens durch Unvorsichtigkeit aus einer Höhe von über 30 m aus der Takelage herunter, hakte mit einem Arm über ein horizontal und straff gespanntes Tau und wurde durch dessen elastisches Zurückschlagen in großem Bogen in das Wasser geschleudert, wo ein mit Blut gefärbter Fleck die Stelle zeigte, wo er untergesunken war. Trotzdem schon während des ganzen Morgens drei mittelgroße Haie in der Nähe des Schiffes gewesen waren, sprang mein Gigsteurer, Bootsmannsmaat Lange, ohne Besinnen dem Manne nach, holte ihn vom Meeresgrund herauf und brachte den ohnmächtigen Verunglückten mit Hülfe eines andern Matrosen, welcher auch noch nachgesprungen war, glücklich wieder auf das Schiff. Der Mann hat zwar eine schwere Verletzung davongetragen, da unter dem linken Arm die Muskeln bis auf den Knochen durchschnitten sind und der Arm aus seinem Gelenk herausgebrochen ist, doch hofft der Arzt das Beste und hält es für möglich, daß der Arm wieder ganz gebrauchsfähig wird.

11.

Von Apia nach den Marshall-Inseln.

(Tonga-, Fidji-, Ellice-, Kingsmill-Inseln.)

Am 20. October, an einem schönen Sonntagmorgen, habe ich Apia nach vierzehntägigem Aufenthalte daselbst wieder verlassen, um eine Rundreise durch den westlichen Theil der Südsee anzutreten. Zu meiner großen Freude begleitet mich Herr Consul Weber, welcher sich entschlossen hat, die Reise mitzumachen. Ich habe dadurch nicht nur für längere Zeit einen liebenswürdigen Gesellschafter gewonnen, sondern habe in diesem Herrn auch einen so erfahrenen Kenner aller hiesigen Verhältnisse und namentlich der Charaktereigenschaften der Eingeborenen an meiner Seite, daß ich von seiner Anwesenheit großen Nutzen für die Sache, wegen welcher die Reise unternommen wird, erwarten darf. Außerdem begleiten mich auch zwei Dolmetscher.

Unser Weg führt uns zunächst nach Tongatabu und den Fidji-Inseln, also nach Plätzen, welche in der neuesten Zeit wesentlich in den Bereich der europäischen Civilisation gezogen worden sind; dann aber werden wir vornehmlich Inseln und Häfen anlaufen, welche selten besucht werden und von denen einzelne noch kein deutsches Kriegsschiff gesehen haben. Und hier hoffen wir dann die Südsee-Insulaner noch in ihrer ganzen Ursprünglichkeit studiren zu können — wenn Wind und Wetter uns gestatten, das vorgesetzte Programm durchzuführen. Ich bin für diese Reise fast allein auf die Segelkraft des Schiffes angewiesen, weil Kohlen auf dem vor uns liegenden Wege nur selten und dann auch nur zufällig angetroffen werden; denn zwischen diesen Inseln (nur Fidji hat eine Dampferverbindung mit Australien) besteht noch kein Dampferverkehr. Da wir nun bis Ende December, wo ich wieder in Apia sein will, 6000 Seemeilen zu durchlaufen und 10—15 Häfen mit dem nothwendigen Aufenthalt zu besuchen haben, so liegt es auf der Hand, daß ich mit den Winden, welche zur Zeit hier wehen sollen, also mit dem ortsüblichen Passatwind rechnen muß. Läßt uns dieser aber im Stich, wie er es gleich zu Anfang schon an der Südküste Upolus gethan hat, zwingt uns ungünstiger Wind schon von vornherein zum Kreuzen, dann allerdings kann ich sagen: „wenn Wind und Wetter uns gestatten, das ganze Programm durchzuführen".

Am 26. vormittags mußte das Schiff in Sicht der Insel Tongatabu sein, es war aber bei starkem Winde so dicke Luft, daß weder Land noch Brandung zu sehen waren. Ein directer Curs mußte indeß in irgendeiner Richtung zur Orientirung führen und wurde ein solcher daher so lange eingehalten, bis vor uns und gleichzeitig auch zu beiden Seiten die hohe Brandung auf den sehr ausgedehnten Riffen der Insel aus dem Dunst hervorbrach. Bald wurden auch die kleinen, von der Hauptinsel weit abliegenden Inselchen, welche das Fahrwasser markiren, ausgemacht und nun konnte der richtige Curs zum Hafen gewählt werden. Wenige Stunden später, nachmittags 2½ Uhr, wurde vor Nukualofa, der Hauptstadt des kleinen tonganischen Reiches, geankert. Den Eindruck einer Tropenlandschaft machte das vor uns liegende Bild nicht. Am Strande entlang stehen kleine Holzhäuser, wie man sie in Norwegen findet, unter diesen ein größeres in Villenstil, die Wohnung des Königs. Die Häuser sehen kahl aus, da jedes inmitten eines freien Platzes liegt und Baum wie Strauch fehlen. Im Hintergrunde lugen zwischen Kokospalmen einzelne Hütten der Eingeborenen hervor, dieselben können aber nicht als Staffage zur Geltung kommen, weil der kalte Ausdruck der im Vordergrunde liegenden weißen Holzhäuser alles beherrscht und der ganzen Gegend einen frostigen Stempel aufdrückt. Es ist wol wahrscheinlich, daß bei anderer Witterung die Physiognomie des Landes eine ganz andere wird, jetzt aber bei dem stürmischen, dunstigen Wetter sieht die Hauptstadt Tongas kalt aus, und man wähnt bei ihrem Anblick in einer der Polargrenze nahen Zone zu sein.

Am 27., einem Sonntage, wo in diesen von der englischen Mission beherrschten Gegenden alles ruht, wo die Eingeborenen nicht einmal für ihre Mahlzeiten sorgen dürfen und das absolute Nichtsthun den höchsten Grad der Frömmigkeit bedeutet, war in der Stadt nichts anzufangen. Es wurde daher ein Ausflug zu Wagen in das Innere des Landes unternommen. Vortreffliche Wege erleichtern das

Fahren und die flinken Pferde mit guten Wagen machen es zu einem großen Vergnügen; ein besonders großer Baum (Ficus indica oder religiosa, von den Engländern auch Banyan genannt), war das Ziel. Unser Weg führte mehrere Stunden lang an unbebautem, mit Gestrüpp bewachsenem Lande vorbei, wo es ebenso wenig zu sehen gab wie in den einzelnen Dörfern, welche wir passirten; das einzige Vergnügen war eben das Fahren selbst. Endlich, nach nahezu dreistündiger Fahrt waren wir am Ziele angelangt, wo wir leider neben dem sehenswürdigen Baume auch ein Dorf mit neugierigen, zudringlichen Eingeborenen fanden, welche uns zwangen, unser wohlverdientes Frühstück, wollten wir es unbelästigt genießen, noch im Schutze der Wagen zu lassen.

Ficus indica oder religiosa.

Der Baum ist weniger schön als merkwürdig. An einem tiefen, weit in das Land vordringenden Meereseinschnitt steht dieser Koloß, dessen Stamm eigentlich nur aus dünnen Stämmen, welche wol nur zahllose Luftwurzeln sind, zusammengesetzt ist. Nach Abmessung mit Schritten hat er einen Stammdurchmesser von 17 Schritten oder etwa 13 m und demnach einen Umfang von nahezu 40 m. Die Höhe des Stammes schätzten wir auf etwa 10 m, sie ist also geringer wie der Durchmesser. Die Aeste, welche sich in der ungefähren Länge von 10 m nach oben und den Seiten abzweigen, sind wieder nur Verlängerungen der dünnen Stämme oder Luftwurzeln, welche den Hauptstamm bilden, und vermögen mit ihren dürftig gesäten kleinen Blättern keinen Schatten zu geben, sodaß dieses riesige Gewächs in grauer Rinde weniger einem lebenden Baume denn einer Baumruine gleicht. Merkwürdig sah es aus, als einige Eingeborene in den Stamm eindrangen und dort wie Käfer in den Spalten verschwanden. Nach kurzer Rast bestiegen wir wieder unsere Wagen, um zunächst an einem schattigen, ruhigen Platze unser Frühstück einzunehmen und dann zur Stadt zurückzukehren.

Am 28. October morgens machte ich dem alten Könige in seiner nach europäischem Geschmack vornehm eingerichteten Villa meinen Besuch. Der Großneffe des Königs und Sohn des Thronfolgers, Prinz

George, König von Tonga.

Wellington Gu (spr. Ngu), empfing uns an der Thüre und führte uns in den Empfangssaal, wo der König, umgeben von seinem Neffen und Thronfolger, Prinz Tavita Uga, und einem Adjutanten, uns erwartete. König und Thronfolger trugen schwarze Röcke mit eingewirkten goldenen Kronen auf dem Unterarm, Prinz Wellington Gu war in schwarzer, mit Silber durchwirkter Uniform, der Adjutant trug eine rothe, den englischen Linientruppen ähnliche Uniform, welche für die aus ungefähr 250 Mann bestehende tonganische Armee eingeführt ist.

Der König nahm auf dem Thronsessel Platz. Diesem gegenüber standen zwei gleiche, etwas kleinere mit der Königskrone geschmückte Sessel für den Consul und mich; die Prinzen und der Adjutant setzten sich auf im Kreis aufgestellte Polsterlehnstühle. Der König ist ein Greis von 72 Jahren, der seinen mächtigen Körper noch mit jugendlicher Frische trägt. Seine Gesichtszüge sind die etwas veredelten der Eingeborenen und ohne hervorragende Bedeutung. Sein Neffe, der Thronfolger, ein Mann von etwa 50 Jahren von großer und kräftiger Gestalt hat ein ausdrucksloses Gesicht, in welchem ein Auge fehlt. Prinz Wellington Gu ist 24 Jahre alt, hat schöne intelligente Gesichtszüge und den Körper eines Riesen. Dieser junge Prinz,

Prinz Wellington Gu.

welcher ein durchaus ehrlicher und anständiger Charakter sein soll, schon eine bessere Erziehung genossen hat und fließend englisch spricht, ist vorzugsweise dem deutschen Wesen zugethan und daher in politischer Beziehung die Hauptstütze des Königs, da dieser in dem Handels- und Freundschaftsvertrage mit dem Deutschen Reiche die sicherste Gewähr für den Fortbestand seines kleinen Reiches sieht.

Es fiel mir noch auf, daß dem König an seinen beiden kleinen Fingern und dem Thronfolger an einem kleinen Finger zwei Gelenke fehlten, und ich wurde dahin belehrt, daß diese Verstümmelung noch aus der Zeit des Heidenthums stamme, wo es Sitte war, sich bei Todesfällen naher Verwandter als Zeichen der Trauer einzelne Fingergelenke abzutrennen. Nach einigen Begrüßungsworten von meiner Seite, welche Prinz Gu verdolmetschte, stand der König mit seinem Gefolge auf, um durch Auflegen des Unterarms auf die Stirn, was nach tonganischer Sitte das Zeichen der größten Ehrerbietung ist, seinem Dank für die Liebe, welche der Deutsche Kaiser dem kleinen tonganischen Reiche entgegentrage, den höchsten Ausdruck zu geben. Damit war der förmliche Theil meines Besuches erledigt. Wir gingen nun nach dem Eßsaal, um dort einige Erfrischungen einzunehmen und den Klängen unserer Schiffskapelle, welche ich zur freudigen Ueberraschung der Anwesenden aus dem Boot heraufholen ließ, zu lauschen.

Auf dem großen Hofe hatten sich inzwischen mehrere hundert Eingeborene versammelt, welche auf der Erde sitzend dem Concert andächtig zuhörten; auch die mit ihren Herren und Herrinnen mitgekommenen Hunde und Schweine betrugen sich anständig. Nur ein Hund schien der Spaßmacher der Gesellschaft zu sein und ein gewisses Vorrecht zu genießen. Er hatte sich einer leeren Kokosnußschale bemächtigt und warf dieselbe, solange die Musik spielte, mit der Schnauze in die Höhe, um sie geschickt wieder aufzufangen und danach mit seinem Spiel von neuem zu beginnen; daß er dabei zwischen den Eingeborenen und zuweilen auch über dieselben hinweg sprang, um sein Spielzeug rechtzeitig zu fassen, wurde ihm von niemand verargt, wenigstens wurde er nicht zur Ruhe verwiesen. Das Volk hatte sich Sonntags- oder doch reingewaschene Kleider angezogen und den schön gewachsenen Frauen standen die kurzen blusenartigen, nur bis zu den Hüften reichenden, weit ausgeschnittenen weißen Hemdchen besonders gut, da die wohlgeformten braunen Schultern und Büsten sich aus ihrem schneeigen Rahmen so vortheilhaft wie nur möglich heraushoben. Sobald die Musik einige Stücke gespielt hatte, empfahlen wir uns bei den tonganischen Herrschaften und kehrten zum Schiffe zurück. Beim Verlassen des Hauses fand ich noch Gelegenheit, der Königin die Hand zu drücken, denn als mir auf dem Hausflur eine der dort auf dem Boden kauernden Frauen ihre Hand entgegenstreckte, wurde mir bedeutet, daß diese sehr gut aussehende und gut gekleidete ältere braune Dame die Frau des Königs sei.

Bei einem spätern Besuch Tongas hoffe ich bessern Einblick in das Leben dieser Insulaner zu erhalten.

Ovalau und Nachbarinseln, von Viti-Levu aus gesehen.

Am 29. October früh 8½ Uhr habe ich Nukualofa wieder verlassen.

Nach einer schnellen Reise langten wir am 31. October gegen 10 Uhr abends vor Levuka an, mit der Absicht, während der Nacht unter kleinen Segeln vor dem Hafen zu bleiben, da der Mond das Land so grell beleuchtete, daß die Einfahrt nicht genügend zu erkennen war, denn der Mond ist unter solchen Verhältnissen ein sehr unzuverlässiger und trügerischer Freund und hat schon manchem Schiffe den Untergang gebracht. Als er aber gegen 11 Uhr hinter der hohen Bergwand verschwunden war, traten die Richtfeuer für die Hafeneinfahrt so scharf hervor, daß ich mich doch noch zum Einlaufen entschloß, um am nächsten Tage bei frischen Kräften zu sein. Die Segel wurden daher geborgen und die Maschine, welche vorher schon Dampf gemacht hatte, in Gang gesetzt. Mit langsamer Fahrt ging es vorwärts, und als wir so nahe an die Hafeneinfahrt gekommen waren, daß man unsere Lichter von Land aus sehen mußte, ließ ich verschiedene Fackelfeuer abbrennen, um einen Lootsen heranzusignalisiren, mußte aber schließlich auf diese Hülfe verzichten, weil meine Signale unbeantwortet blieben. So ließ ich nur noch, da der Hafen von Levuka von einem bis zur Meeresoberfläche reichenden Korallenriff umgeben ist, auf welchem immer eine starke Brandung steht, vom Vorschiff aus nach beiden Seiten hin Fackelfeuer abbrennen, um keine Vorsicht außer Acht zu lassen und mit Hülfe dieses grellen Lichtes zu versuchen, die Brandung zu beleuchten, in der Hoffnung, dadurch das ruhige Wasser in der schmalen dunkeln Einfahrt gut erkennen zu können. Dieses Hülfsmittel gab zwar ein schönes Bild, erwies sich sonst aber als ganz unzureichend. Wie mit elektrischem Licht übergossen tritt das hochgetakelte, aus seinem mächtigen Schlot dicke Rauchwolken werfende Schiff in der Mitternachtsstunde aus dem Dunkel der Nacht hervor und spendet so viel Licht, daß das Wasser vorn und zu beiden Seiten gleichmäßig hell beleuchtet wird; aber keine Brandung ist zu sehen, nur plötzlich hören wir zu beiden Seiten ihr grollendes Rauschen und wenige Sekunden darauf liegt sie auch schon hinter uns. Nur einen kurzen Blick werfen wir dahin, ein Commandoruf und die Fackelfeuer zischen ihr Leben im Meere aus. Licht und Schiff sind verschwunden, stockfinstere Nacht überall. Noch einige scharfe Wendungen um verschiedene plötzlich vor uns auftauchende große Schiffe und der Anker fällt kurz nach 12 Uhr in den Grund. Als liebliches Echo auf die deutschen Commandoworte flog uns aus weiblichem Munde ein „Grüß Gott, ihr Brüder!“ entgegen, ein Gruß, welcher, wie sich nachträglich herausstellte, von einem deutschen Dienstmädchen kam, das nach Erfüllung ihres Contracts mit einem in unserer Nähe liegenden deutschen Schiffe die Heimreise macht. Nachdem wir geankert hatten, kam auch noch ein Boot der Hafenpolizei längsseit, um nach dem Zweck unserer Fackelfeuer zu fragen. Von der erhaltenen Antwort jedenfalls wenig befriedigt kehrte es zum Lande zurück, denn man sagte uns nicht, daß wir an gefährlicher Stelle lägen. So blieb es dem wackern Navigationsoffizier, welcher stets treue Wacht hält, vorbehalten, auch diese Gefahr zu entdecken. Schon mit dem ersten Morgengrauen war er an meinem Bett, um mir zu melden, daß dicht hinter dem Schiffe, nur wenige Fuß unter Wasser ein Felsen sei, welcher dem Schiffe schaden müsse, sobald dieses bei aufkommendem Winde nur die lose liegende Kette steif durchhole. So mußten wir gleich am frühen Morgen wieder an die Arbeit — eine halbe Stunde später lag das Schiff an sicherm Ankerplatze. Wie mir ein deutscher hier ansässiger Herr versicherte, ist dieser Felsen auffälligerweise erst vor ganz kurzer Zeit entdeckt worden und daher noch in keiner Karte verzeichnet. Großes Erstaunen erregt es übrigens hier am Lande, daß wir mit einem so großen Schiffe während der Nacht ohne Lootsen eingelaufen sein sollen, während doch die englischen Kriegsschiffe auch am Tage stets einen solchen nehmen. Man sucht nach dem Lootsen, welcher uns hereingebracht haben muß, kann ihn aber natürlich nicht finden.

Ueber Levuka läßt sich nicht viel sagen. Die kleine Stadt, welche am Fuße der hohen malerischen Berge liegt, hat ein südeuropäisches Gepräge, kleine in Gärten liegende Häuser mit großen Veranden, Restaurationen und Läden. Von den Eingeborenen sieht man so gut wie gar nichts; Levuka ist zur Zeit die Hauptstadt der Fidji-Inseln und ist daher vorzugsweise von Europäern, in erster Reihe natürlich von den englischen Beamten mit ihren Familien bewohnt. So ist es bei der bekannten über alles Lob erhabenen Gastfreundschaft der Engländer im Auslande selbstverständlich, daß unsere Offiziere gleich am ersten Tage so viele Einladungen erhalten haben, daß sie denselben bei unserm kurzen Aufenthalt gar nicht nachkommen können.

Es ist ein eigenes Ding um eine neu gegründete englische Colonie. Der neu ernannte Gouverneur begibt sich mit seiner Familie und seinem Stabe an Ort und Stelle, hohe und niedere Beamte folgen bald, bringen aber auch ihre Familien gleich mit. Bequeme und gesunde Häuser wachsen aus der Erde, Gärten und Spielplätze umgeben die Wohnungen; Wagen, Pferde, Boote und alles was sonst zur Zerstreuung dienen kann, ist in kürzester Zeit beschafft und wir finden urplötzlich eine kleine englische Stadt, wo jeder Bewohner an gleichgesinnten Menschen Stütze und Rückhalt findet, sich sicher, behaglich und wie zu Hause fühlt. Ob wir auch einmal so etwas werden schaffen können? Wie ich früher schon andeutete, dient ja meine jetzige Reise dem Zweck, den dereinstigen deutschen Colonialerwerbungen die Wege zu ebnen, denn die Zeit muß kommen, wo unser Vaterland nach Colonien verlangt, und Colonien sind meines Erachtens nur von nachhaltigem Werth, wenn sie in tropischem Klima liegen. Hier ist aber, abgesehen von Afrika, nur noch in der Südsee etwas zu holen, wenngleich auch dies nur mehr wenig ist. Allerdings sind mir insofern die Hände gebunden, als ich keine darauf zielenden Aufträge habe und auch keine mehr erhalten kann; nach dem, was ich in der letzten Zeit erfahren habe, thut aber die größte Eile noth, wenn nicht alles für uns verloren sein soll. So muß ich auf eigene Verantwortung hin handeln und zunächst wenigstens auf den noch unabhängigen Inselgruppen Verträge zu schließen suchen, welche sie vor der Annexion durch andere Nationen schützen. Damit übernimmt unsere Regierung keinerlei Verpflichtungen, hat es aber doch vielleicht später in der Hand, die deutsche Flagge auf diesen Inseln nachträglich aufzuhissen.

Ganz interessant ist hier in Levuka die im Stil der ortsüblichen Hütten aus sechs bis sieben Häusern bestehende Wohnung des Gouverneurs mit all ihren Kuriositäten aus der frühern Fidji-Zeit. Das Ganze bildet übrigens nur ein Provisorium, da man noch nicht weiß, welcher der beste Platz für den Sitz des Gouvernements ist und man bis dahin ein möglichst billiges Wohngelaß für den Gouverneur schaffen wollte. Ich habe diesem Herrn sogleich meinen Besuch gemacht, welchen er am Nachmittag erwiderte, und war abends bei ihm zu Tisch. Er selbst ist nur für wenige Monate in Stellvertretung des beurlaubten Gouverneurs hier und kommt aus Westindien, um später auch wieder dahin zurückzukehren. Aber trotz der kurzen Zeit seines hiesigen Aufenthalts und trotz der weiten Reise hat ihn als ganz selbstverständlich seine Familie hierher begleitet.

Am 2. November nachmittags 2 Uhr verlassen wir Levuka wieder, um noch einen kurzen Besuch auf Taviuni, einer andern der Fidji-Inseln, zu machen und dort eine neu angelegte Kaffeeplantage zu besichtigen; dann nehmen wir den Curs nach den Ellice-Inseln.

Am 4. November morgens, nachdem wir in der vorangegangenen Nacht zwischen mehrern Inseln und Korallenriffen durchgegangen waren, wodurch meine stete Anwesenheit auf der Commandobrücke bedingt wurde, standen wir vor Taviuni und vor einer wenig befahrenen Gegend, über welche die Seekarten noch sehr ungenau sind. Die vielen Korallenriffe machen es hier nöthig, das Schiff von dem Mast aus zu navigiren, denn aus solcher Höhe kann man die Untiefen leicht an der hellern Farbe des über ihnen stehenden Wassers erkennen und aus dem Ton der Farbe bestimmen, ob die Wassertiefe für das Schiff ausreicht oder nicht. Die einige Stunden währende Fahrt zwischen schönen hohen Inseln hindurch war recht genußreich, doch nach der schlaflos verbrachten letzten Nacht war es für mich genußreicher, nachmittags vor einem größern Dorfe mit Namen Soma-Soma in ganz ruhigem Wasser dicht unter Land, wo die köstlichste Ruhe herrschte, zu ankern und damit die Gewißheit auf eine ungestörte Nacht zu erhalten. Vor Dunkelwerden machten wir noch einen kleinen Spaziergang durch das Dorf, besuchten den hier lebenden Häuptling, einen der ersten und einflußreichsten der ganzen Fidji-Gruppe, ohne ihn indeß zu treffen, fanden aber seine Frau zu Hause, eine Schwester Cakobau's (das C wird wie das englische th ausgesprochen), des frühern Königs der Fidji-Inseln. Das Haus gleicht von außen einem großen Haufen verwelkten Laubes. Es ist eine Hütte von etwa 16 m Länge, 10 m Breite und 10 m Höhe; 3 m hohe Seitenwände tragen das riesige Dach. Das Gerippe dieses Bauwerks besteht aus starken Pfählen, Balken und Sparren, auf welche Laub auf Laub geschichtet ist, bis Seitenwände und Dach eine Dicke von etwa 1 m erhalten haben und damit sichern Schutz gegen Wind und Regen gewähren. Ob die Pfähle auf Menschenleibern ruhen, konnte ich nicht erfahren, möchte es aber annehmen, da das Haus wol noch aus der Zeit vor der englischen Herrschaft stammt und damals hier beim Bau von Häusern für Häuptlinge, um diesen Glück zu bringen, in jedes für einen Pfahl gegrabene Loch ein lebender Eingeborener (gewöhnlich Kriegsgefangene, wenn solche vorhanden waren) geworfen und auf diesen dann der Pfahl eingerammt wurde. Aus demselben Grunde wurden auch beim Ablauf neu gebauter großer Kanus gewöhnlich acht lebende Eingeborene, über welche das Fahrzeug hinweglaufen mußte, geopfert. — Die innern Wände des Hauses sind austapeziert und zwar mit Tapa, dem schon öfter genannten Maulbeerbaumrindenstoff, welchen die eingeborenen Frauen selbst anfertigen und mit reicher bunter Malerei verzieren. Das Handwerkszeug zum Malen besteht aus einer Kokosnußschale mit Farbstoff und einem kleinen Stück Holz, mit welchem auf dem Stoff mit unendlicher Geduld so lange herumgefahren wird, bis die mit demselben Hölzchen vorher mit dünnen Linien vorgezeichneten Muster mit Farbe ausgefüllt sind. Eine fußhohe Schicht theilweise mit Matten überdeckter kleiner runder schwarzer Steine, welche vor Sauberkeit strahlen, bedeckt den Fußboden und dient denselben Zwecken wie in den samoanischen Häusern. Ein Tapa-Vorhang schließt ein Sechstel des Raumes als Schlafgemach ab, dessen Einrichtung ziemlich einfach ist; Matten dienen als Betten, kleine auf Füßen stehende, bis zu 10 cm dicke Stücke Bambusrohr bilden wie in Samoa die Kopfkissen. Vor dem Vorhang liegen an einer Seite große Haufen Matten und zusammengerollte Tapa-Stücke, welche das einzige alte Besitzthum bilden und nach deren Masse der Reichthum eines Mannes noch jetzt abgeschätzt wird. — Soweit entspricht die Hütte dem frühern Comfort und Luxus der Eingeborenen; was nun kommt, ist eine Folge der vorschreitenden Cultur. An den Wänden entlang stehen Gewehre, die Waffen des ganzen Stammes und Eigenthum des Häuptlings, wie vor der Besitzergreifung durch England auch die Menschen des Stammes dem Häuptling gehörten. Der übrige Raum ist mit allen möglichen Sachen ausgefüllt, welche größtentheils schon sehr verkommen aussehen. Auf einem Tisch finden wir buntbemalte Petroleumlampen, eine Spieluhr und Kochtöpfe, Messer, Gabel, Nähzeug und noch verschiedenerlei Sachen. An der Wand hängen einige Uhren, welche nicht mehr gehen. Dort steht ein Waschbecken, hier ein alter Zinkeimer als Gefäß für Trinkwasser, Teller, Kleidungsstücke, alles bunt durcheinander. Der Häuptling ist ein reicher Mann und könnte nach unsern Begriffen sehr angenehm leben, der Sinn für Comfort fehlt hier aber noch vollständig. Diesem Manne gehörte früher ganz Taviuni, mit der Besitzergreifung hat die englische Regierung ihn aber mit einem Jahresgehalt von 600 Pfd. St. oder 12000 Mark abgefunden, ihm außerdem auch noch große Länderstrecken belassen. Für seinen Lebensunterhalt gebraucht er eigentlich nichts, da die Leute seines Stammes ihn mit dem Nothwendigen versehen und für ihn arbeiten müssen; sonst könnte auch ein kleiner Theil seines Landes ihn mit allem im Ueberfluß versorgen.

Wie schon erwähnt, trafen wir den Häuptling selbst nicht, sondern nur seine Gattin, Frau Tui-Kakao. Diese in den mittleren Jahren stehende braune Dame und Prinzessin, gekleidet wie die vornehmen Tonga-Frauen, saß einige Schritte von der Hauptthür entfernt in ihrem großen Salon mit Näharbeit beschäftigt auf einer Matte, ihr gegenüber ein Mann, welcher jedenfalls Diener und Gesellschafter in seiner Person vereinigte. Es herrscht hier, wie überall in Polynesien, die Sitte, daß der gemeine Mann vor einem Vornehmen nie steht, sondern sich ihm nur in gebückter Stellung nähert, sich dann mit gekreuzten Beinen dicht neben ihn auf die Erde setzt, einen Augenblick wartet und nun mit lauter Stimme ohne Scheu frei von der Leber weg redet. Die Häuptlingsfrau und Königsschwester unterhält sich mit ihrem Diener wie mit ihresgleichen, der Diener benimmt sich so frei, als ob er mit seiner Herrin auf gleicher Stufe stände, doch nur so lange als er sitzt. Sobald er einen Auftrag erhält, erhebt er sich vorsichtig, um dabei ja nicht seinen Körper ganz auszustrecken, bewegt sich dann in gebückter Stellung vorsichtig auftretend weiter, bis er eine gewisse Entfernung erreicht hat, um dann seinen Körper zu strecken, den Kopf aufzuwerfen und mit einer Würde zum Wassereimer zu gehen, als ob er dort eine Handlung vornehmen wolle; von welcher das Wohl und Wehe Tausender abhinge. Er füllt das Glas und nähert sich uns mit einem Anstande, daß wir uns fragen, ob wir die Dienstleistung annehmen können. Doch die Würde schwindet in gewisser Entfernung von uns, das Feuer der Augen erlischt, der Kopf senkt sich, der Körper nähert sich der Erde und angekrochen kommt ein unterwürfiger Sklave.

Nach Befriedigung meiner Neugier hatte ich bei Frau Tui-Kakao nichts mehr zu suchen; ich empfahl mich daher, nachdem ich noch ein schönes Stück Tapa von ihr als Geschenk angenommen hatte, und ging nach meinem Boot, um an Bord zurückzukehren. Eine Schar munterer Mädchen, gutgewachsene junge Dirnen, welche ihren schönen nackten Oberkörper mit einer reizenden Koketterie tragen, lenken meine Schritte indeß für kurze Zeit noch ab. Wo ziehen diese lachenden, singenden Kinder, auf der Schulter einen Stock mit daran hängenden Kokosnußschalen und Flaschen tragend, im Gänsemarsch hin? Sie gehen nach dem Strande und füllen dort ihre Gefäße mit Seewasser; manch eine wird dabei durch den Uebermuth der andern in das Wasser geworfen und nimmt so ein unfreiwilliges Bad. Nach kurzer Zeit kehren alle wieder zum Dorfe und zu ihren Hütten zurück.

Bei späterer Nachfrage erfuhr ich, daß die hiesigen Eingeborenen, welche wie alle Südsee-Insulaner das Salz nicht kennen und es beim Kochen nicht verwerthen können, das Seewasser zum Kochen einzelner Speisen benutzen und die Frauen und Mädchen abends stets den Vorrath für den nächsten Tag holen. Diese Gelegenheit wird dann auch als Conversationsstunde benutzt, da die Weiber stets zusammen zum Strande gehen. Die entferntest wohnende macht wol den Anfang und geht bei ihrer nächsten Nachbarin vor, worauf beide zum nächsten Hause und so fort weiter gehen, bis die ganze muntere Gesellschaft beisammen ist.

Diese Ablenkung brachte mich auch noch zu einem Schuppen, wo ein Kanu gebaut wurde und wo ich Gelegenheit fand, zu bewundern, mit welch unvollkommenen Handwerkszeugen diese Leute ihre zierlichen Fahrzeuge herstellen. Ehe ich in mein Boot stieg, sah ich mir auch noch zwei in der Nähe auf dem Strande liegende große Doppelkanus an, die für eine Reise des Häuptlings in Ordnung gebracht wurden und wobei viele Männer beschäftigt waren, um den Proviant für die bevorstehende Reise zurecht zu machen und auf dem Feuer die Brotfrucht und den Yams zu bereiten. Diese interessanten leichten Fahrzeuge, mit welchen die Polynesier oft große Reisen über See machen und die nur durch fortwährendes Ausschöpfen über Wasser gehalten werden, bestehen aus dem eigentlichen Schiffe, welches gewöhnlich 30 m lang, 3 m breit ist und einen 5 m tiefen Schiffsraum hat, sowie einem 15—16 m langen ganz gedeckten kleinern Fahrzeug, das als Ausleger dient. Ob dieses letztere auch als Wohn- oder Lastraum benutzt wird, habe ich nicht erfahren, ich glaube es indeß nicht, sondern bin der Ansicht, daß die für das große Kanu nothwendige

Größe und Schwere des Auslegers dazu geführt hat, diesen in Bootsform herzustellen, um ihm die erforderliche Schwimmfähigkeit zu geben. Auf den die beiden Fahrzeuge verbindenden Balken befindet sich eine mit einer Hütte versehene Plattform von etwa 6 m im Geviert, von welcher aus das Segel bedient und das Schiff gesteuert wird. Das Hauptfahrzeug ist an beiden Enden auf ungefähr ein Viertel der Länge mit einem leichten Deck versehen, der übrige Raum ist, soweit er nicht durch die Plattform gedeckt wird, offen. Zur Fortbewegung dient ein für die Verhältnisse des Fahrzeugs riesiges Mattensegel, welches demselben bei entsprechender Windstärke eine außerordentlich große Geschwindigkeit geben soll. Das vollausgerüstete Doppelkanu soll bis zu 200 Mann mit den erforderlichen Proviantvorräthen für 8—10 Tage aufnehmen können. Als eine besondere Eigenthümlichkeit möchte ich noch anführen, daß die Spitze des Mastes hier in Fidji wie in Tonga mit einer halbmondförmigen Verzierung versehen ist, ich weiß indeß nicht, ob diesem Halbmond eine besondere Bedeutung beizumessen ist.

Am nächsten Morgen fuhren wir mit meiner Gig nach einer vier Seemeilen entfernt liegenden Plantage, um uns dieselbe anzusehen. Der Besitzer, ein wohlerzogener, gebildeter junger Engländer, nahm uns liebenswürdig auf und führte uns selbst nach seiner Kaffeepflanzung, welche uns in Levuka sehr gerühmt worden war. Ein strammer Marsch von 1½ Stunden, anfänglich durch eine Baumwollpflanzung hindurch, dann aber, und zwar den größten Theil des Weges, auf engem Pfade durch Urwald, brachte uns zu der 300 m über dem Meeresspiegel gelegenen Kaffeepflanzung. Sehr ermattet langten wir dort an, wurden aber bald durch das viele Interessante, was wir zu sehen bekamen, entschädigt. Zuerst kamen wir an ein geschützt liegendes Terrain, wo lange, schmale und wohlgepflegte Beete zeigten, daß hier schon Menschenhände der Natur nachgeholfen hatten. Hier werden aus den Samenkörnern die ersten Pflänzchen gezogen, um später dann in die eigentlichen Plantagen versetzt zu werden. Alle Beete prangen im schönsten Grün und die ersten Schößlinge des Kaffees, Thees und des Chinarindenbaums zeigen ihre saftigen Köpfchen. Ein kühler Quell unter schattigen Bäumen, welcher sich weiterhin zu einem kleinen Murmelbach ausbreitet, gibt etwas Leben und namentlich uns Erfrischung. Wir gingen dann zu der eigentlichen Kaffeeplantage und waren überrascht, eine so sorgsam gehaltene Anpflanzung zu finden. Gewöhnlich bieten die tropischen Plantagen dem Auge kein anziehendes Bild, da alles wächst, wie es wachsen will, und nur die allernothwendigsten Wege offen gehalten werden. Hier aber ist es anders. Die Kaffeebäume, in Form und Größe kleinen Tannenbäumen ähnlich, sind so regelmäßig gepflanzt wie in einer Baumschule. Von jedem Baum aus laufen die andern Bäume in geraden Linien strahlenförmig nach allen Richtungen aus, sodaß jedes Bäumchen denselben freien Raum und zwar einen Kreis von 4 m Durchmesser erhält. Zwischen den Bäumen sind Gestrüpp und Unkraut entfernt, die reichlich angelegten Wege sind schön gehalten und mit buntfarbigen Blumen und Blattpflanzen eingefaßt. Die sorgsame Anlage scheint den Besitzer aber auch für die große darauf verwandte Mühe zu belohnen, denn die kleinen Kaffeebäume sind so reich mit Früchten behangen, daß eine gute Ernte erwartet werden darf. Sehr lehrreich war es für mich, hier einiges über die für den Kaffeebau nothwendigen Bedingungen zu erfahren. In diesem Klima gedeiht der Kaffee nur in einer Höhe von 400—600 m, da das niedriger liegende Land zu heiß, das höher liegende aber schon zu rauh ist. Ferner muß von den Kaffeepflanzen jeder Wind abgehalten werden, nur ganz leiser Luftzug darf die Pflanzung durchstreifen. Deshalb muß die Plantage in einem von höhern Bergen umschlossenen Kessel angelegt werden; doch auch dies genügt noch nicht ganz, vielmehr muß ein Terrain von gewisser Größe auch noch von einer mehrfachen Baumreihe umstanden sein, damit diese durchbrochene Wand die Hauptkraft eines etwa sich über die Bergkämme in den Thalkessel hinabwälzenden Windfeldes bricht. — All diese Kenntnisse des Besitzers waren natürlich nicht die Summe seiner eigenen Erfahrungen, sondern er hatte sie von seinem Lehrer, seinem Oberaufseher, einem alten Indier, welchen er von Ceylon hatte kommen lassen. Dieser war auch der Vater der musterhaften Ordnung, welche wir hier oben vorfanden.

Nachdem wir alles gesehen hatten, mußten wir auch noch der Einladung unsers liebenswürdigen Wirthes folgen und einen Imbiß in seiner Wohnung nehmen. Sein Haus besteht aus einer ortsüblichen Hütte, welche innen in drei Räume getheilt ist. Der erste Raum dient als Vorzimmer und Schlafstätte der drei Dienerinnen, Mädchen von einer der Kingsmill-Inseln, welche bei unserm Eintreten damit beschäftigt waren, Ingwerwurzeln zu reinigen. Der zweite mit englischem Comfort ausgestattete Raum wird als Eß- und Wohnzimmer, der dritte als Schlafzimmer benutzt. Wir tranken ein Glas Wein, aßen Biscuit mit Büchsen-Lachs und -Zunge und brachen dann auf. Der Besuch hatte uns sehr befriedigt und wir nahmen daher gern noch die Strapaze des Rückweges ohne Murren auf unsere Beine. Gegen 3½ Uhr nachmittags waren wir an Bord, wo uns das Essen vorzüglich schmeckte und starker Regenfall es uns leicht machte, den Abend in Ruhe auf dem Schiffe zu verbringen. — Am nächsten Morgen, 6. November, ging es wieder weiter. Während des Tages führte unser Curs zwischen Inseln und Riffen hindurch, abends 7 Uhr waren wir in freiem Wasser.

Ich wollte zunächst die Insel Fotuna anlaufen, welche ich bei den herrschenden Windverhältnissen am nächsten Mittag erreichen mußte. Die Insel hat zwar keinen Ankerplatz, doch genügte es meinen Zwecken, mit dem Consul nur für einige Stunden mit dem Boot an Land zu gehen und das Schiff während der Zeit unter Segel zu belassen. Der Wind spielte mir aber einen seiner launigen Streiche und hätte mich am 7. November erst so spät abends an die Insel herankommen lassen, daß ich an demselben Tage nicht mehr das Land hätte besuchen können. Die Nacht zu opfern, schien mir bei der Kürze der mir zur Verfügung stehenden Zeit nicht angebracht; ich gab das Anlaufen von Fotuna daher auf und setzte meinen Curs direct auf Funafuti, eine der Ellice-Inseln. Am 11. November mittags kam diese niedrige Koralleninsel in Sicht und sollte ich nun endlich Gelegenheit finden, meine Neugierde zu befriedigen, da diese die erste derartige Insel ist, auf welche ich am selben Abend nach dem Ankern meinen Fuß gesetzt habe.

Die Karten dieses Theiles der Erde sind noch sehr unvollkommen, so dürftig, daß sie eben nur als Anhalt dienen können; mit Sicherheit danach navigiren kann man nicht. So zeigt die vor mir liegende Skizze, welche die äußern Umrisse dieses niedrigen Landes wiedergibt, nur eine Einfahrt in die Lagune, während die mir zugegangenen Nachrichten gerade besagen, daß dort keine Einfahrt existirt, aber zwei andere vorhanden sind. Ich verlasse mich auf meine Gewährsleute und dampfe zwischen zwei kleine Inseln, wo eine Einfahrt liegen soll. Aus der Takelage wird indeß bald flaches Wasser gemeldet, von dem Schiff aus sieht man schon den Meeresboden, und das Loth zeigt eine so geringe Tiefe, daß es nicht gerathen erscheint, bei dem hohen Seegange ohne vorherige Recognoscirung weiter zu gehen. Drehen kann das Schiff nicht mehr, dazu ist es zu eng, voll Dampf geht es rückwärts und nach wenigen Minuten schwimmt das Schiff wieder in tiefblauem Wasser, wo man auch ohne Versuch weiß, daß das Loth keinen Grund mehr findet. Die beiden Kutter sind bald zu Wasser, um das Fahrwasser auszulothen und sich so hinzulegen, daß das Schiff zwischen den beiden Booten eine sichere Rinne findet. Inzwischen sind auch schon von dem weit entfernten Dorfe zwei Kanus mit Lootsen angekommen, die, wenn sie auch nicht ganz zuverlässig sind, doch immer gern als nützliche, mit der Gegend bekannte Menschen angenommen werden. Nach einer halben Stunde dampft die „Ariadne" wieder vorwärts, geht zwischen den Kuttern durch in die schöne Lagune, nimmt die Boote wieder auf und ankert nach einer weitern halben Stunde, nachmittags 4 Uhr, vor dem auf blendendem Sande malerisch unter hohen Kokospalmen gelegenen Dorfe.

Es ist ein wahrer Genuß, in dieser regungslosen Flut zu liegen, mit dem Bewußtsein, daß der Anker vortrefflichen Grund gefunden hat und dem Schiffe hier nichts passiren kann. Jenseit des schmalen Landstreifens hört man die hohe Brandung brüllend sich an dem steinernen Fuß der Insel brechen. An den Stellen, wo das Korallenriff unter dem Wasserspiegel liegt, sieht man die Wogen hoch auflaufen und ihren Gischt gen Himmel spritzen. Hier innen aber hat das Wasser Ruhe und auch der auf ihm schwimmende Seefahrer. Nach dem Ankern fuhr ich mit dem Consul noch an Land, um den obersten Häuptling oder König zu besuchen; weiter umsehen konnten wir uns aber nicht, da es schnell dunkel wurde. Wir kehrten daher an Bord zurück, wo ich Ruhe fand zur Vervollständigung meiner Berichte.

Ehe ich auf meine weitern Erlebnisse eingehe, will ich hier die Gründe niederlegen, welche mich zu dem Versuch veranlaßten, mit den unabhängigen Inseln und Inselgruppen Verträge zu schließen oder besser gesagt Abmachungen zu treffen.

Die unabhängigen Inseln und Gruppen sind für den in der Südsee dominirenden deutschen Handel von großer Bedeutung, weil sie sehr viel Copra produciren; für den auf den Samoa-Inseln in großem Maßstabe von den Deutschen aufgenommenen Plantagenbau sind sie aber von unermeßlichem Werthe, weil sie die Arbeiter für die Plantagen liefern. Und um diesen Punkt dreht sich meines Erachtens das Südseegeschäft. Denn wenn der Handel mit Copra auch großen Gewinn abwirft, so darf man doch nicht vergessen, daß der Handel auch vielen Zufälligkeiten unterworfen ist und für Jahre vernichtet werden kann, wenn ein fremdländisches, leistungsfähiges und womöglich von seiner Regierung unterstütztes Kaufmannshaus als Concurrent auftritt und durch zeitweiliges Zahlen übermäßiger Preise dieses Handelsfeld an sich zu reißen sucht. In solchem Falle muß der Kaufmann mit durchhalten und für Jahre Verluste tragen, um durch Ausdauer den fremden Concurrenten zu verdrängen. Dies ist aber leichter durchführbar, wenn der Kaufmann gleichzeitig große Plantagen besitzt, welche mit dem Steigen der Coprapreise in demselben Verhältniß an Werth gewinnen, sodaß der Verlust an dem Handel durch den Gewinn an den Plantagen ausgeglichen wird.

Dies ist das glückliche Princip, welches von der Deutschen Handels- und Plantagengesellschaft in Samoa angenommen worden ist. Der Handel in der Südsee kann in der Jetztzeit nur von sehr großen Häusern oder Gesellschaften mit bedeutenden Kapitalien unterhalten werden und bringt diesen großen Gewinn. Kleine Handlungshäuser mit ungenügenden Mitteln müssen hier zu Grunde gehen, wie die Erfahrung bisher gelehrt hat. Die Südsee bietet also kein Feld für allgemeine Handelsunternehmungen, hat aber in den noch unabhängigen Inseln vorzügliches Plantagenland, welches Landwirthen mit einem Kapital von 30—100000 Mark ein interessantes Feld der Thätigkeit und leichten Erwerb großer Vermögen sichert. Auswanderer ohne Geld (Bauern u. s. w.) hierher zu schicken, würde ein Fehler sein, weil die eigene Arbeit keinen Gewinn verspricht. Es müssen, wie gesagt, Leute mit einem gewissen Kapital sein, die eine Plantage gleich in großem Maßstabe mit Hülfe eingeborener Arbeiter anlegen. Dies ist das von den Engländern befolgte Princip, welches durch die sachgemäßeste Ausnutzung der Colonien dem Mutterlande so große Reichthümer zugeführt hat. Die Engländer schicken keine kleinen Leute in die Colonien, sondern die jüngern Söhne der Aristokratie, und solche junge Leute, welche sich für diese Art Leben interessiren oder in der Heimat kein ausreichendes Fortkommen für ihre Bedürfnisse sehen, werden mit einem Kapital von 3—5000 Pfd. St. dahin entsandt und erwerben sich durch Plantagenbau oder, wie in Australien, durch Viehstationen, in 10—20 Jahren oft sehr bedeutende Vermögen. Ich habe in Australien bei noch jungen Leuten schon die goldenen Früchte gesehen, während wir in Soma-Soma, wie vorher erzählt, solch einen wohlerzogenen jungen Anfänger den Grundstein zu spätern Reichthümern haben legen sehen. Wenn man nun erwägt, daß die Handels- und Plantagengesellschaft allein auf den Samoa-Inseln zur Zeit an 120000 Acker Land besitzt, davon aber selbst nur 10—15000 Acker bearbeiten kann, so liegt es auf der Hand, daß unter Zugrundelegung der nachstehend gegebenen Zahlen der Plantagenbau außerordentlich rentiren muß, wenn die Arbeiterzufuhr gesichert ist, da die Südsee-Insulaner auf ihren heimatlichen Inseln nicht arbeiten. Alle übrigen dazu erforderlichen Bedingungen sind vorhanden. Große nationale Handelshäuser sind sowol im Süden wie im Norden und Westen an Ort und Stelle. Sie sind nicht wie bei andern Nationen der Flagge gefolgt, sondern ihr vorausgegangen. Weitsichtige, muthige und energische Männer, deren Namen schon vielfach genannt sind und in deren Händen noch jetzt die Leitung an den verschiedenen Stellen ist, haben ihren großartigen Geschäftsbetrieben durch eigene Kraft eine durchaus gesicherte Stellung geschaffen, welche unantastbar sein dürfte, sobald die deutsche Flagge diesen Pionnieren folgen sollte. Diese Handelshäuser können jetzt schon als Bankhäuser eintreten, ihr eigenes Land abtreten oder neue Landkäufe vermitteln, mit ihren Schiffen und durch ihre Verbindungen die Arbeiter heranschaffen, die Plantagen mit den europäischen Artikeln versehen und den Pflanzern an Ort und Stelle ihre Producte abnehmen, auch diesen infolge ihrer reichen Erfahrung überall mit Rath und That zur Hand gehen.

Um zu zeigen, wie der Plantagenbau sich zur Zeit auf den Samoa-Inseln rentirt und sich daher auch auf andern etwa zu erwerbenden Inseln rentiren dürfte, will ich die zur Zeit auf Samoa maßgebenden Zahlen sprechen lassen:

Kostenpreis eines Acker Landes	Mark	20 —
Erste Cultivirungskosten und Bepflanzung mit Baumwolle	„	92 —
Investirtes Kapital im Lande ohne Gebäude . .	Mark	112 —

Die Erfahrung lehrt, daß bei der Baumwollcultur durchschnittlich $3^1/_2$ Acker von einem Arbeiter, Arbeiterin oder halbwüchsigen Kind bearbeitet werden können, welche Person jährlich an Lohn, Unterhalt u. s. w. kostet	Mark 240—260
Demnach stellen sich die Betriebskosten für Arbeitslohn (260 M. für $3^1/_2$ Acker) für einen Acker auf höchstens	Mark 76 —
Gehalt eines Verwalters und eines Aufsehers, Zinsen auf Kapital investirt für Gebäude, Amortisation für Gebäude, Abnutzung von Geräth u. s. w. per Acker	„ 16 —
Daher jährliche Betriebskosten per Acker hoch gerechnet	„ 92 —
Dieselben sollen im Durchschnitt nicht übersteigen	„ 80 —
Jährlicher Ertrag eines Ackers Baumwolle ist durchschnittlich 1000 Pfd. in Saat gewöhnlicher Sorte zum Werthe von	„ 120 —
oder bessere Sorte mit 800 Pfd. in Saat zum Werthe von	„ 148 —
Daraus ergibt sich eine Rente von dem im Lande investirten Kapital von 25 Proc. im ungünstigsten, aber von circa 60 Proc. im günstigsten Falle, oder 36—50 Proc. im Durchschnitt.	

Wenn nun die Baumwollpflanzungen allmählich in Kokosnußpflanzungen verwandelt werden, dürfte das Resultat des jährlichen Ertrages sich noch günstiger gestalten, sobald dieselben erst vollen Ertrag liefern. Es sind hier von einem Arbeiter gut fünf Acker zu bewältigen und werden auch alle andern Unkosten geringer. Die Berechnung stellt sich dann wie folgt:

Arbeitslohn per Jahr und Acker	Mark 48 —
Verschiedene Unkosten	„ 12 —
Jährliche Betriebskosten und Auslagen	Mark 60 —
Jährlicher Ertrag eines Ackers	Mark 120—160

gibt einen jährlichen Ueberschuß von 60—100 Mark, ganz abgesehen von dem Nutzen der Viehzucht, welche sich mit Kokosnußplantagen vereinen läßt.

Ein englischer Acker ist gleich 40,468 Ar.

Deutsche Kokospalmen-Plantage Vailele bei Apia.

Soll nun aber nur das auf den Samoa-Inseln liegende in deutschen Händen befindliche Land voll ertragsfähig gemacht werden, dann müssen allein dahin 30000 Arbeiter herangezogen werden, und als Arbeiterquellen können nur die Kingsmill-, Marshall-, Salomons-Inseln und Neu-Hebriden in Betracht kommen. Es hält zur Zeit nicht schwer, die jetzt erforderlichen Arbeiter zu engagiren und wird dies auch fernerhin leicht durchzuführen sein, sofern die genannten Inselgruppen unabhängig bleiben. Und daß dies erreicht werde, dazu will ich zunächst meinen Einfluß geltend machen, weil keine Zeit zu verlieren ist. Denn die Fidji-Inseln verlangen schon so große Arbeitermassen, daß die Colonialregierung versucht, Kulis von Indien einzuführen, und einen Theil der Unkosten trägt, um die Pflanzer zu unterstützen. Diese sind indeß mit dieser Maßnahme nicht ganz zufrieden, weil wegen des langen Seewegs die Arbeiterzufuhr nicht genügend gesichert erscheint und drängen nach Annectirung zunächst der Neu-Hebriden und Salomons-Inseln. Hiermit würde aber jede fremde Arbeiterausfuhr dort ausgeschlossen sein, weil England den Eingeborenen seiner Colonien nur die Auswanderung nach den eigenen Colonien gestattet.

Doch nun zurück nach Funafuti.

Die nebenstehende Skizze gibt den Grundriß der Insel. Die doppelt punktirte Linie ist das Korallenriff, welches in beinahe viereckiger Form die Lagune einschließt; die zwischen den punktirten Linien liegenden schwarzen Körper sind die Inseln, welche über dem Meeresspiegel liegen und mit Bäumen und Strauchwerk bestanden sind; da wo die punktirte Linie unterbrochen ist, soll sehr tiefes Wasser sein, ist aber in Wirklichkeit nicht vorhanden. Die mit Pfeilspitzen versehene ausgezogene Linie ist der Weg des Schiffes in die Lagune und wieder aus derselben heraus, der eingezeichnete kleine Anker gibt den Ankerplatz des Schiffes. Der große Durchmesser der Lagune beträgt acht Seemeilen oder zwei deutsche Meilen, der kleine $4\frac{1}{2}$ Seemeilen; die Länge der großen Insel beträgt fünf Seemeilen, die Breite $\frac{1}{4}$ Meile oder ungefähr 500 m. Die Tiefe des Wassers in der Lagune ist mit Ausnahme einiger in ihr liegenden Korallenbänke

Grundriß der Insel Funafuti.

fast durchweg über 30 m; bequemen Ankergrund findet man nur ganz in der Nähe des Landes.

Unser Aufenthalt in Funafuti war nur auf zwei bis drei Tage veranschlagt. Denn wenn ich auch mit der Absicht hingegangen war, mit dem sogenannten König zur Sicherung des deutschen Handels und der deutschen Interessen eine Uebereinkunft abzuschließen, so wollte ich, um mein Reiseprogramm einzuhalten, bei der Unbedeutendheit des Platzes als Arbeiterquelle doch lieber meine Absicht aufgeben, wenn es uns nicht gelingen sollte, in der festgesetzten Zeit zu einem befriedigenden Resultat zu kommen. Dies geschah aber und so konnten wir Funafuti schon am 13. mittags wieder verlassen. Bei meiner Ankunft hatte zwar der Zauber, mit welchem diese Oasen des Weltmeeres den Fremdling umstricken, auch mich gefangen genommen und den Wunsch in mir rege werden lassen, den Aufenthalt auf eine längere Zeit auszudehnen, doch die Pflicht, welche mich nach andern Plätzen rief, ließ dies nicht zu und ich hatte es schließlich auch nicht zu bereuen. Ein zweitägiger Aufenthalt genügte vollkommen, mich in die Prosa des Lebens zurückzuversetzen.

Am Morgen nach unserer Ankunft fuhren wir gleich nach Sonnenaufgang wieder an Land, um an dem schönen Strande ein Bad zu nehmen und danach in der Morgenfrische einen Spaziergang zu machen. Noch weit ab vom Lande, als mein Boot in etwa 8 m tiefes Wasser kam, verwandelt die Flut ihre tiefblaue Farbe in ein helles Grün, das Wasser wird zu Krystall und gestattet dem Auge bis zu dem offen daliegenden Meeresgrunde vorzudringen, wo auf dem grün angehauchten Sande die fleißigen Maurer des Meeres ihre wunderlich und schön geformten Gebilde unregelmäßig angebaut haben. Kleine zarte Korallenstauden mit unzähligen Aesten wechseln ab mit riesigen Korallenblöcken, welche ihr Haupt schon bis nahe an die Wasseroberfläche erhoben haben und das Boot zum Ausweichen zwingen, wenn es nicht an den scharfen Zacken des mächtigen unterseeischen Thurmes schweren Schaden nehmen will. Zwischen und auf den Korallen liegen Muscheln, unter welchen namentlich eine Art sich dem Auge entgegendrängt. In weit klaffender unscheinbarer Hülle von der Größe eines Tellers spreizt sich das im reinsten Indigo schimmernde Thier und läßt seine schöne blendende Farbe nach oben strahlen, wie der Pfau sein Rad der Sonne entgegenbreitet. Auf dem Sande liegen blutegelartige Thiere von 20 cm Länge und 5 cm Dicke, welche einen bedeutenden Handelsartikel nach China bilden. Diese von den Chinesen als große Leckerbissen geschätzten Mollusken werden in getrocknetem Zustande verschifft und später als gallertartige Suppe gegessen; im Handel führen sie die Bezeichnung biche-le-mare oder Trepang, der zoologische Name ist **Holothuria**. Viel gibt es hier auf dem Meeresboden zu sehen, so viel, daß man es in kurzer Zeit nicht zergliedern kann, wie dazu ja auch überhaupt ein vieljähriges Studium gehören dürfte. Heute bin ich froh, kein Naturforscher zu sein, weil ich dadurch der Nothwendigkeit enthoben bin, meine Sinne wissenschaftlichen Beobachtungen zu widmen und daher, in schnellem Lauf über diese eigenartige Welt hinsegelnd, mein Auge mit Entzücken über die kleinen Wunderwerke hingleiten lassen kann, wie über ein schönes Bild.

Die Gig läuft hoch auf den weichen Sandstrand und ein Sprung bringt uns auf das Trockene. Das kleine Dorf ist schon voller Leben, da die Eingeborenen mit den Vögeln aufstehen. Unser Weg führt uns an einer dicht am Strande liegenden Hütte vorbei, welche uns dadurch auffällt, daß die Seitenwände nicht mit Matten behängt sind. Ein Blick in das Innere zeigt uns eine kleine beschriebene Tafel, an welche wir herantreten, da der Consul die Landessprache spricht und schreibt. Sie enthält die Angaben über die Bevölkerungszahl der Insel, welche 156 Seelen beträgt; doch gewiß ein stattliches unabhängiges Königreich. Die Insel war allerdings früher sehr viel stärker bevölkert und vermag auch die zehnfache Zahl gut zu ernähren, sie hat aber den größten Theil ihrer Bewohner Mitte der sechziger Jahre durch einen Schurkenstreich peruanischer Sklavenjäger verloren.

Ein peruanisches Schiff ankerte derzeit in der Lagune von Funafuti und führte sich als Missionsschiff ein. (Die Missionsgesellschaften unterhalten hier eigene Schiffe, um die Verbindung zwischen den von ihnen besetzten Inseln aufrecht zu erhalten und neue Plätze ihrem Wirken zu eröffnen.) Die Funafutier hatten schon von den Missionaren auf den andern Inseln gehört und hegten den Wunsch, auch so etwas Besonderes zu besitzen. Der im Talar mit der Bibel in der Hand an Land kommende Scheinmissionar wurde daher gut aufgenommen und fand es leicht, die Leute zu veranlassen, am nächsten Tage mit Frauen und Kindern an Bord zu kommen, um dort die neue Lehre zu vernehmen. Als das Schiff mit Menschen gefüllt war, wurden sie in das Zwischendeck geführt, wo der Mann im Talar ihrer wartete, sie aber schnell verließ, sobald alle im Raum versammelt waren. Dann wurden plötzlich alle Luken geschlossen, das Schiff ging unter Segel und die schwer getäuschten harmlosen Insulaner blieben für immer verschollen. Das Gerücht sagt, daß nur wenige von ihnen Peru erreicht haben und diese dort auch schnell hingestorben sein sollen, weil die weichlichen Polynesier, wie die Schwalben an ungebundene Freiheit gewöhnt, kein Sklavenleben ertragen können.

Dicht neben der vorhergenannten, als öffentliches Berathungshaus benutzten Hütte, steht die Kirche mit der Wohnung des Missionars, eines als Lehrer ausgebildeten Eingeborenen. Die Kirche sieht ebenso aus, wie alle Kirchen auf diesen Inseln: eine lange breite Hütte mit hohem Dach nach dem Modell der Hütten der Eingeborenen und nur mit dem Unterschied, daß sie sehr viel größer ist und feste, aus Korallenblöcken aufgebaute Seitenwände mit kleinen viereckigen, durch Holzläden verschließbare Fenster hat; außerdem ist sie noch abweichend von den Hütten mit einem weißen Kalkanstrich versehen, wodurch sie weithin sichtbar wird und den Schiffen als Wegweiser zum Ankerplatz dient. Der Missionar oder richtiger Missionslehrer ist nicht anwesend, sondern nach einer im Norden gelegenen Insel gereist, um eine Anklage gegen einen Collegen zu untersuchen, welchem vorgeworfen wird, sich neben seiner Frau noch einen kleinen Harem eingerichtet zu haben.

Einige Schritte bringen uns zu den Hütten der Eingeborenen, welche ohne Plan verstreut unter den Kokosnußbäumen liegen. Es ist auffällig, hier so schlechte und schmutzige Wohnungen zu finden, da die Eingeborenen reiner samoanischer Rasse sind und die Samoaner doch großen Werth auf ihre Wohnungen und die Körperpflege legen. Die Hütten sind eigentlich nur zusammengetragene Reiser, welche von Schmutz starren. Der Fußboden besteht nur aus Erdstaub, welcher Menschen und Sachen mit einer Schmutzkruste überzieht; saubere Steine und Matten sind nicht vorhanden. Die Menschen sind fast durchweg mit einer ekelerregenden Hautkrankheit behaftet, der Körper scheint mit kleinen Schuppen bedeckt, die Haut hat sich überall gelöst und macht die Körperoberfläche rauh, die kleinen Ritzen sind mit Schmutz angefüllt. Ob die Hautkrankheit von der allgemeinen Unsauberkeit herkommt oder andern Ursachen zuzuschreiben ist, ist wol noch nicht aufgeklärt. Die Männer sind im Durchschnitt mehr bekleidet wie die Samoaner, die Weiber tragen meistens den Blätterschurz, welcher von den Hüften bis zu den halben Oberschenkeln reicht. So führen diese Menschen in thierischer Trägheit ein klägliches Leben, ohne die großen Hülfsquellen auszunutzen, welche die Natur in den Kokosnußbäumen ihnen gegeben hat. Diese doch immerhin kleine Insel liefert jetzt jährlich 50 Tonnen Copra (getrockneter Kokosnußkern) und nimmt dafür 10000 Mark ein. 2—300 Tonnen Nußkerne lassen die Leute verfaulen, weil sie zu träge sind, die abgefallenen Nüsse aufzusammeln, und lassen somit jährlich ein Kapital von 40—60000 Mark verkommen. Bei sachgemäßer Bearbeitung könnte diese Insel nach Ansicht des sachverständigen Consuls jährlich sogar 5—600 Tonnen Copra produciren und dafür nach dem jetzigen Preise 100—120000 Mark erlösen. Diese Menschen haben aber keine Bedürfnisse und sind deshalb vielleicht gerade glücklich.

Von dem Dorf und seinen Bewohnern haben wir genug gesehen; die Aussicht auf ein schönes Bad lockt uns mehr, und bald haben wir eine passende Stelle gefunden, wo wir uns in der krystallklaren Flut erfrischen und wenigstens für kurze Zeit den lästigen Angriffen der unzähligen Fliegen entgehen. Die schnell steigende Sonne mahnt uns indeß an den beabsichtigten Spaziergang, und nach kurzer Zeit stehen wir vor dem Kokosnußwald ohne jedoch eindringen zu können. Der schöne Rasen, welchen man aus der Ferne um den Fuß der Palmenstämme zu sehen wähnt, ist ein dichtes mannshohes Gebüsch aus einer Art Eisenholz, welches zwar den Kanakers* ein Durchkommen gestattet, dem Europäer aber den Weg doch zu mühsam macht. Wir gehen daher an dem Waldessaum entlang dem Dorfe wieder zu und finden dann auch bald einen der vielen Pfade, welche quer durch die Insel nach dem entgegengesetzten Ufer führen. Nach wenigen Schritten ist die Lagune mit ihren sandigen Ufern unsern Blicken entschwunden und wir sind auf einem Wege, wo wir doch mehr Leben finden, als wir erwartet hatten. In einer Lichtung stoßen wir auf eine schmutzige Pfütze, welche auf der ganzen Insel das einzige süße Wasser enthält. Ein altes Weib sitzt in dem Wasser, auf einem andern Pfade kommt, nach ihrem Anzug zu urtheilen, eine vornehmere Dame mit mehrern Dienerinnen, um ebenfalls ihr Morgenbad zu

* Kanaker oder Kanaka ist die polynesische Bezeichnung für „Mann".

21*

nehmen. Demnach scheint bei diesem schmutzigen Stamme die Vorliebe der sonst reinlichen Polynesier für das Baden doch noch nicht erloschen zu sein, sofern es sich um ein Bad in süßem Wasser handelt. In einer zweiten Lichtung finden wir von fernen Inseln hergebrachte gute Erde in regelmäßige Beete eingetheilt, um in derselben Bananen zu ziehen. Weiterhin treten wir aus dem Walde und kommen an einen mit dem Meere in Verbindung stehenden kleinen Salzwassersee, an dessen Ufern Strandschnepfen in ungestörter Ruhe Würmer suchen. Noch einmal treten wir in den Wald und sind nach wenigen Schritten an dem jenseitigen Ufer angelangt. Hohe Brandung überspült hier den felsigen Fuß der Insel und hält einen breiten Gürtel frei von allem vegetabilischen Leben. An dem Saum der auflaufenden Wogen ist das Ufer eine feste Steinmasse, weiter oben hin ein wüstes Durcheinander von Korallensteingeröll, welches das Gehen sehr erschwert. Das unruhige und gewaltthätige Treiben der Brandung, das graue, zackige, rauhe Steinufer, große Steinblöcke mit dem Geröll zerbröckelter Steine, das Brausen des kräftigen Windes und die düstere Färbung der weiter abliegenden, eine feste Wand bildenden grauen Palmenstämme, deren Kronen sich in eintönigem Rauschen nach der ruhigern Seite neigen, geben zusammen der Insel auf dieser Seite einen wesentlich andern Charakter, als man ihn beim Einlaufen in die Lagune gefunden hat.

Die auffallende Höhe des obersten Kammes der Insel über Wasser (etwa 3 m) und der Umstand, daß der ganze über Wasser liegende Theil aus einem fest zusammengefügten Korallengebilde besteht, verleitet uns zu oberflächlichen Untersuchungen über die wahrscheinliche Entstehungsart dieser Insel. Es ist ausgeschlossen, daß die Korallen selbst so hoch gebaut haben, weil sie bekanntlich an der Wasseroberfläche absterben; ebenso ist es ausgeschlossen, daß angeschwemmte fremde Körper diesen hohen Rücken gebildet haben, denn das Land ist eine geschlossene Korallensteinmasse, auf welcher nur lose Steine liegen und wo jede Erdschicht fehlt; diese Korallenbank kann also nur durch wachsendes Land über Wasser gehoben worden sein, die Insel muß daher ihr Dasein vulkanischen Einflüssen verdanken. Beim Suchen von Muscheln und kleinem Gethier finden wir an der Wassergrenze eine dicke Schicht von angeschwemmtem Bimsstein. Schon mehrere Tage vorher hatte das Schiff auf hoher See große Bimssteinfelder durchschnitten, welche jedenfalls von den zu Anfang dieses Jahres in Neu-Britannien stattgehabten starken Kraterausbrüchen herrühren und durch die Meeresströmungen bis hierher geführt worden sind. Dieser Bimsstein wird in wenig Jahren verwittert guten Boden abgeben, und so zeigte uns ein Zufall, wie wahrscheinlich die Koralleninseln die Erdschicht erhalten haben, welche den Menschen die Anpflanzung der für ihr Leben nothwendigen Früchte möglich gemacht hat.

Derselbe Weg, welchen wir gekommen, führt uns in kurzer Zeit von der eben beschriebenen herbstlichen Scenerie nach dem innern Ufer zurück, wo die heiße Sonne über der schönen ruhigen Lagune steht, von deren blendender Wasserfläche die schwarze kriegstüchtige „Ariadne" sich scharf abhebt. Die Kokospalmen entfalten ungehindert ihr duftiges, von dem Winde unberührtes Laub in dem Sonnenschein, die Eingeborenen sitzen träge vor und in ihren Hütten, zwischen welchen Schweine und Hühner ebenso munter umherlaufen, wie die kleinen nackten braunen Kanakerkinder ihre rohen selbstverfertigten Drachen auf dem weißen Sande des Strandes in der leichten Brise steigen lassen und durch schnellen Lauf dem Winde nachhelfen. Einige Schmetterlinge schweben über den dürftigen Blumen, welche zwischen den Gräsern stehen, und ungezählte Massen von Fliegen peinigen Menschen und Thiere.

Wir fuhren an Bord zurück, nahmen unser Frühstück ein und segelten dann in der Gig quer durch die Lagune nach einer sieben Seemeilen entfernten kleinen Insel, um dort nach Schildkröten zu suchen. Unsere Absicht erreichten wir indessen nicht. Die kleine Insel war von einem so weitauslaufenden Riffe umgeben, daß wir viel Zeit gebraucht hätten um durchzuwaten, Mittag war auch schon nahe und der Rückweg weit. Wir traten daher gleich die Rückfahrt wieder an und kehrten eben zeitig genug an Bord zurück, um noch etwas zu essen und dann den an Bord bestellten König mit seinen Räthen zu empfangen. Der König trug heute die Hose, welche gestern der eine der Lootsen, und das Hemd, welches der andere anhatte. Nachdem der Besuch das Schiff besichtigt hatte, wurden die Herrschaften in die Kajüte geführt, bekamen je eine Cigarre und ein Glas Aepfelwein, und es wurde ihnen dann erklärt, daß die zeitweise gegen Deutsche und deutsche Schiffe vorgekommenen Unordnungen sich nicht mehr ereignen dürften. Das beste Mittel, solchen Unannehmlichkeiten auf friedlichem Wege vorzubeugen, sei der Abschluß einer Uebereinkunft, welche die gegenseitigen Rechte und Pflichten scharf begrenze. Darauf las der Consul ihnen die vorher fertiggemachte Uebereinkunft in ihrer eigenen Sprache vor, die Sache wurde berathen und nach einer Stunde waren die beiden in Deutsch und Samoanisch ausgefertigten Originale von dem König von Funafuti und seinen Räthen, sowie von mir unterzeichnet und abgeschlossen. Das Wesentliche der Uebereinkunft besteht darin, daß die Deutschen vollständige Handelsfreiheit haben, Land kaufen und miethen können; daß gescheiterten deutschen Schiffen jeder Beistand geleistet und Leben wie Eigenthum gewährleistet wird; daß Deserteure von deutschen Schiffen auszuliefern sind; daß Gesetze, welche Fremde berühren, nur dann für Deutsche Geltung haben, wenn sie vorher mit dem deutschen Consulat vereinbart sind; Anordnung, wie Streitigkeiten zwischen Eingeborenen und Deutschen zu schlichten sind; sowie schließlich die Verpflichtung, daß die Deutschen auf Funafuti stets dieselben Vorrechte genießen sollen, welche später etwa andern Nationen gewährt werden sollten.

Abends nach dem Essen gingen wir noch einmal an Land, um dem König Lebewohl zu sagen. Während wir zum Boot zurückkehrten, wurde an Land die Trommel geschlagen als Zeichen, daß nunmehr (7 Uhr abends) alle Eingeborenen ihre Hütten aufzusuchen hätten. In diesen wurde es hell, um das in der Mitte angezündete Feuer saß die Familie und beschloß das Tageswerk durch Absingen einiger geistlicher Lieder. Wir kehrten an Bord zurück und schlossen auch mit Funafuti ab.

Am nächsten Tage, am 13. nachmittags 2 Uhr, lichteten wir den Anker, dampften durch die Lagune und verließen dieselbe durch die nördliche Einfahrt, unsern Curs nach Vaitupu, einer andern Insel der Ellice-Gruppe, nehmend. Bei dieser Gelegenheit hatte ich übrigens noch eine starke Nervenerschütterung zu ertragen. Als wir zur Durchfahrt, welche nach Angabe der Lootsen 15 m Wassertiefe haben sollte, und dort in die hochgehende See kamen, wurden plötzlich nur 8 m Tiefe gemeldet und bei dieser Wassertiefe lag ein Durchstoßen des Schiffes nahe. Ein Zurückgehen war nicht mehr möglich; das Herz stand mir momentan still, dann aber gab ich der langsam gehenden Maschine den Befehl, mit Volldampf vorwärts zu gehen, weil dies die einzige Möglichkeit war, das Schiff vor dem tiefen Einstampfen zu bewahren. Es mag sein, daß keine Gefahr für das Schiff vorlag, hätte es aber in diesem hohen Seegang auf das Korallengestein aufgestoßen, dann wäre es wahrscheinlich verloren gewesen, und mit dieser Gefahr mußte ich in dem Moment rechnen. Was solche Augenblicke bedeuten, kann nur derjenige ermessen, welcher die Verantwortung für ein Schiff und so viel Menschenleben zu tragen gehabt hat. Wenige Minuten, während welcher die anstürmenden Wellen über den Bug des mit voller Dampfkraft arbeitenden Schiffes hinwegbrachen, brachten uns in freies Wasser, die Feuer in der Maschine wurden gelöscht und das Schiff setzte die Reise unter Segel fort.

Am nächsten Tage, am 14. nachmittags 3 Uhr, drehte ich dicht unter der Insel Vaitupu bei dem Hauptdorfe bei und fuhr an Land, um dem König meinen Besuch zu machen und dort ebenfalls den Abschluß einer Uebereinkunft vorzubereiten, da bei der Kürze der uns zur Verfügung stehenden Zeit der wirkliche Abschluß nicht erfolgen konnte, denn ich wollte vor Anbruch der Dunkelheit schon wieder auf dem Wege nach einer andern Insel sein. Das Landen war beschwerlich, weil das Riff der Insel hier nicht steil abfällt, sondern sich nur wenige Fuß unter Wasser weit hinaus erstreckt und so eine große Bank bildet, auf welcher die Wellen überbrechen und als Brandung nach dem Ufer zulaufen. Da keine andere Landungsstelle vorhanden ist, so mußten wir hier durch, ob wir nun naß wurden oder nicht. Es ging besser als ich dachte; die Brandung schäumte an beiden Seiten des langen Bootes vorbei und bedachte uns nur ab und zu mit einem kleinen Spritzer, sodaß wir trocken so weit an das Ufer herankamen, um auf dem Rücken eines Matrosen an Land reiten zu können. Der erste Gruß an Land wurde mir von einem kleinen reizenden, 4—5 Jahre alten Kanakermädchen zutheil. Als ich von dem Rücken des Matrosen herabsprang, stand das Kind in einem saubern Waschkleidchen neben mir, streckte mir seine kleine Hand entgegen und ließ aus seinen schönen großen Augen ein so herzliches Willkommen entgegenleuchten, daß mir ordentlich warm ums Herz wurde. Ein Schatten fiel allerdings gleich auf das Kind, denn die Umstehenden erzählten sofort, daß es das Kind des verklagten Missionslehrers sei, von dem ich vorher erzählt habe, und sich nur zufällig hier aufhalte. Natürlich verstand das kleine barfüßige Mädchen davon nichts, kümmerte sich auch nicht weiter um die andern, sondern sah, meine Hand festhaltend, nur mich an. Ich behielt das kleine süße Ding während meines Aufenthalts am Lande bei mir und schenkte ihr nachher einen blanken halben Dollar, um ihn als Andenken um den Hals zu tragen, da Geldstücke in dieser Weise als Schmuck verwendet werden.

Eine große Menschenmenge stand am Ufer, um uns ankommen zu sehen, darunter ein samoanischer Missionslehrer und ein Deutscher, Agent der Handels- und Plantagengesellschaft in Apia. Diese beiden waren unsere Leute, mit welchen wir zunächst zu verhandeln hatten, und von ihnen hörten wir auch gleich, daß große Aufregung auf der Insel herrsche, weil eine starke Partei den jetzigen König in den nächsten Tagen stürzen wolle. Auch klagte der Deutsche, welcher mit einer Vaitupu-Eingeborenen verheirathet ist, daß ihm verwehrt würde auf einem Grundstück seiner Frau ein Haus zu bauen, weil diese durch ihre Heirath mit einem Fremden alle Ansprüche auf das Land verloren habe. Ferner wurde mir ein Brief eines deutschen Schiffskapitäns übergeben, worin derselbe darüber Beschwerde führt, daß die Eingeborenen die Desertionen von Schiffsmannschaften begünstigen und er dadurch bei seinem letzten Aufenthalte hierselbst wieder einen Mann seiner Besatzung verloren habe. Die am Ufer befindliche Menschenmenge war in sichtlicher Aufregung und schien sehr besorgt zu werden, als sie aus dem in Samoanisch geführten Gespräch hörte, wovon die Rede war. Wir waren nun orientirt und ich sah von neuem ein, wie nöthig es ist, zwischen diesen außer der Welt liegenden Inseln Ordnung zu schaffen, und wie die in Funafuti abgeschlossene Uebereinkunft den Interessen der auf diesen Inseln lebenden Deutschen entspricht. Ich kann dieses Lob ohne Anmaßung aussprechen, weil jene Uebereinkunft nicht von mir entworfen ist, sondern von einem Herrn, welchen ich hier ja nicht weiter zu nennen brauche, und ich nur meinen Namen darunter zu setzen hatte. Wir gingen demnächst zu dem Hause des in der Nähe wohnenden Königs, um ihm unsern Besuch zu machen, wodurch allein nach Ansicht des Missionslehrers sein Ansehen schon so weit gekräftigt wurde, daß die Umsturzpartei alle Chancen verlor. Der König empfing uns, umgeben von seinen Räthen, in seinem Hause, das Volk gruppirte sich um die offene Hütte, die Frauen besetzten die zunächst gelegenen Hütten und mein kleines Mädchen kauerte sich neben mich. Es wurde nun von uns zunächst erwähnt, daß wir zwar von den beabsichtigten Unruhen gehört hätten, dieselben aber jetzt gegenstandslos geworden seien, weil ich hierdurch den König als solchen anerkenne. Das Resultat einer kurzen Berathung der Eingeborenen war, daß die anwesenden Führer der Umsturzpartei erklärten, von jeder Gewaltthätigkeit absehen zu wollen, weil nach meiner Anerkennung des Königs ihr Plan aussichtslos geworden sei. Demnächst wurde dem Deutschen das Besitzrecht des seiner Frau gehörigen Landes zugesichert und ferner feierlich versprochen, alles aufzubieten, um in der Folge Desertionen von den Schiffen zu steuern. Hiernach erklärte der König, daß er am nächsten Tage alle Häuptlinge zu einer Berathung zusammenrufen wolle und daß dann von ihnen eine Uebereinkunft unterschrieben werden würde, sobald ihnen dieselbe von mir zugegangen sei.

Da es Zeit wurde an Bord zurückzukehren, zumal ich auch dem König erlaubt hatte, noch das Schiff für kurze Zeit zu besuchen, so machten wir uns auf den Weg und besichtigten dabei noch das Dorf. Die Insel Vaitupu ist, wenngleich von Korallen aufgebaut, keine Laguneninsel, sondern wie Tongatabu eine über Wasser gehobene, fest zusammenhängende Korallenbank und bietet so eine größere Grundfläche, mithin den Bewohnern mehr Raum. Diesem Umstande ist es wol zuzuschreiben, daß das Dorf einen städtischeren Eindruck macht und man hier, abweichend von der sonst üblichen Anlage derartiger Dörfer, breite Straßen findet, an welchen die geräumigen und saubern Hütten in regelmäßigen Abständen aufgebaut sind. Die Frauen sind fast alle mit langen Gewändern bekleidet, die Männer tragen europäische Kleidung oder doch Hüfttücher aus europäischen Stoffen und das Ganze macht den Eindruck einer gewissen Wohlhabenheit. Tätowirte Leute sieht man nur ganz vereinzelt, hier ist aber wie auf all den nördlicher gelegenen Inseln und auch schon in Funafuti die Sitte vorhanden, die Ohrläppchen zu durchbohren und dann das untere Fleisch so lange nach unten zu ziehen, bis der Lappen als großer Ring bis fast auf die Schulter herabhängt, wenn er nicht vorher schon gerissen ist und dann nur aus zwei Zipfeln besteht. Diese Verunzierung des Ohres hat sich jedenfalls aus der noch nicht fernliegenden Zeit erhalten, wo die Leute noch nackt gingen und kein Mittel hatten, kleine Gegenstände auf bequeme Art bei sich zu führen. Sie richteten daher das Ohr als Tasche ein, indem der lange Ohrlappenring zu einer 8 geschlungen die Pfeife oder sonst einen kleinen Gegenstand aufnahm und der Eigenthümer seine Hände frei behielt. Daß diese Sitte, welche wol bald verschwinden wird, jetzt noch so allgemein besteht, kann nicht verwundern, wenn man bedenkt, daß diese Eingeborenen vor zwölf Jahren den Gebrauch von Kleidern irgendwelcher Art noch nicht kannten.

Die Bevölkerung von Vaitupu beträgt zur Zeit 490 Seelen, eine große Zahl für eine der Ellice-Inseln, weshalb sie auch die wichtigste für den Handel in der Gruppe ist. Die Bewohner stammen von den Samoanern ab, sprechen deren Sprache und gleichen ihnen in Körperbildung und Hautfarbe, haben aber vielfach andere Sitten angenommen, welche sich äußerlich auch darin zeigen, daß die Männer das Haar kurz, die Frauen es lang tragen und beide Geschlechter das Färben des Haares vermeiden. Die bei Funafuti erwähnte Hautkrankheit kommt, wenn auch nur vereinzelt, hier ebenfalls vor.

Zwischen dem Dorfe und der Landungsstelle liegt ein großer freier Platz, in dessen Mitte sich eine große mit Korallensteinen ausgemauerte Grube befindet, welche zum Auffangen des Regenwassers dient und die Stelle eines öffentlichen Marktbrunnens versieht, wenn überhaupt dieser Himmelsstrich durch Regen beglückt wird. Dies kommt nicht allzu häufig vor und die Cisterne war auch jetzt leer und trocken. Auf demselben Platze befinden sich auch die Kirche und die Wohnung des Missionslehrers, in welch letztere wir nach erhaltener Aufforderung eintreten mußten, wollten wir nicht unhöflich sein. Ein Besuch von solchen Persönlichkeiten, wie sie der Commandant eines Schiffes und der Consul vorstellen, gilt hier sehr viel und es ist daher begreiflich, daß die Leute sich nach solcher Auszeichnung drängen. Für den nur wenige Minuten währenden Besuch wurde ich übrigens dadurch belohnt, daß die Frau des Lehrers mir der Landessitte entsprechend zwei schöne Matten und einige Fächer schenkte, welche ich natürlich annehmen mußte. Beim Besteigen meines Bootes fand ich auch noch weitere Geschenke von dem König vor, nämlich ein lebendes Schwein und ein halbes Hundert frischer Kokosnüsse. Beim Passiren der Brandung hatten wir wieder ebenso viel Glück wie auf dem Hinwege und waren nach weitern 15 Minuten, ohne naß geworden zu sein, wieder auf unserm Schiff, wo ich den kurz nach uns eintreffenden König bewirthete. Mit Dunkelwerden schickte ich ihn nebst Gefolge wieder an Land und trat dann die Weiterreise durch dieses unbehagliche Inselgebiet an.

Jetzt (16. November) haben wir zwar die Ellice-Inseln hinter uns, und vor uns bis zu der Gruppe der Kingsmill-Inseln 150 Seemeilen freies Fahrwasser, es ist aber sehr die Frage, ob dieses freie Wasser nicht noch schlimmer ist wie die Inselpassagen, da zwischen den Inseln doch schon viel gefahren wurde und daher die Untiefen bekannt sind, während die Karten in diesen noch wenig durchforschten Meeren hier außerhalb der Inselgruppen nur große blanke Stellen aufweisen. Unser nächstes Ziel ist Tapituwea (in der Karte Taputeouea oder Drummond-Insel genannt), wo ich wegen der dort herrschenden anarchischen Zustände mich zwar auf keinerlei Verhandlungen werde einlassen können, aber doch dadurch Gutes stiften kann, daß dieser wilden und zu Gewaltthätigkeiten stets aufgelegten Bevölkerung das Vorhandensein deutscher Kriegsschiffe vor Augen geführt wird und dadurch die hier anlaufenden deutschen Schiffe Schutz für Leben und Eigenthum erhalten.

20. November 1878.

Am 17. traten wir in die Gruppe der niedrigen Kingsmill- oder Gilbert-Inseln ein, von welchen ich drei anlaufen will und zwar Tapituwea, demnächst Apamama und Taritari.

Ich hatte gehofft, gestern Morgen schon mit Tagesanbruch Tapituwea zu sehen und gegen 8 Uhr dort zu Anker zu sein, hier schlagen aber alle Berechnungen fehl. Die Karten sind vielfach falsch und die Strömungen zwischen diesen Inseln so stark und unberechenbar, daß man sich während der Nacht nicht zu nahe an die Stelle heranwagen darf, wo das Land liegen soll, weil man sonst durch Auflaufen auf die weitausgedehnten Riffe leicht sehr viel früher als man erwartet unangenehme Bekanntschaft mit diesen Inseln, welche gestrandete Schiffe von ihren Riffen nicht mehr freigeben, machen kann. Anstatt uns Tapituwea zu zeigen, brachte die aufsteigende Sonne nur steifen Wind mit dickem Wetter. Erst gegen 10 Uhr sichteten wir das Land — so weit hatte der Strom das Schiff versetzt — und kurz vor 12 Uhr ankerten wir vor Uturoa, der Hauptstadt der Insel. Da hier weiter nichts zu thun war, als die Flagge zu zeigen, hatte ich den Besuch nur auf wenige Stunden angesetzt.

Tapituwea ist von langgestreckter Form ohne Lagune, ziemlich groß und sehr stark bevölkert. Wenn der Rücken des bewohnbaren Landes auch nur schmal ist, so beträgt die Länge desselben doch 30 Seemeilen, und dieser lange schmale Landstreifen ernährt nach zuverlässiger Schätzung über 6000 Menschen. Allerdings werden die Nahrungsmittel, welche hauptsächlich in Kokosnüssen bestehen, häufig und namentlich bei anhaltender Dürre so knapp, daß die Leute dann zum Theil versuchen müssen, auf andere Inseln zu gelangen, um nicht zu verhungern. Dies ist dann die günstige Zeit für die Anwerbung von Arbeitern für die Plantagen auf den Samoa-Inseln, weil sich zu dieser Zeit ganze Familien, ja ganze Verwandtschaften und namentlich solche, welche auf den deutschen Plantagen in Samoa schon waren, zum Schiffe drängen, um sich gegen leichte Arbeit satt essen zu können und noch geringen Lohn obendrein zu erhalten. Auch nur aus diesem Grunde hat die Insel Bedeutung für die deutschen Interessen, weil sie als Handelsobject nicht in Betracht kommt, da sie alles, was sie producirt, zur Ernährung der eigenen starken Bevölkerung gebraucht. Trotzdem nun die Eingeborenen von Tapituwea die anlaufenden Schiffe eigentlich immer als die Erretter aus bitterer Noth ansehen müssen, zeigen sie sich doch häufig so feindlich, daß die Fremden stets bereit sein müssen, für ihr Leben einzustehen. Diese Eingeborenen sind ganz wilde Gesellen, welche keinerlei Oberhaupt anerkennen und im ausgeprägtesten Communismus leben. Alles Eigenthum auf der Insel ist Gemeingut, jeder Streit wird von den Betheiligten sofort mit der Waffe ausgefochten, und daß solche Kämpfe häufig vorkommen, zeigen die vielen Narben auf den nackten Körpern dieser Leute. Dieselben werden ihren Ursprung zwar größtentheils den häufigen Trinkgelagen zu verdanken haben, bei welchen die ihrer Sinne nicht mehr mächtigen Männer wol mit ihren Haifischzahnwaffen wüst um sich schlagen und jeden verwunden, der in den Bereich der gefährlichen Waffe kommt. Anders kann ich es mir nicht erklären, daß so viele Weiber und kleine Kinder die Spuren solcher Wunden auf ihren Körpern tragen; ja, ich habe bei einem kleinen Kinde, das noch getragen wurde, eine solche Narbe von 10 cm Länge und 3 cm Breite über den Rücken und die Seite hinlaufen gesehen. Ich denke mir, daß die Weiber häufig versuchen, ihre tobenden Männer von dem Gelage wegzuholen, und daß dabei dann

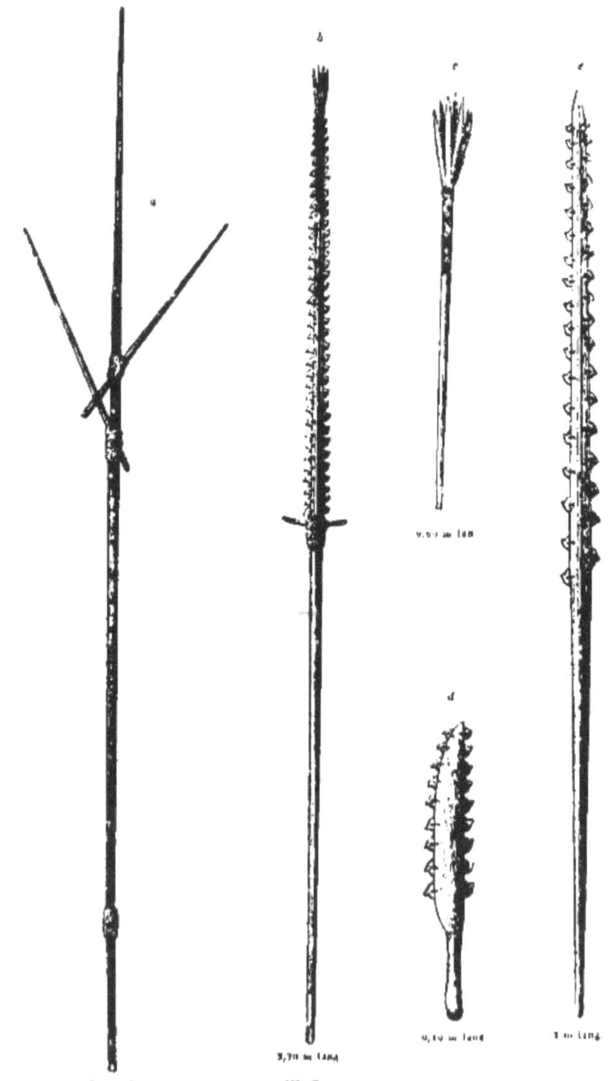

Waffen.

a Speer aus Kokospalmenholz. *b* Speer mit Haifischzähnen. (Die Spitze besteht aus Schwanzgräten der Stachelroche; dieselben brechen leicht ab und dringen wegen ihrer Widerhaken wie Aehren immer tiefer ins Fleisch, werden deshalb von den Eingeborenen für sicher tödtend gehalten.) *c* Dolch mit Schwanzgräten der Stachelroche. *d* Messer mit Haifischzähnen. *e* Speer mit Haifischzähnen.

(*a*—*c* aus Apamama; *d*, *e* aus Tapituwea.)

zuweilen sie selbst, wie die von ihnen auf der Hüfte getragenen kleinen Kinder Wunden erhalten, welche ihnen nicht zugedacht waren. Das Getränk bereiten diese Leute sich selbst aus dem Saft der Kokospalme, ebenso wie die Marquesaner es thun. Da nun die Eingeborenen ebenso leicht wie gegen sich selbst zu Gewaltthätigkeiten gegen Fremde neigen, sah ich mich veranlaßt, diese Insel anzulaufen, weil häufig deutsche Schiffe hierher kommen, um Arbeiter nach Ablauf ihres Contracts von Samoa zurückzubringen und neue anzuwerben. Bei solchen Gelegenheiten soll es immer bunt hergehen, weil dann stets solche Massen von Eingeborenen zum Schiffe kommen, daß sie leicht die kleine Mannschaft überwältigen und ermorden könnten, um sich des Schiffes zu bemächtigen. Es ist daher bei solchen Gelegenheiten geboten, nicht zu viel auf einmal auf das Schiff zu lassen, und dies wird dadurch erreicht, daß die Mannschaft des Schiffes die Kanus mit geladenen Feuerwaffen in respectvoller Entfernung hält. Das Weggehen von ihrer heimatlichen Scholle wird diesen Menschen leicht, weil sie nichts besitzen. Wie sie gehen und stehen, kommen ganze Familien, Mann, Frau und Kinder, und häufig noch Aeltern und Verwandte auf das Schiff, um den Contract durch ihr Handzeichen zu vollziehen und dann auf mehrere Jahre in die Fremde zu gehen. Der Contract lautet gewöhnlich auf drei Jahre; Männer, Frauen und größere Kinder erhalten gleichen Lohn, Kinder unter sieben Jahren die Hälfte, und alle freie Rückfahrt nach Ablauf der contractlichen Zeit.

Gleich nach dem Ankern fuhr ich mit dem Consul an Land, um die kurze Zeit möglichst auszunutzen; ein Boot mit beurlaubten Offizieren folgte. Die weit vom Ufer abliegenden großen Korallenbänke, auf welchen die hochgehende See bricht, zwingen zu großer Vorsicht, weil ein Aufstoßen auf einen der vielen Korallenblöcke gleichbedeutend mit dem Verlust des Bootes ist, da dieses sofort zertrümmert werden würde. Hat man diese Bänke aber erst passirt, dann findet man wieder tiefes und von den Riffen geschütztes, ruhiges Wasser bis zum Strande hin. Obgleich unter den Bäumen Hütte neben Hütte liegt und am Morgen in noch weiter Ferne ungezählte Rauchsäulen uns gesagt hatten, daß all diese Hütten bewohnt sein müssen, zeigen sich bei unserer Annäherung doch nur wenig Leute, welche zum Strande herunter kommen, sobald wir landen. Die Hütten sind fast sämmtlich leer. Die uns begleitende Schar wächst zwar im Laufe der Zeit bis zu etwa 40 Personen an, doch wo sind die andern? Entweder rotten sie sich zu einem Angriff, resp. zur Gegenwehr zusammen oder sie haben nur die Flucht ergriffen. Ich glaube das letztere, denn ein Kriegsschiff ist für diese Wilden, welche häufig ein böses Gewissen haben, ein sehr unbehagliches Ding.

Wir steigen an Land und die mit scharfer Munition versehenen Boote werden in tiefem Wasser verankert, damit während unserer Abwesenheit zwischen den Bootsmannschaften und den Eingeborenen kein Streit entstehen kann. Wir selbst (sieben Personen) sind mit Säbel und geladenem Revolver bewaffnet. Die uns am Strande empfangenden Menschen sind nur Männer und Jungen, alle vollständig nackt, da man den aus Glasperlen und Muschelstücken bestehenden Halsschmuck wol nicht als Kleidungsstück gelten lassen kann; etwas weiter ab und in nächster Nähe ihrer Hütten stehen einige Weiber. Diese tragen nur einen schmalen, etwa 20 cm breiten Gürtel aus Blättern oder Gräsern, welcher in besonders charakteristischer Weise umgebunden wird. Männer und Weiber sind schöne Menschen von dunkelbrauner Hautfarbe, und die Männer zeichnen sich namentlich vor denjenigen Polynesiern, welche ich gesehen habe, dadurch aus, daß ihr Gesichtstypus nicht so gleichartig ist, sondern daß man mehr charakteristische Köpfe mit vorzugsweise schmalen Nasen sieht. Diese Gesichter sind allerdings nicht so ansprechend, wie die geistig durchgebildeten der Polynesier, denn in den Zügen dieser Mikronesier kann man deutlich lesen, wie die Leidenschaften des Urmenschen hier noch ungezügelt arbeiten und dadurch dem oft wirklich schönen Gesichtsschnitt das abgeht, was die Züge des veredelten Menschen wirklich schön macht. Die Körperformen sind fast durchgehends tadellos, die Männer groß und schlank, die Weiber mittelgroß mit zierlichen eleganten Formen. Die glänzend schwarzen, schlichten Haare werden von beiden Geschlechtern gleich getragen; vorn auf der halben Stirn kurz abgeschnitten, an den Seiten und hinten bis auf die Schulter herabhängend; das Haar wird nicht gefärbt, sondern nur mit Kokosnußöl eingerieben.

Die Kokosnuß ist hier überhaupt alles, wie sie es ja auch auf allen niedrigen Inseln der Südsee ist. Die junge grüne Nuß gibt mit ihrer Milch das einzige Getränk, da Wasser fehlt; der weiche

Kern der halbreifen und der harte Kern der alten Nuß gibt die Nahrung; das aus dem Kern gepreßte Oel wird als Hautsalbe, Haaröl und als Leuchtstoff benutzt, da die primitiven Lampen auch mit diesem Oel gespeist werden; die innere harte Schale der alten Nuß gibt Trink- und sonstige Gefäße, wie z. B. die Becken für die Lampen; die äußere Faserschale gibt den Stoff zur Anfertigung von Bindfaden, aus welchem wieder Kriegsrüstungen und vielerlei andere Gegenstände geflochten werden, so auch den Docht für die Lampe. Vorzugsweise findet der so gewonnene Bindfaden bei Herstellung der nachfolgenden Gegenstände Verwendung. Die einzelnen Pfähle und Dachsparren des Hüttengerüstes werden zusammengebunden und auf dieselbe Art wird auch das Laubdach auf dem Gerüst befestigt. Die schönen, scharfen und sehr tiefgehenden Kanus, mit welchen die Eingeborenen große Reisen über See machen, können, weil hier die dazu erforderlichen dickstämmigen Bäume fehlen, nicht aus großen Stücken zusammengesetzt werden, sondern müssen nach unserer Art aus schmalen Planken über Spanten gebaut werden, und da den Leuten Nägel fehlen, müssen sie die einzelnen Planken mühsam mit Bindfaden aneinander nähen. Die Takelagen der großen Segelkanus sind ebenfalls aus diesem Bindfaden gefertigt, und derselbe wird auch als Angelschnur benutzt. Das schwere harte Holz des Stammes der Kokospalme gibt Brennholz, das Material für die Kriegsspeere und theilweise auch für die Hauptpfähle der Hütten. Die Blätter werden zu Körben, Dächern und Matten zusammengeflochten. Der dem jungen Stamm entquellende Saft, wenn die Blattkeime oben abgeschnitten worden sind, gibt Branntwein, doch stirbt ein so mishandeltes Bäumchen dann ab.

Dies zeigt in kurzen Umrissen, daß ohne die Kokospalme auf diesen Inseln das Leben für Menschen nahezu unmöglich wäre. Wie dieses Leben, welches sich neben Fischen und Schaltbieren nur auf die Kokosnuß stützt, für die Menschen sich gestaltet, mag jeder sich selbst ausmalen.

Ich lasse durch den von Apia mitgebrachten Dolmetscher unsere Absicht kundgeben, das Dorf zu besehen, worauf der ganze Trupp sich in Bewegung setzt, um uns zu führen und zu begleiten. Die Leute betragen sich anständig, wie das einem so großen Kriegsschiffe gegenüber nicht anders zu erwarten ist, sind sehr gefällig im Wegräumen von in den Wegen liegenden Hindernissen und im Durchbrechen einiger Zäune, um uns bei der großen Hitze unnöthige Umwege zu ersparen. Bei alledem sieht man aber doch an ihren schnellen und jähen Bewegungen, an der Art zu sprechen, zu lachen und zu beobachten, daß viel Tigernaturell in ihrem Blute liegt und es wol nicht gerathen ist, wehrlos in ihre Hände zu fallen.

Der schmale, wohlgehaltene Pfad führt von Ansiedelung zu Ansiedelung, denn von einem Dorf oder einer Stadt kann man nicht sprechen, da das ganze Land an der Leeseite der Insel mit Hütten, bezw. Ansiedelungen, übersäet ist. Der die Insel der Länge nach durchschneidende Pfad liegt etwa in der Mitte des schmalen Landstreifens; an der Luvseite des Pfades stehen nur Kokosnußbäume, während die Niederlassungen sämmtlich an der Leeseite liegen. Ich spreche hier von Ansiedelungen, weil immer innerhalb eines aus Aesten und Reisern hergestellten Zaunes mehrere Hütten liegen, welche jedenfalls zusammengehören. Ich habe mich leider nicht danach erkundigt, ob solch eine Hüttengruppe eine bestimmte Gemeinschaft bildet oder innerhalb der Grenzen eines jeden Zaunes eine zusammengehörige Familie wohnt; nach der geringen Zahl der jeweiligen Hütten möchte ich das letztere annehmen. Auffallend ist die Sauberkeit und Ordnung, welche hier herrscht und leicht zu der Annahme verleiten kann, daß in diesem Theil der Erde die Menschen um so reinlicher werden, je tiefer sie stehen, denn es ist z. B. kein Zweifel, daß die Leute auf Funafuti schon seit 10—12 Jahren einen ununterbrochenen Verkehr mit Europäern unterhalten, während diese nur sehr selten hierher kommen und dann auch immer auf ihren Schiffen bleiben.

Zunächst am Strande stehen die zur Aufnahme der Kanus bestimmten Hütten, welche ebenso sorgfältig gebaut und sauber gehalten sind wie die Wohnungen der Menschen und nur darin von den Wohnhäusern abweichen, daß die Stirnwände offen sind, um die Fahrzeuge leicht ein- und ausbringen zu können. Jedes Kanu, ob groß oder klein, hat sein eigenes Haus. Weiter zurück unter Bäumen, welche hier allerdings gelichtet stehen, liegen die vorher genannten Ansiedelungen. Die Hütten selbst, wenngleich vielfach von verschiedener Größe, sind in ihrer Bauart ganz gleich. Auf kurzen, zwei Fuß hohen Pfählen oder blendend weißen Korallensteinen liegen die Hauptbalken und Träger für die Dachsparren, welche ihre obere Stütze auf einem durch die Mittellinie der Hütte laufenden Kammbalken finden, der auf 10—15 Fuß hohen Pfählen ruht; auf die Sparren ist so viel Laub geschichtet, bis das Dach sicher gegen Regen geworden ist. Die Hütte ist an allen vier Seiten geschlossen, und das Dach reicht so weit über den eigentlichen Wohnraum hinaus, daß schräg einfallender Regen bis zu diesem nicht vordringen kann, wodurch die Seitenwände überflüssig werden und auch fehlen. Das Eintreten in die Hütte wird durch diese Bauart allerdings etwas unbequem, weil man sich fast auf den Bauch legen muß, um zwischen Unterrand des Daches und dem Fußboden hindurchzukommen. Der Grundriß der Hütte ist ein längliches Viereck, bei welchem die Länge etwa doppelt so groß ist wie die Breite, das Dach fällt nach allen vier Seiten schräg ab. Der zwischen den einzelnen Hütten einer Ansiedelung liegende Raum ist sorgfältig mit kleinen weißen Korallensteinen bestreut, zwischen welchen kein Gras, kein Unkraut zu finden ist, sodaß diese Stellen den Eindruck sorgfältig gepflegter Straßen und Plätze machen und dadurch den saubern Eindruck der Wohnungen noch mehr heben. Die Hütten sind zur Zeit fast alle leer, nur hin und wieder sitzt in einer derselben ein alter Mann oder eine Frau mit einem kleinen Kinde.

Endlich nach einem langen Marsche, welcher uns auch an Gruben mit besserer feuchter Erde vorbeiführte, in welcher Taro (eine Erdfrucht) wächst, kommen wir zu einer sehr großen, ganz besonders sauber und schön gehaltenen Hütte. Der große freie Platz, auf welchem sie steht, ist ebenfalls mit kleinen weißen Steinen bestreut. Die Hütte selbst erhebt sich auf einer etwa zwei Fuß hohen, aufgeschütteten Plattform. Sie stellt das Hauptberathungshaus der ganzen Insel vor und beherbergt in ihrer Mitte das Allerheiligste. Trotzdem dieses Gebäude eine Länge von etwa 40 m, eine Breite von 16 m hat und der Mittelkamm des Daches 13—16 m über dem Fußboden liegt, sind die Seitenpfähle, welche das Dach tragen, doch nicht höher als bei den gewöhnlichen kleinen Hütten, weshalb das Dach ebenfalls fast bis zum Fußboden reicht und man auch nur hineinkriechen kann. Wir werden aufgefordert einzutreten, und man konnte in den Gesichtern unserer wilden Freunde, denen sich hier noch einige Dutzend Eingeborene beiderlei Geschlechts zugesellt hatten, lesen, wie stolz sie auf dieses Staatsgebäude sind und wie sie auf den Ausbruch unserer Verwunderung über dieses Bauwerk warten. Natürlich treten wir ein, sowol aus Neugierde als auch um wenigstens eine kurze Rast in einem schattigen Raume zu halten. Das Haus ist wirklich sehenswerth und man muß staunen, in welch sinnreicher Weise diese Naturmenschen das riesige Dach nahezu freitragend aufgerichtet haben, denn in der Mittellinie stehen nur drei in die Erde gerammte schwache Dachträger. Mit derselben Akuratesse, wie bei uns freitragende Dächer (welche nicht auf Säulen ruhen, sondern durch seitwärts geneigte Träger ihren Stützpunkt in den Seitenwänden erhalten) durch studirte Baumeister construirt werden, haben diese Eingeborenen ihre Dächer angeordnet. Von den Seitenwänden nach den gegenüberliegenden Dachsparren laufende Balken, welche in ihrer ganzen Länge mit schwarzen Figuren sorgsam und geschmackvoll verziert sind, tragen das schön geflochtene dicke Laubdach. Von den in der Mittellinie stehenden drei Dachträgern trägt der mittelste den Götzen, oder richtiger gesagt das Allerheiligste. Es ist dies eine aus Holzstäben gefertigte Pyramide von 5—6 Fuß Höhe und 3—4 Fuß unterm Durchmesser, deren horizontal laufende Verbindungsstäbe $1\frac{1}{2}$—2 Fuß auseinander liegen. Die Bedeutung dieses merkwürdigen Götzenbildes muß in der Form und Zusammensetzung liegen, da der Schmuck, welchen es trägt, nur aus Opfergaben besteht, und zwar nur aus Hühner- und Hahnenfedern, unter welchen schwarze Hahnenfedern die besonders bevorzugten zu sein scheinen. Soviel ich herausbekommen konnte, werden diese Spenden nur von solchen gegeben, welche längere Zeit von der Heimatsinsel entfernt waren und glücklich zu derselben zurückgekehrt sind. Wir setzen uns auf die hier sauber ausgebreiteten Matten, unsere Freunde sich an dem andern Ende der Hütte uns gegenüber; wir betrachten die innere Einrichtung, die Eingeborenen uns. Nach kurzer Rast lassen wir unsern Wirthen sagen, daß wir dieses Berathungshaus außerordentlich schön fänden, und machen uns dann, befriedigt von dem Gesehenen, wieder auf den Rückweg. Unsere braunen Freunde wollen uns zwar noch immer weiter führen, doch sind wir schon so weit von unsern Booten entfernt, daß mir die Sache nicht ganz geheuer scheint und ich daher ein weiteres Vordringen nicht zugebe, sondern unsere Herren veranlasse, mit mir zurückzukehren.

Bei den Booten wieder angelangt und damit im Bereich unsers Geldes, sprach ich noch den Wunsch aus, einige Waffen zu erwerben, worauf bald einige mit Haifischzähnen versehene alte Speere zur Stelle gebracht wurden. Da nichts Besseres zur Zeit zu haben war, so entschloß ich mich diese wenig schönen Waffen dennoch für einige Stücke Taback einzutauschen, weil sie immerhin doch besser wie nichts sind. Da die Eingeborenen von den Weißen bisjetzt nur Taback beziehen und noch alles andere verschmähen, so versieht dieser hier die Stelle des Geldes. Ein Stück von etwa 15 cm Länge und 1 ½ cm Dicke bildet die Einheitsmünze, nach welcher gerechnet wird. Ich bezahlte für beide Speere zusammen acht solcher Stangen Taback und für einen Halsschmuck, wie die Männer ihn tragen, eine Stange.

Bei den Booten entwickelte sich übrigens jetzt ein regeres Leben, denn sobald dieselben zum Strande kamen, um uns aufzunehmen, liefen die eingeborenen Männer ihnen in das Wasser entgegen und hingen sich wie Kletten an dieselben an, wahrscheinlich hoffend, irgendetwas erhaschen zu können. Zwischen den mit braunem nackten Fleisch dicht behangenen Booten trieb ein drolliger Kerl sein wunderbares Spiel. Bis an die Hüften im Wasser stehend tanzte er dort herum als ob sonst niemand in seiner Nähe wäre. Mit den Beinen machte er das Wasser hoch aufspritzen, mit den Armen gesticulirte er wild in der Luft, den Kopf aber, und in diesem die räthselhaften Augen, hielt er unbeweglich, während die Gesichtsmuskeln das Gesicht in die merkwürdigsten Verzerrungen versetzten. Die Augen waren das Merkwürdigste an dem Manne. Die Lider hatten sich so weit geöffnet, daß die Augenhöhlen in der Größe eines Zweimarkstücks rund erschienen; die Hornhaut des Augapfels schien durchsichtig zu sein, ohne einen Hintergrund sehen zu lassen, und in diesen scheinbar durchsichtigen Kreisen schwebten die dunkeln Augensterne, in deren Mitte wieder die Pupillen einen Blick in eine unergründliche Tiefe gestatteten. Es machte den Eindruck, als ob der Kopf nur eine Ebene, d. h. das Gesicht nur eine Maske sei und man durch die offenen Augenhöhlen und Pupillen die hinterliegende farblose Luft sähe. Der dicht neben mir befindliche Mann war so mit seinem Tanz beschäftigt, daß er den sonst so begehrten Taback, welchen ich ihm als Belohnung hinhielt, gar nicht sah. Erst von andern gestoßen und aufmerksam gemacht, kam er zu mir, nahm mit angenehm freundlichem und ganz natürlichem Gesicht meine Gabe in Empfang, sprang aber dann wie eine Tigerkatze aus dem Wasser nach dem Lande zu, weil andere ihm den Taback wieder rauben wollten. Wir waren fertig mit dem Lande.

22*

Um die Eingeborenen auf gute Art loszuwerden, warfen wir einige Hände voll Taback auf das Land, worauf die meisten sich dorthin stürzten und in einem wüsten Knäuel um den Besitz sich balgten; die Zurückgebliebenen, welche bei den Booten mehr zu erhalten hofften, wurden weggewiesen und, als sie nicht gingen, mit den Füßen weggestoßen, worauf wir dann den Rückweg durch die hohe Brandung über das unbehagliche Riff antraten. Eine große Zahl vom Schiffe kommender Kanus der großen Sorte (wol 20—30) sagte uns, daß wir schon gesehen und die Eingeborenen daher schon weggeschickt waren. Um 3 Uhr nachmittags waren wir wieder an Bord und sahen dort noch, wie in der Nähe unsers Schiffes ein großes werthvolles Kanu kenterte, aber niemand den Versuch machte, dieses Fahrzeug zu retten, nachdem dessen Insassen von einem andern Kanu aufgenommen worden waren. Wahrscheinlich würden sie bei einem solchen Bergungsversuch infolge des starken Stromes so weit weggetrieben worden sein, daß sie die heimatliche Insel vielleicht überhaupt nicht mehr erreicht hätten, und gaben deshalb das verunglückte Fahrzeug gleich auf. Dies erinnert mich daran, daß vor Jahresfrist ein Boot eines deutschen Schiffes mit sechs Personen hier abends von Land absetzte, aber das Schiff nicht erreichte und Boot wie Insassen seitdem verschollen sind. Jedenfalls hat der starke Strom das Boot in die offene See getrieben.

Eine Viertelstunde nach unserer Rückkehr zum Schiffe waren wir wieder unter Segel und auf dem Wege nach Apamama. Hinter uns senken die Kokospalmen sich allmählich unter den Horizont, vor uns steigen die Laubkronen einer andern Insel auf und rufen uns eine ernste Warnung zu, denn das so frühe Insichtkommen sagt uns, daß diese Insel in der Karte um etwa 20 Seemeilen falsch niedergelegt ist. Die Nacht verhüllt auch dieses Bild wieder, und die „Ariadne" ist in dieser unsichern Gegend bei steifem Winde wieder allein.

Den Entschluß, nach Apamama zu gehen, hatte ich bei meinem letzten Aufenthalt in Sydney gefaßt. Dortige Zeitungen hatten die Nachricht gebracht, daß der König von Apamama einen auf seiner Insel lebenden Deutschen habe ermorden lassen, und da diese Insel in meinem Stationsbereich liegt, so fiel mir von selbst die Aufgabe zu, die Sache zu untersuchen bezw. zu ahnden. Es war eine eigene Sache, denn da nach dem Gerücht der König der Hauptschuldige war, so konnte ich nicht von ihm die Bestrafung der Schuldigen fordern, sondern mußte mich an seine Person halten, wenn das Gerücht sich bewahrheiten sollte. Hier liegt nun die Schwierigkeit, daß einem Schiffscommandanten selbstverständlich keine Strafbefugnisse über Leben und Tod zustehen, wenngleich er unter Umständen aus solcher Veranlassung einen Kampf aufnehmen muß, bei welchem vielleicht Hunderte von Menschen ihr Leben lassen müssen. Ich hatte mich schließlich für den Fall, daß die australische Zeitung wahr gesprochen haben sollte und mir auf Apamama kein bewaffneter Widerstand entgegengesetzt würde, entschlossen, den König zu fangen und ihn später in Neu-Irland, von wo aus er den Rückweg keinenfalls finden konnte, an Land zu setzen.

So segelte ich in ernster Stimmung auf Apamama zu und ließ dort am 20. November in der Einfahrt zur Lagune den Anker fallen. Ein als Lootse dienender, vom König uns entgegengeschickter eingeborener Missionslehrer erzählte gleich, daß das über die Ermordung des Deutschen in Umlauf befindliche Gerücht falsch sei; doch erzählte er auch, daß der betreffende Deutsche zur Zeit nicht anwesend sei, sondern sich vorübergehend auf einer andern Insel aufhalte. Dies letztere war nun allerdings verdächtig und mußte auch die Erinnerung, daß der noch lebende frühere König und Vater des jetzigen vor sechs Jahren die ganze Mannschaft eines gestrandeten englischen Schiffes hatte ermorden lassen, diesen Verdacht nur bestärken. Der König von Apamama hat sich bisher dem Eindringen der Europäer so entschieden widersetzt und ist ein so despotischer und absoluter Herrscher, daß man ihm solchen Mord schon zutrauen kann. Schnelles Handeln war jedenfalls nothwendig, und ich mußte daher auch suchen, möglichst rasch die Wahrheit zu erfahren, welche mir nur die acht Seemeilen von unserm Ankerplatz entfernt wohnende Frau des Deutschen (eine Samoanerin) geben konnte. Ich richtete mich daher so ein, daß ich um 4 Uhr nach meinem Mittagessen abfahren konnte, hoffte dann vor Dunkelwerden dort einzutreffen und machte die weitern Dispositionen von den daselbst zu empfangenden Nachrichten abhängig. War unser Landsmann wirklich ermordet, dann wollte ich noch während der Nacht an Bord zurückkehren, um mit dem ersten Tagesgrauen den geplanten Kriegszug zu unternehmen; beruhte die ganze Sache auf Erfindung, dann wollte ich während der Nacht in dem Hause des Deutschen bleiben und gleich am nächsten Morgen dem noch sechs Seemeilen weiter entfernt wohnenden König meinen Besuch machen. Ich hatte für die Fahrt auf die Dampfpinnasse als Schlepper gerechnet, sie hatte indeß nicht genügende Dampfkraft, um uns gegen den Strom zu schleppen, und ich mußte daher, als wir nach See hinaustrieben, die Gig vor das Dampfboot spannen und uns mit dem kräftigen Ruderschlag meiner sechs Gigsgäste zum Schiff zurückbringen. Ich versuchte nun, die Reise mit der Gig allein unter Segel zu machen, doch blieben uns bei Sonnenuntergang noch sechs Seemeilen aufzukreuzen, wozu ich vier Stunden rechnen mußte. Mondschein hatten wir nicht, das Land war nicht zu sehen und daher die Fahrt ein solches Wagniß, daß ich dieselbe trotz Widerstrebens für heute aufgeben mußte und an Bord zurückkehrte.

Am 21. morgens gleich nach dem Frühstück machten wir uns wieder auf die Reise und konnte die Dampfpinnasse, da der Strom zur Zeit schwach war, die Gig heute schleppen. Offiziere und Mannschaften waren bewaffnet, mit Proviant, Wasser, wollenen Decken und Kleidern so versehen, daß wir mehrere Tage in den Booten aushalten konnten. So fuhren wir, durch Sonnensegel gegen die Sonne geschützt, in die schöne Lagune und in den lachenden Morgen hinein. Es war eine köstliche Fahrt. Die Boote durchfurchen einen großen, nur leicht gekräuselten See, dessen je nach der Tiefe abwechselnd azurblaues und smaragdgrünes Wasser von solcher Klarheit und Durchsichtigkeit ist, daß das Auge, solange die Wassertiefe nicht 10—14 m übersteigt, bis zum Meeresgrunde dringen und dort alles klar erkennen kann. Das große Wasserbecken ist von einem niedrigen schmalen Landstreifen umrahmt, der allerdings größtentheils unter unserm Horizonte liegt und sich nur durch den weiten Kranz von Palmen, welche für uns direct aus dem Wasser aufsteigend die Lagune begrenzen, markirt. An denjenigen Stellen, wo die Palmen gelichtet stehen, sieht man zwischen ihnen den Gischt der von außen an das Korallenland anprallenden Brandung, und dieser sagt deutlich, daß der frische Passat, welcher unsere Schläfen umfächelt, die Temperatur zu einer sehr angenehmen macht und die geschützte Lagune nicht aufwühlen kann, mit den unendlichen Wassermassen des Großen Oceans nach seinem Belieben spielt. Wie vortrefflich schmeckt unter solchen Verhältnissen die Cigarre, namentlich wenn sie gut ist und man vorher lange nichts Ordentliches mehr zu rauchen gehabt hat. Mit heiterm und ernstem Geplauder verkürzten wir uns die Zeit und erreichten endlich um 11 Uhr vormittags in bester Laune unser nächstes Ziel, das Haus des Deutschen. Nach der langen Fahrt war es eine wahre Wohlthat, die Beine wieder rühren zu können. Mit einem Sprung waren wir aus dem Boot und nach wenigen Schritten in dem Hause, einem Mittelding zwischen europäischem Schuppen und Eingeborenenhaus, wo die liebenswürdige Wirthin uns mit sichtlicher Freude empfing. Unsere Wirthin ist, wie vorher schon bemerkt, eine Samoanerin und damit ist ja eigentlich schon gesagt, daß sie ein liebenswürdiges Geschöpf sein muß. In dem Hause ist es kühl und vor allen Dingen tadellos sauber, der Boden ist mit reinen Matten belegt, Bänke und Tische sind mit ebensolchen Matten oder mit Decken aus Tapa bedeckt; bequeme Lehnstühle gestatten uns, unsere Glieder nach Herzenslust auszustrecken und so kann ja nun das Verhör beginnen. Es bewahrheitet sich, daß der Mann noch am Leben ist, überhaupt niemand versucht hat, ihm ein Leid zuzufügen, und daß er wie seine Frau mit dem König und allen Eingeborenen in guter Freundschaft leben. Der Consul und ich sehen uns einen Augenblick an, lachen dann hell auf über das klägliche Ende unseres Kriegszuges, ich schnalle Säbel und Revolver ab, vertausche meinen Waffenrock mit einer weißen Jacke und lasse durch meine Bootsgäste unsern Proviant heraufbringen, da wir gar keinen bessern Frühstücksplatz, als ihn dieses kühle Haus uns bietet, finden können. Wir laden unsere Wirthin ein, an unserm Frühstück theilzunehmen, erhalten aber eine abschlägige Antwort, weil die echte Samoanerin immer erst nach den Häuptlingen speist, wenn sie auch wie diese hier eine Königstochter ist. Wir lassen es uns gut schmecken, sehen nachher zu, wie unsere Wirthin und mein Dolmetscher das, was wir übriggelassen, verzehren, und berathen dann, was nunmehr am besten zu thun ist. Unsere Wirthin theilt uns mit, daß der König sich auf einem in der Nähe zu Anker liegenden englischen Schooner befinde und eine seiner Töchter gerade in dem nächsten Dorfe anwesend sei, um die dortigen Frauen und Mädchen tanzen zu lassen und sich über ihre erlangte Fertigkeit zu informiren. Dem Vorschlage unserer Wirthin, den König ebenfalls nach dem Dorfe kommen zu lassen und dann gleichzeitig einen großen Tanz zu sehen, stimmen wir zu, sind aber gezwungen unsern Entschluß zu ändern, als wir nach einer halben Stunde sehen, daß der von uns zum König geschickte Bote eben erst anfängt, sein

Kanu zur Fahrt zurecht zu machen. Um unsere Zeit möglichst auszunutzen, machen wir uns daher selbst auf die Reise, denn da kein Krieg hier zu machen war, wollte ich noch an demselben Abend mit dem Schiffe die Weiterreise antreten. Nachdem ich verschiedene Geschenke, Matten und bunte Korallen, von unserer Samoanerin angenommen und diese ihr Haus versorgt hatte, bestiegen wir alle meine Gig, die Dampfpinnasse spannte sich vor, und weiter ging es nach dem einige Seemeilen von uns abliegenden Schooner, bei welchem noch des Königs Kanu lag, wie wir mit dem Fernrohr erkennen konnten.

Die Fahrt selbst würde in ein Märchen hineinpassen. Gleich einem Schwan, der von einem Kobold geführt die Fremdlinge auf seinem gefiederten Rücken über den Zaubersee trägt, bringt uns die von der schwarzen, dampfspeienden Pinnasse geschleppte, leicht über das Wasser weggleitende weiße Gig zu dem Beherrscher dieses Feenlandes hin. Der unter der Mittagssonne liegende spiegelglatte See wird zur Linken von dem Horizont begrenzt, zur Rechten von einem Gürtel blendend weißen Sandes umrahmt. An diesen weißen Rahmen schließt sich nach oben eine grüne Matte an, über welcher ein Wald schlanker, graziöser Palmen steht, der in seinem Schatten die Hütten der Eingeborenen birgt. Um uns herum sucht die Natur ihre prachtvollsten Farbeneffecte zur Geltung zu bringen. Der Himmel strahlt im schönsten, reinsten Blau, welches dadurch noch brillanter hervortritt, daß hin und wieder kleine festgeballte Wölkchen wie Himmelskörper am Firmament stehen und mit ihrem reinen Weiß der Himmelsfarbe erst ihren richtigen Ton geben. Die Verbindung zwischen Himmelszelt und der Lagune würde, da diese in der Ferne genau die Farbe des Himmels hat, unkenntlich sein, wenn nicht der Horizont sich durch einen feinen dunklern Streifen markirte. Da, wo wir das Wasser durchfurchen (wir halten uns auf geringeren Wassertiefen), hat der See bereits andere Schattirungen angenommen und wetteifert hier mit den schönsten Farben des Saphir und näher dem Lande mit denen des Smaragd. Diese schönen matten Farben werden dann plötzlich von dem weißen Sandgürtel unterbrochen, auf dessen anderer Seite alle Nüancen zwischen Grau und Grün zu finden sind. Die Mittagssonne hat alles Leben in die Hütten und in die Schatten der Bäume getrieben, wir wähnen das einzig Lebende zu sein — da plötzlich beginnen die Nixen ihr Spiel. Die Boote durchschneiden die Zufluchtsstätte junger Fischbrut und die fingerlangen jungen Fische springen heerdenweise aus dem Wasser, um sich vor dem vermeintlichen Feind, welchen sie in den Booten wittern, zu retten. Zu beiden Seiten von uns schnellen fortwährend in hohen Bogensätzen diese silberschillernden Thierchen in großen Heerden bis zu vier Fuß hoch aus dem Wasser hervor und geben das Bild eines auf- und abwogenden Aehrenfeldes. Und kann eine Nixe wol einen schönern Acker haben, wie solche farbenreiche krystallklare Furchen mit solchen silbernen Garben? Der Zauber schwindet, die Wirklichkeit tritt in ihr Recht — wir sind bei dem Schiffe angelangt. Ich lege an und schicke unsere Samoanerin hinauf, um den König zu rufen. Gleich darauf wälzt sich eine unförmliche Masse in schwarzem europäischen Anzuge mit Lackstiefeln und grauem Cylinderhut das Fallreep hinunter. Zunächst sehe ich von unten aus über mir an zwei kurzen Beinen nur ein ganz ungeheueres Gesäß, welches den ganzen übrigen Menschen verdeckt und für dessen enorme Fleischmassen mir kein Raum in der Gig zu sein scheint. Doch der dicke Herr findet wirklich Platz in dem Boote, setzt sich neben mich, zeigt ein sehr verängstigtes Gesicht und wartet schweigend, bis auch unsere Samoanerin bei uns ist und ihn als König von Apamama vorstellt. Der Mann ist noch jung, Anfang der Zwanziger, hat kluge Augen, eine etwas gebogene fleischige Nase und herunterhängende Unterlippe. Er hat kaum Mittelgröße, aber einen mächtigen Umfang; Hände und Füße sind klein, das Haar trägt er nach europäischem Schnitt; sein Anzug ist gut und sauber.

Die Schnelligkeit, mit welcher der Mann in das Boot gekommen war, sagt deutlich, wie sehr er trotz seines guten Gewissens uns fürchtet; ich mache die Sache daher kurz und lasse ihm sagen, daß ich mit der Absicht hergekommen sei, ihn wegen der Ermordung eines Deutschen zur Rechenschaft zu ziehen, mich aber freue zu hören, daß die betreffende Nachricht falsch gewesen sei und ich ihn daher jetzt nur aufsuche, um ihm meinen Besuch zu machen. Die ihm gewordene Mittheilung veränderte schnell seinen Gesichtsausdruck, die Angst schwand und machte lachender Heiterkeit Platz, indem er mir gleichzeitig in gebrochenem Englisch sagte, daß ich ein gutes Kriegsschiff sei, weil ich nach meinen Landsleuten sähe. Danach ließ er mir durch den Dolmetscher mittheilen, daß der Urheber jenes Gerüchts ein wegen Unfug von der Insel gewiesener Samoaner sei, und ließ mich noch bitten, denselben einzufangen und ihm zu überliefern, damit er ihn todtschlagen lassen könne. Wir fuhren nun in meinem Boote zur nächsten Stadt, damit der König mich in einem seiner Häuser empfangen könne. Sein großes Segelkanu, welches in der Takelage als besonderes Abzeichen dieselben schwarzen Hahnenfedern wie das Allerheiligste in Tapituwea trägt, folgte uns. Nach kurzer Zeit waren wir an unserm nächsten Ziel angelangt und wurden dort von dem in ein langes Frauengewand gekleideten Vater* des Königs empfangen. Dieser führte uns in eine große Hütte, wo wir uns auf Matten lagerten. Die Bauart der Häuser hier ist dieselbe wie in Tapituwea, doch liegen dieselben nicht einzeln verstreut, sondern sind in Reihen und Viertel regelmäßig aufgebaut, sodaß zwischen den Häuserreihen sich gerade und gutgehaltene Straßen hinziehen. Man sieht gleich, daß hier Ordnung herrscht, daß nur Ein Wille regiert, welcher die Bewohner zur Ordnung zwingt. Die Hütten sehen durchweg ebenso ordentlich und sauber aus wie die Menschen. Wunderbar wirkt der Contrast zwischen der nicht weit abliegenden Insel Tapituwea und dieser Insel, dort die schrankenloseste Anarchie, hier Gesetz und Ordnung. Die Frauen, oder doch wenigstens die Mädchen scheinen von den Männern getrennt zu wohnen, denn als meine Bootsgäste nach einem bestimmten Stadtviertel hingingen, wurde ich gebeten, sie von dort wegzurufen, weil jenes Viertel die Wohnung der Frauen sei.

Die Männer tragen als Kleidung eine um den Körper geschlungene steife Matte, welche von dem Magen bis zu den Knien reicht und über den Hüften mit einer umgelegten Schnur zusammengehalten wird. Die Frauen tragen denselben schmalen Gürtel von schwarzem Gras, wie ihre Schwestern in Tapituwea. Die Hautfarbe ist ein schönes Braun, zwar sehr viel dunkler als das der Samoaner, als Farbe aber schöner, auch sieht die Haut dieser Menschen weicher und sammetartiger aus als diejenige der hellergefärbten Polynesier. Das glänzend schwarze, schlichte Kopfhaar wird auch, ebenso wie in Tapituwea, von beiden Geschlechtern gleich lang getragen, nach altdeutscher Art vorn an der Stirn kurz abgeschnitten und an den Seiten

* Der Vater des Königs ist ein Mann von etwa 45 Jahren und hat auf die Königswürde verzichtet, sobald sein Sohn erwachsen war. Genügender Grund für diese Abdankung war, daß die Mutter seines Sohnes, also seine eigene Frau, edleres Blut hat wie seine Mutter hatte.

wie hinten bis zur Schulter herabhängend, doch haben die Männer hier das Haar vielfach noch in der Mitte gescheitelt. Schmuck wird nur von den Männern in der Form von Halsketten getragen. Tätowirt sind vorzugsweise die Frauen und zwar merkwürdigerweise ausschließlich auf dem Rücken. Dieser ist von dem Hals bis zu den Hüften mit einem Muster versehen, welches demjenigen einer mit Holznadeln gestrickten blauen Jacke täuschend ähnelt; das Muster schneidet an beiden Seiten in einer geraden Linie von der Achselhöhle bis zum Hüftknochen ab, sodaß genau der halbe Oberkörper auf seiner Rückseite tätowirt ist und auf seiner Vorderseite die natürliche Hautfarbe zeigt. Außer dieser Malerei haben die Frauen noch auf beiden Armen einen ½ cm breiten blauen Strich eingeäzt, welcher genau in der Mitte auf dem halben Oberarm und zwar an der Außenseite beginnt, sich nach innen über das innere Ellenbogengelenk hinzieht und auf der Innenseite in der Mitte des halben Unterarms abschneidet. Dieser Strich ist beim Tanzen von großem Effect und hebt die graziösen Bewegungen des Armes besonders hervor, weil er hierbei fortwährend seine Zeichnung verändert und dadurch die Stellung des Armes schärfer hervortreten läßt. Ich glaube, daß ein solcher Armstrich bei unsern Damen modern werden würde, wenn sie den Reiz, welcher in ihm liegt, kennen würden. Zur Vervollständigung des Vorstehenden sei noch bemerkt, daß die vornehmen Frauen eine sehr viel hellergefärbte Haut als das niedere Volk haben, weil sie zur Erhaltung der als schöner geschätzten hellen Hautfarbe sich nie den Sonnenstrahlen aussetzen und am Tage eigentlich immer im Hause bleiben.

In dem Hause des Königs fanden wir noch seine aus einem alten Thonpfeifenstummel rauchende Mutter und seine Schwester. Die letztere hatte eine auffallende Aehnlichkeit mit dem König und war, wenn auch nicht ganz so stark wie er, doch eine gehörig schwere Person, deren Fleischmassen wol nur deshalb nicht so auffielen, weil sie eben so ziemlich unbekleidet war. Bei dieser Gelegenheit, wie auch nachher bei dem großen Tanz, lernte ich kennen, mit welcher Geschicklichkeit die Weiber mit dem dünnen, fast durchsichtigen Grasgürtel stets decent bedeckt bleiben. Beim Gehen schweben die Gräser so schnell hin und her, daß sie undurchsichtig bleiben, beim Hinsetzen werden mit großer Geschicklichkeit die Grashalme von den Seiten weg gleichmäßig nach hinten und vorn gestreift, sodaß die mit gekreuzten Beinen sitzenden Frauen eigentlich nackter wie vorher, aber dennoch schicklich verhüllt sind.

Während wir in der schattigen kühlen Hütte lagen, rauchten und die Königsfamilie mit Aepfelwein tractirten, entfernte sich der König auf kurze Zeit, um Befehle für einen Tanz zu geben und sich schön zu machen, denn bald kam er schmunzelnd in einem ganz neuen feinen grauen Tuchanzug wieder. Um uns herum wurde es in den Hütten lebendig, die Vorbereitungen für den Tanz nahmen ihren Anfang. Nach einer Stunde wurden wir nach einem andern Theil der Stadt in das dort liegende große Berathungshaus geführt. Dasselbe hat ungefähr dieselben Dimensionen und dieselbe Einrichtung wie das auf Tapituwea, nur daß hier an den Seiten unter dem Dach mehrere Todtenschädel in gleichmäßigen Abständen aufgestellt sind; dieselben sollen von erschlagenen Feinden herrühren, doch vermuthe ich, daß es die Schädel der vor sechs Jahren erschlagenen Schiffsmannschaft sind. In und bei dem Hause ist die ganze Bevölkerung des Platzes anwesend: die Tänzer und Tänzerinnen in dem Hause, die Zuschauer außerhalb desselben. Die tanzenden Männer stehen auf der einen schmalen Seite des Hauses, das Gesicht dem Allerheiligsten zugekehrt, die tanzenden Frauen ihnen gegenüber auf der andern Seite, sodaß sie sich gegenseitig ansehen. Beide Parteien sind in der Front je 16 Köpfe stark, in der Tiefe jedoch haben die Weiber neun Glieder, die Männer dagegen nur fünf. Es sind demnach bei dem Tanz etwa 140 Weiber und 80 Männer betheiligt. Der König lagert sich, mit dem Gesicht den Frauen zugekehrt, vor dem Allerheiligsten, wir nehmen mit dem Vater des Königs in der Mitte zwischen beiden Parteien an der einen Langseite des Hauses Platz. Weder der König noch wir werden bei unserm Eintreffen begrüßt, die Tänzer stehen in bequemer Haltung auf ihren Plätzen, verhalten sich ruhig und betrachten nur neugierig uns Fremdlinge. Ehe der Tanz beginnt verstreichen einige Minuten, welche uns gestatten, die vor uns stehenden Menschenreihen in Ruhe oberflächlich zu mustern. Die Männer unter sich, wie die Weiber sind ganz uniform bekleidet; die Männer tragen reine hellgelbe Matten, wie vorher schon beschrieben, die Weiber haben um den Hals und über ihrem schwarzen Grasgürtel einen grünen Blätterschmuck angelegt, welcher ihnen gut steht. Dieser Schmuck ist in der Weise aus dem Blatt der Kokospalme gewonnen, daß das Blatt in der Mitte seiner Rippe der Länge nach getheilt wird und je ein halbes Blatt als Gürtel oder als Halsband dient, indem die langen schmalen Blätter strahlenförmig herabhängen. In beiden Lagern sind die ältern Mitglieder in den ersten Reihen, die jungen und hübschen stehen hinten, wol weil sie noch nicht sicher genug sind, und ganz hinten stehen die Kinder, für welche eine derartige Aufführung gleichzeitig eine Unterrichtsstunde ist.

In den Reihen der Männer fällt mir, noch mehr als dies in Tapituwea der Fall war, die große Verschiedenheit in den Gesichtszügen auf. Da stehen gerade vor mir drei Männer mit so charakteristischen Köpfen, daß ich nicht umhin kann, sie mit europäischen Männern und zwar mit solchen ganz bestimmter Berufsklassen zu vergleichen. Der eine ist ein großer, stattlicher, starker Mann, 40—50 Jahre alt, mit kurzer dicker Nase, langem bis unter die Ohren reichenden Haupthaar und kurz geschnittenem Bart, welcher, als schmale Krause von den Ohren unter das Kinn laufend, das sonst sorgfältig rasirte breite Gesicht einrahmt. Der Mann gibt das getreue Abbild eines in guten Verhältnissen lebenden Pädagogen. Neben diesem steht in gebückter Haltung ein altes dürres Männchen mit schmalem Gesicht, feiner, schmaler, schön geformter Nase und stechenden Augen, welcher das dünne graue Haar von der hohen Stirn und aus den Schläfen nach hinten gestrichen hat, ein langer grauer Bart fällt bis auf die Brust herab. Bei uns würde der Mann als tiefer Denker und Gelehrter passiren. Der dritte ist eine merkwürdige Erscheinung, wie sie im Leben nur selten angetroffen wird und die man dann als etwas Räthselhaftes betrachtet. Auf Bildern aus der Biblischen Geschichte figuriren solche Gestalten als Apostel oder als Märtyrer aus der ersten Christenzeit. Der Mann ist über sechs Fuß groß mit auffallend schmalen Schultern, das in der Mitte gescheitelte und bis auf die Schulter herabfallende Haar umrahmt ein schmales feines Gesicht, die tiefliegenden Augen strahlen ein fanatisches Feuer aus, eine auffallend feine, etwas gebogene Nase veredelt das nur mit einem kleinen dünnen Schnurrbart versehene Gesicht, aus welchem über den eingefallenen fleischlosen Backen die Backenknochen scharf hervortreten. Der ganze Körper, welchem jede Rundung fehlt, zeigt nur Muskeln und Sehnen und gibt so das Bild eines zähen, widerstandsfähigen Menschen, dessen Gesichtsausdruck zu sagen scheint, daß die in dieser zähen Hülle wohnende Seele auch den Körper zu jeder That zu zwingen weiß, wenn es gilt, einen gefaßten Entschluß durchzuführen.

Wenn es mich nicht zu weit führte, könnte ich noch ein halbes Dutzend solcher charakteristisch aussehender Menschen beschreiben, doch genügen wol diese drei Beispiele allein zum Verständniß der merkwürdigen Empfindung, welche mich beschlich, als ich bedachte, daß diese Männer nun vor uns einen sinnlosen Tanz aufführen sollten.

Die Reihen der Weiber zeigen auf den ersten Blick, daß hier die ganze Stadt zu dem Tanze aufgeboten ist, denn in denselben ist nicht nur jedes Alter vertreten, sondern auch die alte Mutter und die Schwester des Königs füllen ihren Platz unter den Tänzerinnen aus.

Die Weiber beginnen den Tanz, ihnen folgen nachher die Männer, und so geht es abwechselnd eine Stunde lang fort, indem immer eine Partei tanzt und die andere währenddessen ruht. Hätten wir die Zeit, Geduld und Lust gehabt, dem Tanze länger zuzusehen, dann würden die Leute wol mehrere Stunden mit diesem Vergnügen ausgefüllt haben, welches keine Abwechselung bietet, da der Tanz auf beiden Seiten immer in denselben Bewegungen besteht und die kleinen Abweichungen, welche durch den Sinn des Darzustellenden bedingt werden, kaum in die Augen fallen oder doch von uns nicht verstanden wurden. Zu jedem Tanz werden einige sich stets wiederholende Strophen gesungen, deren Worte die Erklärung des Tanzes, die Töne die erforderliche monotone Musik geben. Die Durchführung des Tanzes ist im ganzen tadellos, Gesang und Bewegungen halten sich in so vollkommenem Rhythmus, daß die ganze Masse nur von einem Willen geleitet zu sein scheint und sich in Bezug auf Gleichmäßigkeit der ganzen Handlung mit dem besten europäischen Ballet messen kann. Die Darstellungen beziehen sich natürlich nur auf Episoden, welche in dem Leben dieser Insulaner vorkommen. Der Tanz der Männer soll vorzugsweise den Krieg, Walfisch- und Haifischfang u. dgl. vorstellen; der der Weiber gibt im Bilde die Begrüßung von Gästen, Fischfang, Nachhut im Kriege, Bootsfahrten u. s. w. wieder. Der Tanz der Männer besteht hauptsächlich darin, daß sie auf ihrem Platze ein Bein nach dem andern schnell aufheben, sich jäh von einer Seite zur andern drehen und dabei mit der flachen linken Hand auf die steife Matte, mit der hohlen rechten sich unter die linke Brust schlagen und so den Lärm des Gesanges noch durch ein geräuschvolles Geklapper und Geklatsche unterstützen. Ein oder zwei Vorsänger, welche nur mit den Armen gesticuliren, singen erst eine Strophe, auf welche dann die ganze Masse mit den obengenannten Bewegungen, mit Gesang, Geklapper und Geklatsche einfällt. Beim Walfischfang treten noch Bewegungen des Oberkörpers hinzu, welche das angestrengte Ziehen verbildlichen sollen, das zum Aufschleppen des Fisches auf das Land erforderlich ist. Beim Kriege werfen sich plötzlich alle bis auf zwei Führer als todt nieder, bis sie von diesen wieder zum Leben zurückgerufen werden. Der Haupteindruck eines solchen Tanzes auf den Europäer ist der eines ganz ungeheuern Lärmens.

Der Tanz der Weiber unterscheidet sich insofern auffallend von demjenigen der Männer, als er in sanften und ruhigen Bewegungen besteht, während dieser einen durchaus jähen und wilden Charakter hat. Dies ist deshalb merkwürdig, weil auf den Südsee-Inseln sonst die Weiber nicht nur die Männer in feuriger und leidenschaftlicher Ausführung des Tanzes zu übertreffen suchen, sondern sie auch wirklich übertreffen, wenigstens ist dies auf den Gesellschafts- und Samoa-Inseln der Fall. Der Tanz der Frauen besteht hier eigentlich nur in graziösen Armbewegungen und die Beine treten nur in Action, um den Körper in gemessenem Tempo nach rechts und links zu drehen, einige Schritte zurückzugehen und dann wieder den alten Platz einzunehmen, wobei das Ganze ohne Commando so exact arbeitet, wie es eine gut einexerzirte Truppe auf dem Paradeplatz nicht besser machen kann. Zuweilen allerdings wird auch der Platz insofern verändert, als die vordern Reihen nach hinten gehen und die hinten stehenden nach vorn durchpassiren lassen, und dies ist dann der Zeitpunkt, wo man einen Blick auf die jugendlichen Gestalten werfen kann. Der Gesang, welcher mit vollen Lungen und so kräftig wie möglich gegeben wird, erhält auch noch eine Verstärkung durch Klatschen, doch lassen die Frauen ihre linke Hand nur leicht auf den raschelnden Grasschurz fallen, was ein leises Rauschen verursacht; mit der hohlen rechten Hand schlagen sie sich aber auch ganz kräftig unter die linke Brust, doch immerhin etwas zarter als die Männer dies thun. Eine Darstellung, welche für uns wahrhaft ohrenzerreißend war, scheint in besonderm Ansehen zu stehen; bei dieser bemüht sich jedes Frauenzimmer, von dem ältesten Mütterchen bis zum kleinen Kinde, im höchsten Discant so laut wie möglich zu kreischen, und was das in solch geschlossenem Hause von über 140 kräftigen Lungen ausgeführt zu bedeuten hat, kann jeder sich gewiß denken. In grellem Gegensatz zu diesem Höllenlärm, welcher wahrscheinlich im Kampfe den Gegner schrecken und die streitenden Männer der eigenen Partei unterstützen soll, steht die Schilderung einer Bootsfahrt. Mit leisem Gesang und ganz leisem Geklatsche beginnt die Gruppe sich nach rechts und links, vorwärts und rückwärts zu bewegen; das Ganze wogt in schönster Gleichmäßigkeit auf und ab und die Intervalle zwischen den einzelnen Personen sind mit schönen Armen ausgefüllt, welche die Ruderbewegungen nachahmen. Gesang und Klatschen werden immer leiser, nur ein leises Summen ist noch zu hören, auch dieses verstummt, und der Zuschauer, welcher vorher durch den Lärm zu sehr in Anspruch genommen wurde, findet jetzt erst Gelegenheit, die schönen hin- und herschwebenden Gestalten zu bewundern und sich an dem vortrefflichen Beinwerk zu erfreuen, welches die Natur diesen Menschen geschenkt hat. Es ist wirklich ein Genuß, dieses leichte Spiel der schönen Glieder zu sehen.

Als abweichend von den Tänzen anderer Inselvölker, wo die ganze Leidenschaft sich in den Gesichtszügen abspiegelt, fiel mir hier auf, daß Männer wie Frauen ihren Gesichtsausdruck an dem Tanze nicht theilnehmen ließen und diesem nach unsern Begriffen somit einen höhern Kunstwerth verleihen, indem der Zuschauer sich eben ganz in die mimische Darstellung der durch die Körperbewegungen angedeuteten Bilder vertiefen kann.

Der König zeigte anscheinend, ebenso wie die andern Zuschauer, wenig Interesse an dem Tanz und beschäftigte sich während der ganzen Zeit mit einem etwa sieben Jahre alten weißen Kinde, welches ihm kurz nach dem Beginn des Tanzes gebracht worden war. Auf meine erstaunte Frage, wie das weiße Kind hierher käme, wurde mir geantwortet, daß es ein Kind einer Schwester des Königs und ein Albino sei, welche hier wie in Polynesien häufig vorkommen. Sobald man erst darauf aufmerksam gemacht war, konnte man aus dem scheuen Wesen des Kindes auch schon aus der Entfernung den Albino erkennen. Der König selbst ist kinderlos und hat nur adoptirte Töchter, da hier wie auch bei den Samoanern jeder hohe Häuptling zur Aufrechterhaltung seiner Stellung eine erwachsene Tochter haben muß. Dieselbe ist gewissermaßen eine unentbehrliche Hofcharge.

Kingsmill-Insulaner.

Für den Krieg gerüsteter Häuptling im Panzer aus Kokosnußfasern.

Als wir genug gesehen hatten, ließ ich dem König mittheilen, daß ich jetzt auf mein Schiff zurückfahren würde, und lud ihn gleichzeitig ein, mit mir zu kommen, um sich das Schiff anzusehen. Er nahm die Einladung an, wir gingen zu meinem Boot, wurden dort indeß noch etwas zurückgehalten, weil der König mir als Geschenk Waffen und Kokosnüsse zugedacht hatte, welche noch nicht zur Stelle waren. Ich erhielt einige sehr schön gearbeitete Speere, eine kurze dolchähnliche Waffe, einen Panzer aus Kokosnußfasern und mehrere hundert Kokosnüsse, im ganzen so viel, daß in der Gig für uns kaum Platz übrigblieb und wir für die lange Fahrt nur sehr unbequeme und harte Sitze fanden. Endlich gegen 4 Uhr kamen wir fort, nachdem die Einschiffung des Königs noch einige Schwierigkeiten gemacht hatte. Er erwies sich als zu schwer, um von zwei Matrosen durch das Wasser bis zum Boot getragen zu werden, der Versuch wurde daher aufgegeben und auf Zuruf kamen dann aus seinem Kanu vier Eingeborene mit einer Art tragbarer Brücke, auf welcher der König stehend bis zum Boot getragen wurde. Die Dampfpinnasse spannte sich vor mein Boot, wir dampften ab, des Königs Kanu folgte unter Segel; so kamen wir kurz nach 5 Uhr auf der „Ariadne" an. Der dicke König war durch die Seefahrt, durch das unbequeme Sitzen und schließlich durch die Angst bei dem nicht ganz gefahrlosen Aussteigen, das für einen so beleibten Herrn bei dem hohen Seegang und dem starken Strom äußerst schwierig war, so angegriffen, daß ich ihn vor allen Dingen speisen und tränken mußte. Ein kaltes gebratenes Huhn beschrieb, von seinen Händen gefaßt, vor seinem Gesicht die wunderlichsten Linien und wurde zusehends dünner, die halbe Flasche Champagner war so schnell leer, daß der königliche Herr mit strahlendem Gesicht um eine zweite bat. Die Befriedigung, welche Essen und Trinken hervorgebracht, hielt allerdings nicht lange an, denn die dem König vorgemachten Exercitien mit blindem Schießen und Kleingewehr-Schnellfeuer waren bei ihm von so durchschlagender Wirkung, daß der arme Mann bleich und zitternd sich kaum zu halten vermochte und sich so scheu nach allen Seiten umsah, daß ich es für räthlich hielt, ihn schleunigst in ein geheimes Cabinet zu führen. Was er da gemacht, weiß ich nicht, nur so viel weiß ich, daß er nach einiger Zeit, wenn auch noch bleich, doch mit beruhigten Mienen wieder zum Vorschein kam. So viel steht aber fest, daß er an die

Freude, welche er vorher beim Essen und Trinken empfunden hatte, nicht mehr dachte.

Wenn ich es wegen der vorgerückten Tageszeit auch schon aufgegeben hatte, noch an demselben Tage die Weiterreise anzutreten, so wollte ich doch den König nicht länger an Bord behalten, weil ich ihn wegen der in Ansehung des starken Stromes gefährlichen Passage noch vor Dunkelwerden sicher an Land sehen wollte. Der dicke Herr erhielt daher seine Geschenke, eine von dem Consul zu dem Zweck mitgebrachte Wanduhr, sowie sechs halbe Flaschen Champagner, und wurde dann in sein Kanu befördert.

Unsere samoanische Dolmetscherin, welche mit ihrem schneeweißen Bündelchen in der Hand dem König an Land folgte, hatte ein Kistchen Cigaretten erhalten. Beim Weggehen sagte noch der König, sich scheu umsehend, daß solch ein Schiff denn doch zu stark wäre, um dagegen kämpfen zu können; der Zweck, ihm Furcht vor den überlegenen Waffen der Europäer zu machen, war somit erreicht. Solche militärische Schaustellungen versehen den Eingeborenen gegenüber denselben Zweck wie ihre Tänze und werden von den Kriegsschiffen daher benutzt, um die von den Eingeborenen gegebenen Festlichkeiten zu erwidern, dabei gleichzeitig aber auch den Wilden die Macht einer solchen Kriegsmaschine zu zeigen und sie dadurch von Gewaltthätigkeiten gegen Angehörige derselben Flagge abzuhalten. Häufig allerdings begehen die Kriegsschiffe den Fehler, diesen Wilden mit den großen Kanonen etwas vorzuknallen, was verhältnißmäßig wenig Eindruck macht, weil sie dies schon oft gehört haben. Ein Schnellfeuer mit den Gewehren ist das, was die Wilden erzittern und erbeben macht, denn dieses fortwährende Geknatter ohne Aufhören, benimmt ihnen vollständig die Besinnung.

Während der Fahrt von der Stadt nach der „Ariadne" zurück hatte der König mich wiederholt um eine Bescheinigung gebeten, daß ich auf seiner Insel alles in der besten Ordnung vorgefunden habe. Ich konnte ihm der Wahrheit gemäß antworten, daß ich, soweit die kurze Zeit mir einen Einblick gestattet habe, allerdings die beste Ordnung anerkennen müsse, ich aber trotzdem zur Ausstellung eines derartigen Zeugnisses mich nicht für befugt hielte. Würde er indeß in ein ähnliches Vertragsverhältniß wie der König von Funafuti zu uns treten, dann läge die Sache anders und ich würde dann gern seiner

Bitte entsprechen. Ich wollte hierdurch den Boden für den Abschluß einer ähnlichen Uebereinkunft ebnen, weil der Mangel eines der Apamama-Schriftsprache mächtigen Dolmetschers mir nicht gestattete, schon jetzt in der Sache vorzugehen. Der König ließ sich erklären, um was es sich bei solcher Uebereinkunft handle, und war dann gleich zu dem Abschluß einer solchen bereit. Ich hätte nun im Beisein von Zeugen ihn eine in deutscher Sprache ausgefertigte Verhandlung mit seinem Handzeichen versehen lassen können, doch werden derartige Abmachungen so oft von böswilliger Seite als erschwindelt bezeichnet, daß ich ablehnte, unter dem Vorwande, er müsse selbst erst lesen und schreiben lernen, damit er auch selbst den Inhalt der niedergeschriebenen Abmachung beurtheilen könne. Hierbei kam denn nun heraus, daß der König schon mit dem Studium des Lesens und Schreibens begonnen hat und zwar, um den Unterricht seiner Unterthanen zu ermöglichen. Er will nicht zugeben, daß seine Unterthanen mehr wissen wie er selbst, und hat sich als tüchtiger Landesvater daher dazu entschlossen, selbst sofort das Nothwendige zu lernen, um der Fortbildung seiner Unterthanen nicht im Wege zu stehen. Nach allem, was ich hier gesehen habe, komme ich zu dem Schluß, daß der König von Apamama in seiner Sphäre ein hervorragender Mann ist und entschiedene Herrschertugenden besitzt.

Am nächsten Morgen, am 22., verließ ich Apamama wieder und langte am 23. nachmittags vor der Insel Taritari an, welche im Verein mit Makin das nördlichste Königreich der Kingsmill- (Gilbert-) Inseln bildet. Ich hatte die Absicht in die Lagune einzulaufen, fand aber die Karte so falsch, daß ich mich an die Einfahrt mit dem Loth erst hinanfühlen mußte und das kostet viel Zeit. Da wir außerdem auch noch vielfach durch Gewitterböen, welche alles in dichten Regen hüllten und somit jedes Erkennen des Landes und der Untiefen unmöglich machten, belästigt wurden, so rückte der Abend heran, die Dunkelheit überraschte uns in der Einfahrt und ich mußte gezwungenermaßen da, wo ich mich gerade befand, ankern, weil wir andererseits wieder zu weit vorgedrungen waren, um noch bei Tageslicht die offene See zurückgewinnen zu können. Unser Zweck war hier nur eine Recognoscirung, ob diesem Platze oder Apamama der Vorzug als Centralstation für den Handel zwischen diesen Inseln zu geben sei, um danach beurtheilen zu können, welches die bessere Kohlenstation

23*

sei, für den Fall, daß unsere Regierung eine solche hier zu erwerben wünsche; ich hatte daher unsern Aufenthalt hierselbst auf nur 24 Stunden angesetzt.

Zu guter Zeit machten wir uns am nächsten Tage bei trübem Wetter mit den Booten auf den Weg nach dem mehrere Seemeilen entfernten Wohnort des Königs. Nach einer zweistündigen Fahrt, während welcher auch das Fahrwasser daraufhin untersucht wurde, ob es brauchbar für größere Schiffe sei, langten wir endlich bei der sogenannten Stadt an und hatten, da es gerade Niedrigwasser war, einen weiten Weg durch nassen Sand zu machen. Der erste Eindruck, welchen wir beim Landen empfingen, war grundverschieden von dem, welchen wir von den letztbesuchten Inseln mitgebracht hatten. Obgleich diese Insel von derselben Formation und Bodenbeschaffenheit wie Apamama ist, von derselben Menschenrasse bewohnt wird und nur eine Tagereise von dieser entfernt liegt, ist hier doch alles anders und findet sich die einzige Uebereinstimmung nur in der Tracht der Frauen.

Die Wohnungen bestehen entweder in kleinen Hütten mit geschlossenen Seitenwänden, welche auf Pfählen ruhen und bei Hochwasser von der See unterspült werden, oder aus Hütten nach Art der Samoahäuser, d. h. aus hohen Laubdächern, die von vier Fuß hohen Pfählen getragen werden. Die erstere Art soll jedenfalls Schutz gegen die hier wie auf allen Südseeinseln herrschende Rattenplage gewähren. Die Frauen tragen, wie schon bemerkt, als Kleidung einen schmalen Grasschurz, die Männer ein Hüfttuch aus buntem Baumwollstoff, die Kinder beiderlei Geschlechts gehen bis zu einem ziemlich reifen Alter ganz nackt. Die Frauen tragen das Haar hinten länger, die Männer kürzer als auf den südlicher gelegenen Inseln. Tätowirung habe ich nicht wahrgenommen. Bei unserer Ankunft fanden wir so ziemlich die ganze männliche Bevölkerung betrunken und damit beschäftigt, der Branntweinflasche noch weiter zuzusprechen. Ob ein vor wenigen Tagen hier gewesener englischer Schooner die empfangenen Waaren mit diesem Gift bezahlt hatte oder ob das Getränk von hier wohnenden Chinesen gekauft war, um ein Fest zu feiern, weiß ich nicht; ich vermuthe aber das erstere. Um zum König zu gelangen, mußten wir einen Weg von etwa drei Viertelstunden zurücklegen, wobei wir ununterbrochen zur Rechten und Linken an Gruppen be-

Kingsmill-Insulanerinnen.

trunkener Männer vorbeikamen. Hier und da versuchten zwei oder drei Weiber einen Mann wegzuschaffen; es werden wol seine Frauen gewesen sein. Trotzdem auf diesen Inseln ein Mangel an weiblicher Bevölkerung vorhanden ist, herrscht doch Vielweiberei. Nur die höhere Kaste darf sich den Luxus einer oder mehrerer Frauen gestatten, die Männer der niedern Kaste gelten als Sklaven und sind zur Ehelosigkeit verurtheilt.

Als wir etwa zwei Drittel des Weges zurückgelegt hatten, trafen wir bei einer Frischwassercisterne, deren es viele auf der Insel gibt und welche wahre Brutstätten der Mosquitos sind, zwei Frauen, welche hier in Flaschen und Kokosnußschalen Wasser geholt hatten und eben den dicken Stock, in dessen Mitte der Korb mit dem Wasser hing, auf ihre nackten Schultern hoben. Auf unsere Frage, ob wir auf dem richtigen Weg zum König seien, erhielten wir eine bejahende Antwort und wurden bedeutet, ihnen nur zu folgen, da sie auch dorthin gingen. Dann gesellte sich auch noch ein nüchterner Mann zu uns, mit dem Anerbieten, uns zu führen. Ich erwähne die vorgenannten beiden Frauen hier, weil ich die eine näher beschreiben muß, da sie sowol durch ihr ungewöhnliches Gesicht, wie ihren feinen elastischen Körper jedem auffallen mußte. Da sie ferner das hintere Ende des Stockes trug, so ging sie gerade vor mir und ich hatte auf diese Weise genügende Zeit, sie zu beobachten. In dem feinen ovalen Gesicht, welches sich nach dem Kinn hin in schönen Linien verjüngt, fesseln unwillkürlich die großen mandelförmigen Augen, deren tiefschwarze Augensterne ein mildes Feuer ausstrahlen. Die von der schönen feinen Stirn auslaufende feine, etwas scharf gebogene Nase macht durch ihre Größe das Gesicht interessant. Der kleine Mund mit seinen frischen schwellenden Lippen, welche dem scharfgeschnittenen Gesicht wieder etwas außerordentlich Kindliches gaben, sowie zwei Reihen schöner Perlenzähne passen zu dem feinen schmalen Kinn. Einige dunkle Leberflecke von der Größe einer Linse heben sich von den braunen Wangen scharf ab und passen so vollkommen in dieses Gesicht à la Marie-Antoinette, daß man sich dasselbe ohne sie gar nicht denken kann. Auch das starke Haar gibt dem Kopf noch etwas Apartes, denn dasselbe ist nicht, wie sonst hier, schlicht, sondern fällt in scharf gekräuselten Wellen wie eine Mähne bis auf den halben Rücken herab. Der Hals ist schlank und sitzt tadellos auf den vollen nicht zu breiten Schultern; die übrigen Körperlinien sind von zweifelloser Schönheit, wie auch Arme, Hände und Füße. Der ganze Körper zeigt die reizende Fülle und Rundung der eben vollaufgeblühten Jungfrau; das reizende Geschöpf ist mit einer aufbrechenden Knospe zu vergleichen, welche mit unwiderstehlicher Jugendfrische dem Leben entgegenquillt. Die kleine zierliche, dicht vor mir gehende Person trägt ihre schwere Last mit beneidenswerther Leichtigkeit. Der elastische Oberkörper paralysirt das auf die Schultern drückende schwere Gewicht durch schlangenartige Bewegungen, in den runden Hüften findet man den Abschluß der über ihnen liegenden Anstrengung, darunter schreiten die zierlichen Beine so leicht aus, als ob sie gar nichts zu tragen hätten. Hiermit harmonirt auch das Gesicht, welches die kleine Insulanerin jedesmal nach Zurücklegung einiger Schritte uns zuwendet, um sich sorglos lachend nach uns umzusehen.

Der Weg ist mir trotz der drückenden Hitze außerordentlich kurz geworden, ein vor uns liegendes Haus wird uns als die Wohnung des Königs bezeichnet, der Eintritt aber noch verwehrt mit dem Ersuchen, etwa 20 Schritte davon entfernt noch etwas zu warten. Das offene Haus gestattet uns zu sehen, daß mehrere Weiber damit beschäftigt sind, dem König ein Hemd anzuziehen, und darin finden wir die Erklärung der Verzögerung. Nach Beendigung der Toilette werden wir ersucht näher zu treten und nehmen auf ausgebreiteten Matten neben dem jungen, auf dem Todtenbette liegenden Manne Platz. Der König liegt auf Matten, ist durch Kissen unterstützt und durch leichte Vorhänge gegen die Sonne geschützt. Sechs seiner Frauen sind fortwährend um ihn beschäftigt, ihm kleine Handreichungen zu leisten, Kühlung zuzufächeln und die lästigen Fliegen und Mosquitos von ihm fern zu halten. Er muß früher ein schöner Mann gewesen sein, liegt jetzt an einer von den Europäern hierher verpflanzten, hier nicht näher zu nennenden Krankheit hoffnungslos darnieder und sieht in einem Alter von 35 Jahren täglich seiner Auflösung entgegen. An ihm fiel mir als merkwürdig auf, daß seine Fingernägel etwa 5 cm lang waren. Ich war bisher in dem Glauben befangen, daß diese Sitte nur in China zu Hause sei, mußte aber hier hören, daß auf Taritari und Makin schon seit alters her und jedenfalls seit länger als man hier Kenntniß von China hat, von den Vornehmen dieses Abzeichen der Herren, welche nicht zu arbeiten brauchen, getragen wird.

Bei dem körperlichen Zustand des Königs war weder daran zu denken, irgendwelche Abmachungen zu treffen, noch konnten die wüste Wirthschaft hier und auch nicht die örtlichen Verhältnisse diesen Platz als geeignet für eine Centralhandelsstation erscheinen lassen. Ich beschränkte mich daher darauf, dem König eine anständige Behandlung der etwa hier verkehrenden Deutschen zur Pflicht zu machen. Eine halbe Stunde nach unserm Eintreffen waren wir wieder auf dem Rückwege zu unsern Booten, trafen kurz nach 12 Uhr nachmittags auf der seeklarliegenden „Ariadne" ein und suchten gegen 1 Uhr wieder die offene See auf, unsern Curs nach den Marshall-Inseln nehmend.

12.

Die Marshall-Inseln.

4. December 1878.

Nun liegen auch die Marshall-Inseln wieder hinter mir und mit diesen eine ereignißreiche kurze Zeit. Die deutschen Handelsinteressen sind hier so bedeutende, daß ich mich, um die Inseln vor der Begehrlichkeit anderer Nationen zu schützen, zu weitergehenden Maßregeln veranlaßt sah, als ich ursprünglich beabsichtigte. Möge das, was ich gethan habe, dereinst dazu führen, daß diese Inseln dem Deutschen Reiche einverleibt werden können.

Am 26. November kam mit Tagesanbruch Jaluit (spr. Dschalúit), die Hauptinsel der westlichen Marshall-Gruppe, welche die Ralickkette genannt wird, in Sicht. Eine kräftige Regenbö brachte das unter schwerem Segeldruck sich schüttelnde Schiff bald vor die schmale Einfahrt zu der Lagune dieser großen Koralleninsel, wo ihm die weißen Fittiche genommen wurden und an deren Stelle der rauchende Schlot trat, um die enge Passage nach dem Ankerplatze unter Dampf zu machen. Dicht vor der Einfahrt kam ein europäisches Boot heran und in diesem der Chef eines der beiden hiesigen deutschen Häuser, Herr Hernsheim, um uns zu begrüßen und mir einen seiner Schiffsführer als Lootsen zur Verfügung zu stellen, was ich dankbar annahm. Gegen 10 Uhr vormittags fiel der Anker, und es war meine Absicht, einen ungewohnt langen Aufenthalt hier zu nehmen, um mir selbst, wie der ganzen Besatzung nach langer Zeit wieder einmal etwas Ruhe zu gönnen. Denn wenn der Aufenthalt auch nur auf vier Tage, woraus nachher fünf wurden, angesetzt war, so bedeutete dies nach den hinter uns liegenden fünf Wochen doch immerhin eine langentbehrte Erholung, welche für das ganze Schiff eine große Wohlthat wurde. Kaum zu Anker mußte ich selbst allerdings gleich an die Erledigung meiner Geschäfte und an deren Ausführung denken. Der

Consul nahm mir zwar die Hauptarbeit ab, indem er die endgültige Redaction der in Aussicht genommenen Uebereinkunft, welche vorher besprochen und durchberathen war, übernahm und deren Uebersetzung in die Landessprache beaufsichtigte. Trotzdem blieb aber für mich noch genug zu thun übrig, um meine Zeit mit Besuchen, mündlichen Verhandlungen, Versorgung des Schiffes mit Proviant, Wasser und Kohlen, Anordnungen von Festlichkeiten, Einziehung von Nachrichten über die hiesigen Verhältnisse u. s. w. auszufüllen.

Einfahrt in den Hafen von Jaluit.

Jaluit ist eine große Laguneninsel, also ein schmaler Ring niedrigen Korallenlandes, welches einen großen See umschließt. Das den Deutschen (andere besitzende Europäer sind nicht auf der Insel) gehörige Land trägt eine reiche Auswahl von Früchten, Gemüsen und Blumen, was dadurch ermöglicht wurde, daß mit großen Kosten von andern Inseln guter Mutterboden hierher gebracht und das Korallenland damit bedeckt worden ist. Das Land der Eingeborenen trägt nur Kokosnußbäume und hier und da kleine Anpflanzungen von kartoffelähnlichen Erdfrüchten. Die deutsche Ansiedelung macht mit ihren bequemen Wohnhäusern und großen Vorrathsmagazinen, mit ihren herrschaftlichen Umzäunungen, gut gehaltenen Wegen und weithin sichtbaren mastenartigen Flaggenstangen einen sehr stattlichen Eindruck; die Dörfer der Eingeborenen, aus elenden schmutzigen Hütten bestehend, liegen verstreut unter den Kokosnußbäumen. Nur der König hat ein ganz nettes kleines, hölzernes Haus, welches luftig und sauber gehalten ist. Es besteht aus einem Wohn- und einem Schlafzimmer, die Dielen sind mit Matten belegt, die Wände mit einer Uhr und einigen einfachen Bildern verziert; ein hölzernes Bett, ein ebensolcher Tisch und einige Stühle bilden das Mobiliar. Die Küche liegt neben dem Hause in einer ortsüblichen Hütte. Die Hütten der Eingeborenen bilden einen mit einem niedrigen Laubdach bedeckten und rundherum mit trockenen Blättern und Reisern geschlossenen Raum, welcher eben Platz genug bietet, daß die Familie auf dem unbedeckten Boden liegen kann. Die Küche befindet sich hier ebenfalls in einem Nebenraume. Die Häuser der Weißen sowol wie die Hütten der Eingeborenen liegen alle an der gegen den vorherrschend starken Passat geschützten Innenseite der Insel, an der Lagune, wo die Ankerplätze der Schiffe sich befinden, wo gegen den Wind geschützt überhaupt nur Pflanzen gedeihen, die Eingeborenen fischen und von wo aus sie mit ihren leichten Kanus ohne Gefahr Reisen nach einem andern Theile der Insel machen können. Allerdings findet man auch an der Windseite der Insel noch Wohngelasse, doch nur solche zu ganz besondern Zwecken. Die beiden deutschen Häuser haben jedes dort ein kleines Lusthäuschen mit regenfestem Dach und durchbrochenen gitterähnlichen Wänden, von wo aus man einen freien großartigen Ueberblick auf das weite unbegrenzte Weltmeer und auf die am Strande wenige Schritte vom Beschauer hochauflaufende majestätische Brandung hat. Hier ist es, wo man zu jeder Tageszeit und namentlich des Abends, wenn der abgeflaute Wind nicht mehr die Kraft besitzt bis zu den Wohnhäusern vorzudringen und sie zu durchstreichen, Ruhe und Erfrischung findet, wo man gegen die Mosquitos, welche sich dann in den Wohnhäusern sehr unangenehm bemerkbar machen, geschützt ist.

Die an der Windseite gelegenen Hütten der Eingeborenen bieten nur Platz für je eine Person und werden nur von Frauenzimmern bezogen. Jede Familie hat dort, je nach ihrem Bedürfniß, ein oder mehrere solch kleiner Hütten, wo die erwachsenen weiblichen Familienmitglieder allmonatlich einige Tage absitzen, woraus wol gefolgert werden darf, daß die Frau während dieser Zeit für unrein gehalten wird und deshalb fern von der eigentlichen Wohnung, dem Winde ausgesetzt, den Abschluß dieses Zustandes abwarten muß. Es mag hier eingefügt werden, daß auf den Marshall-Inseln Vielweiberei besteht und das Christenthum nach dieser Richtung noch keinen Wandel geschaffen hat.

Der hiesige Menschenschlag ist sehr verschieden von demjenigen der südlich vom Aequator liegenden Inseln. Mit wenigen Ausnahmen sind die Männer durchweg klein, die Frauen sehr klein. Besonders auffallend sind die winzigen Köpfe dieser Insulaner, deren lange schmale Gesichter sich von den runden der Bewohner der Kingsmill- und andern Inseln vornehmlich durch eine sehr schmale Stirn und geschlitzte Augen unterscheiden, mithin dem Malaientypus näher kommen. Die Männer tragen das Kopfhaar kurzgeschnitten oder à la Chinois, flechten den Schopf aber nicht in einen Zopf, sondern binden das Haar nur kurz ab, sodaß es über dem Band wie ein Roßschweif lose nach hinten oder als ein kurzer Stummel nach oben wegsteht. Das Haar der Frauen ist in der Mitte gescheitelt und hängt schlicht bis auf die Schultern herab. Hier tritt auch die in der Ellice-Gruppe gefundene Sitte, die Ohrlappen zu durchbohren und zu einem großen Ring zu erweitern, welche wir in der Kingsmill-Gruppe nicht beobachtet haben, wieder auf. Die Männer sind in der Regel im Gesicht und auf dem Oberkörper in der Weise tätowirt, daß gezackte Linien in gleichen Abständen horizontal quer über Gesicht und Brust laufen und der Haut ein Ansehen geben, als ob sie damascirt sei; die Frauen sollen sich auch tätowiren, doch habe ich es nicht gesehen. Die Körperbildung ist bei beiden Geschlechtern schmächtig, wohlgenährte runde Glieder ohne auffallende Formenschönheit. Ganz eigenartig ist die Kleidung, denn wenn die Frauen hier in der Hauptstadt, infolge des Einflusses der hier lebenden Europäer, vielfach auch lange Gewänder tragen, so ist dies doch nur eine Zugabe zu ihrer eigentlichen nationalen Tracht, welche sich stets noch unter diesem Gewand auf dem Körper befindet. Als das Hauptstück der Kleidung, welches das kunstreichste ist und von beiden Geschlechtern gleich getragen wird, möchte ich den Gürtel bezeichnen, an welchem die eigentliche Kleidung befestigt wird. Dieser Gürtel, welcher nur zum Baden, sonst nie von dem Körper gelöst wird, ist eine Schnur, $^3/_4$ cm dick, und so lang, daß sie 10—12 mal um den Leib geschlungen dort eine Wulst von der Stärke eines dünnen Armes bildet. Um die Seele von Bast ist aus feinen schwarz und weißen Fäden desselben Materials ein kunstvolles Gewebe gelegt. Das Kleid der Männer ist ein aus 1/2 cm breiten, gewöhnlich weißen, zuweilen aber auch schwarzen Baststreifen zusammengesetzter Rock, welcher durch die Masse der verwendeten dünnen Streifen eine er-

Marshall-Insulaner.

hebliche Dicke und Fülle erhält. Der Rock ist so lang, daß er von der Taille bis zum Fußboden reicht, bedeckt aber in der ortsüblichen Weise auf den Körper gelegt unterrockartig nur den Theil vom Magen bis zu den Knien und gibt diesen Leuten nach meinem Geschmack ein ebenso unschönes weibisches Aussehen, wie die so vielgefeierten Nationalunterröcke der modernen Griechen es diesen Männern geben. Die Befestigung dieses Bastrockes auf dem Körper geschieht in der

Weise, daß zwei von dem Leibband des Rockes auslaufende Tragebänder von oben durch den vorher beschriebenen Gürtel nach unten durchgesteckt und zwischen die Beine genommen werden, dann der Rock bis auf die richtige Höhe nach oben gezogen und nun unter denselben ein zweiter dicker Gürtel gelegt wird, welcher den Rock in seiner richtigen Lage hält und ihm ein tischartiges Aussehen gibt. Dieser Rock bildet die ganze Bekleidung, da Kopf wie die übrigen Körpertheile unbedeckt bleiben.

Die Kleidung der Weiber, welche nur ebensoviel bedeckt wie die der Männer, besteht aus zwei schmalen Matten, von welchen eine vorn, die andere hinten getragen wird. Diese feingelegten weißen Matten mit eingewebten rothbraunen Figuren, gewöhnlich in Form einer breiten Borte um den weißen Grund, werden in einfacher Weise nur von oben und außen in den mehrgenannten Gürtel eingesteckt, sodaß dieser unter den Matten liegt und nicht sichtbar ist. Auffällig war mir, daß die hintere Matte zuerst aufgelegt wird und die vordere daher die erstere zum großen Theil bedeckt, sodaß zum Abnehmen des Kleides auch stets die vordere zuerst abgelegt werden muß. Dies ist eine merkwürdige Sitte, denn da die Matten ziemlich steif sind, so müssen die Frauen zu gewissen körperlichen Verrichtungen sich stets ganz entkleiden.

Die Nahrung auf diesen Inseln besteht in dem, was Boden und Meer liefern, mithin, wie auf allen Koralleninseln, vornehmlich aus Kokosnuß und Fischen, Krebsen und Muscheln.

So unsauber die Wohnungen aussehen, so reinlich sind die Leute doch an ihrem Körper, und es muß namentlich hervorgehoben werden, daß keinerlei Auswurf des menschlichen Körpers in der Nähe der Hütten geduldet wird. Aborte existiren hier nicht, ihre Stelle vertritt der Strand. Des Morgens, und wenn der Wasserstand es irgend erlaubt bei Niedrigwasser, gehen die Leute nach dem Strande und verrichten dort eins der natürlichsten menschlichen Geschäfte in der ungenirtesten Weise. Da hockt groß und klein, jung und alt unbekümmert um das Geschlecht nebeneinander. Das steigende Wasser der Flut übernimmt die Abfuhr und gibt dem Strande die frühere Reinheit wieder. Die Reinlichkeit wird in diesem Punkte auf das strengste beachtet, wie ich zu sehen Gelegenheit hatte. Als ich eines Abends spät gegen 1 Uhr einen der deutschen Herren verließ, um zum

Schiffe zurückzukehren, wurde ich bei dem Dorfe durch ganz jämmerliches Kindergeschrei aufmerksam gemacht. Ich ging zu der Stelle hin und sah einen Mann mit einem Kinde auf dem Arm aus einer Hütte treten und nach dem Strande zu gehen. Das Kind schrie, als ob es ertränkt werden sollte, und ich folgte daher in einiger Entfernung. Am Strande angelangt setzte der Mann das Kind auf den Sand und blieb neben ihm stehen, bis dieses allmählich verstummend Erleichterung gefunden hatte, nahm es dann wieder auf den Arm und kehrte zu seiner Hütte zurück.

Wie schon erwähnt, besteht hier Vielweiberei, doch können nur solche sich diesen Luxus gestatten, welche mehrere Frauen zu ernähren im Stande sind. Eine besondere Gerechtsame der Vornehmen ist auch, daß der Höhere dem Niedern seine Frau wegnehmen und diese seinem Hausstande zuführen kann. So hat der frühere König einem kleinen Häuptling dessen Frau weggenommen und sie zu seiner Hauptfrau gemacht. Nach dem Tode des Königs ging die Frau aber zu ihrem frühern Mann, einem hübschen Kerl, zurück und hierdurch wurde der kleine Häuptling nun so gehoben, daß ihm die Königswürde zufiel und er jetzt der König Lebon (oder Kabua wie er auch genannt wird) ist.

Die Stellung der Frauen auf den Südseeinseln ist eine ganz eigenthümliche, denn wenn sie auch auf vielen Inseln nicht für voll angesehen werden, so spielen sie doch überall durch die Ehe eine hervorragende Rolle, ja es geht so weit, daß ein König zu Gunsten seines Sohnes zurücktritt, sobald dieser eine Frau heirathet, welche edleres Blut hat wie seine Mutter. So war auch hier die Frau des Lebon durch die Ehe mit dem frühern König so geadelt worden, daß nach dessen Tode nicht ihr mit diesem gezeugter Sohn Letabalin, sondern ihr neuer Mann die Königswürde erhielt. Andererseits wird nun wieder nach dem Tode Lebon's nicht sein Sohn, sondern sein Stiefsohn Letabalin in die Rechte seines früher verstorbenen Vaters eintreten. Spaß machten mir die ehelichen Verhältnisse dieses jungen siebzehnjährigen Königssohnes, welcher schon zwei Frauen hat, vorläufig aber nur die ältere als solche ansieht und die jüngere, obgleich er schon seit einem Jahre mit ihr verheirathet ist, in ihrem jungfräulichen Stande gewissermaßen als Reserve behandelt. Er kommt mir vor wie ein Kind, welches sich ein besonders schönes Stück Zuckerzeug aufhebt, um beim Genuß weniger guter Sachen sich durch die Aussicht auf Besseres zu entschädigen.

Der König Lebon kleidet sich sonst auch in die landesübliche Tracht, in welcher er auf unserm Bilde erscheint, doch hatte er sich uns zu

Lebon (Kabua), König der Marshall-Insulaner.
(Der Ring am Ohr soll das künstlich verlängerte Ohrläppchen darstellen.)

Ehren einen neuen schwarzen Anzug gekauft und trug zum ersten mal in seinem Leben Schuh und Strümpfe. Er empfing mich, als ich ihm meinen Besuch machte, an der Thüre seines Hauses; in dem Zimmer saßen seine fünf Frauen in ihren besten Kleidern halbkreisförmig um unsere Stühle gruppirt. Lebon sah sehr verängstigt aus, weil er fürchtete, daß ich wegen verschiedener rückständiger Schulden über ihn zu

Gericht sitzen würde; da die Gläubiger aber keine Reclamationen vorgebracht hatten, so blieb mir die Berührung dieser Sache erspart. Lebon thaute daher am nächsten Tage, nachdem die deutschen Herren ihm gesagt hatten, daß sie mir von ihren Forderungen keine Kenntniß gegeben hätten, auf und zeigte sich als ein ganz umgänglicher Mensch von verhältnißmäßig guten Umgangsformen. Der Landessitte gemäß erhielt ich von Lebon bei meinem ersten Besuch verschiedene Geschenke, einige schöne Matten und einen umsponnenen Speer; seine Frauen schenkten mir etwas von ihrem Schmuck, welcher als Halskette oder Stirnband getragen wird und aus Korallen- oder Schildpattstücken besteht, welche sorgsam bearbeitet durch Schnüre sauber und nett zusammengefügt sind.

Nach diesen allgemeinen Bemerkungen glaube ich zu meinen eigenen Erlebnissen zurückkehren zu können. Die Vormittage waren den Geschäften, die Nachmittage Festlichkeiten und die Abende zwanglosen Zusammenkünften in einem der deutschen Häuser oder an Bord der „Ariadne" gewidmet. Hierbei spielte auch ein Kalb, welches ich von Apia aus mitgebracht und den Herren an Land zur Verfügung gestellt hatte, insofern eine Rolle, als die hier lebenden Deutschen seit langer Zeit kein ordentliches Stück frisches Fleisch zu Gesicht bekommen hatten. Die Geschäfte brauche ich hier nicht weiter zu berühren, kann daher gleich zu den Festlichkeiten übergehen.

Am Tage unserer Ankunft wurden von Lebon gleich die Vorbereitungen für einen am nächsten Tage abzuhaltenden Kriegstanz getroffen, welcher programmmäßig am 27. nachmittags stattfand. Nachdem wir uns an einem schönen schattigen Platze unter Kokospalmen versammelt und Platz genommen hatten, setzten sich die mit Trommeln und ihren Naturstimmen das Orchester bildenden Frauenzimmer in zwei Gliedern neben uns auf die Erde, während das Volk in respectvoller Entfernung unter den Bäumen Aufstellung nahm. Dann erschienen die tanzenden Krieger, etwa 18 an der Zahl, sämmtlich Häuptlinge. Dieselben waren in dem eingangs beschriebenen Nationalcostüm und hatten demselben als Festschmuck noch mancherlei hinzugefügt. Hahnenfedern im Haarschopf, aus einzelnen Blättern zusammengefügte Laubketten um den Hals, Stirnbänder aus Korallenstücken oder getrocknetem Zuckerrohrblatt, Band von Zuckerrohrblatt mit Federn um Oberarm und Knöchel und ein etwa

15 cm langes aufgerolltes Blatt in den Ohrlappen; der Oberkörper war mit Kokosnußöl gesalbt, glänzend blank, die Waffe vertrat ein armlanger Stock. Besonders auffallend sah Lebon aus, welcher zuletzt, nachdem alle versammelt waren, erschien und allein auf den Kampfplatz trat. Er hatte einen besonders reichen Federschmuck aus schwarzen Hahnenfedern, welcher sich gut ausnahm; dicke Federbüschel auf Ober- und Unterarm, kleine Büschel auf den Rücken der beiden Mittelfinger und einen Federkranz um die Knöchel, welche muffähnlich dem Bein einen guten Abschluß gaben.

Trommel der Marshall-Insulaner (Jaluit). 1/7 der natürlichen Größe.

Das Erscheinen Lebon's ist das Signal für den Beginn des Tanzes. Die Frauenzimmer stimmen, sobald Lebon sich ihnen bis auf etwa 20 Schritte genähert hat, begleitet von dem einförmigen Tam-Tam ihrer Trommeln einen monotonen Gesang an; die Trommel, ein ausgehöhltes Stück Holz in Form eines Stundenglases, auf der einen Seite mit Fischhaut überspannt, auf der andern offen, wird mit der einen Hand auf dem Schos gehalten und mit der flachen andern Hand geschlagen; der Gesang enthält nur wenige sich stets wiederholende Strophen, welche auf den König Bezug haben. Der König kommt in raschem Schritt und guter Haltung würdevoll angegangen, hält in der Mitte vor den Reihen der singenden Frauenzimmer, sieht sich mit muthigem Blick nach allen Seiten um, als ob er den Feind suche, nimmt ihn in dem Orchester an, wendet sich diesem zu, stößt einen Schrei aus, welcher furchtbar sein soll und nur mit dem Quitschen eines in den Schwanz gekniffenen Schweines verglichen werden kann, und beginnt nun seine Darstellung, welche ihn in seinem ganzen Grimm und seiner ganzen Furchtbarkeit zeigen soll. Die Augen rollen in dem alle möglichen Linien beschreibenden Kopfe hin und her, das Gesicht wird verzerrt, wobei Mund und Unterkiefer in krampfhafter Thätigkeit sind und dem Gesicht einen kläglichen Ausdruck geben, welcher schreckenerregend sein soll, in Wirklichkeit aber jeden Augenblick den Ausbruch ganz jämmerlichen Weinens erwarten läßt und lebhaft an die japanischen Abbildungen grimmer Krieger erinnert. Mit dem Stock werden Stoß- und Wurfbewegungen des Speeres angedeutet, der ganze Körper windet sich in krampfhaften Bewegungen, welche ein lebendiges Bild von kraftvollem Ringen geben. Lebon macht seine Sache sehr schön, das zeigen die Gesichter der Zuschauer, aber er weiß auch, vor wem er sich als Krieger zu zeigen hat, gibt daher sein Bestes und tritt gewissermaßen als Schauspieler auf. Nicht so die singenden Frauenzimmer, welche der Zuschauer nicht gedenken, sondern den ersten und tapfersten Mann ihres Stammes vor sich sehen, in seinem Anschauen ganz aufgeben und sich geben wie sie sind, nicht wie sie scheinen wollen. Diese interessirten mich daher mehr, obgleich sie nur das Beiwerk bildeten. Da sitzen sie in Reih und Glied mit steifem Körper, schlagen mit der rechten Hand die Trommel und singen mit gewöhnlicher Stimme ihren Gesang. Doch währt dies nicht lange, ein schnelleres Tempo zwingt den Tänzer zu raschern Bewegungen, der Gesang wird lauter, die Reihen werden unruhig, die Köpfe schwanken hin und her, die Körper bewegen sich und nähern sich rutschend, ohne es zu wollen, dem köstlichen Krieger, die Augen treten weit hervor, stieren nur nach dem Gesicht des gefeierten Mannes und erhalten einen ganz eigenthümlichen Glanz. Die Körper, dem Tänzer nahe genug, fassen wieder festen Fuß, die Stirn fällt zurück, damit der die Thaten des mit dem Feinde ringenden Beschützers besingende Mund diesem näher ist, die Köpfe mit ihren gläsernen Augen wackeln jetzt gleichmäßig nach dem Takte der Musik hin und her, die ganze Gruppe sieht aus wie ein Haufen chinesischer Porzellanpuppen mit langsam hin- und herwiegenden Köpfen. Da glaubt Lebon genug gethan zu haben, er wirft seinen Stock weit weg, welcher von einem Häuptling aufgehoben und ihm nachher wieder zugestellt wird, wendet sich von dem Orchester ab und geht auf die ihn respectvoll erwartenden Häuptlinge zu. Die Frauenzimmer verstummen, scheinen aus einem Traum in das Leben zurückzufallen, erholen sich aber schnell genug, um rechtzeitig mit der Ankunft des Königs vor seinen Häuptlingen diese zu einem ähnlichen Tanze zu begleiten, welchen sie nunmehr vor ihrem König aufführen.

Nach diesem Tanz kommt eine balletartige Schaustellung zur Aufführung, welche mit einem Kriegertanz nichts gemein hat und durch die Gleichmäßigkeit der complicirten und vielfach schwierigen Figuren, durch die tadellose Durchführung des Ganzen das Interesse des Zuschauers erweckt. Die Darsteller treten in zwei Reihen an, von welchen Lebon die eine, der nächst angesehenste Häuptling die andere führt. Die monotone Musik beginnt, das Hin- und Herschwanken der dicken Baströcke zeigt, daß die Reihen in Bewegung kommen, die Stöcke der einen Partei schlagen gegen die der andern und sollen wol ein Fechten vorstellen, ohne es indeß zu thun, weil die Tänzer, um keine Fehler zu machen, so angestrengt aufpassen müssen, daß die Verbildlichung der Kraft und des Kampfes diesem Spiel versagt bleibt. Die Reihen wandern mit tänzelndem menuetartigen Schritt aneinander vorbei, passiren durcheinander durch, immer die Stöcke mit dem Gegner kreuzend; die Bewegungen werden schneller, das Geklapper wird stärker, die Stöcke werden durch die Beine, über den Kopf, von einer Hand zur andern geworfen, vor der Brust und hinter dem Rücken gekreuzt; von den beiden Reihen brechen so viele ab, um eine dritte zu bilden und hiermit das Spiel verwickelter zu machen. Kein Fehler kommt vor, die ganze Gruppe bewegt sich nach dem Takte der Musik wie ein kunstvoll gearbeitetes Räderwerk, bückt sich und streckt sich, geht vor- und rückwärts, schiebt sich durcheinander durch, füllt wie mit einem Schlage die Zwischenräume mit den Armen und Stöcken aus und macht sie ebenso plötzlich wieder frei. Unser Beifall, welcher mit ungetheilter Anerkennung gegeben wurde, war der Lohn für dieses schöne Spiel. Das Orchester hatte sich, obgleich es durch die Frauen der Tänzer gebildet wird, bei diesem wie bei dem vorher aufgeführten allgemeinen Tanz merkwürdigerweise ziemlich theilnahmlos verhalten und kam erst wieder in die größte Aufregung bei den nachher folgenden Einzeltänzen. Ich vermuthe, daß die Aufmerksamkeit auf ihre eigenen Männer die einzelnen Frauen zu sehr beschäftigte und die Gruppe davon abhielt, in gleichmäßige Ekstase zu kommen.

Im Anschluß an diese Tänze wurde uns eine große Ehre dadurch erwiesen, daß nunmehr Lebon, seinen Stock schwingend, in raschem Laufe auf uns zurannte, dicht vor uns stutzte, dann den zuerst aufgeführten Tanz in wilderem Tempo noch einmal wiederholte und mit demselben das Orchester in wahre Begeisterung brachte;

ja ein Frauenzimmer warf ihre Trommel weg, um in wilden Sprüngen sein Spiel zu begleiten. Als Beendigung des Tanzes drehte Lebon uns mit einer jähen Bewegung den Rücken zu und entfernte sich schnellen Laufes von dem Festplatze. Nach ihm producirten sich vor uns noch in derselben Weise sein Stiefsohn Letabalin und sein eigener zehnjähriger Sohn, welcher, in diesem Kriegsspiel schon wohlbewandert, bei allen Tänzen überhaupt als volle Person mitgewirkt hatte; dann noch zwei der bedeutendsten Häuptlinge, womit das Fest seinen Schluß erreicht hatte und die Bevölkerung befriedigt über den seltenen Festtag, da durch den Einfluß der Missionare die Tänze immer mehr abkommen, den Platz verließ. Die Tänze der Frauen sollen infolge dieses Einflusses, wenigstens als öffentliche, schon ganz der Vergangenheit angehören, und es war mir in der kurzen Zeit nicht möglich, einen solchen zusammenbringen zu lassen. Die Missionare bezeichnen diese Tänze als heidnisch und benehmen mit denselben den Eingeborenen all und jedes Vergnügen, womit sie in religiöser Beziehung eine Gefahr heraufbeschwören, welche diese Herren entweder nicht vermuthen oder für unbedeutend halten. Anstatt das in den Tänzen etwa gegen die christliche Moral Laufende vorsichtig und allmählich zu entfernen, verbieten sie dieselben ganz und können sicher darauf rechnen, daß diese Tänze bei dem nicht zu besiegenden Drang nach Lustbarkeiten erst im geheimen wieder entstehen und dann schließlich in wüsterer Form denn je an die Oeffentlichkeit treten, um sich nicht wieder verbannen zu lassen.

Am 28. landete ich meine Mannschaft, um dieselbe im Feuer manövriren und danach das Eingeborenendorf im Sturm nehmen zu lassen. Dieses Manöver sollte sowol eine Revanche für den uns gegebenen Kriegstanz sein, wie auch den Insulanern, welche Derartiges noch nicht gesehen hatten, die Macht der Europäer zeigen. Um einem falschen Alarm vorzubeugen, war vorher an Land bekannt gegeben worden, daß auch geschossen werden würde, jedoch nur mit blinden Patronen, sodaß nichts zu fürchten sei. Bei unserer Landung war alles, was nur irgend konnte, auf den Beinen, um der mit Musik abmarschirenden geschlossenen Truppe zu folgen und sich nachher neugierig die Gefechtsaufstellung zu beschauen. Als aber das Landungsgeschütz aus einem Hinterhalt und gewissermaßen zwischen ihnen anfing zu brummen, wurden die Leute unruhig, und als nun gar das Geknatter der Tirailleure begann, zogen sie sich schnell nach den Seiten und dann hinter die zuschauenden Weißen zurück, ängstlich sich umsehend, ob dies Ernst oder wirklich nur Spaß sei. Nun rückt die Sturmcolonne an, macht halt, gibt einige Salven Schnellfeuer und das Publikum ergreift theilweise die Flucht; eine allgemeine Panik bricht aber aus, als die Colonne mit gefälltem Bajonette angestürmt kommt mit Marsch-Marsch-Hurrah! Der Platz ist gesäubert; ich sehe mich nach Lebon um und finde, daß dieser tapfere Mann ausgehalten hat — aber wie? Bleich steht er hinter einem der deutschen Herren und hält sich an dessen Rockschoß fest; sprechen kann er nicht mehr, sondern findet seine Sprache erst wieder, nachdem er in dem in der Nähe gelegenen Hause des Herrn Hernsheim ein Glas Wein getrunken hat. Lebon, wie der größte Theil der Bevölkerung sind krank; die mit klingendem Spiel abmarschirende Truppe kann den Schreck, welchen sie verursacht, nicht so schnell wieder verwischen, wird vielmehr mistrauisch betrachtet. Lebon folgt daher auch nicht der Einladung zum Essen zu Herrn Hernsheim, sondern kommt erst nach Tisch, setzt sich still in eine Ecke und entschuldigt sich damit, daß das Schießen ihn krank gemacht habe. Meiner Einladung zum nächsten Tage folgte er zwar, doch rührte er die Speisen, welchen er sonst bei den deutschen Herren tapfer zuspricht, kaum an und erklärte, von dem gestrigen Schießen noch immer einen kranken Magen zu haben.

Dieser Kriegstanz des deutschen Kriegsschiffes, welcher somit unsern Gästen nicht gut bekommen ist und zu den andern Inseln jedenfalls in noch übertriebenen Schilderungen hinwandert, wird wahrscheinlich für Jahrzehnte Früchte tragen und einen sichern Schutz für deutsches Leben und Eigenthum gewährleisten.

Am 29. November war die in Aussicht genommene Uebereinkunft soweit vorbereitet, daß die Unterzeichnung erfolgen konnte; Lebon, wie sein Nachfolger Letabalin, hatten alle unsere Forderungen, welche vorzugsweise Maßnahmen zum Schutze der deutschen Reichsangehörigen und des deutschen Handels enthielten, erfüllt und sich auch bereit erklärt, den Hafen von Jaluit als deutsche Kohlenstation abzutreten. Mehr konnten wir nicht verlangen. Ich setzte daher die Unterzeichnung der Uebereinkunft für den Nachmittag dieses Tages fest und lud sämmtliche Weiße wie das ganze Volk dieses Platzes zur Beiwohnung der Feierlichkeit auf die „Ariadne" ein. Nachdem das Volk an Bord versammelt war, setzte Lebon mit seinen Frauen und seiner nähern Verwandtschaft in zweien unserer Schiffsboote vom Lande ab, indem gleichzeitig die neue von ihm adoptirte Landesflagge, welche nach erfolgter Unterzeichnung des Vertrages durch einen Salut anerkannt werden sollte, gehißt wurde. Lebon mit seiner Familie und die Chefs der beiden deutschen Häuser wurden in der Kajüte, die andern Weißen und die Häuptlinge in der Offiziersmesse bewirthet, das Volk trieb sich im Schiffe umher. Ein Bruder Lebon's, mit Namen Lagadjimi, war an Land zurückgeblieben, um den Er-

Kanu der Marshall-Insulaner im Wasser.

widerungssalut aus einigen von einem deutschen Hause erborgten Böllern zu feuern; zum Laden hatten wir einige Mannschaften zur Verfügung gestellt.

Der Text der Uebereinkunft wurde noch einmal sorgsam durchgenommen und diese dann gegenseitig in zwei Exemplaren unterzeichnet. Darauf traten wir auf das Deck, um dem nunmehr für die Landesflagge der Ralick-Inseln zu feiernden Salut beizuwohnen, von welchem Lebon den ersten, Letabalin den zweiten Schuß vor ihren versammelten Unterthanen abfeuerten. Der Salut wurde von Land aus Schuß für Schuß erwidert. Die Eingeborenen verließen mit anrückender Dunkelheit in ihren Kanus scharenweise das Schiff, die deutschen Herren und Lebon blieben am Abend noch bei mir zu

Tisch und der geschäftliche Theil meiner Anwesenheit in Jaluit hatte seinen Abschluß gefunden.

Am 1. December verließ ich Jaluit wieder. Die am Lande und auf den Kauffahrteischiffen wehenden Flaggen senkten sich langsam zum Gruß, die am Strande in Festkleidern versammelte Bevölkerung stimmte unter Tücherschwenken ein mehrfaches Hurrah an, während die den Flaggengruß und die Hurrahs erwidernde imposante „Ariadne" sich unter den Klängen eines flotten Marsches langsam drehte, dann schnell von der ruhigen Lagune in die schmale Einfahrt und von

Im Hafen von Jaluit.

dieser in die bewegte See steuerte, um bald unter neuen Eindrücken den schönen sonnigen letzten Nachmittag bei unsern gastfreien Landsleuten in Jaluit vorläufig wieder zu vergessen.

Ich hatte ursprünglich die Absicht, von Jaluit aus direct nach Neu-Britannien zu segeln; veränderte Verhältnisse bringen aber auch andere Dispositionen. Die durch die abgeschlossene Uebereinkunft mit den Ralick-Inseln angeknüpften Verbindungen machten es mir zur Pflicht, auch noch Ebon anzulaufen, weil diese Insel bislang immer der Königssitz gewesen war und von den Eingeborenen, wie auch von den amerikanischen Missionaren auch noch jetzt vielfach als die Hauptinsel betrachtet wird. Dies und noch einige andere Rücksichten ließen es mir nicht nur zweckmäßig, sondern auch nothwendig erscheinen, mit den dortigen Häuptlingen eine Aussprache zu halten.

Ebon ist Hauptsitz der in diesem Theil des Stillen Oceans thätigen amerikanischen Missionsgesellschaft. Diese Missionare säen hier vornehmlich nur Unfrieden, um ihre eigene Macht zu verstärken, suchen das Ansehen der Häuptlinge zu erschüttern und verlangen nur Gehorsam für sich. Auch sollen sie daran arbeiten, diese Inseln zu einer Republik zu machen, um sie dann ganz in ihre Hände zu bekommen und demnächst dem Protectorat der Vereinigten Staaten zu unterstellen. Sollte dieser Versuch glücken, dann wäre all die bisher auf diese Insel verwendete deutsche Arbeit verloren. An der Hand unserer Uebereinkunft mußte ich demnach versuchen, diesen Bestrebungen ein Ziel zu setzen. In Uebereinstimmung mit dem Vorstehenden war mir auch mitgetheilt worden, daß die Häuptlinge Ebons danach strebten, sich von der Oberhoheit Lebon's und Letabalin's loszumachen. Schließlich schuldeten einige Häuptlinge den Deutschen größere Summen, können bezahlen, wollen aber nicht, auch hat ein dortiger Häuptling einen deutschen Agenten zweimal mit dem Tode bedroht. Das alles klingt nun so, als ob man viel Zeit zur Erledigung gebrauche, hier in der Südsee werden derartige Sachen aber auf so einfache Weise erledigt, daß ich von vornherein nur wenige Stunden für diese Geschäfte ansetzte und von einem Verankern des Schiffes absah. Allerdings gehört zu derartigem kurzen Verfahren, daß man die richtigen Leute zur Hand hat; ich hatte deshalb von Jaluit aus Letabalin, welcher als der größte Grundbesitzer auf Ebon und Sohn des frühern hier residirt habenden Königs der angesehenste Häuptling dieser Insel ist, mit einigen Dienern mitgenommen; ferner begleitete mich von Jaluit aus ein in deutschen Diensten stehender Engländer als Dolmetscher, welcher, schon lange auf diesen Inseln wohnhaft, als der beste Sprachkenner gilt und die Häuptlinge sämmtlich von Person kennt.

Am 2. December vormittags 11 Uhr drehte ich das Schiff vor der Einfahrt zur Lagune von Ebon bei und fuhr mit dem Consul und Letabalin an Land; zwei armirte Boote folgten uns. Auf dem Wege dahin passirte uns ein nach dem Schiffe fahrender Missionar, welcher sich uns nicht anschloß, sondern seinen Weg fortsetzte, wahrscheinlich in dem Wahn, daß wir ohne ihn als Uebersetzer doch nichts anfangen könnten. An Land gekommen, lagerten wir uns in dem Schatten der Bäume, die Bootsmannschaften bei ihren zusammengestellten Gewehren, um die Ankunft der Häuptlinge, nach welchen der Dolmetscher geschickt hatte, abzuwarten. Die Leute waren auffallend schnell zusammengerufen, denn nach einer halben Stunde schon wurde gemeldet, daß sie vollzählig versammelt seien; es waren 15—20 meistentheils junge Männer in Hosen und bunten Hemden, welche dicht bei uns stehend uns sowol, wie ihren in feinem schwarzen Anzug steckenden Stammesgenossen Letabalin scheu und mit unsteten Blicken musterten. Daß es etwas geben würde, konnte ihnen umsoweniger zweifelhaft erscheinen, als inzwischen auch der mehrfach mit dem Tode bedrohte deutsche Agent angekommen war und der alte Mann denjenigen, welcher ihn bedroht hatte, nicht aus den Augen ließ. Die Häuptlinge mußten sich nun vor uns aufstellen; ihnen gegenüber traten, uns in die Mitte nehmend, die Bootsmannschaften mit Gewehr bei Fuß und aufgepflanztem Bajonett an. Zunächst wurde bekannt gegeben, daß jeder Mord an einem Deutschen dem Thäter den Kopf kosten, wie jeder Mordversuch und darauf hinzielende Drohung streng bestraft würde. Als dann der betreffende Häuptling vortreten mußte, riefen mehrere aus der Versammlung, daß sie nicht kämpfen wollten, was in der wortarmen Sprache gleichbedeutend mit Unterwerfung ist. Demnächst wurde den Schuldnern nach Aufruf ihrer Namen aufgegeben, baldigst ihre Schulden zu bezahlen. Den Schluß unserer Ansprache bildete die Mittheilung von der in Jaluit abgeschlossenen Uebereinkunft; dieselbe wurde im Beisein des inzwischen auch hinzugekommenen amerikanischen Missionars vorgelesen und mit dem Bedeuten erklärt, daß die Leute von Ebon nunmehr ebenfalls nach derselben zu handeln hätten. Die Mannschaften präsentirten das Gewehr; der Missionar wußte, nach seinem Gesicht zu urtheilen, nicht, ob er wache oder träume; die Eingeborenen, vorläufig unfähig all das zu begreifen, was ihnen in der kurzen Zeit mitgetheilt worden war, sahen sich gegenseitig dumm an, und wir gingen für kurze Zeit nach dem in der Nähe befindlichen Hause des deutschen Agenten, wo sich auch der Missionar, welchem wir eine langentbehrte Post mitgebracht hatten, gute Miene zum bösen Spiel machend, einstellte. Nachdem ich noch einige hundert Kokosnüsse für meine Mannschaft gekauft hatte, verließen wir wieder den Strand von Ebon unter den freundlichen Grimassen seiner Bewohner, welche auf alle erdenkliche Weise versuchten, ihrer Freundschaft für uns Ausdruck zu geben. Wir hatten natürlich die von Jaluit aus mitgenommenen Personen in Ebon zurückgelassen und kehrten so früh zum Schiffe zurück, daß die „Ariadne" um $1\frac{1}{2}$ Uhr schon ihren Curs nach dem Westen weiter verfolgen konnte.

So sind wir denn jetzt auf dem Wege nach Neu-Britannien und zu den Menschenfressern, wo ich in etwa sechs Tagen einzutreffen hoffe.

Matte der Marshall-Insulaner.
(Das Material ist von Pandanus-Blättern gewonnen.)

13.

Im Bismarck-Archipel.*

22. December 1878.

Nicht drei Wochen liegen zwischen heute und dem vorstehenden Bericht über meinen Besuch der Marshall-Inseln und was hat sich in diese kurze Spanne Zeit nicht zusammengedrängt? Wenn ich diese letzten Wochen an meinem Geiste vorüberziehen lasse, dann scheint es mir kaum faßlich, daß diese Zeit so vielerlei in sich bergen kann, theilweise selbst heraufbeschworene Ereignisse, welche den Fernerstehenden kaum berühren, für den verantwortlichen Commandanten eines Kriegsschiffes aber doch von Bedeutung sind.

Die Fahrt von den Marshall-Inseln bis zum südlichsten Cap von Neu-Irland ist charakteristisch durch Windstillen und sonniges heißes Wetter, sodaß trotz des mir gebliebenen nur geringen Kohlenvorraths und trotz der herrschenden Hitze häufig die Maschinenkraft des Schiffes herangezogen werden mußte, um das Reiseprogramm einhalten zu können. Das wenig befahrene Fahrwasser scheint zwar frei von Untiefen zu sein, der Schein allein kann aber natürlich die Sorgen eines Commandanten nicht bannen, welche gewissermaßen ihre Berechtigung finden, als die ersten in Sicht kommenden, zur Salomons-Gruppe gehörigen kleinen Inseln sich als in der Karte falsch liegend erweisen.

Am 9. December wird die in Sicht befindliche Insel Bougainville (die nördlichste der Salomons-Gruppe) auf 28 Seemeilen Distanz, auf geringere Entfernung die östlich von Neu-Irland liegende kleine

* Die Bezeichnung „Bismarck-Archipel" ist erst nach der Zeit, wo die hier geschilderte Reise stattfand, eingeführt worden; da der Name aber officiell angenommen, so wähle ich denselben für diese Ueberschrift. Die Namen der in diesem Kapitel genannten Inseln sind seitdem auch verändert, und zwar: Neu-Irland = Neu-Mecklenburg; Duke of York-Gruppe = Neu-Lauenburg; Neu-Britannien = Neu-Pommern.

Insel Sir Charles Hardy passirt; am 10. December morgens gegen 8 Uhr kommt die Südküste der Insel Neu-Irland mit dem südlichsten Cap St.-George in Sicht. Soll das Schiff noch vor Dunkelwerden den nächsten Bestimmungsort erreichen, dann muß die Fahrgeschwindigkeit wesentlich erhöht werden; ein Ueberschlag des noch vorhandenen Kohlenvorraths ergibt, daß derselbe bei einer Geschwindigkeit von 9 Knoten noch für 15 Stunden ausreicht, es wird daher zu den beiden im Betrieb befindlichen Kesseln ein dritter hinzugenommen, um diese Geschwindigkeit aufnehmen zu können.

Das hohe, dichtbewaldete Gebirgsland tritt bald aus dem leichten Nebelschleier, von welchem es umgeben ist, hervor; die tiefer liegenden Gebirgsrücken und Thalsenkungen heben sich plastisch von dem Hauptlande ab; neues, theilweise wild zerrissenes Land mit malerischen Vorsprüngen und tiefen Einbuchtungen, sowie kleine vor dem Hauptlande liegende wunderlich geformte Inseln steigen langsam über den Horizont, um das dem schnell vorwärts strebenden Schiffe näher rückende Panorama zu einem Bilde zu vervollständigen, welches in Bezug auf Farbeneffecte und reichen Wechsel der Scenerie den Anspruch auf große und seltene Schönheit erheben darf.

Die auf die Süd- und die Westküste Neu-Irlands Bezug habende Karte kann als gut und ziemlich genau angenommen werden; die dort verzeichneten Wassertiefen gestatten dicht unter dem Lande vorbeizulaufen, der Curs wird daher so gesetzt, daß „Ariadne", das Cap auf eine halbe Seemeile Entfernung passirend, um 11 Uhr vormittags in den St.-George-Kanal, die zwischen Neu-Irland und Neu-Britannien liegende Wasserstraße, einsteuert und uns damit den ersten Blick auf das letztgenannte Inselland, welches nebelgrau gefärbt noch in weiter Ferne liegt, eröffnet. Die jetzt vor uns liegende Westküste Neu-Irlands bietet dem Auge ebenso viel Schönheiten, wie die eben verlassene andere Seite es that, und da die Richtung der Uferlinie für längere Zeit mit der Cursrichtung des Schiffes übereinstimmt, so liegt es auf der Hand, daß das Schiff dicht unter dem Lande gehalten wird, um unserer Neugierde Befriedigung und unsern Augen einen wohlthuenden Ruhepunkt zu verschaffen, denn die von uns nun befahrene große Wasserstraße ist zur Zeit geradezu fürchterlich. Ueber uns steht eine schillernde Dunstmasse, wie sie sehr heißer Luft eigen ist, welche dem wolkenlosen Himmelsgewölbe eine ebensolche graublaue Färbung gibt, wie die unter Windstille liegende wellenlose, ganz spiegelglatte Flut sie nach oben ausstrahlt. Die Luft blendet, das Wasser blendet; das Auge findet nach vorn und nach links überall dieselbe Farbe, denselben grellen Schein, überall gleich grobe Zurückweisung bei einer Temperatur von 29° C. im Schatten. Da ist nun die zu unserer Rechten liegende, in saftigem Grün prangende hohe Bergwand mit ihren reichen Naturschönheiten eine wahre Erquickung für den Beobachter, welcher vielleicht, während seine Augen hier auf einem von der Natur überreich beschenkten und von den passionirtesten Menschenfressern bewohnten Lande ruhen, in Wirklichkeit mit seinen Gedanken in der fernen Heimat weilt auf traurigen

Blanche-Bai, Mutter und Südtochter.

Sanddünen, die durch die Erinnerung an die Kindheit und die dort zurückgelassenen lieben Menschen doch von süßem Zauber umweht werden. Solche Träumereien passen vortrefflich zu der herrschenden Stille, zu dem unter der heißen Mittagssonne liegenden scheinbar schlafenden Lande, wo weder menschliches Leben, noch solches in der Natur sich regt, wo nicht einmal die Steine des Strandes von dem sie berührenden Wasser umspielt werden.

Um 1 Uhr ist das Schiff nicht mehr weit von demjenigen Cap entfernt, von welchem aus der Curs nach der Mitte der Straße gerichtet werden muß, und wir glauben schon diese Küste wieder verlassen zu müssen, ohne etwas von ihren Bewohnern gesehen zu haben. Da treten, in der letzten, dicht vor jenem Cap liegenden kleinen

Bucht aus dem Gebüsch am Strande einige Hütten hervor und zwei Kanus setzen vom Lande ab, um dem Schiff entgegenzufahren. Die „Ariadne“ geht näher heran, passirt kurze Zeit darauf die beiden Fahrzeuge, deren nackte Insassen durch lautes Geschrei und Vorzeigung eines Stücks Papier (wahrscheinlich die Bescheinigung eines früher hier gewesenen Schiffes, daß die Leute den Ankerplatz zu zeigen wissen) das Schiff zum Stoppen zu bewegen suchen. Dicht am Lande wird die Maschine für kurze Zeit zum Stillstand gebracht, um die wenigen am Strande befindlichen Menschen durch das Fernrohr zu mustern, und dann geht es weiter nach Duke of York. Da die Leute hier demselben Menschenschlag wie auf dieser Insel und Neu-Britannien angehören, so sehe ich vorläufig von ihrer Beschreibung noch ab, nur sei erwähnt, daß die Weiber hier nicht, wie sonst berichtet wird, ganz nackt gehen, sondern einen handgroßen Laubbüschel als Schürze tragen.

Im Laufe des Nachmittags treten in erst schwachen, dann schärfern Umrissen die schön geformten Vulkane, welche, dicht bei den Duke of York-Inseln liegend, die zu Neu-Britannien gehörige Blanche-Bai im Norden begrenzen, aus dem Dunst hervor. Sichtbar sind nur die Mutter und eine Tochter. Die zweite Tochter, welche mit ihren kräftigen Ausbrüchen im Februar 1878 die ganze Umgegend in Unruhe versetzte und lange Zeit in Unruhe hielt, eine neue Insel über das Wasser hob und stellenweise durch Hebung des Meeresbodens die Wassertiefen verringerte, welche mit dem von ihr ausgespieenen Bimsstein den St.-George-Kanal mit einer mehrere Fuß dicken Schicht bedeckte, zu deren Beseitigung Wochen und Monate gehörten, bis die Meeresströmungen diese Massen vertheilt und weit weggeführt hatten, wie wir ja auch bei den Ellice-Inseln sahen — diese interessante zweite Tochter ist wegen ihrer geringen Höhe und versteckten Lage noch nicht zu sehen. In der Mitte der Straße steigen Laubkronen über den Horizont, welche das baldige Insichtkommen der nur 100 m hohen York-Inseln anmelden.

Hier ist nun vielleicht der Platz, wo zum spätern bessern Verständniß einige allgemein gehaltene Bemerkungen über die Inselgruppe angebracht sind.

Soweit bekannt, ist ein englischer Seefahrer Carteret (1767) der Entdecker, welcher die Gruppe für nur eine Insel ansah und ihr den

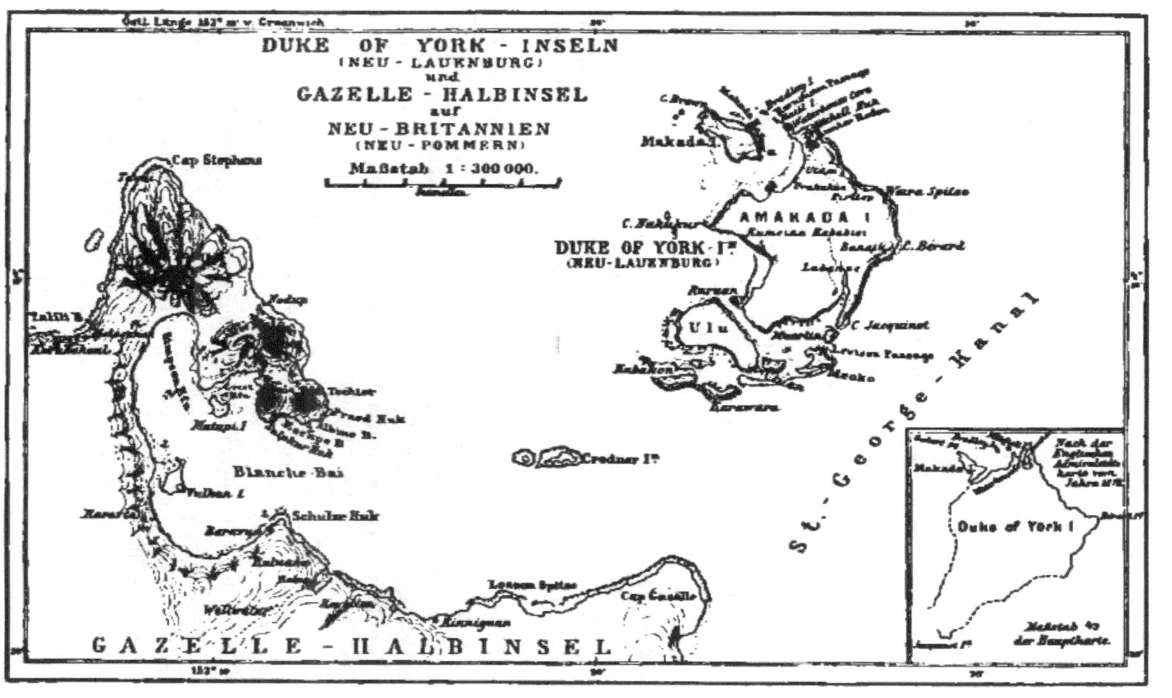

DUKE OF YORK - INSELN
(NEU - LAUENBURG)
und
GAZELLE - HALBINSEL
auf
NEU - BRITANNIEN
(NEU - POMMERN)
Maßstab 1 : 300 000.
Cap Stephans
AMAKADA I
DUKE OF YORK - I^n
(NEU-LAUENBURG)
Makada I.
C. Bérard
C. Jacquinot
Ulu
Kerawara
Credner I^n
Blanche-Bai
Schulze Huk
Lonnon Spitze
Cap Gazelle
St. - George - Kanal
GAZELLE - HALBINSEL
Duke of York I
Maßstab wie der Hauptkarte.

Namen Duke of York-Island beilegte, ein Name, welcher sich zwar bisjetzt erhalten hat, in der Folge aber jedenfalls wieder der Vergessenheit anheimfallen wird, da die Eingeborenen eigene Bezeichnungen haben, welche naturgemäß wieder in ihr Recht eintreten müssen. Die nächste Nachricht stammt von einem Engländer Hunter vom Jahre 1791, welcher eine kleine Bucht vermessen und nach sich benannt hat, auch eine längere Beschreibung der Insel gab. Auffallend ist, daß dieser Mann, welcher längere Zeit in Port-Hunter gelegen haben muß, sich keine eingehendere Kenntniß von dem trefflichen Makada-Hafen, von welchem er nur durch einen etwa 200 Schritt breiten Landstreifen getrennt war, verschafft hat, da er eine Karte von der Insel gibt, in welcher er die Ufer dieses letztern Hafens genau bestimmt haben will, die aber ganz unrichtig sind. Hiernach läßt sich denn auch der Werth seiner übrigen Angaben ermessen. Hier verweise ich nun auf die umstehende Uebersichtskarte, welche nach den Aufnahmen von deutschen Schiffskapitänen aus den letzten Jahren entworfen ein ziemlich richtiges Bild gibt, unter der aber auch zur Vergleichung eine Darstellung des St.-George-Kanals nach der neuesten englischen Admiralitätskarte beigefügt ist, welche die Inselgruppe noch als eine Insel und wahrscheinlich in den von Hunter mitgetheilten Umrissen wiedergibt. Ein oberflächlicher Blick auf diese beiden Karten ist eine Erzählung für sich, welche berichtet, wie selten fremde Schiffe hierhergekommen und wie oberflächlich deren Besuch gewesen sein muß, wie abgeschlossen die Eingeborenen von fremdem Wesen geblieben sind. Neu-Irland und Neu-Britannien wurden besucht und theilweise vermessen, Duke of York aber nicht.

Auch unsere „Gazelle", welche vor wenigen Jahren zur Rechten und zur Linken sich um die Vermessung der Küsten Neu-Irlands und Neu-Britanniens so verdient gemacht hat, mied das inmitten der Straße liegende Kleinod, welches mit zwei vorzüglichen Häfen den Schlüssel zur Straße bildet und der gegebene Platz für die Residenz dieses großen Inselreichs ist, wenn die großen Nachbarinseln im Laufe der Zeiten einmal zu einem einzigen Reiche verschmolzen werden sollten. (Die beiden Häfen waren von Engländern vor wenigen Jahren Fergusson-Harbour und Port-Wesley getauft worden, ich habe ihnen indeß ihre richtigen Namen wieder zurückgegeben; wodurch ich das Recht dazu erhielt, wird der weitere Verlauf meiner Darstellung ergeben.)

Die Duke of York-Gruppe ist schon jetzt der Centralpunkt des Handels, welcher sich in den letzten Jahren hier entwickelt hat. Derselbe befindet sich in den Händen zweier deutscher Häuser, diese sind die Handels- und Plantagengesellschaft auf Samoa, vormals J. C. Godeffroy, und die Brüder Hernsheim, welche mit großer Energie und Ausdauer Verbindungen mit diesem gefürchteten Menschenschlage anknüpften, sich durch immer wiederkehrende Brandlegungen und Ermordung eines Handelsagenten nicht abschrecken ließen, sondern ausdauerten und jetzt, soweit eine richtige Beurtheilung möglich ist, endgültig gesiegt haben, allerdings schließlich mit Hülfe der Kriegsmarine, deren Unterstützung ihnen vorher gefehlt hatte. Die deutschen Kaufleute haben auch hier, wie schon an manch anderm Platze, den Missionaren den Weg geebnet und diesen das Eindringen überhaupt erst möglich gemacht. Nicht die Missionare sind in diesen Gegenden die Mauerbrecher, wie sie mit ihren pomphaften Veröffentlichungen das Publikum glauben machen, sondern der Handel ist es, welcher zur Fernhaltung der Concurrenz in aller Stille arbeiten muß. Ehe die Verhältnisse auf dieser Gruppe, wie auf der großen Nachbarinsel Neu-Britannien, den jetzigen verhältnißmäßig geordneten Stand erreichen konnten, ist allerdings manches Blut geflossen. Die hiesigen Handelsagenten sind keine schmächtigen Jünglinge, welche den ganzen Tag hinter dem Schreibtisch sitzen, sondern wetterfeste und verwegene Männer, die, zum größten Theil aus dem Seemannsstande hervorgegangen, besser mit dem Revolver und dem Messer, als wie mit der Feder umzugehen wissen — Leute, die selten im Hause sind und auf beschwerlicher Reise von einem Platz zum andern, von einer Insel zur andern den größten Theil des Jahres in kleinen Fahrzeugen und offenen Booten zubringen — Leute, die ihre persönliche Sicherheit in der eigenen Hand halten und daher, wenn es gilt, nicht nur ihr Leben zu vertheidigen haben, sondern zur Sicherung ihrer Stellung auch unter Umständen zum Angriff übergehen müssen, da keine Behörde zur Stelle ist, welche ihnen Schutz gewähren könnte; sie müssen leben wie der Volksstamm, auf dessen Grund und Boden sie sich befinden, d. h. jeder hat für sich selbst zu sorgen und darf nie ohne Waffe sein; wer sich nicht selbst schützen kann, wird von dem andern vernichtet. Einige Beispiele aus dem hiesigen Leben werden das Vorstehende am besten illustriren.

An der Nordküste Neu-Britanniens erschießt vor zwei Jahren ein Engländer, Agent eines deutschen Hauses, den Hund eines Eingeborenen, wofür die Eingeborenen ihm sein Haus anstecken und dann ihn selbst erschlagen. Der Kapitän eines in der Nähe befindlichen zu demselben Hause gehörigen deutschen Kauffahrteischiffes verbindet sich darauf mit einem an derselben Küste seßhaften ihm befreundeten Stamme und unternimmt gegen die Mörder einen Kriegszug, welcher mit der Besiegung derselben endet, nachdem auf beiden Seiten mehrere Eingeborene gefallen waren. Der Schiffskapitän konnte allerdings seinen Sieg nicht zu einer exemplarischen Bestrafung der Mörder ausnutzen, da seine Macht dafür zu gering war, sondern mußte sich mit dem ihm gebotenen Strafgelde von einigen hundert Faden (je 6 Fuß) Muschelgeld und der Genugthuung begnügen, daß der seitdem an derselben Stelle wieder eingesetzte neue Agent unbehelligt gelassen wird. Aus diesem Kriegszuge stammen auch die mir von demselben Kapitän gemachten, später noch anzuführenden Angaben über die Zubereitung von Menschenfleisch, da die Gefallenen nicht begraben, sondern gegessen wurden.

Ein zweiter Fall. Ende vorigen Jahres schloß der Steuermann eines im Meokohafen liegenden deutschen Schiffes mit einem Häuptling der kleinen Insel Meoko ein Kaufgeschäft ab und entrichtete den Kaufpreis im voraus. Als er dann das Kaufobject fordert, wird ihm dasselbe vorenthalten und hieraus entspinnt sich ein Streit, welcher in einen allgemeinen ernsten Conflict ausartet. Die Eingeborenen machen von ihren Waffen Gebrauch, die Europäer (darunter ein deutscher Naturforscher mit Frau) begaben sich alle auf das Schiff, die Eingeborenen machen einen Angriff auf dasselbe, werden blutig zurückgewiesen, an Land verfolgt und dort besiegt. Der Kriegszustand währte mehrere Tage, während welcher vielfach unterhandelt wurde, ohne zu einem Resultat kommen zu können. Der Kapitän hatte diese Zeit auch dazu benutzt, um den in Port-Hunter residirenden englischen Missionar, welcher über eine große Zahl Männer (samoanische und fidjianische Missionslehrer) verfügt, um Beistand zu bitten, wurde indeß mit der Antwort zurückgewiesen, daß die Waffen des Missionars nur geistige seien. Denselben Standpunkt nahm auch die in Sydney befindliche oberste Missionsbehörde der Wesleyaner ein und äußerte sich nach Empfang der Berichte von der Station in

Port-Hunter in einer keineswegs anerkennenden Weise über die deutschen Barbaren. Hätte der englische Missionar in Port-Hunter allerdings damals geahnt, welche Schritte er wenige Wochen später ergreifen und wie er den zurückgewiesenen deutschen Kapitän nun selbst um Beistand anrufen würde, dann hätte er jedenfalls anders gehandelt und anders berichtet; hätte die Missionsgesellschaft in Sydney geahnt, welche Berichte ihr wenige Wochen später von ihrer Station in Port-Hunter in Aussicht standen, dann hätte sie gewiß klug geschwiegen. Eigene Schicksalsfügung war es, daß gerade derselbe, von den englischen Missionaren so hart angegriffene deutsche Kapitän während meiner Anwesenheit in Sydney dahin die erste Nachricht von dem Kriegszug des englischen Missionars Brown gegen die Eingeborenen von Neu-Britannien bringen mußte, und zwar die eigenen Berichte des genannten Missionars, nach welchen über 150 Eingeborene gefallen waren, während in dem Scharmützel des deutschen Schiffes nur 5 oder 6 Eingeborene das Leben verloren hatten. Nun war natürlich die Noth groß, denn da die Missionare die Handlungsweise des deutschen Kapitäns so hart verdammt hatten, konnten sie ihren Bruder nicht in Schutz nehmen, sondern mußten über ihn in derselbe Weise abfällig urtheilen, was sie denn auch mit solchem Erfolg gethan haben, daß der Gouverneur von Fidji die Sache in die Hand nehmen mußte, und nach allgemeiner Ansicht in Levuka wird der Missionar Brown mit mindestens fünf Jahren Gefängniß bestraft werden. Eigene Schicksalsfügung ist es wiederum, daß der Commandant eines deutschen Kriegsschiffes trotz der allgemein gegen Brown sprechenden öffentlichen Meinung der Erste ist, welcher diesem braven Manne die rettende Hand reicht, denn ich hoffe sicher, daß die von mir zu seinem Schutz ergriffenen Maßnahmen ihn vor der drohenden Schande bewahren werden.

Dieser letzte und bedeutendste blutige Conflict fand im Februar 1878 statt. Die Entwickelung der Sache war die folgende.

Die englische Mission ward damals gebildet von dem Missionar Mr. Brown und etwa 80 Samoanern und Fidji-Leuten, welche, in den Missionsschulen als Lehrer ausgebildet, vorzugsweise dazu bestimmt sind, die vorbereitende Arbeit des Missionars zu übernehmen, d. h. die Heiden mit dem Inhalt der Bibel bekannt zu machen und später dann den Schulunterricht der Kinder zu überwachen. Ohne diese

Leute würde in diesen Gegenden überhaupt nichts zu machen sein, da die Entsendungs- und Unterhaltungskosten für europäische Geistliche ungeheuere Summen verschlingen würden, wenn solche Persönlichkeiten überhaupt in genügender Zahl gefunden würden, während die polynesischen sogenannten Missionslehrer wie die Eingeborenen leben, mit einer kleinen Hütte und derjenigen Nahrung zufrieden sind, welche sie sich selbst von den Bäumen oder aus dem Wasser holen. Von diesen Missionslehrern, deren größter Theil sich bei Mr. Brown aufhält und gewissermaßen dessen Leibgarde bildet, war ein Theil in verschiedenen Plätzen der Duke of York-Gruppe untergebracht, vier derselben waren nach Neu-Britannien geschickt, um dort die ersten Bekehrungsversuche zu machen. Ob nun die Leute mit den Eingeborenen Neu-Britanniens in Streit gerathen sind, oder ob die letztern den Anblick so vortrefflichen Wildes nicht länger ertragen und schließlich ihre Gier nach dem begehrten Menschenfleisch nicht mehr zügeln konnten, ist wol nicht aufgeklärt. Thatsache ist, daß eines Tages die Nachricht von der erfolgten Verspeisung der vier Missionslehrer durch neubritannische Eingeborene auf Duke of York anlangte.

Hier will ich gleich einschalten, daß nach allen mir zugegangenen Nachrichten die Menschenfresser in diesem Theil der Erde sich aus weißem Menschenfleisch nichts machen, sondern nur braunes Fleisch gern essen. Sie sagen, daß das Fleisch der Weißen zu salzig sei, und dies legt die Vermuthung nahe, daß die großen Quantitäten Salz, welche wir fortwährend verzehren, sich dem Blut und Fleisch so sehr mittheilen, daß wir gewissermaßen lebendig gepökelt sind. Da nun die Wilden das Salz gar nicht kennen, so erscheint es erklärlich, daß sie ihre süßen braunen Brüder den salzigen weißen Fremdlingen vorziehen.

Die Nachricht von dem traurigen und schmählichen Ende der vier Polynesier versetzte naturgemäß die ganze Fremdencolonie in die größte Aufregung; die braunen Mitglieder riefen nach Rache und verlangten harte Züchtigung der entmenschten Mörder; die Weißen mußten sich sagen, daß diesem blutigen Vorspiel in kürzester Zeit eine allgemeine Niedermetzelung folgen würde, wenn nicht der Schandthat eine gehörige Züchtigung auf dem Fuße folge, welche mit ihren Schrecken den ganzen Volksstamm in die größte Furcht vor den

Fremden versetze. Es herrschte daher nur die eine Ansicht, daß alle Fremden einen Kriegszug gegen die Menschenfresser unternehmen mußten, und an Mr. Brown wurde die Forderung gestellt, die Führung zu übernehmen. Der Geistliche glaubte mit Rücksicht auf seinen Stand von einem derartigen Beginnen abrathen und die Führerschaft ablehnen zu müssen, ob aus Ueberzeugung, oder nur um sich zu der Führerschaft zwingen zu lassen, ist allerdings eine offene Frage. Jedenfalls stimmte dieser Herr in einer Unterhaltung mit mir darin überein, daß diese Wilden nur durch blutige Rache zu züchtigen und in dem erforderlichen Respect zu erhalten seien, und daß unzureichende Maßregeln, wie Tödtung einiger Wenigen, wie dies so vielfach für das Richtige gehalten wird, eher schade wie nütze. Ergreift man erst die Waffen, dann müssen bei dem ersten Zusammenstoß so viele wie möglich fallen, da nur dadurch der klare Beweis der wirklichen Stärke und Macht nachhaltig bewiesen wird. Auch muß man hier mit in Betracht ziehen, wie wenig bei diesen Leuten ein Menschenleben gilt und daß nur die Masse der Opfer einen tiefern Eindruck macht. Bei der Auseinandersetzung, welche ich mit Herrn Brown über diesen Fall hatte, gab er mir nun folgende Rechtfertigung über sein damaliges Verhalten und will ich ihn selbst sprechen lassen:

„Als von mir die Führung des Unternehmens gefordert wurde, war ich in einer verzweifelten Lage. Meine innerste Ueberzeugung sagte mir, daß unser aller Leben nur noch auf wenige Tage zu veranschlagen war, wenn der geplante Rachezug unterblieb; mein geistlicher Stand zwang mich, nicht nur die Führung abzulehnen, sondern auch mit meinem ganzen Einfluß gegen das Unternehmen aufzutreten. Doch ich mußte mir sagen, daß an die hiesigen Verhältnisse ein besonderer Maßstab anzulegen sei, und so gab ich zunächst meinen Widerstand gegen das Unternehmen selbst auf. Bei Erwägung der Frage, inwieweit ich mich persönlich betheiligen solle, traten nun Momente auf, welche mir keine Wahl ließen. Es war zweifellos, daß ich der einzige Mann war, welcher von allen Betheiligten Gehorsam erwarten, daher auch der einzige war, welcher die nothwendige Ordnung aufrecht erhalten konnte. Ferner war als sicher anzunehmen, daß sämmtliche Betheiligte den Charakter von Würgengeln annehmen und kein Ende im Morden und Brennen finden würden, und daß sie dadurch den Nutzen des ersten Erfolgs wieder aufs Spiel setzen und das ganze Volk zum Aufstand bringen und uns allen sichern Untergang bereiten würden. Auch durfte ich nicht außer Betracht lassen, daß mein Zurückbleiben mir als persönliche Feigheit vorgeworfen würde, womit der Verlust meiner eigenen Position und der der ganzen Mission verbunden war. So entschloß ich mich denn mit schwerem Herzen das mir angetragene Amt zu übernehmen, aber nur um die Leidenschaften der kaum zu bändigenden Truppe zu zügeln und unnöthigem Blutvergießen vorzubeugen. Wenn nachher auch für die vier Missionslehrer etwa 150 Neubritannier ihr Leben haben lassen müssen, so bleibt mir doch die Genugthuung, daß ich schließlich dem Blutvergießen Einhalt thun konnte und damit ermöglichte, daß neben der Sicherheit, welche wir für unser Leben und Gut erkämpft haben, wir auch jetzt mit unsern damaligen Feinden in bester Freundschaft leben."

Wie aus dem Vorstehenden schon erhellt, wurde der geplante Zug nach Neu-Britannien unternommen und zwar mit etwa 80 Mann unter der Führung von Mr. Brown, während ungefähr 20 Männer in Duke of York zurückblieben, um die dort zurückgelassenen Frauen und Kinder zu beschützen. In Neu-Britannien angelangt, wurde sofort der Kampf begonnen, die Eingeborenen wurden weit in das Innere verfolgt und vollständig besiegt, nachdem sie etwa 150 Mann verloren hatten; auch wurde ihnen die noch in ihrer Gewalt und am Leben befindliche Frau eines aufgefressenen samoanischen Missionslehrers wieder abgejagt. Für dieses arme Geschöpf wäre es auch besser gewesen, sie hätte vorher den Tod gefunden, denn die wenigen Tage hatten sie wahnsinnig gemacht.

Dies waren die drei in der letzten Zeit vorgekommenen blutigen Conflicte, welche nach Ansicht der dort lebenden Weißen zunächst Sicherheit für Leben und Eigenthum geschaffen hatten. Meine Aufgabe war es nun, die bereits errungenen Erfolge nach Möglichkeit zu sichern, den Eingeborenen die Macht eines Kriegsschiffes vor Augen zu führen und ihnen damit den Beweis zu liefern, auf welch mächtigen Schutz die Weißen unter allen Umständen rechnen können. Hierzu war es aber nöthig, daß ich mit den Menschenfressern in nähere Berührung trat, daß ich sie in ihren Niederlassungen aufsuchte, sie an Bord des Schiffes empfing, alle vorliegenden Klagesachen durch Auferlegung von Strafen erledigte und durch Feste einen engern

Verkehr herbeiführte. Diesem Zwang muß ich es jetzt nachträglich dankbar zuerkennen, daß ich mehr gesehen und gehört habe, als ich vorher ahnte, und daß ich wol einen tiefern Einblick in die hiesigen Verhältnisse erhalten habe, als irgendein Seefahrer vor mir. Es kam mir allerdings zu statten, daß ich mir Herrn Brown verpflichtet hatte, sowie daß mir zwei deutsche Herren zur Seite standen, welche durch jahrelangen Aufenthalt hierselbst mit den Verhältnissen ebenso vertraut sind wie Herr Brown. Ohne diese drei Herren würde ich wol sehr wenig erfahren und dieses interessante Land mit seinen Leuten nicht kennen gelernt haben, und wie nothwendig der directe Verkehr mit diesen Eingeborenen ist, wird vielleicht das folgende Beispiel ergeben.

Die „Gazelle" war drei Jahre vor mir in Matupi (Neu-Britannien), hat dort einige Tage gelegen und den Hafen vermessen. Das Eine, was die Leute von ihr wußten, war, daß sie sich der Anwesenheit eines großen Schiffes mit vielen Leuten entsannen, welches auch furchtbare Thiere an Bord hatte, auf denen einzelne Leute ab und zu an Land kamen. An diesen furchtbaren Thieren wurde von uns die „Gazelle" erkannt, da sie von Timor einige kleine Ponies mitgebracht hatte, welche zuweilen ausgeschifft und dann auch zum Reiten benutzt wurden. Die Nationalität der „Gazelle" kannten sie ebenso wenig, wie das Erscheinen dieses Schiffes sie davon abhielt, einige Zeit später in nächster Nähe eine deutsche Niederlassung niederzubrennen. Die „Ariadne" war nur einen Nachmittag in Matupi, wird aber sobald nicht vergessen werden, da das Schiff vorher angemeldet war, sein Name wie seine Nationalität bekannt ist und die sämmtlichen Einwohner von Matupi vor den Offizieren und Mannschaften des Schiffes einen Tanz aufführten, zu welchem schon vorher die Vorbereitungen getroffen waren; auch kam das Schiff direct von dem vorhergenannten, nur wenige Seemeilen entfernten Platze, wo die Eingeborenen wegen jener Brandlegung mit Erfolg zur Verantwortung gezogen worden waren und ein nach dortigen Verhältnissen hohes Strafgeld hatten erlegen müssen, welch letzteres von der „Ariadne" in Matupi in dem Hause eines deutschen Agenten deponirt wurde.

Nach dieser Abschweifung will ich jetzt zu unsern eigenen Erlebnissen zurückkehren und auf die S. 383 enthaltene Kartenskizze der

Duke of York-Inseln hinweisen. Schon im Laufe des Nachmittags wurde festgestellt, daß das Schiff nicht mehr vor Eintritt der Dunkelheit das Reiseziel, den Hafen von Makada (spr. Makadá), erreichen konnte; es wurde daher beschlossen, für die Nacht den im Süden liegenden Hafen von Meoko anzulaufen und dadurch das Nützliche mit dem Angenehmen zu verbinden. Wie vorher erwähnt, war dieser Hafen vor kurzem der Schauplatz eines blutigen Conflicts zwischen Deutschen und Eingeborenen gewesen, es war daher auf alle Fälle nothwendig diesen Platz zu besuchen; dann war hier der Centralpunkt eines der beiden hier vertretenen deutschen Kaufmannshäuser und nur von hier aus konnte ich mich mit einem deutschen Schiffskapitän, dessen Gegenwart für die volle Ausnutzung der Anwesenheit des Kriegsschiffes durchaus nothwendig war, in Verbindung setzen. Schließlich hätte ein Verbleiben des Schiffes außerhalb des Hafens während der Nacht mich gezwungen, die Nacht schlaflos zuzubringen, und es würde mir dann am nächsten Tage die nothwendige Frische für die in Aussicht stehenden Dienstgeschäfte gefehlt haben. So war es nicht schwer, den Entschluß zu fassen, die Nacht in einem sichern Hafen vor dem Anker zu verbringen. Kurz vor Sonnenuntergang stand das Schiff vor der Südküste der York-Inseln, welche sich auch von hier aus dem Beobachter noch als eine zusammenhängende Ländermasse zeigt. Für den Kenner dieses Landes heben sich allerdings die im Süden liegenden schmalen und langgestreckten niedrigen Inseln, welche unter sich wieder durch Korallenriffe verbunden sind, scharf von der Hauptinsel Amakada (spr. Amakáda) ab, der Neuling glaubt aber hier an der Südküste nur allmählich abfallendes Land zu sehen, während die Ostküste der Hauptinsel senkrecht und steil aus dem Wasser aufsteigt.

Das vor uns liegende Bild ist, trotzdem ihm wirkliche Effecte fehlen, dennoch schön. Die ein niedriges Hochplateau bildende Inselgruppe, welche die Höhe von 100 m nicht übersteigt, macht, wie dies auch von frühern Reisenden behauptet wird, unwillkürlich den Eindruck eines schönen Gartens, trotzdem sie auf ihrem Rücken nur undurchdringlichen Urwald trägt. Die zu unserer Rechten liegende steil aufsteigende Ostküste ist von der niedrig stehenden Sonne schon in tiefe Schatten gelegt, zu unserer Linken glänzt die Flut noch in dem prächtigsten Blau und sendet ihre kleinen von der leichten Brise aufgewühlten Wellen gegen die Ufer der Inseln, um dort auf den

Korallenriffen zu überstürzen, als blendend weiße Brandung nach der andern Seite hinüberzulaufen und dort Ruhe zu finden. Innerhalb der Riffe segelt ein europäisches Boot und verschwindet bald in dem Landeinschnitt zwischen Meoko und Utuan (spr. Utuán), wie wir vermuthen um uns durch die eigentliche Hafeneinfahrt zur Leistung von Lootsendiensten entgegenzukommen, da dies der kürzeste Weg ist.

Der schmale Strand der niedrigen Insel Meoko wird von dem üppigen Laub dichter Büsche und hochstämmiger mächtiger Bäume überschattet, Baumäste und Schlingpflanzen neigen sich bis zum Wasserspiegel und bilden über dem Strande einen natürlichen Laubengang. Hier und da zeigt sich eine Höhle oder eine kleine malerische Schlucht, welche Kanus beherbergen und damit anzeigen, daß die Insel bewohnt ist, wenngleich Menschen noch nicht zu sehen sind; dieselben sind jedenfalls schon in ihren nach der andern Seite zu gelegenen Hütten.

Wir stehen dicht vor der Einfahrt; links liegt die niedrige Insel Meoko, rechts die kleine hohe, steil abfallende Felseninsel Muarlin vor dem Festlande, wie man hier wol die große Insel Amakada nennen kann. Bei der vorgerückten Tageszeit scheint es mir nicht räthlich, auf die Ankunft des Lootsen zu warten, auch haben wir eine anscheinend gute, erst im vorigen Jahre von einem deutschen Schiffskapitän aufgenommene Karte in Händen, welche ein tiefes klares Fahrwasser gerade in die Mitte der Einfahrt legt. Ich neige mich allerdings dahin, das Schiff dicht an die hohe Insel Muarlin zu steuern, weil das Wasser an felsigem Ufer in der Regel tiefer ist, lasse mich aber von meinem Berather bewegen, die Karte als richtig anzusehen und die Mitte des Fahrwassers zu halten, gebe indeß dem Schiffe doch die geringst mögliche Fahrt. Nur wenige Minuten und von beiden Seiten des Schiffes melden die Matrosen am Loth nur $4^1/_2$ m Wasser. Das Schiff geht $5^1/_2$ m tief und hat noch Vorwärtsbewegung, kann den Grund also noch nicht berührt haben, ein Blick auf die frisch ausgeworfene Lothleine zeigt, daß die Lothgänger die richtige Tiefe angegeben haben, wir befinden uns mitten zwischen den Korallen. Was thun? „Zaudern" ist ein Wort im Sprachschatze der Seeleute, welches, wenn auch nicht immer, doch häufig gleichbedeutend mit „Unfall" und durch Zwang wie Gewöhnung dem Seemann abhanden gekommen ist, der Entschluß ist daher schnell gefaßt. Das Schiff muß weiter gehen, entweder um sich wie bis hierher zwischen den Untiefen durchzuschlängeln oder vorn mit dem Steven auf dem Meeresgrund einen Stützpunkt zu finden und dann schnell hinten durch einen Anker festgelegt zu werden, damit die Strömung es nicht seitwärts auf die Korallen wirft und dadurch das spätere Abbringen wesentlich erschwert wird. Ist das Schiff dann so erst fixirt, dann kann man es wenigstens mit Hülfe von Ankern denselben Weg wieder zurückholen, den es gekommen ist. Das Glück bleibt uns aber auch hier wie bisher hold, das Wasser wird tiefer, die unheimlich dicht unter der Wasseroberfläche uns anstarrenden Korallen verschwinden und wir können in tiefem Wasser nahe an Muarlin heranlaufen, dort einen scharfen Bogen schlagen und nach weitern wenigen Minuten vor der deutschen Factorei in dem Augenblick ankern, wo das vorhergenannte Boot auch dort eintrifft.

Unser Ankerplatz mit seiner Umgebung ist ein kleines Stück Paradies. Rund eingeschlossen von hohem und dicht belaubtem Lande ist der schöne sichere Hafen mit seinem wunderbar klaren Wasser, welches die Täuschung hervorruft, als ob der Meeresboden handbreit unter dem Wasserspiegel läge. Die Ufer des Landes werden stellenweise durch vorspringendes Felsengestein und zurücktretende Meeresbuchten unterbrochen; hier schiebt sich das Land dichter an uns heran, dort gestattet eine lange Wasserstraße nach dem westlichen Ausgang eine größere Fernsicht. Auf dem Lande stehen nicht nur Kokosnußbäume, sondern endlich auch einmal wieder Laubhölzer, darunter mächtige Baumriesen mit bis zu 2 m dicken Stämmen und diesen entsprechenden, nach unsern heimischen Begriffen proportionalen Laubkronen. Die großen Blätter der Bananenstauden, die saft- und kraftstrotzenden Sträucher, Schlingpflanzen, Gräser und Blumen, die Vögel, summenden und zirpenden Insekten geben uns die Erinnerung zurück, daß es auf der Erde auch noch etwas anderes gibt, als nur Kokospalmen und immer wieder Kokospalmen. Die Wasseroberfläche im Hafen ist spiegelglatt; draußen rauscht leise die schwache Brandung, als ob sie mit der untergehenden Sonne, welche tiefer sinkend das vor uns liegende Bild in die Schatten der Nacht legt, auch schlafen gehen wolle. Wohnungen der Eingeborenen sind nicht zu sehen, aber einzelne Vertreter dieser Rasse zeigen sich in ihrer classischen Nationaltracht, welche nur im Färben der Kopf- und Körperhaare besteht, mit Speeren und Keulen bewaffnet am Strande. Dicht vor uns, nur etwa 100 Schritte ab, führt vom Strande ein sauber gehaltener und mit kleinen Steinen bestreuter gerader Weg zu der deutschen Factorei, einem kleinen Holzbau mit daran stoßendem steinernen Waarenhaus, das Ganze von einer steinernen Mauer umwehrt. Der deutsche Agent kam an Bord, um sich vorzustellen und uns die wenig angenehme Nachricht zu bringen, daß der in Diensten der Handels- und Plantagengesellschaft stehende deutsche Schiffskapitän Levison, den wir zur Ausführung unserer Pläne als Kenner der Landessprache und aller einschlagenden Verhältnisse nicht entbehren konnten, mit seinem Schiff in einem 30 Seemeilen entfernten Hafen läge und vorläufig nicht herzukommen beabsichtige. Da andererseits ich ihn jetzt nicht aufsuchen konnte, weil ganz bestimmte Aufträge mich nach Makada führten, wo ich einige Eingeborene wegen Niederbrennung einer deutschen Station zur Verantwortung ziehen sollte, so sprach ich den Entschluß aus, gleich am nächsten Morgen nach Makada weiter zu gehen und die dortigen Geschäfte zuerst zu erledigen. Bei der Besprechung, auf welche Weise Levison am besten herzurufen sei, warf sich ein ebenfalls in deutschen Diensten stehender 60 Jahre alter Engländer ins Mittel und erbot sich, obgleich er eben erst mit seinem Boot von dem in Rede stehenden Hafen gekommen war, sofort wieder abzufahren, mit seinen beiden Leuten (Eingeborenen) bei dem stillen Wetter die 30 Seemeilen während der Nacht abzurudern und den Kapitän am nächsten Vormittag mit frischen, von dessen Schiff genommenen Leuten zu uns nach Makada zu bringen. Meinen Einwand, daß er dies bei seinem Alter, nachdem er bereits den ganzen Tag der heißen Tropensonne ohne Sonnensegel und Schirm ausgesetzt gewesen sei, wol nicht aushalten würde, wies er lächelnd von der Hand, und so ließ ich ihn ziehen in der Ueberzeugung, daß er die Aufgabe nicht lösen könne; aber er hat sie gelöst. Dieser Mann gab mir auch wieder den Beweis, welchen ich nicht nur an verschiedenen Beispielen hier in der Südsee, sondern auch an mir selbst wiederholt gefunden habe, daß auch der Europäer außerordentlich widerstandsfähig gegen das Klima ist, sofern er nur immer mäßig lebt.

Obgleich es inzwischen dunkel geworden war und es vermuthlich an Land auch nichts zu sehen gab, konnte ich dem Drang dahin doch nicht widerstehen. Die Eingeborenen hatten es mir angethan, längst vergangene Zeiten machten sich geltend und Anklänge an die Empfindungen, welche ich als Kind beim Lesen der Indianer- und Wildengeschichten hatte, brachen aus meinem Erinnerungsschatz hervor, als ich bei unserer Ankunft diese chokoladenbraunen urwüchsigen Gestalten mit ihren phantastischen Waffen am Strande sah. Ich fuhr daher noch für kurze Zeit an Land, um mir wirkliche und leibhaftige Wilde und Menschenfresser aus nächster Nähe zu betrachten, bei welcher Gelegenheit ich mir auch gleich durch Vermittelung des deutschen Agenten einige Waffen direct aus den Händen der Wilden eintauschte. Sehr verwundert war ich, nachher das Gewicht einer erworbenen Streitart federleicht zu finden und zu erkennen, daß nicht nur der Stiel, sondern auch die Art selbst aus dem leichtesten Holz verfertigt war. Später erst lernte ich die Bedeutung dieser Täuschung erkennen.

Am folgenden Morgen fuhr ich mit Tagesanbruch an Land, um die Situation des Hafens und des daran stoßenden Terrains in Ruhe zu besichtigen und auf seinen Werth zu prüfen. Herr Weber, welcher sich bisher gewissermaßen als unfehlbar erwiesen hatte, war mit dem Vorschlage hervorgetreten, kurzer Hand die hier liegenden wichtigsten Häfen auf die eine oder andere Weise für das Reich zu erwerben, weil ich nur dadurch meine Absicht, die deutschen Interessen dauernd zu sichern, erreichen könne. Ich hatte im Laufe der letzten Monate ja viel und reiflich über diese Sache nachgedacht, mich aber noch nicht schlüssig gemacht; jetzt auf diesem einsamen Spaziergang wollte ich zu einem Ende kommen. Bei meiner Anwesenheit in Sydney, wie auch später in Levuka, hatte ich sowol aus dem energischen Drängen aller Zeitungen, wie aus Gesprächen mit maßgebenden und einflußreichen Personen ersehen, daß die Annectirung Neu-Guineas durch England nur eine Frage der Zeit sein könne, und daß muthmaßlich der Tag der Einverleibung sehr nahe liege. Weht aber erst die Flagge Großbritanniens auf diesem Erdtheil, dann breitet sie sich wie unter dem Einfluß des Windes auch über die großen Nachbarinseln Neu-Britannien und Neu-Irland aus, um mit diesen werthvollen Ländermassen gleichzeitig die Herrschaft über den St.-George-Kanal zu erhalten, welcher meines Erachtens dermaleinst die Straße für den Dampferverkehr zwischen Australien und China werden wird. Und dieser Möglichkeit mußte ich auf alle Fälle zuvorzukommen suchen, damit das Deutsche Reich bei der nahe bevorstehenden Theilung der Südsee unter die europäischen Staaten auch ein Wort mitzureden hätte.

Meine Gig fährt auf den Strand, ich springe, in der Hand einen Stock und in der Tasche einen Revolver, an Land und das Boot geht in tieferes Wasser zurück, um mir mit leichtem Ruderschlag auf Rufweite zu folgen. Lang entbehrter Genuß, auf festem Boden ordent-

Eingeborener von Neolo.

lich ausschreiten zu können und noch dazu in so herrlicher Umgebung, an solch thaufrischem Morgen!

Mein Weg führt dicht am Waldessaum entlang, auf schönem festen Sand, nur wenige Schritte von dem Meeresufer entfernt. Eine leichte Brise bringt angenehme Kühlung und spielt in dem leisen Rauschen der Blätter das Präludium zu dem Concert, welches bald die erwachende Thierwelt anstimmt. Hier und da treten eingeborene bewaffnete Männer einzeln oder paarweise aus dem Busch, welche mich einsamen Wanderer neugierig und, wie mir scheinen will, lüstern betrachten und dann weiter gehen, um, wie das Gethier, am neuen Morgen ihrer Nahrung nachzugehen oder nur, ihren dumpfigen Hütten entfliehend, unbewußt das köstliche Geschenk einzuathmen, welches Gottes Gnade ihnen in dieser wunderherrlichen Natur beschert hat. Unser Schiff liegt von hier aus versteckt; ob sie mich vielleicht als jagdbares Wild ansehen und nur mein mit sechs Matrosen bemanntes Boot sie zur Enthaltsamkeit veranlaßt? Vielleicht werden sie auch durch hier am Strande liegende Brunnen — in den Sand gegrabene Löcher, welche süßes Wasser enthalten — angelockt. Diesen Menschen kann man es beinahe verzeihen, Menschenfresser zu sein, wenn man sie so in der Freiheit sieht. Wenigstens auf mich machen sie den Eindruck von bewehrtem Edelwild, obgleich ich kein Jäger bin. Liegt es in dem Gesichtsausdruck oder in der Hautfarbe des nackten Körpers? In der scheuen Vorsicht ihrer Bewegungen oder in der nie fehlenden Waffe, weil keiner dem andern traut, jeder bereit ist, einem andern das Leben ebenso leicht zu nehmen, wie es ihm genommen werden kann? Ich weiß es nicht, aber wahr ist es, daß man hier verlernen kann, in dem „Mord aus Vergnügen" noch ein Verbrechen zu sehen. Wie gesagt, bewaffnet ist jeder, und hat er keinen Speer, keine Keule, keine Axt, so hat er doch die wurffertige Steinschleuder in der Hand, mit welcher er auf 30 Schritte und weiter seinen Gegner oder sein Opfer sicher tödtet, oder durch einen Knochenbruch, bezw. eine lebensgefährliche Verwundung in den Weichtheilen kampfunfähig macht.

Ich umschreite eine kleine Meeresbucht, welche so tiefes Wasser hat, daß große Schiffe hineinholen und direct an Land anlegen können, die daher nach etwaiger Anlage einiger Werkstätten einen guten natürlichen Platz für Schiffsreparaturen abgibt. Etwas weiter komme ich zu der am Strande gelegenen Hütte eines samoanischen Missionslehrers, welcher mit seiner auffallend hübschen Frau damit beschäftigt ist, in seinem Hause Tag zu machen. Es war inzwischen, nachdem ich einen dreiviertelstündigen Spaziergang hinter mir hatte, Zeit geworden, an Bord zurückzukehren, und ich bestieg mein herangerufenes Boot mit dem Entschluß, nach Erledigung meiner übrigen Geschäfte hierher zurückzukehren, um den Hafen auf irgendeine Weise für uns zu sichern.

Um 9½ Uhr waren wir wieder unter Dampf, um durch die westliche Passage auf dem kürzesten Wege nach Makada zu gelangen.

Die Karte gibt zwar für das äußere Fahrwasser keine nähern Tiefenangaben, sondern sagt nur, daß alles voller Korallenriffe mit genügend tiefen Rinnen zwischen den Korallen sei, indeß war mir mitgetheilt worden, daß die Passage mit gutem Ausguck von dem Mast aus vollständig sicher ist. Da wir nun an diese Art Seefahrt mit der Zeit gewöhnt sind und die Meeresfläche infolge andauernder Windstille auch spiegelglatt war, so wählte ich der erheblichen Zeitersparniß wegen diese Straße. Die vier Seemeilen lange Fahrt bis zum Ausgang des Hafens an dieser Seite machte den Eindruck, als ob wir über Land führen, denn da, wie schon erwähnt, bei der außerordentlichen Klarheit des Wassers der ganze ebene und nur mit feinem weißen Korallensand ganz gleichmäßig bedeckte Meeresboden scheinbar wie die Silberunterlage eines Spiegels dicht unter der Meeresoberfläche liegt, so sah es aus, als ob wir uns auf dem Sande fortbewegten. Bei jedem neuen Lothwurfe fürchtete ich eine erhebliche Abnahme der Wassertiefe ausrufen zu hören, dieselbe blieb aber gleichmäßig zwischen 10 und 12 m. Es mag auffallen, daß der Meeresboden hier innerhalb des Hafens ganz frei von Korallen ist, dies wird aber dadurch zu erklären sein, daß jetzt die dicke Schicht fließenden Sandes den Korallen verwehrt festen Fuß zu fassen, wie es vordem der zweifellos unter dem Sande liegende weiche Mudboden gethan.

Nach zwei Stunden, welche wenigstens für mich ziemlich anregend, um nicht zu sagen aufregend waren, da das Schiff fortgesetzt seine Richtung ändern mußte, um im Zickzack seinen Weg durch dieses ausgedehnte Korallenfeld zu finden, langten wir gegen 11½ Uhr vormittags vor Makada an. Wir waren lange durch vorspringendes Land verdeckt gewesen und wurden daher erst bemerkt, als wir unserm Ankerplatz schon ziemlich nahe gerückt waren, deshalb traf uns das entgegenkommende europäische Boot auch erst kurz vor dem Hafen. Der in demselben befindliche Europäer stellte sich mir als Herr Hernsheim, Bruder des in Jaluit lebenden Herrn gleichen Namens vor, was mir große Befriedigung gewährte, weil ich nun infolge seiner Anwesenheit meine dienstlichen Geschäfte hier am Platze ohne Zeitversäumniß gleich erledigen konnte. Er war mit seinem kleinen Dampfer von Australien kommend erst am Tage vorher hier eingetroffen und brachte mir auch die angenehme Nachricht, daß der von mir bei meiner letzten Anwesenheit in Sydney nach hier bestellte Proviant für die Korvette bereits angekommen sei und jederzeit zu meiner Verfügung stehe. Dagegen mußte ich allerdings leider hören, daß das seinerzeit als hier lagernd angemeldete Kohlenquantum inzwischen erheblich herabgeschmolzen sei, wodurch ich gezwungen wurde, zum Theil wieder auf Holzfeuerung zurückzugreifen, welche ich mit dem Verlassen der Magelhaens-Straße für die fernere Dauer meiner Reise als abgethan betrachtet hatte.

Hier will ich einschalten, daß dieser Herr Hernsheim es ist, welcher in diesem Theile der Südsee die ersten Niederlassungen errichtet hat. Er hat als Seemann vor Jahren mit einem eigenen kleinen Schiffe diese Gegend befahren und erforscht und dann seinen Bruder, welcher in überseeischen Ländern Kaufmann war, bewogen, mit ihm zusammen dieses große Gebiet kaufmännisch ebenso auszubeuten, wie das Haus J. C. Godeffroy die weiter östlich belegenen Inseln vornehmlich dem Handel erschlossen hatte. Dem Kaufmann fiel naturgemäß anheim, auf den Marshall- und Carolinen-Inseln, wo das Haus Godeffroy bereits Anfänge gemacht hatte, Factoreien zu gründen und dieselben in directen Verkehr mit dem Mutterlande zu bringen, während der Seemann Neu-Irland und Neu-Britannien übernahm, weil hier zunächst nur unter dem Schutze eines oder mehrerer Schiffe am Lande fester Fuß gefaßt werden konnte. So werden, wenn der noch unabhängige Theil der Südsee dermaleinst an Deutschland fallen sollte, die Namen Weber, welchem Herrn das Hauptverdienst an den Erfolgen des Hauses Godeffroy zuzuschreiben ist, und Gebrüder Hernsheim wol verdienen, einen hervorragenden Platz in der Geschichte der Colonialbestrebungen des Deutschen Reiches einzunehmen.

An Land gekommen, hatte ich die Freude, einem jungen Herrn Robertson die Hand drücken zu können, einem Kaufmann aus Hamburg, welchen ich in Sydney kennen gelernt hatte. Dieser Herr hat, in der Absicht, sich mit seinen beiden Vettern Hernsheim zu associiren, die Reise von Deutschland hierher gemacht, um sich vorher einen Einblick in die hiesigen Verhältnisse zu verschaffen. Wenn man solche junge Herren sieht, die, im Wohlleben aufgewachsen, sich hier in den engen kleinen und keineswegs besonders seetüchtigen Fahrzeugen, mit welchen sie ihre großen Reisen zwischen den oft über 1000 Seemeilen auseinanderliegenden Inseln machen müssen, den größten Entbehrungen, Strapazen und vielfachen Gefahren auf See wie am Lande aussetzen, dann muß man hohe Achtung vor dem Großkaufmannsstand der Hansestädte und namentlich Hamburgs erhalten, ein Stand, dessen Angehörige, jeder Verweichlichung fern, mit Muth und Energie unter Daransetzung ihres eigenen Lebens ihrem Beruf nachgehen, dessen eigentlichstes Wesen im Innern des Deutschen Reiches häufig kaum verstanden wird.

Kurze Zeit nach unserer Ankunft war richtig Kapitän Levison auch eingetroffen, der alte Engländer hatte also Wort gehalten.

Als Wohnplatz der Herren fand ich am Lande eine höchst dürftige hölzerne Hütte mit einem Wohn- und zwei Schlafzimmern; das Beste an ihr war eine große gedeckte Veranda. Die Einrichtung beschränkte sich auf die allernothwendigsten Möbel, die zur Vertheidigung erforderlichen Waffen und die zum Leben nöthigen Nahrungsmittel und Getränke. Mit den beiden letztern sah es zur Zeit aber so kläglich aus, daß ich die Herren für die Dauer unsers Aufenthalts als meine Gäste verpflichtete. Hinter dem Hause war ein großes Waarenlager und ein Schweinestall mit zwei Thieren von solcher Größe, daß sie von den Besitzern nicht geschlachtet werden konnten, weil sie nicht gewußt hätten, wo mit dem vielen Fleisch zu bleiben, weshalb es am besten war, daß ich sie als Geschenk für meine Mannschaft übernahm. Die ganze Anlage war von einem Zaun umgeben und weiterhin von großartigem Urwald, aus welchem der Platz für die Factorei herausgehauen war.

Auf der Veranda saß ein schmächtiges eingetrocknetes Männchen in grauer Hose und gleichem Hemde, welches mir als Herr Topulu oder King Dick, Oberhäuptling und Hoherpriester der Duke of York-Gruppe vorgestellt wurde. Dieser Mann verdient wegen seiner eigenartigen socialen Stellung besondere Erwähnung und muß ich hierbei auch auf seinen verstorbenen Vater zurückgreifen.

Während in diesem ganzen Archipel all die verschiedenen Stämme, ja eigentlich die einzelnen Familien selbständig und voneinander unabhängig sind, hat sich hier im Norden von Duke of York, und nur hier, ein politisches Gemeinwesen dadurch gebildet, daß der Vater des Topulu früher allein den Handel zwischen den Weißen einerseits und Neu-Britannien und Neu-Irland andererseits vermittelte, dadurch viel Geld verdiente und infolge seines Reichthums ein so hohes Ansehen gewann, daß er als der einzige ungefährdet die früher höchst gefährlichen Gebiete der großen Nachbarinseln bereisen konnte. Geld ist hier alles; für Geld werden Weiber und Kinder wie Vasallen gekauft; nur für Geld gibt der eine dem andern, der Bruder dem Bruder Feuer zum Anzünden seiner Pfeife; mit Geld wird ein Höflichkeitsbesuch bezahlt; sogar der Mann muß der von ihm gekauften Frau, deren unumschränkter Herr er ist, eine geforderte Liebkosung bezahlen. Da nun das meiste Geld dem Besitzer auch die Würde des Hohenpriesters verleiht und er in dieser als gefeit gegen die Angriffe seiner Feinde angesehen wird, so war es dem klugen Vater des Topulu leicht, sich alle in seiner Nähe liegenden Stämme zu unterwerfen und botmäßig zu machen, was er denn auch ausführte. Als er starb, war Topulu von drei Brüdern der erste, welcher seine Hand auf das Geld des Vaters legte und damit der Besitzer wurde, denn in diesem gesetzlosen Lande steht die Achtung vor fremdem Eigenthum so hoch, daß die beiden andern Brüder es nicht wagten, den Topulu zu erschlagen und sich dadurch in den Besitz der Hinterlassenschaft ihres Vaters zu setzen. So wurde Topulu der anerkannte Erbe seines Vaters und von dessen Ansehen, sowie Besitzer des Handelsmonopols. Sein schon hohes Ansehen wird aber immer mehr wachsen, da er mit Verschlagenheit schon einen gewissen Schliff verbindet und den Werth freundschaftlichen Verkehrs mit den Weißen wohl zu beurtheilen vermag, zumal wenn dieser Verkehr sich vorzugsweise auf seine Person stützt. So wird, wenn nicht vorher ein europäischer Staat seine Hand auf diese gesegneten Gefilde legt, nur von hier aus Duke of York allmählich unterworfen werden können. Dies war ausreichender Grund für mich, den Versuch zu machen, auch diesen Hafen in meine Hände zu bekommen.

Im Laufe des Nachmittags fuhr ich mit Herrn Hernsheim und Topulu in meinem Boote dicht am Ufer entlang zu des letztern Wohnstätte, um mir dieselbe anzusehen. Der Wald tritt an unserm Wege bis dicht an den Saum des steilabfallenden 4—5 m hohen Ufers, und die weit überhängenden Aeste und Zweige der Bäume geben uns Schatten; an einer Einsenkung mit einem kleinen Wassereinschnitt in das Land sind wir an dem Landungsplatz King Dick's angelangt und verlassen hier das Boot. Wenige Schritte auf einem engen, oben durch Laub dicht geschlossenen Fußpfade bringen uns zu einer Lichtung, wo sich vor meinen erst geblendeten Augen ein eigenartiges Bild entrollt. Vor zwei großen, an den Wald sich anlehnenden Hütten liegt ein freier bis zum Ufer reichender Platz mit einer wunderherrlichen Fernsicht. Inmitten des Platzes sind mehrere Frauen und einige Kinder damit beschäftigt, aus großen Stücken eines heute erst gefangenen Haifisches ein Mahl zu bereiten und einzelne Theile wol auch zu dörren, da der Haifisch hier wie auch sonst in der Südsee als große Delikatesse betrachtet wird. Das Eigenartigste für mich aber sind die Frauen, denn wenn ich in dem letzten Jahre auch viel Nacktes gesehen habe, so treten mir doch hier, abgesehen von der Magelhaens-Straße, deren Bewohner kaum einen menschlichen Eindruck machen, zum ersten mal ganz unbekleidete Frauen entgegen; nicht die Nacktheit ist aber das Frappirende, sondern die paradiesische Ungenirtheit, mit welcher die Frauen sich bewegen und der sittige Hauch, welcher trotz alledem über ihnen liegt. Die eine Person, eine jugendliche anmuthig gerundete Gestalt mit einem verhältnißmäßig hübschen Kindergesicht, mit eingeschnittenen wunderlichen Figuren auf allen möglichen und unmöglichen Körpertheilen, ist mit ihrem bunten Glasperlenhalsband trotz ihrer Häßlichkeit geradezu zum Küssen, wie sie mit den Händen auf dem Rücken so vor uns steht und mit zur Seite geneigtem Kopf zuhört, was eine ihrer Mitfrauen dem gemeinschaftlichen Eheherrn erzählt. Hier sieht man keine Nacktheit mehr, sondern nur Menschen, welche, von dem ersten Sündenfall unberührt, noch nicht das Bedürfniß nach Feigenblättern empfinden. Schamhaftigkeit ist in Uebereinstimmung mit dem vorher Gesagten auch diesen Frauen eigen, denn während die Weiber überall da, wo sie Hüfttücher oder Blätterschurze tragen, sich wie die Türken mit gekreuzten Beinen hinsetzen, beim Bücken und Tanzen die Beine spreizen oder sonst gelegentlich breitbeinig stehen, sind bei diesen Wildinnen die Beine immer dicht zusammen, beim Gehen, Stehen, Sitzen und sogar beim Tanzen, obgleich sie hierbei eine kleine Schürze tragen. Das Merkwürdigste aber bleibt die Sitzstellung; mit geschlossenen Oberschenkeln ducken sie sich, heben dann einen Unterschenkel nach hinten und setzen sich auf den platt hingelegten Fuß, während der andere Unterschenkel je nach Bequemlichkeit untergebracht wird, aber immer so, daß die Knie dicht aneinander bleiben. Dieser Gewohnheit mag es auch zuzuschreiben sein, daß die Frauen eine so wunderliche Beinstellung haben, welche gemeinhin „negerartig" genannt wird, während doch die gute Form des Beines an den Negertypus nicht erinnert.

Der Hausherr forderte mich auf, einen Blick in seine Wohnung zu werfen, wir treten daher in die erste, als Wohn- und Schlafraum benutzte Hütte ein. Dieselbe ist groß und geräumig und innen durch einen eingelegten Boden in zwei durch eine Leiter verbundene Etagen getheilt, deren jede nur in je einem vollständig leeren Raum besteht. Der Fußboden des untern Raumes ist bedeckt mit feinem schwarzen, abfärbenden Sand, welchen ich erst für Eisenfeilenspähne hielt. Die zweite Hütte, von gleicher Größe und Bauart wie die erste, dient als Schatzkammer und birgt die Schätze des reichsten Mannes der ganzen Gegend. Neben mancherlei von den Europäern neu erworbenen Sachen sind beide Etagen mit Diwarra, dem landesüblichen Muschelgeld, angefüllt. Dasselbe, kleine auf Bambusreisern aufgereihte Muscheln, bedeckt nicht nur in Haufen zusammengeschichtet und abgezählt die Fußböden, sondern hängt auch, immer in eine ganz bestimmte Form zusammengebunden, in großer Zahl an den Wänden und bezeichnet um so mehr den Reichthum des Eigenthümers, als es gerade in dieser Form erheblich an imaginärem Werth gewinnt. Es bedeutet in dieser Gestalt nicht nur Geld, sondern einen Schatz, welcher nicht allein dem Besitzer selbst, sondern seiner Familie und auch dem ganzen Stamme ein Ansehen verleiht, welches verloren geht, sobald die Form des Schatzes zerstört und derselbe zerkleinert wird. Es ist ein Ring von etwa 80 cm Durchmesser und 20 cm Dicke in Form der auf den Schiffen gebräuchlichen Kork-Rettungsbojen, welcher 80 Faden Muschelgeld, den Faden zu 6 Fuß englisch gerechnet, enthält. Er gilt gewissermaßen als größtes Geldstück, während einzelnes Diwarra als Scheidemünze dient, und wird, wie bei uns das Gold, stets als vollwerthig gerechnet und daher immer zu 80 Faden angenommen. Ich möchte diese Ringe mit den wenigen großen Banknoten, welche die Bank von England ausgegeben hat und von denen jede ein großes Vermögen repräsentirt, vergleichen, um so mehr als z. B. schon drei solcher Ringe das ganze bewegliche Besitzthum eines Länderstriches von mehreren Quadratmeilen bilden. Gegen Diebstahl ist die Hütte weiter nicht versichert, ein solcher muß also, wie ich vorher schon gesagt habe, nicht befürchtet werden.

Demnächst gingen wir ein kleines Stück in den Wald und kamen dort zu einem versteckten Platz, wo in einer langen schmalen Hütte acht sehr schön geschnitzte Dug-Dug-Masken mit den zugehörigen Laubkleidern aufbewahrt und Tag und Nacht von einem Mann bewacht werden, dessen Hauptaufgabe es ist, die Weiber von dem Platze fern zu halten, weil diese von dem Vorhandensein der Masken nichts wissen dürfen, sondern in dem Glauben erhalten werden, daß die Dug-Dugs Geister seien, welche sich nur an bestimmten Tagen den Augen der Menschen zeigen. Daß die Weiber heutzutage noch daran glauben, bezweifle ich, doch wird wenigstens der Schein gewahrt.

Hiernach mußten wir dem eifrigen, auf seinen großen Besitz stolzen Topulu auch noch zu seinen Fischereianlagen folgen, welche etwa zehn Minuten weiter am Ufer auf einem freien Platz mit Sandstrand liegen. Eine große offene Hütte mit Fußboden, welcher auch mit dem schwarzen Sande bestreut ist, schien mir eine Art Festhalle und Berathungshaus zu sein; in einer andern gleichfalls offenen noch größern Hütte hing ein außerordentlich sauber gearbeitetes, sehr großes, kunstgerecht geknüpftes und auch nach unsern Begriffen werthvolles Fischernetz; ferner waren da Fischreuse und Angelleinen mit aus Perlmutter oder Schildkrot gefertigten Angelhaken. Die ganze Anlage machte einen höchst saubern und netten Eindruck. Die Fischereigeräthe stehen durchaus auf der Höhe der Zeit, da wir Europäer auch nichts Besseres liefern können.

Es war für mich inzwischen Zeit geworden, an Bord zurückzukehren, da der englische Missionar Mr. Brown mir seinen Besuch zu 5 Uhr hatte ansagen lassen und ich den Herrn doch gern persönlich empfangen wollte. Unsere erste Unterhaltung ist in der Hauptsache am Anfange dieses Berichts wiedergegeben und drehte sich vorzugsweise um die Person meines Gastes, welchem ich leider auch nur ernste Nachrichten überbringen konnte. Ich hielt es für meine Pflicht, ihm zu sagen, daß der Oberrichter der Fidjigruppe, zu welcher alle in diesen herrenlosen Ländern lebenden englischen Unterthanen gehören, mir mitgetheilt habe, daß er persönlich Anfang Januar mit einem englischen Kriegsschiff hier eintreffen würde, um ihn (Mr. Brown) vorläufig in Haft zu nehmen und zur Aburtheilung nach Levuka zu bringen, und wie die dortige öffentliche Meinung dahin ginge, daß das Urtheil auf mindestens fünf Jahre Gefängniß wegen Todtschlags lauten würde. Des weitern bot ich dem bedrängten Manne meine Hülfe nach jeder Richtung hin an und machte ihn mit Maßregeln bekannt, welche ich in Anerkennung seiner um die deutschen Unterthanen erworbenen Verdienste zu seiner Entlastung bereits getroffen hatte. Diese scheinen ihm zu seiner Sicherung so ausreichend zu sein, daß er mir unter Verzichtleistung auf jede fernere Unterstützung tief bewegt und um vieles erleichtert dankte. Auf die Klagesache des Herrn Hernsheim wegen der niedergebrannten Station übergehend, trat er der von diesem Herrn ausgesprochenen Ansicht dahin bei, daß bei dem geringen Geldwerth des in Frage stehenden Objects und bei dem augenblicklich bestehenden guten Einvernehmen zwischen Weißen und Eingeborenen es politisch sei, auf eine ernste Sühne dieser vor Jahresfrist stattgehabten Brandstiftung zu verzichten. Ich schloß mich dieser Auffassung nach Erörterung aller einschlagenden Punkte auch an, mußte aber immerhin auf dem äußern Zeichen einer Strafe bestehen und bat daher Herrn Brown, am nächsten Vormittag 9 Uhr ebenfalls wieder an Bord zu kommen, um bei der zu dieser Stunde anberaumten Verhandlung mit den Brandstiftern als Dolmetscher einzutreten.

Der 12. December sah zu der vorgenannten Zeit die Betheiligten bei mir versammelt. Die mit Herrn Brown gekommenen beiden angeklagten Häuptlinge, welche nicht gewagt hatten allein zu kommen, betraten zitternd und kaum der Sprache mächtig meine Kajüte, um hier wenigstens den Versuch zu machen, die Urheberschaft von sich abzuwälzen, was ihnen jedoch nicht gelang. Das für die Missethäter sehr glimpfliche und sie sichtbar befriedigende Resultat der langwierigen Verhandlung war, daß jedem von ihnen aufgegeben wurde, auf dem Platze des Herrn Hernsheim ein Haus in Form und Größe der niedergebrannten aufzubauen, mit der Bedingung, daß beide Häuser bis zum 19. d. M. fertig sein müßten, damit ich sie noch vor meiner Abreise sehen könne. Die Häuser oder besser Hütten haben an sich keinen Werth und werden vielleicht bald, ohne benutzt worden zu sein, wieder eingerissen; der zwangsweise Bau im Angesicht der ganzen Bevölkerung wird aber einen großen moralischen Eindruck machen und sich somit als nutzbringend erweisen.

Nach Erledigung dieser Sache fuhr ich mit Herrn Brown über den Hafen, um ihm und seiner Gattin meinen Besuch in seinem

Hause zu machen. Der Hafen hat heute ein anderes Gesicht als gestern. Die sonntägige Ruhe hat einer herzerquickenden Rührigkeit Platz gemacht, überall in unserer nächsten Umgebung sind die Menschen in voller Arbeit.

Bei der deutschen Factorei liegen meine Boote mit etwa 60 Matrosen, um die an Land lagernden für uns bestimmten großen Massen von Proviant zu holen, dicht daneben sind 50 Eingeborene damit beschäftigt, Kohlen in große Prähme zu bringen, und von allen Seiten hallt die Luft wider von den dröhnenden Axtschlägen der Eingeborenen, welche in der Zahl von mehr denn hundert für mich Holz schlagen. Unsere Dampfpinasse fährt fortgesetzt zwischen Schiff und Land hin und her, um Boote oder Kohlenprähme zu schleppen, Offiziere und Aufsichtspersonal zum Lande zu bringen oder von dort abzuholen. Auch auf dem Schiffe selbst ist die ganze Besatzung in voller Thätigkeit, um die ankommenden Sachen in Empfang zu nehmen, die Takelage auszubessern und für die fernere Seereise wieder bereit zu machen, die einzelnen Maschinentheile nachzusehen und hier und da im ganzen Schiffe kleine Schäden zu beseitigen. Kanus mit Eingeborenen, aber immer nur mit Männern, kreuzen den Hafen nach allen Richtungen, um sich aus größerer Entfernung oder mehr aus der Nähe das mächtige Schiff anzusehen, welches dieses ungewohnte Leben verursacht und es fertig gebracht hat, so viele ihrer Stammesgenossen für sich arbeiten zu lassen; einzelne Kanus wagen sich auch bis zum Schiffe, einzelne Männer sogar bis auf dasselbe.

Großes Wohlbehagen durchzieht mich während der Bootfahrt in dieser herrlichen Natur unter dem eigenartig melodischen Geräusch eifriger Thätigkeit bei dem Gedanken, daß dieser schöne Hafen wahrscheinlich in wenig Tagen in meinem Besitz, oder wenn das Deutsche Reich ihn haben will, in den Händen Deutschlands sein wird. Denn da es keinem Zweifel mehr unterliegt, daß bei den Rechtsbegriffen der hiesigen Eingeborenen nur die Uebertragung durch Kauf verstanden und als rechtsgültig angenommen wird, so habe ich mich zum Kauf entschlossen und werde den Hafen, soweit sich bisjetzt übersehen läßt, wol auch erhalten. Wie das kaum Erhoffte so schnell und leicht gekommen ist, möchte der Leser vielleicht gern wissen, doch gehört das nicht hierher.

Nach Zurücklegung von 2½ Seemeilen landeten wir an der Westseite der nördlichen Halbinsel von Amakada, gingen etwa 20 Minuten auf schmalem Fußpfade durch herrlichen Urwald bis zum jenseitigen Ufer, wo in einer größern Ansiedelung die sogenannten Missionslehrer mit ihren Familien in saubern Häusern leben, und stiegen dann auf ziemlich steilem breitern Wege bis zu dem nahezu 30 m hochliegenden Rücken einer zum östlichen Ufer steil abfallenden Klippe, wo das geräumige und bequem eingerichtete Holzhaus der Mission mit einer großartigen Fernsicht auf das Meer und die gegenüberliegende bergige Insel Neu-Irland liegt. Frau Brown, eine mittelgroße, etwas hagere Dame von vielleicht 40 Jahren, welche schon viele Jahre der Entbehrung und mancherlei Gefahren mit ihrem Gatten tapfer getheilt und bisher glücklich überstanden hat, empfängt uns. In ihrer Gesellschaft finden wir meinen Schiffskameraden, den nimmer rastenden Herrn Weber, welcher auch hier mancherlei zum Nutz und Frommen seiner Landsleute zu thun hat, sowie noch einen jüngern Geistlichen mit seiner ihm vor wenigen Monaten angetrauten jungen Frau, einer 20 Jahre alten Engländerin. Dieses junge Ehepaar ist erst seit wenigen Wochen hier, um demnächst nach Neu-Britannien überzusiedeln und die dortige Mission unter der Oberleitung von Herrn Brown zu übernehmen. Zwei kleine Browns, Kinder zwischen 6 und 10 Jahren, und ein noch ganz kleiner Brown vervollständigen das Familienbild. Die größern vier Kinder befinden sich bei Verwandten in Auckland zu ihrer Ausbildung und um sie den hiesigen urwüchsigen Zuständen zu entrücken. Frau Brown macht einen sehr gedrückten Eindruck, weil sie voll Sorgen der Zukunft entgegensieht und die Hoffnungsfreudigkeit ihres Mannes nicht theilen kann. Gebe Gott, daß diese schwergeprüfte Frau bald von dem Alp, welcher auf ihrer Familie lastet, befreit sein möge!*

Auf dem Rückwege nahm ich noch Gelegenheit, mit Herrn Hernsheim in den am Wege liegenden Häusern der beiden Häuptlinge, mit welchen wir am Morgen bei mir an Bord zu thun hatten, vorzusprechen, um diesen Leuten zu zeigen, daß ich ihren Schlupfwinkel

* Gegen Mr. Brown ist, wie ich später erfahren habe, die Anklage nicht erhoben worden, vielmehr hat er, wenn auch spät, von competenter Stelle eine Anerkennung für sein braves und richtiges Auftreten erhalten.

kenne. Sie versicherten gleich, daß schon alle Anordnungen für den Häuserbau getroffen seien, und sie mit der Arbeit sofort vorgehen würden, sobald ihre Leute, welche jetzt für mich Holz schlügen, frei geworden wären. Weiter unten dicht am Strande besichtigte ich dann noch das in einem verschlossenen Hause aufbewahrte Staatskanu von Topulu, welches merkwürdigerweise nicht im Wasser, sondern nur auf dem Lande Verwendung findet. Dieses Fahrzeug ist ein wahres Meisterstück der Holzschnitzerei und um so mehr des Anstaunens werth, als die ganze Schnitzarbeit mit den unvollkommensten Werkzeugen, mit Muschelscherben und geschärften Steinen, hergestellt ist. Ich nenne es ein Meisterwerk, denn wenn die rund um das Fahrzeug auf dem Dollbord dicht aneinander stehenden und aus einem Stück Holz herausgeschnittenen 60 cm hohen Figuren, welche Menschen und Thiere darstellen, auch keinen Anspruch auf richtiges Ebenmaß der einzelnen Körpertheile machen können, sondern nur als Caricaturen zu betrachten sind, so ist die Arbeit doch eine so saubere und in ihrer Art vollendet künstlerische, daß ich nur die vorstehende Bezeichnung gebrauchen kann. Dieses zerbrechliche, buntbemalte, wie aus Filigran hergestellte, an 5 m lange Boot wird nur zu dem einmal jährlich stattfindenden großen Dug-Dug-Fest hervorgeholt und dient dann, von mehrern Männern getragen, dem in ihm sitzenden Topulu gewissermaßen als Thron.

Zur deutschen Niederlassung zurückgekehrt, um mich dort von dem Stand der Arbeiten zu unterrichten, fand ich auf der Veranda des Hauses ein wahres Prachtexemplar von einem Eingeborenen, eine athletische Gestalt von solchem Ebenmaß der Glieder, daß ich mit wahrem Entzücken dieses Wunderwerk der Natur betrachten mußte und zum ersten mal in meinem Leben von der Wahrheit der classischen Darstellung des Hercules durch das griechische Alterthum wirklich überzeugt wurde. Leider trug der Mann eine wollene, eng anschließende himmelblaue Unterjacke ohne Aermel, welche, vom Hals bis zu den Hüften reichend, im Verein mit den dunkelbraunen unbedeckten Körpertheilen ein so merkwürdiges Bild abgab, daß man zum Lachen gereizt worden wäre, hätte der Kerl nicht so ideal schöne Formen gehabt. Er ist nach Topulu der angesehenste und reichste Häuptling der Duke of York-Inseln, heißt Torragud und war bis vor kurzem der gefürchtetste Menschenjäger und Menschenfresser. Das letztere hat er, beeinflußt von der Mission und den hier lebenden Europäern aufgegeben, das erstere aber konnte ihm bisher nicht abgewöhnt werden, und allem Anschein nach wird er dieser Forderung auch fernerhin energischen Widerstand leisten. Er macht auf die im Innern von Amakada lebenden Eingeborenen, welche von den Küstenbewohnern durchgängig als jagdbares Wild angesehen werden, regelmäßige Treibjagden und verkauft die erlegten Menschen nach Neu-Irland, wo der Kannibalismus am ausgebreitetsten sein soll. Am liebsten tauscht er für die seltene Waare Weiber oder Kinder beiderlei Geschlechts ein — weshalb? werde ich weiterhin auseinandersetzen. Torragud ist, wie er kraftstrotzend mit dem Speer in der kernigen Hand so vor uns steht, mit dem mächtigen Kopfe und dem großen Mund, mit den zwischen den wulstigen Lippen vorleuchtenden, vom Betelkauen schwarz gefärbten gesunden Zähnen der wahre Typus eines Menschenfressers, wie man ihn sich in Europa vorstellt. Der angenehm freundliche Zug, welcher sein häßliches Gesicht bei unserer Begrüßung verschönt, kann diesen Eindruck ebenso wenig verwischen, wie sein eigenartiges herrisches Lachen, denn in dem ganzen Gesicht zeigt sich doch ein Ausdruck von solch überlegener Hoheit, daß er immer der über Leben und Tod gebietende Herr bleibt.

Es würde ermüden, wollte ich meine weitern hiesigen Erlebnisse den Tagen und Stunden folgend niederschreiben, ich werde sie daher in sich zusammengefaßt wiedergeben.

Die Männer, welche ich gesehen habe, sind durchweg sehnige, kräftige Gestalten von ebenmäßigen Formen, ohne viel Fleisch, eher etwas schmächtig und über Mittelgröße, durchschnittlich 1,65 — 1,70 m groß. Die Frauen sind ebenfalls von gutem Körperbau, voller in den Formen als die Männer und vorwiegend klein, etwa 1,45 m groß, doch findet man hin und wieder auch einzelne hohe, schlanke Gestalten, welche aber, soweit mir aufgefallen ist, feinere Nasen, kleinern Mund und hellere Hautfarbe haben. Die Farbe der Männer habe ich ziemlich gleichmäßig chocoladenbraun gefunden, während die der Frauen von hellem Braun bis zu tiefem Schwarz wechselt. Dies mag daher kommen, daß die Frauen als lebende Waare vielfach von andern Inseln eingehandelt werden. So wurde mir auch von glaubwürdiger Seite versichert, daß in Neu-Irland die Mädchen, um sie im Preise steigen zu lassen, künstlich gemästet und gebleicht werden. Dazu werden sie in einen kleinen dunkeln, nur für eine Person bestimmten und als Käfig zu bezeichnenden Raum gebracht, welcher nur eben so groß ist, daß die Person stehen und liegen kann. Täglich mehrere mal wird sie dann, um das Bauer nicht zu verunreinigen, von zwei Männern herausgetragen und, ohne ihr irgendwelche körperliche Bewegung zu gestatten, gleich wieder zurückgebracht; im übrigen bekommt sie gute Nahrung und wird sorgfältig gepflegt, um, sobald sie genügend fett geworden und gebleicht ist, zum Verkauf gestellt zu werden. Zur Verwendung als Nahrungsmittel werden sie aber nicht gemästet, weil in diesem ganzen Archipel Frauen als viel zu nützliche Geschöpfe überhaupt nie gegessen werden sollen, wie denn auch getödtete Männer nur dann Käufer finden sollen, wenn der Verkäufer an dem Körper eine frische Speerwunde verweisen, also die weidgerechte Erlegung nachweisen kann.

Ich muß hier einflechten, daß meine Quellen für all das, was ich nicht selbst gesehen habe, die Herren Brown, Hernsheim und Kapitän Levison sind, ernste Männer, denen ich rückhaltslos vertraue. Aber auch weniger glaubwürdige Männer würden in Anbetracht des durchweg ernsten Verkehrs zwischen uns, wie in Rücksicht auf die Stellung, welche ich gerade in dieser gewitterschwülen Zeit hier einnahm, sich jeder launigen Aufbinderei enthalten haben, wenn sie vielleicht auch sonst dazu Neigung gehabt hätten. Auch lag es ja, da die Herren meine weitern Dispositionen nicht kannten und auch aus verschiedenen Gründen nicht zu erfahren brauchten, daß der in Aussicht stehende Vertragsschluß mit den Samoa-Inseln mich dahin zurückdrängte, ganz in meiner Hand, mich durch einen kleinen Abstecher von der Richtigkeit der mir gewordenen Mittheilungen zu überzeugen. Nach Neu-Irland war sogar eine kleine Reise zur Besichtigung der dortigen Eigenthümlichkeiten geplant und der Tag der Abreise dahin festgesetzt worden.

Die besondern Merkmale des Gesichts sind: dicht zusammenstehende Augen, breite fleischige, platte Nase, sehr großer Mund mit vom Betelkauen schwarz gefärbten Zähnen und wulstige, vom Betel ziegelroth gefärbte Lippen. Das wollige Haar wird von den Frauen kurz geschnitten und von den Männern in ungefähr 10 cm langen den Pudelhaaren ähnelnden Zotteln getragen. Der Bart der Männer rahmt das Gesicht als schmale, ebenfalls zottige Krause ein, der übrige Bart ist gewöhnlich wegrasirt.

Verzierungen in oder auf der Haut, wie man es nun nennen mag, haben nur die Frauen, doch sind dieselben nicht durch Tätowirung eingeäzt, sondern bestehen in dicken, bis zu 1 cm breiten und $^1/_2$ cm hohen Narben, welche künstlich in Gestalt verschiedenartiger Figuren durch Einschnitte in die Haut vermittelst geschliffener Lavaschlacke oder Muschelscherben hergestellt werden. Schmuck wird im alltäglichen Leben von beiden Geschlechtern übereinstimmend getragen und besteht zunächst im Färben der Kopf- und Körperhaare. Die gewöhnliche Farbe hierfür ist die rothe, doch sieht man zuweilen auch weiße Köpfe; ob dies nun eine höhere Zierde darstellt oder nur, wie auch in Samoa und Tonga, dazu dient, den Kopf von Ungeziefer zu reinigen, mag dahingestellt bleiben, da ich es nicht weiß. Dann haben beide Geschlechter am untern Rande der beiden Nasenflügel je ein oder zwei kleine Löcher von nahezu 2 mm Durchmesser und die Männer vielfach auch noch ein Loch durch die Nasenscheidewand. Diese Löcher, welche zur Aufnahme von mancherlei Zierath bei festlichen Gelegenheiten dienen, sind mit kleinen Holzstückchen ausgefüllt, damit sie in der Zwischenzeit nicht zuwachsen oder sich verengern. Mit einem Halsband schließt dann der Schmuck und die Bekleidung des Körpers ab, da das von den Männern getragene Armband, wie ich weiter unten auseinandersetzen werde, wol nicht als Schmuck bezeichnet werden kann.

Auf das Halsband, in welchem sich so ziemlich der ganze Kunst- und Schönheitssinn dieser Menschen wiedergibt, wird so viel Mühe und Sorgfalt verwendet, daß dasselbe eine nähere Beschreibung verdient. Bei den Männern besteht es vorzugsweise aus dicht aneinander gereihten Schweins- oder Walfischzähnen, doch tragen Häuptlinge auch gern einen tellerartigen Halsschmuck, welcher in Größe, Form und auch Farbe wohl am besten mit einem Pichel, wie er bei uns den Säuglingen vorgebunden wird, zu vergleichen ist und aus einem steifen Bastgewebe besteht, auf welches dicht aneinander Diwarra aufgenäht ist, wodurch das Stück auch einen reellen Werth erhält.

Das Halsband der Frauen ist in der Hauptsache aus kleinen böhmischen Glasperlen und Opossumzähnen zusammengesetzt und hat an herunterhängenden kurzen Schnüren vielerlei kleine Zierstücke. Je nach dem Reichthum des Mannes wachsen auch diese Frauenhalsbänder von einer einfachen Perlenschnur bis zu 6 cm breiten Bändern mit einem Mittelstück aus Opossumzähnen, welch letzteres hauptsächlich dem Schmuck Werth verleiht und zwar deshalb, weil jedes Opossum nur zwei der hierzu verwendbaren Zähne besitzt, mithin zur Herstellung eines solchen Stücks oft 50 dieser Thiere erforderlich sind. Ein besonders schönes Band, welches die mit so reichen Narbenmustern gezierte Lieblingsfrau King Dick's trug und die es von ihrem Hals lösend mir schenkte, besteht aus einem gewissermaßen das Schloß bildenden 6 cm hohen und 4 cm breiten Mittelstück von über 100 Opossumzähnen. An dieses schließen sich nach beiden Seiten je 12 Perlenschnüre an, welche durch je zwei senkrecht stehende feine Schildkrotstäbchen geführt sind, wodurch sie in der Bandform erhalten werden. Vorn an dem Schloß hängen 12, und hinten an den beiden Bindeschnüren vier und acht 6—10 cm lange einfache Perlenschnüre, an welchen je eine kleine Muschel, ein Stück geschnittenes Perlmutter (die Halbmondform ist sehr beliebt), ein alter Knopf, eine ausgehöhlte halbe Bohne mit daraus hervorstehendem Schweinezahn, ein Stückchen spiralförmig gedrehter Rinde, eine große bunte Perle u. a. m. befestigt ist. Einzelne Schnüre sind mit solchem Zierath noch nicht versehen und ich vermuthe, daß diese noch auf die Geschenke warten, welche der Gatte gelegentlich zu geben hat. Bei einem zweiten, mir von einer andern Frau Dick's geschenkten Halsband, schließt sich an das Mittelstück statt der 12 Schnüre ein aus Perlen gewebtes breites Band mit zierlichen Mustern an, auch sind die nach unten hängenden einzelnen Schnüre nicht direct am Schloß befestigt, sondern es hängt an diesem zunächst ein 10 cm langes und 3 cm

Tellerartiger Halsschmuck.

breites Perlenband, dessen Verlängerung die einzelnen Schnüre erst bilden. Die Halsbänder mit ihren weißen, blauen und rothen Farben, stehen, fest um den Hals gelegt, den braunen Gestalten entschieden gut. Hier mag angeführt werden, daß diese Eingeborenen eigentlich nur drei Farben kennen: das aus einer Erdart gewonnene Roth, das aus Ruß und Palmöl hergestellte Schwarz und das aus gebrannten Korallen hervorgehende Weiß. Blau kommt allerdings auch vor, doch ist dies jedenfalls von den Europäern eingeführtes Indigo. Andere Farben habe ich auf Duke of York und in Neu-Britannien nicht angewendet gesehen. In Neu-Irland muß nach der Bemalung der dort gefertigten Masken auch Gelb bekannt sein. Die weiße Farbe scheint die beliebteste und geschätzteste zu sein, weil beim Tauschhandel die weißen Glasperlen am höchsten im Preise stehen.

Auf den Schmuck, welcher bei Festen getragen wird, werde ich bei der Beschreibung der Tänze zurückkommen.

Das von den Männern auf dem linken Oberarm getragene Armband ist ursprünglich kein Schmuckstück und kann auch jetzt wol noch nicht als solches gelten, weil es nur sehr vereinzelt in einer andern als der ursprünglichen Form vorkommt und dann doch auch immer seinem eigentlichen Zwecke dient. Das gewöhnlichste Armband ist ein einfaches Stück Bast, welches so fest um die Mitte des Oberarms gebunden ist, daß es in das Fleisch einschneidet und so in ähnlicher Weise als Tasche dient, wie die Ohrlappen der Ellice-Insulaner, denn in Blätter gewickelte Betelnuß, ein Stück Taback, die Pfeife und andere kleine Gegenstände sind, zwischen Band und Fleisch geschoben, sicher untergebracht. An Stelle des einfachen Baststreifens findet man auch, aber wie gesagt nur vereinzelt, breitere aus ganz feinen Bast- und Rohrstreifen sauber und theilweise mit eingefügten Figuren geflochtene Bänder, welche an den Rändern wol auch mit Diwarra eingefaßt sind; dieselben bilden aber nie einen Ring, sondern sind stets zum Binden eingerichtet. Ein in meinem Besitz befindliches derartiges Band ist 5 cm breit. In Uebereinstimmung mit Vorstehendem sind auch die aus Muscheln hergestellten Armbänder zum Binden eingerichtet und bestehen daher aus drei bis vier charnierartig mit Bindfaden zusammengefügten schmalen Stücken. Die auf andern und namentlich den Salomons-Inseln vorkommende Sitte, aus einem einzigen Muschelstück geschnittene geschlossene

Armbänder in größerer Zahl über den Arm gestreift als Schmuck zu tragen, besteht daher hier nicht, wenngleich solche Armbänder bei den Weißen hier zu haben sind. Danach, ob dieselben durch die weißen Händler von andern Inseln hierher gebracht werden, oder ob die Eingeborenen sie als Tauschobject selbst anfertigen, habe ich mich nicht erkundigt. Gegen die Verwendung der hiesigen Armbänder als Schmuck spricht übrigens auch noch der Umstand, daß sie nur auf dem linken Arm getragen werden, weil der Arm infolge des starken Drucks auf den obern Muskel an der Entfaltung seiner vollen Kraft gehindert wird und diese Wilden für ihre Waffen (Speer, Schleuder und Keule) der ganzen Kraft des rechten Armes bedürfen, sie also hier nur ein lose sitzendes Schmuckstück verwenden könnten.

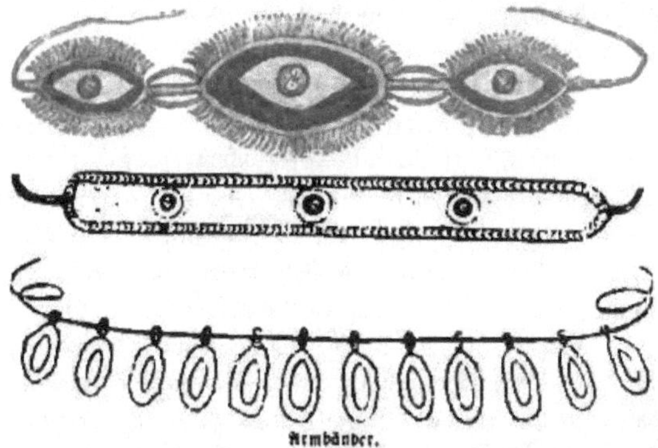

Armbänder.

Eine bewußte Pflege des Körpers ist wol kaum bekannt, da Reinlichkeit kein Bedürfniß, sondern nur eine natürliche Folge der Lebensweise ist. So habe ich die Frauen, welche allein die Arbeiten auf dem Lande verrichten, durchweg schmutzig gefunden, während die viel im Wasser lebenden Männer naturgemäß ziemlich rein sein müssen, denn sie gehen beim Fischfang nicht nur bis an die Brust ins Wasser, sondern holen tauchend für sie nützliches Gethier und Muscheln auch von dem Meeresboden herauf, wobei ihnen die mehrerwähnte Klarheit des Wassers hülfreich zur Hand geht. Dieselbe ist hier so groß, daß man auf 13 m Wassertiefe jeden kleinen Stein auf dem Meeresboden unterscheiden kann, und daß ein Eingeborener, dessen Taucherkunst wir prüfen wollten, uns aus dieser Tiefe eine ihm vom Schiffe aus bezeichnete, nur 4 cm im Durchmesser messende Muschel ohne Zaudern und schnell vom Meeresgrund heraufbrachte. Ja, das Wasser ist so klar, daß wir sogar 10 Uhr abends bei allerdings hellem Mondschein bis zu 10 m Wassertiefe größere Steine und Muscheln deutlich erkennen konnten.

Die Waffen sind vorläufig noch die ursprünglichen und bestehen in Speeren, Steinschleudern und Keulen, da die Europäer aus gewichtigen Gründen mit dem Verkauf von Feuerwaffen sehr zurückhaltend sind und in den einzelnen Fällen, wo sie die Forderung eines einflußreichen Häuptlings nicht gut zurückweisen konnten, das Gewehr ohne oder nur mit für wenige Schuß reichender Munition abgegeben haben. Weshalb die Leute sich mit einer solchen doch werthlosen Waffe begnügen, werde ich weiterhin noch auseinandersetzen.

Der Speer ist die verbreitetste Waffe und kann wol als die nationale bezeichnet werden. Der gewöhnliche Mann trägt nur den eigentlichen $2^1/_2$ m langen Kriegsspeer, welcher im Kampf allein zur Anwendung kommt. Er ist aus dem schweren, fast unelastischen Kokospalmenholz gefertigt, hat eine 40—50 cm lange rothgefärbte Spitze, welche an ihrem untern Ende in den dicksten Theil des Holzes ausläuft. Von hier ab wird das Holz wieder schwächer und endet in einem an der untern Fläche platten Knopf von 30 cm Dicke. Dieser Speer wird mit der scharfen Spitze nach oben getragen und gehalten. Die beiden andern vorkommenden Arten, bis zu 3 m lang, sind nur Luxuswaffen und werden aus einem röthlichschwarzen, ebenholzartigen Holze gefertigt. Als Zierde trägt die eine Art an dem untern Ende, wenn die Spitze als oberes gelten soll, einen kunstvoll gefertigten Strauß von bunten Vogelfedern, deren diese Ländergebiete ja eine große Auswahl besitzen. Die Manschette, wenn ich so sagen darf, ist dicht mit kleinen Federn umhüllt, der eigentliche Strauß besteht aus längern Federn, von welchen die mittelsten am meisten hervorstehen. Bei der Anordnung dieses Federschmucks entwickeln die Eingeborenen zuweilen einen auch nach unsern Begriffen feinen Geschmack, denn ein von einem Häuptling an der Nordküste von Neu-Britannien mir als ein besonders schönes Stück geschenkter Speer hat an der Manschette nur matt gefärbte Federn, während der eigentliche Strauß aus tiefschwarzen mit einzeln dazwischengestreuten gelblichbraunen Federn besteht; diese Zusammenstellung ist von ganz ausgezeichneter Farbenwirkung. Die andere Speerart trägt am untern Ende als Schmuck einen Knochen, aber nicht, wie so vielfach behauptet wird, einen Menschenknochen, sondern den Oberschenkelknochen des Kasuar, ein schlankes, feines, schneeweißes Bein. Unser Stabsarzt hat sich auf meine Bitte hin der Mühe unterzogen und alle die uns unter die Augen gekommenen vielen alten und neuen Waffen dieser Art, welche wir in den Händen der Eingeborenen, der Händler, im Privatbesitz hier wie an vielen andern Plätzen sahen, untersucht und festgestellt, daß der Knochen stets vom Kasuar stammt, oder doch jedenfalls kein Menschenknochen war. Die Eingeborenen bestreiten auch entschieden, andere als Kasuarknochen zu ihrem Speerschmuck zu verwenden. An der Stelle, wo der Knochen mit dem Holz zusammenstößt, ist in der Regel ein rothes, mit Diwarra eingefaßtes Stück Baumrinde umgelegt, an welchem häufig auch noch kleiner Zierath, wie ihn die Halsbänder der Frauen haben, hängt. Diese Luxusspeere werden stets mit der Spitze nach unten getragen, wodurch diese natürlich sehr bald stumpf wird und den Gebrauch des Speers als eigentliche Waffe an sich ausschließt.

Speerschmuck.

Die Steinschleuder ist die nächst wichtige Waffe. Sie besteht aus einem 6 cm langen, 4 cm breiten und 3 cm tiefen bootförmigen Körper aus Bast, an dessen beiden spitzen Enden zwei gleiche, etwas mehr als 1 m lange zweidrähtige Schnüre befestigt sind. Die eine Schnur endet in eine Schleife, die andere in einen konischen, nach oben breiter werdenden, zierlich aus Bast geflochtenen Knopf von $1\frac{1}{2}$ cm Dicke. Der abgerundete Stein wiegt zwischen 100 und 150 gr. Beim Gebrauch wird die Schleife der einen Schnur um den Daumen, der Knopf der andern zwischen Mittel- und Ringfinger genommen und dieser Knopf dann von den ihn haltenden Fingern losgelassen, sobald der Schleuderer sein Ziel zu haben glaubt. Wie gefährlich diese Waffe in den Händen der Eingeborenen ist, habe ich früher schon gesagt; ich habe sie zwar nicht anwenden sehen, habe aber zwei Leute gesehen, von denen der eine durch die Schleuder einen Knochenbruch am Oberschenkel erlitten, der andere in der Hüfte ein verwachsenes 2 cm breites und tiefes Loch hatte.

Die Keule vertritt in gewissem Sinne die Stelle unsers Seitengewehrs, wird im Massenkampf wol kaum benutzt und dient im alltäglichen Leben als Vertheidigungswaffe, hauptsächlich aber wol als Schutzwehr, da jeder waffenlose Mann als vogelfrei gilt und von jedem, welcher Lust dazu verspürt, erschlagen werden kann. Mit der Bildung von größern Gemeinwesen indeß, mit dem Zusammenfassen ganzer Stämme unter die Gewalt eines Häuptlings ist die Waffe innerhalb der eigenen Grenzen als Schutzwehr überflüssig geworden und dient, wenn sie nicht zur Jagd gebraucht wird, nur noch als Symbol, ist das Abzeichen des freien Mannes. So ist es möglich geworden, daß an Stelle der Waffe die Attrape treten konnte, ein der Waffe nachgebildetes, als solche unbrauchbares Stück Holz, oder das Gewehr ohne Munition, denn der Träger genügt der Landessitte, hat das äußere Abzeichen und kann mit diesem sogar andern Stämmen ungefährdet entgegentreten. Die Keulen wurden vor dem Verkehr mit den Europäern nur in zwei Mustern hergestellt, entweder aus hartem, gewöhnlich Eisenholz allein, oder aus solchem Holz in Verbindung mit Stein. Die Holzkeule hat unten einen, das Abgleiten der Hand verhindernden Griff und oben eine Verstärkung, welche nach den Seiten in eine scharfe Kante und nach oben in eine Spitze ausläuft. Sie ist gewöhnlich roth bemalt und hat am Griff mancherlei eingeschnittenen und lose hängenden Zierath. Die Steinkeule besteht aus einem glatten Holzstock, über welchem oben ein bis zu 15 cm dicker, ausgehöhlter Stein gestreift und mit einer Pechart, in welches häufig noch Diwarra eingedrückt wird, befestigt ist. Das dritte Muster ist erst entstanden, nachdem die Eingeborenen durch die Europäer in den Besitz von Beilen gekommen waren. Diese Keule ist mit mehr Sorgfalt angefertigt und kann wol auch nur als Luxuswaffe bezeichnet werden. Das Beil sitzt auf einem flachen, mit eingelegtem Perlmutter verzierten Stiel, dessen unteres Ende die Form der von den Eingeborenen gebrauchten Ruder annimmt und hier reich geschnitzt, bemalt und mit einer großen Zahl angebundener Berloques schön gemacht ist. Dieses Keulenmuster wird vorzugsweise als Attrape benutzt.

Die Kampfweise entspricht selbstverständlich den vorhandenen Waffen. Die Steinschleuderer bilden das erste Treffen und beginnen den Kampf in größerer Entfernung, wo ihre Waffe zwar noch nicht zur vollen Geltung kommt, aber immerhin doch den einen oder andern

Mann außer Gefecht setzen kann. Sobald nun die eine Partei ihren Steinhagel entsendet, dreht sich die angegriffene Colonne für einen Augenblick schnell um, neigt den Oberkörper zur Erde und streckt den ankommenden Steinen den fleischigsten Theil des Körpers entgegen, weil hier auftreffende Steine aus der großen Entfernung nur quetschen, aber keinen Knochenbruch erzeugen können. Dieses Manöver, welches auf den Unbetheiligten einen höchst lächerlichen Eindruck machen muß, sollen sie auch bei dem ersten ernstern Zusammenstoß mit den Weißen gegen deren Flintenkugeln angewendet haben, ergriffen dann aber, als die Kugeln schlank durchgingen, die Flucht, ohne ihr Gesicht wieder zu zeigen, und versuchten diesen Kniff später gegen Feuerwaffen nicht mehr. Sobald die feindlichen Colonnen in langsamem Schritt auf Speerwurfweite aneinander gekommen sind, ziehen die Schleuderer sich zur Seite, das erste Glied des Haupttreffens wirft seine Speere und eilt hinter die Front, um dem zweiten Gliede Platz zu machen oder aber sämmtlich die Flucht zu ergreifen. Denn bis zum Aufbrauch sämmtlicher Waffen soll es nie kommen, weil eine Partei gewöhnlich den Kampf aufgibt, sobald zwei bis drei von ihnen gefallen sind, und dies ist in der Regel schon nach dem ersten Speerwurf der Fall.

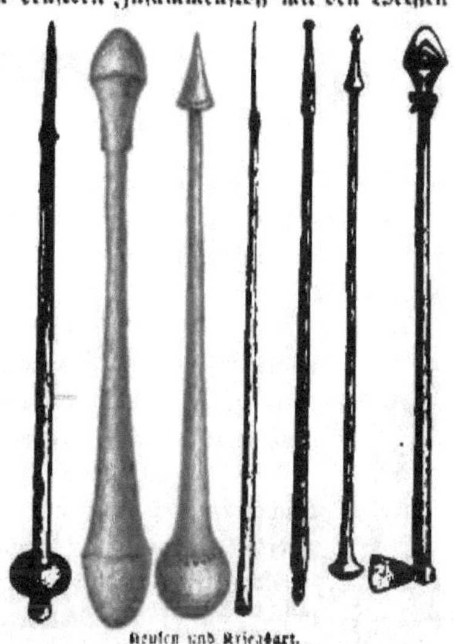
Keulen und Kriegsaxt.

An Werkzeugen findet man die Steinaxt, ein Stück Knieholz, dessen langer Schenkel den Stiel bildet, während an dem kürzern ein harter, grünlicher, geschärfter Stein angebunden ist; dann, wie schon angegeben, Muschelscherben und Lavaschlacke. Eisen war vor dem Eindringen der Europäer nicht bekannt und in der ersten Zeit des Verkehrs wurden für kleine Stücke von alten Fässern gewonnenem

Bandeisen die werthvollsten Producte eingehandelt. Nachdem aber, und zwar erst in der allerneuesten Zeit, Beile und Messer zum Kauf gestellt werden, hat das Bandeisen, welches doch nur mangelhafte Geräthe liefert, sehr an Werth verloren, obgleich Beile und Messer noch so hoch im Preise stehen, daß nur Häuptlinge sie erwerben können.

An Musikinstrumenten habe ich nur eine aus Bambus hergestellte Pfeife, die Trommel und die Maultrommel gefunden.

Steinaxt.

Pfeife.

Die Pfeife, etwa 40 cm lang und mit eingebrannten Mustern verziert, ist am Mundstück einfach offen mit einem kleinen halbrunden Ausschnitt und unten geschlossen mit zwei oder drei Tonlöchern vor dem Abschluß.

Trommel.

Die Trommel, welche mit der Hand geschlagen wird, ist ein Cylinder von Bambus oder anderm Holz, unten offen, oben mit Fisch- oder Schlangenhaut bezogen, mit Schnitzwerk und Berloques verziert.

Die Maultrommel, in deren obere Seite zierliche Muster eingeschnitten sind, ist aus einem Stück Bambus gefertigt, 20 cm lang, 6 cm breit und wie eine große zweischneidige Messerklinge geformt. In dem 18 cm langen und 3/4 cm breiten Schlitz liegt die aus dem ganzen Stück herausgeschnittene Tonzunge.

An künstlichen Erzeugnissen habe ich außer den bereits genannten Fischereigeräthen, Kanus, Dug-Dug-Masken, Schmuckgegenständen, Waffen, Werkzeugen und Musikinstrumenten nur noch sehr schön aus feinem Rohr geflochtene Körbchen, Tanzstöcke und Schädelmasken gefunden.

Die Tanzstöcke bestehen aus einem flachen Stock, welcher unten einen Griff bildet, an welchem sich zwei nach oben zeigende und in einen Winkel von 30° nach beiden Seiten neigende, mit der flachen Seite des Stocks in einer Ebene liegende und mit bunten Federn verzierte kürzere Stöcke anschließen; unten am Griff ist außerdem noch ein kleiner Federstrauß angebracht. Die bessern Stöcke sind bis $1\frac{1}{2}$ m lang, aus schwarzem glänzenden Holz gefertigt und haben an den Außenrändern schön gewundene Linien.

Die Schädelmasken haben diesen Namen von den Europäern erhalten, weil die vordere Hälfte eines Menschenschädels den Kern der Maske bildet. Auf diesen Kern ist mit Lehm die treue Maske der hiesigen Eingeborenen geformt. Die Oberkiefer sind innerhalb durch ein fingerdickes Stück Holz verbunden, welches der Träger in den Mund nimmt und so sein eigenes Gesicht verdeckt.

Tanzstock.

Von den Tug-Tug-Masken kann ich keine eingehendere Beschreibung geben, weil ich keine Gelegenheit mehr fand, mir dieselben näher anzusehen, doch wird das Nachfolgende vielleicht auch genügen. Den untern Theil bildet ein dicker, aus langen schmalen getrockneten Blättern hergestellter Rock, welcher von der Brust bis fast zu den Knien reicht. Auf diesen Rock legt sich ein ebensolcher Laubkranz bis zum Hals hinauf, sodaß der Träger des Anzugs zwischen diesem Kranz und dem Rock seine Hände und Arme hindurchstecken kann, sowol um dieselben, wenn nöthig, überhaupt gebrauchen, wie auch Geschenke in Empfang nehmen zu können; Hände

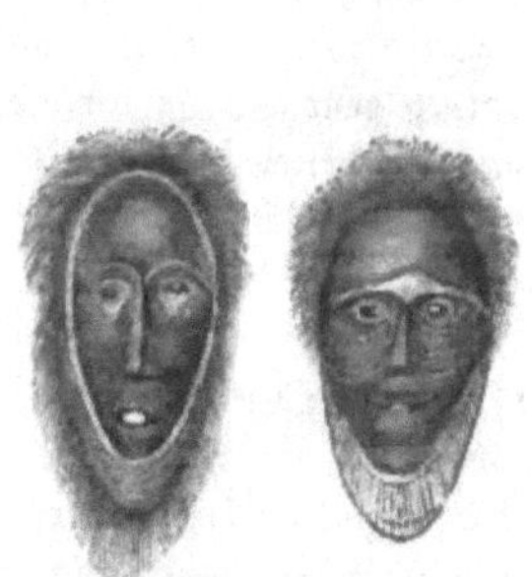

Schädelmasken.

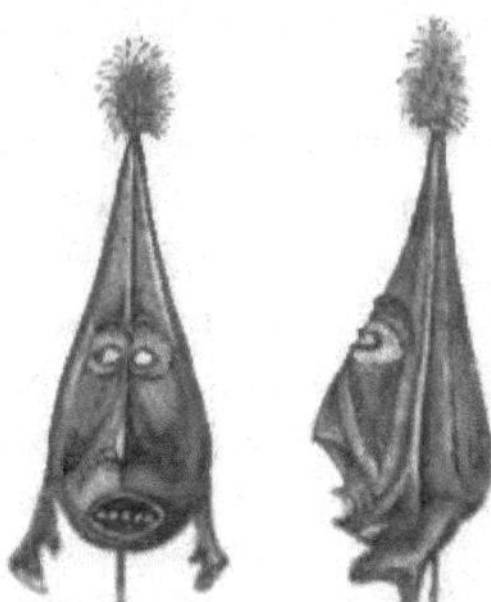

Oberste Spitzen der Tug-Tug-Masken.

und Arme dürfen aber eigentlich nie gezeigt werden, weshalb man bei der Darreichung eines Geschenks dicht an die Maske herantreten muß und die Gabe dann dahin reicht, wo zwischen dem Laub die dunkeln

Finger sich bemerkbar machen. Auf den Kranz endlich kommt der oft über 2 m hohe thurm- oder pyramidenartige Oberkörper mit Kopf. Derselbe ist ein Gitterwerk von ganz leichten Rohrstäben und so mit Federn, Laub und schwarz-weiß-rother Malerei verziert, daß man nicht in das Innere sehen kann. Ganz oben auf der Spitze ist das eigentliche, scharf karikirte Gesicht angebracht, dessen Augen aus den unter dem Namen „Katzenaugen" bekannten Verschlußstücken einer bestimmten Muschelart bestehen. Das Merkwürdigste an dieser Figur sind die durch die Vermummung hervorgebrachten wunderlichen Körpermaße. Ganz oben, 3—4 m über dem Erdboden, der kleine spitze Kopf, an welchen sich der schmale armlose Oberkörper anschließt, dann die riesige Hüftenpartie, welche bei dem Hals des Trägers anfängt und bis zu dessen Knien reicht, und schließlich die kurzen Beinchen von den Knien bis zu den Füßen.

Die Nahrungsmittel der Eingeborenen bestehen in der Kokosnuß, Bananen, Erdfrüchten (Yam, Taro, süße Kartoffeln), Fischen und Seethieren, Vogeleiern (Hühner sind nicht bekannt), Menschen- und schließlich seit zwei Jahren auch Schweinefleisch. Der Genuß des Schweinefleisch war vordem, obwol das Schwein wild vorkommt, nicht bekannt und ist wol diesem Umstand allein der Brauch der Menschenfresserei zuzuschreiben, da die menschliche Natur doch nun einmal Fleischnahrung verlangt. Seitdem die Weißen den Eingeborenen gebratenes Schweinefleisch vorgesetzt hatten, welches sie für Menschenfleisch aßen, und nachdem dann vor ihren Augen ein Schwein geschlachtet war und sie dieses Fleisch ebenso gut wie das vorher genossene fanden, greift die Verwendung der Schweine als Nahrungsmittel immer mehr um sich und die Menschenfresserei nimmt zwar langsam aber stetig ab. Sind die Verhältnisse aber erst so geordnet, daß die Weißen daran denken können, Rindvieh einzuführen und zu züchten, dann wird die Menschenfresserei sicher bald ganz der Vergangenheit angehören.

Bei dem Kapitel Menschenfleisch werde ich mich nun, fürchte ich, theilweise in unlösbaren Widerspruch mit den Angaben früherer Berichte setzen, ich halte aber meine Gewährsleute für zuverlässig. Wie ich früher schon gesagt habe, werden nicht nur erschlagene Feinde verzehrt, sondern das menschliche Wild wird auch regelrecht gejagt. Die Zubereitung ist eine höchst einfache; der stets vorher getödtete Mann wird in zwei große trockene Bananenblätter ganz eingewickelt, dann mit dem Kopf nach oben an einen Baum gehängt, die Blätter werden angesteckt und das Mahl ist fertig, sobald die Blätter abgebrannt sind. Der Körper wird nun heruntergenommen und mit den Händen das rohe Fleisch heruntergerissen und von den Männern gegessen, während die im Hintergrunde sitzenden Frauen die Eingeweide erhalten. Aehnlich wird das Schwein zubereitet, doch wird das gebundene lebende und in trockene Blätter eingewickelte Thier, welchem auch noch die Schnauze zugebunden ist, damit es nicht schreien kann, mit den Beinen nach oben aufgehängt und erhält, ehe die Blätter angesteckt werden, mit der Keule einen Schlag auf den Kopf. Nach Abbrennung der Blätter wird es dann ebenso, wie vorher angegeben, verzehrt. Kapitän Levison war Augenzeuge eines solchen Mahles, als er mit vier seiner Leute unter dem Beistand eines befreundeten Stammes den bereits erwähnten erfolgreichen Kriegszug gegen die Mörder eines deutschen Agenten unternahm. In ihrem Siegesrausch warfen die Wilden ihre sonstige Zurückhaltung ab und gaben sich in seinem Beisein dem Genusse hin, welchen sie sonst vor den Weißen ängstlich verbergen. Hiernach kann ich die Berichte, welche von sorgsam zerlegten Gliedern und nach unsern Begriffen hergerichtetem saftigen Menschenbraten erzählen, nur als Phantasiegebilde betrachten, zumal die Eingeborenen bisher überhaupt noch keine Werkzeuge besitzen, um einen Körper in dieser Weise zu zerlegen, denn die wenigen erst seit kurzem in ihrem Besitz befindlichen Messer und Beile können bei der weiten Verbreitung der Menschenfresserei noch gar nicht in Betracht kommen. Doch schöner liest es sich entschieden, wenn der Leser bei der Schilderung der einzelnen Manipulationen ein gewisses Gruseln empfindet. Das Menschenfleisch wird aber roh gegessen und dazu bedarf es keiner Zerlegung, denn das Abbrennen der Blätter auf dem Körper der Menschen wie dem der Schweine hat nur den Zweck, die Haare und Borsten abzusengen und die Haut mürbe zu machen. Dem Einwand, daß es eine noch größere Ungeheuerlichkeit sei, rohes Menschenfleisch zu essen, begegne ich damit, daß es wenigstens nach meinem Gefühl weniger scheußlich ist, dem thierischen Trieb folgend das Opfer einfach zu zerreißen, als mit bewußter Wollust mit den einzelnen Gliedern zu liebäugeln und stundenlang vor dem allmählich gar werdenden und brodelnden leckern Mahl zu hocken. Im übrigen sind die Leute an diese Art der Nahrung von Kindesbeinen an ebenso gewöhnt, wie wir an den Genuß von rohen und lebenden Austern, Land- und Wasserschnecken, an rohes Rindfleisch à la tartare, wie die Samoaner an den Genuß lebender Raupen und die samoanischen Katzen an den von Kokosnußkern, was doch wahrlich gegen die Natur der Katze geht.

Daß hier allmählich Wandel geschaffen wird, ist hauptsächlich dem Einflusse der Mission zuzuschreiben, da die Kaufleute bisher keine Zeit hatten, sich der Verbesserung der Sitten zuzuwenden, sondern zunächst nur daran denken konnten, festen Fuß zu fassen und ihr eigenes Leben zu sichern; andererseits aber konnte die Mission, welche noch keine weitern Erfolge zu verzeichnen hat, ihr Werk überhaupt nur unter dem Schutze der Kaufleute, und zwar hier nur unter dem Schutze deutscher Kaufleute beginnen.

An einem Vormittag überbrachte mir Herr Hernsheim eine Einladung Topulu's, auf seinem Fischereiplatze einen Tanz entgegenzunehmen, welchen er auf mein Ersuchen arrangirt hätte, ich möchte aber sonst niemand mitbringen. Wir fuhren daher zu seinem Wohnplatze, um zunächst hier unsern Zahlmeister-Aspiranten, welcher mir mit Genehmigung des Eheherrn die Narbenmuster auf der Haut der einen Frau abzeichnen wollte, abzusetzen und auch mein Boot hier zurückzulassen. Am Ziel angelangt, fanden wir in der großen offenen Hütte unsern Freund Topulu mit zwei seiner Frauen, allerdings nicht gerade den ältesten, aber auch nicht den hübschesten. Die eine ist ein murksiges ältliches Geschöpf von ziemlich heller Farbe, die andere ebenfalls sehr klein, noch jung, wohlgenährt, aber tief schwarz; sie hat eine Nase, welche so ziemlich die ganze Breite des Gesichts einnimmt, dazu ist sie noch auf einem Auge blind, was in dem schwarzen Gesicht noch mehr zur Geltung kommt. Beide sind schön geputzt, aber nicht gewaschen. Die Haare sind frisch roth gefärbt, auf dem Kopfe sitzt eine große bunte Feder, die Halskette ist fest und ordentlich umgebunden, und beide haben in jedem Nasenflügel zwei, also jede vier 5 cm lange, nach oben und trotzig aus dem Gesicht herausstehende dunkelbraune Stacheln. Als wir zur Hütte kommen und uns verwundert umsehen, wo denn die andern sind, raunt King Dick Herrn Hernsheim in seinem Kauderwelsch etwas zu und ist verschwunden. Auf meine Frage: „Was nun?“ bekomme ich die Antwort: „Topulu stellt Ihnen diese beiden seiner Frauen zur Verfügung.“ Auf die

Frage: „Was soll ich denn mit ihnen?" die Antwort: „Sie können mit ihnen machen was Sie wollen; nur dürfen Sie sie nicht essen." Lachend gaben wir den ängstlich aneinandergeschmiegten Gestalten, welche uns wie scheue Rehe anblicken, die von Herrn Hernsheim vorsorglich mitgebrachten weißen Perlenschnüre und machen uns, befriedigt über die beabsichtigte Freigebigkeit Dick's, welche in diesem Lande wirklich etwas bedeuten will, auf den Rückweg.

An einem Nachmittag holte mich Herr Hernsheim ab, um einen Besuch bei Torragud zu machen. Ein schon längere Zeit auf einem Hernsheim'schen Schiffe in Diensten stehender hiesiger Eingeborener dient uns als Führer. Wir legen den 2½ Seemeilen langen Wasserweg bis Urakukúa auf Amakada in meiner Gig zurück und betreten dann den Wald. Bewaffnet sind wir nur mit einem Stock, weil Herr Hernsheim Waffen für überflüssig hält und ich nach meinen bisherigen Erfahrungen dem auch beistimme. Der sanft ansteigende Weg in dem herrlichen, schönen Wald ist so breit, daß wir bequem nebeneinander gehen können, in der Unterhaltung also nicht gestört sind. Ungefähr auf dem halben Wege stoßen wir auf eine Lichtung, wo unter hohen mächtigen Bäumen eine große Hütte liegt, auf deren geräumigem Vorplatz zwei große, schwere Schweine sich ergehen; Menschen sind nicht zu sehen. An diesen Platz schließt sich ein großes umzäuntes und sorgfältig gepflegtes Stück Land, welches mit Erdfrüchten bestanden ist. Etwas weiter bei einer Krümmung des Weges stehen plötzlich wenige Schritte vor uns zwei prächtige, rehfarbene Mädchen, jugendlich üppige, schöne hohe schlanke Gestalten, welche frei von allem Tand nur eine lange bunte Feder im Haar haben. Einen Augenblick stutzen sie wie wir, dann mit einem hellen Jauchzer brechen sie wie leichtfüßiges Wild mit leichten Sprüngen in das Dickicht und machen erst in größerer Entfernung halt, wo wir nur über dem Laub ihre Köpfe sehen und von wo sie mit ihren klaren Augen uns beobachten und passiren lassen. Unwillkürlich entschlüpft mir, wie sie so dahin eilen, der Ausruf: „Schade, daß wir kein Gewehr haben, um ihnen eins aufzubrennen!" und wieder zur Besinnung gekommen füge ich hinzu: „Es ist gut, daß ich nicht länger hier bleibe, ich könnte sonst bei diesem edlen Wild vielleicht noch selbst Geschmack an der Menschenjagd finden." Nach drei Viertelstunden Gehens sind wir auf der Höhe und bei dem groß angelegten

Besitz Torragud's angelangt. Er empfängt uns, umgeben von seiner Familie und einigen Ferkeln. Er selbst in seinem Naturkleid schön wie immer, doch leider wieder mit der blauen Unterjacke, welche er auf meinen Wunsch allerdings nachher für kurze Zeit ablegt. Einige Frauen, darunter eine alte, häßliche, schwarze und spindeldürre Gestalt, die sich uns grinsend nähert und auf der Brust einen Schmuck trägt, welcher sofort meine Begierde erweckt. Noch ein Mann und mehrere Kinder, von denen ein 11—12 Jahre altes ziemlich dunkles mageres Mädchen von allen Personen allein ein Hüfttuch trägt. Sie ist eine muntere, durchtriebene kleine Person, welche mit ihrem neckischen Wesen das ganze Haus zu beherrschen scheint und entschieden der allgemeine Vorzug ist. Torragud nimmt sie an der Hand und sich in die Brust werfend stellt er sie vor: „Tintamon, Missi Brown he make him." Sehr belustigt war ich, als wir herausbekamen, daß Tintamon „King Salomon" bedeuten solle. Welcher Witzbold aber dem Mädchen diesen Namen gegeben hat, konnten wir nicht erfahren. Die Worte, daß Mr. Brown ihn gemacht hätte, konnte nur dieser Herr mir erklären, was er später auf einfache Weise mit der Erklärung that, daß er das Kind vor kurzem getauft habe. Tintamon wird, wie ich noch herausgebracht habe, so gehätschelt und gepflegt, weil sie schon an einen andern großen Häuptling verkauft ist, aber nicht eher an den Käufer übergeht, bis sie die volle Reife zur Frau erlangt hat, denn die Erhaltung bis zu diesem Zeitpunkt ist Sache des Verkäufers. Aus dieser Sitte werden in Reisebeschreibungen nun wol häufig Verlobungs- und Heirathsceremonien gemacht, welche aber meines Wissens nicht existiren. Verlobung und Heirath kennt man hier nicht, sondern nur den einfachen Kauf, bei welchem allerdings Zweckmäßigkeitsgründe in der Weise unterlaufen, daß ein Häuptling die Tochter eines andern, um sich mit diesem näher zu verbinden, schon im frühesten Alter kauft und je nach dem Werth der Verbindung einen höhern oder niedrigern Preis zahlt. Das Kaufobject ist hierbei nur der Strohmann, um dem gezahlten Preise den Sinn des Tributs zu nehmen.

Nachdem wir Torragud's Wohnhaus besichtigt haben, treten wir auch noch in die Schatzkammer, welche, wenn sie auch nicht so große Reichthümer wie die des King Dick aufweist, doch nach hiesigen Begriffen ein stattliches Vermögen in sich birgt. Zur Familie zurückgekehrt äußere ich den Wunsch, den Schmuck der Alten zu besitzen, doch diese rückt mir drohend auf den Leib, schreit und keift und schützt das Kleinod mit ihren magern Armen. Torragud bringt sie zur Ruhe, sieht sie mit ernstem prüfenden Blick an, nickt einmal bedeutungsvoll mit dem Kopfe, als ob ihm ein guter Gedanke gekommen sei, und wendet sich wieder uns zu. Nachdem wir noch aus einer uns dargebotenen frischen Kokosnuß die Milch getrunken und verschiedene kleine Geschenke vertheilt haben, verließen wir diese Waldidylle wieder.

Bei dem Besuche Torragud's konnte ich beobachten, wie heutzutage noch Gemein- und Staatswesen entstehen und sich entwickeln. Der Mann erwirbt Geld oder ähnliches Gut und wirft sich, wenn er überhaupt das Zeug dazu hat, durch das damit verbundene Ansehen zum Häuptling auf, vergrößert seinen Hausstand durch Ankauf von Frauen, welche gleichzeitig auch für ihn arbeiten müssen, siedelt dann seine erwachsenen Söhne, nachdem er ihnen eine Frau geschenkt hat, in seiner Nähe an, ergänzt den Abgang in seinem Hause wieder durch Ankauf von Knaben, sowie auch Mädchen, welch letztere wiederum später als Frauen an die gekauften männlichen Mitglieder abgegeben oder anderweit veräußert und namentlich gegen andere Kinder ausgetauscht werden. So bildet sich in verhältnißmäßig kurzer Zeit ein Stamm, welcher durch Verkauf der Mädchen aus eigenem Blut und vielleicht auch durch einmalige Zahlung einer gewissen Summe eine andere Familie oder einen kleinern Stamm in sich aufnimmt und mit sich verschmelzt. Ist der Stamm nun stark genug, dann breitet er sich leicht weiter aus, indem er die Nachbarfamilien und Stämme nicht mehr kauft, sondern mit Gewalt unterwirft und so allmählich immer mehr wächst, wenn er neben der Gewalt auch noch Staatskunst zur Anwendung bringt, wie wol der Vater des Topulu dies dadurch gethan hat, daß er den läppischen Dug-Dug in seinem Interesse umgebildet und zu einer Ceremonie gemacht hat, mit welcher er seine Unterthanen an Gehorsam und an seine Macht gewöhnte. Denn in ältern Reisebeschreibungen findet man den Dug-Dug nur als hüpfenden Popanz und nicht in der Form, wie er hier jetzt und zwar alljährlich nur einmal abgehalten wird.

An dem auf den Besuch bei Torragud folgenden Vormittag brachte Herr Hernsheim mir den seltenen Schmuck der Alten und bat mich, denselben als ein Andenken an die gemeinsam unter den

Menschenfressern verbrachte Zeit anzunehmen. Obwol es gerade nicht höflich war, mir die Erwerbungsgeschichte des Schmuckes erzählen zu lassen, konnte ich dem Reiz nicht widerstehen, zu erfahren, wie er es möglich gemacht hatte, das Stück zu erhalten, und ich stellte daher die Bitte, welche mir auch gewährt wurde. Das von mir „bedeutungsvoll" genannte Kopfnicken Torragud's hatte also wirklich einen tiefern Sinn und besagte, daß er, Torragud, nun wisse, wie er in Besitz eines Hinterladers gelangen könne. Was diesem schlauen Heiden dabei durch den Sinn ging, kann ich natürlich nicht wissen, doch läßt es sich meines Erachtens leicht combiniren. Es war schon seit lange sein Wunsch, ein Gewehr zu besitzen, er wurde aber stets, wenn er am Schluß seines jedesmaligen Besuches mit dem betreffenden Wunsche zum Vorschein kam, abgewiesen. Hier kam ihm nun endlich der Zufall zu Hülfe. Der mächtige Häuptling (nämlich ich), welcher ein so großes Schiff mit so vielen Männern, so großen Kanonen und so vielen Gewehren besitzt (in den Augen dieser Leute gehört mir das Kriegsschiff, wie die Kauffahrteischiffe das Eigenthum der Kaufleute sind), welcher über die eingeborenen Häuptlinge zu Gericht sitzt, welcher unter den Weißen eine Ausnahmestellung einnimmt, weil sie alles thun, was er haben will, und der überhaupt die ganze Umgebung in Unruhe versetzt, wünscht etwas zu besitzen, was nur er, Torragud, geben kann. Dem Missi Hernsheim muß es daher eine wahre Freude sein, dem Schiffscommandanten diesen Wunsch erfüllen zu können, und er wird nun das von Torragud ersehnte Gewehr gewiß gern geben, wenn er von diesem dafür den Schmuck erhalten kann. So macht Freund Torragud sich am nächsten Morgen mit dem Schmuck auf den Weg nach der deutschen Niederlassung. Er hat sich nicht getäuscht, er erhält schließlich das Gewehr, welches ihm nach Lage der augenblicklichen Verhältnisse doch nicht mehr lange vorenthalten werden konnte, aber allerdings ohne Munition. Auf die Frage, ob die Alte denn den Schmuck gutwillig hergegeben habe, antwortet er lachend: „Nein, sie hat erst ordentlich Prügel bekommen müssen." So hat die arme Alte ihr Kleinod verloren, noch obendrein eine Tracht Prügel erhalten und kann nicht einmal von dem Erlös etwas abbekommen. Und ich habe ein sehr seltenes, vielleicht einziges, an sich werthloses Schmuckstück, welches nach dem hiesigen Preis des Hinterladers mit 200 Mark bezahlt worden ist. Es hat die Form einer der Länge nach getheilten halben Melone, ist 20 cm lang, 9 cm breit und hat am untern Rand der langen Seite zwei bäffchenartige Lappen von 12 cm Länge und 6 cm Breite. Das Hauptstück wird aus einem Holzreifen gebildet, auf welchen ein festes Gewebe aus Opossumzähnen so übergespannt ist, daß es ohne weitere Unterlage in kräftiger Wölbung die Form der Melone annimmt. Auf den Bindfaden, welcher die Zähne im Innern der Wölbung zusammenhält, sind noch kleine perlenartige Muschelstückchen in regelmäßigen Abständen aufgereiht, sodaß die Arbeit auch auf ihrer Kehrseite Sinn für Ordnung zeigt. Die sich an das Hauptstück anschließenden Bäffchen sind an ihren Rändern mit einem Kranz von Opossumzähnen und einem schmalen Band aus rother Baumrinde eingefaßt; innen laufen wie die Saiten einer Harfe von oben nach unten Schnüre aus Glasperlen und kleinen selbstverfertigten Perlen, welche aus einem wie Schildkrot aussehenden Gemenge von balsamischem Harz und Thonerde hergestellt sind. Oben auf diesen Schnüren sind noch je zwei nebeneinanderliegende kleine Ringe aus weißen Glasperlen aufgenäht und schließlich an der obern Langseite des Hauptstücks zwei Schnüre aus dickern Glasperlen befestigt, welche über den Hals gestreift so lang sind, daß der Schmuck gerade auf den Brüsten ruht. Der Werth dieses eigenartigen Kunstwerks für die Eingeborenen ergibt sich daraus, daß an demselben nach oberflächlicher Schätzung (zählen kann man die Zähne nicht ohne sie auseinanderzureißen) an 1500 Opossumzähne und an 1000 mühsam mit der Hand gearbeitete kleine Harzperlen sind.

Ehe Torragud mit seinem Gewehr die deutsche Niederlassung verlassen hatte, hatte er noch gesagt, daß nachmittags 4 Uhr bei Urakukua ein Tanz für uns bereit sei.

Dort angekommen finden wir einige Frauen und, wenn ich nicht irre, 17 Männer uns erwartend vor. Von den Frauen hat eine ein unsauberes Tuch um die Hüften gebunden, die andern haben nur einen Bindfaden um den Leib, an welchem vorn und hinten in der Mitte des Körpers ein kurzer Faden mit einem ganz kleinen Laubbüschel am untern Ende herunterhängt und welcher, wie ich früher schon gesagt habe, wol die Stelle einer Schürze vertreten soll. Im übrigen sind sie nur mit Halsbändern und Nasenstacheln geschmückt, im Gesicht und auf dem Oberkörper weiß angestrichen, jedoch so dünn, daß die natürliche Hautfarbe durchschimmert. Die Männer sind mit mehr Sorgfalt herausgeputzt und haben zunächst Gesicht, Oberkörper und die Innenseite der Oberschenkel weiß, roth und schwarz bemalt, das Kopfhaar ist weiß gefärbt. In den Nasenflügeln sind Stacheln und Opossumzähne, in der Nasenscheidewand kleine Ringe aus Schildkrot, Perlmutter oder aufgereihten Glasperlen, um den Hals die pickelartigen Teller oder andere Halsbänder, um den linken Oberarm das Armband und um den Leib haben sie ebenso wie die Weiber den Bindfaden, welcher hinten ein untergeschobenes mit dem Stil nach oben gekehrtes großes Blatt, das von dem Rücken bis unter das Gesäß reicht, hält, vorn hängt ein Faden mit einem etwas größern Laubbüschel als bei den Frauen; ein Laubband um die Knöchel vervollständigt den Anzug. Männer wie Frauen haben in jeder Hand einen frischen Baumzweig mit Blättern, der Vortänzer der Männer hält in jeder Hand einen Tanzstock. Die Kerle sehen bunt und unternehmend aus und würden einen harmlosen Europäer, welcher unvorbereitet ihnen hier im Walde begegnet, sicherlich erschrecken.

Die Frauen beginnen zuerst mit dem Tanze, stellen sich hintereinander in einer Reihe auf und machen dieselben Bewegungen wie nachher die Männer, aber mit einwärts gedrehten Füßen, geschlossenen Knien und eingeknickten Beinen, so täppisch und unschön, daß wir schon nach wenigen Minuten genug davon hatten. Die Männer stellen sich darauf in zwei Reihen nebeneinander auf, und zwar die Reihen so weit voneinander ab, daß der Vortänzer, welcher in der Mitte zwischen den beiden Reihen steht, bequemen Platz zwischen ihnen findet. Alle nehmen eine ziemlich stramme Haltung an, der Vortänzer hebt seine Stöcke, die andern folgen sofort mit derselben Bewegung, stimmen einen einförmigen Gesang an und setzen ihre Beine in Bewegung. Der Gesang besteht aus mehrern mit tiefer Stimme in demselben Tone laut gesprochenen Worten, welchen dann einige in höherm Ton folgen. Die Beinbewegungen sind leicht und tänzelnd und erinnern an das Traben auf der Stelle, die Füße sind dabei auswärts gekehrt, die Knie geöffnet und biegsam. Alle Bewegungen des Vortänzers werden von den andern sofort aufgenommen und mitgemacht, die Stöcke und Zweige werden nach oben gekehrt vor die Brust gehalten und die Köpfe liegen zurückgebogen zwischen den Schultern, als ob die Leute krähen möchten; die Stöcke werden nach oben gestreckt, die Köpfe gereckt und dabei im Gesang der höhere Ton angenommen; die Stöcke gehen zur Brust zurück, wobei der Gesang den alten Ton wieder aufnimmt, neigen sich nach vorn, der Kopf folgt, auch der Oberkörper etwas, und es sieht aus, als ob die Tänzer ihre eigenen Füße und deren Bewegungen betrachteten. Und so geht es auf- und abwärts, wobei die Tänzer sich auch zuweilen durch einen Blick nach ihrem Nebenmann vergewissern, daß sie noch gut ausgerichtet sind. Der Vortänzer tänzelt vor, bis er zwischen den ersten Tänzern steht, schiebt sich in der schmalen Gasse rückwärts bis zum Ende, die Führer der Reihen schwenken nach beiden Seiten ab und alle schlagen im Gänsemarsch einen Bogen, bis die Spitzen wieder bei dem Vortänzer angelangt sind, worauf das Ganze in der alten Ordnung in gleichmäßigem Takt und gut ausgerichtet mit den borstigen Nasen und den vor dem Leib hin und her wedelnden Laubbüscheln auf uns zutrabt, bis es den alten Platz wieder erreicht hat. Die großen Mäuler klappen auch gleichmäßig auf und zu, öffnen sich bei den höhern Tönen mehr und werden dann so entschieden zugeklappt, als ob sie eine gebratene Taube gefangen hätten.

Da es keine weitere Abwechselung gab, so hatten wir bald genug von dem Vergnügen, vertheilten ein Geschenk an Taback und Glasperlen und machten uns wieder auf den Heimweg.

Am 15. December nachmittags waren Kohlen, Proviant und Wasser übernommen, auch die Vorbesprechungen wegen Ankauf des Hafens von Makada abgeschlossen, das Schiff war seeklar, es wurde daher der nächste Morgen zur Abfahrt nach Neu-Britannien, wo ich mich zwei Tage aufzuhalten gedachte, festgesetzt. Mein Besuch dort diente hauptsächlich der Erledigung von zwei Klagesachen, welche ich zum Abschluß bringen wollte. In dem einen Falle hatten die Eingeborenen des Districts Nulnana (spr. Nulnánna) vor etwa zehn Monaten die dort gelegene Station der Firma Hernsheim u. Comp. ohne Veranlassung niedergebrannt, kamen aber gleich nach Ausführung der That zu dem Bewußtsein, daß sie ihnen doch schlecht bekommen könne, und erboten sich freiwillig den Schaden zu ersetzen. Um die dargebotene Hand nicht zurückzuweisen, erklärte sich die geschädigte Firma, welche bei dem Brand Haus und Waaren im Verkaufswerth von 2800 Mark verloren hatte, bereit, das Gebot, welches in 300 Sack Copra im

Ankaufswerth von etwa 1200 Mark bestand, anzunehmen. Es erfolgte indeß trotz des freiwilligen Anerbietens keine Copralieferung und die Mahnungen wurden von den Eingeborenen durch verschiedene Ausflüchte und schließlich damit erwidert, daß sie keine Säcke hätten, um die Copra hineinzupacken. Zuletzt, etwa vor zwei Monaten, hatten sie wiederholt versprochen zu liefern, die Lieferung war aber, trotzdem ihnen Säcke gegeben worden waren, bis zum heutigen Tage immer noch nicht erfolgt. Ich erklärte mich bereit, für die Sache einzutreten, aber nur unter der Bedingung, daß die Herren sich mit einer ausgiebigen Verwüstung des Terrains bei Kuluana einverstanden erklärten für den Fall, daß ich der betreffenden Häuptlinge nicht habhaft werden könne. Ich glaubte mich dieses Einverständnisses versichern zu müssen, weil der deutsche Handel durch das Niederhauen der Kokosnußbäume eine sehr empfindliche Einbuße an seinen Einnahmen erleiden mußte, gegen welche das vorliegende Streitobject in gar keinem Verhältniß stand. Absehen konnte ich von dieser Forderung aber nicht, weil es undenkbar war, daß ein Kriegsschiff, wenn es die Sache überhaupt aufnahm, ganz unverrichteter Sache wieder abziehen sollte, um die Eingeborenen dadurch auch noch in ihrer Anschauung, daß die Schiffe ihnen auf dem Lande nichts anhaben könnten, zu bestärken. Herr Hernsheim war mit allem einverstanden, und so sollte unser nächstes Ziel Kuluana sein.

Der zweite Fall betraf eine Bedrohung des in Port-Weber stationirten Agenten der Handels- und Plantagengesellschaft und zwar eine Todesandrohung durch denselben Häuptling, welcher früher als Rache für seinen erschossenen Hund an demselben Orte den deutschen Agenten getödtet hatte und dafür von Kapitän Levison gezüchtigt worden war. Ob hier etwas zu erreichen sei, war mir sehr zweifelhaft, doch wollte ich wenigstens den guten Willen zeigen und für den Fall, daß ich keinen Erfolg haben sollte, den Eingeborenen wenigstens das Vorhandensein von deutschen Kriegsschiffen, welche hier noch nicht gewesen waren, vor Augen führen.

So war also alles zur Abfahrt bereit, ohne daß ich es während meines mehrtägigen Aufenthalts hatte durchsetzen können, einen Dug-Dug zu sehen. Auf mein wiederholtes Drängen bekam ich immer dieselbe Antwort, daß es nicht angängig sei, und zwar aus dem Grunde, weil der alljährlich nur einmal hier stattfindende Dug-Dug erst vor sechs Wochen abgehalten worden sei. Mit demselben ist aber eine sechswöchentliche Fastenzeit in der Weise verbunden, daß im Anschluß an das Fest weder Mann, Frau noch Kind irgendetwas von der Kokosnuß genießen darf, weder die Milch, noch das Fleisch; und was das bedeutet, kann nur der ermessen, welcher weiß, welch große Rolle die Kokosnuß hier überall in der Ernährungsweise spielt und welch erfrischendes Getränk die kühle Milch aus der frischen Nuß ist. Die Kokosnuß ist während dieser Zeit Tabu, und wer die Hand nach ihr ausstreckt, ist unrettbar dem Tode verfallen, weil überall Wächter aufgestellt sind, welche die Innehaltung des Gebotes überwachen und an jedem Uebertreter ohne Urtheilsspruch auf der Stelle das Todesurtheil vollziehen. So war es auch uns in den ersten zwei Tagen unsers Aufenthalts unmöglich, eine Kokosnuß zu erhalten, weil diese Tage noch in die Tabuzeit fielen. Es wäre unter diesen Verhältnissen daher grausam von mir gewesen, noch fernerhin auf meinem Willen zu beharren, da die Befriedigung meiner Neugierde eine wahre Marter für die Eingeborenen werden mußte, weil sie jedenfalls eine neue sechswöchentliche Fastenzeit hätten auf sich nehmen müssen. Daneben aber würde es auch für die Kaufleute einen großen Verlust bedeutet haben, weil mit dem Tug-Tug eine neue sechswöchentliche Handelsstockung in dem Nordtheile der Duke of York-Gruppe verbunden gewesen wäre. So mußte ich mich bescheiden, ohne zu ahnen, daß schließlich Topulu mit seinen Häuptlingen mir aus eigenem freien Willen doch noch den Tug-Tug anbieten würde.

Hier will ich gleich anschließen, daß meiner Ansicht nach der Tug-Tug jedes religiösen Untergrundes entbehrt, weil diese Wilden überhaupt den Begriff der Religion nicht kennen, und daher die auch von mir gebrauchte Bezeichnung „Hoherpriester" für den Herrn des Tug-Tug eine von den Europäern erfundene willkürliche ist. Würde der Tug-Tug etwa kurz vor die Reifezeit der Kokosnuß fallen, dann würde ich ihm einen praktischen Werth beimessen, um durch die sechswöchentliche Tabuzeit die Frucht zur vollen Reife kommen zu lassen, wie ja bei uns auch die Weinberge einige Zeit vor der Lese sogar für den eigenen Besitzer Tabu erklärt werden; da aber, wie schon früher erwähnt, die Kokospalme jahraus, jahrein stets gleichzeitig alles, von der Blüte bis zur reifen Frucht trägt, so kann hier nur ein politisches Motiv gesucht werden und ich finde nur eine Erklärung für sein Bestehen.

Hier in diesem Lande, wo weder Gesetz noch Religion zu finden sind, sieht jeder Mann in erster Reihe nur auf sich selbst angewiesen und ist nur das werth, was er mit der Kraft seines Armes erreichen kann. Um aber unabhängig von der körperlichen Kraft das Ansehen der Häuptlinge zu wahren und ihre Stellung zu sichern, haben sie den Dug-Dug und namentlich die sechswöchentliche Fastenzeit erfunden. Diesem Gebote fügt sich jeder, jeder muß sich daher fügen, und da die Häuptlinge das Gebot sowol erlassen, wie auch auf dessen Befolgung achten, so sind sie die Herren und werden daher auch als solche angesehen.

Am 16. morgens 6 Uhr, nachdem noch die verschiedensten für die Reise nothwendigen Passagiere an Bord gekommen waren, wurde Anker gelichtet und dieselbe Ausfahrt gewählt, durch welche wir hergekommen waren. Ich wollte eigentlich einen andern Weg nehmen, weil ich bei der Herfahrt doch zur Erkenntniß gekommen war, daß bei den vielen Korallenriffen eine Grundberührung sehr leicht möglich sei; da indeß drei unserer Passagiere erklärten, mit dem Fahrwasser so vertraut zu sein, daß keinerlei Gefahr für das Schiff vorläge, gab ich nach. Zwei dieser freiwilligen Lootsen begaben sich in den Vormars, um aus der Höhe das Fahrwasser besser erkennen zu können, und der dritte blieb bei mir auf der Commandobrücke. Aber trotz dieser drei Lootsen saßen wir schon um 7 Uhr fest. Rings um das Schiff war tiefes Wasser, wir mußten daher mit dem Kiel auf einem einzelnen Korallenblock sitzen, und so war es auch, wie ich mich von einem schnell zu Wasser gelassenen Boot aus überzeugte; das Schiff saß gerade unter dem Großmast mit dem Kiel auf einem Blocke von höchstens 1 m Durchmesser. Der Versuch, durch Rückwärtsschlagen der Maschine und künstlich erzeugte Schlingerbewegungen loszukommen, blieb erfolglos; zum Ausbringen eines Ankers blieb keine Zeit, weil bei dem fallenden Wasser (es war Ebbe) das Schiff schon anfing, sich etwas auf die Seite zu neigen und somit die ernsteste Gefahr für ein Umfallen des Schiffes vorlag. So blieb nur übrig, mit Verlust eines Stückes Kiel das Schiff mit Gewalt loszubrechen; es wurde daher das Ruder hart zu Bord gelegt und die Maschine mit voller Dampfkraft vorwärts in Gang gebracht. Das starke Schiff erzittert in seinen Grundfesten, neigt sich mehr zur Seite, fängt an zu drehen, dreht schneller, ein Ruck und wir schießen den Weg zurück, welchen wir gekommen sind, um den allerdings weitern aber sichern Weg nördlich um Makada zu nehmen. Schaden hatten wir merkwürdigerweise nicht genommen, denn der nachmittags heruntergeschickte Taucher fand nur, daß einige Kupferplatten fehlten, der Kiel selbst aber unversehrt war.

Auf dem Wege nach Kuluana wurden die erforderlichen Vorbereitungen getroffen, um für alle Fälle gerüstet zu sein. Von dem Landungscorps wurden die 60 kräftigsten und zuverlässigsten Leute ausgewählt, weil darauf gerechnet werden mußte, daß jeder selbständig zu handeln hätte. Scharfe Munition für Gewehr und Revolver, sowie Zündmaterial zum Anbrennen der Häuser wurde ausgegeben, ebenso wurden alle im Schiffe vorhandenen Aexte, Beile, Eisenkeile, schwere Hämmer und Sägen vertheilt, nachdem die Zimmerleute versorgt waren. Den Offizieren und Unteroffizieren wurden bestimmte Leute zugetheilt, und diese wieder so eingetheilt, daß stets zwei Mann zusammen zu operiren hatten. Um 10½ Uhr vormittags wurde das Schiff vor Kuluana beigedreht und ein in Hernsheim'schen Diensten stehender Deutscher, welcher von den hiesigen Europäern am besten in diesem Districte bekannt und mit der Landessprache einigermaßen vertraut ist, wird allein mit einem Boot an Land geschickt. Es war dies die einzige Möglichkeit, an die Eingeborenen überhaupt heranzukommen, weil sie bei der Landung bewaffneter Mannschaften zweifellos sofort die Flucht ins Innere ergriffen hätten. Ich wollte aber gern eine directe Verständigung erreichen, um die Sache nicht auf die Spitze zu treiben und somit vor unnöthigen Gewaltmaßregeln bewahrt zu bleiben. Unser Unterhändler hatte den Auftrag, die 300 Sack Copra oder ein gleichwerthiges Geldpfand zu fordern und den Eingeborenen von den beabsichtigten Maßnahmen Kenntniß zu geben, welche im Falle der Ablehnung unserer Forderung zur Ausführung kommen sollten. Das Boot kehrte bald mit der Nachricht zurück, daß unser Abgesandter mit einigen Häuptlingen nach einer drei englische Meilen im Innern gelegenen Stadt gegangen sei, um das angebotene, in Muschelgeld bestehende Pfand zu holen. Ich landete darauf mit den vorgenannten 60 Mann und dem Musikcorps gegen 12 Uhr mittags an dem mit einem hohen dichten Bambuszaun eingefriedigten Hernsheim'schen Platze, um durch eine gewisse Machtentfaltung die

Eingeborenen zu schrecken. Da bei unserer Annäherung an das Land die uns von dort beobachtenden Wilden sich schnell zurückzogen und im Waldesdickicht verschwanden, fürchtete ich, daß auch die Häuptlinge vielleicht vorziehen würden, das Geldpfand nicht persönlich abzuliefern, wodurch aber die eigentliche Absicht meiner Landung vereitelt worden wäre. So bat ich Herrn Hernsheim, welcher den Weg ebenfalls kannte, seinem Angestellten entgegenzugehen und alles aufzubieten, daß die Häuptlinge persönlich kämen, oder aber die Annahme des Geldes sonst zu verweigern. Hierauf machten wir es uns innerhalb des Zaunes bequem, nachdem noch Doppelposten weit vorgeschoben und Verbindungspatrouillen aufgestellt waren; die Gewehre wurden zusammengestellt, die Leute lagerten sich und die Musik spielte einige Stücke. Gegen 1 Uhr meldeten die Posten die Annäherung von Menschen und gleich darauf, daß Herr Hernsheim, sein Agent und einige Eingeborene angehalten seien, worauf dieselben innerhalb des Zaunes geleitet wurden. Herr Hernsheim erzählte mir dann gleich, daß ohne sein Eingreifen wahrscheinlich keiner der Eingeborenen hier sei, weil sie, als die unbekannte Musik zu ihnen drang, sofort fliehen wollten und von ihm nur wegen des dichten Gestrüpps zu beiden Seiten des schmalen, nur mannsbreiten Pfades hätten festgehalten werden können. Und was wäre geworden, wenn sie nicht gekommen wären? Unter Voraussetzung böswilliger Absicht wäre der Platz verwüstet worden, obgleich die Eingeborenen thatsächlich unschuldig waren, und das alles wegen der Musik, deren Wirkung auf die Naturmenschen von mir nicht in Berechnung gezogen worden war. Aus ähnlichen Ursachen mag schon manches Unrecht von den Europäern verübt worden sein.

An Eingeborenen erschienen drei Häuptlinge, ein älterer und zwei jüngere Männer, sowie einige Träger, welche drei Ringe Muschelgeld zu je 80 Faden, das ganze bewegliche Besitzthum des Districts, trugen; auch einige Neugierige folgten nach, welchen der Eintritt ebenfalls gestattet wurde. Die zitternden Häuptlinge legten ihren Schatz vor mir nieder und schienen, ängstlich um sich blickend und die vielen bewaffneten Männer musternd, noch weitere Unannehmlichkeiten zu erwarten. Wenn diese 240 Faden Diwarra nach dem augenblicklichen Stand des Geldes auch nur den halben Werth der 300 Sack Copra hatten, so bedeuteten sie nach der früher gegebenen Erklärung in ihrer Form doch mehr und waren nach den Angaben des deutschen Agenten thatsächlich der ganze bewegliche Schatz des Districts Nuluana. Ich konnte das Pfand daher um so mehr annehmen, als alle Eingeweihten mir versicherten, daß die Leute schon denselben Tag mit dem Einsammeln der Copra beginnen würden, weil sie mit dem Verlust ihres Schatzes jeden Einfluß an der ganzen Küste verloren hätten und dieser Einfluß auf Matupi übergeben würde, wo das Geld in der dortigen Hernsheim'schen Niederlassung vorläufig aufbewahrt werden sollte. Denn Matupi brauche das Geld gar nicht zu besitzen, vielmehr genüge die einfache Thatsache der Lagerung daselbst, um für die Dauer derselben der Insel ein besonderes Ansehen zu verleihen. Unter solchen Umständen war die möglichst schnelle Ablieferung der Copra ja gesichert, da es im Interesse sämmtlicher Bewohner von Nuluana lag, ihren Schatz in kürzester Zeit zurückzuerhalten. Das Pfand wurde also mit der Gegenversicherung angenommen, daß die Rückgabe bei der Ablieferung des letzten Sackes Copra erfolgen würde, wobei natürlich auch ernste Mahnworte, in Zukunft deutsches Eigenthum stets als Tabu zu betrachten, gesprochen wurden. Nach Erledigung dieser Sache und nachdem noch einer der Häuptlinge mir ein besonders schönes Exemplar einer Keule mit Beil angeboten hatte, wofür er ein anderes Beil und noch ein entsprechendes Geschenk erhielt, waren wir fertig und ich gab, froh über den durchschlagenden Erfolg, den Befehl zum Abmarsch. Als nun das Signalhorn sein „Sammeln" in den Wald schmetterte, um die Vorposten und Patrouillen zurückzurufen, wurden die Menschenfresser schon ganz scheu, als aber auf das Commando „An die Gewehre" die Mannschaften aufsprangen und zu ihren Waffen eilten, gab es kein Halten mehr, mit Blitzesschnelle war der ganze Platz von Eingeborenen gesäubert; einzelne verschwanden, große Löcher in den Zaun brechend, wie ein Schattenbild durch denselben, als ob er nur aus Papier bestände; andere braune Gestalten gewahrte man einen Augenblick oben auf dem 4 m hohen Zaun, um sie gleichzeitig nach der andern Seite hin verschwinden zu sehen, nur der alte Häuptling, welchen ich am Arm schnell festhielt, mußte zurückbleiben und brach zitternd und laut keuchend in die Knie und konnte sich während unsers noch kurzen Aufenthalts trotz allen guten Zuspruchs von seinem Todesschreck nicht erholen. Daß diese nackten Menschen in ihrer Todesangst nur mit dem Gewicht ihres Körpers durch den dicht zusammengefügten, starken und für einbruchsicher gehaltenen Zaun durchgebrochen sind und namentlich, daß sie an dem glatten Bambusholz, wo sie keine Handhabe für Hände und Füße fanden, hinauf und über den Zaun gekommen sind, erscheint mir nur darum glaublich, weil ich es selbst gesehen habe. So konnte ich diesen Strand mit dem Bewußtsein verlassen, für die Folge deutschem Leben und Eigenthum einen sichern Schutz hier zurückgelassen zu haben.

Um 2 Uhr nachmittags waren wir wieder an Bord, wenige Minuten später die Boote eingesetzt und weiter ging es nach Matupi, wo wir um 3 Uhr ankerten. Den hiesigen Verhältnissen Rechnung tragend, ging ich nicht gleich ans Land, sondern es wurde erst dem hiesigen Hernsheim'schen Agenten von der in Aussicht stehenden Ueberführung der drei Muschelgeld-Ringe Kenntniß gegeben, um dies einigen Eingeborenen mitzutheilen in der Voraussicht, daß sich diese wichtige Nachricht wie ein Lauffeuer über die ganze Insel verbreiten würde, und so war es auch. Als wir um 4 Uhr mit dem Schatz an Land kamen, fanden wir die ganze Bevölkerung zu unserm, oder wol richtiger zum Empfang des Geldes am Landungsplatze auf den Beinen. Ueber uns stand Leib an Leib, als wir die steile Treppe, welche auf den Rücken der kleinen Insel führt, hinanstiegen; eine schmale Gasse öffnete sich vor uns, aber nur wenige Blicke fielen auf die Fremdlinge, dagegen alle auf den Schatz. Wir hatten der ganzen Insel einen Festtag bereitet, was dadurch noch deutlicher hervortrat, daß wir nach einer halben Stunde zu einem freien Platz gebeten wurden, wo über 30 Frauen zum Tanz angetreten standen. Anzug und der Tanz selbst waren wie in Urakukua, daher nicht weiter erwähnenswerth, doch spielten sich abseits für mein Auge zwei kleine Scenen ab, welche ich erwähnen möchte.

Nicht weit von mir, an einer Stelle, wo der um uns gebildete Kreis der Eingeborenen etwas gelichtet war, stand ein kleiner, vollentwickelter, reizender Backfisch mit den Händen auf dem Rücken und schaute so unverwandt nach mir hin, daß ich zu ihm trat, um ihm ein kleines Geschenk zu geben. Bei meiner Annäherung blieb das nackte Mädchen ruhig stehen, bis ich dicht vor ihm war, dann aber drehte es sich schnell um und nahm die Arme so geschwind nach vorn, als ob es Angst hätte, mit denselben etwas zu verdecken, lief rasch einige Schritte, blieb dann wieder stehen, um sich zurückzuwenden und ihre Hände schnell wieder auf dem Rücken zu verbergen. Lag bei ihr das Schamgefühl in den Händen? Ich mußte lachen und kehrte auf meinen Platz zurück.

Den Mittelpunkt des andern Bildes gaben zwei junge Burschen ab, Jünglinge in gleichem Alter, welche Arm in Arm untergefaßt und in der freien Hand den Speer tragend auf einem seitlich von uns freigebliebenen Raume mit ernsten Mienen in eifrigem Gespräch auf- und abgingen, ohne uns aus den Augen zu lassen. Ich glaube in ihren Gesichtern lesen zu können und zu errathen, was ihre Seele bewegt. Sie bauen, wie wir es in gleichem Alter gethan haben, Luftschlösser, in welchem sie die Helden sind und sich zu Herren meines Schiffes machen, wenn zwei Voraussetzungen zutreffen, nämlich wenn sie einen engen Hohlweg mit einer großen Fallgrube am Ende finden und es ihnen gelingt, uns Fremdlinge hineinzulocken. Sie stehen gedeckt am Ende des Weges und warten auf unser Kommen, um jeden aus dem Wege Heraustretenden mit sicherm Stoß so ins Herz zu treffen, daß er lautlos und von den Nachfolgenden ungesehen in die Grube stürzt. Ihr Arm erlahmt nie, einer nach dem andern von uns fällt, und nur die zwei letzten werden als lebende Trophäen und ihre nunmehrigen Sklaven von ihnen zum Heimatsdorfe gebracht. Mit dem jetzt ihnen gehörenden Schiffe machen sie sich dann zu Königen von Neu-Britannien und von noch viel anderm Land, welches sie erreichen können.

Nach dem Tanz machten wir noch einen Spaziergang durch den Ort, in welchem es laut herging, da meine beurlaubten Mannschaften alle Straßen belebten und in dem Wunsche, auch ein Andenken an ihren Besuch bei den Menschenfressern mit nach Hause zu bringen, die Ursache eines regen Tauschhandels geworden waren. Durch die Freigebigkeit des Herrn Weber, welcher mir für meine Mannschaft einen großen Ballen Taback geschenkt hatte, war es mir möglich geworden, die Leute auch mit gangbarer Münze (einige Stangen Taback) zu versehen und ihnen so die Möglichkeit zur Erwerbung eines Andenkens zu geben.

Ganz Matupi ist eigentlich nur ein großes Dorf mit vielen Straßen. Jeder selbständige Eingeborene hat sein Haus nebst daran gelegenem Land mit einem Zaun umgeben, und da das Land gut bebaut und bepflanzt ist, so macht das Ganze den Eindruck vieler ordentlich gehaltener Gehöfte mit dazwischenliegenden Straßen. Vor einem Hause sahen wir Frauen in Trauerkleidung, die darin besteht, daß das Gesicht mit einem aus Ruß und Oel hergestellten schwarzen Anstrich bedeckt ist, welcher über den Augenbrauen beginnt, beinahe bis zu den Ohren reicht und unter dem Munde abschneidet. Bei Männern habe ich ein solches oder ähnliches äußeres Zeichen der Trauer nicht gesehen. Vor einem andern Hause fanden wir zwischen mehrern Frauen eine, welche laut schrie, aber verstummte, als wir vor ihr stehen blieben, und ihr Geheul wieder anstimmte, sobald wir zurücktraten. Ich bat einen Herrn, sich zu erkundigen, was dies bedeute, und wir erhielten die Antwort, daß die Frau von ihrem Manne Prügel bekommen habe. Da sie keine Thränen vergoß und die Execution wol auch schon vor einiger Zeit stattgefunden hatte, so bleiben nur zwei Möglichkeiten für diese Schmerzäußerung bestehen. Entweder gehört es mit zur Strafe, daß sie der ganzen Nachbarschaft durch ihr Geheul die Thatsache persönlich mittheilen muß, oder aber sie will Aufsehen erregen und sich zum Gegenstand der Neugierde und Bemitleidung machen.

Am nächsten Morgen fuhr ich in aller Frühe in meinem Boote noch nach der in der Nähe liegenden kleinen Insel, welche ihren Ursprung dem am 9. Februar 1878 stattgehabten vulkanischen Ausbruch der einen Tochter verdankt. Sie bildet einen schmalen, fast kreisrunden Sandring von 10 m Höhe und einem ganzen Durchmesser von etwa 90 m; hat innen eine Lagune mit noch heißem, sehr schwefelhaltigem Wasser, welche durch einen kleinen Durchbruch mit dem Meere in Verbindung steht. Die Insel hat also genau die Gestalt der mit Atoll bezeichneten Koralleninseln und würde eine solche geworden sein, wenn der obere Rand des Ringes unter der Wasseroberfläche geblieben und später noch einmal der ganze Meeresboden ebenso gehoben worden wäre, wie es bei dem jetzigen Kraterausbruch der Fall war. Die im Innern aufsteigenden Schwefeldämpfe vernichten die sich hierher verirrenden Korallenthierchen, wenn der Boden innerhalb der Lagune ihnen sonst den Anbau gestatten sollte, und ich komme hiernach immer mehr zu der Ueberzeugung, daß die von mir gegebene Erklärung der Entstehung der Koralleninseln den größten Anspruch auf Wahrscheinlichkeit hat.

Um $8\frac{1}{2}$ Uhr vormittags verließ ich Matupi wieder, ging um die Gazelle-Halbinsel und steuerte an der Nordküste Neu-Britanniens entlang, wo ich für kurze Zeit auch an einer deutschen Station stoppte, um einen zum Schiffe gekommenen Häuptling zu empfangen, welcher frische Kokosnüsse als Geschenk brachte und mir persönlich auch noch seinen schönen, mit einem Strauß aus schwarzen Federn gezierten Speer schenkte. Um $2^1/_2$ Uhr nachmittags ankerten wir in Port-Weber, wo der Consul sein Pathenkind, den nach ihm benannten Hafen, zum ersten mal sehen sollte. Der deutsche Agent kam an Bord und erzählte, daß kurz vor unserer Ankunft dicht bei seinem Hause ein größerer Kampf zwischen Eingeborenen stattgefunden habe und etwa 100 Schritte entfernt im Busch noch zwei Leichen lägen, welche die Eingeborenen jedenfalls aus Furcht vor dem ankommenden großen Schiffe zurückgelassen hätten. Unser Zweck war hier, wie schon erwähnt, denjenigen Häuptling, welcher den Agenten bedroht hatte, zur Vernunft zu bringen; es wurde deshalb ein in Diensten des Agenten stehender Eingeborener abgeschickt, ihn zum Schiffe zu bestellen. Der Mann war infolge der Aufregung des kürzlich erst beendeten Kampfes nicht geneigt, den Auftrag auszuführen, seine Bedenken schwanden aber, als der Agent seine eigene Büchse ihm zum Schutze mitgab. Nun war er bereit, nahm das ungeladene Gewehr mit dem Kolben nach oben über die Schulter und zog stolzen Schrittes ab. Auf meine Frage, was das Gewehr ihm nützen solle, wurde mir die Antwort, daß das Gewehr an sich ihm ausreichenden Schutz gebe, mithin die Attrape also genügend war. Ich rechnete übrigens nicht darauf, daß der Mann kommen würde, und wollte mich daher mit der Thatsache, hier gewesen zu sein, begnügen.

Ich bekam hier einen Einblick in das Leben dieser Agenten und verstehe danach kaum, wie sich zu solchem Leben überhaupt noch Männer finden. Diese Station ist vorläufig die am weitest vorgeschobene, ist auf dem Seewege 40 Seemeilen sowol von Matupi wie von Makada entfernt, und nur auf diesen Weg ist zu rechnen, da der Landweg den Europäern vorläufig noch verschlossen ist. Allerdings hat die Handels- und Plantagengesellschaft ein größeres Segelschiff zum Schutze ihrer Agenten an der Küste dauernd stationirt. Hier lebt nun der Mann fern von Menschen, umgeben von dichtem Urwald in einem kleinen Blockhaus mit einem Eingeborenen als Diener, auf dessen Zuverlässigkeit er auch keineswegs bauen kann, ganz allein, fortwährend von den in der Nähe wohnenden Stämmen bedroht. Von hier aus macht er in steter Lebensgefahr seine kleinen Geschäftsreisen in das Innere, hier empfängt er die Eingeborenen, welche gegen Copra, Schildpatt u. dgl. europäische Waaren eintauschen wollen, und hier im eigenen Hause muß er noch vorsichtiger sein als außerhalb desselben, weil der Anblick der begehrten Artikel so leicht zum Mord reizen kann. Allein muß er sein Haus und Leben bewachen und vertheidigen; seine Nahrung besteht nur in Conserven, wenn ihm sein Diener nicht ab und zu Fische fängt oder Früchte bringt. Diese Wohnstätte machte auf mich einen so trübseligen Eindruck, wie ich nur je einen gehabt habe, und dies um so mehr, als der Mann auch noch häufig am Fieber leiden soll und dann keinerlei Pflege hat.

Da es inzwischen Abend geworden war und wir die nächste Umgebung und den Kampfplatz nicht mehr besichtigen konnten, kehrten wir an Bord zurück, um hier bei einem Glase guten Weins das Abendconcert unserer Kapelle zu genießen und dabei zu finden, daß ein Kriegsschiff doch nicht der schlechteste Aufenthaltsort ist, wenn man auch schon seit Wochen keinen frischen Proviant mehr gesehen, sondern nur von Conserven gelebt hat. In Matupi war es mir allerdings gelungen, dem dortigen Hernsheim'schen Agenten zwei sorgsam gehütete magere Enten, welche er Gott weiß woher erlangt hatte, abzujagen, da man hier sagen kann: „Noth bricht Eisen", aber diese reichen eben nur für meinen Gast und mich, und die armen Offiziere gehen auch hier leer aus, während die Mannschaft ja kürzlich durch die geschenkten zwei Schweine einmal wieder frisches Fleisch zu essen bekommen hatte.

Der Morgen des 18. fand uns wieder reisefertig, doch entschloß ich mich auf die Mittheilung des Agenten hin, daß der hierherbefohlene Häuptling kommen wolle, noch bis 9 Uhr zu warten. Als sich zu dieser Stunde noch nichts sehen ließ, gab ich den Befehl zum Ankerlichten und gerade, als der Anker eben aus dem Grund gebrochen werden sollte, stieß ein Kanu vom Lande ab. Ich ließ daher halten und sah bald zu meiner Befriedigung den gesuchten Mann bei mir an Bord. Es war viel, daß er gekommen war, und dies zeigte sowol, daß er Vertrauen zu uns hatte, wie auch, daß seine Drohungen nicht ernst gemeint oder falsch verstanden waren. Wir schieden als gute Freunde und nun wurde unter Segel und Dampf die Rückfahrt nach

Makada angetreten, wo wir um 4 Uhr nachmittags eintrafen und gleich mit dem Uebernehmen des inzwischen geschlagenen Holzes begannen. Von Herrn Hernsheim, welcher direct von Matupi in einem offenen Boot hierher zurückgekehrt war, erfuhr ich mancherlei Angenehmes. Zunächst, daß die Leute in Kuluana fleißig beim Copraeinsammeln seien und der heute von dort hierher zurückgekehrte Agent versichert habe, wie ihm seit seinem Hiersein noch nie von den Eingeborenen eine so zuvorkommende Behandlung zutheil geworden sei, als in Kuluana nach unserer Landung daselbst. Ferner bat er, von einer weitern Verfolgung der Häuserbauangelegenheit abzusehen, weil alle Leute der betreffenden Häuptlinge für mich hätten Holz schlagen müssen. Mit dem Bau sei aber begonnen und derselbe nur noch nicht fertiggestellt. Ich erklärte mich damit einverstanden und konnte von dem beabsichtigten nächtlichen Streifzug, bei welchem ich die Häuptlinge im Falle der Nichterfüllung ihres Versprechens aufheben wollte, absehen. Weiter, und dies war die Hauptsache, theilte er mir mit, daß am nächsten Morgen die neun Häuptlinge, welchen der Hafen von Makada gehörte, zu mir kommen wollten, um mir ihren Hafen zu verkaufen, und schließlich hörte ich noch zu meiner Freude, daß King Dick uns zu Ehren doch noch einen Tug-Tug für den nächsten Nachmittag angeordnet habe und er mir dies am nächsten Morgen selbst mittheilen wolle.

Am 19. morgens 9 Uhr war meine Kajüte zum Empfang der Häuptlinge bereit. Unparteiische, Zeugen und Dolmetscher waren anwesend, die in Englisch und Deutsch ausgefertigten Kaufbriefe lagen auf dem Tische. Wir brauchten nicht lange zu warten, denn bald erschienen neun Eingeborene, an ihrer Spitze King Dick mit einer schwarz-weiß-roth angestrichenen Blechkrone auf dem Kopfe, welche, wie ich nachher erfuhr, die Offiziere hatten anfertigen lassen und ihm beim Betreten des Schiffes aufgesetzt hatten. Mit Ausnahme von King Dick und Torragud, welcher wieder seine blaue Jacke trug, waren alle in ihrer Nationaltracht, nackt mit dem Speer in der Hand. Nach kurzer Begrüßung nahmen die Häuptlinge in der landesüblichen Weise auf meinem Teppich in einem Halbkreise um uns Platz, d. h. halb hockten sie und halb saßen sie. Die Füße bleiben dabei dicht am Körper, die Knie stehen hoch und sind soweit geöffnet, daß der Kopf zwischen ihnen liegt. Das Geschäftliche war bald erledigt. Nach nochmaliger Frage erklärten die Häuptlinge genau zu wissen, um was es sich handele und daß sie bereit seien, gegen den verabredeten Kaufpreis ihren Hafen an mich zu verkaufen, baten aber, daß es ihnen doch erlaubt werden möge, in dem Hafen fernerhin zu fischen, solange ich nicht fischen wolle. Dieser Punkt war von uns übrigens vorher schon erwogen und in den Kaufbrief aufgenommen worden, weil der Besitzer des Hafens nach hiesigen Rechtsbegriffen auch nur allein das Recht zum Fischen hat und es mir fern lag, die Leute in dieser Beziehung beschränken zu wollen. Als ihnen daher der Kaufbrief vorgelesen und übersetzt worden war, nach welchem sie nur das Wasser und den Strand verkaufen, das Fischereirecht dagegen behalten und ferner auch den Schiffen anderer Nationen das Anlaufen des Hafens freigestellt bleibt, sprangen sie sofort auf, um den Brief durch ihr Handzeichen zu vollziehen und demnächst ihr Theil an dem Kaufgeld, welches vornehmlich in Kleidungsstücken, Beilen, und Messern bestand, zu empfangen. Topulu brachte danach noch seine Dug-Dug-Einladung an und dann trennten wir uns bis zum Nachmittag, bis zu welcher Zeit auch das Holz übernommen und verstaut sein mußte, sodaß ich meiner Besatzung dieses seltene Schauspiel auch zugängig machen konnte. Unten im Schiff waren schon alle disponiblen Räume mit Holz ausgefüllt und das Oberdeck war vorn bis auf einen offengehaltenen schmalen Weg auch schon bis zur Reling vollgepackt.

Nach dem Mittagessen der Mannschaft wurden die großen Boote ausgesetzt und das aus 130 Mann bestehende Landungscorps machte sich zur Ausschiffung bereit. Noch ehe wir vom Schiffe absetzen, wird es auf dem Hafen schon lebendig, von allen Seiten strömen Kanus nach dem Nordende von Amakada, weil der Dug-Dug bei dem Hause des Herrn Brown stattfinden soll. Auch zeigen sich schon einzelne Dug-Dug-Tänzer, welche immer einer mitten in einem von mehrern Männern geruderten Kanu stehen und unter dem Singen der Ruderer und Schlagen der Trommel fortwährend in Bewegung sind, weil sie nie stehen, im Boot aber auch nicht sitzen dürfen. Unter fortwährendem Hopsen wiegen die Masken auf und nieder, nach vorn und hinten. Wir sind auch bald an unserer Haltestelle angelangt, einer kleinen, von reicher Vegetation eingerahmten Bucht, wo alle Boote gleichzeitig anlegen können und wo auf dem Strande eben Platz genug ist, daß die Mannschaften antreten und sich ordnen können. Der dort einmündende Pfad ist aber so schmal, daß wir auf ihm zu zwei und zwei hintereinander marschiren müssen. Diesen Marsch auf dem weichen, mit saftigem Gras bewachsenen Pfad werde ich nie vergessen. Ueber uns das dichte Laub der mächtigen Baumriesen, welche

Tug-Tug-Tänzer.

nur hier und da den Sonnenstrahlen ein zeitweises Durchflimmern gestatten, zur Rechten und Linken den Blick in den herrlichen, majestätischen Ur- und Hochwald, welcher nur unten mit 1 m hohem Gestrüpp bestanden ist, und dabei rund um uns, vorn, hinten, rechts und links ein unsichtbares Leben von gar eigenartiger Wirkung, welches uns unwillkürlich verstummen macht. Der ganze Wald scheint mit Waldgeistern bevölkert, welche laute Jauchzer, dumpfe Trommelschläge und merkwürdig metallische, durch Blasen auf grünen Blättern erzeugte Töne zu uns herübersenden, ohne daß wir deren Urheber sehen. Es sind alle die, welche zum Dug-Dug eilen, um ihn zum Festplatz zu geleiten.

Oben beim Hause des Herrn Brown angelangt finden wir eine Reihe Stühle aufgestellt, mit den Lehnen dem freien Platze vor dem Hause zugekehrt. Die Stühle sehen daher nach dem Platze, auf welchen der Hohlweg, den wir gekommen, mündet und welcher an einer steil abfallenden Felsenwand vorbeiziehend rechts wieder als tiefer Hohlweg weiter nach oben steigt. Meine Mannschaften nehmen hinter der Stuhlreihe Aufstellung; wir eigentlichen Gäste werden gebeten auf den Stühlen Platz zu nehmen, und ich erhalte den Ehrenplatz in der Mitte, zu meiner Rechten Frau Brown, zu meiner Linken die junge Missionarsfrau. Im Walde ist es inzwischen still geworden, von Eingeborenen sind nur drei mit Hüfttüchern bekleidete Frauen bei uns, darunter auch die einäugige von Topulu. Es waren nämlich von Frau Brown nur solche Frauen zugelassen worden, welche im Stande waren, sich etwas zu bekleiden; auf die Männer aber erstreckte sich, wie wir nachher sahen, ihr Einfluß nicht. Kurze Zeit nachdem wir Platz genommen, hören wir rechts aus dem Hohlweg von der Höhe ein dumpf grollendes Brüllen, wie das eines Löwen, welches links aus dem Hohlweg aus der Tiefe beantwortet wird und nun ununterbrochen Schlag auf Schlag folgt; es ist ein von mehrern hundert Kehlen gleichzeitig ausgestoßener, tiefer, langgezogener Ton, welcher mit einem in der Quint liegenden kurz herausgestoßenen höhern Ton jäh abschließt. Das Brüllen wird stärker und stärker, in den Hohlwegen werden Menschen sichtbar, braune dicht aneinandergedrängte nackte Männer, den Kopf zwischen die Schultern gezogen, in der erhobenen Rechten den wurffertigen Speer. Wie der Heerwurm wälzen und schieben sich diese Menschenströme langsamen Schrittes in dem Takte des Brüllens nach dem vor uns liegenden Platze zu, quellen wie gestautes Wasser aus den schmalen Gassen heraus und überfluten schließlich den ganzen Platz. An 1000 Krieger dringen mit erhobenen Speeren aufeinander ein, für das Auge wie ein träger, aber alles vor sich niederwerfender Lavastrom, bleiben aber wie angewurzelt stehen und verstummen, als die Reihen der linken Partei sich öffnen und aus ihrer Mitte das schöne Dug-Dug-Mann herausgetragen wird und neben diesem auf den Schultern zweier Männer King Dick mit seiner Blechkrone auf dem Kopfe erscheint. Daß Topulu nicht in dem Kanu sitzt, sondern sich nebenhertragen läßt, ist die einzige Abweichung von dem wirklichen Dug-Dug. Topulu läßt sich neben dem Kanu einmal die Reihen auf- und abtragen, dann treten die Eingeborenen zurück und stellen sich an der uns gegenüberliegenden Felsenwand auf. Das Kanu wird zur Seite hingestellt und die Führer der beiden Parteien, Topulu und Torragud, kommen zu uns. Kaum ist der Platz frei, so brechen aus dem umliegenden Buschwerk die Dug-Dugs einzeln hervor, vereinigen sich hüpfend in der Mitte des Platzes, schweben wie Irrlichter richtungslos hin und her und sinken zu beiden Seiten ihrer Krieger wie ein eingeschobenes Fernrohr zusammen. Sie haben sich nur gesetzt, da aber jetzt der Laubrock noch so unverhältnißmäßig hoch ist, sieht es aus, als ob sie bis über die Knie in die Erde eingesunken wären, und sie geben so einen noch wunderlichern Anblick als vorher. Jetzt ist die Zeit für die Haupthandlung gekommen. Topulu tritt mit einem sogenannten Ziegenhainer, einem 3 cm dicken Stock vor, ruft einen Namen, ein Häuptling springt vor, stellt sich, uns den Rücken zukehrend, drei Schritte vor uns auf; Topulu holt aus und zieht dem Manne einen Hieb über den Rücken, daß wir die Knochen knacken zu hören glauben und der Mann halb zusammenbricht, wendet sich dann zu uns, zeigt mit der rechten Hand nach seinen Leuten, ruft mit grinsendem Gesicht aus: „me look out!" und verschwindet dann mit einigen Sprüngen wieder in dem Menschenknäuel. Darauf ruft Torragud einen Häuptling aus seiner Partei und dieselbe Scene wiederholt sich. Der Sinn dieser drastischen Schaustellung ist, daß die beiden Häuptlinge berufen sind, die Innehaltung des Tabu-Gesetzes zu überwachen, und der Schlag soll sie stets an ihre Pflicht erinnern. Damit ist der Dug-Dug für heute, oder doch wenigstens für uns beendet, ich kann aber mit demselben noch nicht abschließen, ohne der merkwürdigen Thatsache, daß die beiden Missionsdamen dieser Schaustellung in unserer Mitte beigewohnt haben, einige Worte zu widmen. Diese Thatsache gibt mir eben den Beweis, wie wenig das moralische Gefühl durch die Kleidung bedingt wird, und wie schon eine Gewöhnung von wenig Wochen ausreicht, sogar dem Auge einer der sonst als ziemlich prüde bekannten Engländerinnen der bessern Stände das vertraut zu machen, was die Natur geschaffen hat, sofern wir es in ungekünstelten Verhältnissen sehen.

Als Erwiderung des uns von den Eingeborenen gegebenen Festes ordnete ich an, daß unsere Mannschaften einen Scheinangriff auf das Missionshaus machen und den Platz im Sturm nehmen sollen. Unsere Truppe marschirte ab und während dessen werden die Stühle weggeräumt. Die Damen und die Herren vom Civil werden gebeten, auf der Veranda des Hauses Aufstellung zu nehmen, wo sich dann auch noch die Brown'schen Kinder einfinden. Die Eingeborenen werden da aufgestellt, wo die Stühle gestanden hatten, und die nicht beim Manöver betheiligten Offiziere stellen sich mit mir vor die Eingeborenen, um sie vor der Furcht zu bewahren, daß der Angriff etwa ernst gemeint sein könne. Hornsignale belehren uns, daß die Truppe im Anzuge ist, bald hören wir Gewehrfeuer und sehen an den Pulverwölkchen, daß die Teufelskerle von Tirailleuren theilweise wahrhaftig die steile Klippe genommen haben und eben mit ihren Köpfen über deren Rand zum Vorschein kommen, um den ganzen Platz einzuschließen. Huschende und wieder im hohen Gras verschwindende Gestalten, langsames und bedachtsames Feuer von zwei Seiten, dann tritt die Sturmcolonne aus dem Waldessaum, ordnet sich schnell vor demselben, eine Salve, kurzes Avanciren, noch eine Salve, dann Gewehr zur Attake rechts, die Tamboure schlagen an, die Sturmcolonne geht vor und unter den rauschenden Klangwellen des Avancirmarsches stürmt sie, eine feste Wand in der Sonne glitzernder Bajonette, mit Hurrah auf das Haus. Ein Hornsignal! und wie vom Blitz getroffen stehen unsere Matrosen in Reih und Glied vor dem Hause, weitere Befehle erwartend. Ein Schauer durchrieselt den Körper wol eines jeden Zuschauers bei diesem schönen militärischen Spiel, welches durch sein lebendiges Tempo, durch die entwickelte muthige Kraft und die Schnelligkeit der ganzen Action in so lebhaftem Gegensatz zu dem furchtsamen, bedächtigen Vorschreiten der Eingeborenen steht. Diese scheinen verzaubert, mit starren Blicken und offenem Munde stehen sie da wie aus Stein gehauen. Unsere Truppen marschiren ab, die Eingeborenengruppen lösen sich auf, und wir nehmen noch eine kleine Erfrischung im Hause ein, während unsere Musik vor demselben einige Stücke spielt.

Da ich am nächsten Vormittag Makada für immer verlassen wollte, so mußten wir heute von der Familie Brown Abschied nehmen, und dies veranlaßte mich bald aufzubrechen, da man sah, wie plötzlich allen der Trennungsschmerz in den Gliedern lag. Es mag sonderbar scheinen, daß diese wenigen Tage des Beisammenseins solche Gefühle erzeugen konnten, aber wenn Menschen von annähernd gleicher Gesinnung sich an solch isolirtem Punkte der Erde begegnen, dann arbeiten die Gefühle anders als in einer unter dem Segen der Civilisation liegenden Stadt. Mir wurde der Abschied von diesen guten Menschen schon schwer, wie viel schwerer mußte ihnen derselbe sein, die mit unserm Weggehen wieder alles verloren, was sie in körperlicher Gestalt für kurze Zeit an die ferne Heimat, an das Vorhandensein gleichgesinnter Menschen erinnert hatte. Ich machte die Sache kurz; die Art des letzten Händedrucks und die in den Augen der Damen schimmernden Thränen sagten uns allen, daß es nach menschlicher Berechnung ein Scheiden auf Nimmerwiedersehen war. Auf dem Rückweg lagen wir so sehr unter dem Bann des Abschieds, daß wir keinen Sinn hatten für das Leben im Walde, welches die heimkehrenden Dug-Dugs begleitete. Den Strand fand ich auch vereinsamt, da unsere Boote ja längst zum Schiffe zurückgekehrt waren und meine vereinsamte Gig sich im Gegensatz zu dem Leben und Treiben bei unserer Landung fast trübselig ausnahm. Auf dem Wasser allerdings fanden wir wieder Leben, da wir während des Rückweges zu unserm schwimmenden Heim von Kanus und heimkehrenden wiegenden Dug-Dugs umschwärmt waren. Der Abend fand alle deutschen Herren bei mir an Bord, um den letzten Abend an diesem weit vorgeschobenen Posten deutschen Unternehmungsgeistes noch gemeinsam zu verbringen, denn am nächsten Morgen sollten wir ja auch voneinander Abschied nehmen; wenn auch nicht für immer, so doch sicher für viele Jahre.

Am 20. vormittags 10 Uhr, nachdem Herr Brown mir noch einige Andenken geschickt hatte, schlossen wir mit dem Lande ab; die deutschen Herren verließen das deutsche Kriegsschiff, als der Anker gelichtet war. Tiefbewegt war ich, als die „Ariadne" den ersten deutschen Hafen in diesem Theil der Erde — da ich hoffe, ihn schon jetzt so nennen zu dürfen — verließ. Wenn man vorwärts eilt, bieten sich dem Auge stets neue Bilder, dem Geiste andere Eindrücke, und so wurden auch gar schnell meine Sinne anderweit gefesselt. Oben auf der Klippe weht die englische Flagge an Herrn Brown's Flaggenmast, um den Fuß desselben und am Rande der Klippe ist alles, was in der Nähe lebt, versammelt. Ich halte nach dem Lande ab und laufe mit langsam gehender Maschine so dicht an der steilabfallenden Küste entlang, daß man von oben in das Schiff hineinsehen kann. Die Flagge oben senkt sich zum Gruße, unsere erwidert den Gruß. Tücher und Hände winken uns ein letztes Lebewohl, unsere Matrosen entern in die Wanten und antworten mit drei jauchzenden Hurrahs, in welchen keine Trauer liegt, sondern nur reine Freude, denn mit dem Verlassen dieses Himmelsstriches rücken wir der Heimat wieder eine Etappe näher, wenngleich wir uns räumlich mehr von ihr entfernen. Die Musik stimmt einen fröhlichen Marsch an, die Maschine arbeitet mit voller Kraft und nach zehn Minuten biegen wir um eine Ecke und sind gegenseitig unsern Blicken entrückt.

Um 1 Uhr mittags lagen wir wieder im Hafen von Meoko, wo sofort die ganze Bevölkerung zusammengetrommelt wurde, um noch, Tag und Nacht durcharbeitend, soviel Holz wie möglich für mich zu schlagen. Herr Weber begab sich sogleich an die Arbeit, um mit den durch Agenten darauf vorbereiteten Häuptlingen das Kaufgeschäft über den Hafen endgültig zu vereinbaren, während ich mit einem hier bekannten Herrn einen Spaziergang in das Innere der Insel machte. Hierbei kamen wir auch an eine schmutzige Hütte, in welcher, wie mein Begleiter mir sagte, einer der ersten Häuptlinge von Meoko schwer krank darniederlag. Ich wollte den Mann gern sehen, ihm aber auch durch unsern Arzt womöglich Hülfe oder Linderung bringen lassen. Wir klopfen daher an, ein altes häßliches Weib öffnet uns, springt uns aber dann laut kreischend mit solchem Geifer entgegen, daß wir scheu zurücktreten. Mein Begleiter gibt mir gleich die Aufklärung, daß jeder unerbetene Besuch eines Häuptlings, zu welchen alle Weißen rechnen, mit Diwarra bezahlt werden muß und daß diese Sitte schon manchem harmlosen Europäer das Leben gekostet habe. Denn da der Eingeborene diese Sitte nicht umgehen könne, so bleibe ihm nur die Wahl, entweder zu zahlen oder zu tödten, und bei der allgemein verbreiteten Geldgier zöge er, wenn irgendmöglich, lieber das letztere vor, als ein fingerlanges Stück Diwarra herzugeben. Und aus solchem Todtschlag wird dann gar häufig die Blutdürstigkeit des Menschenfressers gefolgert, während er sich selbst als in der Nothwehr befindlich betrachtet. In Wirklichkeit sind diese Eingeborenen, wenn man sie unbehelligt läßt, arbeitsame und im allgemeinen harmlose Geschöpfe. Die Alte war übrigens bald beruhigt, als mein Begleiter ihr Taback versprach, welchen sie sich von der Factorei holen könne. Sie schenkte mir nun ein 20 cm langes Stück Diwarra, während sie mir erst ein 50 cm langes zugedacht hatte. Aber ehe es in meine Hand gelangte, zog sie es schnell zurück, sah mich an und schnitt gierig noch ein kleines Stück ab und wiederholte dieses Manöver so lange, bis wir ungeduldig wurden und mein Begleiter ihr das schon auf 20 cm eingeschrumpfte Stück entriß. Jetzt ließ sie uns eintreten und in einem Winkel fanden wir den weiß angestrichenen armen alten Teufel, welchem ich nach dem Rath meines Begleiters leider nicht helfen durfte, denn wenn unser Arzt ihm etwas gäbe und der Mann stürbe doch, dann würden wir der Vergiftung bezichtigt und die Folge würde wahrscheinlich die Ermordung eines Weißen sein; ja, schon der Besuch des weißen Medicinmannes würde im Falle des eintretenden Todes als Zauberei hingestellt werden. So mußte ich den armen Kerl seinem Schicksal überlassen.

Gestern Morgen, am 21. December, habe ich den Hafen von Meoko in derselben Weise wie den von Makada gekauft, und da um 10 Uhr auch das Holz an Bord war, konnten wir um 10½ Uhr den zweiten deutschen Hafen verlassen und streben jetzt mit Macht den Samoa-Inseln wieder zu, weil es für die dortigen Interessen die höchste Zeit ist, daß der Consul und ich dahin zurückkehren. Deshalb habe ich auch das beabsichtigt gewesene Anlaufen einiger Inseln der Salomons-Gruppe aufgegeben und will mich mit nur einem zwei- bis dreistündigen Aufenthalt auf Savo begnügen.

14.

Samoa.

III.

15. Januar 1879.

Die Samoa-Inseln sind wieder einmal in Sicht. Schon heute Morgen 8 Uhr sahen wir für kurze Zeit Savai'i, als wir noch 70 Seemeilen davon abstanden, doch es verschwand bald wieder hinter Wolken und ist erst vor zwei Stunden, um 4 Uhr nachmittags, wieder zum Vorschein gekommen. Wir werden wol morgen Vormittag in Apia eintreffen und wenn dies auch nicht am 1. Januar, wie ursprünglich geplant, geschehen ist, so wird die Verzögerung doch nicht viel ausmachen, da Herr Weber während der Reise genügende Muße gefunden hat, das Vertragsinstrument soweit auszuarbeiten und in Deutsch, Samoanisch und Englisch (das letztere Exemplar für den zu den Verhandlungen mit heranzuziehenden Dolmetscher bestimmt) fertig zu stellen, daß es von den beiderseitigen Bevollmächtigten nach einer nur kurzen Prüfung unterschrieben werden kann.

Die Reise hierher ging durch den tropischen Hochsommer, welcher durch windstilles schwüles Wetter und häufige Regenfälle gekennzeichnet ist. Die Folge der Windstillen war, daß wir den größten Theil unter Dampf zurücklegen mußten und das Maschinenpersonal somit die Hauptarbeit zu tragen hatte, welche namentlich für die Heizer vor dem Feuer sehr schwer war, aber auch von dem Commandanten empfunden wurde, da dieser bei solchen Gelegenheiten gewöhnlich mit viel Unverstand zu kämpfen hat. So wurde mir eines Tages, bald nach unserer Abfahrt von Meeke, die Meldung gemacht, daß die Heizer vor den Feuern umfielen, und die Forderung an mich gestellt, diesen Leuten regelmäßige Branntweinrationen verabfolgen zu lassen, trotzdem man wußte, daß ich ein entschiedener Gegner dieses Genußmittels während regelmäßiger Arbeit bin und ich auch die Gründe für meine Auffassung oft genug auseinandergesetzt hatte. Anstatt die Forderung zu erfüllen, ging ich mit den betheiligten Personen in den Heizraum, um ihnen an Ort und Stelle zu zeigen, daß die Hitze dort nicht viel höher wie unter andern Verhältnissen war, mithin die Ursache der Schwächezustände anderweit und zwar darin zu suchen sei, daß die Leute bereits geschwächt zum Dienst erschienen waren. Meine Vermuthung war gleich, daß die von mir für das körperliche Wohl dieser Leute getroffenen Anordnungen, welche darin bestehen, daß die von Wache kommenden Heizer sofort ein Bad nehmen müssen und im Anschluß daran gezwungen werden, sich auf dem Deck in frischer Luft aufzuhalten, an möglichst kühlen Plätzen zu schlafen und ihren eigentlichen Wohnraum, welcher über dem Kesselraum liegt, nur zur Aufbewahrung ihrer Sachen zu benutzen, nicht streng genug befolgt würden. Ich ging daher von dem Heizraum in das genannte Wohngelaß und fand die Leute, wie ich befürchtet hatte, berußt wie sie von den Feuern gekommen waren, in dem heißen schwülen Raum auf der Erde liegend. Daß sie in solcher achtstündigen Ruhe nicht die Kräfte finden konnten, um nachher wieder vier Stunden vor den Feuern aushalten zu können, liegt auf der Hand; aber den Leuten selbst, welche nach ihrem Dienst aller Willenskraft bar sich an dem ersten Ort, wo sie sich ungestört wähnen, hinwerfen und in einen halb ohnmächtigen Zustand verfallen, konnte ich deshalb nicht zürnen, sondern nur dem Aufsichtspersonal, welches die ertheilten Befehle auszuführen hatte. Ich trug natürlich Sorge, daß die getroffenen Anordnungen nunmehr auch Beachtung fanden, die Leute gebadet, frisch gekleidet und an luftigen Orten untergebracht wurden, worauf, trotzdem die Heizer keinen Branntwein, sondern nur den vorgeschriebenen Haferschleim- und Theeaufguß erhielten, keine der vorerwähnten Schwächezustände mehr vorkamen. Es ist doch eine wunderbare Thatsache, daß immer und immer wieder von dem „Schnaps“ alles Heil erwartet wird.

Die ersten Tage dieser Reise waren auch noch in anderer Beziehung sehr unbehaglich, da das als Feuerungsmaterial mitgenommene Holz, welches ja alle freien Theile des Schiffes ausfüllte, uns so viel Ungeziefer mitgebracht hatte, daß wir uns desselben in den ersten Tagen gar nicht erwehren konnten. Namentlich die Ameisen und 10 cm lange, 1 cm dicke Tausendfüßler, welche eine sehr schmerzhafte Bißwunde hinterlassen, waren uns höchst unangenehm und wir hatten nach dem Aufbrauch des Holzes noch mehrere Tage einen eifrigen Vernichtungskrieg zu führen gehabt, ehe wir von diesen lästigen Gästen wieder befreit waren.

Am 22. December morgens mit Tagesanbruch lag Bougainville, die über 3000 m hohe nördlichste Insel der Salomons-Gruppe vor uns und blieb auch während des ganzen Tages in Sicht, da unser südöstlicher Curs in einer Entfernung von etwa 30 Seemeilen an der langgestreckten in nordwestlich-südöstlicher Richtung laufenden, 130 Seemeilen langen Insel vorbeiführte.

Am 23. morgens sahen wir die kleine Insel Treasury-Island, welche ihren Namen nach einem hier früher von Seeräubern vergrabenen großen Schatz, der immer noch seiner Hebung wartet, führen soll. Sie hat einen ziemlich guten Hafen, liegt selbst an der großen Straße und kann daher von vorbeisegelnden Schiffen leicht als Nothhafen benutzt werden. Dies bestimmte mich, in den Hafen einzulaufen, weil den dortigen noch wirklich wilden Eingeborenen nie oft genug das Vorhandensein von Kriegsschiffen als Warnung vor Augen geführt werden kann, um sie vor feindlichen Angriffen auf Kauffahrteischiffe abzuhalten.

Die gegenüber der Südküste von Treasury-Island liegende kleine Insel Stirling bildet mit dieser eine schöne, 1800 m lange und 600 m breite Bucht, in welcher bei einer kleinen, „Watson" genannten Insel der Ankerplatz liegt. Um $9\frac{1}{2}$ Uhr vormittags liefen wir in die Bucht ein und fanden dort ein außerordentlich malerisches landschaftliches Bild, zwar wieder nur Wasser, Höhen, Wald, Wolken und Menschen, aber doch so verschieden von anderm, was wir bisher gesehen. Die Natur weiß auch mit diesen geringen Mitteln ebenso wunderbar verschiedene Effecte zu erzielen, wie mit den wenigen Linien im menschlichen Angesicht.

Auf graublauem, von dickem Regengewölk gebildeten Hintergrund liegen zu beiden Seiten die die Bucht bildenden, bis etwa 120 m ansteigenden bewaldeten Höhen, deren saftiges dunkles Grün die tiefblaue Wasserfläche umschließt. Das Land zur Linken, die Südküste von Treasury-Island, bildet eine geradlinig laufende Wand, an deren Ende Watson liegt; das Land zur Rechten bildet eine gezackte Linie, vor welcher kleine bewaldete Inseln als grüne Hügel aus der blauen Grundfläche hervortreten und in Verbindung mit den zwischen ihnen liegenden kleinen Meeresarmen besonders malerisch wirken. Als wir bis zur Mitte der Bucht gekommen waren, fanden sich auch die Eingeborenen, sämmtlich mit Speeren oder Pfeilen und Bogen bewaffnet, in großen Massen bei dem Schiffe als belebendes Element ein, obgleich man an der ganzen Küste keine Hütten sehen konnte. Unserer Aufforderung, an Bord zu kommen, wagten sie nicht zu entsprechen, würden aber bei einem Kauffahrer eine derartige Aufforderung wol gar nicht erst abgewartet, sondern versucht haben, sich einen solchen Besuch zu erzwingen. Ich halte diese Eingeborenen noch für außerordentlich gefährliche Gäste und glaube, daß Handelsschiffe gut thun, diese Häfen nur unter Beobachtung größter Vorsichtsmaßregeln für kurze Zeit und zwar mit den Waffen in der Hand anzulaufen.

Nach einstündigem Aufenthalt dampften wir wieder aus der Bucht, trafen am 25. December vormittags bei der Insel Russell ein, liefen zwischen dieser und Guadalcanar durch und drehten nachmittags 1½ Uhr vor der kleinen Insel Savo bei. Der Besuch der Insel galt nur kaufmännischen Interessen, weil hier ein Engländer, einer der wenigen Europäer, welche es überhaupt bisjetzt gewagt haben sich auf den Salomons-Inseln niederzulassen, leben sollte, und es Herrn Weber darauf ankam, etwas über die hiesigen Handelsverhältnisse und die Möglichkeit der Gewinnung von Plantagenarbeitern zu erfahren. Die Insel ist eirund, 6 Seemeilen lang, 3½ Seemeilen breit, 600 m hoch und dicht bewaldet; Hütten waren nur am Strande zu sehen und wird wol auch nur dieser bewohnt.

Ich fuhr gleich mit dem Consul in meiner Gig an Land, einige beurlaubte Offiziere u. s. w. folgten in den beiden bewaffneten Kuttern, sämmtliche Bootsgasten waren mit scharfen Patronen versehen. Am Strande hatte sich schon während unserer Annährung eine große Menschenmenge, Männer, welche Bekleidung noch für etwas Ueberflüssiges hielten, angesammelt, unter welcher wir auch bald den gesuchten Engländer entdeckten. Das Schiff lag so nahe am Lande, daß wir nur wenige Minuten bis dahin zu rudern hatten, und bei unserer Landung trat der Engländer gleich an mich heran, um seine Dienste anzubieten. Da wir vorerst nur mit ihm zu thun hatten, so gingen der Consul und ich mit zu seiner von dem Dorfe weit abliegenden Behausung, nachdem ich vorher den Beurlaubten noch die größte Vorsicht für den Verkehr mit den Eingeborenen anempfohlen hatte. Unser Weg führte am Strande entlang, wo wir auch an mehrern Hütten vorbeikamen, welche bei der flüchtigen Besichtigung, die wir ihnen nur widmen konnten, einen peinlich saubern Eindruck machten, wie auch die in den Hütten befindlichen, mit Grasschurz bekleideten Frauen, welche angenehme Gesichtszüge und eine hellbraune Hautfarbe hatten, einen reinen gepflegten Körper zu haben schienen. Als ich während unsers Marsches den Wunsch äußerte, Hühnereier zu kaufen, wurde mir der Bescheid, daß solche nicht zu haben seien, ich aber die Eier eines Vogels, welcher dieselben in den Sand legt und dort von der Sonne ausbrüten läßt, erhalten könne. Ein entsprechender Auftrag an einige der uns begleitenden Eingeborenen hatte zur Folge, daß mir schon nach einer halben Stunde ein ziemlich großer Korb voll braunrother, hell ziegelfarbener Eier von 9 cm Länge und 6 cm Dicke gebracht wurde, von welchen behauptet wird, daß der Leib des Vogels, welcher diese Eier legt, nicht viel größer wie das Ei selbst sei. Thatsächlich ist der Vogel, welcher zur Klasse der Megapodien, Großfußhühner oder Wallnister gehört und hier gemeinhin Buschhuhn genannt wird, nicht größer wie eine Fasanenhenne, das Verhältniß des Eies zum Vogel muß also ein ganz ungewöhnliches genannt werden.

Bei dem Hause des Engländers angekommen, fanden wir eine scheunenartige große Hütte, in welcher mehrere Frauen damit beschäftigt waren, Kokosnüsse handelsfertig zu machen. In einer Ecke lagen die faserigen Nußhüllen, in einer andern fertige Copra, in einer dritten wurden die frischen Nußkerne geschnitten und zum Trocknen vorbereitet. Was wir hier über die Handelsverhältnisse erfuhren, war nicht sehr verlockend, weil die Sicherheit des Lebens der Fremden vorläufig noch eine sehr zweifelhafte ist. Die Eingeborenen sind passionirte Menschenfresser und stets auf Raubzügen begriffen, um sich das begehrte Menschenfleisch, Siegestrophäen und Sklaven zu verschaffen. Wenn nun auch ein fremder Händler, solange er nicht gegen die Gebräuche des Landes verstößt, was er unbewußt sehr leicht thun kann, im allgemeinen sein Leben für gesichert halten kann, weil die Eingeborenen gern handeln und lüstern nach europäischen Handelsartikeln sind, so ist sein Leben doch keinen

Pfifferling werth, sobald einem andern Stamm ein Ueberfall auf das Dorf, in welchem er lebt, gelingen sollte, und dies kann jederzeit geschehen. Bewundernswerth ist es daher, daß sich immer wieder Leute finden, die verhältnißmäßig geringen Gelderwerbs wegen ihr Leben derart in die Schanze schlagen. Ob es mit der Zeit gelingen wird, hier für die Samoa-Inseln Plantagenarbeiter zu gewinnen, muß die Erfahrung lehren, eine schwierige Sache dabei bleibt aber immer die große Entfernung zwischen den beiden Inselgruppen und für Segelschiffe namentlich die ungünstigen Windverhältnisse.

Wir machten uns bald wieder auf den Rückweg, um auch noch einen Blick in das Dorf zu werfen, doch fanden wir an unserer Landungsstelle die Brandung so hoch geworden und das Einsteigen in die Boote bereits so gefährdet, daß ich mich zum sofortigen Verlassen des Landes entschloß, weil eine Zunahme des Seegangs noch zu erwarten war und bei weiter auffrischendem Winde auch die Lage des Schiffes mir gefährdet schien. Zwar hätte ich mich gern noch überzeugt, was die Ansammlung von vielleicht 200 bewaffneten Eingeborenen bei unsern andern Booten zu bedeuten habe, ließ mich aber durch die gefährliche Lage meiner Gig bestimmen, davon abzusehen, weil sich an den Booten selbst nichts Auffälliges zeigte und unser Schiff auch so nahe bei denselben lag, daß man von dessen erhöhtem Standpunkt aus mußte übersehen können, was an Land vorging. Der Consul und ich kamen mit etwas geschundenen Schienbeinen in das Boot, der Diener des Consuls aber, ein Marshall-Insulaner, kam schon nicht mehr hinein, sondern verschwand unter demselben und mußte schwimmend außerhalb der Brandung aufgenommen werden. Dem Offizier, welcher die beiden Kutter befehligte, rief ich dann zu, die Beurlaubten zu sofortiger Einschiffung zu veranlassen, was denn auch kurze Zeit darauf geschah, sodaß wir um $3\frac{1}{2}$ Uhr schon wieder auf der Weiterreise waren, aber doch noch einmal stoppten, als von dem Punkt aus, wo die Hütte des Engländers liegen mußte, ein Kanu, in welchem sich zwei Leute befanden, von denen einer, wie durch das Fernrohr zu erkennen war, mit Hemd und schwarzem Filzhut bekleidet war, mit aller Macht auf uns zuruderte. Ich hielt es nicht für unmöglich, daß der Engländer vielleicht durch irgendeinen Umstand gefährdet worden sei und bei uns Schutz suchen wollte, hielt daher auf das Fahrzeug ab, sah aber bald, daß der Bekleidete auch ein Eingeborener war. Die Leute wollten nur einige Sachen zum Verkauf stellen, und da sie einmal den weiten Weg gemacht hatten, wartete ich so lange, bis sie ihre Sachen losgeworden waren. Ich erstand mir auch etwas, eine mit gelbem und rothem Stroh außerordentlich schön umflochtene Keule, einen in ähnlicher Arbeit ausgeführten kleinen Holzkamm, sowie einen reizenden kleinen Kakadu, wie sie nur auf den Salomons-Inseln vorkommen.

Die Salomons-Insulaner sind dafür bekannt, besonders feine Handarbeiten auszuführen, und die von mir gekauften Sachen bestätigten diesen Ruf. Speere, Pfeile, Armbänder aus Muscheln, und ein aus einer Muschel mit Schildkrotverzierung hergestelltes Stirnschild, welche sämmtlich von der Geschicklichkeit und dem guten Geschmack dieser Eingeborenen Zeugniß ablegten, besaß ich schon, die hier erworbenen Sachen übertrafen aber die letztgenannten noch an zierlicher, geschmackvoller und sauberer Ausführung. Der Kakadu ist dadurch merkwürdig, daß er wesentlich von den sonst vorkommenden Arten abweicht, einen besonders geformten Schopf, kleinen, scharf gebogenen weißen Schnabel, weiße Füße und auffallend weite Schwingen hat. Sein Gefieder ist außen schneeweiß, unter dem Schopf dagegen orangefarben und unter den Flügeln hellgelb. Die Augen sind tief braunroth und die feine Haut um die Augen hat eine hell-wasserblaue Farbe.

An dem auf unsern Besuch Savos folgenden Tage hörte ich, daß die Ansammlung der Eingeborenen bei unsern Booten doch eine ernstere Bedeutung gehabt hatte und ohne das entschlossene Eingreifen eines jungen Offiziers wahrscheinlich zu einem ernsten Conflict geführt haben würde. Einige der von unsern Schiffen an Land gegangenen Personen hatten auch das Tabu-Haus des Dorfes besucht und die dort ausgestellten Sachen besichtigt, von welchen einem der Unserigen ein besonders schöner Speer so gut gefiel, daß er ihn durchaus haben wollte. Als der Hüter des Hauses jedes Gebot unter dem Hinweis darauf, daß der Speer „Tabu“ sei, zurückwies, nahm der Mann trotz der ausdrücklichen Warnung seiner Begleiter dennoch den Speer an sich, indem er einige Stücke Taback als Gegenleistung auf den Boden warf, da der anwesende Eingeborene sich standhaft weigerte, irgendetwas entgegenzunehmen. Als die Unserigen sich nun mit dem Speer auf der Straße zeigten, gesellten sich gleich Eingeborene zu ihnen, welche wiederholt das Wort „Tabu" hören ließen. Die Zahl der Eingeborenen wuchs und ihre Haltung wurde bald so drohend, daß der Speerträger es nunmehr doch gerathen fand, das Streitobject an seinen ursprünglichen Platz zurückzubringen und im Anschluß daran gleich unsere in der Nähe befindlichen Boote aufzusuchen, wo die andern Beurlaubten sich bereits zu deren Besteigung anschickten. Doch ehe sie dies ausführen konnten, waren sie plötzlich von bewaffneten Eingeborenen eingeschlossen, von denen einer in gebrochenem Englisch sagte: „Wir wollen den Mann haben, welcher den Speer gestohlen hat; wir müssen ihn tödten, weil er Tabu gebrochen hat." Gleichzeitig trat er vor und legte die Hand an den, welcher so unvorsichtig gewesen war, doch in demselben Augenblick sprang auch ein junger Offizier hinzu und versetzte dem Angreifer einen so heftigen Schlag ins Gesicht, daß er taumelnd zur Seite fiel und die andern Eingeborenen im ersten Augenblick der Ueberraschung so weit zurückwichen, daß die Unserigen Gelegenheit fanden in die Boote zu springen, worauf die Eingeborenen keinen weitern Angriff wagten, sondern sich zurückzogen.

Daß mir von diesem Vorfall, welcher zeigt, wie streng die Eingeborenen an der Heiligkeit ihres Tabu festhalten und wie sie in ihrem Drang nach Rache weder unserer bewaffneten Boote noch des in allernächster Nähe liegenden Schiffes achteten, so spät erst Kenntniß gegeben wurde, bedaure ich deshalb lebhaft, weil ich sonst gleich dem Engländer anheimgegeben hätte, mit auf unser Schiff zu kommen und die Insel zu verlassen, da ich es nicht für unmöglich halte, daß die Eingeborenen, um den Bruch des Tabu zu sühnen, auf ihn als Opfer zurückgreifen, wenngleich andererseits aus dem Umstande, daß sie nur die Ueberlassung des Schuldigen forderten und keinen allgemeinen Angriff ausführten, gefolgert werden dürfte, daß sie einen Unschuldigen nicht zur Verantwortung ziehen werden. Nachträglich nach Savo zurückzukehren, hatte aber keinen Zweck, da die Gewaltthat, wenn sie überhaupt geschehen sein sollte, sich jedenfalls gleich nach unserer Abreise abgespielt hat und es mir unmöglich gewesen wäre, in der mir zur Verfügung stehenden Zeit die Wahrheit zu erfahren. Ist der Mord geschehen, dann würde ich bei unserer Rückkehr das Dorf verlassen gefunden haben und hätte bei einem Streifzug durch die dichtbewaldete Insel wahrscheinlich keinen andern Erfolg gehabt, als noch einige Menschenleben auf das Spiel zu setzen ohne etwas Wesentliches zu erreichen.

Die weitere Reise bis hierher zeichnete sich durch Einförmigkeit des regnerischen windstillen Wetters aus; nur unser Tisch fand eine kleine Abwechselung durch die mitgenommenen Buschhuhneier, wenn dieselben auch gerade keine besondere Delicatesse waren. Hart oder weich gekocht sind sie für unsern Gaumen überhaupt ungenießbar, und die einzige Form, in welcher das Gericht angenommen wurde, war die eines stark gepfefferten Rührei, aber auch in dieser genügten wenige Bissen der tiefrothen Speise zur vorläufigen Sättigung.

16. Januar vormittags.

Wegen des uns gebliebenen nur geringen Kohlenvorraths habe ich während der Nacht einen Umweg gemacht und bin an der Südküste von Savai'i entlang gesegelt, um den dort stehenden Passatwind zu benutzen; derselbe brachte uns auch bis zur Ostspitze der Insel, starb aber dann in der Nähe des Landes ab, sodaß wir seit heute Morgen 5½ Uhr wieder unter Dampf sind. Dieser Umweg führte mich übrigens heute Morgen dicht an die kleine Insel Apolima, welche auch einer kurzen Erwähnung werth ist.

Sie ist ein erloschener Krater, dessen Sohle noch etwas unter der Meeresoberfläche liegt und dessen Ränder sich 100—150 m über dieselbe erheben, jedoch an der Nordseite an einer Stelle einen Einschnitt bilden, durch welchen bei ruhiger See und Hochwasser auch größere Boote in den Krater und in die dort gebildete Lagune fahren können. Die Ufer der Lagune sind mit so üppigem Pflanzenwuchs bedeckt, daß eine große Zahl von Eingeborenen hier alles für sie zum Leben Nothwendige finden kann, wenn auch in der Regel hier nur etwa 100 Menschen leben. Die Insel hat nun für die hiesigen Verhältnisse insofern eine besondere Bedeutung, als die Samoaner sie für eine unüberwindliche Festung halten und ihr Besitz die Eingeborenen gegen fremde Forderungen oft trotziger macht, als sie es sonst wol sein würden. Sie gehört eigentlich zu der kleinen Insel Manono und hat diesem District von jeher in allen politischen Fragen ein gewisses Uebergewicht verliehen. Die Annahme ihrer Unüberwindlichkeit stützt sich darauf, daß Boote oder Kanus an den Außenrändern überhaupt nicht anlegen können, mit Ausnahme einer kleinen

Die Kraterinsel Apolima.

(Der kleine Fels, welcher in der Zeichnung mit Absicht etwas zur Seite geschoben ist, um einen Einblick in den Krater zu gestatten ist vor der Einfahrt liegend zu denken.)

Stelle, wo dies aber auch nur bei ganz ruhiger See, welche sich in solcher Gestalt jährlich vielleicht einigemale zeigt, erfolgen kann. Eine Landung hier sichert aber auch noch keinen Erfolg, weil von dem Landungsplatz aus nur ein schmaler Fußpfad nach oben führt und so steil ansteigt, daß einige von oben heruntergeworfene große Steine genügen müssen, den Weg zu säubern oder frei zu halten.

Der Wasserweg durch den Felseinschnitt in die Lagune ist für gewöhnlich nur den leichten Kanus offen, da, wie schon erwähnt,

Die Kraterinsel Apolima.

größere Boote hier auch nur bei ganz ruhiger See die Einfahrt wagen können und zum Ueberfluß der Kanal so schmal ist, daß zur Zeit nur ein Boot einlaufen kann und dieses von den hinter den Felsen in sicherer Deckung liegenden Schützen auf kürzeste Entfernungen ein so scharfes Feuer erhalten kann, daß kaum ein Mann den Versuch überstehen dürfte. Schließlich wird der Einschnitt noch durch einen im Meere liegenden Felsen derart gedeckt, daß dieser sich für ein außerhalb vorbeifahrendes Schiff als Schild vor den Einschnitt schiebt und das Schiff daher auch von dort aus keinen Gebrauch von seiner Artillerie machen kann; und hierauf sind die Samoaner ganz besonders stolz, weil bisher noch kein Schiff zwischen Insel und Fels hindurchgefahren ist und sie daher glauben, daß dies nicht möglich ist.

Dies alles war mir bekannt, als ich heute Morgen um die Ostspitze von Savai'i herumdampfend auf Apolima zulief, und deswegen kam mir wol der Gedanke, einmal zwischen Fels und Krater durchzusteuern, um den Samoanern den Glauben an die Unüberwindlichkeit ihrer Festung zu nehmen und mir damit vielleicht ein Druckmittel zur Beschleunigung des Vertragsschlusses zu verschaffen. Die Karte zeigt zwar eine genügende Wassertiefe, ich holte aber doch noch den Rath meines halbweißen Lootsen ein, auf dessen Angaben ich hier sicher bauen konnte. Er erklärte das Fahrwasser als ganz rein von Untiefen, und da die Entfernung zwischen Fels und Apolima auch ausreichend ist, um mit einem gut steuernden Schiff hindurchzufahren, so ließ ich die „Ariadne" als erstes Schiff diesen Weg nehmen. Die hohe Dünung war mir allerdings etwas hinderlich und die Enden unserer Raaen kamen beim Schlingern des Schiffes in so bedenkliche Nähe der Kraterwände, daß ich nach der andern Seite hin dicht an den Fels bis auf 8 m Wassertiefe herandrehen mußte; doch war dies natürlich nur für einen Augenblick. Um sicher zu gehen, mußte ich das Schiff mit großer Geschwindigkeit durch die Enge laufen lassen, sodaß mir keine Zeit blieb, das Innere des Kraters genauer zu betrachten. Ich sah zur Seite und oben nur eine schwarze Felswand, unten starke Brandung; ein Lichtblick, wo sich dem Auge die ruhige Lagune mit Kokospalmen und Brotfruchtbäumen, Hütten, Kanus, Menschen und blauem Himmel zeigte; wieder eine dunkle schwarze Felswand und das Augenblicksbild lag hinter uns.

Noch heute Vormittag werden wir in Apia sein und ich bin sehr gespannt, wie sich unsere Angelegenheiten dort nun abwickeln werden; aber entschlossen bin ich, die Sache nunmehr zu einem Ende zu führen, sollte ich auch den gordischen Knoten mit dem Schwert durchhauen müssen.

Abends.

Bei unserer Ankunft hierselbst wurden mir zwei Ueberraschungen zutheil, eine sehr angenehme, nämlich unser Kanonenboot „Albatros" hier vorzufinden, welches zur Verstärkung der Station vor zwei Tagen von Japan aus hier eingetroffen ist und uns die Freude macht, einmal wieder liebe altbekannte Gesichter sehen zu können, mir auch die Möglichkeit gibt, unsere Post von Levuka abholen zu lassen, da ich mit der „Ariadne" zur Zeit Apia nicht verlassen kann, und wir doch seit vier Monaten ohne alle Nachrichten von der Heimat und Europa überhaupt sind. Die zweite Ueberraschung ist weniger angenehmer Natur und bedeutet wieder einmal innere Unruhen im Samoa-Reich. Die Tuamasanga (mittlerer District von Upolu) hat während unserer Abwesenheit im Verein mit Manono, und heimlich von dem größten Theil von Savai'i unterstützt, Malietoa den Aeltern, Oheim des letzten Königs gleichen Namens, nach Mulinu'u gebracht, ihn dort vor der versammelten Taimua als König ausgerufen und ihn trotz des Widerspruchs der Regierungsgewalten in Mulinu'u eingesetzt, wo er jetzt unter dem Schutz der Regierung lebt, da die Taimua sich nicht stark genug fühlt, den ihr von der Tuamasanga für den Fall der Ausweisung Malietoa's angedrohten Krieg aufzunehmen, obgleich sie sich auf die im letzten Krieg siegreiche und den Malietoas feindlich gesinnte Partei der Tupuas stützt.

Es bestehen nämlich hier zwei große sogenannte Königsparteien: die Anhänger der Familie Malietoa und die der Familie Tupua. Die letztere ist nach den Ueberlieferungen die ältere (tupu ist der samoanische Begriff für „König") und glaubt das größere Anrecht an den Thron zu haben, wogegen die Familie Malietoa ihn während der letzten zwei Jahrhunderte, soweit eine derartige Zeitrechnung nach den mündlichen samoanischen Ueberlieferungen überhaupt möglich ist, im Besitz hatte. Die Malietoas entstammen übrigens auch der Familie Tupua. In alten Zeiten hat ein jüngerer Sproß dieser Familie die Samoa-Inseln von der Fremdherrschaft der Tongauer befreit, dafür von dem Volk den Namen „malietoa", welcher gleichbedeutend mit „großer Held" oder „starker Hort" ist, erhalten und ihn von da ab als Familiennamen angenommen. Man sollte nun meinen, daß es gleichgültig sei, aus welcher der beiden Familien der König gewählt wird, wenn nur überhaupt eine Wahl dem Hader endlich ein Ende macht, dem ist aber nicht so, denn der Tupuas gibt es so viele, daß fast jedes Dorf den Thron für seinen Tupua in Anspruch nimmt. Dagegen haben die Malietoas den großen Vorzug, daß deren männliche Nachkommen nur noch in zwei Vertretern bestehen und diese sich geeinigt haben, da der frühere König die jetzige Wahl seines Oheims ebenfalls billigt. Doch ich will nicht weiter auf die innern samoanischen Verhältnisse eingehen, die für uns nur soweit Interesse haben, als sie unsere Vertragsangelegenheit berühren, in welcher Beziehung ein neuer König uns allerdings neue Schwierigkeiten machen könnte. Doch sind der Consul und ich dahin übereingekommen, daß wir die alte Regierung, welche immer noch am Ruder ist und den Malietoa nur als Scheinkönig unter sich duldet, als noch zu Recht bestehend ansehen und uns an die von ihr gegebenen bindenden Versprechungen halten.

Zu meiner großen Freude habe ich heute Abend noch gehört, daß hier am Lande unter den Eingeborenen eine hochgradige Aufregung darüber herrscht, daß unser Schiff durch die Enge bei Apolima gegangen ist. Die Samoaner sind deshalb sehr niedergeschlagen und sollen das Stichwort gegeben haben, daß ihre Festung durch uns ihre jungfräuliche Reinheit verloren hat. Ich denke, daß sich dies für unsere Angelegenheiten als nützlich erweisen wird.

26. Januar, morgens 2 Uhr.

Seit einigen Stunden sind wir auf dem Wege nach Auckland, um den mit den Samoa-Inseln abgeschlossenen Freundschafts- und Handelsvertrag noch mit der am 5. Februar von dort abgehenden Post nach Europa senden zu können. Diese für das Reich scheinbar so kleine unbedeutende Sache hat den näher dabei Betheiligten so viel Kopfzerbrechen gemacht, daß es mir ein Bedürfniß ist, der Befriedigung über den schließlichen Erfolg hier schriftlichen Ausdruck zu geben und sogar die Nacht dazu zu benutzen, da ich nur nach Erledigung dieser Arbeit eine Beruhigung meiner aufgeregten Nerven erwarten darf. Leicht wurde es uns nicht gemacht, alle diese Gegenströmungen, welche sich unsern Forderungen entgegenstellten, zu überwinden, aber unser fester Entschluß, die Sache nunmehr zu einem Abschluß zu bringen, und die Gewißheit für die Samoaner, bei fernern Winkelzügen von mir in der Folge noch härter als bisher angefaßt zu werden, ließ sie schließlich, und noch schneller als wir hoffen durften, all unsere Forderungen erfüllen. Da der Verlauf der Angelegenheit einen ganz interessanten Einblick in die Art und Weise der Eingeborenen bei solchen Verhandlungen gewährt, so mag derselbe hier in allgemeinen Umrissen Aufnahme finden.

Als die Taimua am 17. Januar sich bereit erklärt hatte, am 22. in die Verhandlungen über den Abschluß des Vertrags einzutreten, suchten unsere Gegner dies auf alle Weise zu vereiteln, und hierbei spielten der früher genannte Herr Bartlett, welcher noch immer auf seine Ernennung zum Ersten Minister wartet, sowie die französischen Priester eine hervorragende Rolle. Als eine Folge dieser Einflüsse durften wir wol die Mittheilung der Taimua, daß der Herr Bartlett in die samoanische Regierung eintreten und dann als ihr Bevollmächtigter an unsern Verhandlungen theilnehmen würde, betrachten. Wir beantworteten diese Mittheilung mit der Erklärung, daß, solange die Verhandlungen mit uns nicht zu einem Ergebniß geführt hätten oder abgebrochen seien, an der Regierungsform nichts geändert werden dürfe, und fügten die Anzeige hinzu, daß ich am 25. nachmittags Apia verlassen würde, bis dahin also der Vertrag abgeschlossen sein müsse, widrigenfalls die Samoa-Regierung die Verantwortung für die Folgen des stattgehabten Bruchs zu tragen haben würde. Wir waren zu der Erkenntniß gekommen, daß wir nunmehr schnell zum Ziele kommen mußten, wenn wir überhaupt noch auf einen Erfolg rechnen wollten, und setzten daher den kurzen Termin, nachdem die Samoaner sechs Monate Zeit gehabt hatten, sich mit der Sache eingehend zu beschäftigen. Der Herr Bartlett kam nicht in die Regierung, aber die Samoaner wollten auch nicht nachgeben, trotzdem sie uns fürchteten und deshalb nicht mit uns brechen wollten. Eine gewisse Schwüle lag wieder einmal über Apia, Regierungsmitglieder suchten den Consul wie mich auf, sprachen über den Vertrag, fragten, ob wir sie mit Krieg überziehen würden, wenn der Vertrag nicht zu Stande käme, und was sonst noch Ueberflüssiges gefragt und beantwortet werden konnte. Als einen weitern Druck benutzte ich auch einen Besuch von Saluafata, bei welchem mich auf meine Einladung hin zwei Mitglieder der Taimua begleiteten, um den Leuten unser noch bestehendes Besitzrecht an diesen Platz vor Augen zu führen.

Am 22. mittags 1 Uhr sollten die Verhandlungen beginnen, da zu dieser Zeit die erste Zusammenkunft der beiderseitigen Bevollmächtigten im deutschen Consulat anberaumt war, und wir waren einigermaßen überrascht, die Herren Samoaner pünktlich erscheinen zu sehen. Nach zweistündiger Verhandlung baten sie, allein gelassen zu werden, um den Vertragsentwurf noch einmal unter sich durchberathen zu können, und verließen erst gegen Abend das Consulatsgebäude, wobei sie so vorsichtig waren, sich in keiner Weise über das Ergebniß ihrer Berathungen auszusprechen. Als am 23. morgens die Lage wieder für uns bedenklich schien, forderten wir von unsern samoanischen Collegen noch für denselben Tag bis spätestens 5 Uhr nachmittags eine bestimmte Antwort, ob sie den Vertrag annehmen würden oder nicht, oder welche Aenderungen sie vorzuschlagen beabsichtigten, da ich meine auf den 25. angesetzte Reise nicht hinausschieben könne, der Vertrag daher bis dahin angenommen oder abgelehnt sein müsse. Nachmittags 4 Uhr erklärten die samoanischen Bevollmächtigten, keine Aenderungen zu unserm Vertragsentwurf vorschlagen zu können und daß sie denselben in der ihnen vorgelegten Fassung annähmen. Und als ich darauf die Zurückgabe von Saluafata und Falealili noch vor meiner Abreise für den Fall zusagte, daß die in dem Vertragsentwurf vorgesehene gleich zu erfolgende Ratificirung des Vertrags durch die Samoa-Regierung erfolge, auch versprach, die samoanische Flagge zu salutiren, was bisher noch nicht geschehen war und worauf die Bevollmächtigten großen Werth legten, schwanden auch die anfänglich gegen eine vorzeitige einseitige Ratificirung geltend gemachten Bedenken. Am 24. nachmittags 2 Uhr wurden die beiden Originale des Vertrages unterschrieben, am 25. zu gleicher Stunde waren dieselben, von der Taimua und Faipule ratificirt, wieder im Consulat, in der Zeit von 2—4 Uhr wurden die von der deutschen Factorei zur Erwiderung unsers Saluts entliehenen Kanonen nach Mulinu'u geschafft, um 5 Uhr salutirte ich die samoanische Flagge und verließ um 6½ Uhr, nachdem der letzte Erwiderungsschuß vom Lande gefallen war und ich vorher noch den Commandanten des „Albatros" beauftragt hatte, die Beschlagnahme von Saluafata und Falealili wieder aufzuheben, Apia mit dem Bewußtsein, daß das von deutschem Fleiß und deutscher Energie bisher auf den Samoa-Inseln Erworbene unsern Landsleuten nunmehr gesichert ist und diese keine fremden Abenteurer mehr zu fürchten haben, da der Vertrag sie gegen die Willkür einer jeden Eingeborenen-Regierung schützt und eine fremde Macht jetzt auch nicht mehr ohne die Zustimmung Deutschlands ihre Hand auf diese schönen Inseln legen kann. Vor allem aber ist ein sicherer Wall gegen das Vordringen der ausdehnungslustigen Colonisten von Neu-Seeland

nach dem Norden geschaffen und hierin liegt meines Erachtens der Hauptwerth dieses Vertrages. Nachdem Deutschland durch einen Freundschaftsvertrag mit den Tonga-Inseln diese gegen fremde Besitzergreifung gesichert hatte, mußte es das Streben der Neuseeländer sein, Samoa zu gewinnen, um dieses als Zwischenstation für den Handel mit den nördlicher gelegenen Inseln zu benutzen, da diese von Neu-Seeland zu weit abliegen. Wäre ihnen dies rechtzeitig gelungen, dann würden sie die Deutschen mit der Zeit wieder verdrängt haben, was ihnen jetzt nicht mehr möglich ist. Die Bedeutung dieses Vertrages erstreckt sich daher bis zu den Kingsmill- und Marshall-Inseln. Die Ueberlassung des Hafens von Pago-Pago an Amerika zwang uns auch noch, zur Aufrechterhaltung des Princips der Gleichberechtigung für Deutschland ebenfalls eine Kohlenstation zu fordern, und diesem Umstande verdanken wir die Gewinnung von Saluafata, des besten Hafens in der Samoa-Gruppe, da er bei ebenfalls vollständiger Sicherheit gegen alle Winde noch Vortheile besitzt, welche Pago-Pago nicht hat, und außerdem, was von großer Bedeutung ist, in allernächster Nähe von Apia liegt.

So können wir nun mit vollständiger Ruhe den auf den Inseln sich vorbereitenden Unruhen entgegensehen, da es außer Zweifel ist, daß die vorläufige Einsetzung Malietoa's noch zu weitern Conflicten führen wird. Wir erhoffen nur von der Anerkennung Malietoa's als König durch ganz Samoa geordnete Zustände auf den Inseln, glauben aber nicht, daß sich diese Anerkennung auf friedlichem Wege vollziehen wird, weil die beiden sich gegenüberstehenden Parteien zu gleich an Kräften sind und jede den Krieg einer freiwilligen Unterwerfung vorziehen wird. Das Bedauerlichste hierbei ist nur, daß die Samoaner durch ihre Art der Kriegführung wirthschaftlich immer mehr herunterkommen, da sie nur durch den Verkauf ihrer Ländereien sich das Geld für Waffen und Munition verschaffen können, und dann kein Zureden zur Festhaltung ihres Landes hilft. Sie geben es um jeden Preis weg und dann müssen natürlich die großen Häuser, obgleich sie schon übergenug besitzen, doch in erster Reihe das angebotene Land zu erwerben suchen, da, wenn das gute Geschäft überhaupt gemacht werden muß, jeder es zu machen suchen wird. Andere Folgen hat der Krieg für die Samoaner nicht, da derselbe während einer mehrmonatlichen Dauer selten mehr als zwei oder drei Menschenopfer fordert.

30*

15.

Neu-Seeland.

2. März 1879.

Gestern Nachmittag haben wir nach vierwöchentlichem Aufenthalt Auckland wieder verlassen und manch schöne Erinnerung mitgenommen. Von dem herrlichsten Wetter und einer verhältnißmäßig niedrigen Temperatur begünstigt, konnten wir die uns von dem deutschen Consul und verschiedenen englischen Familien in so reichem Maße gebotene Gastfreundschaft in vollen Zügen genießen. Segelpartien auf dem herrlichen Hauraki-Golf, Spaziergänge nach dem nur 200 m hohen Mount Eden, wo man von dem Rand des erloschenen Kraters aus eine wunderbare Fernsicht genießt, Nachmittags-Gartenfeste, Tanzfestlichkeiten u. dergl. m. ließen uns die Zeit wie einen Traum dahinschwinden. Und da Auckland oder doch die Gesellschaft, in der wir uns bewegten, außerordentlich reich an schönen und liebenswürdigen jungen Damen ist, bei den veranstalteten Tagesfestlichkeiten in der Regel auch die englischen Herren, welche wol geschäftlich verhindert waren, durch Abwesenheit glänzten, so fanden unsere Herren in dem harmlosen Verkehr mit den prächtigen jungen Auckländerinnen keine Nebenbuhler. Heute wäre dies für die meisten vielleicht besser gewesen, denn wenn der Schein nicht trügt, dann sind sie so ziemlich alle bis über die Ohren verliebt, ohne die Hoffnung auf ein Wiedersehen, da die Post in Auckland uns als Bestes den Rückberufungsbefehl gebracht hat. Nach demselben haben wir gleich nach Eintreffen der Fregatte „Bismarck" in Apia, deren Ankunft für Mitte April in Aussicht gestellt ist, die Heimreise anzutreten.

Auckland hat das Gepräge einer erst neu entstandenen, aufstrebenden Colonie, erinnert noch vielfach an die früher aus den Goldminen geflossenen, jetzt größtentheils wol wieder verschwundenen Reichthümer und zeigt eine damit zusammenhängende Entwickelung: große breite Straßen, niedrige Holzhäuser, viele Banken und nur

Geschäftsleute als Einwohner. Die Umgebung der Stadt bietet landschaftlich durch Berg und Wasser sehr viel Schönes, wenn auch der Wald fehlt.

Durch die Bereitwilligkeit unsers liebenswürdigen Consuls, mich in das Gebiet der heißen Seen, welche er ebenfalls noch nicht kannte, begleiten zu wollen, wurde es mir möglich, auch dieses Weltwunder zu besuchen. Denn allein hätte ich mich zu diesem Ausflug nicht entschlossen und von unsern Herren wollte keiner mitkommen, weil der Kostenpunkt doch immer ein ziemlich bedeutender ist und die Strapazen der Reise auch kaum im Verhältniß zu dem Vergnügen stehen.

Auckland vom Süden, von Mount Eden aus gesehen.

Man hat von Auckland aus bis zum Taurangahafen zunächst auf dem Seewege 140 Seemeilen zurückzulegen und von hier aus muß man noch 70 km auf dem Landwege machen, wozu das Annehmen eines eigenen leichten Wagens erforderlich ist. Es gebt zwar auch eine Fahrpost, mit welcher man den größten Theil des Weges zurücklegen und die kleinern Ausflüge dann von einem Centralpunkt aus zu Fuß machen kann, doch fährt die Post bei dem geringen Verkehr nach dem Innern so selten und ihre Fahrzeit ist eine so große, daß ihre Benutzung für mich ausgeschlossen war, weil ich mich nur auf sechs Tage freimachen konnte. Der Wagen allein kostet aber für vier Tage schon 200 Mark, sodaß die kleine sechstägige Reise mit den unvermeidlichen Nebenkosten auf 350—400 Mark für die Person zu veranschlagen ist.

Um den Ausflug in den Grenzen der mir zur Verfügung stehenden sechs Tage machen zu können, mußten wir für die Hinfahrt nach Tauranga einen Küstenfrachtdampfer benutzen, weil wir nur so den Passagierdampfer für die Rückfahrt erreichen konnten. Wir fuhren am 14. Februar abends 8 Uhr von Auckland ab und trafen glücklicherweise so gutes Wetter, eine so schöne laue Mondscheinnacht, daß wir die ganze Zeit an Deck verbringen konnten, denn unten in der sogenannten Kajüte war es fürchterlich. Auch verhinderte die spiegelglatte See einige weibliche Passagiere daran, seekrank zu werden, was von uns auch als eine große Annehmlichkeit geschätzt wurde. Wir hüllten uns in mitgenommene Decken ein, schliefen gut und ließen uns erst von der aufgehenden Sonne wecken.

Am 15. mittags waren wir in Tauranga und blieben dort bis zum nächsten Morgen in einem behaglichen guten Gasthaus, wo der Consul auch einige mit den Verhältnissen vertraute Bekannte traf, welche uns gute Rathschläge gaben. Nachdem wir uns noch von dem Posthalter des Districts einen Wagen gesichert hatten, machten wir einen Rundgang durch die kleine Stadt, welche ziemlich belebt war, da die Eingeborenen von außerhalb herzuströmten, um die jährlich wiederkehrende Frage des Landbesitzes in Neu-Seeland auf einem dazu ausgeschriebenen Landtage zu erörtern. Um diese Frage dreht sich zur Zeit, nachdem das Goldfieber keine Berechtigung mehr hat, so ziemlich alles, weil die Eingeborenen noch im Besitz sehr bedeutender Länderstrecken sind und diesen ihren Besitz zähe vertheidigen. Der letzte blutige Krieg zwischen den Engländern und den Maoris ist aus dieser Frage entstanden und nur dadurch beendigt worden, daß die englische Regierung den Eingeborenen das Besitzrecht ihres Landes zugestanden hat. Hiermit sind die englischen Ansiedler aber nicht einverstanden und versuchen nun auf anderm Wege in den Besitz des begehrten werthvollen Gutes zu gelangen, und dazu sollen die jährlichen sogenannten Landtage dienen. Wie die in Anwendung gebrachten Mittel beschaffen sind, ergibt ein Blick auf die Straßen. Es ist der Branntwein. Bei unserm ersten Rundgang durch die Stadt, wie später bei unserer Rückkehr nach Tauranga, sah ich die in großer Zahl anwesenden Eingeborenen nur im Rausche, zu welchem der Branntwein ihnen unentgeltlich geliefert werden soll. Ob die Maoris nun in diesem Zustand leichter ihre Rechte aufgeben, oder ob sie, an den Genuß erst einmal gewöhnt, dem Branntweinteufel verfallen und schneller aussterben, wird im Grunde auf den gleichen Erfolg hinauslaufen.

Baumfarrn auf Neu-Seeland.

Am 16. morgens in aller Frühe machten wir uns auf die Reise. Unser Fuhrwerk war ein mit zwei kräftigen jungen Pferden bespannter Jagdwagen; der Sohn des Posthalters kutschierte selbst und benutzte die Fahrt wol mit zur Inspicirung der verschiedenen Pferdestationen.

Die ersten 12 km führt der Weg durch eine Ebene, dann schneidet er in den schönen alten, jungfräulichen Wald ein, geht über Berg und Thal, durch Schluchten und über Brücken und bietet dem Reisenden genußreiche Stunden. Die neu angelegte Straße ist vorzüglich. Die alten Kaurifichten, riesigen Baumfarrn und was sonst alles in der genialsten Unordnung und Vielseitigkeit in dem seitwärts der Straße von Menschenhand noch unberührten Walde wächst, die malerischen Schluchten, Felspartien und kleinen Wasserfälle bieten dem Auge so viel Anziehendes, daß die Zeit unbemerkt dahinfliegt. Immer nach Verlauf von etwa zwei Stunden kommen wir an eine Pferdestation, wo die Pferde gewechselt werden und wir eine kleine Erfrischung finden. So geht es ununterbrochen ohne Peitschengeknall in schlankem Trabe vorwärts durch den schönen Wald bei prächtigstem Wetter. Nach sechsstündiger Fahrt treten wir wieder aus dem Walde heraus und unter uns vor unsern Augen liegt in einer weiten Ebene der im Durchmesser etwa 9 km große Roto-rua (roto ist die Maori-Bezeichnung für See), eine weite blaue Wasserfläche, umrahmt von niedrigen Hügeln. Der Blick umfaßt beinahe das ganze, 350 m über dem Meeresspiegel liegende Seengebiet. Wasser, Hügel und Wald sind zu sehen, aber die uns gerühmte und von uns erwartete Großartigkeit der Scenerie vermögen wir nicht zu finden und zu erfassen. Eine große Ebene ohne Menschen und Städte, nur hier und dort sieht man ein einzelnes Farmerhaus, große Wasserflächen ohne Rahmen und ohne Leben. Kalt und todt sieht alles aus und erinnert mich lebhaft an die ebenfalls von so vielen Seiten gerühmten ostholsteinischen Seen, welche mit Ausnahme einiger kleinern Partien eigentlich durchaus keine besondern landschaftlichen Reize bieten.

Gleich außerhalb des Waldes treffen wir ein einzelnes Haus als erste menschliche Ansiedelung, die Schule für die weitere Umgebung, deren Bewohner freudestrahlend herausstürzen, um einmal wieder andere Menschen zu sehen und Zeitungen zu erhalten, welche unser Rosselenker ihnen mitgebracht hat. Hier scheinen auch die Privatwagen ebenso die Post mitzubefördern, wie die Schiffe es zwischen Australien bezw. Neu-Seeland und den polynesischen Inseln thun.

Noch eine Viertelstunde bergab und wir traben an dem Ufer des Roto-rua entlang nach dem Städtchen Ohinemutu, wo wir nach $1\frac{1}{2}$ Stunden eintreffen. Es war uns zwar empfohlen worden, noch denselben Tag weiter bis nach Wairoa zu gehen, weil wir dadurch einen Tag gewonnen hätten, wir waren nach der nahezu achtstündigen

Fahrt aber so durchgerüttelt, daß wir vorzogen, in dem sehr einfachen aber guten Gasthaus zu rasten und über Nacht zu bleiben. Unsere freie Zeit benutzten wir zu einem Besuch des Eingeborenendorfes, wo wir die ersten Zeichen fanden, daß wir uns bereits auf vulkanischem Boden befanden. Dicht am Ufer des Sees kocht und brodelt es überall aus der Erde heraus; vorsichtig muß man sich zwischen den heißen Tümpeln hindurchbewegen, um nicht einmal unversehens in einen solchen zu treten; an einzelnen hocken Eingeborene, welche sich

Ohinemutu am Roto-rua.

in dem heißen Wasser in eingetauchten Töpfen Fische, Krebse und Kartoffeln kochen. Nur an dieser Stelle des Roto-rua sollen heiße Quellen vorkommen und diese sind wol auch bestimmend für die Wahl des Ansiedelungsplatzes gewesen. Das Dorf selbst macht einen verfallenen unsaubern Eindruck und steht in grellem Gegensatz zu dem schönen großen Berathungshaus, welches mit höchst phantastischen aber erst in neuester Zeit angefertigten Schnitzereien reich geschmückt ist. Der uns führende Polizeidirector des Districts, an welchen wir empfohlen waren, beantwortete meinen Wunsch auf Erwerbung einiger alter Schnitzereien damit, daß nichts mehr zu haben sei, weil seine

Landsleute so außergewöhnliche Preise für diese Sachen gezahlt hätten, daß die Maoris bereits alle Zierathe ihrer Häuser heruntergerissen und verkauft hätten, und dies wird wol auch die Ursache des jämmerlichen Zustandes der Behausungen sein. Immerhin gab ich meine Absicht noch nicht auf und versuchte ein altes im Staub liegendes Idol in natürlicher Menschengröße zu erwerben, trotz seiner nach unsern Begriffen etwas gar zu natürlichen Auffassung, doch ohne Erfolg. Lag das Götzenbild auch neben seinem eigentlichen Standort im Schmutz, es blieb doch immer die Dorfgöttin und war unverkäuflich. Auffallend ist an diesen Bildwerken die merkwürdige Aehnlichkeit in der Wiedergabe der menschlichen Formen mit der in Neu-Irland gebräuchlichen.

Am nächsten Vormittag bei guter Zeit setzten wir die Fahrt nach Wairoa fort. Der Weg führt anfänglich durch das interessante Whakarewarewa-Gebiet, welches wir nach dem ursprünglichen Plan erst auf der Rückfahrt besichtigen wollten, aber doch jetzt schon mitnahmen, weil wir durch den Aufenthalt in Ohinemutu Zeit verloren hatten und während des Nachmittags in Wairoa doch nichts hätten vornehmen können. Ein mitgenommener Führer erwies sich hierbei als unentbehrlich, denn der Unkundige kann die sichern schmalen Wege von den gleich zuverlässig aussehenden unsichern nicht unterscheiden. Rund um uns kocht und dampft es in kleinen und größern Wasserlachen, aus kleinen und größern Löchern heraus. Der ganze Boden ist so heiß, daß man die Wärme durch die Doppelsohlen unserer Stiefel spürt. An einzelnen Lachen und Löchern sind die in der Nähe liegenden Gegenstände mit Sinter, an andern mit feinen Schwefelkrystallen überzogen, und an einem Tümpel fanden wir große Sinterblöcke, welche, als wir Stücke von ihnen abschlugen, im Innern lauter kleine Zellen mit eingekapselten Fliegen zeigten, die hier wol ihren Tod finden und dann gleich zu Tausenden, wenn nicht Millionen eingesargt werden. Der Whakarewarewa, ein mächtiger Geysir, welcher dem großen auf Island an Stärke gleichkommen soll, war uns nicht gnädig gesinnt und zeigte sich nicht in seiner ganzen Größe, bei zeitweisem Aufsprudeln stieg er nur einen Meter hoch auf. Als das Merkwürdigste erschien mir ein Wassertümpel von etwa 2 m Durchmesser, dessen dunkelgrüne, tief durchsichtige Wasserfläche wie ein Spiegel vor uns lag und der von den Eingeborenen am meisten

An den heißen Seen auf Neuseeland.

gefürchtet werden soll. Trotzdem das Wasser weder wallt noch Siededämpfe von ihm aufsteigen, soll es einen so hohen Hitzegrad haben, daß es sofort alles verbrennt. Als vor noch nicht langer Zeit ein Eingeborener in diesen Brunnen fiel, soll man nach wenigen Stunden nur noch sein Knochengerippe herausgefischt haben, da alles Fleisch bereits abgekocht gewesen sei. Ob es wahr ist, kann ich nicht verbürgen, einen Versuch mit einem meiner Finger habe ich nicht gemacht.

Ich war im ganzen froh, als wir diesen unsichern Boden verlassen hatten und wieder in unserm Wagen saßen. Nach einstündiger

Berathungshaus der Maori bei Wairoa.

Fahrt kamen wir noch einmal in einen schönen Wald, stießen, als wir denselben nach einer halben Stunde wieder verließen, auf den kleinen See Tikitapu und hatten gleichzeitig einen schönen Blick auf den Roto-kakahi, fuhren zwischen diesem und dem Saum eines andern Waldes hin, bogen dann um den letztern nach links und hatten vor unsern Augen den großen See Tarawera, dessen jenseitiges Ufer durch den Gipfel des Mount Edgecombe und durch die 300 m über dem Seespiegel liegenden Krater des Tarawera-Gebirges einen malerischen Abschluß findet. Noch wenige Minuten und wir waren in Wairoa angelangt.

Nachdem wir uns erfrischt hatten, war unsere erste Sorge, uns einen Führer und ein Boot für den nächsten Tag nach dem Roto-mahana zu sichern, da noch einige Fremde hier waren, welche ebenfalls an demselben Tage den See besuchen wollten. Wir konnten indeß nur noch eine Führerin, eine halbweiße junge Frau, erhalten, weil die beiden männlichen Führer bereits vergriffen waren, hatten dies aber nicht zu bereuen, da die Person sich als durchaus zuverlässig und ihrer Aufgabe gewachsen erwies.

Der Reiz von Wairoa liegt vorzugsweise in seiner Abgeschiedenheit und der erhabenen Ruhe der ganzen Umgebung. Am Fuße einer niedrigen bewaldeten Hügelkette gelegen, hat man von der Ansiedelung aus einen freien Ueberblick über den Tarawera-See und kann, auf der Veranda des Gasthauses sitzend, ungestört das allmähliche Schwinden des Tages genießen und nach Herzenslust träumen. Der südliche Sternenhimmel schaut auf uns hernieder und gemahnt uns an die Nachtruhe, um am nächsten Morgen in aller Frühe frisch den neuen Strapazen entgegengehen zu können. Doch da entsendet über uns aus einem offenen Fenster ein Flötenbläser seine seltsamen Weisen in die stille Nacht hinaus und bannt uns noch für eine Weile an unsern Platz. Ein merkwürdiger Zauber liegt in diesen Tönen in dieser Umgebung, und von wahrhaft ergreifender Wirkung müßten die über die Seefläche hinlaufenden Töne eines Hornes sein. Hätte ich vorher an diesen Umstand gedacht, dann hätte ich sicher unsern Kapellmeister, welcher ein vorzüglicher Cornettbläser ist, mitgenommen, um mir diesen zwar etwas kostspieligen aber einzigen Genuß zu verschaffen.

Morgens 6 Uhr verließen wir das Gasthaus und hatten etwa 10 Minuten bis zu der Stelle zu gehen, wo am Seeufer die Boote untergebracht sind. Die Partie wird nämlich so gemacht, daß man von Wairoa aus mit einem Boot einen großen Theil des Tarawera durchfährt, dann in einen flußähnlichen Wasserlauf, welcher den Tarawera-See mit dem Roto-mahana verbindet, einbiegt und in diesem bis zu den dicht am Roto-mahana liegenden Stromschnellen, welche ein weiteres Vordringen verbieten, fährt. Von hier aus muß man zu Fuß gehen.

Unsere Führerin, welche ich noch nicht gesehen hatte, da sie von dem Consul angenommen worden war, machte einen guten Eindruck. Es war eine etwa zwanzigjährige hübsche junge Frau mit schönen großen, fragenden Augen, von hellbrauner Hautfarbe und vollen Formen, welcher der kurze nur eben über die Knie reichende schottische Rock und die bloßen Füße gut standen. Ebenso wie ihre Tracht derjenigen der Eingeborenen entsprach, hatte sie auch ihr Kinn nach Art der eingeborenen Frauen tätowirt, auch zierte ein schönes Schmuckstück aus dem nur auf Neu-Seeland vorkommenden halbdurchsichtigen grasgrünen Halbedelstein ihren bloßen Hals. Ein Plaid umschloß ihre Schultern, wie die hiesigen Eingeborenen es überhaupt lieben, sich

Maori-Weib.

als Bergschotten zu kleiden. Ihre gute Herkunft von väterlicher Seite gab die Erklärung für ihr gewähltes Englisch und ihre guten Umgangsformen, ohne daß sie etwas anderes sein wollte als die bezahlte Führerin. Das für uns bestimmte Boot wurde von vier eingeborenen Männern gerudert; der Consul, ich und unsere Führerin nahmen hinten Platz. Wir hatten zunächst dicht an dem Seeufer entlang ungefähr 6 km in östlicher Richtung zurückzulegen, bogen dann um ein vorspringendes Cap nach Süden und befanden uns nun in einer etwa 4 km langen und 1—2 km breiten, von hohen Ufern eingerahmten Straße. War es vorher schon frisch gewesen, so wurde es hier geradezu kalt und zwar so empfindlich, daß ich in meiner leichten Kleidung, welche ich für das spätere Marschiren angelegt hatte, ganz jämmerlich fror. Dies merkte auch Frau Margarate, wie ich unsere Führerin nennen will, denn sie sagte kurz zu mir: „Sie frieren!“ rückte, dem polynesischen Theil ihres Blutes folgend, dicht neben mich, nahm ihren Plaid von den Schultern und ehe ich ahnte, was sie eigentlich wollte, hatte sie ihren linken Arm um meinen Hals geschlungen, meinen Kopf an ihre warme Schulter gebettet und uns beide in den Plaid wieder eingehüllt. Behaglich warm war es an der Seite dieser sauber und nett angezogenen jungen Person, von der Umgebung bekam ich aber nicht mehr viel zu sehen, denn Margarate erzählte mir nun so vielerlei, daß ich mehr auf dieses und unwillkürlich auch auf das Pochen ihres Herzens, welches in regelmäßigen Schlägen an mein rechtes Ohr klopfte, achten mußte. (Ich führe dies übrigens nur als Beitrag zur Charakteristik der Südsee-Insulaner an.) Sie erzählte mir unter anderm, was mir auch sonst bestätigt wurde, daß ihr Vater ein reicher Mann sei, der Aufenthalt im elterlichen Hause für sie aber nach dem Tode ihrer Mutter und nachdem ihr Vater in zweiter Ehe eine Weiße geheirathet habe, unerträglich geworden sei, sodaß sie dem Drang ihres polynesischen Blutes nach Freiheit nachgebend das elterliche Haus mit Einwilligung ihres Vaters verlassen habe, um sich dem Stamme ihrer Mutter wieder anzuschließen. Sie lebe nun wieder als Maori-Frau, habe einen halbweißen Mann geheirathet und würde ganz glücklich sein, wenn ihre Ehe mit Kindern gesegnet wäre; auf dieses Glück müsse sie aber verzichten, weil die Ehen zwischen zwei Halbweißen stets kinderlos blieben.

Die Straße verlief in eine enge Schlucht, wo wir in den zwischen Felswänden eingekeilten Fluß einfuhren und nach Verlauf einer weitern Viertelstunde an dessen Ostufer landeten, um uns nunmehr auf unsere eigenen Füße zu verlassen. Wir hatten nicht weit zu gehen. Schon nach kurzer Zeit deuteten weiße Dämpfe auf halber Höhe der vor uns liegenden Hügel an, daß wir am Ziele seien, und gleich darauf lag auch der 1 km lange und ½ km breite Roto-mahana (der warme See) vor unsern Augen, klein und unscheinbar, mit trübem schmutzig-grünen Wasser und umgeben von niedrigen, theils nackten, theils nur mit niedrigem Buschwerk bedeckten Hügeln, von welchen allenthalben weiße Dämpfe emporstiegen. Dieses wenig an-

Die Weiße Sinter-Terrasse am Roto-mahana (Neuseeland).

ziehende Stück Erde birgt also das Sehenswertheste von Neu-Seeland, Wunder, zu welchen die Menschen jahraus jahrein hinströmen und sogar von Sydney aus hinkommen. Auch wir stehen jetzt vor einem solchen Wunder. Vorsichtig Frau Margarate folgend, gehen wir an dampfenden Pfützen von klarem Wasser und kleinen Gruben, in denen eine kalkartige Masse auf- und niederwallt, vorbei, überschreiten feuchte, durch Eisenoxyd geröthete Stellen, winden uns durch hohes, halbverdorrtes Gras und kommen endlich, nachdem wir (wie später festgestellt) 25 m hoch gestiegen waren, an einen brodelnden, über seinen Rand überlaufenden Brunnen. Wir wenden uns um und — ja die Landschaft ist reizlos, aber das, was zu unsern Füßen liegt, die weiße Sinterterrasse, ist großartig schön.

In vielleicht zwanzig größern und gewiß ebenso viel oder mehr kleinern Terrassen erstreckt sich in einem Neigungswinkel von etwa 45° und bis zu einer Breite von über 90 m sich ausdehnend ein gar wunderbares Bauwerk bis zu dem Seeufer hin. Aus schneeigem Marmor scheint es geschaffen und von geübter Künstlerhand ausgearbeitet zu sein. Die einzelnen Terrassen bilden kurze und lange, breite und schmale, geradlinig, halbkreisförmig und oval geformte Becken mit breiten wulstigen Rändern und angefüllt mit köstlich blau gefärbtem Wasser. Und was dem Ganzen einen Hauptreiz verleiht, ist der matte weiche Farbenton der Sintergebilde, welcher so wunderbar absticht von dem glänzenden Spiegel der blauen Wasserfläche, den mit frischem Laub grün umsponnenen kleinen Felsrücken, welche an einzelnen Stellen zwischen die Terrassen geschoben sind, und dem theilweise roth gefärbten Boden der äußern Ränder. Die Sintergebilde erscheinen wie feine Filigranarbeit, und man kann es kaum fassen, wie es möglich ist, daß dieses riesige Bauwerk, diese 1 m dicken, oft 2 m hohen und bis zu 6 und 8 m langen Ränder und Wände der einzelnen Becken sich nur aus den kleinen Sintertropfen und Stäbchen zusammensetzen. Der vorher genannte Brunnen ist der eigentliche Bildner dieses Wunderwerks. Ein Geysir, wirft er unausgesetzt das von unten nachströmende dunkelgrüne Wasser aus, in welchem die zur Sinterbildung erforderlichen Kalksalze und nach Dr. von Hochstetter hier vornehmlich Kieselsäure enthalten sind. Siedend heiß strömt es über, füllt, himmelblaue Farbe annehmend, die obern Becken, läuft aus diesen über in die weiter unten gelegenen und kommt, sich allmählich abkühlend, unten im See mit einer Temperatur von vielleicht nur 20° C. an. So hat jedes Becken, von denen einzelne die Größe und Tiefe einer Badewanne haben, andere genügend groß sind, um mehrern Personen gleichzeitig ein Schwimmbad zu gestatten, einen verschiedenen Wärmegrad; oben hat man Siedehitze, in der Mitte ist es noch heiß und weiter unten lauwarm. Sehr verführerisch war es, in diesen schönen Becken und in dem durchsichtig blauen Wasser, für dessen Färbung ich keine Erklärung erhalten und finden konnte, ein Bad zu nehmen; mir wurde aber gesagt, daß das Bad in den Becken der andern Terrasse vorzuziehen sei und so beschied ich mich bis dahin.

Wir wanderten weiter, an verschiedenen merkwürdigen Quellen und Löchern vorbei, und kamen auch an das sogenannte Teufelsloch, eine unschuldig aussehende kleine dunkle Oeffnung im Erdboden, in welcher der hinterlistigste und verderblichste Ueberfall lauern soll, weshalb uns auch nicht gestattet wurde, zu nahe an das Loch heranzutreten. Stets ohne vorherige Warnung irgendeiner Art soll dieser Pfuhl plötzlich so große Massen kochend heißen Wassers und Schlammes ausspeien, daß alles in nächster Nähe befindliche Leben verbrüht, versengt und vernichtet wird. Wir machten, daß das Teufelsloch bald weit hinter uns lag, und bestiegen in der Mitte des östlichen Seeufers ein Kanu, das uns nach der andern Seite und nach der dort gelegenen rosafarbenen Sinterterasse bringen sollte. Sehr merkwürdig ist auf dieser kurzen Fahrt die häufig wechselnde Temperatur des Wassers, welche in dem ganzen See, je nachdem vom Boden aus heiße Quellen aufsteigen oder nicht, zwischen 15 und 40° schwanken soll. Wir umfuhren eine kleine Insel und vor uns lag in glitzerndem Sonnenschein unter dem blauen Himmel, oben und zu beiden Seiten eingerahmt von saftig grünen Hügeln, die 20 m hohe und etwa 30 m breite so duftig hellrosa überhauchte Terrasse, daß ich die Empfindung hatte, kaum je etwas Zarteres und dabei doch Großartigeres gesehen zu haben. Wir landeten am Fuß der Terrasse und hatten hier in der Nähe gleich wieder denselben unangenehmen Anblick wie bei der weißen Terrasse, daß kaum ein Fleck zu finden war, wo nicht die eitlen Besucher ihren höchst unnützen Namen mit Blei auf die zarten Wände gekritzelt hatten. Allerdings gab die unendliche Namenzahl einen Maßstab dafür, wie stark diese weit entlegenen Wunderwerke trotz der Kostspieligkeit der Reise doch besucht werden. Nachdem wir bis zu dem Brunnen, welcher die Terrasse speist, vorgedrungen waren und von dort den merkwürdigen Farbeneffect, welchen das blaue Wasser mit den rosafarbenen Umwandungen bildet, bewundert hatten, stiegen wir wieder hinab, der barfüßigen Frau Margarate folgend, welche leicht von Absatz zu Absatz sprang und ungefähr in halbe Höhe ein geeignetes Becken mit lauwarmem Wasser für unser Bad auswählte. Sie begab sich dann ganz hinunter zum Ufer, sodaß wir

Die rosafarbene Sinterterrasse am Roto mahana.

uns ungenirt entkleiden und ein höchst eigenartiges und schönes Schwimmbad nehmen konnten, nach welchem wir den Rückweg antraten, durch einen niedrigen Wald oder Busch zu unserm Boot und mit diesem nach Wairoa gelangten, von wo aus wir noch im Laufe des Nachmittags nach Ohinemutu zurückkehrten. Hier gelang es mir noch in dem Dorf der Eingeborenen aus einem Schutthaufen einige alte Schnitzereien auszugraben und zu erwerben, für welche ich dem Besitzer aber einen so hohen Preis zahlen mußte, daß ich denselben lieber verschweigen will.

Am 19. morgens verließen wir Ohinemutu und fanden den Wald

nicht ganz so schön wie auf der Hinfahrt, weil stellenweise, wo wir den frischen Wind im Rücken hatten, der von unserm Wagen aufgewühlte Staub so fürchterlich war, daß wir vorzogen, den Wagen vorzuschicken und ein großes Stück zu Fuß zu gehen. Bei dieser Gelegenheit, nachdem wir etwa eine Stunde gegangen waren, begegneten wir auch der Postkutsche, welche sich schwerfällig bergauf bewegte und deren Insassen nebenhergingen, um den Thieren die Arbeit zu erleichtern. Die Kutsche und die Reisenden waren schon weit hinter uns, wir hatten schon mehrere Wegebiegungen passirt, da sahen wir noch zwei jedenfalls zur Post gehörige junge Damen am Waldesrand Blumen suchen. Leichtsinnig wie solche junge Damen sind, waren sie so weit zurückgeblieben, daß ihr Ruf hier mitten im Urwald weder die Mitreisenden, noch sonst irgendein menschliches Ohr hätte erreichen können. Wir sahen auch auf die Entfernung hin keineswegs vertrauenerweckend aus, waren so verstaubt, daß weder an unserer Kleidung noch an unsern schmutzigen Gesichtern jemand unsern Stand hätte errathen können; unser Wagen, welcher an der nächsten Pferdestation auf uns warten sollte, war uns so weit voraus, daß wir auch mit diesem nicht mehr in Verbindung gebracht werden konnten. Als die Damen uns erblickten, mußte ihnen daher die Gefahr klar werden, in welcher sie sich möglicherweise befanden, und sie wurde ihnen auch anscheinend klar. Sie gaben das Blumenpflücken auf und schienen anfänglich in dem Wald Schutz suchen zu wollen, wendeten sich aber doch wieder zur Straße und nahmen eine möglichst harmlose, furchtlose Haltung an. Als sie aber dicht bei uns waren und wir sie grüßten, weil der Consul in der einen eine Dame aus Auckland erkannte, welche erst nach diesem Gruß meinen Begleiter erkennen konnte, da half keine Heuchelei mehr. Die vorbrechende Freude in den Gesichtern der Damen war eine so ungekünstelte, daß diese klar zeigte, welche Angst sie vorher ausgestanden hatten.

Ohne weitere Abenteuer war ich nach Auckland heimgekehrt und stand am 20. nachmittags wohlbehalten wieder auf meinem Schiff.

Die vorstehenden Schilderungen über das Geysir-Gebiet in Neu-Seeland treffen zur Zeit nur noch in beschränktem Maße zu, weil der vulkanische Ausbruch des Berges Tarawera am 10. Juni 1886 sehr bedeutende Veränderungen in landschaftlicher Beziehung im Gefolge gehabt hat. Näheres siehe im Anhang S. 576.

16.

Die Tonga-Inseln.

8. März 1879, vormittags.

Schön ist das Wetter, normal der Barometerstand und leicht der Passatwind, welcher unser Schiff den Tonga-Inseln entgegenführt, und doch will es scheinen, daß wir trotz dieser guten Zeichen heute noch, vielleicht schon in wenigen Stunden von einem verheerenden Orkan überfallen werden. Denn vor einer Stunde kam uns ganz plötzlich, wie von dem Meeresgrund an die Oberfläche gestoßen, ein Sturmbote entgegen, welcher die ernsteste Beachtung verdient — hohe Dünung aus Nordost, Wellen, welche jetzt schon eine Höhe von etwa 10 m haben und diejenigen des Passatwindes vollständig niederdrücken. Diese Dünung kann nur von einem Nordoststurm herrühren und ein solcher kann wiederum in diesen Regionen nur ein Theil eines Cyklons sein, welcher zur Zeit im Norden von uns bei den Tonga-Inseln stehen muß und dessen Centrum demnach etwa 150 Seemeilen von uns entfernt ist. Es ist allerdings wunderbar, daß Wind, Wetter und namentlich Barometer die Nähe des Orkanfeldes so gar nicht andeuten, sodaß man versucht wird, die Dünung andern Ursachen zuzuschreiben; die Gleichmäßigkeit aber, womit immer wieder in ununterbrochener Folge neue Wellen heranlaufen, sowie deren wachsende Höhe lassen mich das Schlimmste befürchten.

Hätten wir freien Seeraum nach allen Seiten, dann könnte ich die Entwickelung der Dinge vorläufig noch mit einiger Ruhe abwarten, weil ich dann mit Segel und Dampf dem verheerendsten Theil des Cyklons, seinem Centrum, ausweichen könnte; da wir uns aber jetzt schon in unheimlicher Nähe einzelner Korallenriffe befinden und, wenn wir mit unserm jetzigen Curs und der bisherigen Geschwindigkeit weiterlaufen, um 2 Uhr schon in weitem Umkreis so von Korallenriffen umgeben sein werden, daß wir nicht mehr nach unserm Belieben manövriren können, sondern auf dem eingeschlagenen Wege

31*

bleiben müssen, so liegt es auf der Hand, daß ich dem Kommenden nur mit großer Sorge entgegensehen kann.

Ich könnte jetzt noch mit einem Umweg von etwa 100 Seemeilen um das Gebiet der Korallenriffe herum allen Gefahren entgehen, wenn der Orkan seinen Weg von den Tonga-Inseln aus südlich oder südöstlich nähme, und wenn ich dies wüßte. Geht er aber, was ebenso möglich ist, etwas über die genannten Inseln westlich hinaus, ehe er seinen südlichen Curs aufnimmt, dann würde ich mich gerade auf jenem Wege in die Gefahr begeben. Sollte das Sturmfeld uns treffen, ehe ich einen genügenden Vorsprung nach Westen gewonnen hätte, so wäre die Gefahr noch viel größer, weil wir uns dann in sehr viel größerer Nähe einiger Riffe befänden, als wir es im Laufe des Nachmittags sein werden, wenn wir mit unserm jetzigen Curse weiterlaufen.

Es ist infolge langjähriger Beobachtungen bekannt, daß die bei den Tonga-Inseln auftretenden und immer von Osten kommenden Cyklone in der Regel nur bis zu diesen Inseln laufen und dann von dort aus in einer schärfern oder flachern Kurve nach Süden oder Südosten ziehen, auch kann man aus dem Fallen und Steigen des Barometers in Verbindung mit der Aenderung der Windrichtung von dem Schiff aus den Weg bestimmen, welchen der Orkan nehmen wird, aber dies letztere nur, wenn Barometer und Wind überhaupt sprechen, und dies ist bisher noch nicht geschehen. Nach der Stetigkeit, mit welcher der Wind aus Südost weht, könnte man zwar folgern, daß das Sturmcentrum sich gerade auf uns zu bewegt; da aber der Barometer unverrückt seinen hohen Stand behält, so ist dies andererseits auch nicht anzunehmen und nur zu vermuthen, daß wir uns noch nicht im Sturmfeld befinden. So bleibt mir zur Zeit nichts anderes übrig, als zunächst zu suchen, das Schiff möglichst schnell aus der unangenehmen Nähe der uns gerade zur Zeit umgebenden Riffe zu bringen, wozu die erforderlichen Anordnungen getroffen sind. Es bleibt mir nach allem keine andere Wahl, als auszuharren und zu hoffen, daß ein gütiges Geschick über uns walten werde.

Ich habe vor vielen Jahren zwei Orkane mit erlebt und jetzt treten die Ereignisse des einen, bei welchem am 2. September 1860 in einem Umkreis von wenigen Meilen nicht nur unser Kriegsschooner „Frauenlob", sondern auch noch ein englisches Kriegsschiff und zwei englische Pferde-Transportschiffe mit Mann und Maus zu Grunde gingen, auch unsere Fregatte „Arkona“, auf welcher ich mich befand, dem Untergang nahe war, in erschreckender Deutlichkeit wieder vor mein geistiges Auge. Nur Gott weiß, was uns beschieden sein wird!

1 Uhr. Der Wind hat inzwischen die Stärke eines mäßigen Sturms angenommen, der Barometer ist aber nur so unwesentlich gefallen, daß ich mir noch immer kein Bild davon machen kann, was werden wird. Um 10 Uhr stand er 761,75 mm und jetzt hat er noch einen Stand von 760,00 mm.

2 Uhr. Es weht ein voller Sturm aus Südost mit hohem Seegang, während die hohe Dünung aus Nordost gleichzeitig sich noch immer in ihrer bedeutenden Höhe behauptet. Der Barometer steht 759,65 mm.

4 Uhr. Barometerstand noch immer hoch, 758,00 mm (in der Nähe des Centrums eines Orkans fällt er bis auf 700,00) und trotzdem kann es keinem Zweifel mehr unterliegen, daß wir uns bereits innerhalb des Orkanfeldes befinden. Der Wind, welcher dauernd an Stärke zunimmt, bleibt unverändert auf Südost stehen, das Centrum des Orkans rückt also gerade auf uns zu. Ausweichen können wir nicht mehr.

5 Uhr. Ein kleiner Hoffnungsschimmer zeigt sich uns, der Wind ist auf Südsüdost gegangen — ein Zeichen, daß das Orkanfeld anfängt nach Osten abzudrehen. Das Schiff arbeitet schwer, hält sich aber sonst vorzüglich in der hohen durcheinanderlaufenden See. Schreiben ist nicht mehr möglich.

9. März, vormittags.

Das war eine bange, sorgenvolle Nacht, aber jetzt lacht wieder die Sonne; Wind und Seegang nehmen schnell ab, wenn wir uns auch noch immer in der äußern Peripherie des jetzt südlich von uns stehenden Sturmfeldes befinden.

Gestern Abend 9 Uhr hatte der Wind nahezu die Stärke eines Orkans erreicht, sodaß ich jeden Augenblick das Wegfliegen unserer Sturmsegel befürchtete. Wir mußten in der Nähe des Centrums sein, weil die Windrichtung schnell wechselte, denn um 8½ Uhr hatten wir noch Südsüdost-Wind, um 9 Uhr war er aber schon Süd und um 10 Uhr Südsüdwest, womit das Centrum bereits an uns vorbeigezogen war.

Um 9 Uhr war das Schiff, welches bis dahin noch immer Curs gelegen hatte, beigedreht worden, um das Sturmcentrum an uns vorbeiziehen zu lassen und in dieser Lage den uns drohenden Gefahren besser begegnen zu können; als aber um 11½ Uhr der Wind noch immer auf Südsüdwest stand, ohne an Stärke abzunehmen, und der Barometer, welcher um 6 Uhr seinen niedrigsten Stand mit 757,60 mm erreicht hatte, um 10 Uhr auf 758,40 mm gestiegen war, hielt ich, da ich nun im Norden wieder freie Bahn vor mir hatte, mit dem Schiff wieder ab und ließ es mit so viel Sturmsegeln, als es tragen konnte, einen nördlichen Curs laufen, um unter Hintansetzung jeder andern Rücksicht einen möglichst weiten Raum zwischen uns und unsern Gegner zu bringen. Es war eine tolle Fahrt in der dunkeln Nacht auf der wildtobenden See, deren Wellen von allen Seiten laufend das große Schiff wie einen Spielball hin und her warfen. Jeden Augenblick mußte ich darauf gefaßt sein zu sehen, wie ein Theil der Takelage über Bord geschleudert würde, daß sich die schweren Boote oder Geschütze losreißen oder sonstige Havarien eintreten würden; doch es ging alles gut. Kurz nach Mitternacht schon nahm der Wind etwas ab und nachdem er um 4 Uhr morgens auf Südwest gesprungen war, wurde es schnell flauer. Vor einer Stunde fing auch die See an sich zu glätten, da die gegeneinander laufenden Wellen sich selbst zerstören, und jetzt ist es schon wieder so, daß ich bei ruhig liegendem Schiff schreiben kann.

19. März 1879.

Am 10. d. M. langten wir in Nukualofa auf Tongatabu an und heute Vormittag haben wir Vavau, den nördlichsten Hafen der Tongagruppe, verlassen. Der Zweck unsers Anlaufens der Tonga-Inseln war, dem König und den beiden Prinzen die ihnen verliehenen preußischen Orden zu überreichen, wozu auch der „Albatros" von Apia aus nach Nukualofa gekommen war und dort schon einige Tage auf uns gewartet hatte.

In Nukualofa sah es traurig aus. Der Orkan, in welchem wir uns in der Nacht vom 8. zum 9. befunden hatten, war in derselben Nacht mit seinem Centrum, wie es auffälligerweise die hier auftretenden Drehstürme in der Regel thun, mit verheerender Gewalt über Tongatabu weggezogen und hatte eine fürchterliche Verwüstung angerichtet, die Kirche abgedeckt, die Hütten weggefegt, Zäune niedergelegt und eine erschreckend große Zahl Kokospalmen wie andere Bäume umgebrochen. Der angerichtete Schaden ist so groß, daß die ganze Bevölkerung vollständig betäubt war und man nur ernste und besorgte Gesichter zu sehen bekam. Der „Albatros" hatte ebenfalls schlimme Stunden durchgemacht, denn wenn auch am Abend des 8. der König noch einen Lootsen mit der Mittheilung, daß ein Orkan im Anzuge sei, geschickt und dieser das Kanonenboot an einem bessern und wie es schien vollständig sichern Ankerplatz verankert hatte, wo der Commandant drei Anker mit der ganzen Kette ausbringen und die Takelage an Deck nehmen ließ, war die Wucht des Windes doch eine so mächtige gewesen, daß das Schiff, obgleich es außerdem noch mit voller Maschinenkraft gegen den Wind anarbeitete, langsam dem Strande zugetrieben wurde und sicher gescheitert wäre, wenn der Sturm eine halbe Stunde länger angedauert hätte. Die durch die Verwüstungen am Lande hervorgerufene Unordnung war im übrigen so groß, daß ich mit der feierlichen Ueberreichung der Orden nothgedrungen warten mußte, bis wieder einigermaßen Ordnung geschaffen war und dies war erst am Vormittag des 12. März der Fall.

Nach Ueberreichung der Orden folgten der König und die Prinzen einer Einladung zum Frühstück bei mir auf der „Ariadne" und damit war die Feier beendet, da der König gebeten hatte, unter dem Eindruck der vorliegenden Verwüstungen von einer Festlichkeit absehen zu dürfen. Statt dessen mußten der Commandant des „Albatros" und ich abends die Gäste des englischen Missionars, welcher eine große Vertrauensstellung bei dem König einnimmt, sein und dort war auch der ebenfalls geladene Prinz Wellington Gu anwesend.

Im Hause des geistlichen Herrn fanden wir zwei liebenswürdige feingebildete Damen, Gattin und älteste Tochter des Hausherrn, welche die an sich behagliche Häuslichkeit nur noch reizvoller machten. Der Tisch war gut, ebenso waren es die Weine, unter denen vorzugsweise einige zum Schluß gebrachte Flaschen wirklich guten edeln Rheinweins unsere volle Anerkennung fanden. Nach einem angenehm verlebten Abend trennten wir uns erst gegen 10 Uhr, nachdem ich vorher noch dem Prinzen Gu versprochen hatte, ihn mit seiner Dienerschaft am nächsten Vormittag nach Bavau mitzunehmen, da ich diesen Platz im Vorbeilaufen so wie so für ein oder zwei Tage besuchen wollte.

Am nächsten Morgen, nachdem „Albatros" bereits nach Auckland in See gegangen war, trat indeß unserer Weiterfahrt ein Hinderniß entgegen. Der Schiffsarzt meldete mir, daß der Steuerer meiner Gig sich wegen heftiger Kopfschmerzen in ärztliche Behandlung gegeben habe und er wahrscheinlich am vorhergehenden Abend der Gegenstand eines Raubanfalls gewesen sei. Die Untersuchung ergab, daß der Bootsmannsmaat, während er mit dem Boot auf mich wartete, dort in der Dunkelheit zwei Eingeborenen begegnete und gleich darauf bewußtlos war. Später wurde er von den ihn suchenden Bootsgasten nicht weit vom Boot entfernt am Strande liegend gefunden und zum Bewußtsein zurückgebracht, worauf dann festgestellt wurde, daß sein Messer und seine Pfeife fehlten. Da er ein nüchterner, sehr ruhiger Mensch ist, die Bootsgasten weder Wortwechsel noch überhaupt einen Laut gehört haben, obgleich die Sache sich bei der Dunkelheit in nächster Nähe des Bootes abgespielt haben muß, auch die Kleidung des Angefallenen keine Spuren eines Kampfes oder Ringens zeigten, so bleibt eben keine andere Erklärung übrig, als die eines beabsichtigten Raubanfalls und daß die Angreifer ihr Opfer gleich mit dem von hinten geführten ersten Schlag bewußtlos zu Boden gestreckt haben. Der Arzt hatte vor dieser Untersuchung schon festgestellt, daß der Unteroffizier einen schweren Schlag auf den Hinterkopf erhalten hatte, welcher ein mehrtägiges Krankenlager zur Folge hatte, einen gleichen das ganze Gesicht zeitweise entstellenden Schlag von vorn, und daß er außerdem noch ziemlich stark gedrosselt worden sein muß.

Diese Sache durfte ich nicht mit Stillschweigen übergehen, und da nach meiner Kenntniß des Charakters dieser Südseemenschen die That gewiß schon der halben Bevölkerung bekannt war, so mußte ich auch die Ermittelung und Bestrafung der Thäter fordern. Ich ließ daher gleich der tonganischen Regierung von dem Vorfall Kenntniß geben mit der Forderung, die Thäter innerhalb drei Stunden zu ermitteln und zu bestrafen, da ich meine auf 9 Uhr angesetzt gewesene Abreise nur um diese Zeit hinausschieben könne.

Nach einer halben Stunde kam Prinz Gu zu mir, um dem Bedauern des Königs über diesen Vorfall Ausdruck zu geben und zu erklären, daß es wol kaum möglich sein würde, die Schuldigen in dieser kurzen Zeit zu ermitteln. Ich konnte dem nicht zustimmen und nur betonen, daß dies nach meiner Ueberzeugung ein Leichtes sei, wenn man nur den guten Willen habe und ich daher auf meiner Forderung bestehen müsse. Der Prinz fuhr wieder an Land, wo sich am Strande bereits eine große und anscheinend erregte Menschenmenge zusammengefunden hatte. Durch das Fernrohr konnte ich sehen, wie gleich beim Landen des Bootes ein gebundener Mensch in dasselbe gehoben wurde und dieses darauf wieder zu uns kam. Prinz Gu erzählte nun, daß der König bereits einen Verdacht gehabt habe, in die Hütte des Betreffenden gegangen sei und dort in einer verschlossenen Kiste, welche er habe erbrechen lassen, die geraubten Sachen gefunden habe. Die mir dann übergebenen beiden Gegenstände schlossen jeden weitern Zweifel aus, da sie mit dem Namen des Beraubten versehen waren. Gleichzeitig wurde mir auch der Räuber mit dem Bemerken zur Verfügung gestellt, daß derselbe ein früherer Gefangener sei, ich ihn nach Belieben bestrafen könne und nicht mehr zurückzuliefern brauche. Dieses Anerbieten glaubte ich indeß ablehnen zu müssen, wie ich andererseits der Behauptung, daß der zweite Mann als unschuldig befunden worden sei, Glauben schenken mußte. Ich verlangte daher die Bestrafung des Verbrechers nach tonganischem Recht auf öffentlichem Platze und forderte, als ich um Bemessung der Strafe gebeten wurde und nachdem mir das gesetzmäßige Bestehen der Prügelstrafe versichert worden war, 25 Hiebe und das Recht, einen Offizier sowie den mishandelten Unteroffizier als Zeugen zu dem Strafvollzug senden zu dürfen. Nachdem mir dies zugestanden worden war, wurde der an Händen und Füßen gebundene neben mir liegende Missethäter, dessen Körper schon die verschiedensten Spuren bereits erlittener Mishandlungen aufwies, wieder in das Boot und an Land gebracht, wohin unsere Zeugen kurze Zeit darauf nachfolgten. Trommelwirbel riefen bald die Bevölkerung nach dem Königshaus, wo in dem hintern Hof die Strafe vollzogen wurde und zwar nach der mir später gewordenen Meldung in der Weise, daß der Delinquent gebunden auf die Erde gesetzt wurde und dann zwei Männer, der eine mit einer schweren Rippe eines grünen Kokospalmenblattes, der andere mit einem dreifach zusammengedrehten dicken Strick erbarmungslos und ohne Schonung irgendeines Körpertheils auf ihn einhieben. Erst nachdem über 30 Hiebe gefallen waren, wurde es unserm Offizier möglich, dieser barbarischen Strafe Einhalt zu thun, worauf der Verbrecher, dessen Körper nur eine große blutrünstige Schwiele gewesen sein soll, nach dem Gefängniß getragen wurde, da er selbst zum Gehen nicht fähig war. Ich ließ darauf dem König für die prompte Justiz danken, der Prinz Gu nebst Dienerschaft schiffiten sich auf der „Ariadne" ein und um 12 Uhr mittags verließ ich ziemlich verstimmt durch die Eindrücke des Vormittags wieder Nukualofa. Im Laufe des Nachmittags traf uns auch noch das Unglück, daß ein Matrose, während er schlief, am Herzschlag verstarb und zwar, wie sich bei der am nächsten Morgen vorgenommenen Obduction ergab, an einem unheilbaren, schon weit vorgeschrittenen Herzfehler.

Mein Gast, welcher die Stelle eines Gouverneurs der Vavau-Gruppe bekleidet und als solcher vielfache Seereisen machen muß, leidet stets so sehr an der Seekrankheit, daß er sich bei mir auch gleich in meine ihm zur Verfügung gestellte Achterkajüte zurückzog und sich dort unter Zurückweisung aller ihm gebotenen Bequemlichkeiten auf eine Matte auf das platte Deck bettete. Die sanften Bewegungen des Schiffes indeß, welche ein besonderer Vorzug der „Ariadne" sind, ließen keine Seekrankheit aufkommen und so kam der Prinz bald wieder mit der Erklärung zum Vorschein, daß diese Seereise die erste in seinem Leben sei, welche ihm Genuß gewähre.

Am 14. abends trafen wir in dem von niedrigen Höhen umschlossenen Hafen von Vavau ein, wo wir vor dem unbedeutenden Dorfe Neiafo ankerten. Wir waren leider gezwungen, den Verstorbenen noch an diesem Abend zu beerdigen, weil der Verwesungsproceß der Leiche schon so weit vorgeschritten war, daß wir dieselbe nicht mehr über Nacht an Bord behalten konnten. Eigentlich hätten wir dieselbe schon im Laufe des Nachmittags auf offener See bestatten müssen, da aber die Ankunft in Vavau gesichert war, so wollte ich dem Manne doch ein ordentliches Grab zukommen lassen. Ehe indeß die erforderlichen Vorbereitungen am Lande getroffen werden konnten, war es Nacht geworden und so konnte der Leichenzug erst gegen 9 Uhr das Schiff verlassen. Am Lande zog sich eine durch Laternen gebildete Schlangenlinie langsam die dunkle Höhe hinauf, die getragene Musik eines Trauermarsches kam wie ein Gebet über die stille Flut zu uns herüber und wir gedachten des armen Kameraden, welcher kurz vor der Heimreise dort drüben auf Bergeshöhe in fremder Erde seine letzte Ruhestätte fand. Die Musik verstummte, ein Choral erzitterte durch die stille Nacht, die Musik verstummte wieder und dann schlängelte sich in raschem Tempo nach den Klängen eines heitern Marsches die flimmernde Schlange wieder den Berg hinunter. Den Lebenden gehört nun einmal das Leben.

In Neiafo war wenig zu sehen, da neben dem umfangreichen mit großer Raumverschwendung erbauten hölzernen Wohnhaus des Gouverneurs die Hütten der Eingeborenen und die kleinen Häuser der wenigen hier lebenden Europäer um so mehr verschwinden, als alle diese Wohnungen sehr verstreut an dem Abhang eines Berges unter Kokospalmen, Brotfrucht- und Orangenbäumen versteckt liegen und man

Landschaft auf Tongatabu.

nicht den Eindruck gewinnt, eine Stadt oder ein zusammengehöriges Dorf zu betreten. Doch macht dafür jedes einzelne Wohnhaus an sich einen sehr behaglichen und bei der herrschenden Hitze auch einladenden Eindruck, da die Häuser sowol, wie deren nächste Umgebung angenehm beschattet sind.

Den Gouverneur traf ich am Morgen nach unserer Ankunft, bei Gelegenheit meines ihm gemachten Besuches, vor seinem Hause sitzend als tonganischen Häuptling an, d. h. nur im Lava-lava mit dem Fliegenwedel in der Hand. Ob er dadurch unangenehm berührt wurde, weiß ich nicht, jedenfalls hat er es sich dann nicht merken lassen, da er ebenso unbefangen liebenswürdig wie immer war, mir sein Haus zeigte und sich dann erst umkleidete, um mich in die nächste Umgebung zu fahren und mir dort seine Kaffee-, Baumwoll- und Kokosnußpflanzungen zu zeigen. In seiner Nationaltracht habe ich ihn später allerdings nicht mehr zu sehen bekommen.

Das Haus, nur ein Geschoß zu ebener Erde, scheint vorzugsweise mit Rücksicht auf Repräsentationszwecke erbaut zu sein, da es neben andern Wohnräumen einen besonders großen Speisesaal mit daran stoßendem Anrichtezimmer und dahinter liegender geräumiger Küche hat, auch große Vorräthe an Tischwäsche, Porzellan, Glas und sonstigem Tischzubehör vorhanden sind.

Haus in Vavau.

Die Dienerschaft des innern Hauses wird durch jüngere Häuptlingstöchter, welche sich regelmäßig ablösen, und die Küche durch ältere weibliche Personen gebildet. Im Stall sind natürlich Männer.

Ein großes Mittagessen, welches der prinzliche Gouverneur uns gab, unterschied sich von den uns gewohnten nur durch die Bedienung. Denn da wir auf Stühlen an einem mit weißem Damast gedeckten Tisch saßen, wo wir neben Tellern, Gläsern, Messern und Gabeln auch europäische Tafelaufsätze fanden, mit Speisen und Getränken bewirthet wurden, wie der Europäer sie in den Tropen genießt, die eigentliche Bedienung mit uns gewohnter Sauberkeit und Ordnung erfolgte, so blieben nur die bedienenden Personen als etwas Absonderliches übrig, und zwar als etwas so reizend Absonderliches, daß diese uns mehr wie das Mahl fesselten. Neben zierlichen jungen Mädchen, welche unter Aufsicht einer ältern braunen Dame mit großer Sicherheit und Ruhe die Speisen anboten, Teller, Messer und Gabel wechselten, standen hinter uns noch die vornehmern Häuptlingstöchter in ihrem schönsten Staat mit Blumen und Laub geschmückt, um uns Kühlung zuzufächeln und mit ihren Fächern auch die Fliegen und Mosquitos fern zu halten. Während des Essens hatte allerdings mein Gegenüber den besten Platz, weil das schönste der jungen Mädchen nur um meine Person beschäftigt war und daher hinter mir stand,

Tonganerin.

wohin ich nur ab und zu einen verstohlenen Blick werfen konnte. Nach dem Essen änderte sich dies allerdings, da wir uns nun auf dem Fußboden als Gruppe auf Matten niederließen und die Mädchen zu unsern Füßen zwischen uns Platz nahmen, um ihres Amtes walten zu können. Mir schien es kaum möglich, daß die armen Geschöpfe überhaupt noch im Stande waren ihre Arme zu bewegen, aber trotz aller Bitten sich zu schonen, fuhren sie unverdrossen mit dem freundlichsten Gesicht in ihrer anstrengenden Arbeit fort, wofür ich meinem Mädchen wenigstens am nächsten Tage ein schönes Stück Sammt zu einem neuen Leibchen schenkte, worüber sie außerordentlich erfreut war.

Sehr bedauert haben wir, daß wir diese Gruppe nicht in einem Bild fixiren konnten, denn wenn auch nicht gerade wir des Anschauens so werth sind, so waren es doch die zierlichen Tonganerinnen in ihren knappen, nur etwas bis über die Knie reichenden leichten Kleidchen aus bunter Seide und buntem Sammt, mit ihren Blumen und Laubgewinden und den frischen, heitern und hübschen Gesichtern. Die Frauen hier in Vavau erinnern in ihrer Gestalt mehr an die Samoanerin als an die große starkknochige Tonganerin, und vor beiden haben sie noch den Vorzug schönerer Gesichtszüge.

Während wir so behaglich hingestreckt lagen und bei einer Tasse Kaffee eine gute Cigarre rauchten, an denen es in diesem gastfreien Hause auch nicht fehlte, traten eine größere Zahl Männer in den Raum, um Kawa zu bereiten, welche hier, abweichend von dem Samoabrauch, durch Männer zubereitet wird, nachdem sie die Wurzel zwischen Steinen zerrieben haben. Dann folgten einige gut einstudirte Gesangsvorträge, in denen die Tonganer einen weitverbreiteten Ruf haben, welche mich aber nicht besonders ansprachen. Tänze sind hier durch die Missionare verboten und werden daher nur im geheimen geübt, dann aber, wie es wol nicht gut anders sein kann, als verbotene Frucht mit den dazugehörigen Ausschreitungen.

Zur Hebung der Moral haben die Missionare hier die schärfsten Bestimmungen durchgesetzt und dadurch die wunderlichsten Auswüchse im Volksleben hervorgebracht. So haben sie, um die sittlichen Zustände zu heben, verboten, daß die hier ansässigen Weißen ihren Hausstand durch eingeborene Frauenzimmer besorgen lassen. Da die Weißen nun keine Männer zur Bedienung erhalten können, so verfielen sie auf das Mittel der Adoption, gegen welchen altbergebrachten Brauch die Missionare trotz ihrer sonstigen Macht bisjetzt noch nichts haben ausrichten können. Die Weißen adoptiren also ein junges Mädchen als Tante, Schwester, Tochter oder gar als Mutter, müssen dieselbe dann aber ganz in ihr Haus nehmen. Während nun früher die weibliche Bedienung nur am Tage den Hausstand ihres Herrn versorgte, muß sie jetzt ganz mit ihm zusammenleben, und es belustigte mich sehr, bei einem jungen Deutschen eine blutjunge Tonganerin als seine gesetzliche Tante vorzufinden.

Nicht ganz in Uebereinstimmung mit dieser Verordnung dürfte sich allerdings die weibliche Bedienung des Prinzen Gu befinden, dies hat jedoch zur Zeit keine große Gefahr, da der Prinz, wie man zu sagen pflegt, bis über die Ohren verliebt ist, und zwar in eine ihm an Geburt und Körpergröße ebenbürtige Dame, aber dennoch vorläufig ohne Hoffnung auf eine baldige Verbindung. Der Prinz zeigte mir mit allen äußern Zeichen eines unglücklich Liebenden die Photographie seiner Erwählten und erzählte mir dabei, daß der König bisher seine Einwilligung zu dieser Verbindung versagt habe, weil die Verwandtschaft (wenn ich nicht irre Geschwisterkinder) eine zu nahe sei. Bei dieser Gelegenheit erfuhr ich auch, daß die Tonganer von altersher Ehen unter Blutsverwandten nicht billigen.

Eine merkwürdige Mittheilung wurde mir hier noch gemacht, welche ich anfänglich nicht glauben konnte, aber doch glauben mußte, als der Gouverneur mir die Richtigkeit bestätigte. Die von den Missionaren eingeführten Strafen sind hier, ebenso wie auf den Gesellschafts-Inseln, Geldstrafen, von welchen der Angeber einen Theil als Angeberlohn erhält. Die besonders in Betracht kommenden Vergehen sind Uebertretung der Sonntagsheiligung, Diebstahl und unsittlicher Lebenswandel. Wird nun jemand eines solchen Vergehens angeklagt, dann ist die Beibringung von Zeugen nicht erforderlich, in den meisten Fällen auch nicht möglich, weil die Denuncianten oft aus Rachsucht oder Geldgier eine falsche Anklage erheben sollen, in diesen Fällen also schon das Vorhandensein von Zeugen ausgeschlossen ist. Hier sind nun die Angaben des Angeschuldigten und des Anklägers nicht gleichwerthig, sondern der Angeschuldigte erhält, sofern er nicht Zeugen für seine Schuldlosigkeit beibringen kann, wenn er nicht gleich gesteht, ohne Ansehung des Geschlechts 25 Hiebe und wenn er dann noch nicht gesteht, weitere 10 Hiebe. Darauf wird er entlassen und zum nächsten Tage bestellt, um dann derselben Mishandlung unterworfen zu werden, wenn er nicht vorzieht, die Geldstrafe auf alle Fälle zu zahlen und sich dadurch schuldig zu bekennen. Ein Zeichen der Unschuld gibt es übrigens, und zwar wenn bei der mishandelten Person während der Folter eine Blasenentleerung stattfindet. Der Angeber geht in allen Fällen straflos aus, jedenfalls um diesen Leuten das unsaubere Handwerk nicht zu verleiden. Wie mir versichert wurde, soll diese Art der Justiz auf den Einfluß der Missionare zurückzuführen sein, was mir indeß nicht bewiesen werden konnte. Aber soviel weiß ich, daß die Mission in Tonga, welche einen so bedeutenden Einfluß hat, dieser unwürdigen Rechtspflege in Vavau ein Ende machen könnte, wenn sie wollte und — wenn sie durch ihre Station in Vavau von diesen Zuständen überhaupt Kenntniß erhalten hat.

Zu gestern war, ebenso wie früher auf andern Inseln, die Bevölkerung zum Besuch des Schiffes eingeladen. Hierbei machte es sich eine ziemlich große Zahl reichgeputzter Frauen, welche ohne Begleitung ihrer männlichen Verwandten auf das Schiff kamen, unter der Führung einer ältern wohlbeleibten Dame in meiner Kajüte bequem. Die ältere Dame, welche neben ihrer reichen Kleidung noch viel werthvollen Schmuck an sich trug, hatte einen jüngern Eingeborenen bei sich, der wol als Dolmetscher mitgenommen war und mir in Englisch seine Herrin als eine der vornehmsten Häuptlingsfrauen, von welcher ich auch schon gehört hatte, vorstellte. Die braune Dame war außerordentlich gesprächig, erkundigte sich nach allem Möglichen, nahm in einem Lehnsessel Platz und beförderte nach einiger Zeit alle Eindringlinge ihres Stammes, welche nicht zu ihrer nähern Umgebung gehörten, in energischer Weise zur Thür hinaus, richtete dann mit den entsprechenden Gesten und dem freundlichsten Gesicht einige Worte an mich, welche ich dahin deuten mußte, daß sie die Thüren geschlossen haben wolle. Dies traf auch zu, denn ehe der Dolmetscher zu Worte kommen konnte, wurde er beauftragt dies auszuführen unter Zuhülfenahme einiger Armbewegungen, welche nur besagen konnten: „Der Herr hat das Schließen der Thüren erlaubt, mach' sie daher zu!" Nach diesen Vorbereitungen setzte sie sich noch einmal bequem in dem Sessel zurecht, ordnete ihre Kleider etwas, gab den mit ihr gekommenen Mädchen, von welchen ich einige schon vom Hause des Gouverneurs her kannte, Anweisung, etwas zurückzutreten, sodaß der Platz vor ihr frei war, faßte dann dem Mann, welcher sich inzwischen vor ihr auf die Erde gesetzt hatte, zärtlich in die Haare und sagte etwas zu ihm, worauf derselbe anfing in halb hockender Stellung einen Tanz zu Füßen seiner Gebieterin aufzuführen, welcher an diejenigen der Gesellschafts-Inseln erinnerte. Während mich der Tanz nicht ansprach, waren die versammelten Damen, welche hier ohne Gefahr die verbotene Frucht genießen konnten, ganz entzückt davon, und die dicke Angeberin des jedenfalls vorher geplanten Vergnügens war so außer sich vor Freude, daß sie den Mann ab und zu unterbrechen mußte, indem sie ihn mit der einen

Hand an den Haaren faßte, sich schüttelnd vor Lachen in den Stuhl zurückwarf, mit der andern Hand auf den Tänzer wies und mit nach hinten übergebogenem Kopfe — ich stand ihr zur Seite — mir etwas zurief, was nur bedeuten konnte: „Ist er nicht köstlich, himmlisch?" Die Freude der Dame war so urwüchsig und ansteckend, daß ich aus vollem Herzen mitlachen mußte. Nach Beendigung der Vorstellung wurde der Mann zur Thür hinausgeschoben und nun wurde die Gesellschaft erst recht ausgelassen, die dicke Tante nahm ihre sehr hübsche und zierliche Nichte an der Hand und legte sie mir mit einer energischen Bewegung in den Arm. Da war ich nun umringt von einer ausgelassenen fröhlichen Mädchenschar und in meinem Arm lag ein schönes junges Menschenkind, welches mit zurückgebogenem Kopf und halbgeöffneten Lippen mich so glückselig über das hier Erlebte ansah, daß ich ordentlich an mich halten mußte, ihr nicht die frischen Lippen mit einem Kuß zu schließen. Ich schob sie der Tante aber wieder sanft zu und erhielt dann von ihr als Andenken einen schön geschnitzten Kamm, welchen sie aus ihrem Haar nahm.

Zu heute Vormittag 8 Uhr war unsere Abreise festgesetzt und Gouverneur Gu wollte mich ein Stück Weges begleiten, um mir eine an der Wasserstraße liegende Höhle oder Felsengrotte, welche einen weiten Ruf hat, zu zeigen.

Als ich heute Morgen die Augen aufschlug, wußte ich anfangs nicht ob ich träume oder wache; ein starker, eigenartiger, mir übrigens angenehmer Duft, wie ihn die hier und in Samoa von den Eingeborenen getragenen Kränze ausströmen, erfüllte meine Kajüte und vor meinem Bett standen vier geschmückte Mädchen mit Blumen im Haar und Blumen- und Laubketten um Hals und Hüften, unter denen sich auch meine beiden Freundinnen befanden, sowol die, welche beim Gouverneur um mich war, wie die Nichte der dicken Häuptlingsdame, welche am gestrigen Nachmittag das Schiff besucht hatte. Jede trug einen kleinen Korb mit Früchten in der Hand, Bananen, Ananas, Limonen und Orangen, sie zeigten mir die Körbchen, stellten sie dann auf den Tisch und legten ihre Kränze dazu. Als sie zu meinem Bett zurückgekehrt waren, schüttelte ich einer jeden die Hand, in der Erwartung, daß sie nun gehen würden und mich aufstehen ließen. Nach kurzer Zwiesprache gingen sie wol, aber nur drei von ihnen, denn eine blieb bei mir zurück; auch diese ging, aber erst nachdem eine andere hereingekommen war, und als die vierte nicht mehr weichen wollte und meine Zeichen nur dahin verstand, die Verbindungsthür nach der Vorkajüte zu schließen, machte ich kurzen Prozeß und stieg in mein Bad, worauf sie sich dann allerdings lachend entfernte. Aber nur für kurze Zeit. Denn kaum war ich wieder einigermaßen bekleidet, so waren sie alle vier auch wieder da, setzten sich um mich und leisteten mir sowol hier, wie nachher in der Vorkajüte bei meinem Frühstück Gesellschaft.

Um 8 Uhr kam der Gouverneur mit seinem Boot an Bord und war keineswegs erstaunt, die vier Töchter seines Landes hier vorzufinden, sondern hatte zweifellos von dem frühen Besuch Kenntniß gehabt, wie ich aus seiner Andeutung, daß die gesandten Früchte wol bis Apia reichen würden, entnehmen mußte. Er sagte auch, daß die Mädchen mit meiner Erlaubniß die Fahrt nach der Grotte mitmachen und mit ihm dann zurückkehren würden. Nach einer Stunde waren wir an dem Platz angelangt und fuhren in meinem Boot nach einem in der Felswand sich zeigenden kleinen Höhleneingang. Der Gouverneur, welcher eigentlich neben mir sitzen sollte, fand in dem hintern Ende des schmalen Bootes, wo ich des Steuers wegen bleiben mußte, keinen genügenden Raum für seinen mächtigen Körper und mußte daher weiter vorn sitzen, dadurch bekam ich zwei der Mädchen als Nachbarinnen. Bald hatten wir den 4 m breiten Eingang erreicht und mußten uns dort bücken, um nicht mit den Köpfen an die Felsdecke zu stoßen. Noch einige Augenblicke und wir befanden uns in einer wahrhaften Märchenwelt.

Scheinbar im blauen Aether schwebend sind wir in einem Raum, von dem wir nicht wissen, ob er groß ist oder klein. In der Mitte ruht mein weißes Boot und dieses wie die darin befindlichen weißgekleideten Männer und die in buntfarbige leichte Stoffe gehüllten braunen Frauen sind von dem wunderbarsten blauen Farbenhauch umflossen. Zu den Seiten, über uns, im Spiegelbild neben uns und unter uns wölbt sich in blauen Fernen das Gestein, von welchem phantastische Tropfsteingebilde in den Raum hineinragen. Wir wissen nicht was Wasser ist und was Luft, der ganze Raum erglänzt gleichmäßig in der wunderbaren tiefblauen Farbe des tropischen Meeres, denn da keine directen Lichtstrahlen in ihn fallen, so hat die ruhige glatte Wasserfläche keinen Spiegelglanz, sondern verschmilzt unmerklich mit dem Blau der über ihr stehenden Luft. Kein Wort fällt von unſern Lippen. Wir alle ſtaunen andachtsvoll die uns umgebende Pracht an, auch die Leute an den Rudern ſitzen läſſig da, ohne ſie zu rühren. Als ich mich nach meinen Nachbarinnen umſah, merkte ich erſt, daß ſie ſich dicht an mich angeſchmiegt hatten und mit ſtrahlenden Augen und ſtummen Lippen fragten, ob ich dies auch ſo ſchön fände wie ſie. Ja, es iſt wunderbar ſchön in dieſem heiligen Raum, wo man die ganze Welt in Liebe umfaſſen möchte. Erſt das mit den Offizieren uns nachgefolgte Boot brachte wieder Leben, da die Herren nach der erſten Ueberraſchung, welcher auch ſie ihren Tribut zahlen mußten, im Verein mit mir die Grotte ausmaßen.

Wir fanden die folgenden Zahlen: Länge 14 m, Breite 11 m, Höhe der Wölbung über der Waſſerfläche 8 m, Waſſertiefe zwiſchen 10 und 16 m.

Die hauptſächliche Lichtquelle, jedenfalls die, welche der Grotte ihren Zauber verleiht, fanden wir an dem dem ſchmalen Eingang entgegengeſetzten Ende in dem engen obern Durchbruch einer ſeitlichen ſchmalen und tiefen Felsſpalte.

Nicht weit von dieſer Grotte entfernt ſoll eine noch ſchönere ſein, deren Eingang aber unter der Waſſeroberfläche liegt, ſodaß man nur tauchend in dieſelbe gelangen kann. Alſo nichts für unſereinen.

Heute Vormittag 11 Uhr hatte ich von Prinz Gu, welcher in ſeinem Boot nach Neiaſo zurückkehrte, Abſchied genommen und begab mich dann an die Beſichtigung der mir zurückgelaſſenen Laubkränze. Es iſt ſchade, daß ſich dieſelben nicht aufheben laſſen, denn ſie ſind wirklich ganz außerordentlich geſchmackvoll zuſammengeſtellt, ſowol in den Farben, wie in den Formen der dazu verwendeten Blumen, Blätter, Gräſer, Früchte und Beeren. Vom tiefſten bis zum hellſten Grün, Roth, Braun, Gelb und Blau; breite und ſchmale, ſchlichte und gezackte, weiche und dornige Formen; man möchte glauben, daß von jeder vorkommenden Pflanze in Blüte, Blatt oder Frucht ein Theilchen in dem armdicken und 1½ m im Umfang meſſenden Gewinde enthalten iſt.

17.

Samoa.

IV.

Apia, 18. April 1879.

Am 21. März abends ging ich in Saluafata zu Anker, weil ich vor Dunkelwerden Apia nicht mehr erreichen konnte, brachte aber das Schiff gleich am nächsten Morgen hierher, um den Geburtstag unsers Allergnädigsten Kaisers und Kriegsherrn hier feiern und im Schmuck der Flaggen und Wimpel den Bewohnern durch den ehernen Mund unserer Kanonen die hohe Bedeutung des Tages kundgeben zu können.

Hier fand ich so ziemlich den alten Stand der Dinge vor. Die Taimua und Faipule besitzen noch die Regierungsgewalt und berathschlagen weiter über eine Königswahl, während Malietoa ruhig unter ihnen sitzt. Die einzige Neuerung ist, daß der Amerikaner Bartlett nun doch noch eine Anstellung bei der Regierung gefunden hat, wenn auch nur vorläufig auf zwei Monate als Lehrer der Rechte.

Am 28. März ging ich mit dem Schiff zu einem längern Aufenthalt nach Saluafata, um dort die Schießübungen mit den Kanonen und Gewehren abzuhalten, sonstige Exercitien vorzunehmen, welche uns nach den anstrengenden Reisen, bei denen die militärische Ausbildung etwas zurückstehen mußte, sehr noththaten, und um freundschaftliche Beziehungen mit den Bewohnern unserer neuen Kohlenstation anzuknüpfen, was uns über Erwarten gut gelang.

Saluafata hat mir mancherlei geboten und etwas, was bei dem Interesse, welches ich diesen Naturmenschen entgegenbringe, für mich von besonderm Werth ist: einen Einblick in ihr häusliches Leben. Hierbei kam mir wesentlich der Umstand zu Hülfe, daß dem Halbweißen, welcher mir wiederholt als Lootse gedient und auch die Reise nach Neu-Britannien mitgemacht hatte, von der Handels- und Plantagen-Gesellschaft neuerdings die Handelsstation von Saluafata überwiesen worden war und derselbe mir dadurch gegen ein Geschenk, welches ich ihm später machte, als Dolmetscher zur Verfügung stand. Dies erleichterte mir naturgemäß sehr den Verkehr mit den Eingeborenen, welcher bald ein so freundschaftlicher geworden war, daß die Leute mir volles Vertrauen zeigten und sich so gaben wie sie sind. Dies blieb aber nicht nur auf meine Person beschränkt, sondern schon nach kurzer Zeit war das ganze Schiff, und zwar ohne die Vermittelung eines Dolmetschers, in ein inniges Freundschaftsverhältniß mit dem Lande gekommen, und die Eingeborenen zeigten geradezu rührende Beweise ihrer Liebe zu den neugewonnenen Freunden, wobei das Merkwürdige zu Tage trat, daß jeder Matrose seinen bestimmten Samoaner als Freund hatte und im gegenseitigen Verkehr dann immer diese beiden zusammenhielten. Mein Verkehr beschränkte sich, wie dies nicht anders sein konnte, auf die am Orte ansässigen Häuptlingsfamilien und fand eigentlich nur am Lande statt, während die Besatzung regelmäßig zur Mittagsfreizeit ihre samoanischen Freunde an Bord empfing und den Gegenbesuch am Lande an ihren Urlaubstagen machte. Die Samoaner kamen dann mit ihren vollbeladenen Kanus an Bord und trugen ihren Freunden Früchte und andere Nahrungsmittel, Korallen, Muscheln, zierliche Kanumodelle, Speere, Tapastücke, Keulen und zuweilen auch alte ganz seltene Stücke zu, wogegen unsere Leute ihr Essen mit ihnen theilten. In der ersten Zeit, als ich den Zweck noch nicht kannte, versuchte ich verschiedene male, wenn ich die Samoaner mit den Sachen ankommen sah, etwas davon zu erwerben, wurde aber stets mit dem Bemerken abgewiesen, daß die Sachen für den Freund bestimmt seien. Als ich einmal den Versucher machen wollte und einen ganz übermäßig hohen Preis bot, half es mir auch nichts, der Mann blieb standhaft, so schwer es ihm auch zu werden schien. Wie weit die freundschaftlichen Gesinnungen unserer braunen Freunde gingen, werden am besten meine Erlebnisse zeigen. Ehe ich auf diese aber eingehe, will ich noch eine kleine Skizze von Saluafata entwerfen, weil dadurch das Nachfolgende wol leichter verständlich wird.

Der Hafen wird durch eine halbkreisförmige Einbuchtung der Küste gebildet und durch Korallenriffe gegen die See geschützt. Schmale Korallenriffe liegen auch noch in dem Hafen vor dem Strande, wodurch die vor diesem befindliche Wasserfläche stets ruhig ist und den

Anwohnern einen um so bequemern Fischgrund bietet, als bei Ebbe die geringe Wassertiefe das Fischen ohne Kanu gestattet. Auch Boote, wenn sie durch die vorhandenen schmalen Einfahrten hinter die Riffe gekommen sind, können von hier aus hinter die Küstenriffe gelangen und in behaglicher Fahrt weite Strecken zurücklegen und unbehindert von dem draußen stehenden Seegang die nächsten Städte, Apia, Lufilufi und Falifa erreichen. An den Strand schließt sich ein schmaler Streifen ebenes Land an und dahinter umschließen mäßig hohe Berge die Bucht, sodaß das Auge überall angenehme Ruhepunkte findet. Der Strand ist schöner weißer Korallensand, dahinter stehen Kokospalmen, Brotfrucht- und Orangenbäume, unter welchen die Hütten, Taro-

Küstenbild zwischen Apia und Falifa.

und Yampflanzungen liegen. An der Ostseite der Bucht liegt die Stadt Saluafata mit freiem Blick über das Meer; südlich davon, der nach uns benannten Ariadne-Huk gegenüber, die kleine, hohe, dichtbelaubte Albatros-Insel, nach unserm Kanonenboot so benannt. An der Südseite liegt noch ein Dorf, welches ebenfalls dem Häuptling von Saluafata gehört. Hinter der Stadt befindet sich ein großes Süßwasserbecken, welches einen angenehmen Badeplatz gewährt und eine große Wohlthat für unsere Besatzung wurde; auch beschattete, in das Innere führende Fußwege sind für Liebhaber vorhanden. Ueber die Lage des Berathungs- und Festplatzes habe ich das Erforderliche bereits bei meinem ersten Besuch der Samoa-Inseln und zwar gelegentlich der Beschlagnahme von Saluafata angegeben.

Als erstes Zeichen, daß das Eis gebrochen war und die auf mich wegen der frühern gewaltthätigen Wegnahme ihres Hafens verfaßten Spottlieder* hier keinen hohen Werth mehr hatten, diente eine mir von Loau, dem zweitangesehensten Häuptling, im Namen Sangapolutele's übermittelte Einladung, am nächsten Nachmittag auf dem Festplatz einige Geschenke entgegennehmen zu wollen. Ich fand mich mit einigen Offizieren pünktlich am Lande ein und bedauerte nachher lebhaft, nicht vorher eine Ahnung von der mir zugedachten Ueberraschung gehabt zu haben, weil ich sonst die entbehrlichen Mannschaften mitgebracht hätte, um auch diesen den Anblick des großartigen Talolo, welches uns geboten wurde, zukommen zu lassen.

Bei meinem Landen wurde ich von dem in eine alte feine Matte gehüllten Sangapolutele am Strande empfangen und zu dem Faletele geleitet, wo seine Frau, die beiden Töchter, sein kleiner Sohn und noch einige Häuptlingsdamen anwesend waren. Um den Platz herum stand viel Volk, aber nur Frauen und Kinder, Geschenke waren nicht zu sehen.

Nachdem wir uns mit Hülfe des Dolmetschers in dem kühlen Hause einige Zeit unterhalten und an frischer Kokosmilch erquickt hatten, wurde ich durch ein fernes Getöse aufmerksam, dasselbe schwoll mehr an und von Süden her, zur Seite der alten Gräber, brachen aus einem Waldweg ganz wunderliche, springende, tanzende und heulende Gestalten hervor, welche mir als des Häuptlings Narren, auch Buschmänner genannt, bezeichnet wurden. Die Kerle, man gestatte mir bei dieser Gelegenheit den Ausdruck, konnten einem gruseln machen. Theilweise sind sie ganz schwarz bemalt mit thalergroßen weißen und rothen Flecken über den ganzen Körper, theilweise sind sie unbemalt, aber alle haben weiße Nasen, Ohren und Augenhöhlen und sind nur mit einer handgroßen Blätterschürze bekleidet. Hinter diesen erscheint Loau, welcher mit eleganten weiten Sprüngen und in geradezu wundervoller Körperhaltung in Zickzacklinien auf den Platz fliegt, dann folgen die andern Häuptlinge und die ganze männliche Bevölkerung, welche auf die reichste Weise und vorzugsweise mit Laub geschmückt, Geschenke tragend aus dem Wald hervortreten und sich an der einen Seite des Platzes aufstellen.

* Derartige Lieder werden von jungen Mädchen zusammengestellt, irgendeiner alten oder neu erfundenen Melodie angepaßt und bilden einen Haupttheil der geschichtlichen Ueberlieferungen.

Loau steht auf der dem Volk gegenüberliegenden Seite des Platzes auf einem großen Stein; dicht bei uns ein alter Mann mit den aus einem großen Stab und Fliegenwedel bestehenden Attributen des Redners, sein Gesicht Loau zugekehrt.

Die uns umgebenden einzelnen Personen und Gruppen bieten dem Auge eine solche Fülle des Neuen, Ungewohnten, solchen Farbenreichthum, so viel Leben, Urwüchsigkeit und Ordnung, daß ich fast geblendet von dem Schauspiel nur schauen und staunen, staunen und schauen kann. Die Samoa-Sitte, welche jeder Ueberstürzung abhold ist und bei feierlichen Handlungen gewisse Pausen und würdevolle Langsamkeit erfordert, ließ mir genügende Zeit, das Bild zu erfassen, ehe die Anrede erfolgte.

Der vor uns liegende, mit blendendem Korallensand bestreute viereckige Platz wird an drei Seiten von Waldlehnen, an der vierten von dem Faletele, in welchem wir uns befanden, begrenzt. Aus dem grünen Rahmen der uns gegenüberliegenden Waldlehne tritt das Haus Sangapolutele's heraus; aus dem zu unserer Linken der Häuptling Loau in der stolzen Haltung einer Minerva; aus dem zur Rechten die andern Häuptlinge und das geschmückte Volk, welches sich um die beiden dort liegenden alten ehrwürdigen Grabstätten gruppirt hat. Ueber dem Platz steht die heiße Sonne an dem wolkenlosen Himmel.

Loau's Kopf ist mit einem hohen Haarhelm bedeckt, dessen blonde Haarwellen roßschweifartig nach unten fallen und ihn in Verbindung mit mancherlei Zierath zu einem schönen Schmuckstück machen. Ein vorn in der Mitte angebrachter beweglicher kleiner runder Spiegel wirft das aufgenommene Sonnenlicht in weiten Strahlen zurück. Ein Band mit zwei Reihen kleiner Muscheln, deren Schmelz mit dem der Perlen wetteifert, ziert Loau's Stirn, ein gleiches seinen linken Oberarm. Eine Kette von Schweinezähnen und feinen Gräsern umschließt den Hals; eine feine, hell-braungelbe Matte mit darüber liegendem Gürtel aus langen, schmalen, schwarzrothen Blättern (etwa 20 cm lang, 5 cm breit) die Hüften; feine Grasringe umfassen die Knöchel. Es ist eine edle Gestalt, welche in dem eigenartigen bunten und doch vornehm wirkenden Schmuck gehobenen Hauptes herausfordernd dort steht, mit der rechten Hand den auf den Boden gestützten Speer wie einen Heroldsstab hält und die Linke leicht am Körper herunterhängen läßt.

Aehnlich sind die übrigen Häuptlinge gekleidet, doch haben sie an Stelle des Helms rothe Blumen im Haar und an Stelle der Muschel-

Samoanischer Häuptling mit Familie.

bänder um Stirn und Oberarm ein schmales rothes Blatt, oder ein rothes Band mit einem Aufputz aus eigenem Haar. Das Volk hat grüne Kränze aus frischem Laub um Kopf und Hals, rothe Blumen im Haar, Lava-lavas von frischen Blättern. Der bei mir stehende

Redner ist schlicht gekleidet und gehört eigentlich nicht zu dem Talolo, sondern hat nur die Aufgabe, die an uns gerichtete Ansprache zu erwidern.

Nachdem Loau eine Weile gewartet hat, wir aus dem Hause hinausgetreten sind und lautlose Stille eingetreten ist, ruft er seine Ansprache mit lauter Stimme in kurzen Sätzen zu uns herüber, welche einzeln gleich durch den Redner beantwortet werden. Die Ansprache dauert nicht lange, sie enthält nur die Begrüßung der Fremdlinge und die Bitte um Annahme der Geschenke, wofür der Redner in meinem Namen dankt. Darauf werden die Geschenke gebracht und bei uns niedergelegt; das Volk tritt wieder zurück und Loau führt einen Kriegstanz auf, welcher in hohen, gewagten, kraftvollen Sprüngen besteht und mich an die Solotänze unserer Balletttänzer erinnert. Nach ihm führen die andern Häuptlinge noch einen gemeinsamen Tanz auf, dann begeben wir uns wieder in die Hütte und das Volk zerstreut sich zum Theil, zum Theil bleibt es aus der Ferne Zuschauer, während wir Kawa trinken. Denn wir nehmen mit sämmtlichen Häuptlingen im Kreise Platz und die Mädchen beginnen mit der Kawabereitung. Vor diesem Getränk fürchte ich mich übrigens nicht mehr, ich habe es vielmehr durch die Gewöhnung so schätzen gelernt, daß ich mich auf den Genuß freue und ohne Abscheu der Bereitung zusehen kann. Bei dieser Gelegenheit lernte ich zum ersten mal das Ceremoniell kennen, welches der Samoaner bei solch festlichem Kawatrunk beobachtet. Sobald die Schale gefüllt ist, klatscht die von mir als „Redner" bezeichnete Person, welche wol auch die Stelle eines Ceremonienmeisters versieht, in die Hände, um Ruhe zu fordern, steht auf, ruft den Namen derjenigen Person auf, welcher nach der Rangordnung der Trunk zukommt, und setzt sich dann wieder, um dasselbe jedesmal zu wiederholen, bis der letzte Anwesende seinen Trunk erhalten hat. Bei den Vornehmern wird immer nur eine Schale zur Zeit gereicht, nachher aber werden gleichzeitig zwei und drei Schalen ausgetragen. Mit welchem Anstand die Mädchen die Schalen anbieten, habe ich früher schon erzählt.

Meine Beziehungen zu den Häuptlingen waren bald so vertraute geworden, daß wir uns abends in dem außerhalb der Stadt auf einer kleinen Anhöhe liegenden Hause des Halbweißen trafen, wo ich die Leute mit Taback und Getränken bewirthete und von ihnen mancherlei erfuhr, was mich interessirte. Die erste derartige Zusammenkunft war aus politischen Rücksichten erfolgt, weil ich mich mit diesen Dingen mehr befassen mußte und noch befassen muß, als mir lieb ist, denn als ich vor vier Wochen hier ankam, hatte unser Consul die Samoa-Inseln für mehrere Wochen verlassen, und so war es, da es hier im Lande fortwährend gährt, meine Pflicht mich über die Vorgänge auf dem Laufenden zu erhalten, um nicht einem etwaigen Aufstande unvorbereitet gegenüberzustehen. Es kam mir hierbei zu statten, daß der hiesige District zu den Malietoas hält und wir, wenn wir auch den jüngern Malietoa keineswegs als eine wünschenswerthe Persönlichkeit betrachten können, doch den ältern, welcher zur Zeit der Erwählte seiner Partei ist, als den einzig möglichen König ansehen. So gestalteten sich diese abendlichen Zusammenkünfte gewissermaßen zu einem politischen Stelldichein, wo die am Abend von außerhalb eintreffenden Boten zuerst vorsprachen und die neuesten Nachrichten hinbrachten. Hier erfuhr ich denn auch, was ich allerdings nicht verbürgen kann, mir aber glaubwürdig erscheint, daß der in Apia residirende französische Bischof vor einigen Monaten nach Europa gereist ist, um die französische Regierung zur Erwerbung alles auf den Inseln verkäuflichen Landes zu bewegen, weil nur dadurch dem stetig wachsenden deutschen Einfluß wirksam begegnet werden könne; daß ferner die französischen Priester von den vier vornehmlich in Betracht kommenden Candidaten der Tupua-Partei einen unterstützen und für diesen auch den pp. Bartlett gewonnen haben, wofür dieser von ihnen in das Amt, welches er jetzt innehat, gebracht wurde. Bartlett soll denn auch, wenn er äußerlich auch nur als Lehrer der Rechte angestellt ist, thatsächlich die Regierung leiten, und unter anderm hat er, wol um seine Befähigung für dieses Amt darzuthun, den erstaunten Bewohnern von Apia das überraschende Schauspiel geboten, unter seiner Leitung die Herren von der Taimua und Faipule die Straßen Apias ausbessern zu lassen, von welcher Arbeit sich nur wenige Mitglieder ausgeschlossen haben sollen. Unter solchen Verhältnissen war mein Verbleiben in Saluafata von größerm Nutzen, als wenn ich die Zeit in Apia zugebracht hätte, denn hier würde ich von diesen Dingen wahrscheinlich nichts erfahren haben. Im übrigen war ich auch nahe genug, um in die Ereignisse eingreifen zu können, wenn es erforderlich geworden wäre.

Diese abendlichen Zusammenkünfte waren mir bald zum Bedürfniß geworden, sodaß ich fast täglich, wenn ich keine andere Abhaltung hatte, abends nach 8 Uhr an Land fuhr und bis gegen 10 Uhr dort blieb. Neben den Nachrichten, welche ich dort empfing, waren diese Abende für mich auch insofern lehrreich, als ich dort einiges von dem häuslichen Leben der Samoaner kennen lernte, da naturgemäß auch sociale Fragen, Familienverhältnisse und dergleichen mehr zur Besprechung kamen. Gewöhnlich fand ich schon Besuch vor, welcher mit der Familie des Halbweißen in der Mitte des Wohnraumes auf Matten unter der Hängelampe saß; dann kam weiterer Zuzug, Häuptlinge mit ihren Frauen und Töchtern erschienen. Die Männer bildeten eine Gruppe, die Frauen die zweite und die jungen Mädchen die dritte. Ich setzte mich gewöhnlich so zur Seite hin, daß ich den ganzen Raum übersehen und mich an dem behaglichen Zusammensein der Leute erfreuen konnte. Der Halbweiße, seine Frau (Samoanerin) oder eine junge ebenfalls zum Hausstand gehörige Samoanerin, welche beide auch etwas englisch sprechen, nahm an meiner Seite Platz, um mir das, was ich wissen wollte, verdolmetschen zu können. Die Männer besprachen dies und jenes und schlugen mit der flachen Hand klatschend auf ihren Körper, wenn ein Mosquito sie stach, was oft genug vorkam. Die Frauen unterhielten sich nach ihrem Geschmack und die Mädchen vergnügten sich mit Spielen. Einige spielten Karten und legten Gewinn und Verlust mit Streichhölzern an, andere machten Fingerverrenkungen, schlugen mit den flachen Händen gegeneinander, versuchten mit den Fingern und Händen Schattenbilder zu formen, machten Figuren aus Bindfaden durch Abheben von den Fingern und trieben auch ein Spiel, welches mich sehr überraschte, da es unser in das Samoanische übertragene Zwirnessen ist, welches zuweilen bei Pfänderspielen geübt wird. Wie bei uns das Zwirnessen in einem Kuß endigt, so mußte dieses Spiel sein Ende im Nasenreiben finden, welches hier noch die Stelle unsers Kusses vertritt. Die eine Person legt ein feines Stäbchen wagerecht so zwischen Oberlippe und Nase, daß ein längeres Ende nach einer Seite vorsteht. Die andere muß nun, ohne die Hände zu gebrauchen, mit Oberlippe und Nase das Stäbchen fassen und es der erstern zu entreißen suchen, oder es aber bei diesem Versuch so weit nach der andern Seite durchschieben, daß sie es schließlich nicht mehr fassen kann, ohne mit ihrer Nasenspitze die des Gegners zu reiben. Da sitzen nun beide mit untergeschlagenen Beinen und aufgestützten Händen einander gegenüber und wackeln mit den Köpfen hin und her, wobei die Besitzerin des Stäbchens durch ein gebrummtes Hm! die andere zum Angriff reizt. Diese hmt wieder und Hm! Hm! geht es, bis schließlich die Zuschauer durch den komischen Anblick der ernsten kämpfenden Gesichter in Lachen ausbrechen, womit das Spiel gewöhnlich sein Ende findet, da die Kämpfenden mitlachen müssen und dann das Stäbchen nicht mehr festhalten können. Die Theilhaber des Spiels sollen eigentlich wol verschiedenen Geschlechts sein, denn die eine oder andere forderte mich gelegentlich auch zum Kampf heraus, welchen ich aber, da mir die erforderliche Gelenkigkeit in Nase und Oberlippe fehlen, gewöhnlich damit endigte, daß ich meine Nasenspitze in die meiner Gegnerin einbohrte, wenn nicht vorher mein Schnurrbart sie zum Niesen gebracht hatte. Der Verkehr der Leute unter sich war auch sonst ein sehr netter, die Unterhaltung spielte oft von einer Gruppe zur andern hinüber, Fragen wurden stets freundlich beantwortet, und beim Aufbruch fanden sich die Familien zusammen und gingen gemeinsam nach Hause, nachdem vorher durch freundlichen Gruß und Händedruck voneinander Abschied genommen war.

Bei diesen Besuchen erfuhr ich auch einiges über die samoanische Art der Kriegführung, was der Wiedergabe werth ist.

Der Krieg erstreckt sich gewöhnlich nicht auf Angriff und Vertheidigung der Städte, sondern beide Parteien ziehen in den Wald, bauen sich aus gefällten Bäumen Festungen oder besser Verhaue, in welchen sich die Krieger mit Frauen und Kindern sammeln. Am Tage ist Ruhe, weil die vorgeschobenen Posten jeden Ueberfall rechtzeitig melden können und die Taktik nur auf dem geschickt auszuführenden Ueberfall beruht, welcher am häufigsten wol durch Verrath ermöglicht wird. Sobald aber die Dunkelheit eintritt, ziehen die Vorposten sich zurück und beide Parteien unterhalten nun während der ganzen Nacht ein heftiges Feuer in den Wald hinein, um sich gegenseitig vor dem gefürchteten Ueberfall zu sichern. Am Morgen tritt wieder Ruhe ein und so geht es fort, bis einer Partei der stets unblutige Ueberfall gelingt oder aber beide Parteien durch Mangel an Munition zu einem Vergleich gezwungen werden. Und daß in der Regel wol beide Theile gleichzeitig mit ihrer Munition fertig werden, dürfte aus einem mir verbürgten Beispiel aus dem letzten Krieg hervorgehen. Als die eine Partei eines Tages mit dem dämmernden Morgen ihre letzte Patrone verschossen hatte, schickte ein Häuptling seine Frau mit noch einigen Weibern zu ihrem Bruder, welcher die Gegenpartei befehligte, um von diesem sich Munition zu erbitten, weil sie die ihrige verschossen hätten. Anstatt die Unterhändlerin als Geisel zu behalten und nun den Ueberfall zu wagen, sah der Bruder das Gerechte des Verlangens seiner Schwester ein, ließ die ganze Munition herbeibringen und theilte ehrlich mit ihr. Die Weiber zogen dann mit ihrer werthvollen Last wieder ab und der Krieg konnte am Abend seinen Fortgang nehmen.

Diese harmlose Art der Kriegführung findet ihre natürliche Erklärung wol in den Verwandtschaften und daher in der Anwesenheit der Frauen und Kinder, denn bei einem ernsten Zusammenstoß wären diese allen Gefahren mit ausgesetzt, und der Samoaner scheut sich bei der verhältnißmäßig hohen Bildungsstufe, welche er einnimmt, verwandtes Blut zu vergießen. Das Hauptvergnügen bei diesen Bruderkriegen ist demnach jedenfalls nur das mit großem Geräusch erfolgende Aufbauen der Festungen und das Schießen während der Nacht. Damit ist aber nicht gesagt, daß der Samoaner keinen Muth hat, denn er hat in Kämpfen mit Fremden bewiesen, daß er solchen besitzt.

Ebenso wie des Abends, war es mir auch während der Mittagszeit zur Gewohnheit geworden, ein bis zwei Stunden am Lande zuzubringen. Als eines Tages die Hitze in meiner Kajüte so unerträglich war, daß ich versuchte am Lande auf einem Spaziergang durch den Wald mir Erfrischung zu schaffen, fand ich im Vorbeigehen den Aufenthalt in dem Faletele so angenehm, daß ich es vorzog dort zu bleiben und in dem luftigen Hause, auf den kühlen kleinen Steinen liegend, dem Rauch meiner Cigarre zuzuschauen, dem Rauschen des in den Baumwipfeln spielenden Windes zu lauschen und an die bevorstehende Heimfahrt zu denken, während gleichzeitig meine Sinne von See-, Strand- und Waldesduft, den von frischem und getrocknetem Laub, Blumen und Harzen ausströmenden Gerüchen, welche in ihrer Vermischung charakteristisch für Samoa sind und einen wunderbaren Reiz auf die Geruchsnerven ausüben, so umstrickt wurden, daß ich bald in tiefen Schlaf verfiel. Als ich wieder erwachte, saß Toëtele neben mir, welche wol jede Störung von mir ferngehalten hatte.

Die Ruhe, die schöne Lage der Hütte und vor allem die so sehr viel erträglichere Temperatur, als wie die auf dem Schiffe, ließ mich von nun an täglich mit einem Buch oder Papier und Bleistift dahin gehen, um die Zeit von 12—2 Uhr dort zu verbringen. Doch fürderhin wurde ich stets von Toëtele, in Erfüllung ihrer Pflichten, schon erwartet und fand für mich ausgebreitete Matten vor. Zuweilen kam auch Sangapolutele, mit oder ohne Frau, hin. Als eines Tages an Stelle von Toëtele, welche wol eine Reise unternommen hatte, Lolle mich empfing, änderte sich das Bild in etwas. Nachdem die kleine, trotz ihrer nur 17 Lebensjahre äußerst energische Person eine Weile zugesehen hatte, wie ich versuchte, das Kratzen der als Kopfkissen untergeschobenen zusammengerollten Matte durch das Zwischenlegen meines Taschentuchs zu mildern, und mich mit den Händen der Angriffe der Fliegen und Mosquitos erwehrte, runzelte sie die Stirn, kam zu mir heran, nahm mir die zusammengerollte Matte weg und setzte ihre Person dafür hin, indem sie ihr Kleidchen zurückschob und meinen Kopf auf ihr kühles Knie legte. Dann nahm sie ihren Fächer zur Hand, verscheuchte das Geschmeiß und hielt geduldig ein bis zwei Stunden in dieser Stellung aus. Meine Bemühungen, mich von ihr freizumachen, scheiterten an dem eisernen Willen dieses sonst liebenswürdigen Mädchens und für die Folge blieb mir nichts übrig, als mich diesem ihrem Willen zu fügen, oder aber auf den Besuch des Faletele zu verzichten. Als das kleinere Uebel wählte ich das erstere und ließ mir das etwas absonderliche Kopfkissen gefallen, was ich schließlich thun durfte, weil die Hütte stets rund herum offen war und jeder Vorbeigehende sehen konnte, was darin vorging.

Noch einen dritten regelmäßigen Besuch, bei welchem mich gewöhnlich einige unserer Herren begleiteten, stattete ich dem Lande ab, und zwar nachmittags zwischen 4 und 5 Uhr, um an einem köstlichen Platz, welcher auf halbem Wege zwischen Saluafata und Lufi-lufi liegt, ein erfrischendes Bad zu nehmen. Die Fahrt war an sich schon stets ein neuer Genuß, ebenso war es der Aufenthalt an dem Platze, wo man stundenlang hätte sitzen können, sodaß ich eigentlich nicht recht wußte, ob das Bad oder aber das Drum und Dran eine größere Anziehungskraft ausübe. Die Fahrt dahin geht dicht unter der belaubten Küste innerhalb der Riffe unter Segel, und da um diese

Stunde stets ein frischer Wind weht und die Sonne in unserm Rücken steht, so athmet man ordentlich auf, wenn man das heiße Schiff verlassen hat und erst in dem Boot sitzt. Lange dauert die Fahrt allerdings nicht, da der Platz nur etwa zwei Seemeilen von Saluafata entfernt an der Küste liegt, wo aus einer Höhle ein unterirdischer Fluß heraustritt, sich zu einem Becken von vielleicht 10 m Breite und 15 m Länge erweitert und dann durch eine schmale Rinne in das Meer fließt. Das Wasser ist so durchsichtig klar, daß, obgleich die Tiefe nahezu 2 m beträgt, der feine Sand des Grundes dicht unter der Oberfläche zu liegen scheint, und so kühl, daß man nicht lange darin bleiben kann. Das Wasserbecken, welches nach der See zu offen ist, wird hinten von dem schwarzen Höhlenschlund mit der darüber liegenden hohen Bergwand und zu beiden Seiten von niedrigen Hügeln begrenzt, welche mit Kokospalmen bestanden sind, unter deren Schatten Sangapolutele für uns eine leichte Hütte zum Aus- und Ankleiden hatte errichten lassen. Zur Vervollständigung des Reizes steht auch zu der von uns zum Besuch gewählten Zeit die Sonne schon so weit hinter den Bergen, daß der ganze Platz beschattet ist. Während des Schwimmens trat oft die Versuchung an uns heran, in die Höhle, an deren Rand die Wassertiefe noch gleich groß war, vorzudringen; die Samoaner hatten uns mit ihren Erzählungen von den dort hausenden großen Aalen aber so scheu gemacht, daß wir am Eingang der Höhle stets kitzlich in den Beinen wurden und wieder umkehrten.

Sangapolutele hatte sich, um uns zu feiern, nicht mit dem uns gegebenen Talolo allein begnügt, sondern gab uns auch noch ein großes Essen. Die Einladung hierzu erfolgte mehrere Tage vorher, weil die Vorbereitungen viel Zeit in Anspruch nahmen und die verschiedenen Gerichte erst durch die Bevölkerung beschafft werden mußten. Sobald wir zugesagt hatten, war ganz Saluafata in der größten Aufregung und Geschäftigkeit. Die vornehmen Frauen gingen in den Wald, um Laub für die Ausschmückung des Faletele, für die Guirlanden und Kränze zu holen. Die Männer gingen mit Frauen und Kindern auf Jagd und Fischfang, holten Früchte und Gemüse, und suchten aus Wald, Feld und Meer alles, was überhaupt genießbar war, für dieses Fest zusammen. Tagelang wurde allenthalben nur gearbeitet und gekocht, sodaß die allgemeine Emsigkeit unsere Erwartungen mit jedem Tage wachsen ließ. Endlich war der Tag da, an dessen Vormittag wir noch gebeten wurden, in möglichst leichter Kleidung zu kommen, weil von den jungen Mädchen unsere Theilnahme an einigen Spielen erwartet würde. Nachmittags 2 Uhr betraten wir das Land, wo Sangapolutele und die andern Häuptlinge mit ihren Familien uns am Strande erwarteten und begrüßten. Sie trugen heute sämmtlich andere Kleidung als bei sonstigen festlichen Gelegenheiten. Die Männer hatten Muscheln oder einen frischen Laubkranz um die Stirn, rothe Blumen im Haar und über den Ohren, und als Lava-lava ein weitbauschiges schleppendes Kleid aus Tapa, welches ihnen eine würdevolle Erscheinung gab und ihnen gut stand. Die Frauen trugen feine Matten als Lava-lava mit um die Hüften geschlungenen Laubgewinden, Blumen im Haar, dicke wohlriechende Kränze, wie ich sie bei Tonga beschrieben habe, und andere kleine um Hals und Schultern.

Als wir den Festplatz betraten, fanden wir ihn umstellt mit der ganzen Bevölkerung und waren überrascht, die große Veränderung zu sehen, welche über Nacht mit dem Faletele vor sich gegangen war. Alle seitlichen Dachstützen und das Mittelgerüst waren zu Blumen- und Laubpfeilern geworden, von dem Dachrand hingen in gefälligen Bogen Laubgewinde herunter und in gleicher Weise war der innere Dachraum geschmückt. Im innern Raum umschlossen hohe Blumenterrassen den Fuß des Mittelgerüsts. Der Fußboden war mit Matten belegt und in drei concentrische Theile getheilt. Der äußere, ein an die Dachträger sich anschließender 1 m breiter Ring diente als Sitz für die Gäste, der nächste gleich breite Streifen gab den Tisch für die Speisen ab, und in dem innern Raum befanden sich Männer mit Messern zum Vorlegen der Speisen, sowie verschiedene kleine Pyramiden aus grünen Kokosnüssen, bei welchen auch je ein Mann mit einem Messer stand, um die Kokosmilch ganz frisch als Getränk anzubieten, wenn sie verlangt werden sollte. Die Speisen waren nicht nur appetitlich angerichtet, sondern erfreuten auch das Auge. Große, frische, saftiggrüne Bananenblätter bildeten die Unterlage, auf welcher sich die Genüsse der heißen Zone aufbauten: ganze Schweine, große und kleine Fische, Hummern, Tauben, Hühner, kleine Krebse, Muscheln, Taro, Yam, Brotfrucht, Gemüse aus Palmenkeimen, jungem Kokosnußkern und was sonst die Leute noch zusammengekocht hatten. Jede Speise lag auf einem grünen Blatt, die breiigen waren in grüne Blätter eingebunden, und zwischen diesen grünen Blättern, weißen Schweinen, Tauben und Hühnern, bläulichen und grauen Fischen, rothen Hummern und Krebsen und schillernden Muscheln leuchteten die goldenen Orangen hervor, gaben die gelben Bananen und schneeigen gekeimten Kokosnüsse, welche mit ihrem sehr feinen Geschmack als besondere Leckerbissen gelten, sowie die zwischengestreuten bunten Blumen dem ganzen Arrangement einen geschmackvollen Abschluß.

Wir nahmen mit den Häuptlingen, die Rücken der Außenseite zugekehrt, in bunter Reihe Platz. Die Frauen durften der Samoasitte gemäß an dem Mahl nicht theilnehmen, stellten sich aber hinter uns auf, um uns Kühlung zuzufächeln. Das Volk nahm um das Haus herum Aufstellung und sah zu. Soweit war alles gut, aber nun beim Essen kam die Schwierigkeit fremder Sitte, denn wenn auch Sangapolutele ganz gut mit Messer und Gabel umzugehen weiß, was er verschiedentlich an meinem Tisch bewiesen hatte, so mußten wir hier doch auf diese nützlichen Gegenstände verzichten, weil der alte Herr uns gerade ein echt samoanisches Mahl hatte vorsetzen wollen und dabei die Finger die Stelle der Gabeln und die Zähne die der Messer versehen müssen. Bei dem Kokosmilchtrinken ging dies wol, auch bei den Hummern und Krebsen, als uns aber der Schinken eines ausgewachsenen Schweines vorgelegt wurde, da war unsere Wissenschaft zu Ende. Wir stellten uns zunächst so dumm an, daß innen und außen allgemeine Heiterkeit entstand. Die energische Lolle aber, und auch Loautele, welche hinter mir standen, konnten dies nicht mehr länger mitansehen und setzten sich ganz gegen die Festordnung zu beiden Seiten neben mich hin und fingen an mich zu füttern, was solchen Anklang fand, daß gleich darauf jeder von uns solch eine Kinderfrau hatte; die andern Herren aber waren besser daran als ich, denn sie hatten nur eine und ich zwei, deren ich mich kaum erwehren konnte. Loautele schälte mir ein Stück Fisch heraus und steckte es mir zierlich in den Mund, Lolle gab mir ein Stück Schweinebraten, Loautele bot mir einen Hummerschwanz und legte den Rest, welchen ich nicht mehr nehmen wollte, weg, Lolle bot mir eine halbe Taube, betrachtete sich den Rest, fand, daß ich davon noch mehr essen könnte, und schob ihn mir wieder in den Mund, Loautele gab mir eine Banane und Lolle schmierte mir gleichzeitig mit dem ernstesten Gesicht einen Finger voll Gemüsebrei in den Mund. Was ich da alles zusammengegessen habe, in welcher Zusammenstellung und in welchen Mengen, das mögen die Götter wissen, ich weiß es nicht. Schließlich aber setzte ich doch meinen Willen durch, nur das zu essen, was ich wollte, worauf Lolle kopfschüttelnd gehorchte.

Als etwas ganz Besonderes wurden mir von einem Manne während des Mahls auf einem Blatt auch vier milchweiße lebende Raupen von der Größe und Dicke eines kleinen Fingers angeboten, welche in hohlen Bäumen gefunden werden und sehr selten sein sollen. Als ich mich schüttelnd gegen den Genuß verwahrte, aß der Mann mir auf Befehl Sangapolutele's eine vor. Trotzdem sein Gesicht nur Entzücken verrieth, als er das sich windende Thier mit den Fingern zum Mund führte und so herzhaft hineinbiß, daß der Saft herumspritzte, konnte ich mich doch nicht zur Nachahmung verstehen, und da unsere Herren sämmtlich ablehnten, so verblieben sie den Häuptlingen

Die einzelnen Gerichte waren, wenn auch für unsern Geschmack vielfach das Salz fehlte, durchweg schmackhaft zubereitet, nur für unsere Gaumen etwas zu fett.

Nach uns setzten sich die Häuptlingsdamen zu Tisch, und nach diesen kam das Volk an die Reihe, unter dessen Händen die Speisen schnell verschwanden.

Nachdem das Faletele ausgeräumt war und das Volk sich zerstreut hatte, begannen die Spiele vor Sangapolutele's Haus, wohin sich die Aeltern der mitwirkenden Mädchen als Zuschauer zurückgezogen hatten. Diese Spiele, für die urwüchsigen Veranstalterinnen berechnet, überschritten schließlich doch etwas unsere Kräfte. Merkwürdigerweise betheiligten sich außer uns keine Männer an denselben, und es ist mir zweifelhaft geblieben, ob dies gegen die samoanische Sitte verstößt, oder ob man bei der beschränkten Zahl der jungen Mädchen, welche ihrer Geburt nach hier zugelassen werden konnten, uns dieselben allein überlassen wollte, oder aber ob die Häuptlingssöhne, die man in den Städten auffälligerweise nur selten sieht und die nur bei Gelegenheit von Festlichkeiten auf der Bildfläche erscheinen, mit den Fremdlingen nichts zu thun haben wollten. Das erstere

33*

ist wol das Wahrscheinlichere, da bei den Tänzen in der Regel auch die Geschlechter unter sich bleiben. Ob die Spiele selbst, welche an die unserer Landpartien erinnern, samoanischen Ursprungs oder von den Weißen eingeführt sind, habe ich nicht erfahren; ist das letztere der Fall, dann sind sie jedenfalls durch Einfügung samoanischen Humors nationalisirt worden. Neben Kraft- und Ringproben wurde auch eine Schlange gebildet. Toëtele als das vornehmste der anwesenden Mädchen stellte sich auf, ich mußte hinter sie treten und sie umfassen; hinter mir kam wieder eine Samoanerin, dann wieder einer von uns und so fort in bunter Reihe, bis der Schwanz von einigen Mädchen gebildet wurde, da dieselben in der Mehrzahl waren. Wie ich mich an meinem Vordermann bei ihrer nur dürftigen Kleidung festhalten sollte, war mir nicht recht klar, denn hielt ich mich an dem Lava-lava fest, so mußte dies bei der ersten heftigern Bewegung in meinen Händen bleiben; ich legte meine Hände daher um den Leib vor ihren Magen. Hiermit war sie aber nicht einverstanden, löste vielmehr meine Hände wieder und legte sie unter ihre Brüste, dieselben einmal fest dagegen drückend, als Zeichen, daß sie dort bleiben sollen. Dann ging es in Schlangenwindungen hin und her, bis ein samoanischer, nach europäischen Begriffen sehr derber Scherz das Spiel schloß. Es wurde eine große Stange herbeigebracht, die Mädchen erfaßten das eine Ende, wir das andere, und nun sollte festgestellt werden, auf welcher Seite die größte Kraft sei. Dieses Spiel endete mit einem europäischen Scherz, denn als wir eine Weile hin- und hergezogen hatten, machte aus dem Hintergrunde ein Witzbold von uns den Vorschlag, die Stange plötzlich loszulassen. Auf das leise gesprochene „Los" entsprachen wir diesem Vorschlag, unsere Gegenpartei fiel hinten über und wir hielten uns verschämt die Augen zu. Der Scherz, von dem ich anfänglich annahm, daß er doch zu derb ausgefallen sei, fand übrigens Anklang, unsere Gegnerinnen lachten, waren schnell wieder auf den Füßen, brachten ihre Kleidung in Ordnung und forderten Fortsetzung. Was die Mädchen planten, sprachen ihre blitzenden Augen aus, wir blieben daher auf unserer Hut. Von beiden Seiten wurde wieder kräftig gezogen, unsere Gegnerinnen ließen los, wir gleichzeitig aber auch, und sie standen mit seitwärts weggestreckten Händen verblüfft und sprachlos da, während wir sie auslachten. Sie kamen aber schnell wieder zu sich, lachten mit, schoben die Stange zur Seite und schlugen ein Spiel vor, welches wol unserm Räuber und Gendarm entspricht. Sie wollten die Räuber sein und wir sollten sie fangen. Von diesem Spiele schloß ich mich aber aus und setzte mich als Zuschauer mit zu Sangapolutele hin. Schnell waren die bar- und leichtfüßigen Räuber in dem Walde verschwunden, die Unserigen folgten. Der Fang gelang aber erst bei der Rückkehr und zwar auch nur theilweise, da er nicht leicht war. Denn da die eingeölten aalglatten Körper nicht zu fassen waren, blieb kein anderer Angriffspunkt als das Haar übrig.

Als Erwiderung hatten die Offiziere und ich die Häuptlingsfamilien zu einem europäischen Essen auf das Schiff eingeladen, zu welchem indeß nur die Frauen und Töchter erschienen, weil die Männer auch auf fremdem Boden an ihrer Sitte, nicht mit den Frauen zusammen zu speisen, festhielten. Hier mußten die Damen nun auf Stühlen sitzen und mit Messer und Gabel hantiren. Mit dem Sitzen ging es, mit Messer und Gabel aber durchaus nicht, sodaß wir unsern Gästen anheimgeben mußten, ihre Finger zu Hülfe zu nehmen, nachdem sie die Suppe mit dem Löffel gegessen hatten, was ihnen auch genug Mühe gemacht hatte. Nun ging es besser, aber geschmeckt hat es ihnen trotzdem wol nicht, da Naturmenschen sich doch schwerer in fremde Kost hineinfinden können, als die Europäer dies thun.

Das in Saluafata vorgefundene samoanische Leben, welches schon so erheblich von demjenigen in Apia abweicht, ließ in mir den Wunsch rege werden, auch noch einige der weiter im Innern liegenden Städte zu besuchen. Der Halbweiße sagte mir seine Begleitung als Dolmetscher zu und Sangapolutele versprach mir einen Führer nebst einigen Gepäckträgern. Als Führer meldete sich der bescheidene Loau mit noch einem kleinern Häuptling, und diese waren an dem festgesetzten Tage mit noch zwei Gepäckträgern bereit, als ich morgens 6 Uhr mit meinem Gigsteurer (nennen wir ihn Lange), welchem ich diesen Ausflug zukommen lassen wollte und der gleichzeitig auch das ziemlich umfangreiche Gepäck mit beaufsichtigen sollte, an Land kam. Von unsern Herren wollte sich mir keiner anschließen, weil die Erinnerung an die Fußtour in Tahiti ihnen noch zu frisch im Gedächtniß war.

Die kleine Reise war von den Samoanern und dem Dolmetscher auf drei Tage veranschlagt worden, wobei der letztere sagte, daß er den beschwerlichen Marsch überhaupt nur mit mir wage, weil er meine Leistungsfähigkeit im Gehen bei einem Aufstieg auf den Berg Apia, bei welchem er mein Führer gewesen war, kennen gelernt hätte. Uebrigens war bei meiner Ankunft der Herr Dolmetscher noch nicht anwesend und ließ auch ziemlich lange auf sich warten. Endlich gegen 6½ Uhr kam die zu seinem Hausstand gehörige junge Samoanerin, um mir zu sagen, daß er nicht kommen könne, weil er Fieber habe, und daher sie schicke, um als Dolmetscher mitzugehen. Das Fieber schätzte ich indeß auf Katzenjammer und machte mich auf den Weg, ihn selbst zu holen. Wie ich vermuthet hatte so war es; Bill (der Vorname des Mannes, womit ich ihn fernerhin bezeichnen will) mußte heraus aus dem Bett und trotz alles Sträubens mit, und als Sa (der Name der jungen Samoanerin) nun sehr traurig wurde, daß sie zurückbleiben müsse, nahm ich sie auch noch mit, da es bei der großen Zahl meines Gefolges nun auf eine Person mehr oder weniger nicht mehr ankam. Uebrigens machte Sa sich nachher vielfach nützlich. Neben meiner Person bestand die Reisegesellschaft also aus Lange, Loau, Bill, dem andern Häuptling, Sa, zwei samoanischen Gepäckträgern und Bill's Diener, einem Eingeborenen von den Neu-Hebriden, zusammen also aus neun Personen.

Das Gepäck setzte sich zusammen aus meinem Koffer mit reichlicher Wäsche, einem Kopfkissen, Mosquitonetz, Handtüchern u. s. w.; einem kleinen Koffer mit Lange's Sachen; einem Ballen Stoffe und einer kleinen Kiste Wachholder-Branntwein, als Gegengeschenke für die mir zu erweisende Gastfreundschaft.

Um 7 Uhr waren wir marschbereit. Der Weg führte zunächst hinter Sangapolutele's Haus in den Wald und in ein enges Thal, auf so schmalem Pfade, daß der auf dem Laub liegende Thau meine leichte Kleidung schon nach den ersten Schritten durchnäßt hatte. Gegen 9 Uhr, nach fortwährendem Steigen, traten wir aus dem Wald auf eine kleine Ebene und in ein dort liegendes Dorf, wo wir in dem Faletele eine kurze Rast machten und von den herzugekommenen Bewohnern mit frischer Kokosmilch bewirthet wurden. Mit den Menschen kamen auch zwei Katzen, ein Hund, einige Ferkel und Hühner mit, welche in dem Faletele ebenfalls ganz zu Hause zu sein schienen und mit dem jungen, opalfarbenen, gallertartigen Fleisch, welches sich in den grünen Nüssen an dem innern Rand der Schale befindet und die erste Entwickelungsstufe des Kerns aus der Milch bildet, gefüttert werden. So ist die Kokosnuß also nicht nur ein Universalnahrungsmittel für die Menschen, sondern auch für das verschiedenartigste Gethier, und mein Erstaunen war wol ein berechtigtes, daß Katzen und Hunde diese Speise nicht nur überhaupt, sondern gern nahmen. Was doch die Gewöhnung nicht alles thut! Zufällig sah ich hier auch, wie nützlich sich die Hühner, außer ihrem Beruf Eier zu legen und als Braten zu dienen, machen, denn als eine große Spinne sich zeigte, war sie auch sofort von einem herzugeflogenen Huhn verzehrt. Die Katzen halten die Wohnungen von Ratten frei, die Hunde werden wol hauptsächlich groß gezogen, um später gegessen zu werden. Die saubern kleinen Ferkel sind vielfach die Lieblinge der Frauen und werden von diesen an die Brust genommen, allerdings nicht aus Liebe, sondern als Schutzmittel gegen zu großen Kindersegen, und während dieser Zeit werden sie wie ein Schoshündchen verhätschelt, trennen sich weder Tag noch Nacht von ihrer Herrin.

Der Weg bis zur nächsten Stadt zieht sich durch den Wald, durch Schluchten und an steilen Abhängen vorbei, und führt schließlich an dem Ufer eines Flusses zu einer Lichtung, wo die Stadt liegt. Der Wald ist todt, da außer kleinen Insekten nichts Lebendes an den Wanderer herantritt, denn die schönen, grünbefiederten Tauben werden in neuerer Zeit von den jagdlustigen Eingeborenen so sehr verfolgt, daß sie bereits zu einer Seltenheit geworden sind, und die schönen kleinen Vögel sind, um in Europa die Damenhüte zu schmücken, auch nahezu ausgerottet, was aber nicht den Eingeborenen, sondern den Weißen zur Last zu legen ist. Nur ab und zu sieht man an einem Baumast, mit dem Kopf nach unten gekehrt, einen schlafenden, über 40 cm langen fliegenden Hund hängen. Und doch wirkt der Wald belebend durch die reiche Pflanzenwelt, welche zwischen den hochstämmigen Bäumen den Boden bedeckt, durch die hohen Baumfarrn und Bambusbüsche, durch die Schlingpflanzen, welche sich von Laubkrone zu Laubkrone winden, durch vereinzelte Kokospalmen und Orangenbäume, welche mit ihren Früchten dem Wanderer Labung bieten. Auch wildes Zuckerrohr findet man an lichten Stellen, im Walde aber auch Bäume, deren herzförmige Blätter von der Größe einer Hand bei der Berührung große schmerzhafte Blasen auf der Haut erzeugen und wegen dieser Eigenschaft sehr gefürchtet sind. Als ich mir gelegentlich solch ein schönes sammtartiges Blatt brechen wollte, wurde ich von einem Samoaner schnell zurückgerissen. Nach etwa einstündigem Gehen traten wir aus dem Wald auf eine kleine vorspringende Lichtung, welche wie eine Kanzel auf steiler Klippe liegt, an deren Fuß man ein Wasser rauschen hört, das man aber nur als schmalen Streifen sehen kann, wenn man sich weit über den Rand des Abhangs vorbeugt. Auf der andern Seite steigt eine nahezu gleich steile Wand auf, welche dicht belaubt die auf unserer Seite an Höhe weit überragt, und beide Wände bilden an dieser Stelle einen Hohlweg in Zickzackform, auf dessen Sohle der Bergfluß sich zwischen den engen Felsmauern durchzwängt. Unser Standort bildet den einen vorspringenden Winkel, und thalwärts zu unserer Linken, vielleicht hundert Schritte von uns entfernt, springt von der andern Seite ein gleich scharfer Winkel hervor, um welchen der Fluß dann rechts wieder abbiegt. Hier an der Stelle, wo wir stehen, soll nach Angabe der Samoaner die über 15 m hohe Klippe so steil abfallen, daß man den Sprung in den tiefen Fluß wagen kann. Loau erklärt sich auch zu dem Sprung bereit, vertauscht sein Lava-lava mit einem Palmenblatt und geht an den Rand; er springt aber nicht, sondern tritt wieder zurück, sieht noch einmal hinunter und erklärt, den Muth verloren zu haben. Nun soll das kleine Geschöpf Sa springen; sie geht auch muthig vor, sagt dann aber mit so kläglichem Gesicht: „Au weh weh, ka fefe" (etwa: „Ach Gott, ich habe solche Angst"), daß ihr der Sprung erlassen bleibt und der andere Häuptling vortritt, hinter dem Klippenrand verschwindet und durch seinen dumpfen Fall in das Wasser, dessen Schall nach einigen Augenblicken athemloser Spannung nach oben dringt, uns sagt, daß er im Fluß angekommen ist. Da unser Weg durch einen engen abschüssigen Hohlweg auch zum Flusse führt, so eilen wir hinunter, und dort, am Fuße eines zur Zeit trockenen Wasserfallbettes, umgeben von hohen Felswänden und dichtem Laub, vor uns das von geisterhaftem Zauber umwehte wilde Bergwasser, erwarten wir unsern Freund, welcher bereits angeschwommen kommt und unversehrt das Ufer wieder betritt. Zu solchem Sprung gehört Muth.

Kurz vor 12 Uhr waren wir in der Stadt, wurden von dem Häuptling und seiner Familie empfangen, erfrischten uns an Kokosmilch, und dann empfand ich zunächst das Bedürfniß, mich trocken und rein zu kleiden, weil ich bis 3 Uhr hier rasten wollte. Ich nahm mir aus meinem Koffer frische Wäsche und Kleider und ging mit Lange zu dem nahegelegenen Fluß, um dort ein Bad zu nehmen, meine Segeltuchschuhe selbst zu waschen, da unsere Träger sich bereits zu ihren Bekannten verflüchtigt hatten, und mich im Anschluß daran wieder in einen anständigen Menschen umzuwandeln, denn mein weißer Anzug sah von dem Marsch durch den feuchten Wald auf schlüpfrigem lehmigen Boden höchst bedenklich aus. Hier möchte ich erwähnen, daß nach meiner Erfahrung die einzig richtige Kleidung in den Tropen leichte Baumwollstoffe sind, und nichts der Gesundheit nachtheiliger ist und erschlaffender wirkt als wollene Unterkleider. Unter gewissen Verhältnissen ist man allerdings gezwungen, um die Stärkwäsche in ansehnlichem Zustand zu erhalten, ein wollenes Unterkleid, welches den Schweiß aufsaugt, anzulegen, dann aber bleibt der Körper dauernd feucht, was naturgemäß nachtheilig auf die Haut wirken muß. Geht man aber nicht in Damengesellschaft, sondern in den Wald und über Land, dann sollte man sich von Wolle freihalten. Naß wird die Wäsche ja, sie trocknet aber auch wieder schnell in der heißen Sonne, und kleidet man sich dann an jedem Ruhepunkt frisch, so merkt man bald das Behagen, welches der Körper empfindet. Dazu gehört allerdings die Mitnahme größerer Vorräthe und der zum Tragen erforderlichen Leute. Nur dieser Praxis schreibe ich es zu, daß ich, trotzdem ich unter der Hitze mehr leide wie vielleicht irgendein anderer von unserm Schiff, die anstrengendsten Märsche ohne Ermüdung zurückgelegt habe und sogar den Eingeborenen, welche mir den Beinamen „mit den eisernen Beinen“ gegeben, im Marschiren überlegen war.

Der Fluß ist hier ziemlich breit und tief, weil gerade an dieser Stelle wieder eins der den samoanischen Flüssen eigenthümlichen Felsenbecken liegt, von welchem das Wasser als schöner Fall in ein tiefer liegendes hinabstürzt. An dem andern Ufer steigt eine steile Bergwand empor, in welcher eine große tunnelartige Oeffnung den Eingang zu einer Höhle bildet. Als ich zunächst meine Schuhe waschen wollte, um sie während des Bades wieder trocknen zu lassen, nahm Lange mir diese Arbeit ab und diesem wiederum Sa, welche inzwischen auch herangekommen war. Sie beschränkte sich aber nicht nur auf meine Schuhe, sondern nahm auch Wäsche und Kleider vor, welche sie dann zum Trocknen ausbreitete. Dies war mir sehr angenehm, weil ich nun diese Sachen später zu dem Weitermarsch wieder anlegen und meinen Vorrath schonen konnte. Kaum war die Samoanerin mit ihrer Arbeit fertig, so nahm sie mit einem schnellen Griff ihr Lava-lava ab und sprang ins Wasser, um zwischen uns herumschwimmend ebenfalls ihr Bad zu nehmen, achtete aber darauf, vor uns wieder an Land zu kommen und zur Stadt zurückzukehren, ehe wir das Wasser verließen.

Im Faletele mußte ich nun zunächst einen Kawatrunk nehmen und dann durchschritt ich mit Loau und Bill den Fluß an einer seichten Stelle, um die Höhle zu besichtigen. Dieselbe ist ein tunnelartig natürlich gewölbter Gang von etwa 300 m Länge, 5 m Breite und $2^1/_2$ m Höhe und ist an beiden Endpunkten offen. Eine kleine Wasserlache war das einzige Wasser in der Höhle, welche sonst den Schwalben als Brutstätte dient, denn an den Wänden befindet sich Nest neben Nest und der Boden ist mit einer starken Guanoschicht bedeckt.

Gegen 1 Uhr nahmen wir ein sehr reichhaltiges Essen ein (Schwein, Huhn, Tauben, Süßwasserkrebse und einige Gemüse), ruhten dann etwas, um $2^1/_2$ Uhr nahm ich noch einmal ein Bad, danach wurden die Geschenke vertheilt und um 3 Uhr befanden wir uns wieder auf dem Weitermarsch. Nach einer Stunde passirten wir die dritte Stadt, wo ich aber zum Leidwesen der Bewohner und meiner Begleitung keine Rast machte, sondern durchging, um vor Einbruch der Nacht noch den nächsten Platz zu erreichen, wo wir auch kurz nach 5 Uhr eintrafen. Auch hier nahm ich als erste Erfrischung wieder ein Bad, wobei ich mir einige auf dem hohen Ufer stehende Zuschauer gefallen lassen mußte, da die Stadt dicht am Wasser liegt und der Fluß hier von so steilen Abhängen umschlossen wird, daß man nur an einer Stelle bequem zum Ufer kommen kann. Die ganze Umgebung ist so romantisch, daß es mir ordentlich unbehaglich wurde, nachdem die Sonne hinter die Berge gegangen war und die Eingeborenen sich wieder zurückgezogen hatten. Rund umschlossen von nackten Felsen oder belaubten Höhen nahm das tiefe Wasser schwarze Färbung an, keine Menschenseele zu sehen, kein Thier zu hören — da kam mir wieder das Ammenmärchen von den Aalen in den Sinn, und richtig, da packt mich einer am Fuß, sodaß mir ganz heiß wird und ich erst wieder zur Ruhe komme, als Sa's lachendes Gesicht neben mir auftaucht, welche sich den hinterlistigen Scherz gemacht hatte, mir heimlich nachzugehen. Sie schwamm nun aber so schnell an Land, daß ich sie nicht mehr erreichen konnte, um sie für den schlechten Spaß etwas zu zausen. Mir war das Baden durch den Schreck verleidet und so machte ich auch, daß ich an Land kam, zumal mein Magen sich meldete.

Nach einem kräftigen Essen mußte ich erst der Abendandacht beiwohnen, zu welcher die Bewohner durch Trommelschlag herbeigerufen wurden. Ein Mann las ein längeres Gebet vor, dann zerstreuten sich die Einwohner wieder; wir tranken Kawa, einige Mädchen führten einen mittelmäßigen Tanz auf, und dann begaben wir uns zur Ruhe, nachdem die Häuptlinge dem von mir mitgebrachten Getränk doch etwas zu viel zugesprochen und sich still zurückgezogen hatten. Das Faletele war nur für mich und Lange bestimmt, die übrigen von uns waren anderweit untergebracht. Endlich war ich einmal allein und konnte mich nun ohne Aufsehen nach einem stillen Platz zurückziehen. Doch ich hatte eine schlechte Wahl getroffen, denn gleich darauf raschelt es im Gras und neben mir befindet sich eine Samoanerin, welche mir dazu noch einen guten Abend wünscht. Obgleich ich nun schon ziemlich vertraut mit dem samoanischen Leben war, hatte ich mich in diese Natürlichkeit doch noch nicht hineingefunden und wollte entsetzt fliehen, ließ mich aber doch durch den Gedanken, eine lächerliche Figur abzugeben, davon abhalten. Meine Nachbarin verschwand indeß ebenso schnell wieder wie sie gekommen war.

Im Faletele hatte ich mir mein Mosquitonetz sorgsam aufgehängt und fand unter demselben ein gutes Lager, sodaß ich bald entschlummert war. Da kriecht etwas bei mir herum, ich greife zu und vermuthe nach dem Gefühl, daß ein Ferkel sich zu mir verirrt hat, ich fasse mit der andern Hand mit zu und merke nun, daß es doch etwas anderes ist; ehe ich aber zu einem Entschluß kommen kann was zu thun, werden gleichzeitig die sämmtlichen Vorhänge in die Höhe gerissen, an zwanzig Mädchen stürzen mit Fackeln in den Raum hinein, durchkreuzen ihn wie Feuerwerksfrösche, mein Besuch ist wieder unter ihnen verschwunden, Lange und ich sehen uns verdutzt an und im nächsten Augenblick sind die Vorhänge wieder unten und wir wieder in vollkommener Dunkelheit. Ob das ein samoanischer Scherz oder was sonst war, weiß ich nicht. Erst wollte ich nach, um mir einen dieser ausgelassenen Irrwische zu fangen, aber mein Adamcostüm und die Gewißheit, doch keinen fassen zu können, ließen mich klugerweise von einem derartigen Beginnen absehen. Eine weitere Störung fand nicht statt und auch diese war wol nur dadurch möglich gewesen, daß die Herren Väter heute nicht zurechnungsfähig waren.

Am nächsten Morgen badete ich wieder und fand den nun von der Sonne warm beschienenen Platz entzückend. Dann Geschenkvertheilung und um 7 Uhr nach einem guten Frühstück Abmarsch nach Falifa. Der Weg dahin geht nur das erste Drittheil durch den Wald, dann trifft man einen Fluß, an dessen Ufer man bleibt. Der Weg ist gut und die landschaftlichen Bilder sind schön. Um 9 Uhr waren wir in Falifa, wo natürlich als erstes wieder das unvermeidliche Bad genommen wurde, welches hier besondere Reize bietet. Der breite Fluß wird an beiden Seiten von bewaldeten Höhen begrenzt und stürzt als mächtiger Wasserfall direct in die See, welche hier mit einer schmalen Bucht tief in das Land vordringt. Die Wassertiefe des Flusses gestattet nur dicht oberhalb des Absturzes ein Schwimmen und auch dort ragen vielfach Felsen aus dem Strombett hervor. Flußauf öffnet sich dem Auge eine weite Ebene, in deren Mitte der silberne Wasserlauf eilig und brodelnd über Felsengeröll zu Thal fließt. Stromab sieht das Auge das Meer und den fernen Horizont, welche von den bewaldeten Ufern der Bucht eingerahmt werden; ein Schnitt von Ufer zu Ufer am untern Rand des Bildes endet den Lauf des Flusses, dessen Wasser einen letzten dumpf grollenden Gruß aus der Tiefe nach oben sendet, ehe es sich für immer mit dem Meer verbindet.

Die Stadt liegt hier dicht am Ufer des Flusses und dies mag wol mit dazu beigetragen haben, daß gleich nach mir noch drei junge Samoanerinnen ebenfalls ins Wasser kamen und schwimmend mich in ihrer Mitte hielten. Da die Samoaner uns Weißen keine besondere Fertigkeit im Schwimmen zutrauen, so wird die eigentliche Absicht wol die gewesen sein, mir gegebenenfalls zu Hülfe eilen zu können, wenn ich mich etwa zu nahe an dem Wasserfall in eine der zwischen den Felsen befindlichen Stromschnellen wagen sollte, da dies sichern Absturz und Tod bedeutet haben würde. In Falifa selbst, wo wir etwas frühstückten, hielten wir uns nur kurze Zeit auf. Ein Albino, ein Frauenzimmer, erregte hier dadurch mein Interesse, daß der Rücken eine rosa Farbe hatte, welche, durch kleine Bläschen hervorgebracht, jedenfalls die Folge von Sonnenbrand war. Die Haut der Albinos wird also wol ebenso wenig widerstandsfähig gegen die Sonne sein wie die unsrige.

Demnächst berührten wir eine kleinere Stadt, welche ich nur deshalb erwähne, weil Sa hier in dem obersten Häuptling ihren alten Onkel begrüßte und diese Begrüßung die einzige auf altsamoanische Art geblieben ist, welche ich zu sehen bekommen habe. Der alte Mann saß mit untergeschlagenen Beinen in seiner Hütte und schien uns zu erwarten. An der Hütte angekommen, trat Sa zuerst ein, ging gebückten Körpers auf den alten Herrn zu, rieb mit ihm Nasen, setzte sich neben ihn und machte während der darauf folgenden kurzen Unterhaltung ein so ernstes Gesicht, wie ich es ihr gar nicht zugetraut hätte. Dann trat sie zurück, worauf erst die Begrüßung mit uns erfolgte. Wir nahmen eine kleine Erfrischung an und brachen dann bald wieder auf. Durch Lufi-lufi gingen wir ohne Aufenthalt durch, nachdem wir einen kurzen Gruß mit dem in seiner Hütte anwesenden Häuptling gewechselt hatten, und trafen gegen 2 Uhr zum großen Erstaunen der Einwohner, welche uns am nächsten Abend erst erwartet hatten, wieder in Saluafata ein. Meine Begleiter, welche auf dem Marsche wiederholt angedeutet hatten, daß die Anstrengung für sie wol zu groß werden würde, waren jetzt ganz stolz auf ihre Leistung und besonders befriedigt, als sie den für drei Tage ausbedungenen Lohn unverkürzt erhielten. Im Verein mit den vertheilten Geschenken hatte mich die Partie nahe an 150 Mark gekostet, trotzdem ich nichts für die uns gebotenen Mahlzeiten zu bezahlen hatte.

An dem einen oder andern Abend, wenn sich einige Mädchen zu einem Tanz zusammengefunden hatten, erhielt ich eine Einladung zur Theilnahme. Gewöhnlich trat dies ein, wenn Besuch von außerhalb gekommen war. Diese Belustigung war stets eine willkommene Abwechselung in dem täglichen Einerlei und ganz dazu angethan, einen Abend angenehm verbringen zu können. Wenn hierbei auch Männer, Frauen und Kinder durch Händeklatschen eine etwas geräuschvolle Musik machten, so war dies in der offenen Hütte doch nicht so unangenehm wie früher in dem geschlossenen Saal, und was den Reiz wesentlich erhöhte, war die angenehme Temperatur und die beschränkte Zahl der Zuschauer.

Die Darstellerinnen sind bei feierlichen Gelegenheiten sehr reich geschmückt; bei Gelegenheitstänzen zwar einfacher, aber doch immer für den Zweck gekleidet. Solch größere Tänze wurden mir zwei geboten, einer war für unsere Offiziere und mich arrangirt, der zweite nur eine Ueberraschung für mich, welche Sangapolutele am Vorabend unserer Abreise mir bereitete. Der Schmuck ist im wesentlichen ja der früher beschriebene und findet nur durch Ausschmückung derjenigen Glieder, welche bei dem Tanz in den Vordergrund treten (Arme und Beine) seine Vervollständigung. Das Bekannte sind Stirnbänder;

Sitzende Samoanerinnen mit nach vorn durchgebogenen Armen.

Blumen im Haar; lange von der Schulter bis über die Brust reichende Ketten aus Beeren, Pandanuszapfen und wohlriechenden Kräutern, und Lava-lavas aus Matten oder Gräsern bezw. Zott-Lava-lavas. Als bisjetzt noch nicht genannter Schmuck treten hinzu: ein den Hals eng umschließendes Band mit daran befestigten perlenartig herunterhängenden Beeren und zwar so, daß jede Reihe aus vier bis fünf Beeren besteht, von denen zwei übereinander an dem Band selbst befestigt sind und die andern dicht aneinander gereiht lose herunterhängen; Armbänder aus Laub oder Stoffband, von welchen eins um die Mitte des Oberarms gelegt ist, eins auf dem halben Unterarm und ein drittes dicht über dem Handgelenk liegt, und zwar alle so fest umgeschnürt, daß das Fleisch etwas vorquillt; Bänder aus Schlingpflanzen über und unterhalb der Wade. Diese Arm- und Beinbänder heben, wie bekannt, die Formen besonders schön hervor und erhöhen bei den Armen außerordentlich die Grazie der Bewegungen. Ueberraschend war mir, bei diesen Naturmenschen solch feine Empfindung für das Schöne zu finden, denn solch raffinirter Putz kann nur eingehendem Studium seine Entstehung verdanken. Der Oberkörper ist natürlich mit Kokosnußöl eingerieben und die Haut daher glänzend blank.

Die Darstellerinnen nehmen an dem einen schmalen Ende der Hütte Platz, das Gesicht der Mitte zugekehrt, wo die eigentlichen Zuschauer sitzen, während das Volk, welchem der Zutritt auch freisteht, die andere Hälfte der Hütte ausfüllt oder von außen zusieht. Zwei Holzfeuer zu beiden Seiten des Mittelgerüstes und im Rücken der vornehmern Zuschauer erhellen den Raum.

Der Tanz, welcher in der Regel nur in sitzender Stellung (mit gekreuzten untergeschlagenen Beinen) ausgeführt wird, kann in dieser natürlich auch nur in Bewegungen des Kopfes, Oberkörpers und der Arme bestehen und setzt sich aus leichten rhythmischen Bewegungen zusammen, die keinerlei mimische Darstellung geben sollen, sondern nur den Hang nach Schaustellungen und harmlosem Zeitvertreib zu gefälligem Ausdruck bringen. So scheint der Tanz auch gewissermaßen ein Vorrecht der nichtarbeitenden Klasse, der Häuptlingstöchter, zu sein, welche mit den Vorübungen und der Erfindung dazu passender neuer Texte ihre freie Zeit ausfüllen. Ob meine Annahme indeß richtig ist, weiß ich nicht, nur ist mir aufgefallen, daß das niedere Volk sich an diesen Tänzen nie anders handelnd betheiligt als mit Händeklatschen, wenngleich wol alle Mädchen und sogar schon die ganz kleinen Kinder, welche „Tanz" spielen, sich in den Tanzbewegungen üben, wenn sie sich unbeachtet glauben, wie ich dies wiederholt hier und in Saluafata gesehen habe.

Wenn es mir nun auch nicht möglich ist, erzählend ein getreues Bild einer solchen Tanzschaustellung zu geben, die nur durch die dabei entwickelte Grazie, welche ja auch noch je nach der Begabung der Handelnden mehr oder weniger gefällig ist, fesselnd wirkt, so kann ich doch versuchen, eine leichte Skizze davon zu entwerfen.

Wie ich früher schon erzählt habe, bilden die Spieler eine Gruppe.

Vorn in der Mitte sitzen die eigentlichen Tänzerinnen und zwar in der Regel nebeneinander drei Mädchen, von denen die mittelste den schönsten Schmuck hat und als Vortänzerin anzusehen ist. Nur bei größern Gelegenheiten und gewöhnlich wol bei der Anwesenheit von einheimischen Gästen aus andern Städten, deren Töchter auch zur Mitwirkung aufgefordert werden müssen, wächst die Zahl. Sind es nur vier oder fünf, dann verbleiben alle in einer Reihe, sind es mehr, dann werden zwei Glieder in der Weise gebildet, daß das zweite die Lücken des ersten ausfüllt. Das zweite Glied kann dann aber nach der ganzen Art der Bewegungen nur in sehr geringem Maße an dem Tanz theilnehmen und die Betreffenden wirken mehr als Statisten. Der Rest der Gruppe setzt sich aus dem händeklatschenden Orchester zusammen und zwar sitzen zur Seite der Tänzerinnen gewöhnlich Kinder, in der zweiten Reihe Männer und Frauen, und die übrigen Männer und Frauen stehen dahinter, in allen Reihen die größern in der Mitte und die kleinsten an den Seiten, sodaß das Ganze die Form eines Halbmondes annimmt.

Zuschauer und Spieler versammeln sich gleichzeitig. Bis der Tanz beginnt, verharren die letztern in ungezwungener Haltung, sprechen leise miteinander, und die Damen haben mit ihrem Putz und Schmuck zu thun. Ein leises Klatschen dient als Vorspiel und kündigt den Anfang an. Die Tänzerinnen bleiben noch in ihrer bequemen Haltung, die mittlere setzt bald mit einigen leise gesungenen Strophen mit ein, streckt sich dann etwas und deutet nun, ihren Gesang mit einigen Armbewegungen begleitend, mit den Händen leise das kommende Spiel an, indem sie dieselben in wagerechter Haltung bis zur Brust hebt, mit ihnen nach links und rechts so spielt, daß die Hände nach dem Takt der Musik leicht gehoben und wieder gesenkt werden und zwar im Dreivierteltakt. Geht das Spiel nach links, dann ist die rechte Hand an der linken Brust und die linke in entsprechender Entfernung weiter nach links, geht das Spiel nach rechts ist das Umgekehrte der Fall. Das Klatschen wird stärker, die andern Tänzerinnen greifen mit ein, die vorige Ruhe ist abgeschüttelt, alle sind voll Feuer und Leben. Der Gesang wird lauter, die Armbewegungen werden bestimmter, bleiben aber doch leicht und geschmeidig. Die Hände greifen weiter nach links und rechts hinüber, der Oberkörper folgt nach, bis die Hände leicht auf den Fußboden aufschlagen, wobei die Tänzerinnen

Samoanische Mädchen vor Beginn des Tanzes.

den Kopf so weit gehoben halten, daß sie die Zuschauer noch ansehen. Dann richten sie sich im Takt auf und gehen in eine andere Figur über, die Arme sind so weit gehoben, daß die Ellenbogen in der Höhe der Brust und die Hände nach oben gerichtet sind. Die rechte Hand liegt in der Höhe der linken Schulter, die linke weiter nach links in der Höhe des Kopfes, dieser ist nach rechts gedreht und die Finger laufen geräuschlos und geschmeidig langsam an dem Daumen entlang, ähnlich wie wir ein Schnippchen schlagen, wobei ein passender Triller gesungen wird. Kopf und Hände wechseln mit einer schnellen Bewegung die Stellung, um nach der andern Seite dieselbe Figur auszuführen, und nach einmaliger Wiederholung schlagen die Hände wieder auf den Boden, sind in halber Höhe des Körpers und so fort.

Aus diesen drei Figuren setzt sich der Tanz zusammen und wirkt anfänglich bald ermüdend; weiß man aber erst, daß keine neuen Figuren kommen und wartet man daher nicht mehr auf solche, dann fängt man an, dem lebendigen Spiel der Glieder zu folgen, wie die Bewegungen ein langsameres oder beschleunigteres Tempo annehmen, wie die Haltung des Körpers wechselt und die Drehungen und Stellungen dem Auge fortgesetzt neue, schön gerundete Linien zeigen, und wird dann ebenso wie die Eingeborenen von dem Feuer der Darstellerinnen mit fortgerissen. Ich habe mich erst durch verschiedene Tänze durchlangweilen müssen, ehe ich Geschmack an denselben fand und verstehen lernte, worin der Reiz liegt, welcher dem Samoaner die Kraft gibt, diesem scheinbar einförmigen Spiel ganze Nächte zu opfern.

Zuweilen, wenn Darsteller und Zuschauer erst warm geworden sind, erhebt sich auch die Vortänzerin, um mit wenigen Schritten nach links und rechts gehend mit den Armen andere Bewegungen als die vorher beschriebenen zu machen. Doch sind die Mädchen dann auf fremdem Gebiet, das unförmliche Lava-lava paßt nicht zu leichten Bewegungen, sie werden ungraziös. Der Tanz im Stehen gehört in Samoa nur den Männern.

Wie schon vorher angedeutet, bereitete Sangapolutele mir am Vorabend unserer Abreise von Saluafata noch eine besondere Ueberraschung. Als ich abends zu Bill kam, um dort von meinen samoanischen Freunden Abschied zu nehmen, wurde mir eine Einladung des Häuptlings übermittelt, zu ihm zu kommen, weil er mir vor meiner Abreise noch einen altsamoanischen Tanz vorführen lassen wolle. Da sämmtliche Anwesende mitkommen wollten, um auch theilzuhaben an dem seltenen Schauspiel, so wurde Bill's Haus zugeschlossen und ich fuhr mit ihm und seiner Frau in einem großen Kanu nach Saluafata, um doch auch einmal eine solche Fahrt gemacht zu haben. Die andern wählten den Landweg, welcher mir bei der Dunkelheit etwas zu unbequem war.

Die Häuptlinge mit ihren Familien waren vollzählig in der für den Tanz ausgewählten Hütte (derselbe findet nicht im Faletele statt) anwesend, weil ihre Töchter alle mitwirkten; auch Mulitalo, ein hoher Häuptling von Savai'i, dessen Bekanntschaft ich in den letzten Tagen in Saluafata gemacht und der mir, als Zeichen seiner Freundschaft, ein großes ausgewachsenes Schwein geschenkt hatte, war unter den Zuschauern. Daß die Bewohner Saluafatas, groß und klein, alle zur Stelle waren, versteht sich von selbst. Wie mir gesagt wurde, sollen sich die Mädchen, welche doch schon etwas unter dem Einfluß der Missionare stehen, zu denjenigen Tänzen, welche zur Darstellung kommen sollten, nur noch bei besonders festlichen Gelegenheiten hergeben und auch nur dann, wenn keine Fremden als Zuschauer zugegen sind, im übrigen werden nur jungfräuliche Häuptlingstöchter zu denselben zugelassen. Unter den Darstellerinnen befanden sich Toëtele, Lolle, Loautele und noch zwei Mädchen, Va und Vau, Verwandte Sangapolutele's von außerhalb.

Der Tanz bewegte sich zunächst in dem gewöhnlichen Rahmen, und nach Verlauf einer Stunde benutzten die anwesenden Aeltern der Tänzerinnen eine Pause, um sich zurückzuziehen, indem Sangapolutele mir verdolmetschen ließ, daß die Mädchen beauftragt seien, mir nun noch einen Tanz vorzuführen, bei welchem nach der Samoa-Sitte deren Aeltern nicht zugegen sein dürften. Einer seiner Leute indeß, einer der von mir bei Beschreibung des Talolo als Narren bezeichneten Männer, sei beauftragt, das Ganze zu leiten, und dieser trat dann auch vor, um sich neben den Tänzerinnen aufzustellen. Nachdem die betreffenden Aeltern sich entfernt hatten, nahm der Tanz seinen Fortgang und zwar zunächst in der gewöhnlichen Art; dann trat Va, welche mit einem kleinen enganliegenden Zott-Lavalava bekleidet war, vor und führte stehend in gefälligen zierlichen Bewegungen einige hübsche Figuren aus. Danach trat Vau, eine hohe, schlanke, wol eben erst voll entwickelte jugendliche Gestalt mit etwas verängstigtem Gesicht vor. Sie trug nur ein leichtes Kattun-Lava-lava und begann ihren Tanz mit ähnlichen Bewegungen wie Va, ihr Gesichtsausdruck wurde wieder natürlicher, ein angenehmer Zug umspielte das unschöne Gesicht, und als sie erst ihre Sicherheit wiedergewonnen hatte, blieb sie plötzlich mit emporgehobenen leicht gebogenen Armen vor uns stehen. Der Narr trat an sie heran, doch sie entschlüpfte ihm wieder mit einer reizenden, eleganten Bewegung, bis sie von neuem in der vorangegebenen Stellung stand und der Narr gleichzeitig an ihrem Lava-lava nestelte; dann drehte sie sich langsam einmal um sich selbst und stand wieder in derselben Haltung vor mir, während der Narr mit dem Lava-lava zur Seite trat. Noch einige Drehungen und Wendungen, dann erwachte sie scheinbar aus einem Traume und verschwand draußen in der Dunkelheit ohne wieder zurückzukehren. Ihr folgte Loantele mit einer ähnlichen Vorführung, die damit endigte, daß das Mädchen mich vor ihrem Verschwinden plötzlich einmal heiß an sich preßte.

Es war inzwischen sehr spät geworden und Zeit zum Aufbruch.

Ich verließ daher das Land und zwar mit der befriedigenden Gewißheit, einen samoanischen Originaltanz gesehen zu haben, welcher von der unschönen Nachahmung, die uns bei meinem ersten Besuch hier in Apia mit dem bezahlten Tanz vorgeführt worden war, doch sehr wesentlich abstach und zwar sowol durch die ruhige, gemessene und im Vergleich zu der Nachahmung immerhin geräuschlose Handlung, wie auch durch die edlern Formen, in welchen das Ganze geboten wurde.

Wir bestiegen Bill's Kanu wieder und ich freute mich auf die schöne Fahrt bis zu seinem Hause, da der volle Mond, welcher jetzt hoch am Himmel stand, den Hafen wunderbar schön beleuchtete. Niedrige Dünung lief über das Wasser und gab unserm Fahrzeug leichte wiegende Bewegungen. Da bemerkte Bill's Diener Tom, welcher das Kanu allein ruderte, daß an dem Ausleger etwas nicht in Ordnung sei, ehe er aber noch den Fehler feststellen konnte, löste sich der Baum bei einer etwas stärkern Bewegung des Fahrzeugs auch schon von seinen Haltern, das Kanu kenterte und wir lagen sämmtlich im Waßer. Ich tauche wieder an die Oberfläche auf und greife zuerst nach Uhr und Cigarrentasche, um diese, in einer Hand sie hoch über das Waßer haltend, gegen den verderblichen Einfluß des Seewaßers zu sichern. Dann schaue ich mich um und sehe eine der

34*

lächerlichsten Bilder, welche mir je vor die Augen gekommen sind. Dicht bei mir sind die Köpfe von Bill und Sa, der erstere seine von mir als Geschenk erhaltene schöne Meerschaumpfeife als Werthvollstes und die letztere meinen Regenschirm über Wasser haltend. Frau Bill's Kopf sehe ich nur einen Augenblick, dann, wie bei einem Tümmler, ihren weißen Rücken (sie trug ein weißes Kleid), einen Augenblick ihre zappelnden Füße und sie ist wieder verschwunden; halb auf das gekenterte weiße Kanu geklettert, müht der schwarze Tom sich ab, dasselbe auf den Kiel zurückzubringen. Dann erscheint der Kopf von Frau Bill wieder, welche ängstlich nach mir fragt und nachdem sie mich entdeckt hat noch einmal verschwindet, worauf sie, als sie zum dritten mal auftaucht, ihre Schuhe als ihr Werthvollstes hoch über Wasser hält, die sie sich auf dem Meeresgrund ausgezogen hatte. Die gute Seele hatte mich bei ihrem ersten Auftauchen nicht gesehen, weil sie durch einen schweren Schlag, welchen sie von dem einen Halter des Auslegers auf den Kopf erhalten hatte, halb betäubt war, dachte daher zunächst nur an meine Rettung und tauchte wieder unter, um mich auf dem Grund zu suchen. Das Lächerlichste war nun, daß von unsern sämmtlichen Sachen nur mein Regenschirm trocken geblieben war, welchen Sa bei der Katastrophe gleich gefaßt hatte und mit dem sie so platt aufs Wasser gesprungen war, daß der hoch gehaltene Schirm nicht mit eintauchte. Andererseits hatte des Schicksals Tücke es gewollt, daß gerade am Tage vorher meine zweite Uhr, welche ich bei Ausflügen immer zu mir steckte, stehen geblieben war und ich heute meine gute Uhr mitnehmen mußte, welche natürlich so viel Seewasser geschluckt hatte, daß sie für den Rest der Reise unbrauchbar ist. Um das Kanu wieder in Ordnung zu bringen, schleppten wir es schwimmend an den Strand, und es muß ein wunderbares Bild gewesen sein, wie wir um das Kanu vertheilt mit der einen Hand dieses angefaßt und mit der andern unsere Kleinodien hoch haltend, in dem schönen Mondschein mit kräftigen Schwimmstößen dem Strande zusteuerten. Dort angelangt machte ich den Vorschlag, den Rest des Weges auf dem Lande zurückzulegen, welchem die Frauen und Tom sich nur mit Widerstreben fügten, weil sie sich vor dem Geist eines kürzlich auf der Albatros-Insel beerdigten Unteroffiziers von unserm Schiff, der an den Folgen eines in Auckland erhaltenen Fiebers gestorben war, fürchteten. Das Kanu wurde auf den Strand gezogen, um am nächsten Morgen erst wieder in Ordnung gebracht zu werden, und bald war ich bei meinem Boot und an Bord.

Am 15. d. M. morgens verließ ich Saluafata, um über Savai'i wieder nach Apia zurückzukehren, weil bisher noch keins unserer Schiffe diese Insel angelaufen hatte.

Da der Häuptling Mulitalo, welcher in Safune zu Hause ist, mich zu sich eingeladen und ich ihm vorher schon versprochen hatte, ihn von Saluafata aus mitzunehmen und in seinem Hafen abzusetzen, so wählte ich diesen Platz.

Saugapolutele, welcher auch in dieser Zeit nach Safune wollte, folgte ebenfalls meiner Einladung, für die Dauer der Ueberfahrt mein Gast zu sein, und Bill ging als Lootse und Dolmetscher mit. Sangapolutele, welchem ich am Abend vorher einen schönen Revolver als Andenken geschenkt hatte, brachte mir bei dieser Gelegenheit noch verschiedene Geschenke mit, unter welchen sich auch eine besonders große Kawawurzel befand, weil er glaubte, daß ich dieses Geschenk auch würdigen würde. Er hat allerdings darin recht, daß ich, wie ich früher auch schon angedeutet habe, das aromatische, leichtbittere Getränk, mit dem beißenden Geschmack auf der Zunge und dem leichten Brennen im Magen, schätzen gelernt habe, wie denn auch zu einem behaglichen Abendbesuch am Lande ein Kawatrunk mit gehörte. Erst wenn meine braunen Freundinnen mit der Bowle uns gegenübersaßen und das Getränk zurecht machten, zog ein gewisser häuslicher Friede in die Hütte ein, welchem sich eine außerordentlich wohlthuende Erschlaffung der Beine zugesellte, sobald man erst einige Becher Kawa getrunken hatte. Die Wirkung auf den menschlichen Organismus besteht in einer leichten, angenehm schmerzhaften Lähmung der Beinmuskeln, wobei man etwa dieselben Empfindungen hat, als wenn man nach einem ungewohnten Ritt oder anstrengenden Marsch im Bett die schmerzenden Glieder streckt. Es thut ja weh, aber so angenehm weh, daß man sich absichtlich immer wieder den leichten Schmerz durch erneutes Strecken bereitet. Magen und Kopf werden nicht in Mitleidenschaft gezogen, auch bleiben keinerlei Beschwerden zurück, wenn der Beinrausch nach ein bis zwei Stunden wieder verflogen ist.

An dieser Stelle will ich auch, ehe ich von Sangapolutele Abschied nehme, noch kurz erzählen, wie der Häuptling Recht spricht.

Es war einem Matrosen von uns auf dem Schiffe eine kleine hölzerne Tabackspfeife gestohlen worden und der Verdacht der Thäterschaft auf einen bestimmten Samoaner gefallen. Ich schickte den Bestohlenen mit einem Unteroffizier und einem Dolmetscher an Land zu Sangapolutele, welcher sich gleich bereit zeigte, den Fall zu untersuchen. Der Mann war bald ausfindig gemacht, die Pfeife wurde bei ihm gefunden und er gestand ohne weiteres den Diebstahl ein. Ein Faustschlag Sangapolutele's zwischen die Augen des Diebes, sodaß er betäubt zusammenbrach, war der erste Theil der Strafe, und nachmittags kam der Dieb von einem Häuptling geführt an Bord, um dem Matrosen, welcher seine Pfeife gleich am Vormittag zurückerhalten hatte, als Entschädigung ein mittelgroßes Schwein zu bringen. Hiermit aber nicht genug, war er auch noch für den Zeitraum von vier Wochen aus Saluafata verbannt worden, wie der Häuptling mir mitzutheilen beauftragt war.

Im Laufe des Nachmittags des 15. wurde in Safune geankert und ich versprach Mulitalo, ehe er an Land ging, für den folgenden Tag und die anschließende Nacht sein Gast zu sein. Dieser Tag brachte mir eine solche Fülle interessanter und zum Theil neuer Eindrücke, daß ich dem braven Mulitalo für seine Einladung und Gastfreundschaft aufrichtig dankbar bin.

Als ich vormittags an Land kam, mußte ich zunächst einen Rundgang durch die drei Districte von Safune machen, um die Häuptlinge zu besuchen. Die Stadt setzt sich nämlich aus drei voneinander unabhängigen Plätzen zusammen, über welche Mulitalo als Haupt des bedeutendsten aber doch eine gewisse Oberhoheit ausübt. Savai'i sucht nun einen gewissen Stolz darin, an den alten Gebräuchen festzuhalten, und es ist auch die einzige Insel, welche den alten für die Schrift angenommenen Dialekt noch rein spricht, dessen Hauptmerkmal darin besteht, daß er kein „k" kennt, während die andern Inseln in der gewöhnlichen Umgangssprache kein „t" gebrauchen, sondern dafür „k" setzen. So heißt z. B. „Guten Tag" in Savai'i und in der Schriftsprache talófa, bei den andern Samoanern kalófa; „ich danke" fafatéi bezw. fafakéi. Die alte Samoa-Sitte verlangt nun auch, daß der Fremde nicht von selbst einen Besuch macht, sondern sich dazu auffordern läßt, wenn er an dem betreffenden Hause, wohin er möchte, vorbeigeht. So durfte auch ich nicht zu den Häuptlingen, welche mich erwartend und von ihren Familien umgeben in ihrem Faletele saßen, herantreten, sondern mußte gleichgültig thuend meines Weges ziehen, bis ich angerufen wurde. Als wir nun in die Nähe einer solchen Hütte kamen, trat ein Mann mit Rednerstock und Fliegenwedel an den Dachrand vor, musterte uns eine Weile und dann erst rief er uns mit lauter Stimme an. Wir mußten stehen bleiben, Fragen und Antworten wechselten miteinander ab, und als mein Dolmetscher zufriedenstellende Antwort gegeben hatte, wurde ich als Gast bewillkommnet, trat zur Hütte heran, während der Häuptling mir entgegenkam, und nahm unter den Anwesenden Platz, nachdem ich mit allen die Hand geschüttelt hatte. Darauf wurde mir als Erstes ein großer gekochter Fisch einer gewissen mir unbekannten Art vorgesetzt, worin die höchste Begrüßungsauszeichnung eines Fremden liegen soll, aber natürlich nur stattbaben kann, wenn der Besuch vorher angemeldet ist, da die Fische nicht jeden Augenblick zu haben sind. Nachdem wir von dem Fisch gegessen hatten, wurde Kawa getrunken, und nach etwa einstündigem Aufenthalt zog ich weiter, um dasselbe bei dem nächsten Häuptling durchzumachen. Bei Mulitalo angelangt, wurden keine Umstände gemacht, er empfing mich mit seiner stattlichen Frau und zwei auffallend hübschen, elegant gewachsenen Töchtern von sehr heller Hautfarbe, die eine 19, die andere 17 Jahre alt, an der Thür seines großen, stark europäisirten Hauses und führte mich in sein Schlafzimmer, welches er mir abgetreten hatte. Neben einem breiten Bett mit Mosquitonetz fand ich noch einen Tisch mit zwei Stühlen und, was zunächst für mich das Beste war, ein Waschbecken mit einer Kanne frischen Quellwassers vor.

Nachdem ich mich frisch gekleidet hatte, setzten wir uns zum Essen an einen leidlich gut gedeckten Tisch. Waren Teller, Löffel, Messer und Gabel auch sehr einfach und etwas zusammengewürfelt, so waren sie doch da und sauber. Erst gab es Suppe und zwar eine, nach deren Genuß ich mich in spätern Jahren wol noch manches mal sehnen werde. Es war eigentlich nur zu dünnem Brei gekochtes Fleisch, zur Hälfte vom Schwein, zur andern Hälfte aus Tauben bestehend und mit mancherlei Gewürzen so schmackhaft gemacht, daß ich mir einen zweiten Teller voll geben ließ und nachher auf die andern Genüsse, welche in Tauben- und Schweinefleisch, Brotfrucht und Taro bestanden, verzichtete.

Nachmittags fand ein Talolo statt, welcher in seinen Grundzügen, was auch von der Kleidung gilt, dasselbe war wie in Saluafata und nur durch örtliche Verhältnisse bedingte Abweichungen zeigte. Denn während dort die Leute sich auf engen Waldwegen zum Festplatz begeben mußten und erst auf diesem sich sammeln konnten, steht ihnen hier eine lange breite Straße zur Verfügung, auf welcher der Zug sich in geschlossener, imposanter und malerischer Masse fortbewegen kann.

In weiter Ferne ertönt Getöse, eine hin- und herwogende Masse tritt vor den im Hintergrund liegenden Häusern in die Erscheinung. Ein Menschenstrom füllt die ganze Breite der Straße aus und wächst in der Tiefe immer mehr an. Das Getöse verwandelt sich in rhythmischen Gesang, einzelne Figuren lösen sich von dem Ganzen ab und erscheinen als Vortrab; die seitlichen sind dunkel, die in der Mitte hell; die schwarzen springen und tanzen, die hellen tänzeln und einige von ihnen bewegen sich wie Berauschte. Auch aus der Masse treten nun Figuren hervor, geputzte festesfreudige Menschen, welche nebeneinandergehend etwas zu tragen scheinen. Die Schwarzen sind jetzt deutlich zu erkennen, es sind die Buschmänner; die Hellen sind Mädchen, von denen die meisten eine feine Matte oder ein blendend weißes Zott-Lava-lava umhaben, die scheinbar Berauschten aber von den Hüften bis zu den Knöcheln mit vielen feinen Matten behängt sind, welche ihnen ein vornehmes Ansehen geben. Diese sind die Vortänzerinnen, sie sind nicht berauscht, ihre Bewegungen sehen auch nicht mehr so aus, im Gegentheil, mit graziösen Armbewegungen laufen sie, jedenfalls mit ganz schnellen kleinen Schritten, hin und her und sind in ihrer ganzen Erscheinung geradezu bezaubernd. Der Zug ist bei uns angelangt, der Vortrab schwenkt zur Seite ab, die Träger der Geschenke nahen sich mir in geschlossener Linie und legen erschreckend große Massen von Nahrungsmitteln, darunter viele lebende Schweine, vor mir nieder. Die Leute treten wieder zurück, alle setzen sich im Halbkreis auf den Boden, der Redner tritt vor, begrüßt mich und dann vertheilt sich das Volk wieder, nachdem ihm noch unter der Hand mitgetheilt ist, daß ich den Leuten die Geschenke überlasse und sie dieselben wieder abholen können, sobald wir uns zurückgezogen haben.

Am Abend versammelten wir uns in einem großen Hause, wo Tänze nach einem sehr reichen Programm zur Darstellung kamen, unter welchen sich auch Männertänze befanden, die ich bisher noch nicht gesehen hatte. Erst erschien eine Gruppe von Mädchen, dann eine zweite und eine dritte, welche alle die auch schon in Saluafata gesehenen Tänze in der Sitzstellung ausführten, aber doch in ihrem exacten Zusammenwirken und durch einzelne Feinheiten zeigten, daß der Tanz hier auf Savai'i mehr noch als eine edle Kunst angesehen und geübt wird. Angenehm fiel hier auch auf, daß hinter den tanzenden Mädchen kein anderes Publikum stand, welches doch immer störend wirkt. Als vierte Gruppe traten drei Mädchen auf, welche eigenartig in ihrem Anzug jedenfalls Waldgeister vorstellen wollten. Sie waren ganz in frisches Laub gekleidet und wichen in ihren Bewegungen vollständig von dem Gewohnten ab. Die in der Mitte sitzende kleine Häuptlingstochter, ein Mädchen von 14 oder 15 Jahren, welche ich früher schon in Apia auf unserm Schiffe gesehen hatte, schien die Erfinderin dieser neuen Figur zu sein, da sie mit einer außerordentlichen Sicherheit den Tanz leitete. Alle Bewegungen waren schnell und voll Feuer und bannten durch ihr fortwährend wechselndes Spiel das Auge des Zuschauers. Eigentlich hätten, wie mir gesagt wurde, diese Mädchen als Halsschmuck auf Savai'i vorkommende lebende rothe Schlangen haben müssen, doch hatten sie in der Kürze der Zeit keine mehr fangen können. Auf diese Gruppentänze folgten Einzeltänze junger Häuptlinge. Der Anzug derselben bestand eigentlich nur in ihrer Tätowirung und einer kleinen Schürze aus rothbraunen Blättern. Als Schmuck dienten Blumen oder ein grüner Kranz im Haar, ein Stirnband aus den früher genannten kleinen Muscheln oder aus Flittergold, ein Band um jeden Oberarm und unterhalb der Knie. Der Tanz, welcher in sitzender Stellung beginnt und stehend endet, wo dann noch zwei Männer hinzutreten, um das Bild abzurunden, gewährte mir großen Genuß. Die kraftvollen, jugendlich schönen Gestalten, der eigenartige Putz in Verbindung mit der Hautfarbe und der reichen Tätowirung, das Spiel der Muskeln und die lebendigen schönen Bewegungen vereinten sich zu einem sehenswerthen Ganzen.

Den Schluß bildeten Einzeltänze von drei Mädchen, die in Darstellung und Kleidung wieder ganz Neues boten. Namentlich die Kleidung war etwas so Vollendetes an reizendem Geschmack und mit so einfachen Mitteln hergestellt, daß ich sie näher beschreiben muß.

Die Tänzerinnen waren die beiden Töchter von Mulitalo, sowie ein Mädchen, welches einmal bei unsern frühern Aufenthalten in Apia unser Schiff besucht hatte, dann aber wieder spurlos verschwand, ohne daß es uns gelingen wollte, ihren Verbleib ausfindig zu machen. Daß wir nach ihr forschten, findet seine Erklärung in ihrer Erscheinung, welche so auffallend ist, daß jeder von unsern Herren sie gesehen hatte und die Bezeichnung „Königin der Nacht", welche einer ihr gab, als zutreffend von allen angenommen wurde. Von mittelgroßem zierlichen Körperbau und tiefdunkler Hautfarbe, trug sie langes, bis auf die Hüften herunterhängendes schwarzes Haar und hatte zwei Augen im Kopfe, welche wie blitzende Sterne aus dem dunkeln Gesicht hervorleuchteten. Diese beherrschten auch in Verbindung mit den schönen Zähnen das keineswegs ideal geschnittene Gesicht so vollkommen, daß man nur sie sah und kaum den Blick von dem strahlenden Leben, welches von ihnen ausströmte, abwenden konnte.

Die jüngere Tochter Mulitalo's, eine Bajaderengestalt mit schmalen Hüften, kleinem Kopf und sonst edlen schlanken Körperformen, trat zuerst auf. Ihre Stirn umschloß ein schmales rothes Atlasband, das hinten geknüpft war und dessen lange Enden bis zu den Kniekehlen herunterreichten. Eine fest umgelegte Kette von erbsengroßen weißen Glasperlen umfaßte den schlanken Hals, und unter dieser Perlenkette lag eine von gleich großen rothen Beeren, welche sich hinten kreuzte, auf den halben Schultern wieder nach vorn kam und im Bogen bis auf die halbe Brust herunterreichte. Als Lavalava diente ein sehr kurzer, aus einem schneeigen Handtuch gefertigter Schurz, welcher den Körper nur hinten bedeckte und vorn offen war, die Lücke vorn wurde durch eine kleine Schürze von rothbraunen schmalen Blättern ausgefüllt, welche in der Mitte lang, an den Seiten kurz waren und hinten in derselben Anordnung als Gürtel über den weißen Schurz fielen. Arme und Beine blieben ohne Schmuck. Der Tanz beschränkte sich auf leichte, mit vornehmer Ruhe ausgeführte Bewegungen und diente zweifellos nur dazu, die Schönheit der Formen zur Darstellung zu bringen.

Als zweite erschien die ältere Tochter, eine üppigere, aber auch durchaus feingegliederte Gestalt. Sie trug ein weißes Tuch um die Stirn geschlungen, aus dessen Mitte das eigene Haar kappenartig hervorstand; eine dünne Blumen- und Beerenkette umschloß den Hals und als Lava-lava diente hinten ein aus bunten kleinen Lappen zusammengeflicktes Stück Zeug mit darunter liegendem kleinen weißen Unterröckchen, vorn der kleine Blätterschurz. Der Tanz war ähnlich wie der vorhergegangene.

Während bei diesen beiden Mädchen die Kleidung andeutete, daß sie sich für den Zweck geputzt hatten, ihre Bewegungen vornehm ruhige waren, stellte die Königin der Nacht die unverfälschte Natur dar. Als Schmuck nur ihr langes, vorn etwas aufgethürmtes und im Nacken lose zusammengebundenes Haar, als Lava-lava hinten eine kleine feine Matte und vorn den kleinen Blätterschurz, welche eben nur den Mittelkörper bedecken; in ihren Bewegungen wild und leidenschaftlich, aber immer decent.

Als die Königin der Nacht auftrat, kam die jüngste Tochter Mulitalo's, welche auf der andern Seite ihres neben mir sitzenden Vaters gesessen hatte, zu mir und raunte mir, jedenfalls im Auftrage ihres Vaters, auf die Tänzerin deutend mit einigen englischen Worten etwas zu. Also auf dieses Mädchen, welches unserm ganzen Schiff die Köpfe verdreht hatte, war die Wahl gefallen. Ich war indeß gut, lehnte nach Beendigung der Festlichkeit jede weitere Unterhaltung ab und fand in Mulitalo's Bett erquickenden Schlaf. Am nächsten Morgen sprach Mulitalo mir seinen warmen Dank aus.

Gestern Morgen gaben wir den Samoanern noch ein Kriegsspiel nach europäischer Art und heute Morgen verließ ich Safune wieder. Mit der Schilderung samoanischer Art und samoanischen Lebens bin ich nun zu Ende. Meine Absicht war, ein Bild der merkwürdigen Vermischung von Sitte und Natürlichkeit, althergebrachten Formen und Formlosigkeit, Familienleben und Freiheit der einzelnen Mitglieder, der Tugenden und Fehler dieser Naturmenschen zu geben. Ob es mir gelungen ist, muß der Leser ermessen.

21. Mai 1879.

Gestern endlich ist unser Ablösungsschiff eingetroffen und so werden wir nun in den nächsten Tagen, sobald ich die Station meinem Nachfolger übergeben habe, die Heimreise antreten. Von Apia habe ich nicht mehr viel zu erzählen, Ruhestörungen sind bisjetzt keine vorgekommen und besondere Erlebnisse habe ich nicht mehr zu verzeichnen. Ich habe allerdings noch den 800 m hoch liegenden See Lauto besucht, die Partie ist aber nicht lohnend. Da ich nur einen Tag an dieselbe wenden wollte, so fand ich anfänglich keinen Führer; schließlich aber erklärte sich ein Halbweißer, der sich vorzugsweise mit Jagd auf verwilderte Schweine beschäftigt und von meiner Leistungsfähigkeit im Gehen gehört hatte, bereit, den Versuch mit mir zu machen. Diesmal schloß sich mir einer unserer Herren an, von dem ich wußte, daß er gut zu Fuß sei. Wir brachen morgens 6 Uhr auf und fanden einen sehr mühsamen Weg, da der letzte Orkan vom 8. März mit seiner Peripherie auch diesen Theil von Upolu gestreift und viele Baumstämme über einen großen Theil des Weges geworfen hatte. So mußten wir vielfach über diese vom Thau benäßten Verhaue hinüberklettern, was uns so aufhielt, daß wir statt um 12, erst um 2 Uhr oben bei dem See anlangten. Derselbe bietet an sich keine besondern landschaftlichen Reize, der Weg bis dorthin gar keine, weil er anhaltend unter dichtem Laub hinführt und keine Aussichten gewährt. Wir hätten aber doch noch rechtzeitig wieder in Apia eintreffen können, wenn unsere Gepäckträger mit uns gleichen Schritt gehalten hätten. Die Samoaner sind im Punkte des Marschirens aber keine Tahitier und trafen erst um 3 Uhr oben ein, sodaß es 4 Uhr geworden war, ehe wir gegessen hatten. Der Weg war bergab natürlich nicht besser wie bergauf, und so mußten wir, nachdem wir von 6—7 Uhr wegen der tiefen Dunkelheit nur langsam vorwärts gekommen waren, schließlich auf der Plantage eines Engländers, welche wir noch erreichten, um Nachtquartier bitten. Der See ist sehr viel kleiner als der auf Tahiti, soll 20 m tief sein und bietet auch nicht annähernd solche Naturschönheiten wie der Waihiria.

Eingeborenen-Dorf unter Palmen.

18.

Die Heimfahrt.

Apia, 20. Mai 1879.

Endlich ist unsere Fregatte „Bismarck" hier, lange und sehnsuchtsvoll erwartet. Das heute Nachmittag in Sicht gekommene große Kriegsschiff, welches dem Hafen unter vollen Segeln zusteuerte, war diesmal kein Engländer, wie die vor einiger Zeit hier eingelaufene und anfangs von uns für „Bismarck" gehaltene Corvette, sondern das von der obersten Spitze seines Fockmastes zu uns herüberwinkende Signal war ein wirklich deutscher Gruß und bedeutete „Bismarck". Das donnernde Hurrah, welches dem Kameraden bei seinem Einbiegen in den Hafen von unsern in die Takelage aufgeenterten Mannschaften aus über 200 Kehlen entgegenschallte, kam aus vollem Herzen, wenn es auch, als Ausdruck unserer Freude über die endliche Erlösung, wol mehr uns selbst galt.

Wir hatten schon befürchtet, daß dem Schiff, welches ja bereits zu Mitte April angemeldet gewesen war, ein Unfall zugestoßen sei, und wenn wir auch nicht gleich das Schlimmste vermutheten, so konnte doch eine große Havarie die Veranlassung werden, daß wir noch Monate hier zurückgehalten würden, und das war keine schöne Aussicht, wenn man schon seit Wochen von Tag zu Tag gehofft hatte, nach langer Abwesenheit von der Heimat endlich die Rückreise antreten zu können.

Daß „Bismarck" noch vor dem Verlassen des letzten südamerikanischen Hafens infolge der Vorarbeiten der „Ariadne" den Auftrag erhalten hatte, die deutschen Interessen auf den Gesellschafts-Inseln und auf Koratonga durch Verträge zu sichern, konnten wir nicht ahnen.

Eine große Sorge hat mir mein Nachfolger auch dadurch abgenommen, daß er im Stande und bereit ist, meinem Schiff Proviant für etwa sechs Wochen abzutreten. Durch unsern langen Aufenthalt hierselbst sind unsere Vorräthe schon nahezu aufgezehrt, und da die von den hiesigen Geschäftshäusern erwarteten, bereits seit acht Wochen fälligen Proviantschiffe aus San-Francisco auch noch nicht eingetroffen sind, so hatte ich schon für den 25. d. M. meine Abreise nach Auckland festgesetzt, um das Schiff dort neu auszurüsten. So bleibt mir sowol diese Reise wie der große Umweg über einen australischen Hafen erspart und ich kann direct durch die Torres-Straße nach Batavia laufen.

Der heutige Nachmittag und Abend waren natürlich der gegenseitigen Begrüßung gewidmet, die dienstfreien Offiziere und Mannschaften von beiden Seiten besuchten das andere Schiff und die nun hinter uns liegenden Stunden waren solche reiner Festesfreude. Morgen

Fregatte „Bismarck“.

beginnt die Uebergabe der Station an meinen Nachfolger und in wenigen Tagen wird der große Augenblick gekommen sein, wo wir unsern Kiel heimwärts richten werden.

28. Mai 1879.

Gestern Abend war ich mit der Abwickelung meiner Geschäfte fertig, unser Schiff war seeklar und heute Morgen mit Flaggenparade entfaltete sich von der Spitze unsers Großmastes aus der 100 m lange Heimatswimpel, welcher symbolisch bis zur Heimat reichen und den dort der fernen Matrosen gedenkenden Mädchen Gelegenheit geben soll, durch Ziehen an dem Wimpel die Heimfahrt beschleunigen zu helfen. Sobald Flagge und Wimpel lustig in dem leichten Winde flatterten, wurde auch unser Anker aus dem Grund gebrochen und das Schiff lief, umringt von den den Hafen füllenden Kanus der Eingeborenen, mit langsamer Fahrt dicht an die „Bismarck“ heran, um mit den Kameraden noch einen letzten Gruß auszutauschen. Beide Besatzungen waren in den Takelagen, unsere Musik spielte: „Muß i denn, muß i denn zum Städtle hinaus“, Hurrahs und Hurrahs erschütterten die Luft, Grüße hinüber und herüber und sämmtliche Mützen unserer Besatzung flogen in hohem Bogen als letzter Gruß an die Fremde in den Hafen, wo sie von den Eingeborenen als gute Beute aufgefischt wurden. Dann dampften wir unter den Klängen der „Wacht am Rhein“, mit welchen die „Bismarck“ uns das Geleit gab, in die offene See — der Heimat zu. Was das Herz des Menschen in solchen Augenblicken bewegt, vermag nur der zu verstehen, welcher selbst Aehnliches erlebt hat. 15000 Seemeilen haben wir bis zur deutschen Nordseeküste noch zu durchmessen — und doch liegt das heimische Gestade im Geiste bereits greifbar vor uns. Ein sonniges Land, wo ich manch schöne und manch trübe, aber vorherrschend ernste Stunden durchlebt habe, entschwindet allmählich unsern Blicken, für mich wahrscheinlich auf Nimmerwiedersehen. Die Stadt Apia liegt zur Zeit schon unter unserm Horizont, die hohen Berge der Samoa-Inseln sind aber noch zu sehen, doch auch sie werden bald unsern Augen entschwunden sein und Samoa, das ich in spätern Jahren wol einmal wieder besuchen möchte, wird wie ein Traum hinter uns liegen.

8. Juni 1879.

Abwechselnd dampfend und segelnd sind wir bei den Neu-Hebriden angelangt und durchschneiden jetzt unter Segel diese Gruppe zwischen den beiden nördlichen Inseln Vanua Lava und Santa-Maria. Ein schöner sonniger Tag liegt über dem Meere, auf den bewaldeten hohen Inseln und den in der Nähe des Landes über den Meeresspiegel hervorragenden Klippen; für unsere Umgebung fehlt mir aber jetzt der Sinn. Meine Gedanken eilen der Gegenwart voraus, mit fieberhafter Ungeduld warte ich auf den Passat, welchen wir doch einmal antreffen müssen, und weiter, weiter heißt es, um endlich in die Windregion zu kommen.

16. Juni abends.

Da man, solange hier in diesen fernen Gegenden noch keine Leuchtfeuer errichtet sind, bei Nacht nicht in die Torres-Straße einlaufen kann, mußte ich heute Abend Segel kürzen lassen, um erst mit Tagesanbruch an den Eingang der Straße zu kommen.

Es war eine anregende tolle Fahrt, die der letzten sieben Tage. Nachdem wir die Neu-Hebriden passirt hatten, bezog sich am 8. abends der Himmel mit dickem Gewölk, Gewitterböen stürmten während der Nacht von verschiedenen Seiten kommend über uns hinweg, und am 9. mittags kam endlich der SO-Wind durch, erst schwach, nahm dann aber gleichmäßig wachsend an Stärke zu und war am Abend des 10. Juni bereits zu einem mäßigen Sturm angeschwollen. Nun hieß es, nachdem die Feuer in der Maschine gelöscht worden waren, die Gelegenheit ausnutzen und Segel pressen, und es wollte fast scheinen, als ob es dem Schiff selbst Freude mache, alles zu tragen, was überhaupt anzubringen war, so leicht durchschnitt es unter der übermäßigen Bürde die hochgehenden schäumenden Wogen. Immer und immer wieder wurde ihm noch ein Segel aufgequält, wie der scherzhafte Ausdruck dafür ist, wenn einem bereits unter vollem Segelpreß liegenden Schiffe bei starkem Winde vorsichtig mit allen Kniffen der Seemannskunst, damit es nicht zerreißt, noch ein Segel mehr gegeben wird. Stand das neue Segel erst, dann sah man die Freude darüber von allen Gesichtern im Schiff widerstrahlen. Müde Gesichter gab es überhaupt nicht mehr, wenn die Matrosen in ihrer Ruhe gestört wurden, um die Fahrt des Schiffes erhöhen zu helfen; ich glaube sogar, daß die Leute es vorher ahnten, wenn ich Segel mehren wollte, denn ehe ich eine derartige Anordnung gab, standen sie schon erwartungsvoll bereit, die Befehle schnell auszuführen. Und wurde es aus bestimmten Gründen, wie ich nachher auseinandersetzen werde, nöthig, für die Nacht Segel zu kürzen, dann lauerten sie morgens schon vor Tagesanbruch auf mein Erscheinen, um der „Ariadne" die theilweise gefesselten Schwingen wieder zu lösen. Es war aber auch eine Freude, die scheinbar wie aus einem Guß hergestellte Takelage zu sehen, mit dem Körper den wiegenden Bewegungen des Schiffes zu begegnen, dessen eiligen Lauf durch die hohen, sich überstürzenden Wogen zu verfolgen und dabei die Segel, Hölzer und Taue zu prüfen, ob sie dem Winddruck genügend widerstehen und wo ihnen etwa eine weitere Stütze gegeben werden muß. Bei solchen Gelegenheiten lernt man die in den Seesegeln liegende Poesie verstehen, wenn man nicht vorher schon Kenner war. Mit Ausnahme der beiden letzten Nächte, wo wir nur acht bis neun Knoten liefen, machten wir Tag und Nacht zwischen zwölf und vierzehn Seemeilen in der Stunde, eine gute Leistung für ein Segelschiff.

Am 13. mittags passirten wir den Meridian von Rossel-Island, der östlichsten der Louisiaden-Inseln, und traten damit in die Korallensee ein. Je weiter wir hier vordrangen, und das ging bei unserer flotten Fahrt sehr schnell, desto höher und steiler wurde die See in dem verhältnißmäßig engen Wasserbecken, die Bewegungen des Schiffes nahmen dadurch an Heftigkeit sehr zu und verdoppelte Aufmerksamkeit auf die Takelage war nothwendig. Aber nicht dies veranlaßte mich, dem Schiff hier für die Nacht bequeme Segelführung geben zu lassen, sondern die bekannte Thatsache, daß dieses bisjetzt so selten befahrene Meer noch nicht ausreichend erforscht ist und man nicht weiß, ob die vielen hier bereits entdeckten Korallen-Inseln, -Bänke und -Riffe schon alle unterseeischen Gefahren in sich schließen; im Gegentheil ist anzunehmen, daß noch manche Klippe ihrer Entdeckung harrt. Da nun bei dem sturmartigen Winde die Kämme der hohen Wellen fast alle überbrechen und das Auge bei dunkler Nacht wirkliche Brandung von diesem Wogenschaum auf größere Entfernungen nicht zu unterscheiden vermag, auch das Getöse des Windes und das Rauschen des Wassers die Luft derart erfüllen, daß das dumpfe Rollen der Brandung gegen den Wind an nicht gehört werden kann, so gebot die Vorsicht, alles zu thun, um einer etwa auftretenden Gefahr begegnen zu können, und dazu gehörte in erster Reihe, dem Schiff nur so viel Segel zu belassen, wie es in jeder Stellung zum Winde tragen konnte. Es mußte schnell, ohne vorher Segel bergen zu brauchen, den Curs ändern können; die am Tage geführten Segel konnte es aber bei einem plötzlichen Aufdrehen gegen den Wind nicht tragen, es würden vielmehr in solchem Falle die ganze Takelage und damit wahrscheinlich auch das Schiff verloren gewesen sein, wenn dieses unter vollen Segeln plötzlich vor einer Untiefe gestanden hätte, wo es ohne Zeitverlust und ohne Rücksicht auf alle etwa daraus entspringenden Folgen, um dem sichern Verderben auszuweichen, noch den Versuch der Cursänderung hätte wagen müssen.

An der Nordküste von Java, 4. Juli 1879.

Am 17. v. M. morgens 3 Uhr wurde das flache Wasser vor der Torres-Straße angelothet, worauf ich wieder alle Segel beisetzen ließ. Gegen 9 Uhr vormittags kam Bramble-Cay, eine kleine von Felsen umgebene und mit spärlichem Graswuchs überzogene etwa 3 m hohe Sanddüne, welche als Marke für die Einfahrt in den Großen Nordost-

Kanal der Straße benutzt wird, in Sicht und kurze Zeit darauf liefen wir bei steifem Wind in denselben ein.

Nach den unruhigen Bewegungen des Schiffes während der letzten Woche wurde es eine große Wohlthat für uns, nun auf einmal wieder gewissermaßen auf festem Boden zu stehen. Die ungefähr 140 Seemeilen lange und nahezu ebenso breite Straße, in welcher bisjetzt nur erst zwei Passagen ausgelothet und bekannt sind, die eine und zwar die am meisten befahrene dicht unter der Nordküste Australiens, die andere, „Großer Nordost-Kanal" genannt, ziemlich in der Mitte zwischen den Küsten von Neu-Guinea und Australien, ist derart von Land und ringartig von Korallenriffen, hinter welchen wieder Hunderte von kleinen Inseln und Korallenbänken liegen, umschlossen, daß das nur 20—40 m tiefe Wasser in dem größten Theil und zwar auf eine Strecke von nahezu 100 Seemeilen von dem Wind kaum oder nur unbedeutend aufgewühlt werden kann. Das hellgrüne, ins Weißliche schimmernde Wasser war zwar über und über mit Schaumköpfen bedeckt, eigentlicher Seegang konnte aber nicht aufkommen. Die Breite des Nordost-Kanals wechselt zwischen 2 und 20 Seemeilen; kleine Inseln, deren man über 30 zählen kann und von welchen die meisten bewaldet sind, sowie kahle Sandbänke und Korallenriffe liegen zu beiden Seiten der Wasserstraße. Von Eingeborenen haben wir, obgleich mehrere der Inseln bewohnt sein sollen und wir stellenweise bis auf Steinwurfweite an dieselben herankamen, nichts gesehen.

Am Abend des 17. Juni mit Sonnenuntergang mußten wir ankern, da die Fahrt bei Nacht hier, ohne das Schiff zu gefährden, nicht möglich ist. Wir legten uns hinter die Rennel-Insel, welche sich ungefähr in der Mitte des Kanals befindet.

Das erste Tagesgrauen am nächsten Morgen sah uns wieder unter Segel, obgleich ein solcher Sturm wehte, daß ein hinter einer andern Insel liegendes großes Kauffahrteischiff es wol wegen seiner schwachen Besatzung nicht wagte, die vor uns liegende Strecke abzukreuzen. Diese Windverhältnisse verschafften uns aber einen interessanten Tag, denn wir mußten, um vorwärts zu kommen, so viel Segel führen, daß ich wiederholt für unsere Raaen fürchtete, und solches Segeln regt die Nerven an. Ueberdies wurde durch den starken Wind die Hitze so gemildert, daß man bei der vorwiegend kahlen und farblosen Umgebung — helles Wasser und gelbe Sand- oder

Korallenbänke — kaum die Empfindung hatte, in der heißesten Breite unsers Erdballs zu sein. Nachmittags verließen wir den Nordost-Kanal, liefen in ein großes Wasserbecken ein, wo schon wieder ziemlich hohe See stand, und setzten den Curs auf die kleine etwas über 200 m hohe Mount-Ernest-Insel, hinter welcher ich für die Nacht ankern wollte. Beim Einlaufen in die von dem Ufer der Insel gebildete Bucht meldete unser Posten in der Vorbramsaling, daß auf einem hinter Bäumen gelegenen großen, weiß angestrichenen Hause eine Flagge wehe, und kurze Zeit darauf, daß die Flagge wieder eingezogen sei. In dem Dorf, welches sich dann vor unsern Blicken am Strande ausbreitete, ließ sich, trotzdem mehrere Kanus und auch ein größeres europäisches Boot auf dem Lande aufgeschleppt lagen, keine Menschenseele sehen. Das Ganze war verdächtig und wir hatten hier wahrscheinlich eine unter dem Befehl eines Weißen stehende Seeräuberbande, deren es in diesen weit abgelegenen Gewässern noch manche geben soll, vor uns. Die aufgezogene Flagge sollte uns jedenfalls anlocken, sobald man aber in uns ein Kriegsschiff erkannte, wurde die Flagge wieder beseitigt und die sämmtlichen Bewohner flüchteten wol in das unwirthliche Innere. Die schnell eintretende Dunkelheit verhinderte eine Recognoscirung noch an demselben Abend und am nächsten Morgen mußte der Versuch zu einer solchen aufgegeben werden, weil es gerade Ebbe und so niedriges Wasser war, daß es ohne größere Vorbereitungen, Herbeischaffung von Bretern, um auf diesen über die scharfzackigen Korallen und tiefen Wasserlachen an Land zu kommen, unmöglich war, auch nur wenige Schritte auf der von dem Ufer weit in die See vorspringenden Korallenbank vorzudringen. Bei näherer Ueberlegung mußte ich mir auch sagen, daß wenn die Leute sich wirklich in einem Schlupfwinkel versteckt hatten, ich mindestens mehrerer Tage zu ihrer Auffindung bedürfe, und zu solcher Zeitvergeudung fehlte mir auf eine bloße Vermuthung hin die Berechtigung, da ich die Rückreise mit allen mir zu Gebote stehenden Mitteln beschleunigen mußte, weil das Schiff gleich nach unserer Rückkehr mit anderer Besatzung eine neue Reise antreten sollte. So gab ich den Landungsversuch auf und setzte eine halbe Stunde später die Reise weiter fort.

Nachmittags 3 Uhr liefen wir in den nur eine Seemeile breiten Prince of Wales-Kanal ein, welcher im Norden, also zu unserer

Rechten, von weit ausgedehnten mächtigen Korallenbänken, im Süden von hohen Inseln, Wednesday-, Thursday-, Friday-, Horn- und Goode-Island, sowie der großen Prince of Wales-Insel begrenzt wird, und kurz nach 4 Uhr steuerten wir mit der stolzen Fahrt von 12 Knoten zwischen den nördlich von Goode-Island gelegenen Riffen hindurch aus dem Stillen Ocean in die Arafura-See.

Abends 7 Uhr passirten wir die kleine Booby-Insel, welche dadurch interessant ist, daß sie seit vielen Jahren als Herberge für Schiffbrüchige dient und für die vorbeipassirenden Schiffe als selbstthätig arbeitendes Postamt wirkt. Wie die Engländer seit fast einem Jahrhundert in allen die Seefahrt betreffenden Fragen die Führung in Händen hatten und, stets auf das Wohl und Wehe der Seefahrer bedacht, aller Orten nach Möglichkeit dafür sorgten, diesen ihren schweren Beruf zu erleichtern und ihnen jedmögliches Hülfsmittel zur Verfügung zu stellen, so erkannte der Commandant des englischen Kriegsschiffes „Bramble" im Jahre 1845, daß die unbewohnte, von dem nächsten bewohnten Lande über zwölf Seemeilen weit abliegende und von den Eingeborenen nie besuchte, wahrscheinlich auch gar nicht gekannte kleine Booby-Insel sowol ein vorzüglich gelegener Rückzugsplatz für schiffbrüchige Seeleute sei, wie auch dazu dienen könne, vorbeipassirenden Schiffen die Gelegenheit zu geben, von hier aus Briefe oder wichtige Nachrichten befördern zu lassen. Er hinterlegte daher in einer Höhle am Strande größere Mengen von Dauerproviant und errichtete einen Kasten mit der Aufschrift „Post-Office", in welchem er auch ein Buch und Bleistifte zur Eintragung von Nachrichten zurückließ. Die englische Admiralität ließ dann auf den Karten bei der Insel die Bezeichnung „Post-Office" hinzusetzen und seit der Zeit schicken die Schiffe, welche bei guter Tageszeit hier vorbeilaufen, ein Boot an Land, um unter den angesammelten Briefen und Nachrichten das, was sie weiterbefördern können, auszuwählen und die etwa inzwischen zusammengeschmolzenen Vorräthe wieder zu ergänzen.

Von Booby-Island aus wählte ich durch die Arafura-See einen Curs, auf welchem in der Karte noch keine Tiefenangaben stehen, und ließ alle vier Stunden das Loth werfen, um dadurch auch etwas zur Vervollständigung der Kenntniß dieses Meeres beizutragen.

Am 27. Juni sahen wir Timor, dessen SW-Spitze wir um Mittag passirten. Am 28. abends kam Sumba in Sicht, an welcher Insel wir während des 29. vorbeisegelten. Am 30. waren wir dicht unter der hohen Küste von Sombawa und am 1. d. M. nachmittags liefen wir in die zwischen den Inseln Lombock und Bali liegende Lombock-Straße ein, wo wir so starke Stromschnellen antrafen, verbunden mit hoher durcheinanderlaufender und sich überstürzender See, daß das große Schiff, obgleich wir unter Segel 7½ Knoten liefen, zuweilen weit aus seinem Curs geworfen wurde. Ich nahm daher die Maschinenkraft noch mit zu Hülfe und brachte unsere Geschwindigkeit auf 12 Knoten, um das Schiff besser im Steuer zu behalten und möglichst schnell aus dieser wegen ihrer Stromverhältnisse berüchtigten Straße hinauszukommen. Noch am Abend desselben Tages liefen wir in die Java-See ein und steuern seitdem an der Nordküste Javas entlang Batavia zu, wo ich morgen Vormittag einzutreffen hoffe, nachdem wir der günstigen Wetterverhältnisse wegen den heutigen Tag zur Abhaltung einer gefechtsmäßigen Schießübung benutzt haben.

Im Indischen Ocean, 16. Juli.

Jetzt, wo wir der Heimat wieder ein gutes Stück näher gerückt sind und mit vollen Segeln der afrikanischen Küste zueilen, will ich in Kürze die letzte Zeit hier zusammenfassen, denn viel von Batavia zu erzählen vermag ich nicht, da berufenere Federn hierüber schon so erschöpfend berichtet haben, daß ich schwerlich etwas Neues bringen könnte.

Am 5. Juli vormittags langten wir auf der Rhede von Batavia an, wo man vor dem Mastenwald der dort liegenden Schiffe kaum etwas anderes sieht, weil die niedrige sumpfige Küste so wenig Anziehendes bietet, daß man den Anblick des regen Verkehrs auf dem Wasser demjenigen auf dem Lande vorzieht. Unser Consul, ein Herr S., welcher mir sehr bald seinen Besuch machte, nahm mich gleich als seinen Gast mit an Land und wir fuhren in seinem Wagen nach der weiter im Innern hoch und gesund gelegenen Stadt Batavia. Die in großen Gärten liegenden palastartigen Gebäude, die breiten Straßen und schönen großen Plätze, die Fülle von hohen mächtigen Bäumen und Pflanzen aller Art, die Verschwendung an Marmor, welcher vielfach als Baumaterial benutzt ist, die vielen eleganten Equipagen, die kostbaren Toiletten der Damen und die buntfarbige Tracht der männlichen Eingeborenen, welche, da für jede

Handleistung ein besonderer Diener vorhanden ist, in den Häusern scharenweise als solche auftreten, versetzen den Fremdling in ein wahres Märchenland.

Herr S. unterhält, trotzdem er als Junggeselle allein lebt, der dortigen Sitte gemäß einen nach unsern Begriffen fürstlichen Haushalt. Ich habe acht Diener gesehen und glaube, daß in dem großen Häusercomplex noch einmal so viele, welche für mich unsichtbar geblieben sind, und zwar theilweise mit ihren Familien wirkten. Als Wohnung war mir ein ganzer Seitenpavillon mit Ausgang in einen herrlichen Garten zugewiesen, und zu meiner persönlichen Bedienung hatte ich allein zwei Diener, welche, mich auf Schritt und Tritt mit ihren Augen verfolgend, jederzeit zur Stelle waren, wenn ich irgend einer Dienstleistung bedurfte.

Eine ähnliche Gastfreundschaft fanden auch unsere übrigen Offiziere bei andern deutschen Herren.

Ein von dem Consul unserm Schiff zu Ehren gegebenes Fest versammelte die ganze deutsche Colonie in den gastlichen Räumen, wo auch der Gecko ohne Scheu vor uns seinen eigenthümlichen Ruf hören ließ und an den Wänden und der Decke des Saals nach schädlichen Insekten ꝛc. jagte, während wir tafelten.

Daß Herr S. mit mir auch einen Ausflug nach Buitenzorg, der Residenz des holländischen Generalgouverneurs und beliebter Erfrischungsaufenthalt der europäischen Familien machte, versteht sich eigentlich von selbst. Wir fuhren nachmittags mit der Eisenbahn dorthin, wobei mir als das Merkwürdigste am Wege die hier wachsenden lebenden Telegraphenstangen gezeigt wurden. Da man der Termiten und anderer unnützer Insekten wegen keine Stangen aus todtem Holz verwenden konnte, wählte man hierzu lebende Bäume, nachdem man eine hierfür geeignete Art gefunden zu haben glaubte. Diese Bäume haben aber doch ein so unerwartet rasches Wachsthum gezeigt, die Glocken für die Drähte sind schon so hoch gewandert, daß die letztern jetzt zu kurz werden, reißen und somit fortgesetzter Reparaturen bedürfen.

In Buitenzorg fand ich einen luxuriösen Platz, schöne Häuser, große Parkanlagen und Gärten, elegante Hotels und unter den vielen fröhlichen Menschen auch manchen siechen Soldaten, da die im Colonialdienst erkrankten Mannschaften von dem Staat zu ihrer Erholung dorthin geschickt werden. Zwischen den vorwiegend europäischen Häusern liegen auch einige javanische, in denen eingeborene Fürsten mit ihrem Hofstaat leben und in deren einem am Abend meiner Anwesenheit in Buitenzorg ein als Musik bezeichneter fürchterlicher Lärm bis spät in die Nacht hinein verübt wurde.

Am nächsten Morgen mit Tagesanbruch bestiegen wir einen kleinen zweisitzigen, mit vier kleinen Pferden bespannten Wagen, um weiter in die Berge zu fahren und einen berühmten Badeplatz zu besuchen. Der Kutscher des Gefährts hatte merkwürdigerweise nur die beiden Stangenpferde im Zügel, die beiden vordern Thiere waren ohne jede Lenkvorrichtung eingeschirrt. Zwei eingeborene Läufer mit kurzer Peitsche in der Hand standen, ebenso wie bei den städtischen Wagen, auf dem hinten angebrachten Fußbret, mit einer Hand sich am Wagen festhaltend und mit nach außen geneigtem Oberkörper die vor uns liegende Straße beobachtend. Die Hauptaufgabe dieser Läufer scheint die zu sein, die vordern Pferde zu lenken, weil auf den guten Straßen keine Hindernisse eintreten, welche ihre Thätigkeit sonst in Anspruch nehmen könnten. Sobald wir im Wagen saßen, nahmen auf Zuruf des Kutschers die feurigen Thiere einen fliegenden Trab auf und behielten diese Gangart scheinbar ohne Anstrengung auch auf der bald ziemlich steil ansteigenden Straße dauernd bei. Staunenswerther als dies war es aber, wenn bei Wegebiegungen oder Straßenkreuzungen unsere beiden Läufer von dem Fußbret absprangen, den schnellen Lauf der Thiere überholend an uns vorbeiflogen, die vorgespannten Pferde, sie am Gebiß fassend, auf den richtigen Weg leiteten und dann wieder leicht auf das Fußbret sprangen, ohne durch schneller gehenden Athem zu verrathen, daß der Lauf ihnen eine Anstrengung verursacht hätte. Und als noch staunenswerther möchte ich es bezeichnen, als bei einer javanischen Hütte ein kleines, kaum 7 Jahre altes Mädchen uns folgte und mit ihren bloßen Füßchen neben dem Wagen herlaufend, gleichen Schritt mit uns hielt und lachenden Gesichts ihr guán, guán (Herr, Herr) rief, um eine Gabe zu erbetteln. Manche mich interessirende Gestalt begegnete uns, stolze Javanesen oder Sundanesen, welche eigentlich nur ihre Waffen spazieren trugen; mit dem Hüfttuch bekleidete, sonst nackte Tagelöhner, welche kunstvoll gebundene Fruchtpyramiden zu Markte in die Stadt trugen und von denen mehr wie einer sich von seiner ärmlich gekleideten Frau begleiten ließ, um bei dieser Gelegenheit die in ihren Ohrläppchen sitzenden, oft einen Werth von nahezu 1000 Gulden darstellenden Brillanten zur Schau zu stellen. Der geradezu krankhafte Trieb des Javanesen nach dem Besitz von Diamanten soll ihn allein dazu bringen, auf den Plantagen der Europäer so lange zu arbeiten, bis er sich diesen Wunsch erfüllen kann, worauf er sich dann an dem Besitz in der Weise erfreut, daß er die Steine seiner Frau anhängt, wodurch er sie immer vor Augen hat. Auch durch Dörfer, malerisch zwischen üppigem Laub gelegene Niederlassungen, kamen wir, wo die Frauen der wohlhabendern Klasse in den saubern offenen Hütten am Webstuhl saßen, denn sie weben den Hausbedarf an Stoffen sich selbst.

An unserm eigentlichen Ziele angelangt, fanden wir einen dunkeln, geheimnißvollen, kühlen Hain, in welchem unter hohen Bäumen ein großes gemauertes Becken liegt, das von einer frischen Waldquelle gespeist wird. Eine Hütte zum Aus- und Ankleiden befindet sich an dem Rande des Beckens, eine steile steinerne, mit Moos überzogene Treppe führt zum Wasserspiegel, wo man unter den rauschenden Kronen altehrwürdiger Bäume im Waldesdunkel und umgeben von Waldesstille ein erfrischendes, fast kaltes Schwimmbad findet. Als wir beim Verlassen des Bades einigen Eingeborenen begegneten, forderte Herr S. dieselben auf, einige Skorpione zu fangen, um mir zu zeigen, wie reich der Boden hier an diesem giftigen Gewürm sei. Nur einige größere Steine brauchten die Leute aus dem feuchten schlüpfrigen Boden herauszuheben und sie hatten schon eine kleine Schale mit diesen kampfesmuthigen Thieren, welche sofort gegenseitig übereinander herfielen, angefüllt.

Nach Buitenzorg zurückgekehrt fand ich noch Gelegenheit, von einem herumziehenden Händler in unserm Gasthaus einige schöne alte sundanesische kurze Schwerter zu erwerben, dann frühstückten wir und zur Essenszeit waren wir wieder in Batavia.

Am 10. Juli mittags verließen wir den javanischen Strand wieder, liefen während der Nacht durch die Sunda-Straße, aus welcher wir am 11. morgens 4 Uhr in den Indischen Ocean einsteuerten. Ich suchte nun zunächst 9° Südbreite auf, um auf dieser die Reise zu machen, steuerte aber, als am 12. abends der Passatwind immer noch nicht durchgekommen war, südlich bis auf $10\frac{1}{2}°$ Südbreite, wo ich am 13. nachmittags den gewünschten Wind antraf, auf dessen Schwingen wir nun mit einer Durchschnittsfahrt von 10 Knoten, welche zuweilen bis auf 13 steigt, nach Aden eilen.

Im Golf von Aden, 10. August 1879.

Erhaben ernst schaut die todte rothbraune Nordküste des Somalilandes auf uns hernieder, und ernst sind wol die Gedanken der meisten von uns. Sind wir doch nicht mehr fern von Aden, wo wir nach fünf Monaten wieder die ersten Briefe und jedenfalls solche neuern Datums erhalten werden. Wenn dieselben uns hoffentlich auch nur frohe Botschaft bringen, so ist doch auch das Gegentheil nicht ausgeschlossen; hat doch wol schon jeder von uns bei ähnlicher Gelegenheit vor den Thoren der Heimat Tiefernstes selbst erfahren oder an andern miterlebt. Auch die uns umgebende Scenerie wirkt in ihrer großartigen Ruhe und wunderbaren Farbenzusammenstellung ganz eigenartig auf das Gemüth. Früh ist es noch am Tage, niedrig steht die Sonne, deren heiße Strahlen das Land noch nicht in ein flimmerndes Dunstkleid hüllen. Selten klar ist die Luft, durchsichtig blau der Aether, tiefblau das Meer und rothbraun das Gebirgsland, auf dessen weitem Gelände wir nur eine einzige arabische Wohnstätte entdecken können, welche, festungsartig von Mauern umgeben, uns in ihrem blendenden weißen Anstrich wie ein Edelstein aus der todten Umgebung entgegenleuchtet. Kein Hauch bewegt die Luft und das Meer, kein Leben hier und dort, kein Baum, kein Strauch am Lande, kein Schiff, kein Vogel auf dem Wasser, Stille rings um uns her, soweit das Auge schaut.

Als wir am 6. August nach unsern Berechnungen so nahe an die afrikanische Küste gekommen waren, daß wir bald den von Süden, vom Cap der Guten Hoffnung kommenden kalten Nordstrom treffen mußten, machte ich den Versuch, uns von der Annäherung an die afrikanische Küste in der Weise durch den Thermometer zu überzeugen, daß wir durch Messung der Temperatur des Wassers den Eintritt in die Stromgrenze festzustellen suchten. Die Küste bei Ras-Hafun ist gefährlich und hat schon manches Schiff verschlungen, weil sie am Tage in der Regel in Dunst oder leichten Nebel gehüllt nur auf 3—4 Seemeilen Entfernung zu sehen ist, das Loth bei den großen Wassertiefen nur in allernächster Nähe der Küste wirklich von

Nutzen ist und die Meeresströmungen hier so unregelmäßige sind, daß sie die Sicherheit der Ortsbestimmung des Schiffes in hohem Grade beeinträchtigen. Weiß man aber erst, daß man sich überhaupt schon in der Nähe der Küste befindet, dann kann man mit einiger Vorsicht jede Gefahr ziemlich sicher vermeiden. Die Segelanweisungen deuten allerdings nicht an, daß man den kalten Strom zu dem angegebenen Zweck benutzen kann, weshalb ich nur geringes Vertrauen zu dem Versuch hatte, um so überraschender war der Erfolg.

Im Laufe des Tages, des 7., fiel die Wassertemperatur von 26° C. bis auf 24,5°, der kalte Strom machte sich also schon bemerklich; am 8. aber fiel sie weiter bis auf 16,7°, wahrlich ein kaum glaublicher Wärmegrad auf 10° Nordbreite, nachdem das Wasser bereits von 34° Süd an fast den ganzen Tropengürtel, jedenfalls an 2000 Seemeilen innerhalb der Tropen, durchlaufen hatte. Sobald wir in der Mitte der breiten Meeresströmung angekommen waren, hätten wir allerdings der Messung der Wasserwärme nicht mehr bedurft, denn die Abkühlung der Luft war hier eine derartige, daß wir warme Kleider anlegen mußten und ich der Mannschaft während der Nacht heißen Kaffee geben ließ, um sie vor Erkrankung zu schützen. Welchen Temperaturschwankungen wir ausgesetzt waren, wird am besten der Thermometer ergeben.

Am 8. d. M. 4	Uhr	morgens hatten wir in der Luft	24,9° C.	=	19,9° R.	
8	„	vormittags	24,8	„	19,8	„
10	„	„	24,0	„	19,2	„
12	„	mittags	21,7	„	17,4	„
4	„	nachmittags	20,4	„	16,3	„
8	„	abends	19,7	„	15,8	„
12	„	Mitternacht	18,5	„	14,8	„
Am 9. d. M. 4	„	morgens	21,5	„	17,2	„
8	„	vormittags	26,0	„	20,8	„
12	„	mittags	32,1	„	25,7	„
12	„	Mitternacht	29,5	„	23,6	„

Mit welcher Wucht der kalte Strom sich zeitweise seinen Weg nach Norden bahnt, konnten wir auch an seiner Geschwindigkeit erkennen, denn am 8. d. M. in der Zeit von 8 Uhr vormittags bis 2 Uhr nachmittags stellten wir vermittelst durchaus zuverlässiger Beobachtungen an der Sonne fest, daß wir durch ihn in diesen 6 Stunden

30 Seemeilen oder über 56 km allein nach Osten versetzt worden waren, sodaß seine Geschwindigkeit mindestens 9,3 km in der Stunde, wahrscheinlich aber, da wir keine Gelegenheit fanden, die Versetzung nach Norden mit zu bestimmen, bis zu 12 km oder 6—7 Seemeilen stündlich betragen hat.

Während nun der Einfluß des kalten Stroms zweifellos die Veranlassung ist, daß am Tage leichte Nebel sich auf die heiße Küste legen, bewirkt er in den ersten Nachtstunden einen so starken Thaufall, daß dieser nur mit leichtem Regen verglichen werden kann, der späterhin die Luft klar und sichtig macht. So haben wir es auch dem Nebel und Gegenstrom jedenfalls zuzuschreiben, daß wir die afrikanische Küste nicht schon am 8., wie ich sicher erwartet hatte, in Sicht bekamen. Als dann am Abend dieses Tages aber der starke Thaufall eintrat, wurde es mir gleich klar, daß ich die Nacht zum Ansteuern des Landes benutzen müsse und segelte dann auch unter Zuhülfenahme des Loths direct auf die Küste los. Meinen Nachtschlaf mußte ich nun allerdings wieder einmal opfern, doch dies war nicht zu ändern.

Gegen Mitternacht wird die Luft durchsichtig klar, die Nacht so hell, wie sie es unter dem alleinigen Einfluß der blitzenden Sterne zu werden vermag, und eiligen Laufes mit geblähten Segeln durchschneidet das Schiff rauschend die Meereswogen. Lautlos, mit geschärften Sinnen aufmerksam nach vorn schauend, stehen die in warme Winterkleider gehüllten Menschen auf ihren Posten, um mit den Augen das ersehnte Land zu erspähen oder mit dem Gehör die Brandung zu erlauschen. Von Stunde zu Stunde wird das Loth geworfen, welches um 1½ Uhr nach Mitternacht zum ersten mal den Grund erreicht und eine Tiefe von 95 m angibt.

Unsere Geduld wird auf eine harte Probe gestellt, erst um 3 Uhr morgens, aber dann auch urplötzlich, von allen zugleich gesehen, steht das hohe Bergland scharf gezeichnet und massig vor uns, die Küste zwischen Ras-Hafun und Cap Guardafui. Nach der Wassertiefe müssen wir 15 Seemeilen vom Lande ab sein, und von diesem als richtig angenommenen Standpunkte aus wird der Curs nach dem Cap Guardafui gesetzt, welches um 5½ Uhr in Sicht kommt. Um 7 Uhr passiren wir dasselbe und jetzt konnte ich auch daran denken, etwas der Ruhe zu pflegen, doch nur für kurze Zeit, denn um 8 Uhr schon wurde ich mit der Meldung geweckt, daß Windstille eingetreten sei, und ich mußte wieder an Deck das Wetter prüfen, ehe ich den Befehl zum Dampfmachen geben konnte.

Im Mittelmeer, 3. September 1879.

Im Mittelmeer! Seit über drei Monaten eilen und hasten wir vorwärts, um das Endziel unserer zweijährigen Reise zu erreichen, das Ziel, welches nun schon so nahe vor uns liegt. Nirgends hatten wir Zeit, keine andere Aufgabe war uns mehr gestellt, als die, nach Hause zurückzukehren, und ihr, also der Seefahrt allein, galt neben der Erhaltung der Mannschaft in kriegstüchtiger Ausbildung und des Schiffes in kriegsbrauchbarem Zustande, unsere ganze Thätigkeit.

Am 11. August mittags ankerten wir vor Aden, welches wir schon am 12. nachmittags 4 Uhr wieder verließen, nachdem wir Kohlen, Proviant und Wasser eingenommen hatten. Dort fanden wir zu unserer freudigen Ueberraschung auch unser Kanonenboot „Nautilus", welches sich auf der Reise nach den Samoa-Inseln befindet, zu Anker liegend vor. Die Freude wurde allerdings bald getrübt, als wir hörten, daß sein Commandant während der Fahrt durch das Rothe Meer gestorben war. Die Post brachte uns nur gute Nachrichten.

An Kriegsschiffen lag noch ein englisches Kanonenboot im Hafen, welches aus dem Rothen Meere hierher geflüchtet war, nachdem es durch Hitzschlag 1 Offizier und 3 Matrosen verloren hatte. Auch ein französisches Truppentransportschiff war 24 Stunden vor uns hier angekommen, dessen Commandant mich bei unserm Zusammentreffen gleich fragte, ob ich bei Ras-Hafun auch so starken Strom angetroffen hätte, denn er sei in der Zeit von 9 Uhr vormittags bis 3 Uhr nachmittags 32 Seemeilen nach Osten versetzt worden. Es war mir eine gewisse Beruhigung, die Richtigkeit unserer Beobachtungen hierdurch bestätigt zu finden, denn wenn ich dieselben auch als zuverlässig betrachten mußte, so wollte mir das gefundene Resultat doch kaum glaubhaft erscheinen.

Den Vorschlag des commandirenden Offiziers vom „Nautilus", die von ihnen aus Suez zur Bedienung der Feuer mitgebrachten Neger auch als Heizer für die Fahrt durch das Rothe Meer zu benutzen, lehnte ich ab, als er mir die allgemeine Ansicht über die geringe Leistungsfähigkeit dieser trägen Menschen bestätigen mußte. Ich konnte mich ja auch auf unser braves Maschinenpersonal verlassen und fand später die für die Fahrt durch das Rothe Meer getroffenen besondern Vorsichtsmaßregeln so ausreichend, daß wir sogar alle Kessel in Betrieb nehmen und mit Volldampf fahren konnten.

Ich habe die wenigen freien Stunden, welche mir in Aden blieben, natürlich auch dazu benutzt, den Platz oberflächlich zu besichtigen. Schön ist er nicht, aber sehenswerth. Ebenso aus fremdem Lande herausgebrochen wie Gibraltar, hat Aden auch sonst viel Aehnlichkeit mit diesem. Von ziemlich gleicher räumlicher Ausdehnung wie jenes spanische Cap, wird diese südlichste Spitze Arabiens ebenfalls durch hohe, hier hauptsächlich aus Kalkstein bestehenden Felsen gebildet, welche mit ihren steilen unwegsamen Wänden gewissermaßen aus der Ebene, in welcher sie stehen, herauswachsen. Die eigentliche Stadt ist von der Hafenstadt etwa 7 km entfernt, der Weg dahin liegt in der Ebene und windet sich zwischen den Felsen hindurch, deren Wände durch die vielen in ihnen befindlichen Löcher, in denen Affen wohnen und Vögel nisten, charakteristisch sind.

Die Stadt liegt in einer kleinen, nach der Landseite von Felsen umschlossenen, nach der Seeseite hin offenen Ebene. Ihre Hauptmerkwürdigkeit und Sehenswürdigkeit sind die großartigen Wasserwerke, welche aus großen Cisternen bestehen, die nebeneinander und terrassenförmig übereinander liegend, in den Fels gehauen und ausgemauert, das von den höher gelegenen Felswänden ablaufende Regenwasser auffangen. Welche Ausdehnung diese Anlage hat, geht vielleicht am besten aus der Angabe hervor, daß nur die Wiederherstellung dieser vor noch nicht langer Zeit erst entdeckten alten Bauwerke einen Kostenaufwand von [illegible] Mark erfordert hat. Vordem waren die Einwohner von Aden, da Quell- oder Brunnenwasser nicht vorhanden ist, allein auf destillirtes Meerwasser angewiesen. Ein großer freier Platz bei der Stadt dient Marktzwecken und nimmt die ankommenden Karavanen auf. Er bietet trotz der weit vorgeschrittenen Tagesstunde ein geschäftiges, bewegtes Bild, aus welchem mich die auf der Erde kauernden, in langer gerader Linie schön ausgerichteten Kamele besonders interessiren, hauptsächlich wol, weil ich zufällig vor wenigen Tagen in Brehm's „Thierleben" das Kapitel über diese Thiere gelesen hatte. Sie gehören jedenfalls sämmtlich einer Karavane an, welche erst vor kurzem eingetroffen sein muß, weil vor jedem Thier unter seinem Kopfe ein unberührtes Bündel Futter liegt und die Treiber noch mit den Waaren oder sonstwie beschäftigt sind. Daß diese dort kauernden, geduldig wartenden Thiere so gefräßig, bösartig und störrisch sein sollen, will mir nach dem sich hier darbietenden Anblick gar nicht in den Kopf. Keins von ihnen, die alle mit erhobenem Kopf nach ihren Wärtern ausschauen, rührt das jedenfalls wohlverdiente und ersehnte Futter an, sondern wartet geduldig, bis sein Wärter kommt und ihm das Futter mit den Händen reicht. Diejenigen, welche am längsten warten müssen, drehen wol den Kopf nach den bereits fressenden und dann nach ihrem Futterbündel zurück, aber keins rührt dieses an, sondern geduldet sich ergebungsvoll, bis es auch an die Reihe kommt.

Am 13. August liefen wir durch die Straße von Bab-el-Mandeb in das Rothe Meer ein, wo wir auch gleich die gefürchtete Hitze antrafen, am Tage 35° im Schatten, in den Nächten 32°, eine Temperatur, vor welcher im Interesse des Wohlbefindens der Besatzung alle Schranken der Schiffsetiquette fallen mußten. Exercitien und aufschiebbare Arbeiten wurden eingestellt, den Offizieren und der Mannschaft wurde das ganze mit einem Sonnenzelt geschützte Oberdeck zu freier Verfügung überlassen, sowol als Aufenthaltsort am Tage, wie als Schlafraum für die Nacht. Den luftigsten Raum, die Back, erhielten die Heizer, wo sie von dem leichten Wind umfächelt wurden und während der Nacht durch das Sonnenzelt doch auch gegen den Thau genügend geschützt waren. Der Dienst des Maschinenpersonals, welcher sonst in 4 Stunden Arbeit und 8 Stunden Ruhe zerfällt, wurde auf zwei Stunden Dienst und 4 Stunden Pause festgesetzt; regelmäßige Bäder nach Ablauf der zwei Dienststunden und ebenso regelmäßige Verabreichung von Getränken wurden streng eingehalten. Auch für die übrige Besatzung hielt ich die regelmäßige Verabreichung von Getränken für das beste Mittel zur Verhütung von Krankheitsanfällen, sodaß jedem Mann am Tage zweistündlich, während der Nacht vierstündlich je ein Viertelliter Wasser verabreicht wurde, um die durch Schweiß erfolgte Abgabe aus dem Blut zu ersetzen. So tyrannisch ein solches Verfahren erwachsenen Menschen gegenüber erscheinen mag, so begründet ist dasselbe doch durch die Erfahrung. Es gibt in den Tropen kaum etwas, was mehr erschlafft und größeres Unbehagen im Gefolge hat, als das unmäßige

Trinken des lauwarmen Wassers, und trotzdem ist unter den jüngern, weniger erfahrenen Männern kaum einer, welcher seinen nagenden Durst soweit beherrschen kann, daß er nur mit Maß trinkt. Derjenige Arzt, welcher nicht aus langjähriger eigener Erfahrung urtheilen kann, und das ist oft der Fall, verordnet dann Limonade aus Wasser und Rum; der erfahrene Seeoffizier gibt nur Wasser, aber oft und immer wenig. Ob wir den vorzüglichen Gesundheitszustand und die verhältnißmäßige Frische der Besatzung während der Fahrt durch das Rothe Meer allein diesen Anordnungen zu danken haben, wird allerdings schwer zu entscheiden sein; aber Thatsache bleibt es, daß mit einer Ausnahme, welche ich noch anführen werde, kein Krankheitsfall oder selbst nur Schwächeanfall vorgekommen ist.

Am 19. August in der Nähe von Djidda angelangt, entschloß ich mich, diesen Hafen zur Auffüllung von Kohlen anzulaufen, weil es mir zweifelhaft erschien, ob wir mit dem uns verbliebenen Rest bis Port-Said kommen würden. Am 20. mittags erhielten wir einen Lootsen, mit dessen Hülfe wir durch die vor Djidda liegenden Korallenriffe steuerten und um 2 Uhr in dem Hafen ankerten.

Größere Contraste, wie sie sich hier dem Auge bieten, werden sich kaum finden lassen. Im Vordergrund innerhalb der Korallenriffe, welche den Hafen bilden und das hellgrüne Wasser desselben von dem tiefblauen des offenen Meeres scheiden, viele Schiffe, europäische Dampfer und Segler von den größten bis zu den kleinsten und eine Unzahl von Booten, welche den Hafen beleben. Am Lande die von einem etwa 15 km von der Küste abliegenden rothbraunen Höhenzug begrenzte rothbraune Wüste ohne Pflanzenwuchs, ohne Wohnstätten und Menschen mit Ausnahme der am Hafen liegenden echt arabischen Stadt, welche nur einen viereckigen Raum von weniger als 1000 m Länge nach jeder Seite hin einnimmt. Eine mit befestigten Thürmen verzierte hohe Mauer umschließt eng die Stadt, welcher zierliche Minarets und hohe Häuser mit vergitterten Fenstern, vielfachen Zierathen und platten Dächern das ihr eigenthümliche Gepräge geben. Ein merkwürdiges, von einer langen, niedrigen, weißen Mauer umschlossenes Bauwerk liegt außerhalb der Stadtmauer, aber in ihrer unmittelbaren Nähe.

Djidda ist wol der wichtigste der wenigen Häfen an der langen arabischen Küste, welcher zumal in seiner Eigenschaft als Hafenstadt von Mekka eine hervorragende Bedeutung hat, da die Zahl der jährlich hier durchpassirenden Mekka-Pilger, die sogar von Indien, den Sunda-Inseln und Borneo kommen, bis an 20000 betragen soll. Aus diesem Grunde haben es auch England, Frankreich und Holland für erforderlich erachtet, diplomatische Consuln hierher zu setzen, welche wol weniger die Aufgabe haben dürften, die Interessen der zu ihren Ländern gehörigen Pilger wahrzunehmen, als dieselben zu beaufsichtigen, denn Mekka ist der Ort, wo die Mohammedaner aller Himmelsstriche die Mittel und Wege erwägen, wie sie das Joch der Christen wieder abschütteln können.

Als die Hauptmerkwürdigkeit von Djidda möchte ich es bezeichnen, daß unter den wenigen Europäern, welche sich überhaupt innerhalb seiner Mauern befinden, kein Deutscher ist; der einzige Platz dieser Art von allen, welche wir während der zweijährigen Reise angelaufen haben. Die Stadt selbst hat nur enge Straßen, mit hohen, thurmartigen Gebäuden, von welchen die am Hafen liegenden als Gasthäuser für die Pilger dienen und fürchterliche Brutstätten von Ungeziefer und Krankheiten sein sollen. Der Bazar, welcher die Länge einer Straße einnimmt, bietet nichts Hervorragendes, was zur Kauflust anregen könnte. Das Interessanteste sind die Passanten und unter diesen die phantastisch gekleideten, übermäßig mit Waffen behangenen und stets herausfordernd und frech um sich blickenden Beduinen. Einige vornehme Weiber, scheußlich gekleidet und vermummt und wie Enten daherwatschelnd, vermögen unsere Blicke nicht zu fesseln.

Zu großem Dank verpflichtet bin ich dem holländischen Consul, welcher Herr sich in der liebenswürdigsten Weise meiner annahm, mir bei Erledigung meiner Dienstgeschäfte behülflich war, die Sehenswürdigkeiten der Stadt zeigte und mir, wie unsern Offizieren, in der gastfreiesten Weise sein Haus öffnete. Er wohnt natürlich auch in einem echt arabischen Hause, welches aus vier Stockwerken besteht und in jedem Stockwerk nur zwei Zimmer hat. Am Tage wohnt man unten, abends und in der Nacht oben.

Djidda hat als Festung natürlich auch eine türkische Besatzung und einen türkischen Pascha als Gouverneur. Diesem, einem vornehm aussehenden Manne mit hochblondem Haar und Bart, machte ich selbstverständlich meinen Besuch, wobei der holländische Consul auch so liebenswürdig war, mich zu begleiten. Ich wurde in türkisch gastfreier Weise empfangen, mußte Kaffee trinken, mancherlei Süßigkeiten essen, welche der Pascha mir mit zierlicher Handbewegung selbst in den Mund stopfte, und eine Cigarette rauchen. Bei dem Frühstück, welches der holländische Diplomat uns gab, concertirte unsere Kapelle, welche vorher dem Pascha ein Ständchen gebracht hatte, und lockte mit ihren Weisen die sämmtlichen weiblichen Bewohnerinnen der angrenzenden Häuser auf die Dächer, wodurch wir unbeabsichtigt in die Lage kamen, diese Damen durch ein Fernrohr betrachten zu können. Die meisten waren Negerinnen und alle häßlich.

Zu dem außerhalb der Stadt liegenden merkwürdigen Bauwerk, welches der Ueberlieferung nach das Grab unserer Urmutter Eva sein soll, wurde ich auch geführt. Die Dame soll so groß gewesen sein wie die ganze Stätte; Kopf und Füße sind durch niedrige querstehende Mauern innerhalb der Umfassungsmauer bezeichnet und über dem Schoß befindet sich ein gemauerter viereckiger, etwa 3 m im Geviert großer Kasten, über welchem sich ein kleiner Tempel wölbt. Die Größenverhältnisse der Eva würden nach diesen Angaben die folgenden gewesen sein: vom Kopf bis zum Schoß 120 und vom Schoß bis zu den Füßen 80 Schritte; eine etwas vertrackte Gestalt. Einer der im Tempel anwesenden Aufseher faßte meine Hand und steckte dieselbe durch eine kleine eiserne Thür in den Kasten, womit ich nach der Erklärung des Dolmetschers in den Schoß der Eva gefaßt hatte und dafür ein entsprechendes Trinkgeld bezahlen mußte. An der bei den Füßen befindlichen Mauer fanden wir mehrere Weiber vor, welche den dort bereits angenagelten roth gefärbten Läppchen auch ihre Opfergaben beifügten, um den ihnen bisher versagten Kindersegen dadurch zu erflehen.

Als wir von Eva's Grab zurückkehrten, war die Sonne bereits untergegangen und wir mußten nun den Weg durch das Mekkathor nehmen, weil die andern Thore bereits geschlossen waren. Hier begegneten wir einem Trupp nach Mekka ausziehender Pilger, welche ihre Reise stets mit Sonnenuntergang beginnen sollen. Es war ein langer bunter Zug, die Pilger auf Kamelen und die sie begleitenden Beduinen zu Pferde. Die türkischen und indischen Frauen in viereckigen, mit Gardinen verschlossenen Kasten, und merkwürdigerweise die sundanesischen Frauen offen und unverschleiert, wie sie auch in ihrer Heimat sich tragen.

Die wenigen Europäer in Djidda leben auf einem Vulkan und sind der fanatischen Bevölkerung gegenüber nie ihres Lebens sicher, ganz gewiß aber würden sie nie wieder zurückkehren, wenn sie bei ihren Spazierritten außerhalb der Stadt die ihnen gesteckte Grenze von etwa 5 km überschreiten wollten. Jenseit dieser Grenze würde der türkische Pascha sie nicht mehr schützen können.

Am 21. nachmittags 5 Uhr verließ ich Djidda wieder. Abends meldete mir der Arzt, daß ein Maschinistenmaat am Hitzschlag erkrankt sei, aber nicht infolge seines Dienstes an der Maschine, sondern durch Unvorsichtigkeit auf dem englischen Kohlendampfer, wo er das Gewicht der für uns verladenen Kohlen zu controliren hatte. Anstatt nur in seinem weißen Hemde dahin zu gehen, hatte er seine Uniformsjacke aus dickem Tuch angezogen und sich außerdem mit schwerem Bier bewirthen lassen. Da blieb es schließlich ein Glück, daß er nur mit einem Schreckschuß davonkam und am zweiten Tage wieder hergestellt war.

Am 26. morgens, eine Stunde nach Mitternacht, wurde vor Suez geankert und um 12 Uhr mittags, nach Erfüllung der erforderlichen Formalitäten, in den Suezkanal gedampft. Wir hatten das Glück, nur wenig Verkehr zu finden, sodaß wir schon am 27. nachmittags $5^1/_2$ Uhr in Port-Said anlangten, welchen Hafen wir vorgestern Morgen wieder verlassen haben.

In der Jade, 30. September 1879 abends.

So sind wir denn am Ziel, in der Heimat. In wenigen Stunden werden wir wieder vor Wilhelmshaven liegen, das wir vor 697 Tagen, am 3. November 1877 verlassen haben. Die Reise von Port-Said bis hierher war ein Gemisch von Windstillen und uns ungünstigen Stürmen; Malta, Gibraltar und Plymouth haben wir noch angelaufen, aber nur zur Einnahme von Kohlen, sodaß unser Aufenthalt sich immer nur auf wenige Stunden, 19, 24 und 10, beschränkte.

Meine Reiseberichte sind zu Ende und ich will nur noch die Angabe hinzufügen, daß wir uns während der Reise 401 Tag auf See und 296 im Hafen befunden haben, daß die von uns zurückgelegte Seemeilenzahl 52800 und die Zahl der angelaufenen Häfen 72 beträgt; den Aequator haben wir sechsmal passirt.

Anhang.

1.

Die in den letzten fünf Jahren in der Südsee vorgekommenen Machtverschiebungen.

Nachdem Frankreich im Jahre 1842 das Protectorat über Tahiti übernommen und von den Marquesas-Inseln Besitz ergriffen hatte, versuchte es ein Gleiches mit den Gesellschafts-Inseln. Als aber die Eingeborenen von Huheine unter der Führung eines Europäers die gelandeten französischen Truppen in offenem Kampfe besiegten und wieder von der Insel trieben, trat England für die Unabhängigkeit der Gesellschafts-Inseln ein, wodurch ein Vertrag zu Stande kam, nach welchem England wie Frankreich beiderseits auf eine Besitzergreifung dieser Inseln verzichteten und sich gegenseitig deren Unabhängigkeit garantirten.

Bis zum Jahre 1854, in welchem Frankreich Neu-Caledonien besetzte, waren dann keine weitern Veränderungen in den Besitzverhältnissen der Südseeinseln eingetreten und es muß eigentlich auffallen, daß nunmehr, nach dieser neuen französischen Erwerbung in nächster Nähe Australiens, die Engländer noch immer keine Anstalten trafen, sich den Besitz der noch übrigen unabhängigen Inseln zu sichern. Sie wußten aber wohl, was sie thaten. Sie besaßen schon ein so ausgedehntes Colonialgebiet, hatten in Neu-Seeland so kostspielige Erfahrungen gemacht, daß sie füglich darauf verzichten konnten, Land zu erwerben, welches ihnen keinen Nutzen bringen, sondern nur übermäßige Kosten verursachen konnte, wie ja auch die französischen Erwerbungen in der Südsee als warnendes Beispiel dienen mußten. Der Besitz fremden Landes mit einer großen einheimischen Bevöl-

36*

kerung, welche noch nicht durch längern Verkehr mit bereits ansässigen Europäern gezähmt worden war, konnte damals nur mit einer verhältnißmäßig großen Truppenmacht aufrecht erhalten werden, welche mehr Geld kostete, als der Besitz einbrachte; die Eingeborenen waren aber zu jener Zeit noch nicht so erleuchtet, um eine europäische Macht um die Schutzherrschaft bitten zu können.

Da brachte das Jahr 1872 eine große Wandlung. Die allein von deutschen Kaufleuten, in erster Reihe von den Brüdern Henninge, dem Handel erschlossenen Fidji-Inseln hatten lange Zeit unter innern Unruhen so sehr gelitten, daß der König Cakobau des Regierens müde geworden war und, soweit mir bekannt, das Deutsche Reich um die Schutzherrschaft anging, welche von diesem aber abgelehnt wurde. Darauf wandte sich Cakobau an die englische Regierung, welche sich nicht lange bitten ließ, die 21000 qkm große, reiche Inselgruppe ohne irgendein Entgelt zu übernehmen, nachdem sie erkannt hatte, daß die Pionnierarbeit der deutschen Kaufleute es ihr möglich machte, das Land ohne große Kosten zu verwalten. Dies geschah im Jahre 1874.

Inzwischen hatten die deutschen Interessen auf den Samoa- und Tonga-Inseln eine solche Ausdehnung gewonnen, daß das Reich ihnen seinen Schutz nicht länger vorenthalten konnte und nun regelmäßig Schiffe nach der Südsee schickte, ohne dabei indeß an Colonialerwerb zu denken. Das Einzige, was ins Auge gefaßt wurde, war, durch Verträge die Tonga- und Samoa-Inseln vor fremder Annectirung zu sichern. Ein solcher Vertrag mit Tonga kam im Jahre 1876 zu Stande, während damals die deutschen Bevollmächtigten die ihnen feindlichen Strömungen auf den Samoa-Inseln, welche vornehmlich auf amerikanischen Einfluß zurückzuführen waren, noch nicht zu überwinden vermochten. Zu den deutschen Interessen auf den genannten Inseln waren übrigens neuerdings auch noch die auf den Ellice-, Kingsmill-, Marshall-Inseln, sowie in Neu-Britannien hinzugetreten. Dies war der Stand der Dinge, als ich 1878 mit der „Ariadne“ nach Samoa kam.

Zu jener Zeit traten allerdings auch schon Bestrebungen von seiten Frankreichs und der australischen Colonien in die Erscheinung, welche weitere Veränderungen in den Besitzverhältnissen in der Südsee in Aussicht stellten oder doch vermuthen ließen. Auch die Samoaner, oder doch ein Theil derselben, hatten sich um das amerikanische Protectorat bemüht und es schien, als ob die Amerikaner gewillt seien, hier wie auch auf den Marshall-Inseln ähnliche Verhältnisse zu erstreben wie auf den Sandwich-Inseln, welche eigentlich als amerikanische Colonie betrachtet werden können.

Es waren somit alle seefahrenden Mächte, welche nur ein entferntes Interesse an der Südsee hatten, auf dem Plan und in nicht zu ferner Zeit mußte die Entscheidung fallen, wem die Inseln gehören sollten, nachdem man mit Erstaunen erkannt hatte, was die deutschen Kaufleute aus den von ihnen bearbeiteten Inseln gemacht hatten, und da man wol annahm, dasselbe leisten zu können.

Samoa war inzwischen durch den samoanisch-amerikanischen Vertrag auch schon nicht mehr frei; aber die Ellice-, Kingsmill-, Marshall-Inseln, der jetzige Bismarck-Archipel, Neu-Guinea mit Ausnahme des holländischen Theils, die Salomons- und Sta.-Cruz-Inseln, die Neu-Hebriden, sowie viele einzeln verstreut liegende Inseln, auf denen sämmtlich, mit Ausnahme von Neu-Guinea, den Salomons-, Sta.-Cruz-Inseln und Neu-Hebriden, eigentlich nur deutsche Interessen in Betracht kamen, waren noch frei. Daß die „Ariadne", soweit es in ihren Kräften lag und die sonstigen Umstände es gestatteten, in aller Stille ihr Möglichstes that, die deutschen Interessen gegen fremde Vergewaltigung zu sichern, ist früher auseinandergesetzt worden, immerhin sei hier aber kurz wiederholt, welche Inseln bezw. Gruppen gesichert wurden. Es waren dies: Funafuti, Vaitupu, die Marshall-Inseln, der jetzige Bismarck-Archipel, sowie Samoa; ferner wurden, als eine Folge der von der „Ariadne" gemachten Vorarbeiten, im Frühjahr 1879 durch die Fregatte „Bismarck" Verträge mit den Königinnen von Huheine, Bora-Bora und Roratonga abgeschlossen.

Für diese Sicherungsmaßregeln war es die höchste Zeit gewesen, denn die Begehrlichkeit nach den Südseeinseln wurde in der darauf folgenden Zeit so groß, namentlich die australischen und neuseeländischen Colonien drängten mit solchem Ungestüm nach weitern Annectirungen in der Südsee, daß die Diplomatie sich der Sache annehmen und am grünen Tisch theilen mußte. Hierbei nun kam es Deutschland zu statten, daß es im Austausch auch etwas bieten und unter Verzichtleistung auf einzelne Rechtstitel neue erwerben konnte, denn es darf wol als zweifellos angenommen werden, daß es zu Gunsten

Frankreichs auf seine Ansprüche an die Gesellschafts-Inseln und zu Gunsten Englands auf die an Roratonga und die Ellice-Inseln verzichtete.

So konnte Frankreich, nachdem es bereits im Jahre 1880 Tahiti mit der Paumotu-Gruppe zur Colonie gemacht hatte, im December 1885 die Gesellschafts-Inseln annectiren, während Deutschland und England sich in den Rest des freien Südseegebietes theilten. Sind auch die Neu-Hebriden zur Zeit noch unabhängig, so hat Deutschland an dieser Gruppe doch kein Interesse mehr, weil dieselbe nach dem Theilungsplan in der Interessensphäre Englands liegt. Wahrscheinlich allerdings ist, daß die Franzosen jene Inseln erhalten werden, weil diese jetzt mit derjenigen Anmaßung zur See auftreten, wie es früher die Engländer gethan haben, womit sie diesen entschieden imponiren.

Und wer trägt nun eigentlich die Schuld, daß diese schon seit langer Zeit vorhergesehene Theilung, welche im großen und ganzen zum Nachtheil Deutschlands ausgefallen ist, so früh zu Stande kam? Unbeabsichtigt der muthige und thatkräftige deutsche Kaufmann, welcher sich zwischen den noch wilden Eingeborenen niederließ, der Welt zeigte, was für Reichthümer diese Inseln in ihrem Schoß bergen und dadurch die Augen der Neider dorthin lenkte, während er es doch am wenigsten verdient hat, daß er eines großen Theils der Früchte seiner Saat verlustig gegangen ist. Lange Zeit hat er im stillen arbeiten und ernten können, aber schließlich zwangen äußere Umstände ihn, aus seiner Verborgenheit herauszutreten, und zu seinem Schaden mußte dies schon zu einer Zeit geschehen, wo das deutsche Volk noch nicht bereit war, dem Vorschlage seiner Regierung, mit ihr nach der Südsee zu gehen, zuzustimmen.

Hätte das Deutsche Reich fünf oder auch nur drei Jahre früher energisch zugegriffen, zu einer Zeit, wo in Australien und Neu-Seeland die Leidenschaften für weitern Colonialerwerb noch nicht so entzündet waren, dann hätten wir heute wahrscheinlich den doppelten Landbesitz in der Südsee.

2.

Allgemeine Bemerkungen über die Bewohner der Südseeinseln.

Nachdem ich ein Jahr in der Südsee zugebracht und den größten Theil der südlich des Aequators gelegenen Inselgruppen gesehen hatte, konnte ich dasjenige zusammenstellen, was ich aus eigener Beobachtung oder aus competentem Munde über die Bevölkerungen der verschiedenen Inselgruppen erfahren habe und was ich meinen ersten Südsee-Briefen nicht einfügen konnte, weil mir damals diese Erfahrungen eben noch fehlten. Zweifellos würde aber manches in diesen verständlicher gewesen sein, wenn ich schon dem Besuch der Marquesas-Inseln dasjenige hätte vorausschicken können, was ich hier in gedrängter Form niederlegen will. Daß ich dies überhaupt thue, ist einzig den nachstehend angegebenen Gründen zuzuschreiben.

Auf der Heimreise wurden mir beim Anlaufen der verschiedenen Häfen so wunderliche Fragen über die in der Südsee vermuthete Menschenfresserei vorgelegt; es werden nach den verschiedentlich ausgesprochenen Urtheilen die dortigen Menschenstämme auf einer so niedrigen Stufe stehend angenommen, sie sollen in Bezug auf Rohheit und Wildheit dem Raubthier so nahe stehen, daß ich mich fragen mußte, welchen Ursachen eine solche Verkennung einer großen Völkerfamilie zuzuschreiben sei. Allerdings mußte ich mir nach einigem Nachdenken sagen, daß ich früher die Südsee-Insulaner ebenso beurtheilt hatte, weil eben alle Welt sie so beurtheilt; deswegen aber halte ich es gerade für meine Pflicht, mein Theil dazu beizutragen dieses Urtheil berichtigen zu helfen, damit wenigstens diejenigen Leser, welche meinen Reiseberichten gefolgt sind, nochmals besonders darauf hingewiesen werden und jener Inselbevölkerung Gerechtigkeit widerfahren lassen können.

Bei Beantwortung der Frage, wie jenes ungünstige Urtheil sich erhalten konnte, glaube ich den Umstand in den Vordergrund stellen zu müssen, daß das große Publikum häufig alle Inselbewohner der Südsee — Polynesier, Mikronesier und Melanesier (Papuaneger) —

zusammenwirft und alle Menschenfresser nennt, weil die Melanesier es sind. In verwundern ist dies aber nicht, denn wo sollte das Publikum die Mittel finden, sich über die dortigen Zustände genau zu unterrichten? Die frühern Reisenden haben sich bei Beschreibung jener Menschenstämme vielfach versündigt und die neuern Berichte stammten zur Zeit meiner Beobachtungen in der Mehrzahl von Missionaren, von Herren, welche meines Erachtens in der aufgeworfenen Frage nicht ganz competent sind. Sie haben zweifellos verdienstvolle Werke geschrieben, die manche wissenschaftliche Frage eingehend und erschöpfend behandeln und uns die erste werthvolle Kunde aus jenem Welttheile gebracht haben; Werke, die aber ihre Beredsamkeit verlieren, sobald sie das alltägliche Leben besprechen und uns ein Bild der Vergnügungen und der Sitten jener Naturmenschen bringen sollen. Und aus einer wahrheitsgetreuen Schilderung der Sitten und Gebräuche, der Vergnügungen und Leidenschaften, läßt sich doch nur ein richtiges Bild über den Charakter eines Volkes zusammenstellen. Jene Werke bringen allerdings vieles über Sitten und Gebräuche, aber nicht das, was zu einer richtigen Beurtheilung unumgänglich nothwendig ist. Gebräuche und Leidenschaften jener Naturmenschen stehen eben dem paradiesischen Urzustande so nahe, würden mit ihrer dortigen natürlichen Reinheit in unsere civilisirten Verhältnisse verpflanzt theilweise so anstößig werden, daß der Missionar darüber hinweggehen zu müssen glaubt, wenn er nicht etwa schon alles Gefühl für die reinen Naturtriebe verloren hat und aus diesem Grunde manches verurtheilt, was als ein Beweis von Sittlichkeit und Unschuld hingestellt werden muß. Allerdings bleibt hier noch die Frage zu erörtern, ob der Missionar, welcher sein Amt nicht zeitweise abstreifen kann, je Gelegenheit findet, jene Menschen so kennen zu lernen, wie sie in Wirklichkeit sind, und diese Frage glaube ich verneinen zu müssen. Die Missionare verurtheilen die harmlosesten Vergnügungen jener Leute mit einer solchen Härte, haben so schwere Geldstrafen für die nach unsern Begriffen unschuldigsten Sachen, und überhaupt ein so strenges puritanisches Regiment eingeführt, daß der Eingeborene vor ihnen stets ein Heuchler sein muß, weil er ohne seine gewohnten Zerstreuungen nicht leben kann. Denn diese Leute, welche weder geistige noch körperliche Arbeit kennen, müssen, solange sie noch nicht die Wohlthaten eines arbeitsamen Lebens empfinden, die

Langeweile, den größten Feind aller Moral und Sittlichkeit, durch ihre kleinen Feste vertreiben. Der Missionar sieht daher leicht den Eingeborenen, wie er ihn sehen möchte und ist mithin nach meiner Ansicht nicht in der Lage, uns ein getreues Bild von dem Leben und Wirken jener interessanten Naturmenschen geben zu können; sein Bericht bespricht nicht diese Welt, ist nicht von dem glühenden Hauch des Lebens durchweht und wirkt daher leicht ermüdend, wie er in Wahrheit der Wirklichkeit auch nur unvollkommen entspricht. Leider muß ich hier aber auch noch einfügen, daß viele der in der Südsee wirkenden Missionare meiner Ansicht nach ihrer Aufgabe nicht gewachsen sind und den dortigen harmlosen Heiden nicht die Wohlthaten des Christenthums zuwenden.

An den Hauptplätzen, so auf Tonga-tabu, in Apia und auf den Duke of York-Inseln findet man allerdings Männer von hoher Bildung, welche in reiferm Alter stehend ihre Aufgabe in würdiger und wohlwollender Weise auffassen; vielfach sind aber nur untergeordnete Persönlichkeiten vorhanden, die, vielleicht mit dem wahren Geiste des Christenthums unbekannt, ihre Erfolge nur nach der Zahl der Kirchgänger und der Höhe ihrer eigenen tyrannischen Macht berechnen. Ihre Heerde ist eine stumpfe Menge, welche die von dem Hirten anbefohlenen äußern Gebräuche streng befolgt, daneben aber sich heimlicher Laster hingibt, da der Hirt ihr alle die altgewohnten, größtentheils harmlosen Vergnügungen unter dem Vorwand, daß dieselben heidnisch seien, genommen hat, anstatt allmählich nur das zu beseitigen, was etwa mit dem Christenthum nicht in Einklang gebracht werden kann.

Ich möchte daher behaupten, daß jene Naturmenschen für das Christenthum noch nicht reif sind, wenigstens nicht, solange sie nicht gleichzeitig unter die Obhut einer erleuchteten christlichen Regierung treten, welche die Härten der orthodoxen Kirche mildert. Hierbei darf auch eine wichtige Frage nicht übersehen werden, nämlich die, daß das Christenthum, wie es gelehrt worden ist, ohne etwas Besseres dafür zu geben, die glücklichen politischen und socialen Verhältnisse, welche früher auf den meisten der von Polynesiern bewohnten Inseln bestanden haben, zerrüttet hat. Es scheint fast, als ob die Missionare nicht gewußt hätten, daß das Zerstören leichter als das Wiederaufbauen ist. Die Polynesier hielten früher die Häuptlingsfamilien für unsterblich, für Halbgötter, während der gemeine Mann mit seinem Tode vollständig abschloß. Hieraus entsprang die hohe Achtung und der unbedingte Gehorsam, welche den Häuptlingen und ihren Familien gezollt wurden. Die Häuptlinge gebrauchten ihre Gewalt nur soweit, daß sie sich von ihren Unterthanen ernähren ließen, und konnten sie nicht mißbrauchen, da sie nicht mehr fordern konnten, als was zu ihrer Sättigung nothwendig war. Denn eigentliches Besitzthum war nicht vorhanden und Geld nicht bekannt. Die Lasten der Unterthanen waren daher außerordentlich geringe, sie lebten glücklich und zufrieden, und der Fall, daß ein Häuptling im Jähzorn einen seiner Unterthanen erschlug, soll selten vorgekommen sein. Doch all das hat sich mit dem Einzug der Missionare geändert. Die Unsterblichkeit der Seele machte den gemeinen Mann dem Häuptling gleich und der Missionar trat als der Vertreter Gottes an die Stelle der Häuptlinge. Solange er nun das Regiment mit Klugheit und Milde führte, war alles gut; war er aber der Fülle der ihm gewordenen Macht nicht gewachsen, so wurde er ein Despot, der seine harmlose Heerde tyrannisch knechtete. Verließ dann der Missionar die Insel wieder, dann gab es, auch wenn er sein wirklich Bestes gethan hatte, Unruhen, weil jede Autorität vernichtet war, die Häuptlinge naturgemäß dieselbe aber wieder beanspruchten, sie auch erzwangen, aber in der Regel nur durch fortgesetzte Kriege sich erhalten konnten.

Da auch leider die Sittenlosigkeit auf den Inseln der Südsee vorläufig noch mit dem Vorschreiten des Christenthums wächst und die Inseln, welche am längsten unter dem Einfluß der Missionare stehen, d. h. diejenigen, welche sich diesem Einfluß wirklich unterworfen haben, die verderbtesten sind, so glaube ich kein Unrecht zu begehen, wenn ich die Menschenfresser in Neu-Britannien in moralisch-sittlicher Beziehung höher stelle als die Tahitier. Wenn auch die Verderbtheit nicht indirect dem Einflusse der neuen Lehre oder ihrer Priester, sondern dem Verkehr mit den Europäern überhaupt zuzuschreiben sein sollte, da diese sich in neuerer Zeit vielfach auf den von Missionaren beherrschten Inseln angesiedelt haben, so bleibt doch auch unter dieser Annahme dann noch immer die Thatsache bestehen, daß ein 20jähriges ungestörtes Wirken der Missionare nicht im Stande war, die Eingeborenen davor zu schützen, daß sie wenige Jahre nach der Ansiedelung einiger Europäer auf einen bedauernswerthen Stand der Entsittlichung gesunken waren. Es läßt sich jedenfalls nicht wegleugnen, daß die Polynesier, welche bisjetzt nur allein als den Missionaren unterworfen betrachtet werden können, als Christen schlechtere Menschen sind, als sie zur Zeit ihres Heidenthums waren. Und sollten sie wirklich früher schon moralisch so niedrig gestanden haben wie jetzt, dann bleibt immer doch der Rückschritt bestehen, daß sie jetzt als Christen mit Bewußtsein sündigen, während sie früher nur erlaubte Freiheiten genossen. Wie schädlich die übereilte Bekehrung in jenen Gegenden gewirkt hat, dürfte vielleicht mein Bericht über Vavau am besten ergeben, da dort gezeigt ist, wie wenig diese Naturmenschen den Geist des Christenthums zu begreifen vermögen oder wie wenig sie diesen Geist begreifen wollen. —

Die Menschen, welche jenes ausgedehnte Inselreich des Stillen Oceans bewohnen, zerfallen in drei Hauptgruppen: in Polynesier, Mikronesier und Melanesier, sowie in verschiedene Abarten, welche wol durch Kreuzung entstanden sind. Für das Auge desjenigen Beobachters, welcher nicht als Gelehrter untersucht, sind die Polynesier die der kaukasischen Rasse Nächststehenden, während die Melanesier den schönern Stämmen der afrikanischen Neger nahe kommen. Die Polynesier bewohnen den Inselstrich, welcher sich von Neu-Seeland über Tonga, Samoa, die Cook-, Gesellschafts- und Marquesas-Inseln bis zu den nördlich des Aequators gelegenen Sandwich-Inseln erstreckt. Die Mikronesier bewohnen vorzugsweise die nördlich des Aequators gelegenen Inselgruppen zwischen den Sandwich-Inseln und den Philippinen; die Melanesier Australien, Neu-Guinea oder Papua, die Salomons-Inseln, Neu-Caledonien und die Neu-Hebriden. Die zwischen diesen Gruppen gelegenen Inseln werden von Mischlingen bewohnt, und hier verdienen die Fidji-Inseln wegen ihrer großen Ausdehnung und des zur Zeit noch dort herrschenden Kannibalismus besondere Erwähnung. Die Eingeborenen Fidjis sind keine reinen Polynesier, für welche sie oft gehalten werden, sondern eine Mischrasse aus eingewanderten Tonganern und dem eigentlichen melanesischen Volksstamm, welch letzterer vor Zeiten von den kriegstüchtigen und unternehmenden Tonganern unterjocht wurde. Hierin findet sich auch die Erklärung, daß im Innern der Fidji-Inseln noch heutzutage Kannibalen gefunden werden, während die reinen Polynesier diesem abscheulichen Geschmack nie gehuldigt haben. Denn wenn Polynesier auch an einigen Plätzen Menschenfleisch gegessen haben, so geschah dies doch nur in Form von Opferfesten, bei welchen Kriegsgefangene das Opfer stellen mußten. Wie mir versichert wurde, sollen derartige Opfer auch nur auf den Marquesas-Inseln und auf Roratonga vorgekommen sein; jedenfalls haben die Tahitier, die Samoaner und die Bewohner der Gesellschafts-Inseln, soweit ihre Traditionen reichen, sich von diesem Laster frei gehalten, während zu einer Zeit in Tonga von den von den Fidji-Inseln zurückgekehrten Eroberern auch der Genuß von Menschenfleisch eingeführt gewesen sein soll, ohne sich indeß lange halten zu können. Die Fidji-Inseln werden daher wol auch die Quelle sein, von welcher aus alle Südsee-Insulaner zu Menschenfressern gestempelt worden sind. Die Versuchung, die Eingeborenen Fidjis für reine Polynesier zu halten, liegt allerdings nahe, da die Bewohner der Küstenstriche dieser Inseln in ihrer äußern Erscheinung dem edelsten Typus der Südsee-Insulaner außerordentlich nahe kommen, ihm vielleicht auch vollständig ebenbürtig sind.

Die andern Mischlinge werde ich bei Besprechung der Frage über den wahrscheinlichen Ursprung dieser Insulaner berücksichtigen. Diese Frage ist von der wissenschaftlichen Welt so eingehend erörtert worden, daß ich nicht wagen darf, etwas Neues bringen zu wollen, und doch muß ich mich mit ihr beschäftigen, weil kein denkender Mensch jenen sechsten zerrissenen Welttheil besuchen wird, ohne sich unwillkürlich mit dieser interessanten Frage zu beschäftigen und den Versuch zu machen, zu ergründen, welche der verschiedenen Hypothesen den meisten Anspruch auf Wahrscheinlichkeit hat.

Soviel mir bekannt, sind drei Ansichten über die wahrscheinliche Herkunft der großen Inselbevölkerung vorhanden. Die erste geht von der Annahme aus, daß früher inmitten des Stillen Oceans ein großer Continent lag, welcher von drei Menschenrassen bewohnt wurde; im Süden und Osten von den Polynesiern, im Westen von den Melanesiern und im Norden von den Mikronesiern. Bei einer großen Katastrophe versank dieser Continent und nur die höchsten Berggipfel blieben als Inseln zurück, welche räumlich außerordentlich weit voneinander geschieden, doch durch ihre Menschen, Thiere und Flora im innigsten Zusammenhang standen und stehen. Die gleiche Sprache und die gleichen Sitten der polynesischen Eingeborenen, wie die gleiche Sprache der Mikronesier und der von beiden abstammenden

Mischlinge, welche die später wiedererstandenen Koralleninseln bevölkerten, sprechen so beredt für diese Annahme, die zahllosen Koralleninseln zeigen so deutlich die ausgedehnte Gebirgswelt, welche unter der Meeresoberfläche liegt; die vielen noch thätigen unterseeischen Vulkane, welche häufige Veränderungen in dem unterseeischen Lande verursachen, lassen so wenig Zweifel, daß dort auch jetzt noch gewaltige Kräfte in Thätigkeit sind, daß man diese Hypothese wol als eine berechtigte anerkennen kann.

Die zweite Ansicht läßt die sämmtlichen Bewohner der Südseeinseln vom Westen kommen, nennt sie Abkömmlinge der Malayen, welche schon in altersgrauer Zeit im Besitz seetüchtiger Fahrzeuge waren und denen man so viel Unternehmungsgeist zuspricht, daß man ihnen die Fähigkeit zur Erwerbung so fernliegenden Insellandes glaubt zuerkennen zu müssen. Diese Ansicht erschien mir, wie wol auch schon vielen, beim Vergleich der verschiedenen Menschenstämme so absurd, daß ich mir gar nicht die Mühe nahm, weiter darüber nachzudenken. Zwar fand ich in Neu-Britannien manche Anklänge an die samoanische Sprache, doch wurden diese damit erklärt, daß erst in allerneuester Zeit einige samoanische Worte Aufnahme in den beschränkten Sprachschatz der Menschenfresser gefunden hätten. Als ich aber in Batavia mehrere Worte fand, welche in Java und Samoa dieselbe Bedeutung haben, da wurde mir doch klar, wie vorschnell der Reisende in seinem Urtheil und wie gefährlich es ist, sich eine eigene Ansicht über so tiefgehende Fragen auf Grund oberflächlicher Beobachtungen bilden zu wollen. Damals dachte ich noch nicht daran, dieses hier niederschreiben zu wollen, und habe mir daher die erwähnten Worte ebensowenig gemerkt, als ich versuchte, mich eingehender zu unterrichten. Ein Wort wenigstens ist aber in meinem Gedächtniß haften geblieben, mit welchem ich die vorstehende Behauptung belegen kann. Das Wort „susu" bedeutet im Javanischen „Milch", im Samoanischen hat es die Doppelbedeutung von „Milch" und „Frauenbrust".

Die dritte Hypothese läßt Neu-Caledonien, die Salomons-, Fidji-Inseln und Neu-Hebriden von Australien und Neu-Guinea aus, die polynesischen Inseln von Samoa aus bevölkern. Wo die Mikronesier herkommen sollen, ist mir nicht gegenwärtig. Nimmt man die Karte zur Hand und mißt die außerordentlich großen Entfernungen aus, welche einzelne Inselgruppen voneinander trennen, dann wird man allerdings geneigt, diese Hypothese für unhaltbar zu erklären, da es unmöglich erscheint, daß Menschen ohne Seekarten und Compaß, ohne Mittel den Ort des Schiffes zu bestimmen, mit so zerbrechlichen kleinen Fahrzeugen, über welche die Eingeborenen nur verfügten, eine Seereise in das Ungewisse wagen und auf eine Entfernung von 2000 Seemeilen mit Erfolg durchführen konnten. Doch nähert sich die Unmöglichkeit der Möglichkeit, wenn man die wol unumstößlich feststehende Thatsache erwägt, daß das große Neu-Seeland von dem kleinen Roratonga aus bevölkert worden ist und wenn man dabei berücksichtigt, daß die Entfernung zwischen Neu-Seeland und den Cook-Inseln etwa 1800 Seemeilen beträgt. War dies möglich, dann kann man eine Bevölkerung der Sandwich-Inseln von den Gesellschafts- oder Marquesas-Inseln aus gerade auch nicht mehr für unmöglich halten. Zwar kann hier entgegnet werden, daß eine Reise von Roratonga nach Neu-Seeland möglich sei, weil die Leute in der guten Jahreszeit mit Hülfe des Südostpassats ohne Schwierigkeit dahin gelangen konnten, während auf dem Wege nach den Sandwich-Inseln die Aequator-Calmen durchschnitten werden müssen. Doch der Weg nach Neu-Seeland wird auch nicht allein auf den Schwingen des Passatwindes gemacht, dort gibt es auch Windstillen und vorherrschenden Westwind, welcher häufig zu schwerem Sturm anwächst, und ich glaube, daß die Wind- und Wetterverhältnisse von den Marquesas-Inseln nach den Sandwich-Inseln für offene Boote thatsächlich günstigere sind, als die von Roratonga nach Neu-Seeland.

Ich will indeß auf die Möglichkeiten und Unmöglichkeiten nicht weiter eingehen; trifft die erste Hypothese nicht zu, dann hat diese letztere wol die größere Wahrscheinlichkeit für sich. Thatsache ist, daß auf den von Polynesiern bewohnten Inseln die gleiche Sprache mit Abweichungen, wie sie auch die verschiedenen romanischen oder germanischen Sprachen aufweisen, gesprochen wird, sowie daß die Mikronesier und die von ihnen abstammenden Mischlinge eine besondere Sprache haben, welche auf den von mir besuchten Inselgruppen Mikronesiens nur so geringe Abweichungen hat, daß ein bei mir an Bord befindlicher Marshall-Insulaner der Radack-Kette auf den Inseln der Kingsmill-Gruppe sowie der Ralick-Kette als Dolmetscher fungiren konnte.

Die Vertreter der Annahme, daß Polynesien von Samoa aus bevölkert worden ist, stützen sich meines Wissens darauf, daß die Samoaner den reinsten Typus der polynesischen Rasse vertreten, mithin bei ihnen die Wiege des ganzen Volksstammes zu suchen sei, weil erfahrungsmäßig die Auswanderer im fremden Lande, bei anderer Nahrung, infolge abweichender Lebensweise und neuer Sitten sich äußerlich soweit verändern, daß die spätern Geschlechter einen ganz neuen Volksstamm zu bilden scheinen. Dies wird in der Südsee schlagend auf den Ellice-Inseln bewiesen, wo die von den bergigen Samoa-Inseln gekommenen Einwanderer auf den niedrigen Koralleninseln unter Beibehaltung ihrer Sprache eine wesentliche Veränderung erfuhren und mit der Aufgabe der feinen Sitte des Mutterlandes auch auffallend an ihrer körperlichen Schönheit verloren haben.

Andererseits haben wieder die weiter nach dem Norden gewanderten Samoaner bei der stattgehabten Kreuzung mit den vom Norden gekommenen Mikronesiern einen Menschenschlag geschaffen, welcher in Bezug auf körperliche Schönheit fast noch höher wie derjenige der Samoaner steht und sich durch saubere Hütten, strenge Sitten, große Förmlichkeit in dem gegenseitigen Verkehr und persönlichen Muth sowol vor den im Norden seßhaften Mikronesiern, wie vor den im Süden die Ellice-Inseln bewohnenden Samoanern auszeichnet.

Ob auf solche Aeußerlichkeiten die Herkunft einer großen Völkerfamilie basirt und daraufhin der Stamm der Samoaner für das Stammvolk erklärt werden kann, werden übrigens die Gelehrten zu entscheiden haben. Ich wollte nur das, was ich in Erfahrung gebracht habe, in möglichst bündiger Form hier niederlegen und die liebenswürdigen Polynesier bei meinen Freunden davor schützen, daß sie für Wilde und Menschenfresser gehalten werden.

3.

Die Katastrophe im Geysir-Gebiet Neu-Seelands.

(Vgl. S. 482.)

Soweit die Traditionen der Eingeborenen reichen, welche die Engländer auf mehr als 1000 Jahre zurückrechnen, war von einem größern vulkanischen Ausbruch und damit zusammenhängenden Veränderungen des Landes auf Neu-Seeland nichts bekannt. Die Traditionen besagen vielmehr, daß die ersten Einwanderer das Geysir-Gebiet in genau derselben Gestalt vorgefunden hatten, wie es bislang war. Namentlich der Berg Tarawera hat nie ein Zeichen vulkanischer Thätigkeit gegeben, sodaß der am Fuße des Berges lebende Stamm der Maoris schon seit funfzehn Generationen gerade den Gipfel desselben als Begräbnißstätte für seine Stammesgenossen benutzte, weil in altersgrauer Zeit ein großer Häuptling dort bestattet worden ist. Um so interessanter bleibt es, daß der gelehrte österreichische Geologe Dr. von Hochstetter schon im Jahre 1859 infolge seiner Untersuchungen die Vermuthung aussprach, daß der Tarawera-Berg in seinem Innern durch heiße Dämpfe verzehrt sei und in nicht zu ferner Zeit voraussichtlich einstürzen würde. Eine Untersuchung des Berggipfels wurde ihm von den Maoris nicht erlaubt, weil sie eine Entweihung ihrer Grabstätten befürchteten. Ist nun die Vorhersagung von Hochstetter's auch nicht buchstäblich eingetroffen, so zeigt die Thatsache doch, daß er den für ganz ungefährlich gehaltenen Berg richtig beurtheilt hatte.

Nach der übereinstimmenden Aussage aller Augenzeugen, und deren waren viele, hat sich die Katastrophe, welcher allerdings zwei Warnungen vorhergegangen waren, die aber erst nach derselben als solche erkannt wurden, ganz unerwartet in der nachfolgend angegebenen Weise entwickelt. Die vorhergegangenen merkwürdigen Anzeichen von Störungen im Erdinnern hatten darin bestanden, daß im Jahre 1884 plötzlich das bisher kalte Wasser des Roto-kakahi sich bis zur Siedehitze erwärmte, dann während eines Tages ein starker Abfluß aus dem See durch das Wairoa-Thal nach dem Tarawera-See erfolgte und danach die Temperatur des Seewassers wieder auf die normale sank. Das zweite Zeichen erfolgte wenige Wochen vor dem Ausbruch, indem die heißen Quellen bei Ohinemutu plötzlich sehr bedeutend an Wärme verloren.

In der Nacht vom 9. zum 10. Juni 1886, 12 Uhr 40 Minuten morgens wurde in Wairoa der erste Erdstoß verspürt, welchem in kurzen Zwischenräumen immer stärkere folgten, begleitet von rollendem Getöse und orkanähnlichem Wind. Um 2 Uhr erfolgte der erste Ausbruch, nachdem vorher eine riesige schwarze Wolke, die von der Stadt Tabeke bis zum Päroaberg, mithin über eine Strecke von 35—40 km gereicht haben soll, sich über dem Lande gelagert hatte, in welcher nie gesehene elektrische Entladungen stattfanden. Für das Auge fand der Ausbruch des Tarawera-Berges aus drei großen Kratern, welche später als acht kleinere erkannt wurden, statt und die nach oben geworfenen Feuergarben wurden auf 300 m Höhe geschätzt. Die an sich zunächst großartige Erscheinung wurde für die Bewohner von Wairoa bald zu einer furchtbaren, als wenige Minuten später glühende Aschenmassen, große Steine und ein wahrer Schlammregen, von dem wehenden Orkan über die Landschaft gejagt, niederfielen und alles Erreichbare vernichteten. Die Europäer konnten sich unter der Führung eines mit großer Geistesgegenwart begabten und kaltblütigen Mannes zum größten Theil retten, weil die örtlichen Verhältnisse ihrer Ansiedelung die Flucht begünstigten. Nur sechs von ihnen und 95 Eingeborene wurden als vermißt angemeldet.

Am nächsten Morgen war die Ansiedelung Wairoa verschwunden und das Land mit einer $1\frac{1}{2}$ m hohen Schlamm-, Stein- und Aschenschicht bedeckt; der schöne Tikitapu-Wald war von dem Sturm, den einschlagenden Blitzen und dem Aschen- und Schlammregen vernichtet; der Roto-kakahi hatte 3 m weniger Wasser als vorher; der Rotemahana war wasserleer und das schlammige Bett des frühern Sees war bedeckt mit größern und kleinern Kratern, Geysirs und Fumarolen; die berühmten Terrassen waren nicht mehr und nichts ließ erkennen, wo sie dereinst gestanden hatten. So haben dieselben Naturkräfte, welche im Laufe von Jahrtausenden jene Wunderwerke geschaffen hatten, sie in einer einzigen Nacht auch wieder zerstört. Unsere Abbildungen dieser Terrassen nehmen demnach gegenwärtig ein gewisses historisches Interesse in Anspruch.

Einen ungefähren Begriff von der elementaren Gewalt des Ausbruchs mag die Thatsache geben, daß in Auckland, mehr als 200 km von dem Schauplatz entfernt, am Morgen des 10. Juni gegen 3 Uhr die Menschen durch laute Kanonenschläge, ja ganze Artilleriesalven aus dem Schlafe geweckt wurden und dann auch den fernen Feuerschein sahen, sodaß man glaubte, ein Kriegsschiff sei in der Nähe in Seenoth, bis man erst gegen 9 Uhr vormittags durch Telegramme von der wahren schrecklichen Ursache unterrichtet wurde.

Berichtigungen.

Seite 67, Zeile 2 v. o., statt: 1887, lies: 1878
» 192, » 1 v. u., st.: Opune, l.: Openu
» 426, » 12 v. o., st.: Vorzug, l.: Verzug
» 481, » 6 v. o., st.: halbe, l.: halber

4.

Erklärung einiger seemännischer Ausdrücke.

Achteraus, hinter dem Schiff.

Ansteuern, nahe an eine in der Nähe der Curslinie liegende Küste oder Insel heranfahren, um das Land, namentlich geographisch genau bestimmte Punkte desselben, wie Leuchtthürme, vorspringende Caps, Berggipfel, zu Gesicht zu bekommen und danach festzustellen, ob der nach den Rechnungen auf der Karte festgelegte Ort des Schiffes auch richtig ist. Oder, mit Hülfe von Lothungen und der Karte den Ort des Schiffes bestimmen. Derartige Vorsichtsmaßregeln sind namentlich bei Nacht unumgänglich nothwendig; aber auch bei Tage, wenn Regen und nebeliges Wetter eine Fernsicht nicht gestatten und wenn während der letzten Tage oder auch nur während der letzten 24 Stunden bewölkter Himmel die Vornahme astronomischer Beobachtungen unmöglich gemacht hat und man dadurch verhindert wurde, die Wirkung der Meeresströmung auf den Curs des Schiffes festzustellen.

Anentern, auf den Strickleitern in die Takelage gehen (vom englischen to enter).

Aufkreuzen, das Schiff durch Segeln nach der einen und der andern Seite gegen die Richtung des Windes fortbewegen. Man rechnet, daß ein kreuzendes Schiff drei Seemeilen durch das Wasser zurücklegen muß, um eine Seemeile in der Windrichtung, d. h. gegen den Wind, zu gewinnen.

Ausmachen, erkennen. Das Land oder ein Schiff ist ausgemacht, sobald man zwischen Wolken oder aus nebeliger Luft heraus die richtigen Contouren des Landes oder die Formen des Schiffes sicher festgestellt hat.

Back, der vordere mit einem besondern leichten Deck versehene Theil des Schiffes.

Beidrehen, das Schiff mit kleinen Segeln so zum Winde, d. h. in einen möglichst spitzen Winkel zur Windrichtung, legen, daß es sich nur wenig von der Stelle fortbewegt, aber doch steuerfähig bleibt.

Besteck, das Resultat der Ortsbestimmung eines Schiffes durch alle vorhandenen Hülfsmittel. Da die astronomischen Berechnungen erst zur Mittagszeit, wenn die Sonne durch den Meridian des Beobachters

37*

geht, ihren Abschluß finden können, so wird diese Zeit auch für die Festlegung des Orts des Schiffes in der Karte benutzt. Daher versteht man, wenn dem Wort „Besteck“ keine nähere Bezeichnung beigefügt ist, unter diesem gewöhnlich das Mittagsbesteck.

Bramstänge, der oberste Theil des aus drei Theilen hergestellten Mastes. Der mittlere heißt „Stänge“, der unterste „Untermast“.

Dampfpinasse, ein kleines, zwischen 8 und 10 m langes Dampfboot, welches die Kriegsschiffe mit sich führen.

Dollbord, der oberste Theil der Beplankung eines Bootes, in welchem sich viereckige Ausschnitte zur Aufnahme der Ruder, oder Löcher zum Einstecken der Rudergabeln (Dollen) befinden.

Dünung, die Wellenbewegung, welche sich auch nach dem Absterben des Windes noch, als eine Folge des Beharrungsvermögens, auf dem Meere erhält.

Fallreep, der auf jeder Seite des Schiffes, gewöhnlich in der Mitte liegende Ausschnitt in der Schiffswand, durch welchen man das Schiff von außen betritt oder von innen verläßt.

Gaffel, dasjenige Segelholz, welches, an der Hinterseite der Untermasten befestigt, dazu dient, den obern Theil solcher Segel zu halten, welche an dem Mast selbst befestigt sind. An der hintersten Gaffel führen die in Fahrt befindlichen Schiffe gewöhnlich ihre Nationalflagge.

Geien, das Zusammenziehen der Segel durch Taue, sodaß sie dem Winde keine Fläche mehr darbieten.

Heck, der hinterste Theil des über Wasser befindlichen Schiffskörpers, im Gegensatz zu der Back.

Herausscheeren, ein Schiff aus seiner bisherigen Cursrichtung heraus vorübergehend an einen bestimmten Platz oder Gegenstand bringen. (Von dem englischen to sheer übernommen.)

Hineinholen in einen Hafen, in eine kleine Bucht, ein Dock u. s. w. bedeutet, mit großer Vorsicht, wenn nöthig mit Hülfe von Tauen, ein Schiff an eine bestimmte Stelle leiten.

Jolle, ein kleines, etwa 5 m langes, aber verhältnißmäßig breites und tiefes Arbeitsboot, welches gewöhnlich von 4 bis 6 Matrosen gerudert wird.

Kette durchholen, das allmähliche Anspannen der Ankerkette, wenn infolge von Strömung oder Wind das Schiff in Bewegung kommt, bis die Kette straff gespannt ist.

Knoten ist die Bezeichnung für die Geschwindigkeit eines Schiffes in einem gegebenen Augenblick, und die durch das Schiff in einer Stunde zurückgelegte Seemeilenzahl entspricht dieser Knotenzahl, wenn die Fahrt des

Schiffes eine gleichmäßige war. In diesem Falle legt dann das Schiff in einer Stunde ebenso viele Seemeilen zurück, als bei dem Fahrtmessen (Loggen) in dem Zeitraum von 14 Sekunden Knotenlängen von der Meßleine ausgelaufen waren. So wird man von einem Segelschiff, bei welchem die Geschwindigkeit fast nie eine ganz gleichmäßige ist, weil die Stärke des Windes häufig ändert und auch die häufige Aenderung der Windrichtung von Einfluß auf die Schiffsgeschwindigkeit ist, nie sagen können, daß es x Seemeilen läuft, sondern nur: es hat beim letzten Loggen x Knoten gemacht. Aber auch die Geschwindigkeit der Dampfschiffe ist Störungen durch Wind und Seegang, durch kleine Unregelmäßigkeiten in dem Gang der Maschine unterworfen, sodaß auch bei diesen die Bezeichnung der Geschwindigkeit durch Knoten die richtigere ist, zumal man bei dieser Bezeichnung stets weiß, daß die Angabe sich immer nur auf die in einer Stunde zurückgelegte Strecke oder, wenn es sich um die höchste Leistungsfähigkeit eines Schiffes handelt, auf diejenige Seemeilenzahl bezieht, welche das Schiff in einer Stunde zurücklegen kann. Aber auch in dem Falle, daß sich derartige Störungen nicht geltend machen, kann man doch nicht mit Sicherheit die Geschwindigkeit eines Schiffes durch ein bestimmtes Längenmaß ausdrücken, weil man hierbei nicht die Meeresströmungen mit in Ansatz bringen kann, denn ein Schiff kann sehr wohl in einer Stunde 16 Seemeilen durch das Wasser, dabei aber bei dem Vorhandensein von z. B. 2 Knoten Gegenstrom nur 14 Seemeilen über den Grund gemacht haben; die Bezeichnung durch Knoten wird also auch hier immer die richtigere sein.

Kutter, 7 bis 9 m lange Boote, welche von 10 bis 12 Matrosen gerudert werden und die laufende Verbindung zwischen den zu Anker liegenden Schiffen und dem Lande unterhalten, auch als Offiziersboote benutzt werden. Bei einer Ausschiffung des Landungscorps nehmen die Kutter die Vorhut auf und landen demgemäß auch als die ersten Boote. Auf See dienen sie als Rettungsboote.

Lee, vom Schiffe aus gerechnet diejenige Seite, nach welcher der Wind hinweht.

Leichterprähme, offene Fahrzeuge, um die Lasten eines Schiffes an Land zu bringen oder umgekehrt. Sie erleichtern das Schiff.

Lothgänger, Matrosen, welche das Handloth bedienen. Zu diesem Dienst sind besonders gewandte und zuverlässige Leute erforderlich.

Luv, vom Schiffe aus gerechnet diejenige Seite, von welcher der Wind herkommt.

Marssegel, die mittelsten und wichtigsten Segel eines jeden Mastes. Die untersten Segel werden „Untersegel“ genannt, darüber stehen die „Marssegel“, über diesen die „Bram-“ und darüber die „Oberbramsegel“.

Presenning oder auch Persenning, ein besonders starkes, zuweilen auch getheertes oder geöltes Stück Segeltuch, das ebensowohl als Unterlage, wie auch zum Bedecken solcher Gegenstände oder Schiffstheile, welche geschont werden sollen, benutzt wird.

Reefen, Verkleinern der Segel durch Einbinden eines Theiles derselben.

Reling oder Schanzkleidung, der obere, über dem Oberdeck des Schiffes liegende und als Brustwehr dienende Theil der Schiffswand.

Schlingern, die seitlichen Bewegungen eines von den Wellen bewegten Schiffes.

Spanten, die rechtwinkelig zum Kiel stehenden Hauptbölzer eines Schiffes oder Bootes, auf welcher die wagerecht liegenden Planken befestigt werden.

Stänge, s. Bramstänge.

Steven, die vorn und hinten den Kiel nach oben verlängernden Hölzer oder Eisenschienen. Daher Vor- und Hinter-Steven.

Sturmsegel, besonders starke und für den Zweck geformte kleinere Segel.

Untermast, s. Bramstänge.

Vorbramsaling, das Stück Holz, welches den Fuß der Bramstänge (s. Bramstänge) mit der Stänge verbindet. Dasselbe hat seitliche Arme, um einigen Tauen den erforderlichen Halt zu geben, und diese Arme dienen dem Ausguckposten als Sitz.

Wanten (abgeleitet von Wand, Wände), die große Zahl starker Taue, welche den Untermasten seitliche Stütze geben und die Hauptlast des Segeldruckes zu tragen haben. Die einzelnen Taue sind unter sich durch Quertaue, welche als Strickleitern dienen, verbunden, sodaß das Ganze als eine durchbrochene Wand erscheint, welche auf einem großen Kriegsschiff an jedem Mast und an jeder Seite eine Fläche von bis zu 60 □m einnimmt.

Zum Winde legen, s. Beidrehen.

Zurrung, feste und straffe Verbindung eines losen Gegenstandes durch Tauwerk mit einem festen Theil des Schiffes.

5.

Aussprache polynesischer Namen.

Amakada	sprich	Amakádda.
Apamama	„	Apamábma.
Aria	„	Aria.
Apolima	„	Apolima.
Atoll	„	Atóll.
Bora-Bora	„	Bórra-bórra oder Bólla-bólla.
Cakoban	„	Thákoban (engl. th).
Dug-Dug	„	Dúgdug.
Ebon	„	Ebónn.
Eimeo	„	Eiméo.
Faipule	„	Faipúble.
Falealili	„	Fah léa-lili.
Falifa	„	Fah lifá.
Fatu-hiva	„	Fatu-hiva.
Fidji	„	Fidschi.
Fotuna	„	Fotúhna.
Funafuti	„	Funafútti.
Gu	„	Ngû (E'ngû).
Hanavava	„	Hanawáwa.
Hubeine	„	Jubéine.
Jaluit	„	Dschalúit (it kurz).
Kabua	„	Kabúa.
Kanaka	„	Kanáka.
Kanu	„	Kanú.
Kawa	„	Káwa.
Lauto	„	Láuto.
Lava-lava	„	Láva-láva (kurz).
Lebon	„	Lebónn.
Levuka	„	Lewúka.
Loau	„	Lo-áu.
Loautele	„	Loáu-téhle.
Lelle	„	Lèllé.
Lufi-lufi	„	Lúfi-lúfi.
Makada	„	Makkadá.
Malietoa	„	Ma-lie-tóa.
Manono	„	Ma nóno.
Manua	„	Ma núa.
Maori	„	Ma óri.
Matupi	„	Matupí.
Meole	„	Meólo.
Morea	„	Moréa.
Muarlin	„	Muarlihn.
Mulinu'u	„	Mulinú.
Mulitalo	„	Mulitállo.
Nuka-hiva	„	Nuka-híva.
Nukualofa	„	Núkua-lófa.
Ohinemutu	„	O hine-mútú.
Omoa	„	O móa.
Oponu	sprich	O ponù.
Otea-Vanua	„	O téa-vanúa.
Owharre	„	O warre.
Palolo	„	Pa lólo.
Pago-Pago	„	Pángo-Pángo.
Papeete	„	Pápe-éte.
Papetoaï	„	Pápe-toaï.
Pareo	„	Páreo.
Paumotu	„	Paumótù.
Pomare	„	Pómaré.
Raiatea	„	Raiatéa.
Roto-kakahi	„	Róto-kakahí.
„ -mahana	„	„ -mahánna.
„ -rua	„	„ -rúa.
Safune	„	Safúhne.
Saluafata	„	Salúa-fátta.
Samoa	„	Sa móa (das ganze [= Sa] Móa).
Sangapolutele	„	Sanga polu-téhle.
Savai'i	„	Sa váij.
Savo	„	Sávo (kurz).
Soma-Soma	„	Sómma-Sómma.
Tabu	„	Tabú.
Tahaa	„	Taháa.
Tahiti	„	Táhiti (Táiti).
Taimua	„	Taimúa.
Talolo	„	Ta lólo.
Taloo	„	Ta lú.
Tapa	„	Tá pá.
Tapituwea	„	Tapituwéa.
Tarawera	„	Tarawéra.
Taritari	„	Tárritárri.
Tauranga	„	Tauránga.
Taviuni	„	Taviúni.
Tikitapu	„	Tikitápu.
Toëtele	„	Toë téhle.
Tonga	„	Tónga.
Tongatabu	„	Tongatabú.
Topulu	„	Topúlú.
Torragud	„	Tórragud.
Tui-Kalao	„	Túi-Kaláo.
Tutuila	„	Tutúila.
Upolu	„	Upolù.
Urakukua	„	Urakukúa.
Vaitele	„	Vai-téhle.
Vaitupu	„	Vaitúpú.
Waihiria	„	Waihíria.
Wairoa	„	Wairóa.
Whakarewarewa	„	Wakka-réwa-réwa.

6.

Namen- und Sachregister.

Druck von F. A. Brockhaus in Leipzig.

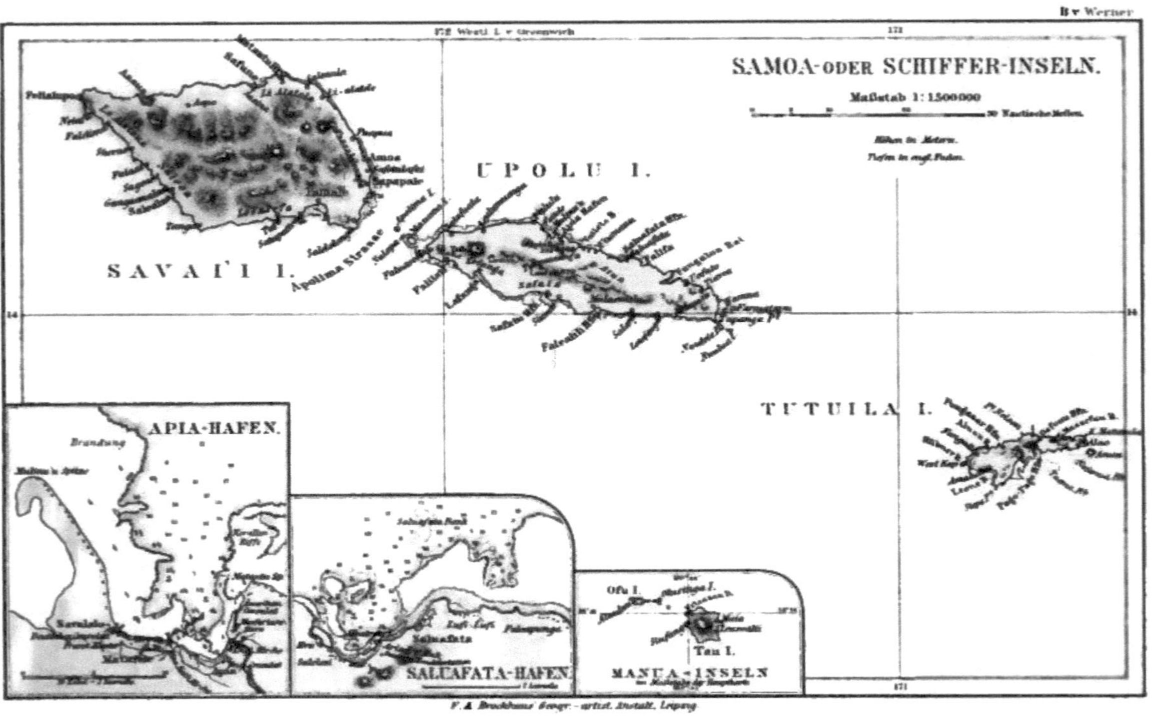
SAMOA-ODER SCHIFFER-INSELN.
Maßstab 1:1500000
Höhen in Metern.
Tiefen in engl. Faden.
SAVAI'I I.
UPOLU I.
Apolima Strasse
TUTUILA I.
APIA-HAFEN.
Brandung
SALUAFATA-HAFEN
Saluafata
MANUA-INSELN
Ofu I.
Tau I.
B. v. Werner
F. A. Brockhaus' Geogr.-artist. Anstalt, Leipzig

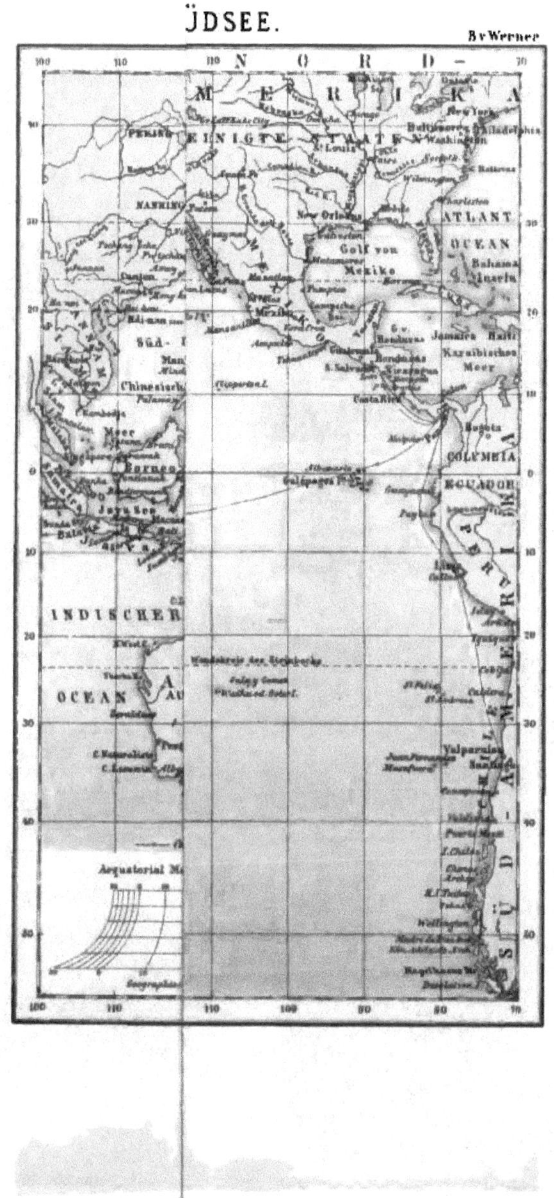
ÜDSEE.
B v Werner
N O R D -
M E R I K A
PEKING
NANKING
New York
Philadelphia
Washington
St Louis
New Orleans
ATLANT
OCEAN
Golf von
Mexiko
Bahama
Inseln
Jamaica
Haiti
Karaibisches
Meer
Honduras
Guatemala
S. Salvador
Nicaragua
Costa Rica
Bogota
COLUMBIA
ECUADOR
Galipagos
Lima
Valparaiso
Chinesisch
Meer
Borneo
Java See
INDISCHER
OCEAN
Aequatorial

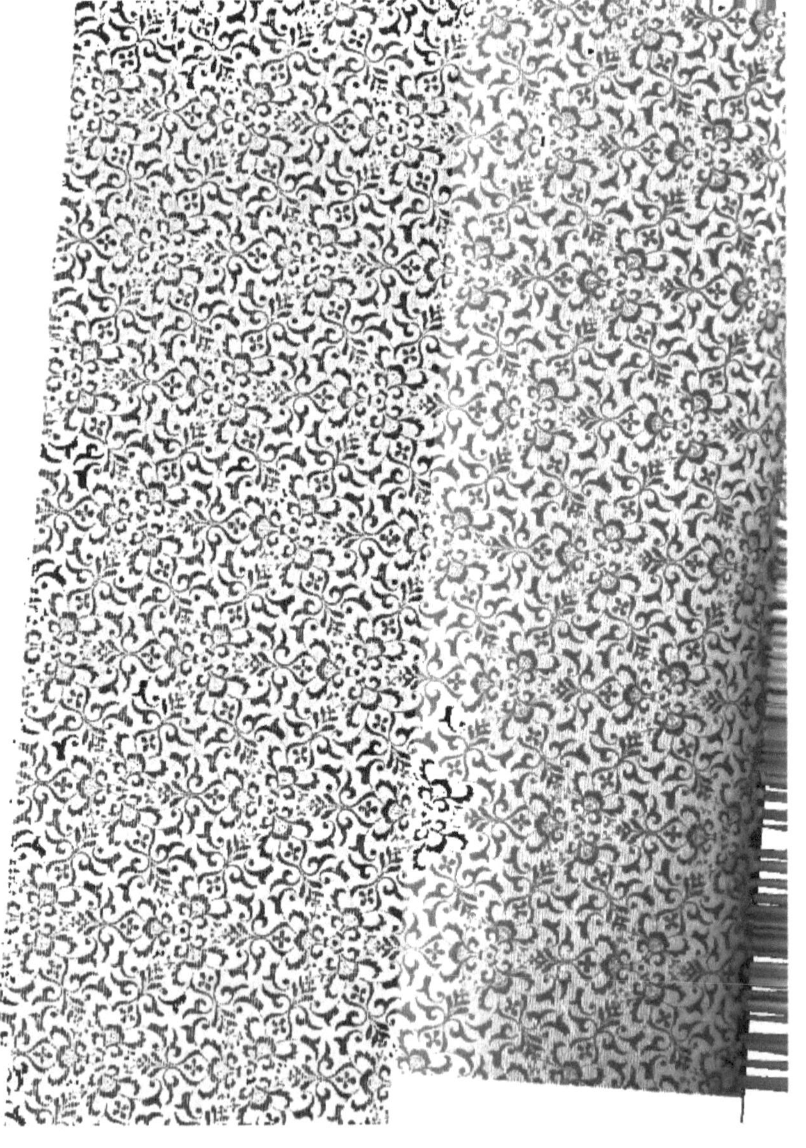

Zeitfracht Medien GmbH
Ferdinand-Jühlke-Straße 7
99095 Erfurt, Deutschland
produktsicherheit@kolibri360.de